KB049856

사 기 범 죄 천 국 의 도 래

빨대사회

모성준

박영사

빨대사회

초판 발행   2024년 2월 28일
초판3쇄 발행   2024년 4월 10일

지은이   모성준
펴낸이   안종만·안상준

편 집   김선민
기획/마케팅   정연환
표지디자인   유지수
제 작   고철민·조영환

펴낸곳   (주) **박영사**
             서울특별시 금천구 가산디지털2로 53, 210호(가산동, 한라시그마밸리)
             등록 1959. 3. 11. 제300-1959-1호(倫)

전 화   02)733-6771
f a x   02)736-4818
e-mail   pys@pybook.co.kr
homepage   www.pybook.co.kr
ISBN   979-11-303-4669-4   03360

copyright©모성준, 2024, Printed in Korea

* 파본은 구입하신 곳에서 교환해 드립니다. 본서의 무단복제행위를 금합니다.

정 가   18,000원

불의에 맞설 용기를 주신 부모님께

"악마가 만들어낸 최고의 속임수는,

바로 당신으로 하여금

악마가 존재하지 않는다는 확신을 갖게 한 것이다."

샤를 보들레르

———————

"La plus belle des ruses du diable est

de vous persuader qu'il n'existe pas!"

Charles Baudelaire

머리말

언젠가부터 말하는 사람의 메시지보다는 그가 누구의 편인지가 더 중요한 시대가 되었기 때문에 이 책을 시작하기 앞서 필자가 누구의 편인지를 확실히 밝혀 둘 필요가 있겠다.

필자는 아주 오래전부터 '포켓몬스터'에서 한지우에 맞서 싸우는 로켓단의 편에 서고 싶다고 생각했다. 로켓단은 희귀한 포켓몬을 포획하여 세계를 정복하고자 하는 목표를 위해 끈질기게 도전하지만, 이를 달성하는 데에는 예외 없이 실패하는 악당이다. 그들이 세운 계획은 번번이 좌절되지만 그들은 절대 이에 굴하지 않는다. 비록 로켓단이 포켓몬스터 세계관 내에서는 악당이기는 하지만, 그들은 달성하기 어려운 목표를 이루기 위한 유일한 길은 결코 포기하지 않는 것에 있고, 정녕 달성하기 어려운 목표를 이루지 못하게 하는 가장 확실한 방법은 도중에 포기하는 것이라는 분명한 가르침을 포켓몬 트레이너를 꿈꿔왔던 우리 모두에게 가르쳐 주었다.

얼핏 불가능해 보이는 목표를 추구하면서도 결코 포기하지 않고 끝까지 최선을 다하며, 뜻을 같이하는 사람들과 함께 가치 있는 목표를 이루기 위한 노력을 멈추지 않는 것이 우리의 인생을 의미 있게 만드는 유일한 방법인지도 모른다. 그래서 필자는 지금이라도 로켓단과 함께 일하자는 제안을 받는다면, 이를 마다하지 않고 기꺼이 로사, 로이 및 나옹과 함께 '이

세계의 파괴를 막기 위해, 이 세계의 평화를 지키기 위해, 사랑과 진실, 어둠을 뿌리고' 다닐 것이다.

상상 속에서 로켓단 편에 서 있는 필자가 현실에서는 누구의 편인지 여전히 알기 어렵다고 생각하는 사람이 있다면, 필자는 현실에서는 형사정의를 갈구하는 사람들의 편에 서고 싶었다고 조심스럽게 밝힐 것이다. 누군가의 범죄행위로 고통받고 원통함에 잠을 이루지 못하는 피해자의 편이고 싶었고, 그래서 정의로운 판결로 그들의 고통에 응답해주고 싶었다고 말이다. 다른 한편으로는, 자신이 저지른 불법보다 더 큰 처벌을 받게 될 것을 두려워하며 불안에 떨고 있는 피고인의 편에 서고 싶었다는 말도 덧붙이지 않을 수 없다. 그래서 필자는 사건의 당사자 누구에게도 억울한 부분이 없도록 합당한 결론을 내릴 수 있는 지혜와 용기를 간절히 바랐다. 아울러 주말 저녁에 범인을 체포하기 위하여 생전 처음으로 가본 동네에서 삼각김밥으로 저녁 식사를 대신하고 기약 없는 잠복근무를 하고 있는 경찰관과 주말에 아무도 없는 사무실에 출근하여 피의자에 대한 합당한 처분을 고민하면서 끊었던 담배를 다시 피우게 된 검사나 판사들, 그리고 형사사법시스템 내에서 자신의 역할에 헌신하는 모든 사람들의 편에 설 수 있기를 기원했다.

하지만 간절한 바람과는 달리 필자가 실제 형사정의를 갈구하는 사람들 편에 서 있었는지에 대해서는 스스로 자신하지 못한다는 점 또한 고백하지 않을 수 없다. 법정으로 들어가는 출입문 앞에서 정의로운 재판을 할 수 있는 지혜를 청하는 기도를 습관처럼 하고는 있지만, 법정에서 난무하는 거짓된 진술과 무리한 주장들을 접하면서 법정에 들어가기 전에 하는 짧은 기도만으로는 정의로운 결론을 내리기에 충분치 않다는 점을 깨닫는 데까지 그리 오랜 시간이 걸리지 않았다. 법정에서 누구의 말이 맞는지를 밝히는 데 상당한 시간과 에너지를 쏟아붓고도 사건의 실체를 확신할

빨대사회

수 없었던 수많은 사건들 속에서 누가 더 거짓말을 하고 있는지를 짐작하는 것조차 결코 쉽지 않았기 때문이다.

다른 한편으로, 필자는 정치적 이전투구의 장에서 싸우고 있는 그 누구의 편도 아니라는 점 또한 밝혀 둔다. 필자는 지금껏 우리나라의 정치인들이 오랜 기간 '사법개혁'을 부르짖으며 부지런히 쏟아온 노력과 수고는 오로지 자신들의 정치적 입지를 강화하기 위한 것에 불과한 것이었음을 누구보다 분명하게 알고 있다. 국회는 오랜 기간 동안 왠지 그럴듯해 보이는 외국의 사법제도를 일사천리로 도입하고 이를 자신들의 업적으로 내세워왔지만, 별다른 검토 없이 도입된 새로운 법률과 제도가 당초 의도한 성과들을 만들어 낸 적은 단 한번도 없었다. 국회는 형사사법시스템에 대한 체계적 이해가 부족한 상태에서 단지 신기하고 그럴듯해 보인다는 이유로 다른 나라의 제도나 검증되지 않은 아이디어를 우리 형사사법시스템에 덕지덕지 붙여 놓은 결과, 언제부터인가 수사나 형사재판이 제대로 작동하지 않는다는 것을 모두가 느낄 수 있는 지경에 이르게 되었다. 분명한 것은 국회가 오랜 기간 '사법개혁'에 집중하였음에도 불구하고 범죄로 고통받는 피해자가 되려 늘고 있고, 수사와 재판절차에서 납득할 수 없는 판단을 받는 피고인이 줄어들지 않고 있으며, 과거 형사정의에 헌신하다가 이제 좌절감을 느끼고 사직하는 수사관과 검사, 판사들 또한 늘고 있다는 것이다. 그럼에도 불구하고 형사사법시스템이 그 해결책을 찾을 수 없을 정도로 절망적인 상황에 이르게 된 원인이 무엇보다 '사법개혁'과 이를 부르짖던 정치인들에게 있다는 점은 흔히 간과되고 있다.

★

일찍이 프랑스의 유명한 소설가 오노레 드 발자크(Honoré de Balzac)는 "법은 큰 파리는 잡지 못하고 작은 파리만 잡는 거미줄이다(Les lois sont des toiles d'araignées à travers lesquelles passent les grosses mouches et où restent les petites)"라고 이야기한 바 있다. 오래 전 우리의 형사사법시스템은 때때로 전직 대통령이나 막대한 재력을 가진 사람들을 처단할 수 있을 정도의 체계와 역량을 갖추고 있었지만, 그동안 막대한 범죄수익을 축적한 조직적 사기범행의 설계자와 주도자들을 추적하여 기소할 수 있을 정도로 치밀하거나 촘촘하지는 못했다. 우리의 형사사법시스템이 잡지 못하고 놓쳐왔던 큰 파리는 사실 국제적 사기범죄조직과 같은 범죄기업(criminal enterprises)의 수괴였지만, 이를 제대로 알아차린 사람은 그리 많지 않았다.

그런데 국회는 큰 파리를 못잡는 거미줄 문제를 해결하기는커녕 최근 형사소송법 개정과 검찰의 수사권한을 박탈하는 여러 법률안을 통과시킴으로써 국제적 사기범죄조직에 대한 수사와 재판을 현저하게 곤란하게 만들고 있다. 나아가 국회는 조직적 사기범행의 설계자들에게 형사법을 온전히 피해갈 수 있는 강력한 수단을 부여하기에 이르렀다. 유독 조직적 사기범죄가 폭발적으로 증가하고 있던 바로 그때, 국회는 그렇게 부지런을 떨면서 시스템의 빈틈을 찾아 증식하고자 하였던 불의를 위해 활짝 문을 열어준 것이다(불의에 활짝 문을 열어준 그들 중 일부는 언젠가 시스템의 빈틈을 찾아다니며 증식하는 것을 꿈꾸고 있었던 불의 그 자체였다는 점이 드러나게 될지도 모른다). 그들은 수사와 기소, 형사재판 과정 전반에서 정교하게 고안되어 있는 각종 절차적 균형을 망가뜨리고, 수사와 재판의 공정성과 효율성을 제고할 수 있는 장치들을 모두 제거하였다. 형사사법시스템이 그나마 기능하고 있었던 영역에서도 작동을 멈추어 감에 따라, 이제 우리 형사사법시스템은 큰 파리뿐만 아니라 언제나 잡을 수 있었던 작은 파리도 잡지 못하는 쓸모없는 거미줄로 변해가고 있다.

모두가 눈치채지 못하는 사이에 우리 형사사법시스템은 상당히 빠른

빨대사회

속도로 붕괴하고 있다. 형사소송법과 검찰청법 등의 개정으로 국제적 사기범죄조직을 막을 수 있는 주요 수단이 모두 제거된 상황에서 누군가가 형사정의를 위하여 필요한 수사와 재판을 수행할 수 있을 것이라는 낙관적인 믿음과 희망은 결코 이루어질 수 없게 되었다. 왜냐하면, 이제 형사사법시스템 스스로가 범죄적 진실을 파헤치는 노력을 본격적으로 저지하고 있기 때문이다.

국제적 사기범죄조직이 누더기가 된 형사사법시스템을 짓밟고 마음껏 활개칠 때, 지금까지는 불의에 맞서 사력을 다해 싸워온 사람들 또한 무기력하게 이를 바라볼 수밖에 없는 시기가 곧 도래하게 될 것이다. 현재 개별 사건에서 합당한 결론에 이르고자 매일 피해자, 피의자 또는 피고인, 참고인 또는 증인과 씨름하는 수사관과 검사와 판사들이 간신히 터지기 직전의 둑을 막고 있는 것과 같은 상황도 그리 오래가지는 못할 것이다. 형사정의를 포기하지 않고 끝까지 불의와 싸워보겠다고 매일 피의자나 증거들과 씨름하여 왔던 그들이 더 이상 자신들의 노력이 의미 없음을 깨닫고 거대한 힘에 맞서기를 포기하는 순간, 불의를 억누르고 있던 힘은 순식간에 사그라들고 불의가 온 세상을 삼켜버릴 것은 너무나 자명하다. 오래지 않아 형사사법시스템이 붕괴해버린 이후에는 범죄피해로 인생이 나락으로 떨어지게 된 피해자나 억울한 사정이 있는 피고인이 수사나 재판 과정에서 본인들의 사정이 충분히 고려될 것이라는 기대 또한 대체로 실현 불가능하게 될 것이다. 지금까지는 형사정의가 실현되는 과정에서의 주된 장애물은 부족한 인력과 자원, 시스템 관여자 개인의 의지와 통찰력 부족에 있었다고 한다면, 앞으로 형사정의를 구현하는 데 있어 가장 큰 장애물은 권력과 재력을 겸비한 범죄자들에게 법의 엄격한 적용과 집행을 피해갈 수 있는 기회를 부여한 형사사법시스템 그 자체가 될 것이기 때문이다.

그럼에도 불구하고 필자는 형사정의를 달성하는 것이 번번이 좌절되는 상황에도 불의와 싸우는 수사관과 검사, 판사들이 무기력하게 포기하지 않고 형사정의를 위하여 끝까지 노력해주기를 응원한다. 형사사법시스템이 전부 작동을 멈추고 범죄조직들이 우리나라를 집어삼키는 것을 막기 위해서는 거듭되는 실패에도 좌절하지 않고 형사정의라는 이제는 이루기 불가능한 목표를 끝내 포기하지 않는 우리의 로켓단이 필요할지도 모른다. 물론 이와 같은 로켓단이 필자에게 함께 일하자는 제안을 해온다면, 필자는 기꺼이 뜻을 같이하는 수사관, 검사 및 판사들과 함께 멋진 유니폼을 입고 이 세계의 파괴를 막기 위해, 이 세계의 평화를 지키기 위해, 진실과 정의를 뿌리고 다닐 것이다.

★

　임진왜란 직전 일본에 가서 쇼군 도요토미 히데요시를 접견하고 돌아온 통신사 황윤길은 "필시 병화(兵禍)가 있을 것이다"라는 의견을 밝혔으나, 김성일은 임금에게 "도요토미 히데요시의 눈은 쥐와 같으니 족히 두려워할 위인이 못됩니다"라고 고하였다. 이에 류성용이 "그대가 일부러 황윤길과 다르게 말하는데, 만일 병화가 있게 되면 어떻게 하려고 그러시오?"라고 물었고, 김성일은 "나도 어찌 왜적이 나오지 않을 것이라고 단정하겠습니까. 다만 온 나라가 놀라고 의혹될까 두려워 그것을 풀어주려 그런 것입니다."라고 답했다(선조수정실록 24년 3월 1일). 김성일의 답변으로 온 나라가 놀라고 의혹을 가졌던 부분이 잠시 풀어졌는지는 알 수 없으나, 왜적이 침략을 준비하고 있다는 불편한 진실에 잠시 스스로의 눈과 귀를 닫은 것만으로 참혹한 전란의 피해를 겪게 되는 더욱 불편한 미래를 피할 수는 없었다.
　이 책은 사기범죄조직이 창궐하고 있는 이 순간 온 나라가 놀라고 의혹

빨대사회

될까 두려워 그것을 풀어주려고 쓴 것이 결코 아니다. 국제적 사기범죄조직들이 수많은 피해자들의 인생을 나락으로 떨어뜨리고 있고 형사사법시스템이 무너지고 있는 상황임에도 막상 법원에서는 조직적 사기범죄를 저지른 수괴에 대한 형사재판을 찾아볼 수 없다는 점에 참지 못하고 집필을 시작한 것이기에, 이 책에는 독자들이 편하게 읽기에는 불편한 진실과 더욱 불편할 수밖에 없는 미래에 대한 전망이 담겨 있다. 지난 3년간 평일과 주말 저녁에 스터디카페에 처박혀 이 책을 쓰는 동안에도 끊임없이 발생하는 대형 사기사건들을 정리하면서 근심하고 두려워하는 마음을 조금도 진정시킬 수 없었던 필자가 이 책에서 밝히고 있는 불편한 진실과 더욱 불편한 전망, 날카로운 비판으로 인하여, 비로소 놀라고 의혹을 갖게 될 독자들은 피해자들이 지금 겪고 있는 현실은 차마 글로 적을 수 없을 정도로 불편하고, 눈과 귀를 닫는 것으로는 이러한 불편이 곧 우리 모두에게 들이닥치는 것을 막을 수 없다는 점을 알아차려야 할 때가 된 것임을 널리 이해해주길 부탁드린다.

이 책은 "최근 한국에서 조직적 사기범행이 이토록 창궐하는 이유가 무엇인가?"라는 질문에 대한 답이 "대한민국 국회가 사기범죄조직에 대한 수사와 재판을 현저하게 곤란하게 함과 동시에 조직적 사기범행의 설계와 기획을 담당하던 수괴들에게 수사와 재판을 온전히 피해갈 수 있는 강력한 수단을 부여하였기 때문이다"라는 불편한 진실을 알리기 위한 것이다.

현재의 형사사법시스템은 누구보다 성실하게 수사와 재판의 빈틈을 비집고 들어와 스스로 증식할 기회를 찾고 있는 불의한 사기범죄조직이 가장 원하던 모습과 별반 차이가 없다. 이러한 상황은 가장 큰 목소리로 형사정의를 부르짖었던 국회의원들과 법무부장관들에게 온전히 그 책임이 있다. 필자는 "왜 대한민국 국회가 국제적 사기범죄조직의 수사나 형사처벌을 받을 위험을 온전히 제거해주기 위하여 그토록 노력하는가?"라는 질문에 대한 답까지는 알지 못한다. 그러나 그들이 앞에서는 형사정의를 부르짖으면서도 뒤로는 사기범죄조직에 대한 수사와 처벌을 어렵게 하는 납득할 수 없는 법률을 지속적으로 통과시킴으로써 누구보다도 열심히 국제적 사기조직의 발흥을 위하여 필요한 모든 조치를 취하여 왔다는 점에 대해서는 모두에게 알릴 필요가 있다고 생각했다.

이 책은 어디까지나 필자의 개인적인 생각을 모아서 정리한 것으로 법원의 공식 입장과는 무관하다. 이 책은 각급 법원과 검찰청, 경찰서에서 재판업무나 수사업무를 담당하면서 밤낮없이 야근과 주말근무를 반복하고 있는 분들에게 어떠한 어려움이 있는지를 알리기 위해서 쓰여진 것일 뿐, 구체적 사건에서의 판단이나 결정을 한 이들을 비판할 의도로 쓰인 것은 결코 아니다. 이 책의 내용 중 오류가 있거나 사실과 다른 부분이 있다면 이는 온전히 필자의 책임이다. 다만, 실제 사건의 복잡한 쟁점들을 이해하기 쉽도록 사건의 개요를 간략하게 설명하거나 해설을 덧붙이는 과정에서 실제 사건에서의 쟁점에 대한 논의나 진행 경과와는 다소 다른 인상이나 오해를 불러일으키는 표현이 있을 수 있다는 점은 양해해주기를 부탁드린다.

저자 씀

차례

01 역병처럼 창궐하는 조직적 사기범죄 ···································· 1

A / 조직적 사기범죄의 창궐 ··· 3
[조직적 사기범죄의 창궐] ·· 5
[사기범죄조직의 빨대] ·· 9
[조직적 사기범죄의 특징] ··· 13

B / 조직적 사기범죄로 인한 피해 ··································· 21
[조직적 사기범죄로 인한 막대한 피해(또는 범죄조직의 막대한 성공)] ··· 21
[국제적 수준으로 성장한 대한민국의 범죄조직] ····················· 32

C / 국제적 사기범죄조직의 최대의 속임수 ························ 37
[악마가 벌인 최대의 속임수] ·· 37
[국제적 사기범죄조직의 유일한 약점] ······························ 38
[사기범죄조직의 흔적에 대한 철저한 무관심] ······················· 40
[형사사법시스템의 수많은 허점] ···································· 45
[국제적 사기범죄조직의 최대의 속임수] ···························· 49

02 대한민국은 사기공화국인가? ···································· 53

A / 사기범죄조직, 그 성공의 역사 ································· 55
[국제적 사기범죄조직의 진화] ······································ 55

B / 대형 사기범죄사건의 공통점 ··································· 98
[사기범죄부터 수사개시까지의 시간적 간극] ······················· 99

[사기범죄 및 범죄조직의 실체에 대한 접근 곤란] ⋯⋯⋯⋯⋯⋯⋯ 103

[조직적 사기범죄자들에 대한 관대한 처벌] ⋯⋯⋯⋯⋯⋯⋯⋯⋯ 106

[조직적 사기범죄자들에 대한 손쉬운 사면과 가석방, 그리고 재범] ⋯ 109

[경찰수사관 등에 대한 한없이 열악한 처우] ⋯⋯⋯⋯⋯⋯⋯⋯⋯ 110

C / 사기범죄조직의 진화, 국가기능의 퇴화 ⋯⋯⋯⋯⋯⋯⋯⋯⋯ 113

[사기범죄 암흑선단: 분업화와 아웃소싱] ⋯⋯⋯⋯⋯⋯⋯⋯⋯⋯ 113

[사기범죄 대응조직의 퇴화: 국회와 법무부] ⋯⋯⋯⋯⋯⋯⋯⋯⋯ 117

[사기범죄 대응조직의 퇴화: 금융감독원] ⋯⋯⋯⋯⋯⋯⋯⋯⋯⋯ 119

[사기범죄 대응조직의 퇴화: 국가정보원과 한국인터넷진흥원] ⋯⋯ 122

[사기범죄조직의 찬란한 미래] ⋯⋯⋯⋯⋯⋯⋯⋯⋯⋯⋯⋯⋯⋯ 128

03 왜 조직적 사기범죄가 창궐하는가? ⋯⋯⋯⋯⋯⋯⋯⋯⋯ 133

A / 사기범죄조직에 대한 그릇된 생각 ⋯⋯⋯⋯⋯⋯⋯⋯⋯⋯⋯ 135

[모두의 착각: 공기 중으로 사라진 범죄수익] ⋯⋯⋯⋯⋯⋯⋯⋯ 135

[사기범죄조직과 그 구성원에 대한 착각] ⋯⋯⋯⋯⋯⋯⋯⋯⋯ 138

[사기범죄의 특징이나 범죄기업의 수괴에 대한 착각] ⋯⋯⋯⋯⋯ 143

[수사의 용이성에 대한 착각] ⋯⋯⋯⋯⋯⋯⋯⋯⋯⋯⋯⋯⋯⋯ 146

[형사재판의 용이성에 대한 착각] ⋯⋯⋯⋯⋯⋯⋯⋯⋯⋯⋯⋯ 152

[범죄수익 환수의 용이성에 대한 착각] ⋯⋯⋯⋯⋯⋯⋯⋯⋯⋯ 159

[소결] ⋯⋯⋯⋯⋯⋯⋯⋯⋯⋯⋯⋯⋯⋯⋯⋯⋯⋯⋯⋯⋯⋯⋯ 165

B / 사기범죄 창궐의 근본 원인: 사건의 암장 ⋯⋯⋯⋯⋯⋯⋯⋯ 168

[미터급 대어 낚시의 준비물] ⋯⋯⋯⋯⋯⋯⋯⋯⋯⋯⋯⋯⋯⋯ 168

[사건의 암장] ⋯⋯⋯⋯⋯⋯⋯⋯⋯⋯⋯⋯⋯⋯⋯⋯⋯⋯⋯⋯ 174

[우연히 국제적 사기범죄조직의 꼬리를 발견한 경우] ⋯⋯⋯⋯⋯ 179

[암장의 가속화(1): 수사에 대한 오너십 해체] ⋯⋯⋯⋯⋯⋯⋯⋯ 183

[암장의 가속화(2): 수사에 대한 인력 및 예산의 부족] ⋯⋯⋯⋯⋯ 186

C / 방안의 코끼리: 인력 및 예산의 부족 ⋯⋯⋯⋯⋯⋯⋯⋯⋯⋯ 189

[미국의 경찰 예산삭감의 결과] ⋯⋯⋯⋯⋯⋯⋯⋯⋯⋯⋯⋯⋯ 189

[형사사법시스템 내에 자리잡은 '방안의 코끼리'] ································ 192

[방안의 코끼리(1): 수사 과정에서의 인력 부족] ····························· 193

[방안의 코끼리(2): 수사 과정에서의 예산 부족] ····························· 200

[방안의 코끼리(3): 재판 과정에서의 인력 부족] ····························· 205

[방안의 코끼리(4): 재판 과정에서의 예산 부족] ····························· 211

[방안의 코끼리(5): 집행과정에서의 예산 부족] ····························· 220

[방안의 코끼리(6): 집행과정에서의 인력 부족] ····························· 227

[방안의 코끼리(7): 인력 및 예산 부족으로 인한 사건의 암장] ········· 230

[방 안의 코끼리 또는 방 안의 쓰레기] ··· 233

04 누가 수사와 재판을 어렵게 만들었나? ··· 239

A / 이상한 나라의 형사재판 ··· 241

[이상한 나라의 영어교육] ··· 241

[이상한 나라의 형사재판] ··· 251

[악인을 지목하는 입법] ·· 257

[액셀러레이터와 브레이크 페달을 동시에 밟기] ··························· 261

[형사사법시스템이 제대로 기능하기 위한 조건] ··························· 264

[형사사법시스템의 핵심 요소] ··· 271

[소결: 포에니 전쟁의 교훈] ··· 273

B / 왜 사기범죄에 대한 대응은 늘 부족한가? ················· 277

[군사작전의 핵심: 적 중심의 식별과 분쇄] ································· 277

[잘못된 형사재판의 체계] ··· 279

[엄벌주의와 형사특별법] ·· 284

[조직적 사기범죄에 대한 가벼운 형량] ······································· 287

[형량은 어떻게 결정되는가] ·· 292

[제약조건(1): 유기징역형의 범위] ··· 297

[제약조건(2): 가중주의] ·· 302

[제약조건(3): 사형제도의 사실상 폐지와 무기징역형의 형해화] ····· 311

[제약조건(4): 범죄전력에 따른 가중처벌 또는 초범에 대한 관대한 처벌] ···· 321

[소결: 제약조건 해결의 열쇠] ·· 324

xi

차례

C / K-제사해운동 ·· 331

　[저 새는 해로운 새다] ·· 331

　[수사기관에 대한 K-제사해운동] ································ 334

　[형사사건의 내러티브(narrative)] ······························· 336

　[형사소송법 개정: 다수 공범사건에서 피고인의 진술증거 통제권한] ··· 339

　[검찰청법 개정: 검찰의 수사권한 박탈] ······················ 341

　[범죄피해자의 구제] ··· 350

　[소결] ·· 355

05　사기범죄 천국의 도래 ··· 361

A / 처벌회피 특권의 확대와 제국의 붕괴 ················· 363

　[괴이한 모습으로 변하는 법] ·· 363

　[형사절차에서의 특권: 처벌회피(impunity)] ················ 368

　['사실상의 처벌회피(처벌면제)' 특권] ························· 370

　[처벌회피의 출발점(1단계): 태국의 레드불 스캔들] ······· 372

　[처벌회피의 점진적 확대(2단계): 미국의 금주법과 주류밀매업자들] ··· 377

　[처벌회피의 전면적 확대(3단계): 1997년 알바니아 피라미드 사기사건] ··· 384

　[처벌회피의 전면적 확대(4단계): 수사인력 이탈과 피해자의 사적 복수] ··· 392

　[처벌회피의 최후 단계(5단계): 무간지옥(無間地獄) 또는 조직범죄의 천국] ··· 398

B / 붕괴로 이끄는 힘: 포퓰리즘 ····························· 406

　[사기범죄조직과 여론조작] ··· 406

　[포퓰리즘과 형사사법시스템의 침식] ···························· 408

　[포퓰리즘의 상황인식: 단순하고 선명한 대립구도] ········ 410

　[포퓰리즘의 문제해결방식: 신속한 '렉카법'의 제정] ······ 412

　[포퓰리즘의 작동원리: 권한과 책임의 분리] ················· 416

　[최소량의 법칙과 형사사법시스템] ······························· 428

C / 이미 도래한 미래, 사기범죄 천국 ··················· 433

[소문난 맛집의 딜레마] ······································ 433

[딜레마 해결의 열쇠: 객관적인 상황인식] ·············· 437

[K-형사사법시스템의 딜레마] ······························ 440

[국제적 사기범죄조직의 창궐에 대한 국회의 대응] ··· 444

[실체적 진실발견을 위한 법원의 책무] ··················· 447

[소결: 그래도 소문난 맛집에서 식사하고 싶다면] ····· 455

마치며 ·· 458

역병처럼 창궐하는 조직적 사기범죄

A. 조직적 사기범죄의 창궐

B. 조직적 사기범죄로 인한 피해

C. 국제적 사기범죄조직의 최대의 속임수

A

조직적 사기범죄의 창궐

마틴 루터 킹 주니어는 "어딘가에 있는 불의는 모든 곳에서 정의에 대한 위협이 된다(Injustice anywhere is a threat to justice everywhere)"고 말한 바 있다. 이는 사회 한 구석을 잠식하고 있던 불의를 억제하지 못하면 어느 순간 불의가 빠른 속도로 차올라 모든 곳에서 정의를 위협할 수 있음을 경고한 것이다. 오랫동안 어딘가에 숨어서 기회를 엿보던 불의에게 제대로 된 계기가 주어졌을 때 순식간에 정의를 몰아내 버릴 수 있는 위험이 있다는 점은 지금 우리나라의 모든 곳에서 어렵지 않게 확인할 수 있다.

이제 조직적 사기범죄는 어딘가에 있는 불의라기보다는 모든 곳에 있는 불의가 되어 버렸고, 당연히 모든 곳에 있어야 할 정의는 어느새 찾아보기 어렵게 되었다. 조직적 사기범죄가 역병처럼 창궐하면서 국민들의 삶의 기초를 파괴하고 사회 시스템에 큰 균열을 만들어내고 있고, 이 때문에 수많은 사기피해자들이 과거 전란이 일어났을 때와 별반 다를 게 없을 정도로 엄청난 피해와 고통을 겪고 있다.

사기범죄조직들의 촉수는 바로 우리 옆에까지 뻗어 있다. 하루에도 여러 번 받게 되는 사기범죄조직의 문자메시지나 눈에 띄게 늘어나는 주변의 사기피해자들의 사례가 그들의 촉수가 바로 우리 옆에 와있음을 증거하고 있다. 지금까지 운 좋게 사기피해를 당하지 않고 살아온 사람이라고 하더라도 잠깐 방심하는 순간 사기범죄조직의 빨대가 자신의 목덜미에 꽂힐 수 있고, 그 이후의 인생은 과거에 생각했던 것과는 다른 고통과 불행으로 점철되게 될 것이라는 점은 부인하기 어려운 사실이 되어버렸다. 만약 사기범죄조직의 촉수가 접근해왔을 때 단 한번이라도 이를 알아차리지 못하고 자신의 운을 시험하려 했다가는 아주 높은 확률로 목에 사기범죄조직의 빨대가 꼽힌 채 고통스럽게 살아가야 하는 상황이 된 것이다.

한편, 상당수의 사기피해자가 조직적 사기범죄로 인한 피해로 고통받는 바로 그 반대편에서, 사기범죄조직은 넘쳐나는 범죄수익으로 행복한 비명을 지르고 있을 것이라는 점을 어렵지 않게 짐작할 수 있다. 이제 조직적 사기범죄는 가장 촉망받는 비즈니스의 한 형태로 자리잡았고, 그동안 온갖 종류의 사기범죄 기법을 발전시켜 오던 사기범죄조직은 이제 조직적 사기범죄의 플랫폼을 갖춘 국제적 범죄기업으로 거듭나고 있다.

이처럼 한 구석에 숨어 있던 사기범죄 조직들이 이제 대담하게 자신들의 존재를 드러내면서 모든 곳에 촉수를 뻗어 본격적으로 정의를 위협하고 있는 우리나라를 가리켜 사기범죄조직이 지배하는 '사기공화국'이나 '사기범죄의 천국'으로 불리게 된 최초의 국가라고 평가한다거나, 사기범죄조직들이 모든 사람들의 목덜미에 빨대를 꽂았거나 또는 꽂으려 경쟁하고 있는 '빨대사회'라고 부르더라도, 이제 이를 부정할 수 있는 사람은 아무도 없을 것이다.

[조직적 사기범죄의 창궐]

사기범죄 발생건수는 최근 20여 년간 가파르게 증가하여 2015년에 이미 절도범죄의 발생건수를 추월하였고, 2018년에는 교통사고 관련 범죄의 발생건수를 추월하여 이제 전체 형사사건 중 가장 큰 비중을 차지하기에 이르렀다. 그중 중고거래 사기나 보이스피싱 사기와 같은 비대면 방식에 의한 사기범행이 가장 가파르게 증가하고 있다. 20년 전에는 재산범죄의 대부분을 절도나 대면 사기가 차지하고 있었다면, 지금은 온라인이나 비대면으로 이루어지는 사기사건이 재산범죄의 상당 부분을 차지하는 상전벽해와 같은 수준의 변화가 일어난 것이다(물론 세상의 변화와 유행에 따라가지 못하고, 여전히 전통적인 형태의 절도나 사기범행을 저지르는 사람이 없지는 않다). 이제는 재산범죄 중 범죄의 실행이 용이한 절도가 가장 빈번하게 발생할 것이라든지, 피의자와 피해자 사이의 신뢰관계를 기반으로 성립할 수 있는 사기범죄의 경우 대체로 피의자를 특정하는 데 어려움이 없을 것이라는 오래된 고정관념 또한 더 이상 유지될 수 없게 되었다.

온라인으로 범행대상의 물색과 기망행위의 상당 부분을 진행할 수 있게 되어 굳이 대면으로 사기범행을 저지르지 않아도 되는 상황은 전세계의 사기범들에게 마치 콜럼버스가 신대륙을 발견한 것에 비견될 정도로 무한한 범행기회를 제공하고 있다. 추가 대출을 위하여 대출금 일부 상환이 필요하다며 송금을 요구하는 보이스피싱이나 고수익이 예상되는 주식 종목을 찍어준다고 유혹하는 주식리딩방 사기, 암호화폐투자 사기, FX마진거래 사기, 보험사기, 로맨스스캠 등 다양한 형태의 조직적 사기범죄와 불법 스포츠 토토나 온라인 카지노 등 요즘 폭발적으로 증가하고 있는 범죄는 대부분 온라인에서 비대면으로 이루어지는 것들이다.

물론 다른 나라의 상황도 우리와 크게 다르지 않다. 가령 미국의 사기범죄조직이 유령회사를 설립한 후 구직자를 속여 업무용 계좌를 개설하도록 하고 이를 범죄자금 세탁에 활용한다거나, 동유럽의 사기범죄조직이 온라인 쇼핑몰의 특별 할인행사를 가장하여 피싱 웹사이트(phishing website) 접속을 유도해 개인정보를 탈취한다거나, 아시아의 사기범죄조직이 인터넷 쇼핑몰 사이트를 해킹한 후 구매자에게 접근하여 결제 시스템 오류 등을 구실로 자금이체를 유도하거나, 정체를 알 수 없는 사기범들이 트위터를 통하여 일론 머스크를 사칭하면서 "정해진 시간 내에 이벤트에 참여해 최소 0.1개부터 최대 20개의 비트코인을 보내주면 이후 2배를 돌려주겠다"라며 비트코인 송금을 유도하는 등 과거에는 본 적이 없는 새로운 형태의 사기범죄가 날이 멀다 하고 등장하고 있다. 가히 전세계적으로 온라인을 이용한 조직적 사기범죄가 창궐하고 있는 것이다.[1]

이처럼 전 세계적으로 조직적 사기범죄가 창궐하는 가장 큰 이유는 사기범죄를 통하여 막대한 범죄수익을 남길 수 있는 사회적, 기술적 여건이 마련되었고, 마침 사기범죄조직들이 진화를 거듭한 끝에 이와 같은 상황을 십분 활용할 수 있게 되었기 때문이다. 그간 범죄조직들은 인터넷 불법 도박사이트나 피싱 웹사이트를 운영하면서 인적 조직과 물적 설비를 갖추고 있었고, 스마트폰의 등장 이후 발달한 텔레그램과 같은 메신저 앱을 이용하여 비대면 방식의 피해자 물색방법을 지속적으로 발전시켜 왔으며, 수사기관의 추적이 곤란한 암호화폐를 이용하여 범죄수익을 안전하게 확보해왔다. 이처럼 진화를 거듭하는 과정에서 사기범죄조직들은 사기범행을 저지르고도 수사기관의 수사나 법원의 재판을 받지 않는 방법들을 하나씩 발견해가다가, 드디어 수사와 형사처벌의 위험에서 벗어나 자유롭게 범행을 저지를 수 있는 범행구조와 방법을 전부 깨우치게 된 것

---

1 매일경제, "[곽대경 기고] 국제공조로 보이스피싱 발본색원을", 2021. 6. 3.자 기사

이다. 진화를 마친 국제적 사기범죄조직들이 유사한 사기범행을 경쟁적으로 저지르고 있는 결과, 전 세계의 수많은 피해자가 사기범죄조직의 범죄로 인하여 입게 된 재산상 피해의 규모와 범위가 급격히 확대되고 있다.

한편, 국제적 사기범죄조직은 피해자만을 물색하는 것이 아니다. 그들은 반복적으로 사기범행을 저지르는 과정에서 실행행위의 일부를 분담할 단순 가담자 또한 계속하여 모집하고 있다. 사기범죄조직은 자신들의 조직적 범행에 단순 가담자를 관여시킴으로써 그들로 하여금 자신들을 대신하여 수사와 처벌을 받도록 하는 묘수를 개발해냈기 때문이다. 사기범죄조직은 완전범죄를 위하여 가장법인의 설립과 계좌개설, 휴대전화 개통, 편취금 수금, 범죄수익 세탁 등의 여러 실행행위를 담당할 사람이 필요한데, 범죄조직의 전체적인 구조를 전혀 알지 못한 채 범죄행위의 일부를 실행하고, 이후 수사기관의 수사가 시작되면 수괴들을 대신하여 처벌받게 될 단순 가담자들을 긴요하게 활용하고 있다. 이러한 점 때문에 피해자뿐만 아니라 실행행위의 일부를 분담할 인력이 끊임없이 조달되어야 하고, 국제적 사기범죄조직이 성장할수록 범죄피해를 당한 피해자뿐만 아니라 수괴를 대신하여 처벌을 받는 단순 가담자 또한 끝도 없이 늘어날 수밖에 없다. 그래서 전국의 수사기관과 법원에서는 국제적 사기범죄조직의 사기범행에 단순가담하였다가 피의자로 구속기소되어 재판을 받는 사람들과 고소장을 들고 두리번거리는 피해자들로 넘쳐나고 있다.

혹시 국제적 사기범죄조직들이 얼마나 가까이 있는지 알고 싶다면, 인터넷에서 눈길을 끄는 고수익 알바 광고를 찾아 그 업체에 전화하거나 문자메시지의 링크를 한번 클릭하는 것으로 충분하다. 그들은 늘 벼룩시장이나 알바몬 등에 구인광고를 내고 꾸준히 현금전달책이나 휴대전화 및 통장 명의대여자들을 모집하고 있는 중이기 때문이다. 연락처를 남긴 후 얼마 지나지 않아 중국이나 캄보디아에 있는 국제적 사기조직의 하부조직원으로부터 연락을 받게 되더라도 놀랄 필요는 없다. 사실 그들은 당신의 바로 뒤에서 빨대를 들고 당신의 연락을 기다리고 있었기 때문이다. 혹시라도 그들의 꾀임에 넘어가 신분증과 이력서를 카카오톡으로 보내준후 실제로 면접을 본 적도 없음에도 꽤 좋은 조건으로 취업에 성공하여 문서나 현금 등의 전달업무를 담당하기로 하였다면, 결국 보이스피싱의 피해자가 건넨 현금을 수금하여 대포통장에 입금시키는 역할을 하게 될 것이라고 봐도 좋다. 그리고 당신이 텔레그램으로 전달된 업무지시를 열심히 수행하다 보면 오래지 않아 국제적 범죄조직의 사기범행에 가담하였다는 이유로 수사기관에 체포될 것이고, 결국 피해자들과 단순가담자들이 넘쳐나는 바로 그 수사기관과 법원에 도착하게 될 것이다.

사실 그들이 당신을 유혹했던 동기, 즉 주식 리딩방이나 FX마진거래에 투자하여 수익을 내고 싶었다든지, 아니면 고수익 알바를 통하여 생활비를 마련하고자 하였는지는 전혀 중요한 것이 아니다. 당신이 어떠한 연유로 국제적 사기범죄조직에 연락을 하였는지 아니면 그들로부터 어떻게 연락을 받게 되었는지는 당신이 어떤 피해를 입게 될 것인지와 관련하여 사소한 차이만을 가져올 뿐이다. 단순 투자사기 또는 차용금사기의 피해를 당했는지, 아니면 단순 가담자로 형사처벌을 받게 되는 피해를 당하는지의 차이는 사실 본질적인 부분이 아니다. 정작 중요한 것은 당신이 국제적 사기범죄조직의 '김미영 팀장'으로부터 언제든지 연락을 받을 수 있다는 점이고, 잠깐 그들의 말에 귀를 기울이다 보면 어디론가 목돈을 입금시키고 있는 자신을 또는 누구로부터 목돈을 전달받고 있는 자신을 발견하게 될 것이라는 점이다. 그리고 이때 눈을 들어 뒤를 돌아보면, 그전까지전혀 보이지 않던 국제적 사기범죄조직들의 빨대가 당신의 목덜미에 깊게 꽂혀 있는 것을 비로소 볼 수 있을 것이다.

[사기범죄조직의 빨대]

이제 우리나라의 국민이라면 국제적 사기범죄조직이 유례가 없는 성장을 하고 있는 이면에 보이스피싱이나 암호화폐 투자사기 등의 범죄피해로 고통받고 있는 수많은 피해자들이 있음을 알고 있다. 그렇기에 모두가 평생 동안 수십 번의 작은 사기피해의 순간과 여러 번의 큰 사기피해의 고비를 만날 수 있다는 것 또한 인식하고 있고, 전세사기 피해자들이 겪고 있는 안타까운 상황에 대한 뉴스를 볼 때마다 사기범죄조직의 빨대에 꽂히지 않도록 조심하겠노라며 스스로에게 매일 다짐하기도 한다. 하지만 휴대폰이 고장났다며 수리비용을 송금해달라는 가족 사칭 문자메시지에 응답하지 않는다거나, 사기꾼이 제안하는 일확천금의 투자기회를 받아들이지 않는 것만으로 국제적 사기범죄조직의 빨대를 온전히 피할 수 있다고 생각하는 것은 지나치게 순진한 생각이다. 각종 사기범죄조직은 상상할 수 있는 모든 종류의 거래나 생활 관계에서 피해자를 물색하면서 누군가의 목덜미에 빨대를 꽂기 위해서 최선의 노력을 다하고 있으므로, 그들로부터 안전한 거래나 생활 관계는 이제 존재하지 않기 때문이다.

여기 결혼을 앞둔 서른 살의 김호구 씨라는 대한민국 청년이 있다. 최근 중고차를 구매하기로 결심한 그는 중고차를 살 때에도 사기를 당하는 경우가 종종 있다는 뉴스를 보고 자신은 사기를 당하지 않기 위해서 조심해야겠다고 생각했다. 그러나 그는 중고차 사기범죄단이 팀장, 텔레마케터, 출동조, 허위딜러 등으로 역할을 분담한 다음, 인터넷 중고차 사이트에 소비자를 낚아 바가지를 씌우는 목적의 '미끼매물'이나 실제로 있지도 않은 '허위매물'에 대한 게시글을 올리고, 싼값에 나온 허위매물을 보고 연락해 온 사람을 중고차 매매상사로 유인한 다음 허위매물과는 다른 중고차를 강매한다는 점까지는 자세히 알지 못했다. 만약 김호구 씨가 중고차 판매 사기조직이 시세보다 싸게 올려 둔 미끼매물에 속아서 그들의 사무실에 찾아가서 매물을 확인한다면, 곧 '일방적인 계약 파기 시 계약금 환불 불가'라는 특약조항이 기재된 계약서에 서명을 하고 계약금을 건네주게 될 것이다. 그런데 그가 계약서를 작성하는 동안 다른 공범이 미끼매물 차량의 연료분사 노즐과 퓨즈를 빼내는 일명 '덜덜이 작업'을 해 놓았기 때문에, 그가 차량에 대한 계약을 마친 이후 해당 차량에 탑승했을 때 다시 시동을 걸 수 없게 된다. 그가 결국 해당 차량을 매수하는 것을 포기하면, 중고차 딜러는 지금까지의 친절한 표정을 거두어들이고 현란한 문신을 보여주면서 김호구 씨에게 계약금을 포기하고 높은 위약금까지 물어야 한다고 겁을 주기 시작할 것이다. 이에 김호구 씨는 중고차 딜러로부터 온갖 욕설을 들으면서 전혀 생각지도 않았던 매물들을 살펴보다가 무언가에 홀린 듯 대출 관련 서류에 서명하게 될 것이고, 시세 1,500만 원에 불과한 차량을 2,800만 원에 매수하여 이를 운전하고 있는 자신을 발견하게 될 것이다.[2]

설령 김호구 씨가 운 좋게 정직한 딜러로부터 제 값에 중고차를 구매했다고 하더라도, 그가 중고차매매상사 주차장에서 새로 산 차량을 운전해서 나올 때 보험사기조직의 차량이 운전이 서투른 그를 기다리고 있을지 모른다. 그들은 김호구 씨가 신호를 위반하거나 실선이나 점선 직진 구

---

2 조선일보, "'문신한 그들…난 죽음을 당합니다' 중고차사기 당한 60대의 유서", 2021. 5. 11.자 기사. 한편, 중고차 딜러들이 허위매물을 올리는 등의 부당한 방법으로 고객들을 유인하는 방식은 아주 오래 전부터 있어 왔지만, 중고차 딜러들 사이의 경쟁이 격화되고 허위매물을 통한 고객 유인이 효과가 좋다는 점이 널리 알려진 이후에는 허위매물로 유인한 후 중고차를 강매하는 방법이 유행처럼 퍼지게 되었다. 이에 따라 정직한 딜러들조차 어느 정도 저렴한 허위매물을 올리지 않을 수 없는 상황이 되어 버렸고, 오래지 않아 이와 같은 현상이 전국적으로 나타나게 된다. 특히 2010년 이후 경찰청은 주기적으로 중고차사기 관련 범죄조직 구성원들을 집중적으로 검거하고 있고, 검찰청 또한 이러한 형태의 조직적 사기를 형법상 범죄단체가입 또는 활동죄로도 의율하고 있지만, 현재까지도 중고차 사기를 당한 피해자들이 여전히 속출하고 있는 것을 보면, 수사기관의 검거속도나 처벌의 강도가 아직 중고차 관련 사기범죄조직의 확산을 막기에 부족하다는 점은 너무나 분명해 보인다.

간에서 진로를 변경할 때 접근하여 측면을 스치듯 경미한 접촉사고를 발생시킨 다음, 과도하게 병원 치료를 받는 수법으로 보험사로부터 보험금이나 합의금을 받아내려고 할 것이다. 만약 피해 차량이 흔히 보기 힘든 오래된 외제차량이라면, 수리 기간이 길고 부품을 구하기가 어렵기에 보험사에서 차량을 수리하는 대신 현금으로 '미수선 수리비'를 지급한다는 점을 노린 보험사기가 아닌지 의심을 해볼 수 있다. 그러나 교통사고 직후 문신을 한 건장한 남자 5명이 뒷목을 잡고 '피해'차량에서 내리는 것과 같이 다소 의심할 만한 사정이 있다고 하더라도, 수사기관이 김호구 씨의 의심을 토대로 보험사기의 단서를 확보하는 일은 여간해서는 잘 일어나지 않는다. 공범들 사이의 불화와 같은 특별한 사정이 없다면, 보험사기단은 어느 한방병원에서 2주간 숙식을 해결하고 같은 기간 동안의 휴업수당에 해당되는 보험금을 챙긴 다음에 다시 중고차판매점 앞 사거리로 나가 또 다른 피해자의 신호위반을 기다릴 것이다.[3]

　여기서 김호구 씨가 신호를 위반하거나 진로를 변경할 때 접근하는 보험사기조직의 차량을 운 좋게 피했다고 하더라도, 결혼을 약속한 예비신부와 함께 신혼집으로 꾸릴 전세매물을 보러 다닐 때에는 전세사기단이 그를 기다리고 있을 것이다. 공인중개사로부터 빌라 건물의 매매가가 상당히 높고 집주인이 빌라 수백 채를 갖고 있어 안전하다는 말을 듣게 되었다면, 신축 빌라의 시세를 제대로 모르는 세입자들을 상대로 하는 전세 사기일 가능성이 매우 높다. 김호구 씨가 집주인과 공인중개사가 함께 한 말에 속아 서둘러 전세계약서에 도장을 찍게 되었다면, 그 이후에 전세보증금을 받은 집주인은 한통속인 공인중개사에게 전세보증금의 10%를 수수료로 주고 자신은 나머지를 챙겨서 잠적할 것이다. 물론 집주인은 향후 전

---

3 매일경제, "목 삐끗에 150회 통원, 치료비 1천만 원…해도 너무한 한방병원", 2022. 10. 20.자 기사

세금을 돌려줄 능력이 전혀 없는 '바지'에게 빌라의 명의를 넘길 것이기 때문에, 앞으로 김호구 씨가 계약 당시 만났던 집주인을 다시 만날 일은 없을 것이고, 전세금으로 건넨 돈 또한 다시 볼 수 없을 것이다.[4] '바지'가 납부하지 못한 종합부동산세 등 당해세보다 후순위의 전세보증금 채권자에 불과한 그는 이후 경매절차에서 아주 높은 확률로 전세보증금을 한푼도 돌려받지 못할 것이기 때문이다.

이후 전세계약을 체결한 주택이 경매에 부쳐짐에 따라 쫓겨나는 신세가 되었고, 새로운 거처를 위한 임대보증금을 마련하려고 금융기관에 대출을 신청하였다가 거절을 당하게 되었다면, 김호구씨는 누군가로부터 다른 금융기관의 대출을 일부 변제하여 신용을 회복하면 다른 대출을 알선해준다는 예기치 않은 전화를 받게 될 것이다. 특히 김호구 씨가 앞서의 전세금을 돌려받지 못한 상태에서 경제적 사정이 좋지 않아 절박하게 대출을 받아야 하는 상황일수록, 신속히 추가 대출을 받으려면 기존 대출을 반드시 '현금'으로 변제하여야 한다는 안내를 받고 난 후, 금융감독원의 '김미영 팀장'이 안내한 절차에 따라 현금전달책에게 현금을 건네주고 있는 자신을 발견하게 될 것이다.

모든 곳에서 김호구를 노리고 있던 사기범죄조직들은 이제 당신의 모든 행동을 지켜보고 있다. 그들은 지금도 당신의 뒷목에 빨대를 꽂을 준비를 하면서 모든 곳에 덫을 놓고 당신이 걸려들기를 기다리고 있다. 정글북으로 유명한 영국의 소설가이자 노벨문학상 수상자인 러디어드 키플링(Rudyard Kipling)은 "하나님이라도 모든 곳에 있을 수 없기에 어머니를 창

---

4 2022. 8. 현재 국토부가 실제 부동산 거래를 분석해 전세 사기로 의심된다며 경찰에 제공한 정보(경찰이 단속·수사 중인 사건과 관련해 제공한 정보 포함)는 1만 건이 넘는다. 이에 해당하는 임대인은 총 825명으로 이들이 돌려주지 않은 보증금만 1조 581억 원에 달한다. 자세한 내용은 조선일보, "깡통 전세 500채 팔고 튀었다, 보증금 1,000억 떼먹은 사기수법", 2022. 8. 24.자 기사

조한 것이다(God could not be everywhere, and therefore he made mothers)"
라고 이야기한 바 있지만, 적어도 우리나라에서만큼은 "하나님이라도 모
든 곳에 있을 수 없지만, 사기범죄조직은 확실히 그러하다(In South Korea,
God could not be everywhere, but the fraud syndicates certainly are)"라는 표
현이 현실에 더 잘 들어맞는다.

당신이 아무리 사기범죄조직의 빨대를 조심하겠다고 다짐한다고 하
더라도, 자연인으로 돌아가 깊은 산골짜기에서 혼자 살 것이 아니라면 당
신의 의지나 운만으로 모든 곳에 있는 그들로부터 온전히 벗어나는 것은
불가능에 가깝다. 사기범죄조직이 모든 영역에서 그 영향력을 급속도로
확대하고 있고, 때때로 선뜻 믿기 어려울 정도로 과감하게 사기범행을 감
행하고 있기 때문에, 사기범죄조직의 조직원이 한 솔깃한 제안이 미끼라
는 사실을 곧바로 알아차리기는 쉽지 않다.

배고픈 물고기가 눈 앞에 떠다니는 지렁이를 물고 난 후에야 비로소
낚시바늘의 존재를 알아차릴 수 있는 것과 마찬가지로, 절박한 피해자들
은 사기범죄조직의 낚시바늘에 걸리고 난 후에야 비로소 자신이 사기범
죄조직에 낚였다는 것을 알 수 있기 때문이다. 자신이 신중하지 못해서 미
끼를 물게 된 것을 후회하는 바로 그 순간이 되면, 그전까지는 보이지 않
았던 낚시바늘이 주위에 무수히 많이 떠다니고 있음을 보게 될 것이다.

[조직적 사기범죄의 특징]

전통적인 차용금사기나 다단계 투자사기는 대면으로 진행되기에 사
기범과 피해자의 인간적인 신뢰관계가 가장 중요한 요소를 이루게 된다.
그 때문에 피해자는 범죄피해 발생 후 바로 피의자를 특정할 수 있어 이후
사기범이 사기죄로 처벌을 받게 될 위험이 크다. 반면, 일단 신뢰관계가

형성된 피해자에 대해서만 사기범행이 가능하다는 점 때문에 사기범의 입장에서는 같은 방식으로 범죄수익을 거두기 위해서는 또 다른 피해자를 물색하여 새롭게 신뢰관계를 쌓아야 하고 그 과정에 적지 않은 노력과 시간을 투자해야 하므로, 사기범의 입장에서는 같은 방식으로 범죄수익을 계속하여 증가시키는 것이 그리 용이하지 않다(높은 위험, 낮은 수익).

반면, 중고거래 사기와 같은 비대면 사기범행은 각종 메신저 앱을 이용하여 피해자와의 대면접촉을 최소화할 수 있기 때문에 피해자가 사기범의 인적사항이나 연락처를 정확하게 알기 어려운 특징이 있다. 이에 사기범의 입장에서는 피해자에게 자신에 대한 정보를 노출하지 않은 상태에서 큰 노력과 수고 없이도 다수의 피해자를 상대로 동일한 형태의 사기범행을 반복함으로써 단기간에 상당한 규모의 범죄수익을 확보할 수 있는 장점이 있다(낮은 위험, 높은 수익).

그런데 오늘날의 국제적 사기범죄조직은 여기서 한 발 더 나아가 비대면 사기범행의 실행행위의 전 과정을 세분화한 다음, 이를 국제적 점조직의 형태로 철저하게 분담함으로써 처벌위험은 더 낮춤과 동시에 이론적으로는 무제한의 범죄수익을 꾀하고 있다(매우 낮은 위험, 매우 높은 수익).

사기범죄조직들은 상당한 기간 시행착오를 거쳐 이제는 국제화, 온라인화 및 점조직화라는 성공의 요소들을 모두 찾아내어 범죄수익을 극대화하고, 이와 같이 확보한 범죄수익을 비트코인 등 가상화폐를 이용하여 효과적으로 은닉하고 있다. 이는 헨리 포드(Henry Ford)가 컨베이어 벨트 조립 라인을 활용한 양산체제를 고안해낸 것에 비견될 수 있을 정도로 전 세계적 범죄조직의 조직체계와 운영원리, 그들이 저지르는 각종 범죄의 형태 전반에 혁명적인 변화를 가져오고 있다.

국제적 사기범죄조직의 수괴들은 수사기관의 추적을 피하기 위하여 주로 중국과 베트남, 캄보디아 등지에서 온라인 메신저로 연락을 취하면서 철저히 분업화된 점조직으로 하여금 피해자 물색, 신뢰관계 형성, 기망행위, 범죄수익확보 및 자금세탁의 각 단계를 전담하도록 하고 있다. 예를 들어, 보이스피싱 범죄조직의 경우 피해자 물색과 기망행위, 범죄수익확보의 과정을 나누어 국내에는 대포통장 및 대포폰 모집팀, 대면편취 및 송금팀, ATM 현금인출팀 등을 두고, 해외에는 전화사기 콜센터를 두는 것이 일반적이다. 한국에 있는 점조직들은 예금통장 및 휴대전화 확보, 피해자에 대한 기망, 현금수송 등의 업무를 나누어 맡고, 별도의 인력알선 조직과 연계하여 해외의 콜센터에서 근무할 한국인 상담원이나 한국에서 활동할 현금수거책 등을 모집하기도 한다. 그중 현금수거책들은 얼마 지나지 않아 체포될 것이기 때문에 인력알선 조직들은 끊임없이 구인공고를 내서 잠재적 현금수거책들을 유인한다. 해외에 거점을 두고 있는 보이스피싱 콜센터는 인터넷 전화로 피해자에게 전화를 걸어 은행, 정부기관, 지인 등을 사칭하며 각종 명목으로 돈을 요구하는 기망행위를 담당하게 된다. 이때 해외에 있는 콜센터에서 국내로 통화시도를 할 때 인터넷 전화번호 또는 국제전화번호가 발신번호로 표시되어 피해자들이 의심을 품게 되면 사기범행의 성공률이 현저히 떨어지기 때문에, 이들은 콜센터의 발신번호를 국내의 휴대전화번호로 변경해주는 발신번호 변작기를 갖춘 별도의 사무실인 변작소까지도 운영하고 있다. 주로 국내의 주택가에 설치되는 발신번호 변작소에서는 유심을 꽂아 둔 수 백대의 휴대전화를 이용하여 해외의 콜센터에서 걸려온 전화의 발신번호를 국내의 휴대전화번호 등으로 변경해주는데, 이때 무인으로 운영되는 변작소 내부에 웹캠을 설치한 후 수사기관의 단속이 있었는지를 정기적으로 확인하는 별도의 전담 조직원을 두기까지 한다.

아울러 이들 조직은 온라인으로 조직 내 구성원 간의 대면 접촉을 최소화한 상태에서 국제적으로 업무를 분배하고 공범들 사이의 정보공유를 제한함으로써 다른 공범들이 해외에서 활동하고 있는 수괴나 핵심 구성원의 인적사항이나 전체 사기범죄의 규모 등을 파악할 수 없도록 하고 있다. 혹시 점조직 중 일부가 수사기관에 의하여 체포되거나 발신번호 변작소가 단속이 된다고 하더라도, 이미 동일한 업무를 진행하고 있던 다른 점조직에서 일을 배운 빠릿빠릿한 하부조직원으로 하여금 단속된 점조직의 빈자리를 메울 새로운 점조직의 팀장을 맡도록 하는 비상계획(contingency plan)까지도 갖추고 있으므로, 각각의 점조직에서 돌발상황이 발생하더라도 범죄조직의 전체적인 범죄실행에는 별다른 지장을 받지 않는다.

한편, 보이스피싱 범죄를 저지르기 위해서는 국내외 사무실과 발신번호 변작기 등의 설비, 다양한 업무를 전담하는 인력(콜센터 상담원, 대포통장 및 대포폰 수거책, 현금운반책, 전산인력 등), 그리고 계속적으로 공급되는 대포통장과 대포폰이 반드시 필요하다. 발신번호 변작소에서 사용되는 유심칩은 대부분 노숙자나 급전이 필요한 사람들에게 돈을 주고 대포 법인을 설립하여 법인 명의의 휴대전화를 개통하는 방법으로 마련된 것으로 사기범죄조직은 이를 발신번호 변작기에 꽂아 국내 번호로 변환하고 있는데, 해당 유심이 적발되기 전까지 짧은 기간 동안 쓸 수 있으므로 유심칩 또한 끊임없이 공급받아야 한다. 이때 적지 않은 수의 유심을 안정적으로 조달하기 위해서 보이스피싱 조직이 직접 유심을 마련하는 것보다는 믿을 수 있는 공급조직에게 아웃소싱을 주는 것이 원활한 업무진행에 큰 도움이 된다.

이처럼 보이스피싱 범죄조직이 갖추고 있는 조직은 이미 온전한 의미의 중견기업의 조직과 별반 차이가 없고, 이들이 범행을 저지르는 과정에서 보여주는 치밀하고도 꼼꼼한 일처리 방식 또한 정상적인 기업의 그것과 크게 다르지 않다. 다시 말해서 그들은 국제화와 온라인화를 통해서 이미 진화된 형태의 국제적 범죄기업(criminal enterprise)으로 변모한 것이다.

지금의 국제적 사기범죄조직은 일회적 범죄수익만을 노리고 한탕에 성공하면 서둘러 범죄수익이 든 돈 가방을 챙겨 들고 도주하던 과거의 사기도박단과는 전혀 다르다. 지금의 국제적 사기범죄조직은 한탕주의 목표가아닌 범죄수익의 극대화라는 지속적이고 일관된 비즈니스 목표를 갖고있으며, 일반 기업의 경우와 마찬가지로 외부적 환경에 신속하게 대응할수 있는 효율적인 조직으로 거듭나고 있다. 비록 국제적 사기범죄조직들이 불법적인 사업을 영위하고는 있지만, 그들은 스타트업 업계의 애자일방법론(agile methodology)과 린 스타트업 프로세스(lean startup process)를체계적으로 내재화하고 있고,[5] 점조직에 속한 공범들에게 각자의 성과에따라 차등화된 보수를 지급하고 공범 개인에게도 스스로의 전문성을 극대화하도록 유도하는 파격적인 인센티브를 제공하는 등 일반 회사와 별차이 없는 성과보상 시스템 또한 도입해두고 있다. 나아가 그들은 다양한범죄환경에서 검증이 끝난 효과적인 방법론과 프로세스로 무장하고 유니콘 사기범죄조직으로 거듭나기 위하여 노력하고 있다(물론 초대형 사기범죄조직들이 유가증권시장에 상장을 하거나 공시를 하는 것도 아니고, 수사관들이 이들 조직에 잠입해서 실상을 파헤칠 수 있는 것도 아니기 때문에, 사기범죄조직 중 유니콘으로 불리는 조직들의 정확한 규모나 실상을 어디까지나 짐작만 할 수 있을 뿐이다).

성공적인 국제적 사기범죄조직은 더 이상 고정된 형태의 사기범죄에한정되지 않고, 다양한 사기범죄 포트폴리오를 갖춘 조직적 사기범죄의플랫폼으로 진화하고 있다. 그들은 대면으로 진행되는 고전적인 형태의

---

5 애자일 방법론(agile methodology)이란 뚜렷한 목표와 체계적인 계획 및 일정을 기반으로하여 순차적으로 개발을 진행하는 폭포수 모델과 달리, 일정한 주기로 계속하여 프로토 타입을 만들고, 그때 그때 필요한 요청사항을 반영하여 끊임없이 프로토 타입을 수정해 나가는방식으로 최종적인 단계의 소프트웨어를 개발해 나가는 방법을 말한다. 한편, 린 스타트업프로세스(lean startup process)란 아이디어를 최대한 빨리 제품으로 구현한 후, 고객이 이에 어떻게 반응하는지를 확인하고 이를 데이터로 축적하면서 다시 개선된 제품을 출시하는일련의 흐름을 아주 빠른 속도로 반복하는 경영방식을 말한다.

일회적이고 단발적인 사기범행으로부터 완전히 벗어났을 뿐만 아니라, 현재 자신들이 주력으로 삼고 있는 특정 형태의 사기범죄에 집착하지도 않는다. 그들은 자신들의 강점을 활용하여 범죄수익을 극대화할 수 있는 사기범죄라면 어떠한 방법이든 즉시 이를 받아들일 의사와 능력을 갖추고 있다. 그들은 피해자의 자녀를 사칭하여 휴대전화가 고장났다며 문화상품권을 구매하여 PIN 번호를 알려달라고 하는 방식의 가족사칭 사기이든, 미국의 파워볼 복권을 대행하여 구입하여 준다며 복권구입비용과 수수료 명목으로 금원을 편취하는 형태의 복권구매대행 사기든 가리지 않는다. 만약 새로운 형태의 사기범행이 그리 많은 수고와 노력을 들이지 않더라도 유의미한 범죄수익을 거둘 수 있는 가능성을 보여준다면, 다른 사기범죄조직들이 그 사기범행을 따라하기 전(또는 잠재적인 피해자들이 그 사기범행방식에 경계심을 갖기 전)에 최대한 많은 피해자로부터 범죄수익을 확보하기 위하여 모든 자원을 집중하여 해당 범행을 다양한 형태로 시도해 볼 것이다. 만약 발신번호 변작기라는 새로운 문물이 보이스피싱 사기에서의 성공률을 높일 수 있다는 소문을 들었다면, 그들로서는 일단 발신번호 변작기를 구입하여 빨리 활용가능성을 살펴보는 것은 너무나 당연한 것이다.

국제적 사기범죄조직은 그동안 보이스피싱뿐만 아니라, 주식리딩방 사기, 암호화폐투자, 파워볼구매대행 등 다양한 사기범죄 포트폴리오를 바탕으로 오랜 실험을 거듭하여 왔다. 그 결과 그들은 온라인을 기반으로 여러 범죄수법을 시도하다가 범죄수익을 극대화시킴과 동시에 안정적인 범죄수익 기반을 마련할 수 있는 방안을 찾아냈다. 또한 이들은 편취액을 기하급수적으로 증가시키면서도 수사기관의 감시망을 피할 수 있는 사기범죄 포트폴리오를 찾는 과정에서 새로운 사기범행의 기회들을 발견하고 가장 최적화된 사기범죄조직의 조직형태에 대한 해답을 찾기도 하였다.

이처럼 국제적 사기범죄조직은 스스로 고도화 및 체계화를 이루어가다가, 불현듯 모든 형태의 사기범행을 마음껏 실행할 수 있는 '조직적 사기범죄의 플랫폼'으로 진화해버린 것이다.

이제는 국제적인 사기범죄조직을 제대로 운영할 수 있는 경영능력과 감각을 갖춘 수괴라면 동종 업계에서 가장 성공률이 높은 사기범죄 아이템을 재빠르게 도입하여 1년에 수천억 규모의 범죄수익을 실현하는 것이 그리 어렵지 않게 되었다. 그리고 거대 사기범죄조직의 하부 조직에 속한 단순 가담자라고 하더라도 스스로 중간 관리자로서의 자질과 능력이 있음을 보인다면 머지않아 사기범죄조직의 수괴로부터 자신의 가치를 입증할 기회를 부여받을 수 있을 것이다.

이제 사기범죄 플랫폼으로 진화된 사기범죄조직은 피해자의 착오를 이용해서 위법한 범죄수익을 챙긴다는 것을 제외하고는 과거 차용금 사기범행을 저지르던 사기꾼들과는 별다른 공통점이 없다. 복날을 맞이하여 자신이 애지중지 키우던 닭 한 마리를 잡기로 결심한 농부와 하루에 30만 마리를 처리할 수 있는 도계공장 사이에서 살아 있는 닭을 잡아서 생닭이라는 결과물을 내어 놓는다는 것을 제외하고는 정작 유사한 점을 찾기 어렵듯이, 작금의 사기범죄조직은 전통적인 사기꾼과는 객관적으로 다른 존재가 되어 버렸다. 주관적인 측면에서도, 사기피해로 전 재산을 잃고 망연자실해 있는 사람에게 접근하여 추가 대출을 미끼로 또다시 사기범행을 저지르는 것에 대해서 사기범죄조직은 손톱만큼도 미안한 감정을 가지지 않는다. 알에서 태어난 병아리 시절부터 키우던 닭을 잡게 된 농부의 경우 닭에게 한없는 미안함을 느낄 수 있겠지만, 자동화된 도계공장의 설비가 하루에 처리하는 30만 마리의 닭과 오리에 대해서 전혀 미안한 감정을 가질 이유가 없는 것과 마찬가지이다. 국제적 사기범죄조직은 경쟁 범죄조직이 피해자의 돈을 편취하기에 앞서 자신들이 그 돈을 챙긴 것에 불과하다는 식의 자기정당화를 할 필요조차 없는 범죄기계로 이미 진화를 마쳤기 때문이다.

국제적 사기범죄조직은 이제 일반 기업과 마찬가지로 범죄수익의 규모와 증가 추이, 사기범죄 아이템별 범죄수익과 운영비용, 조직원 1인당 편취액과 같은 숫자나 그래프 등 경영지표에 주된 관심을 갖고 있다는 점에서, 과거 주변 사람에게 폐를 끼치면서 무전취식을 하던 사기꾼과 동일하게 평가할 수조차 없게 되었다. 이렇듯 범죄기계로 진화한 사기범죄조직은 분명히 존재하지만 우리의 눈에 보이지도 않고 손에 잡히지도 않는 초월적인 존재가 되어 하나님이 임하지 않는 곳에서도 무심히 손에 빨대를 들고 우리들을 지켜보고 있을 것이다.

조직적 사기범죄로 인한 피해

[조직적 사기범죄로 인한 막대한 피해(또는 범죄조직의 막대한 성공)]

우리나라에서 전체 사기범죄는 급격한 증가추세를 보이고 있다. 지난 2017년 23만 1,489건이던 사기범죄 건수는 2018년 27만 29건, 2019년 30만 4,472건, 2020년 34만 7,675건으로 매년 큰 폭으로 증가하고 있다. 이에 따라 전체 범죄에서 사기가 차지하는 비중은 2017년 13.9%에서 2020년 21.9%로 수직 상승하였다. 사기범죄로 인한 재산피해 또한 급격히 늘어나 2018년 32조 9,600억 원에서 2020년 40조 3,139억 원으로 급증하였다. 최근 3년간 100만 건 정도의 사기범죄가 발생하고, 그로 인한 범죄 피해액 또한 100조 원을 훌쩍 넘고 있는 셈이다. 반면, 회수금액은 3조 9,192억 원에서 1조 949억 원으로 급감하여 회수율은 2018년 11.89%에서 2020년 2.71%로 9.18%p 감소하였다.

전체 사기범죄 중 조직적 사기범죄와 그로 인한 피해(또는 사기범죄조직의 총 이득)는 이미 우리의 상상을 초월하는 수준으로 증가하고 있다. 비록 사기범죄조직의 사기범행으로 인한 모든 피해에 대한 통계가 공식적으로 집계되고 있는 것은 아니지만, 경찰청이 불특정 다수를 노린 다중사기로 꼽은 세 가지 유형의 사기, 즉 전기통신금융사기(보이스피싱), 사이버사기와 다단계사기만 보더라도 그 피해규모는 최소 4조 원 대로 추산된다.[6] 대표적인 다중피해범죄인 △보이스피싱으로 인한 피해액은 2016년 1,924억 원에서 2021년 7,744억 원으로, △사이버사기는 2016년 839억 원에서 2020년 3,326억 원으로 급증하였다. △다단계사기로 인한 피해액은 2020년 2,136억 원에 불과하였다가 이후 암호화폐 사기와 결합하여 급격하게 증가하여 2021년 3조 1,282억 원('에어비트' 및 '브이글로벌' 포함)에 이르게 되었다.[7] 그중 다단계사기는 금융당국의 인허가를 받지 않고 투자금을 유치하는 수신행위로서 「유사수신행위의 규제에 관한 법률」이 금지하는 유사수신 형태의 사기범행이 대부분을 차지한다.[8] 특히 2021년 피해액에는 최대 암호화폐 사기범죄로 꼽히는 브이글로벌 사건으로 인한 2조 2,000억 원의 피해가 포함되어 있는데, 이는 라임 자산운용 사건으로 인한 피해 1조 6,000억 원, 옵티머스 자산운용 사건으로 인한 피해 5,000억

---

6 중앙일보, "경찰, 다중피해 사기범죄와의 전쟁…지난해 최소 4조 원대 피해", 2022. 3. 29. 자 기사

7 2020년대 초반 '코인 광풍' 이후 다단계업체의 사기 수단으로 암호화폐가 활용되고 있다. 암호화폐 사기는 신규 투자자 돈으로 기존 투자자에게 배당금을 떼어주는 '폰지 사기(Ponzi Scheme)', 시세 조종으로 차익을 얻는 '펌프 앤드 덤프(Pump and Dump)' 등 기존 금융시장의 사기 수법이 그대로 쓰이기는 하지만, 그중 '펌프 앤드 덤프' 방식의 사기에 대해서는 처벌할 수 있는 근거규정이 없고, 수사도 쉽지 않아 범죄통계에는 거의 잡히지 않는다. 한편, 암호화폐 사기 등을 방지한다며 「특정 금융거래정보의 보고 및 이용 등에 관한 법률」이 개정되었지만, 암호화폐 거래소에 대한 규제와 감독만 강화됐을 뿐 실제 사기 범죄를 막을 수 있는 대책을 도입하지 아니한 탓에 암호화폐를 이용한 사기 범죄는 수그러지지 않고 있다. 자세한 내용은, 한국경제, "5년간 5조 피해…암호화폐 사기, 보이스피싱 뛰어넘었다", 2021. 1. 16.자 기사 참조.

8 유사수신행위의 대표적인 사례로는 7만여 명의 피해자에게 5조 원 이상의 막대한 사기피해를 야기한 것으로 추산되는 '조희팔 사건(2008)', 어미 돼지 1마리당 500만 원을 투자하면 새끼 돼지를 20마리 낳게 하여 다달이 일정한 수익금을 준다며 투자자 1만여 명으로부터 2,400억여 원을 가로챈 '도나도나 사건(2009)', 원리금 보장이 어렵다는 사실을 알면서도 공제회 투자수익 등을 허위로 홍보하여 예금 명목으로 2,829억 원을 받아 챙기고, 500억 원을 횡령한 '교수공제회 사건(2012)' 등을 꼽을 수 있다.

원을 크게 웃도는 피해액이다. 유사수신행위는 상당히 전통적인 형태의 조직적 사기범행의 한 형태로 현재 전국에 1천여 곳이 넘는 다단계 조직이 활동하고 있는 것으로 추산되고 있다.[9] 한편, 환매중단금액만 1조 4,118억 원에 이르렀던 라임자산운용 사건(2019)의 경우 비록 금융당국의 허가를 받은 금융기관을 통하여 수신행위가 이루어졌기 때문에 공범들이 유사수신행위가 아닌 특정경제범죄 가중처벌 등에 관한 법률 위반 등으로 처벌되기는 하였으나, 이는 과거의 유사수신행위가 진화하여 제도권 내에서 투자금을 유치하는 형태로 변모한 것이라고도 평가할 수 있다.

특히, 유사수신행위 중에서 암호화폐를 매개로 한 투자사기로 인한 피해가 급증하고 있다. 2017년부터 2021년까지 암호화폐를 매개로 한 투자사기 피해액은 4조 7,000억 원에 달했는데(앞서 본 브이글로벌 사건 등 포함), 암호화폐 사기 피해액은 같은 기간 보이스피싱 피해액(2조 7,079억 원)보다도 73.5% 많은 규모이다. 최근에는 「유사수신행위의 규제에 관한 법률」에서 금지하고 있는 것과 유사한 형태로 암호화폐를 매개로 장래에 출자금의 전액 또는 이를 초과하는 금액을 지급할 것을 약정하고 출자금을 모집하는 행위가 성행하고 있지만, 그동안 암호화폐에 관하여 금융자산이 아니라는 일관된 입장을 밝혀온 정부가 이제 와서 암호화폐를 금전과 동일한 것이고 암호화폐에 대한 출자금 모집행위 자체를 유사수신행위라고 보아 수사나 기소를 진행하기에는 너무나 어색한 부분이 있었다. 당시 박상기 법무부장관이 암호화폐가 범죄조직의 범죄수익 은닉수단이라면서 암호화폐의 제도권 편입을 결단코 반대하였는데, 정작 사기피해자를 보호하는 법률을 만들어 두지는 않았기 때문이다.[10] 이에 전통적인 형태의 유사수신행위에 대해서는 조사할 권한을 갖고 있는 금융감독원이 암호화

---

9 한국경제, "5년간 5조 피해…암호화폐 사기, 보이스피싱 뛰어넘었다", 2022. 1. 16.자 기사
10 한겨레, "박상기 법무 '가상화폐는 도박…거래소 폐쇄 목표'", 2018. 1. 11.자 기사

폐를 매개로 한 유사수신을 조사할 권한이 있는지부터 분명하지 않다. 이러한 이유로 암호화폐 루나(LUNA) 및 테라(UST) 사태와 같이 유사수신 혐의 적용이 문제가 되는 적지 않은 수의 사건에서 적용법조부터 고민하여야 하는 문제가 발생하고 있고, 이들에 대한 범죄피해가 통계에 제대로 반영되기도 어렵다.[11]

다만, 다단계 형태로 다른 투자자를 데려오면 투자금의 20%를 떼어준다고 피해자들을 현혹하는 폰지 사기 형태를 띠고 있는 암호화폐 관련 투자금 모집에 대해서는 일반 사기의 요건을 충족한 경우 사기죄로 수사와 처벌이 가능한 경우가 있다. 그런데 폰지 사기의 경우에는 운영자들이 도주하여 투자금 반환이 중단되었음이 명백한 경우라야 비로소 피해자들이 운영자들을 고소하여 사기혐의에 대한 수사가 시작되는 것이 일반적이므로, 실제 주범들의 신병을 확보하여 수사가 진행되는 사건은 그리 많지 않다. 여기서 사기범죄조직들은 피해자들로 하여금 가해자의 지위를 겸하게 하는 피라미드 사기를 암호화폐 사기와 결합하는 방식으로 투자 사기 범행의 구조를 설계하여 두고 있는데, 이로써 피해자들이 피해를 인식하는 시점을 최대한 늦추고 공범의 범위를 최대한 확대해둠으로써 주범들이 수사나 형사재판을 받게 될 위험을 최소화하고 있다. 이는 사기범죄의 피해자 겸 단순가담자가 신고를 미루거나 피해가 발생한 때로부터

---

11 서울남부지검 금융증권범죄합수단은 2023. 4. 25. 신현성 전 차이코퍼레이션 대표 등이 '테라 프로젝트'가 성공리에 추진되는 것처럼 허위홍보·거래조작하는 등 부정한 수단을 동원해 '테라·루나' 코인이 판매·거래되도록 했다고 보아 테라폼랩스 창업자 신 전 대표 등 8명을 자본시장법상 사기적 부정거래 등 혐의로 불구속 기소했다. 검찰은 이들이 당초 '테라 프로젝트'가 처음부터 법적으로도 허용될 수 없고, 실현 불가능했던 것을 알면서도 사업을 추진해 투자자들에게 천문학적인 규모의 피해를 발생시킴과 동시에 해당 사업으로 모두 4,629억 원의 부당이득을 얻고, 3,769억 원을 상습적으로 빼돌린 것으로 본 것이었다. 그런데 검찰은 기소에 앞서 암호화폐를 주식과 같은 '증권'으로 보고 자본시장법을 적용해 신 전 대표 등에 대한 구속영장을 청구했지만, 법원은 증권성에 대한 판단을 유보하며 두 차례 영장을 기각했다. 자세한 내용은 한겨레, "검찰, '테라·루나' 공동창립자 신현성 등 10명 불구속 기소", 2023. 4. 25.자 기사 참조.

상당한 시간이 지나서야 신고하도록 유도함으로써, 실제 피해금액보다 훨씬 적은 금액이 해당 유형의 범죄에 대한 통계에 잡힌다는 점은 유념할 필요가 있다.

한편, △보험사를 상대로 한 보험사기 적발금액은 2021년 9,434억 원, 적발인원은 9만 7,629명으로 역대 최고 수준을 기록하였다. 보통 가짜 환자로 위장하여 보험금을 편취하는 보험사기는 자동차보험, 실손의료보험 등 손해보험에 대한 것이 대부분을 차지하는데, 최근 코로나19 대유행 및 경기침체로 허위입원은 감소하였으나 허위장애 등 단발성 보험사기와 생계형 보험사기가 증가하고 있다. 최근 5년간 보험사기 추이를 보더라도 2017년 7,302억 원에서 2018년 7,982억 원, 2019년 8,809억 원, 2020년 8,986억 원, 2021년 9,434억 원으로 기록적인 증가세가 멈추지 않고 있다.[12] 한편, 보험연구원과 서울대학교 산학협력단이 발표한 자료에 따르면, 보험사나 수사기관에 적발되지 않은 전체 민영보험의 보험사기로 인한 피해 규모가 연간 5조 8,000억 원에 달할 뿐만 아니라, 민영보험 보험사기로 인한 건강보험 재정 누수 규모 또한 1조 원 내외로 추정된다고 한다.[13]

여기에 △전세사기로 인한 피해 또한 서민들과 사회초년생들을 상대로 하여 상당한 규모로 증가하고 있다. 깡통전세, 무자본 갭투자, 부동산 권리관계 허위고지, 세금체납 등으로 서민과 20대와 30대 청년층에게 막대한 피해를 끼치는 전세사기는 여전히 진행중이어서 정확한 피해액수는 알려져 있지 않지만, 간접적으로 이를 드러내는 주택도시보증공사(HUG)의 전세보증금 반환보증보험 사고금액은 2017년 74억 원, 2018년 792억

---

12 한국경제, "보험료 오른 이유 있었네…보험사기 5년간 4조 원 빠져나갔다", 2022. 6. 2.자 기사
13 의학신문, "민영보험발 보험사기에 건보 누수 1조 원 규모", 2020. 5. 4.자 기사

원, 2019년 3,442억 원, 2020년 4,682억 원, 2021년 5,790억 원, 2022년 1조 1,726억 원으로 폭증하였고, 2023년에는 4조 8,808억 원에 이를 것으로 추정되고 있다.[14] 실제 모든 전세계약이 전세보증금 반환보증보험에 가입하는 것은 아니고, 전세사기로 의심해볼 수 있는 사례 중 일부만 형사적으로 입건되는 점을 감안하면, 전세사기로 인한 피해 또한 수조 원 대로 급격하게 확대되고 있음을 알 수 있다.

여기서 특기할 만한 것은 최근 대규모 전세 사기 사건의 주범은 모두 정부의 임대사업자 우대정책에 편승한 임대사업자들이었다는 것이다. 임대사업자 7명이 보유한 주택에서 전세보증금을 반환받지 못하는 사람들이 무려 3천여 명에 이르는 등 임대주택 수백 채부터 수천 채를 한데 묶어서 관리할 수 있게 한 임대사업자 제도가 주거안정이라는 목적을 이루기는커녕 전세사기범들의 대규모 사기범행을 가능하게 하는 주된 도구가 된 것이다. 이와 같은 임대사업자 제도에 더하여 주택도시보증공사의 전세보증금 반환보증보험, 그리고 공인중개사의 적극적인 사기범행 가담의 세 가지 요소가 결합함으로써 비로소 대규모 전세사기가 가능케 되었다. 정부가 도입한 임대사업자 제도와 관대한 전세보증금 반환보증보험 제도에 더하여 심화된 경쟁으로 전문가 윤리를 내팽개친 일부 공인중개사의 범행 가담이 이루어지기 시작하자, 전세사기범들은 자신들의 레버리지를 극대화하여 사기범행으로 인한 수익을 무한대로 증식할 수 있는 방법을 찾게 된 것이었다.

그리고 임대사업자에 대하여 납부를 유예 또는 면제해 준 각종 세금이 주택경매 시 전세보증금보다 우선하도록 하는 국세기본법에 따라, 결국

---

14 서울경제, "지난해 전세금 보증사고 5,443건…1년 새 2배 급증", 2023. 1. 17.자 기사; 동아일보, "[단독]'전세사기 타격' HUG 손실 4.9조 전망…내년 보증 중단될 위기", 2023. 11. 8.자 기사

대한민국이 전세사기로 인한 주택경매로 인한 배당금의 대부분을 가져가고 전세사기 피해자들이 피해 중 일부도 변제받지 못하고 있는 것 또한 전세사기범행으로 인한 피해를 극대화시키는 데 적지 않은 기여를 하고 있다. 전세사기 피해자가 낸 전세금은 전세사기범이, 해당 주택의 경매로 인한 배당금은 대한민국이 나눠서 가져가고 있기 때문이다(이 때문에 전세사기의 정확한 건수와 그 피해액을 제대로 파악하는 것이 그리 쉽지 않다).[15]

그 동안 대표적인 조직적 사기범죄 중 하나로 분류되어 왔던 △시세조종(주가조작) 등의 범죄에 대해서는 수사가 진행되거나 수사가 이루어진 사건이 급감함에 따라 적발된 범행 건수 또한 크게 감소하였다. 그렇다고 실제 발생한 범행이 줄어들었다는 뜻은 결코 아니었다. 「자본시장과 금융투자업에 관한 법률」 위반 범죄와 관련하여, 2015년에 전문수사조직으로 설치된 서울남부지방검찰청의 금융증권범죄 합동수사단은 2020년 1월 느닷없이 해체되었다. 이 때문에 상상인그룹 사건, 신라젠 사건, 라임자산운용 사건, 옵티머스 자산운용 사건 등 대형 사기범죄 수사는 일제히 용두사미의 초라한 모습으로 종결되었고, '희대의 펀드사기'로 불린 옵티

---

15 '빌라왕' 사건의 바지 임대인 김아무개 씨가 체납한 종합부동산세 62억 5,000만 원은 2020년 12월 11일에 약 2억 5,000만 원이, 2021년 11월 19일에 약 60억 원이 고지돼 모두 납부기한이 지났다. 이 때문에 종부세 고지일보다 늦은 시점에 임차인이 확정일자(임차권 설정)를 받은 경우, 정부의 조세채권이 임차인의 보증금 채권보다 선순위가 된다(현행 국세기본법제 제35조는 조세채권 법정기일(신고·고지일)과 임차권 설정일을 따져 먼저 발생한 채권을 선순위로 간주한다). 이로 인하여 위 종합부동산세 62억 5,000만 원이 전액 변제되기 전까지는 모든 경매주택에 대한 최선순위 채권자인 대한민국은 모든 전세권자보다 우선하여 배당금을 받아갈 수 있게 되었다. 이에 사전에 집주인이 세금을 체납했는지 알 수 없는 상태에서 전세계약을 맺은 피해자들은 경매에서 한 푼도 회수할 수 없었다. 다만, 「전세사기 피해자 지원 및 주거안정에 관한 특별법(일명 '전세사기특별법')」의 시행에 따라 2023. 7.부터 임대인이 체납한 총액을 보유한 주택별로 나눠서 경매를 진행하는 조세채권 안분이 적용된다고는 하나, 이러한 경우에도 대한민국이 전세권자들에 앞서 전부를 배당받던 것에서 상당부분을 배당받는 것으로 바뀌는 것에 불과하다는 점에서 전세사기 피해자들의 형편에 크게 도움이 되는 결과를 가져오는 것은 아닐 것으로 보인다. 자세한 내용은 한겨레, "전세사기특별법에 '조세채권 안분' 포함…피해자 숨통 트일듯", 2023. 4. 26.자 기사; 경향신문, "전세사기특별법 6월 1일부터 시행…조세채권 안분은 7월부터", 2023. 5. 25.자 기사 참조.

머스 사태의 경우 이름이 오르내린 여권 인사들은 서면조사 등 형식적 수사 끝에 일제히 무혐의 처분되기도 하였다.

이처럼 금융범죄나 증권범죄에 대한 검찰의 수사능력이나 의지가 사실상 사라져버린 2020년 이후에 수사나 기소가 진행된 증권범죄 사건 중 특기할 만한 사건은 없다. 통상 자본시장법상 시세조종 등의 사건에 대해서는 금융위원회로부터 수사의뢰를 받는 검찰이 주로 수사를 도맡아서 해왔었는데, 검찰이 2021년 금융위원회로부터 이첩받은 자본시장법 위반 혐의사건 61건 중 구속기소된 사건은 단 1건도 없기 때문이다.[16] 물론 이러한 상황이 합수단의 해체 이후 자본시장이 스스로 정화된 결과라면 모두가 쌍수를 들고 환영할 일이겠다. 하지만, 쌍용차 인수과정에서 불공정거래 논란과 함께 과거 주가조작 전력이 있는 다수의 세력들이 개입하였다는 의혹이 제기된 바 있고, 2023년 4월 주가조작 의혹 8개 종목 동반 폭락, 2023년 6월 주가조작 의혹 5개 종목 무더기 하한가와 같은 뉴스가 계속하여 나오는 것을 보면, 지금 사기조직들이 미쳐 날뛰는데도 아무도 이를 제지하지 못하고 있다고 보는 것이 보다 타당할 것이다.[17] 이처럼 시세조종 등 자본시장법 위반 형태의 범죄에 대해서는 이를 담당해오던 수사의 주체가 해체된 후 수사가 제대로 진행된 바 없기 때문에 시세조종 등

---

16 법률신문, "증권범죄합동수사단 폐지 1년…우려가 현실로", 2021. 1. 11.자 기사에 따르면, 2020년 1월 합수단이 폐지된 후 그해 검찰로 이첩된 57건 가운데 검찰이 기소한 사건은 단 1건으로, 나머지 4건은 불기소 처리되었고, 51건(89.4%)은 여전히 수사 중인 것으로 드러났는데(2020년 12월말 기준), 이는 금융 및 증권범죄에 대한 모든 수사가 사실상 중단된 상태라는 것을 의미하는 것이다. 한편, 2021년 검사가 직접 수사지휘를 할 수 있는 금융·증권범죄수사협력단이 설치됐지만 합수단과 같은 실적을 내지는 못하였고, 이후 2022년 5월경 금융·증권범죄합동수사단이 다시 설치되기는 하였지만 과거의 전문 인력들과 그들의 노하우가 모두 흩어져버린 데다가, 검찰의 직접 수사에 적지 않은 제한이 있는 상황이어서 새로운 합수단이 과거와 같은 수사실적을 거두는 것은 결코 쉽지 않을 것으로 예상된다.

17 동아일보, "주가조작 의혹 8개 종목 연사흘 최대 66% 폭락…검, 10명 출금", 2023. 4. 27.자 기사; 연합뉴스, "제2의 'SG사태'?…동일산업 등 5개 종목 무더기 하한가", 2023. 6. 14.자 기사

사기피해에 대한 정확한 통계가 존재한다고 보기 어렵다. 아울러 암호화폐 시세조종과 관련하여는 명확한 처벌규정이 없기에 그와 관련된 통계 또한 존재하지 아니한다는 점 또한 앞서 본 바와 같다.

이외에도 △주식리딩방 사기, △FX외화거래사기, △파워볼 복권 사기, △로맨스 스캠, △산업안전교육 사기[18]와 같은 신통방통한 다양한 사기범행들이 봇물 터지듯 나오고 있다. 일례로, 2021년에 발생한 '머지포인트 사태'도 폰지 사기와 유사하지만 정형화되지 않은 형태의 사기범행 중 하나로 들 수 있다. 머지포인트 운영자들은 액면가보다 할인된 머지포인트 상품권을 결제하면 가맹점에서 쓸 수 있는 머지머니를 충전해주는 방식의 사업을 운영하였는데, 2020년 5월부터 2021년 8월까지 회사 적자가 누적되어 사업 중단 위기에 처했는데도 돌려막기 방식으로 사업을 유지하면서 소비자 56만 명을 기망하여 2,521억 원 상당의 머지머니를 판매하였다는 사기혐의와 2020년 1월부터 2021년 8월까지 금융위원회에 등록하지 않고 선결제 방식으로 회원들을 모집해 전자지급결제 대행업을 하였다는 혐의 등이 적용되어 구속 기소된 바 있다.[19]

이처럼 셀 수도 없이 많은 조직적 사기범행과 관련하여 매년 사기범죄조직들이 거두고 있는 전체 범죄수익에 대한 정보를 정확히 알 수 있는 방법은 없다. 아울러 조직적 사기범죄의 피해자 중 자신의 의사표현에 어려

---

18 매일경제, "산업안전법 교육이라더니 약팔이…5인 미만 사업장 노리는 사기업체들", 2022. 6. 17.자 기사에 따르면, 소규모 사업장을 상대로 '법정의무교육'을 하겠다면서 실제로는 광고성 영업을 하는 사기꾼들은 자신들이 고용노동부의 산하기관 또는 위탁기관의 직원이라고 사칭하면서 5인 미만 사업장을 돌아다니면서 산업안전보건법상 법정의무교육을 받으라고 한 다음, 10분 정도 산업안전법 교육을 하고는 30~40분 동안 보험이나 건강기능식품을 판매하고 있다. 이들의 범행은 짧게나마 산업안전보건법 관련 교육을 한다는 점, 영업활동으로 사업장에 끼치는 손해가 명확하지 않다는 점 때문에 법적 처벌이 어렵다는 것을 악용한 것이다.
19 2022년 11월 1심 법원은 머지플러스 대표에게 징역 4년, 최고전략책임자에게 징역 8년을 선고하였다. 경향신문, "대규모 환불중단 머지포인트 설립자 남매 실형 선고", 2022. 11. 10.자 기사

움을 겪는 사람이 적지 않고 이들이 수사기관에 신고하지 아니한 피해 또한 상당한 데다가, 시세조종 등 복잡한 사기사건에서는 피해자별로 범죄피해액을 정확하게 산출하는 것도 어려운 부분이 있기 때문에 수사기관에서 작성한 통계가 사기범죄로 인한 피해를 있는 그대로 드러내고 있다고 보기도 어렵다.

그럼에도 불구하고 각종 통계와 신문기사 등을 통해서 파악할 수 있는 조직적 사기범죄 피해액을 합산하면, 실제 조직적 사기범죄로 인한 피해액은 매년 20조 원을 넉넉히 초과하고 있을 것으로 평가된다. 2020년 교통사고로 인한 차량손해와 대물피해의 물적 피해 비용의 추계액이 11조 28억 원(인적손해 및 사회기관비용 제외)이라는 점을 감안하면, 조직적 사기범행으로 인한 피해가 이제 전 국민이 교통사고로 겪는 물적 피해 규모를 현저히 넘어서고 있는 것이다.[20]

여기에 한국금융소비자보호재단이 발표한 「2022년 금융사기 현황조사 결과」에 따른 평균 금융사기 피해액이 2,141만 원임을 참고하여 사기피해자 1인당 2,000만 원의 사기피해를 당한 것으로 가정하면, 2021년 한 해 동안 무려 100만 명의 피해자가 각각 2,000만 원의 사기피해를 당한 것과 같은 정도의 피해가 발생한 것으로 볼 수 있다. 나아가 조직적 사기범죄로 인한 피해가 범죄수익으로 고스란히 환원되고 있다고 가정한다면, 사기범죄조직들이 1년에 벌어들이는 범죄수익 또한 20조 원을 넉넉히 초과할 것이다(물론 이는 불법도박 및 마약류 거래로 인한 범죄수익은 제외된 수치이다).

그런데 대부분의 국제적 사기범죄조직들은 대체로 인터넷 도박사이트나 음란물 및 마약류 유통조직을 함께 운영하고 있다. 피해자가 없는 도

---

20 도로교통공단, 『'20 도로교통 사고비용의 추계와 평가(2021년판)』, 87면 참조.

박사이트나 음란물 공유사이트, 마약류 유통조직 등의 경우에는 수사기관에 적발되는 경우가 훨씬 적기 때문에 범죄조직들의 대체적인 규모나 범죄수익의 크기를 제대로 파악하는 것은 불가능에 가깝다. 하지만, 인터넷 도박의 경우 국무총리실 사행산업 통합감독위원회가 추산한 불법도박 규모는 81조 5,000억 원(2019년 기준)으로 22조 4,000억 원(2018년 기준) 규모인 합법 사행산업의 약 3.6배에 이르는 것으로 추산되고 있다.[21] 현재 전체 불법도박 중 불법 온라인 도박이 총 54조 5,000억 원, 불법 스포츠토토가 20조 2,700억 원으로 온라인 도박시장은 폭발적인 성장을 거듭해오고 있는데, 여기에 불법 도박사이트의 통상적인 환전 수수료율인 2% 내지 3% 정도의 금액의 범죄수익이 범죄조직에 귀속된다고 보수적으로 가정하였을 때 매년 2조 5,000억 원 내외의 범죄수익이 발생할 것으로 추산해 볼 수 있다. 물론 불법 도박사이트가 환전 수수료 이외에도 다양한 방법으로 이용자들의 돈을 편취하고 있으므로, 전체 범죄수익은 5조 원을 현저히 초과할 것으로 보는 것이 현실에 부합할 것이다.

한편, 2023. 9.경 부산경찰청은 불법 도박사이트의 자금을 조직적으로 관리 및 세탁한 혐의(도박개장 및 범죄단체조직)로 총책 3명을 구속한 바 있다. 이들은 2021. 7.부터 2022. 11.까지 64개 도박사이트에 입금된 도박자금을 관리 및 세탁해주고 수수료를 챙긴 혐의를 받고 있는데, 압수수색영장을 발부받아 계좌를 추적한 결과 해당 조직이 관리하는 모든 계좌에 입금된 도박자금은 모두 40조 원에 이르고 있음이 확인되었다. 경찰은 이들이 범죄수익으로 챙긴 액수가 4,000억 원에 이르는 것으로 추산하고 있다.[22] 모두 20대인 3명의 구속 피의자들이 64개의 도박사이트로부터 의뢰

---

21 경향신문, "불법 도박 81조 5,000억 규모⋯합법 사행산업의 4배", 2020. 10. 14.자 기사
22 경향신문, "불법 도박사이트 자금 40조 관리·세탁 일당 적발⋯범죄수익 4,000억 사용처 '오리무중'", 2023. 9. 7.자 기사

를 받아 1년 남짓한 기간 동안 40조 원의 도박자금을 관리 및 세탁해주고 4,000억 원의 수수료를 챙겼다는 점에 비추어 볼 때, 전체 불법 도박사이트의 범죄수익은 앞서 본 추정치를 훨씬 뛰어 넘어 천문학적 규모에 이르고 있을 가능성을 배제할 수 없다.

또한 마약류 전체 거래규모에 관하여도 전혀 알려진 바 없지만, 이를 추단케 할 만한 사정은 여럿 존재한다. 대검찰청 반부패·강력부가 발간한 「2021년 마약류 범죄백서」에 따르면, 2021년 마약류 압수량은 1,295.6kg으로 사상 최대치를 기록하였는데, 이는 필로폰 시가로 계산하였을 때 무려 4조 원을 넘어서는 규모였다. 더 충격적인 것은 2021년의 압수량이 2020년의 320.9kg보다 303.8% 증가한 수치였다는 것이다.[23] 검찰과 경찰 등 단속기관에서는 검거된 마약사범 수의 10배, 마약 연구자들은 대략 그 수의 28배를 실제 마약사범의 수로 산정하고 있음을 감안한다면, 이를 통해 우리나라에서 실제 거래되는 마약규모 또한 최소 20조 원을 넘어서는 것으로 보더라도 실제와 크게 다르지 않을 것이다(요즘은 매우 저렴한 펜타닐 등의 신종마약이 대세를 이루고 있음을 고려하여, 마약거래규모를 압수된 마약류에 대한 필로폰 환산 시가의 5배 정도로 보수적으로 산정한 것이다). 결국 각종 범죄조직이 사기범죄, 불법도박 및 마약 등의 범행을 통하여 매년 45조 원 이상의 범죄수익을 거두고 있다고 짐작해볼 수 있다.

[국제적 수준으로 성장한 대한민국의 범죄조직]

우리나라의 각종 범죄조직이 보이스피싱과 같은 사기범죄와 불법 도박, 마약류 거래로 벌어들이는 범죄수익의 규모가 최소한 매년 45조 원을

---

23 한국경제, "이러다 진짜 '마약공화국' 될라", 2022. 5. 6.자 기사

홀쩍 넘게 됨에 따라, 이제 국내의 범죄조직들은 국제적으로 악명을 떨친 범죄조직들과도 견줄 수 있는 규모에 이르게 되었다. 콜롬비아 마약왕 파블로 에스코바르(Pablo Escobar)의 뒤를 이어 중남미를 주름잡았던 멕시코 마약조직 시날로아 카르텔의 두목 엘 차포(El Chapo, 본명 Joaquin Guzman Loera)에 대한 형사재판 과정에서 미국연방검찰이 밝힌 그의 30여 년간의 범죄수익이 126억 달러(한화 16조 4,000억 원)이었고,[24] 그리스 무기상인 바실 자하로프(Basil Zaharoff)의 뒤를 이어 '죽음의 상인'이라고 불리면서 국제적으로 악명을 떨친 빅토르 부트(Viktor Bout)가 2008년 방콕에서 체포될 때까지 각종 전쟁터를 넘나들며 20여 년간 벌어들인 돈이 60억 달러(한화 7조 8,000억 원) 정도라고 추정되었다는 점을 떠올려 본다면,[25] 이제 우리 범죄조직의 수괴들 중에서도 국제적 수준의 마약조직이나 무기거래조직의 수괴들과 어깨를 나란히 하는 자가 있을 수 있다는 점을 충분히 예상해 볼 수 있다.

　그렇다면 우리나라의 조직범죄 수괴 중에서 엘 차포(매년 4,000억 원)나 빅토르 부트(매년 3,000억 원) 정도의 범죄수익을 거두고 있는 수괴(또는 킹핀, Kingpin)들이 도대체 몇 명이 있을지에 대해서도 궁금해진다. 물론 도박 및 마약범죄처럼 범죄조직들이 고도로 집중화된 부분도 있고, 몸캠 피싱처럼 진입장벽이 그리 높지 않은 부분도 있기 때문에 얼마나 많은 범죄조직이 45조 원이 넘는 범죄수익을 나눠 갖고 있는지에 대한 정확한 실태를 알 수는 없다. 하지만 우리나라 범죄조직들이 빅토르 부트 급의 수괴들로만 이루어져 있다고 가정한다면, 45조 원 규모의 전체 범죄수익을 매년 3,000억 원씩 나누어 갖는 킹핀들은 대략 150명에 이르는 거대한 무리를

24 The New York Times, "El Chapo earned $12,666,181,704, Prosecutor say. They want him to pay it back.", 2019. 7. 7.자 기사
25 AP News, "Reviled and revered Russian arms dealer is back in spotlight", 2022. 7. 14.자 기사

이루고 있을 것으로 추산해볼 수 있다.

한편, 범죄조직의 규모나 조직원 수를 어림잡아 계산해볼 수 있는 근거가 없지는 않다. 대출 권유 문자로 543명에게 대출을 알선해서 38억 원의 피해를 안긴 것으로 알려져 있는 '김미영 팀장' 조직을 참고해 볼 때, 전체 사기피해액 20조 원 기준으로 다른 사기범죄조직들이 모두 '김미영 팀장' 조직의 공식적인 피해액과 같은 정도의 범죄수익을 남기고 있다고 가정할 경우, 매년 5,000개의 사기범죄조직이 40억 원 내외의 범죄수익을 남기고 있는 것으로 짐작해볼 수 있다. 하지만 실제 '김미영 팀장' 조직이 거둔 것으로 추산되는 범죄수익인 400억 원을 보다 현실적인 범죄수익액으로 가정한다면, 그에 따른 사기범죄조직의 개수는 500개 내외로 보는 것이 현실에 더 가까울 것이다.

그리고 경찰이 '김미영 팀장' 조직의 조직원 수가 93명이라고 밝히고 있음을 고려하여 400억 원 규모인 범죄조직의 평균적인 조직원 수가 대략 100명이라고 가정한다면, 현재 전체 사기범죄조직에서 활동하는 조직원의 전체 숫자는 5만 명에 이르고 있을 것으로 추산된다. 여기서 범위를 더 넓혀 도박 및 마약 관련 범죄조직 또한 사기범죄조직과 같은 규모를 유지하고 있다고 본다면, 우리나라의 사기, 도박 및 마약 범죄조직의 전체 개수는 대략 1,125개, 조직원의 수는 대략 11만 2,500명에 이르고 있다고 보더라도 사실과 크게 다르지 않을 것이다.

이쯤 되면 우리나라의 사기범죄조직이 어떻게 엘차포의 범죄수익을 넘어서는 금액의 범죄수익을 거둘 정도로 성공하게 된 것인지에 대해서 궁금해지지 않을 수 없다. 그런데 엘 차포나 빅토르 부트는 예전부터 그들의 이름이 알려져 있었고, 오랜 기간 동안 전 세계 수사기관들의 집요한 추적을 받았었던 반면, 우리의 국제적 사기범죄조직의 킹핀에 대해서는 아무도 그 이름도 알지 못하고, 그들을 추적하고 있는 수사기관이 없다는 점에서 큰 차이가 있다. 우리의 국제적 사기범죄조직들의 킹핀들은 자신의 존재를 철저히 숨길 수 있었기에 범죄수익의 규모에서 전 세계적으로 유명한 범죄조직의 수괴들을 현저히 앞설 수 있었다고 보는 것이 합리적인 설명이 될 수 있다. 다시 말해서 이들이 전 세계적으로 악명을 떨쳤던 엘 차포나 빅토르 부트보다 더 높은 수익을 거두고 있는 이유는 바로 아무도 이들의 뒤를 쫓지 않고 있기 때문인 것이다. 일례로, 불법도박으로 54조 5,000억 원 규모의 천문학적인 판돈이 오가는 것으로 추산되는 불법도박사이트의 경우 2018년부터 2020년 7월까지 경찰 수사 의뢰까지 이어진 경우는 27건이었고, 실제 검거로 연결된 사례는 5건에 불과했다. 이기간 도박사이트 적발이나 신고는 4만 1,136건에 달하였지만, 대부분 방송통신심의위원회 심의를 통한 사이트 폐쇄 수준에 그쳤고, 실제 처벌로 이어졌던 사례는 거의 없었는데, 이는 아무도 범죄조직을 추적하고 있지 않은 현실을 여실히 보여준다고 하겠다.[26]

사기범죄조직이나 그 수괴들은 국민들에게 막대한 규모의 피해를 입히고 있음에도, 아무도 그들의 존재나 이름을 알지 못하기 때문에 제대로 수사나 처벌을 받지 않는 답답한 상황이 반복되고 있다. 그리고 바로 그 이유 때문에 우리의 국제적 사기범죄조직들이 다른 국가의 유명한 범죄자들이 초라해보일 정도로 막대한 범죄수익을 올릴 수 있었던 것이었지만, 실제 우리의 사기범죄조직들이 이 정도로 성공을 거두고 있다는 현실을 제대로 파악하고 있는 사람을 찾아보기는 쉽지 않다.

아무도 눈치채지 못하는 동안 유니콘의 반열에 올라간 국제적 사기범죄조직들은 더 이상 우리나라의 수사기관에게 적발될 것을 걱정할 필요가 없게 되었을 것이라는 점도 짐작해볼 수 있다.[27] 수사기관으로부터 자

---

26 경향신문, "불법 도박 81조 5,000억 규모…합법 사행산업의 4배", 2020. 10. 14.자 기사
27 불법 도박조직들의 경우 하루 베팅액이 마권구매액 기준 400억 원(1년으로 환산시 14조

유롭게 된 유니콘 사기범죄조직들은 수사기관의 손이 미치지 못하는 곳에서 경쟁적으로 자신들의 범죄수익을 극대화하기 위하여 경쟁할 뿐, 이제 더 이상 자신들을 쫓아오지 못하는 수사기관을 염두에 두고 있지 않은지도 모른다. 그렇다면 그들은 자신들의 기획력과 실행력의 한계를 극복하는 자기 자신과의 싸움에서 승리하기 위하여 지금까지와는 전혀 다른 진화를 계획하고 있을 것이다.

6,000억 원)이 넘는 불법도박장이 생겨나는 등 범죄수익이 특정 조직으로 집중되는 과점화 또는 집중화가 계속하여 진행되고 있다. 지금까지 국제적 사기범죄조직은 국제화와 점조직화, 온라인화를 먼저 마친 불법 도박조직들의 성장과정이나 조직운영원리를 적극적으로 받아들여 왔기에 사기범죄조직의 경우에도 현재 과점화 또는 집중화가 상당 부분 진행되었을 것으로 보는 것이 합리적이다.

C

국제적 사기범죄조직의 최대의 속임수

[악마가 벌인 최대의 속임수]

영화 「유주얼 서스펙트」는 폭발이 일어난 배에서 27구의 시체가 발견되고 9,100만 달러가 사라지는 장면으로 시작된다. 관세국 소속 수사관 데이브 쿠얀(채즈 팰민테리 분)은 현장의 유일한 생존자인 버벌(케빈 스페이시 분)을 조사하면서 그로부터 카이저 소제의 범죄조직에 대한 진술을 청취한다. 버벌은 오랜 시간에 걸쳐 범죄조직의 수괴인 카이저 소제와 그 범죄조직에 관한 정보를 제공하면서, "악마가 벌인 최대의 속임수는, 바로 세상 사람들로 하여금 자신이 존재하지 않는다는 확신을 갖게 한 것이다(The greatest trick the Devil ever pulled was convincing the world he didn't exist)"라는 보들레르의 시구를 인용하기도 한다. 수사관 쿠얀은 버벌로부터 카이저 소제의 지시나 범죄조직의 실행분담 등에 대한 진술을 자세히 청취한 다음, 버벌에게 신변을 보호해주겠다는 제안을 했지만 버벌은 욕하면서 자리를 박차고 경찰서를 빠져나간다. 이후 쿠얀은 사무실을 둘러보다 들고 있던 커피잔을 떨어뜨리고, 버벌이 한 진술에서 나온 사람 이름이 대부분 사무실 게시판의 서류와 물건에서 끌어온 것이라는 사실을 깨닫는다. 즉, 버벌이 했던 진술 전부는 즉석에서 꾸민 거짓말이었던 것이다.

한편, 버벌은 경찰서를 떠나면서 절던 다리를 펴서 똑바로 걷기 시작하고, 마비되어 못 쓰는 것처럼 보였던 왼손으로 라이터에 불을 붙이고 자신을 기다리고 있던 차량을 타고 떠나면서 영화가 끝난다. 카이저 소제는 자신이 했던 말처럼 세상 사람들로 하여금 자신이 존재하지 않는다는 확신을 갖게 하는 속임수에 성공한 것이었다.

유주얼 서스펙트와 같은 상황이 우리의 조직적 사기범죄 사건의 수사 및 재판과정에서 일어나지 않는다고 단언할 수 있는 사람은 없을 것이다. 사실 버벌이 인용한 보들레르의 시구는 우리의 현재 상황을 정확하게 묘사하고 있다고 보는 것이 진실에 가까울 수 있다. 지금까지는 수사기관이 어떤 범죄조직의 모든 구성원을 검거한 이후에 서로 가명을 사용해왔던 검거된 공범(예를 들면, '박사'나 '부따') 중 누가 수괴인지를 운 좋게 특정할 수 있었지만, 머지않아 피의자가 누구인지 특정하는 것부터 어려움을 겪는 사건이 급증하게 될 것이다. 우리 형사사법시스템은 실제로 카이저 소제가 존재하는지에 대해서 전혀 궁금해 하지도 않았고, 만약 카이저 소제가 존재한다면 어떻게 그의 범행을 밝힐 것인지에 대해서 아무런 대비를 해두지도 않았기 때문이다.

[국제적 사기범죄조직의 유일한 약점]

국제적 사기조직은 자신들을 추적할 수 없도록 국제화되어 있는 점조직으로 구성되어 있기 때문에 수사기관이 이를 추적해 들어가는 것이 여간 어렵지 않다. 그럼에도 불구하고 그들에게 약점이 전혀 없는 것은 아니다. 그들의 최대 약점은 바로 사기범행의 잠재적 피해자들을 물색하기 위하여 넓게 펼칠 수밖에 없는 광범위한 접촉면과 지나치게 복잡한 구성의 범죄조직이다. 사기범죄조직이 아무리 국제화, 온라인화, 점조직화를 통하여 수사기관에 노출되는 것을 피하려고 한다고 하더라도, 상당한 규모의 사기범행을 통해서 지속적인 범죄수익을 얻기 위해서는 잠재적 피해자들과 광범위한 접촉면을 유지하는 것은 불가피한 측면이 있다. 그런데 사기범죄조직들이 잠재적 피해자들과 접촉하는 지점에서 수많은 메시지나 거래내역과 같은 흔적들을 남길 수밖에 없고, 이와 같은 수많은 흔적들은 그들에 대한 추적의 빌미가 된다. 이러한 점에서 그들이 남길 수밖에 없는 수많은 흔적들이 현재까지 드러난 그들의 가장 취약한 부분이라고 할 수 있다.

국제적 사기범죄조직들은 높은 수익을 미끼로 사기피해자를 유인하기 위해서 각종 문자메시지, 카카오톡 메시지, 페이스북 메시지 등을 전송하고, 이에 솔깃해하는 피해자가 신뢰할 수 있는 외관의 웹사이트, 애플리케이션 또는 투자 채널을 운용해야 하며, 무엇보다 범죄수익의 전달 도구가 되는 금융계좌 등을 이용하는 과정에서 수많은 흔적을 남길 수밖에 없는 약점이 있다. 그런데 수사기관이 이와 같은 약점을 공략해서 들어갈 수 있는 모든 길목에서 관련 법령이 수사기관의 접근을 막고 있다. 전기통신산업법 등 각종 법령은 예외 없이 고객정보에 대한 엄격한 보호만을 선언하고 있을 뿐이고, 고객정보를 직접 취급하는 전기통신사업자나 각종 서비스제공자 등으로 하여금 사기범죄 관련 의심이 있는 거래 등을 제대로 모니터링하는 시스템을 구축하도록 명하고 있지 않다. 이에 사기범행의 수많은 단서가 떠돌아다니더라도, 정작 수사기관으로서는 유의미한 수사 결과를 내놓을 수 있는 이른 시점에 수사에 착수할 수 없고, 수사에 긴요한 정보를 제공받을 방법도 없다.

이러한 문제는 대포폰, 대포통장, 중계기, 불법 환전, 개인정보 불법유통, 미끼문자 메시지, 거짓 구인광고 등 주된 범행수단을 통해서 범죄조직을 추적해 들어가는 모든 과정에서 반복적으로 발생한다. 이 때문에 수사기관은 언제나 사기범죄가 모두 끝난 후에 피해자로부터 수사의 단서를 받아 뒤늦은 수사를 개시할 수밖에 없고, 법원으로부터 때늦은 압수수색영장 등을 받아 통신사업자 등으로부터 해당 고객정보를 제공받을 수밖에 없다. 그런데 수사기관이 피해자의 고소를 기다려 사기범죄조직의 추적에 착수하는 시점까지 이미 상당한 시간이 경과하는 것이 일반적이기 때문에 사기범죄조직들이 이미 상당수의 흔적들을 인멸한 후 사라져버린 상황에서 수사기관이 확보하는 일부 증거들은 사기범죄조직을 추적해 들어가기에 충분하지도 않고, 그나마 형사재판과정에서 결정적인 증거 가치를 갖고 있지 못한 경우가 대부분이다. 또한 사기범행 후 일정 시간이 지나면 사기범죄조직 스스로 과거 범행에 사용된 대포폰이나 대포통장 등의 사용을 중단함으로써 수사기관의 추적을 피하는 전략을 채택하고 있다는 점도 뒤늦게 수사에 착수한 수사기관으로 하여금 별다른 성과를 내기 어렵게 하고 있다.

[사기범죄조직의 흔적에 대한 철저한 무관심]

사기범죄조직들이 피해자들에게 빨대를 꽂기 위해서 범행 대상자를 물색하는 과정에서 남기는 수많은 흔적들에 관심을 갖고 적극적으로 모니터링하는 국가기관은 금융정보분석원을 제외하고는 없다고 보아도 무방하다. 특히 금융이나 통신 영역에서 감독 권한을 갖고 있는 국가기관들 중 국제적 범죄조직의 움직임을 모니터링하거나, 그들이 남긴 단서를 추적하여 추가범죄를 예방하기 위한 조치를 취하는 데 적극적인 기관은 찾아보기 어렵다. 수사기관이 국제적 사기범죄조직이 남긴 흔적을 수사의 단서로 삼아 수사를 진행하는 과정에서 도리어 감독기관들이 기를 쓰고 수사기관에 협조를 거부하는 장면만을 심심치 않게 볼 수 있을 뿐이다.

금융감독원이 수사에 대한 유기적 협조를 거부하는 과정에서 조직적 사기범죄에 대한 대응능력을 키울 의지나 능력이 없다는 것을 보여준 대표적인 사례가 수사 과정에서 압수된 1.5테라바이트(TB) 용량의 외장 하드디스크 속 개인정보를 두고 벌어진 수사협조 거부 사건이다.[28] 서울지방경찰청 보안수사대는 2019년 시중은행 해킹 피의자를 수사하는 과정에서 1.5TB 용량의 외장하드를 압수했다. 압수한 외장하드에 대한 디지털 포렌식을 진행한 결과, 외장하드에서 해당 피의자가 국내 현금자동입출금기(ATM), POS단말기, 멤버십 가맹점 등을 해킹해 빼낸 것으로 추정되는 개인정보 데이터 약 61GB를 발견하였다. 경찰은 그중 카드번호, 유효기간, 비밀번호 등의 정보가 포함되어 있는 것을 확인하고, 해킹 등을 통한 신용카드 및 체크카드 데이터베이스 탈취사건으로 수사를 진행하였다. 그런데 경찰은 데이터 분석에 필요한 기본정보를 보유하고 있지 아니하여 카드사별로 데이터를 분류할 수 없었기 때문에, 2020년 3월 금융감독원에 위 데이터를 카드사별로 분류해달라고 요청하였다. 그런데 금융감독원은 「신용정보의 이용 및 보호에 관한 법률(이하, '신용정보법')」 등을 근거로 경찰의 수사 협조요청을 거부했다. 당시 금감원은 '관련 정보가 100% 금융거래정보만으로 구성되어 있는지 명확히 알 수 없다. 금융거래정보로 보이는 자료를 넘겨받아 카드사별 고객정보를 분류하는 것은 정보 노출 우려가 있어 불가능하다. 금융감독원이 압수물을 받아 분석하는 것은 금융위원회 설치법 등이 정한 업무 권한을 벗어나는 것이다'라며, 해당 데이터 속에 금융정보와 관계없는 개인정보가 얼마나 들어있는

---

28 중앙일보, "'1.5TB 정보유출' 두고 경찰·금감원 3개월 실랑이…직원 파견으로 해결", 2020. 6. 15.자 기사

지도 알 수 없고 데이터의 유출경로가 금융회사인지 아닌지도 정확하게 알지 못한다는 이유를 들었다. 다만, 금감원은 '경찰이 데이터 유출 경로가 금융회사라는 사실을 정확히 확인해주거나 신용카드 등 금융데이터만 골라 주면 이에 대해 조치하겠다'고 제안하였다. 그런데 데이터 유출경로를 수사 중인 경찰은 해당 데이터가 어떤 금융기관에서 유출된 데이터인지도 확인할 수 없었던 상황이었기에 금융감독원이 되려 경찰에게 먼저 금융기관 데이터만을 특정해 오라고 한 제안은 도저히 말이 되지 않는 것이었다. 만약 경찰이 해당 데이터가 금융회사에서 유출된 것인지를 정확하게 파악할 수 있었다면, 처음부터 금감원에 협조 요청을 할 이유도 전혀 없었을 것이기 때문이다.

대신 경찰은 카드사 관계자들을 불러서 이들에게 데이터 분석 협조를 구해보기도 했지만, 현장에 모인 카드사 관계자들 또한 주소, 계좌, 신용카드, 멤버십 번호 등 민감한 정보가 한데 섞여 있는 것으로 보이는 데이터를 대상자의 동의를 구하지 않고 이를 열람하는 것 자체가 신용정보법 위반이라는 이유로 위 요청을 거부했다. 다만, 카드사들은 경찰에 관련 데이터 속 BIN번호(카드식별번호)를 통해 어느 카드사 정보인지를 골라내는 방법을 알려주었지만, 이와 같은 조언이 경찰이 데이터를 분석하는 데 큰 도움이 되지는 못했다.

그리하여 경찰은 외장 하드디스크에서 금융기관에서 유출된 것으로 보이는 금융거래정보를 확보하고도, 금융감독원이 고객정보를 전혀 확인해주지 아니하여 그 안에 들어 있는 개인정보가 몇 건이나 되는지, 그와 같은 개인정보가 어떻게 유출되었는지를 수사할 수 없었다. 당연히 데이터베이스 탈취로 인한 추가 피해를 막기 위하여 개인정보가 유출된 피해자들에게 피해 사실을 통지하는 등의 조치도 전혀 이루어지지 않은 상황에서 3개월의 시간이 지나갔다. 금융감독원이 스스로의 업무 범위를 극단적으로 좁게 해석하고 신용정보법 등의 개인정보보호 규정을 들어 협조를 거부하여 수사가 전혀 진행되지 않고 있다는 사실이 언론을 통하여 드러난 후에야, 금융위원회 부위원장 주재로 회의가 개최되어 금융위원회, 금융감독원 및 경찰청이 적극 협력하기로 하고, 금감원 등 관계기관의 인력을 경찰청에 파견해 유출된 정보를 분석하기로 하였다.[29] 경찰청이 외장하드 등 증거물을 분석한 뒤 이를 금감원이 파견한 인력에게 넘기면, 금감원 파견인력이 데이터베이스를 카드사별로 분류해 각 카드사별로 피해 사례를 통보하는 등 예방조치를 한다는 것이었다. 이때 금감원 직원이 불특정 데이터를 열람·분석하더라도, 파견된 직원이 서울청의 수사 권한 아래서 일한다면 신용정보법 위반 소지를 비껴갈 수 있기 때문이었다. 이후 경찰과 금감원의 공조로 포스업체 서버가 해킹된 사실을 확인하였으나, 그 가맹점을 대상으로 백신을 배포하는 것 이외에 이후 관련 피의자 검거 등 수사에 진전이 있었는지에 대해서는 전혀 알려진 바 없다.

이 사건은 단 한 건의 데이터베이스 정보 탈취사건에서도 금융위원회 부위원장이 등장하지 않고서는 탈취된 데이터베이스에 대한 분석이나 수사가 절대 불가능하다는 점을 만방에 드러내 보여주었다. 무엇보다 금융 데이터베이스 탈취사건에서 수사기관이 압수한 데이터를 분석한 결과를 바탕으로 수사를 진행한 이후에야 비로소 데이터 유출경로를 확인할 수 있음에도 불구하고, 해당 금융 데이터가 금융회사를 통해서 유출되었다는 것이 드러나지 않는다면 데이터 분석에 협조하지 않겠다는 금융감독원의 입장은 결국 데이터의 유출경로에 대한 수사에 대해서는 처음부터 전혀 협조하지 않겠다는 말과 다를 바 없었다. 그렇다면 지금까지 발생한 수많은 금융기관 데이터베이스 탈취사건에 대한 수사 또한 제대로 진행

---

29 SBS, "개인정보 유출됐는데…경찰, 금감원 석달 '핑퐁' 지적에 결국 협력", 2020. 6. 16.자 기사

되었을 리 없다는 점은 너무도 명백한 것이었다. 그리고 이는 앞으로도 금융기관 데이터베이스 탈취에 대한 수사에 별다른 진전이 없을 것이라는 점을 알리는 공식적인 선언 같은 것이기도 했다.

대출 알선 보이스피싱의 경우에는 가장 최근에 현행화(또는 업데이트)된 모든 국민의 대출 신청 및 승인내역과 관련된 데이터베이스를 확보하는 것이 사기범행의 성공을 좌우하는 가장 중요한 요소 중 하나이다. 최신 대출정보 데이터베이스를 확보하여 최근에 대출 신청을 하였다가 거절된 적이 있는 피해자에게 전화하여 대출을 알선해준다고 할 때 그 기망행위의 효과가 극대화될 수 있기 때문이다. 그런데 이와 같은 정보는 모두 금융감독원의 감독을 받고 있는 금융기관의 임직원 또는 협력업체 직원 중 누군가가 전체 금융기관의 대출 관련 금융정보가 저장되어 있는 신용정보 데이터베이스를 크롤링하는 방식으로 만들어진 것이고, 이와 같이 크롤링된 데이터베이스 정보 중 가장 최신의 버전일수록 대출 알선 보이스피싱의 효과가 높기 때문에 매우 비싼 가격으로 거래되고 있다. 현행화된 대출정보 데이터베이스가 활발하게 거래되고 있을 것임에도, 금융감독원 등이 크롤링 등을 통한 정보탈취 그리고 탈취한 정보 거래를 적발한 사례를 찾아보기 어렵다는 것도 금융감독원에 조사의지나 능력이 있는지에 관한 의심을 뒷받침하는 근거가 되고 있다.

한편, 보이스피싱 조직이 막대한 양의 문자메시지를 전송하기 위해서 반드시 활용해야 하는 전기통신사업자(즉, 통신회사)의 경우에도 문제상황은 하나도 다를 것이 없다. 전기통신사업자가 보이스피싱의 활동과 관련된 것으로 의심되는 고객정보를 갖고 있다고 하더라도 이를 먼저 수사기관에 제공할 수는 없도록 규정되어 있기 때문이다. 「전기통신사업법」제83조는 원칙적으로 통신의 비밀을 침해하거나 누설하는 행위를 일체 금지하고 있고, 수사기관이나 법원에 고객정보를 제공하는 것에 대해서도 엄격한 절차를 따르도록 규정하고 있다. 물론 전기통신사업자는 제32조의 3 등에 따라 전기통신금융사기(즉, 보이스피싱) 등에 대해서는 전기통신역무(즉, 통신서비스) 제공을 중지할 수 있고, 제32조의 4 및 제32조의 5에 따라 부정이용방지나 부정가입방지를 위한 시스템을 구축할 의무가 있기는 하지만, 실제로 전기통신사업자가 자체 모니터링으로 보이스피싱 등을 저지한 사례는 찾아보기 어렵다. 무엇보다 통신회사가 개별 회선에서 이루어지는 통화나 메시지를 도청하지 않는 이상 해당 회선이 범죄에 이용되고 있다거나, 해당 가입자가 사기범죄를 위하여 통신회선을 활용하고 있다는 점을 확인할 수 없기 때문이다. 따라서 전기통신사업자가 단기간에 고액의 통신요금을 납부하고 있는 법인고객이 의심스럽다며 수사기관에 그 고객정보를 먼저 제공할 수는 없다. 이와 같은 이유로 국제적 사기범죄조직이 막상 사기범행을 저지르고 있는 바로 그 시점에 수사기관이 개입할 수 있는 여지가 있을 수 없고, 피해가 모두 현실화되어 피해자의 고소장이 접수되고 난 이후에야 비로소 수사기관이 국제적 사기범죄조직이 오래 전에 남기고 간 문자메시지 등 극히 일부의 흔적만을 확보할 수 있게 되는 것이다. 이처럼 뒤늦은 수사만으로는 적시에 사기범죄조직을 추적하여 이들의 신병을 확보하는 것과 같은 효과적인 대응을 할 수 없다는 점은 너무나 당연하다.

[형사사법시스템의 수많은 허점]

형사사법시스템이 사기범죄조직에 대한 대응이 부족한 것은 바로 사기범죄조직이 피해자와 접촉하는 과정에서 남긴 수많은 흔적들을 추적하는 것에서부터 상당한 어려움을 겪고 있기 때문이다. 국제적 사기범죄조직은 형사사법시스템이 이처럼 제대로 기능하지 않고 있는 가장 취약한 부분을 파고들면서 허점을 최대한 활용하는 방향으로 조직구성이나 업무분장, 범죄수법 등을 발전시켜 왔다.

일례로, 형사소송법은 수사기관이 기소할 때까지 피의자를 구속할 수 있는 기간에 대하여 엄격한 제한을 두고 있다. 사법경찰관의 피의자에 대한 구속기간은 최대 10일이고, 검사의 피의자에 대한 구속기간은 원칙적으로 10일, 연장 시 최대 20일에 불과하다(형사소송법 제202, 203조). 이에 사기범죄조직들은 수사기관이 구속기간 내에 범죄조직의 전체적인 구조를 파악하거나 범행의 전말을 파악할 수 없도록 범죄조직의 구조를 점조직들로 분절하여 두는 등 복잡한 체계를 갖추는 방향으로 진화하였다.

수사 초기에는 수괴가 누구인지 알 수 없거나 조직의 구성이나 지휘체계에 대한 충분한 증거가 수집되지 않은 경우가 대부분이고, 일단 수사가 시작되어 하위 조직원에 대한 구속영장이 발부되었다고 하더라도 그로부터 수괴를 기소하는 데 필요한 모든 정보를 얻어내는 것을 기대하기는 쉽지 않다. 만약 사기범죄조직의 하위 조직원이 구속되어 수사기관에 협조적인 진술을 한다고 하더라도, 수괴가 누구인지 정확하게 알지 못하고 있을 가능성이 높고(실제 만나본 적은 없고 별명만 알고 있는 경우도 허다하다), 하위 조직원이 자신의 점조직의 활동을 넘어서 다른 점조직의 구조나 조직, 다른 점조직이 담당하던 구체적인 실행행위의 내용, 전체 범죄조직의 체계와 구성에 대해서까지 상세히 진술하는 것을 기대할 수도 없다. 또한 다수의 공범이 관여되어 있는 복잡한 사건에서는 수괴와 중간 간부도 모두 하위 조직원임을 자처하면서 바보 흉내를 내는 경우가 적지 않기 때문에, 구속기간 중 얻어낼 수 있는 정보만으로 복잡한 범죄조직의 구조와 체계를 제대로 파악하거나 모든 실체적 진실을 모두 파헤치는 것은 불가능에 가깝다. 만약 카이저 소제와 같은 연기를 할 수 있는 수괴와 중간관리자가 여러 명 있는 조직이라면, 누가 주범이고 누가 종범인지를 제대로 구별해

내는 것부터 쉽지 않다. 형사사법시스템의 허점을 노리고 복잡한 구조를 갖춘 범죄조직일수록 그 수괴를 구속 수사하기에 충분한 증거가 수집되는 것에 상당한 시간과 노력이 추가로 소요되기 마련이고, 그로 인하여 대부분의 경우에는 구속기간 중 충분한 증거가 수집되지 않은 채 간신히 조사할 수 있는 범위 내에서 단순가담자에 대한 구속기소 정도로 해당 사건에 대한 수사가 마무리되어 온 것이 현실이다.

범죄조직의 수괴가 아니면 전체적인 범행의 구조를 파악할 수 없는 복잡한 조직구성과 체계를 갖추고 있을수록, 수사기관이 수괴에 대한 구속영장청구나 공소제기에 충분한 증거를 수집하는 깃에 어려움을 겪을 수밖에 없는 반면, 수괴는 여러 가지 측면에서 유리한 상황에 놓이게 된다. 하위 조직원이 구속되어 수사가 개시되었다는 사정을 알게 된다면, 수괴로서는 도주와 증거인멸의 계획을 짜는 데 충분한 시간을 확보할 수 있다. 아울러 수괴 자신이 구속되는 경우라고 하더라도, 수사기관이 기껏해야 20일 내지 30일의 구속기간 동안 확인할 수 있는 범죄사실이 제한되어 있다는 점은 수괴에게는 기소 및 재판과정에서 큰 이점으로 작용한다. 우선 수사기관이나 법원이 확인할 수 있는 범죄의 내용과 범위가 대단히 제한적일 수밖에 없고, 수괴에 대한 공소장이나 제1심판결에도 오류가 있을 가능성이 커지기 때문이다. 특히 구속기간이 만료되는 시점에 기소가 이루어진 후, 해당 범죄사실에 대한 추가적인 보완수사가 진행되는 것을 허용하지 않는 재판실무도 실제 해당 범행을 저질렀는지 여부와는 무관하게 재판과정에서 전부 또는 일부 무죄를 받을 가능성을 높이고 있다.

한편, 조직범죄에 대응하는 수단으로 잠입수사, 감청 및 유죄협상을 활용하고 있는 다른 나라들과는 달리, 우리의 형사사법시스템은 위와 같은 수단을 전혀 마련해두고 있지 않거나 사실상 활용할 수 없도록 하고 있다. 만약 수사관이 고수익 알바 광고를 보고 현금전달 업무를 할 의향이 있는 것처럼 사기범죄조직에 접근하거나, 사기범죄조직의 조직원 일부를 설득하여 유죄협상을 마친 후 나머지 조직원들에 대한 감청을 진행할 수 있다면, 수사기관이 공범들의 내부정보에 접근하는 것을 크게 확대할 수 있고, 수괴의 수사 및 처벌 가능성을 크게 높일 수 있을 것이다.

그러나 우리 형사사법시스템은 조직범죄 수사를 위한 수단을 처음부터 전혀 갖춘 바 없고, 법원은 수사기관으로 하여금 공범들의 내부 정보를 온전히 확보할 수 있는 수단들을 활용하는 것을 허용할 생각도 전혀 없다. 당연히 범죄조직들은 범죄조직의 조직원 구성을 이원화함으로써 이를 최대한 활용하고 있다. 사기범죄조직의 점조직 내에서 기망 행위 등을 분담하는 조직원들과 피해자들과 접촉하는 단순 가담자들을 다른 경로로 모집하고, 대체로 고수익 알바 광고를 보고 현금전달 업무를 하게 된 단순 가담자들만이 조직적 사기범행과 관련하여 구속되거나 형사처벌을 받도록 함으로써 나머지 사기범죄조직을 온전하게 지켜낼 수 있게 된 것이다. 사기범죄조직의 범죄활동에 대한 함정수사와 감청이 동시에 진행된다면, 복잡한 조직구조를 갖추고 조직원 구성을 이원화하는 것만으로는 실시간으로 점조직의 구성원을 추적하는 것을 피할 수 없을 것이지만, 지금까지 우리 형사사법시스템은 이러한 방법의 수사에 대해서 별다른 관심이 없었다.

그 때문에 실제 기소가 되는 사건 중에서도 조직적 사기범행 관련 사건의 비율이 그리 높지 않고, 그나마 수괴나 중요 조직원이 기소되는 일은 여간해선 일어나지 않는다. 수사기관이 법원에 청구하는 영장 중 조직적 사기범죄사건이나 비대면 사기범죄와 관련된 압수수색영장이 당일 접수되는 압수수색영장 청구서 중 70% 정도에 이르는 경우가 적지 않은 반면, 실제 재판단계에서 압수수색을 통해서 확보된 증거에 의해서 국제적 사기범죄조직의 수괴가 실제 검거되거나 기소된 사건은 거의 찾아보기 어렵다. 그나마 조직적 사기범행과 관련하여 구속되거나 형사처벌을 받는 사람들은 대체로 고수익 알바 광고를 보고 현금전달 업무를 하게 된 단순 가담자에 불과한 경우가 많다. 다시 말하면, 수사기관이 아무리 많은 압수수색영장을 청구하더라도, 단순 가담자인 현금전달책까지만 추적이 가능하고 범행을 계획하고 기획한 수괴나 주범까지 추적하지 못하고 있음이 기소 및 재판과정에서 적나라하게 드러나고 있는 것이다. 이처럼 압수수색영장이 청구되는 사건의 수는 폭증하고 있는 반면, 실제 기소된 피고인의 수는 그에 미치지 못하고, 더군다나 기소되는 피고인들이 대체로 단순 가담자에 불과한 이러한 현상은 줄어들 기미를 보이기는커녕 계속하여 심화되고 있다.

이제 우리 형사사법시스템은 카이저 소제의 속임수에 완벽하게 넘어가서 카이저 소제가 존재하지 않는다고 확신하는 지경에 이르게 된 것이다. 특히 법원이 조직범죄에 대한 수사나 재판에서 스스로 실체적 진실을 밝히지 못하고 있음을 인정할 생각도 없고, 잠입수사, 감청 및 유죄협상과 같은 수사방법을 허용할 생각도 없다는 것은 이미 형사사법시스템이 카이저 소제가 존재하지 않는다고 확신하고 있다는 점(또는 카이저 소제가 존재할 리 없다고 믿는 편을 선택했다는 점)을 드러내는 가장 명백한 증거라고 하겠다.

[국제적 사기범죄조직의 최대의 속임수]

국제적 사기범죄조직들은 자신들의 약점이 노출되는 것을 최소화하면서도 형사사법시스템의 허점을 최대한 이용하여 수사와 형사재판의 빈틈을 활용하는 방법을 모두 찾아냈다. 그 결과 진화에 진화를 거듭한 사기범죄조직들이 수사기관에 꼬리를 밟히지 않고 번성하게 되었다는 것은 누구도 부인할 수 없는 명백한 사실이 되었다.

흡사 블리자드의 스타크래프트 게임에서 맵핵(map hack)을 켜면 별 어려움 없이 멀리서 움직이는 상대방의 움직임과 전략을 파악할 수 있고, 크래프톤의 배틀그라운드 게임에서 에임핵(aim hack)을 활성화시키면 별 어려움 없이 빽빽한 풀숲 사이에 숨어 있는 상대방의 머리를 정확하게 조준할 수 있는 것과 마찬가지로, 이제 사기범죄조직들은 국제화, 온라인화 및 점조직화와 같은 성공전략을 모두 연결한 핵 프로그램을 개발해서 형사사법시스템이 설치해 둔 모든 장애물들을 꿰뚫어 볼 수 있게 된 것이다.

이제 사기범죄조직들은 아무런 부담 없이 잠재적 피해자들 사이를 휘젓고 다닐 수 있게 되었고, 수사와 처벌을 받지 않고 매년 수십 조 원의 범죄수익을 남기는 기적적인 성과를 이루게 되었다. 국제적 사기범죄조직들이 우리나라 전체를 집어삼킬 것처럼 활개를 치고 있지만, 사기범죄조직의 수괴가 검거되어 재판을 받았다거나 막대한 범죄수익을 환수하였다는 소식을 거의 듣지 못했던 것은 바로 사기범죄조직의 약점에는 도달할 수 없었던 형사사법시스템의 허점 때문이었다. 그런데 사기범죄조직들이 한 해에 수십 조 원의 범죄수익을 남기고 있음이 명백해진 상황이 되었음에도, 갈수록 작동하는 영역이 줄어들고 있는 우리 형사사법시스템은 온 국민이 사기범죄조직에 탈탈 털리고 있는 상황에 대해서 아예 모르고 있거나 관심이 없는 것처럼 행세하고 있다. 형사사법시스템은 사기범죄조직이 어떠한 범행을 저지르고 있는지, 수괴가 누구인지를 추적해 들어가서 실체적 진실을 밝히는 것을 극히 꺼리고, 스스로 작동하는 것을 멈추고 있는 것처럼 보이기까지 한다.

이처럼 국제적 사기범죄조직들이 수사기관과 법원의 맹점에서 활동하고 별다른 처벌의 위험 없이 고수익을 얻을 수 있는 기적의 비즈니스 모델을 개발하는 동안, 이를 저지할 직접적인 책임을 부담하고 있던 검찰과 법원이 그들을 발본색원하지 못한 가장 주된 이유는 국회가 여전히 여러 제약조건들(예, 구속기간 제한, 함정수사 관련 규정 부재, 감청의 제한, 유죄협상의 미도입, 사기죄의 미분화 등)을 그대로 유지하고 있었기 때문이다.

아울러 국회가 지속적으로 도입하고 있는 새로운 제약조건들이 더해지면서 경찰, 검찰과 법원이 국제적 사기범죄조직의 사기범행에 유독 취약하게 변해가고 있다. 무엇보다 국회가 국제적 사기범죄조직에 날개를 달아주는 입법과 제도변경을 계속하여 시도하고 있다는 점에도 주목할 필요가 있다. 지금까지는 범죄단체의 수괴가 범행을 주도하는 과정에서 공범 간 업무분장, 구체적인 범행방식 및 수익분배 등에 관한 업무지시를 한 것을 녹음한 자료가 있다면 이를 증거로 활용하여 유죄를 입증하는 자료로 삼아 왔지만, 국회는 이러한 녹음 또한 상대방의 동의가 없는 경우 전면적으로 금지하고 통화내용을 녹음한 사람을 처벌하는 법률안을 발의하는 등 직간접적으로 국제적 사기범죄조직의 수괴를 보호하거나 그들의 활동에 날개를 달아주는 내용의 법령이나 제도를 계속하여 도입하려고 시도하고 있기 때문이다.[30]

이로 인하여 앞으로도 국제적 사기범죄조직의 활동을 위축시킬 수 있는 계기는 마련되기 어려울 것이다. 안타깝게도 이런 추세가 멈추지 않고 계속된다면, 당연하게도 우리의 후손들은 일생 중 여러 차례 조직적 사기범행의 피해를 입게 될 것이다. 특히 인구가 극적으로 감소함으로써 경제활동이 급격하게 축소되어 상당한 경제적 어려움이 예상되는 시점이 되면, 국제적 사기범죄조직이 잠재적 피해자들 사이로 비집고 들어갈 여지는 더 커지게 될 것이다. 이러한 상황에서 경제적 어려움을 겪는 젊은이들의 앞에 놓인 선택지 중에서 국제적인 사기범죄조직에 가담하는 것이 전망이 좋은 것으로 인식되는 순간, 우리의 자녀들 모두는 사기범죄조직의

---

30 연합뉴스TV, "'녹취악용' 논란 속 '통화녹음금지법' 추진…찬·반", 2022. 10. 28.자 기사

수괴를 꿈꾸게 될지도 모른다. 그 무렵이 되면 지금 남미의 먼 나라에서 일어나는 충격적인 일들이 우리나라에서도 일어나게 되는 데 그리 많은 시간이 걸리지 않을 것이다.

더 이상 악마가 존재하지 않는다는 확신을 갖게 된 사회, 또는 더 이상 악마가 누구인지를 밝힐 수 없게 된 사회에서 악마 또는 사기범죄조직의 수괴를 꿈꾸는 모든 사람들에게 가장 영감을 줄 수 있는 말은 바로 유주얼 서스펙트에서 결국 담당 수사관으로 하여금 자신이 존재하지 않는다는 점을 믿게 하는 데 성공한 카이저 소제가 이야기했던 다음의 대사가 될 것이다. "힘을 갖기 위해서는 총이나 돈이 필요한 게 아니야. 다른 놈들이 하려고 하지 않는 것을 하려는 의지가 필요할 뿐이지(You just needed the will to do what the other guy wouldn't)."

대한민국은 사기공화국인가?

A. 사기범죄조직, 그 성공의 역사

B. 대형 사기범죄사건의 공통점

C. 사기범죄조직의 진화, 국가기능의 퇴화

사기범죄조직, 그 성공의 역사

[국제적 사기범죄조직의 진화]

국제적 사기범죄조직은 한 명의 천재가 우주적 영감을 받아 한 순간에 고안한 것이 아니라, 오랜 기간 동안 수많은 범죄조직이 다양한 실험을 거듭하며 꾸준히 진화를 거듭해온 결과물이다. 이처럼 거듭된 진화의 결과 우리의 국제적 사기범죄조직들은 이제 멕시코의 최대 마약범죄조직 시날로아 카르텔(Sinaloa Cartel)을 능가하는 규모의 국제적 사기범죄조직으로 성장하였지만, 그들은 그와 같은 사실마저도 효과적으로 은폐하고 있다.

물론 우리나라에서 범죄조직은 오래 전부터 존재해왔고, 그간 생존을 위하여 시대 흐름에 따라 자신들의 조직과 활동 영역을 꾸준히 다변화해온 것도 주지의 사실이다. 해방 후 범죄조직들은 대부분 폭력 범죄조직이었는데, 1950년대에는 자유당 정권과 공생하면서 야당 인사들에 대한 암살이나 린치 등을 담당하면서 대규모로 군납비리에 관여하기도 하였다. 그런데 1961년 5.16 군사정변 이후 정권을 잡은 군부가 민심을 얻기 위하여 범죄조직의 소탕에 나서게 되자, 범죄조직들의 세력이 위축되어 음지에서 유흥업소 운영, 주류도매, 매춘이나 도박장 운영을 하거나, 법원 경매장을 기웃거리면서 입찰을 방해하는 존재로 자리잡게 된다.

그러나 1970년대와 1980년대를 거치면서 범죄조직들은 조금씩 세력을 확장하여 고리대금업이나 건설업 등의 사업영역에 진출하기 시작하였고, 1990년대에 들어와서는 다단계판매, 경마 및 경륜 승부조작, 부동산개발 시행사 운영, 재개발사업(철거용역) 등에 뛰어들면서 그 덩치를 키워왔다. 그리고 2000년대부터 범죄조직은 돈이 되는 모든 영역에 진출하면서 바다이야기[1]나 황금성으로 대표되는 사행업에서부터 인터넷 도박, 불법 스포츠토토, 주가조작, 무자본 M&A, 유사수신행위, 기획부동산 사기, 보험사기 등 모든 불법적 비즈니스의 영역에서 찾아볼 수 있게 되었다. 2010년대부터는 조직과 자금력을 갖춘 범죄조직들이 보이스피싱, 음란물유포, 불법 온라인카지노, 주식리딩방, 암호화폐 투자사기, FX마진거래 사기, 전세사기 등 신통방통한 종류의 사기를 선보이면서 전국에서 쉴 새 없이 수많은 사기범죄나 도박범죄로 인한 범죄피해자를 양산하고 있다.

오늘날 대한민국에서 조직적 사기범죄가 전성기를 맞이할 수 있게 된 것은 아래에서 보는 바와 같이 수많은 사기범죄자 선배들의 끊임없는 도

---

1 바다이야기는 2004년에 출시된 국내 아케이드 게임으로 일본의 파칭코와 유사한 구조를 갖추고 있다. 핀볼에서 유래한 일본의 파칭코의 경우 사용자가 현금으로 구슬을 대여한 후 이를 게임기에 투입하여 게임을 하고, 게임종료 후 구슬(또는 구슬교환증)을 경품으로 교환하는 절차를 거쳤다가, 다시 전당포를 가장한 별도의 환금소에서 경품을 현금으로 환전하는 방식으로 도박자금을 회수하게 된다. 바다이야기 또한 이와 마찬가지로 게임장에서는 경품으로 받은 상품권을 별도의 환전소에서 현금으로 교환하는 방식으로 환전이 이루어져 사실상 파칭코 도박과 별 차이가 없었다. 그런데 바다이야기는 여기서 더 나아가 예시기능(당첨확률이 높아지면 고래 등의 상징물이 나타남)과 연타기능(일정 시간 동안 당첨금이 연달아 터짐)을 추가하여 게임이용자들의 중독성을 극대화하였다. 그리하여 바다이야기로 곧 대박을 터트릴 수 있다는 환상을 버리지 못하고 게임에 중독되는 이용자가 적지 않았고, 이들을 유혹하기 위하여 전국 각지에 우후죽순처럼 바다이야기 게임장이 생겨나게 된다. 자세한 내용은 동아일보, "[바다이야기 의혹] 연타 치면 최대 300배 '빠찡꼬 수준'", 2006. 8. 19.자 기사 참조.

전과 시행착오가 그 밑바탕을 이루고 있기 때문이었다. 그리고 언제부터인가 '단군 이래 최대'라는 수식어로 소개되는 대형 사기사건들이 사기범죄의 꿈나무들에게 더 큰 사기범죄를 위한 영감과 동기를 제공하고 있다. 이제 사기범죄자들은 경쟁적으로 '단군 이래 최대'라는 수식어가 붙는 대형 사기사건을 일으키고 있고, 우리나라에서는 '단군 이래 최대' 사기사건의 피해액수와 피해자수가 하루가 멀다하고 경신되는 지경에 이르게 되었다.

1. 1982년 장영자·이철희 투자사기 사건(어음사기)[2]

1982년 대한민국 역사상 가장 큰 규모의 금융사기사건이 발생하였는데, 이것이 바로 그 유명한 장영자·이철희 어음사기사건이다('단군 이래 최대'라는 수식어가 붙은 최초의 사기사건이다). 장영자는 당시 전두환 전 대통령의 친인척으로 사교계의 여왕이자 사채시장의 거물로 잘 알려져 있었고, 그녀의 남편인 이철희는 중앙정보부 창설 멤버이자 과거 김대중 납치사건 등 주요 공안사건에 관여한 사람으로, 중앙정보부 해외담당차장보와 유신정우회 소속 국회의원을 역임하기도 했었다.

사건의 발단은 1982년 공영토건이 장영자에게 어음사기를 당했다며 진정서를 제출하면서 시작되었다. 같은 해 5월 대검찰청 중앙수사부가 수사를 마치고 외국환관리법 위반 등의 혐의로 장영자 부부에 대하여 구속영장을 청구하게 되면서, 사기규모 7,111억 원에 이르는 어음 사기 사건의 전모가 드러나게 된다. 장영자 부부는 자금압박에 시달리던 건설업체를 찾아가 남편 이철희의 과거 경력을 들먹이면서 "통치자금이니 절대 비밀로 하라"며 파격적인 이자조건으로 현금을 빌려주겠다고 약속하고,

---

2 자세한 내용에 관하여는 월간조선, "39년이 흘렀음에도 끝나지 않은 5공과 장영자의 악연", 2021. 7. 참조.

대신 업체로부터 이에 대한 담보로 빌려준 현금의 2배에서 9배에 달하는 액면의 약속어음을 교부받았다. 이들 부부는 위와 같이 담보로 받은 견질어음을 모두 할인해서 돈을 마련한 다음, 그 돈을 다시 다른 회사에 빌려주고 담보로 어음을 받아 또다시 이를 할인하여 자금을 마련하는 방식의 범행을 반복하였다. 권력과 배경을 이용해 은행에서 거액의 편법 무담보대출을 받아 그 돈을 자금 회전이 아쉬운 기업인들에게 빌려주면서, 만일의 경우에 대비한다는 명목으로 결코 약속한 기일 내에는 유통시키지 않는다는 약속 하에 대출액의 2배 내지 9배에 이르는 거액의 어음을 받았다가, 자신들의 권력과 배경을 믿는 자산가들에게 다시 어음들을 할인해 팔았던 것이다. 이들은 공영토건으로부터 위와 같은 방식으로 대여금의 9배에 이르는 액면금 합계 1,279억 원의 약속어음을 받아낸 것을 비롯하여, 여러 기업들로부터 합계 7,111억 원에 이르는 어음을 교부받은 다음 이를 할인하는 방식으로 자금을 편취하였다.

검찰의 발표에 따르면 당시 장영자 부부가 실질적으로 편취한 돈은 대략 1,400억 원에 이르렀는데, 이는 1982년 당시 우리나라의 국내총생산 58.6조 원, 대한민국 정부의 전체 예산 9조 5,781억 원과 비교하여 보더라도 결코 적지 않은 액수였다. 참고로, 당시 입주를 시작한 개포주공 1단지 56㎡가 1,000만 원 초반에 불과하였으므로, 그 편취액이 아파트 1만 4,000채를 넘어서는 액수였다. 그런데 장영자 부부의 사기범행은 그들이 할인한 약속어음의 만기가 도래함에 따라 결국 드러날 수밖에 없었고, 그들에게 약속어음을 발행해주고 급전을 차용했던 철강업계 2위인 일신제강과 대형 건설업체인 공영토건 등은 모두 지급거절로 부도 처리되었다.

장영자는 형사재판과정에서 정권의 통치자금으로 어려운 기업을 도왔다거나 정당한 경제활동을 한 것이라고 주장하면서 "경제는 유통이다"라는 유명한 발언으로 자신의 행위를 정당화하려고 하였다. 하지만 1982

년 서울고등법원은 그녀의 변명을 받아들이지 않고 장영자 부부에게 사기, 업무상배임 및 배임증재죄의 법정 최고형에 해당하는 각 징역 15년과 미화 40만 달러 등의 몰수, 1억 6,245만 원의 추징을 선고하였다. 이후 1983년 대법원에서 위 판결이 확정되었으나(대법원 1983. 3. 8. 선고 82도2873 판결), 이후 이철희는 형기를 5년 남기고, 장영자는 형기를 6년 남기고 각 가석방되었다.[3]

이들이 막대한 규모의 사기 범행을 저지르기 위해서는 그 배후에 청와대가 있었을 것이라는 의혹이 계속하여 제기됨에 따라 경제계를 비롯한 사회 각 분야에 엄청난 파장이 일었다. 당시 장영자 사건에 연루된 정권 실세인 이규광 광업진흥공사 사장, 조흥은행과 상업은행의 행장 등 30여 명이 구속되어 형사재판을 받았고, 당시 국무총리를 비롯한 11개 부처 장관들이 모두 물러나기도 하였다.

한편, 장영자 사건의 진행과정에서 사기죄의 징역형 상한이 10년이고 경합범 가중을 하더라도 15년에 불과하여 그 법정형이 지나치게 가볍다는 비판이 제기되었다. 이에 거액의 재산범죄와 재산 국외도피사범에 대한 법정형을 대폭 강화하고 경제질서를 확립하겠다는 목적으로, 사기로 취득한 이득액이 50억 원 이상인 경우 사형, 무기 또는 7년 이상의 징역형에 처하도록 규정한 「특정경제범죄 가중처벌 등에 관한 법률」이 제정되

---

3 한편, 장영자는 10년 정도 복역한 후인 1991년 3월 형기를 5년 남기고 가석방되었다가 1994년에 또 다시 시중은행을 상대로 140억 원대 어음사기 사건을 저질러 징역 4년형을 받고 다시 수감된다(2차 장영자 사건). 이후 그녀는 1998년 광복절 특별사면으로 풀려났다가, 2000년 220억 원 구권 화폐사기 사건으로 또다시 구속되어 징역 15년을 선고받은 뒤 2015년까지 다시 수형생활을 하였다(3차 장영자 사건). 그녀는 출소한 이후 2018년 또 다른 6억 원 대 사기범행으로 구속되어 징역 4년형을 선고받았고, 2022년 1월에 출소하였다(4차 장영자 사건). 결과적으로 그녀는 지금까지 피해액 합계 7,477억 원의 사기범행에 대하여 모두 네 차례에 걸쳐 합게 33년 정도의 수형생활을 한 셈이다. 자세한 내용은 시사저널, "[표창원의 사건 추적] 금융 시장 짓밟은 '가장 못된 손'", 2013. 2. 27.자 기사; 연합뉴스, "'큰손' 장영자 또 사기 혐의로 징역 4년 확정…네 번째 수감", 2020. 4. 9.자 기사

어 1984년부터 시행되었다(지금은 50억 원 이상 사기에 대하여 무기 또는 5년 이상의 징역에 처하도록 규정하고 있다).

2. 1985년, 1994년 및 2007년 '봉이 김선달' 이석호 사건(국유지 사기)[4]

정부는 1960년대 이후 경제개발 5개년 계획과 경부고속도로 건설을 추진하는 과정에서 부족한 재원을 마련하기 위해서 1970년부터 1974년까지 '국유지 일소(一掃) 계획'을 세워 국유지 매각을 독려하였다. 그 무렵 세무공무원이던 이석호는 관재담당관으로서 국유지 매각 업무를 맡고 있었다. 당시 국유재산법 제14조는 '국유재산에 관한 사무에 종사하는 직원은 그 재산을 취득하지 못한다'고 규정하고 있었지만, 그는 친인척 등 타인 명의로 국유지를 싼값에 매입하거나, 국유지를 점유하고 있는 사람들에게 이를 매각한 뒤 이를 자신이 전매받는 형식을 통해 국유지를 빼돌렸다.

그가 1970년부터 1985년까지 세무서 국유지 매각 관재 업무를 담당하며 빼돌린 국유지는 자그만치 4만 1,509필지, 1억 7,318만㎡에 달했는데, 그중 1억 1,831만㎡는 해남세무서 관재담당 등으로 근무하던 1971년부터 1974년까지 사이에 친인척 등 35명의 명의로 취득했고, 5,556만㎡는 1980년부터 1985년까지 사이에 광주국세청 징세2계장으로 근무하던 중 국유지 매수자 명의변경서류를 위조하거나 허위로 작성하여 빼돌린 것이었다. 위와 같이 빼돌린 국유지의 면적은 여의도 면적의 19배, 그 평가액은 2005년 8월 기준으로 7,000억 원에 달했다.[5] 그는 국유지라면 국도1호선, 충무공 유적지, 윤선도 사적지, 해수욕장, 비행장 부지, 항만 부지, 천연기념물인 임야도 가리지 않고 빼돌렸으며, 당시 국민학교의 부지

---

4 시사저널, "봉이 이선달, 나라땅 3천만평 '꿀꺽'", 1993. 7. 1.자 기사
5 조선일보, "'현대판 봉이 김선달' 이석호씨 1심서 징역 15년", 2008. 6. 11.자 기사

로 사용되던 국유지 45건도 '무연고 재산으로 토질이 박약하여 경작자 없이 방치된 재산'이라는 이유를 붙여 매각대상으로 삼았다.

[1차 형사재판] '건국 이래 최대 국유지 사기 사건'으로 불릴 만큼 규모가 큰 범행을 수사하는 과정에서 검찰과 국세청 등 7곳의 행정기관이 동원되었고, 100건이 넘는 압수수색 영장이 청구되어 압수된 장부만 박스 100개를 넘었다. 주범인 이씨 관련 수사기록만도 A4 용지로 1만쪽을 넘길 정도였다. 전대미문의 국유지 사기범행에 대한 수사기관의 위와 같은 노력에도 불구하고, 이석호의 범행 대부분에 대한 공소시효가 완성된 탓에 대부분의 범죄혐의에 대해서 불기소처분을 받고, 1985년 잔여 범죄 일부에 대해서만 기소되어 이듬해 징역 1년 6개월에 집행유예 3년을 선고받게 된다.

[2차 형사재판] 이석호가 1985년 파면되고 이듬해에 위와 같이 유죄판결을 받았다고 해서 그가 빼돌린 국유지 전부가 국유재산으로 환수된 것은 아니었다. 이석호 측이 빼돌린 토지 중 일부에 대해서 국가나 지방자치단체가 소송을 제기하여 환수한 사례가 있기는 하였다. 그러나 당시 모든 업무는 수기장부를 통하여 이루어졌고(부동산등기의 전산서비스는 그로부터 한참 지난 1998년에 이르러서야 가능해졌다), 친인척 등의 명의로 토지를 매수하거나 매수자 명의변경서류를 위조하고, 이후 빼돌린 국유지를 은닉하거나 현금화하는 과정에서 치밀하고 계획적으로 범행이 이루어졌기 때문에 국유지 불법매각 범행의 전모를 제대로 확인하기 어려웠다. 그래서 국세청이나 수사기관은 문제된 토지들을 하나하나 확인 및 검증하는 작업을 더디게 진행하였을 뿐이었고, 이석호가 불법매각한 국유지를 온전히 환수하는데 적지 않은 어려움을 겪었다.

한편, 이석호는 유죄판결을 받은 이후에도 '1976년 12월 31일 이전에 거래한 토지는 미등기전매 방식으로 명의 변경이 가능하다'는 국유재산법 시행령 부칙을 근거로 다수의 친인척 명의로 매수한 토지에 대해서 국세청으로부터 매각확인서를 발급받아 종전에 매수한 국유지에 대한 소유권을 지속적으로 확보할 수 있었다. 그런데 1987년 국세청이 등기 이전에 필요한 확인서 발급을 중단하자, 이석호는 그 무렵부터 1993년까지 대한민국을 상대로 수백 건의 부동산 소유권이전등기청구 소송을 제기하였고, 대부분의 소송에서 승소하여 친인척 명의로 취득한 국유지의 대부분을 되찾아가게 된다(물론 재판과정에서 제출된 문서에 날인된 지방국세청장의 직인 등이 위조되었음이 추후 형사재판에서 밝혀지기도 하였다).

이에 불법매각된 토지들이 위치한 지방자치단체들은 지속적으로 국유지 불법매각 문제의 해결을 촉구하기에 이르렀고, 검찰은 이석호가 국유지를 매각 또는 매입하는 과정에서의 위법행위를 또다시 수사하여 1993년 9월 특정경제범죄 가중처벌 등에 관한 법률위반(사기), 공문서위조 및 행사, 사문서위조 및 행사 등의 혐의로 그를 구속기소한다. 이후 제1심법원은 이석호에게 징역 12년을 선고하였으나,[6] 항소심법원은 '이석호가 세무공무원의 직권을 이용해 2,900만평의 국공유지를 불하받은 것은 국유재산법상 무효이고, 이 가운데 일부를 제3자에게 되팔아 전매차익을 챙긴 것은 명백한 사기에 해당된다'고 판시하면서도 징역 7년으로 감경된 형을 선고하였다. 이후 대법원은 '국유재산에 관한 사무에 종사하는 직원이 타인의 명의로 국유재산을 취득하는 행위는 강행법규인 같은 법 규정들의 적용을 잠탈하기 위한 탈법행위로서 무효라고 할 것이고, 나아가 같은 법이 거래안전의 보호 등을 위하여 그 무효를 주장할 수 있는 상대방을 제한하는 규정을 따로 두고 있지 아니한 이상 그 무효는 원칙적으로 누구에 대하여서나 주장할 수 있다 할 것이므로, 그 규정들에 위반하여

---

6 중앙일보, "국유지 불법불하/전 세무원 12년형", 1994. 2. 18.자 기사

취득한 국유재산을 제3자가 전득하는 행위 또한 당연무효라고 해석하여
야 한다'고 판시하면서 피고인들의 상고를 기각함으로써 위 형이 확정되
었다(대법원 1994. 10. 21. 선고 94도2048 판결). 이처럼 이석호는 징역 7년이
확정된 후 복역하다가, 1999년 12월경 형기를 1년 4개월 남겨두고 가석
방되었고 2000년 8월 15일에는 특별사면을 받았다.[7]

[3차 형사재판] 이석호가 불법 취득한 땅을 선의로 매수한 사람들의 피
해를 구제해주기 위해 재정경제부는 1997년 12월부터 특례매각이나 환
수보상 지침을 만들어 시행하고 있었다. 이석호는 이러한 사실을 알고 출
소한 직후 재정경제부의 담당 사무관을 찾아가 뇌물을 주고 자신의 친인
척도 구제대상에 포함되도록 지침을 변경하여 줄 것을 청탁하였다. 이후
재정경제부는 '불법취득 사실을 모른 채 구입한 선의의 취득자에게만 해
당 국유지를 감정가의 20%에 특례매각할 수 있도록 하라'는 당초의 지침
을 개정하여 선의 취득자가 아닌 이씨 친인척 35명 명의로 돼 있던 국유지
와 국가 명의로 돼 있는 토지도 특례매각이 가능하도록 변경하는 지침을
일선 지방자치단체에 시달한다. 또한 이석호는 국세청과 지방자치단체 등
의 공무원들을 상대로 국유지 특례매각 지침을 부당하게 적용하거나 국유
지에 대한 권리보전 조치를 소홀하게 처리해달라는 청탁을 하기도 하였
다. 이에 따라 서부지방산림관리청 영암국유림사무소 직원 박모씨는 이석
호로부터 뇌물 1,000만 원을 받고 이석호에게 국유림 56만 9,814㎡를 특
례매각해 국가에 1억 4,000만 원의 손실을 입히기도 하였음이 이후 밝혀
지기도 하였다.

당시 이석호는 '이 회장'으로 불리면서, 사무실에 여러 명의 직원을 고
용해 조직적으로 공문서를 위조하였고, 특히 매수인 명의변경 서류나 국

---

7 시사저널, "'개발독재'가 공법?", 2000. 3. 16.자 기사

세청장 명의의 부동산 매도증서 등을 위조해 친인척 명의의 국유지 357만평을 감정가의 20%에 취득하거나, 부당한 환수보상을 받거나, 환수보상을 받기 위한 소송을 제기하는데 사용하였다. 이처럼 이석호는 특례매각지침을 악용해 자신이 불법 취득했던 국유지를 다시 매각하고, 친인척 등이 실매수자인 것처럼 가장해 190억 원의 특례매각 이익금과 환수보상금을 챙겼다가 2년 여에 걸친 검찰 수사를 받게 되었다.

그 결과 이석호는 2001년 4월부터 2004년 9월 사이 친인척 등 26명과 짜고 재정경제부의 「불법매각 국유지 특례매각 및 환수보상지침」을 악용하여 불법취득한 국유지임에도 친인척등이 실매수자인 것처럼 위장해 국가로부터 605필지 214만 8,770m²에 대한 특례매각이익금과 환수보상금 191억 7,885만 원을 받아 챙기거나 위조한 매도증서를 이용해 특례 매입하였다는 사실이 밝혀졌다. 특히 이석호는 국가가 아예 매각하지도 않은 땅 56필지에 대해서도 15억 2,300만 원의 환수보상금 등을 타내는 등 범행의 대담함이 일반인들의 상상을 초월하는 수준에 있음을 드러내기도 하였다. 또한 이석호는 2004년 3월 검찰 수사망을 피해 은둔생활을 하던 중 자신의 비리를 폭로한 지체장애인 김 모씨(77세)를 5억 원에 청부살해하려고 시도한 사실도 드러났다. 당시 이석호는 자신의 범행을 감사원 등에 알린 피해자에 대한 살인을 청부하면서 공범들에게 임야 5천 평과 5억여 원을 주겠다고 약속하였지만, 결국 피해자에게 중상해를 입혔을 뿐 살해하지는 못하였다.

이후 검찰은 이석호(당시 77세)가 관계 부처 공무원과 친인척 등 수십명과 공모해 불법취득한 국유지를 국가에 팔아 거액의 매각 이익과 환수보상금을 챙긴 혐의 등으로 친·인척 등 21명, 배임·수뢰한 전현직 공무원 5명, 도피를 도운 1명 등 27명(그중 11명 구속)과 함께 기소했다. 이석호에 대한 수사 과정에서 수사기관이 확보한 위조서류 등 문서자료만 97상자에 이르렀고, 서류 위조에 쓴 도장 544개, 고무인 1천 635개가 압수됐으며, 전체 수사기록은 1만 페이지 분량에 이르렀다. 이와 같은 사정만으로도 그가 치밀하게 문서위조를 활용하는 형태의 사기범행으로는 역사상 전무후무한 수준의 범행을 저질렀다는 점을 짐작할 수 있다.

당시 제1심법원은 특정경제범죄 가중처벌 등에 관한 법률위반(사기)과 살인미수 등의 혐의로 구속기소된 이석호에 대해서 범죄사실을 모두 유죄로 인정하고 징역 15년을 선고했다. 재판부는 범행 과정에서 회유대상 공무원과 사기피해자 등 2명이 자살한 점, 비리를 폭로한 장애인을 교통사고를 위장하여 청부살해하려다 실패하고 중상해(전치 9주)를 입힌 점, 피고인의 제의로 사건에 연루된 친인척들과 지인들이 오랜 기간 형사사건에 휘말려 고통받고 있는 점, 범행을 부인하며 반성의 기미를 보이지 않은 점을 양형이유로 삼았다. 그리고 위 판결은 고등법원을 거쳐 대법원(대법원 2009. 1. 30. 선고 2008도9716 판결)에서 그대로 확정되었다.[8]

---

8 한겨레, "현대판 봉이 김선달 이석호 등 27명 기소", 2007. 11. 5.자 기사; 남도일보, "'현대판 봉이 김선달' 이석호씨 징역 15년", 2008. 6. 12.자 기사 등 참조.
한편, 이석호가 직계가족과 친인척 등의 명의로 매입하였다가 제3자에게 매각한 국유지에 대해서는 상당 부분 국세청이나 해당 지방자치단체가 고등검찰청의 지휘를 받아 국유지환수소송을 진행하였고, 대부분 국가 또는 지방자치단체의 승소로 종결되기는 하였다. 1994년 대법원에서 불법취득분 중 3,579만 평의 국유지 불법취득에 따른 환수판결을 내렸지만 12년이 지난 2006년까지도 국세청 및 재경부, 각 지자체들의 국고환수업무 수행 미흡 등으로 미환수 토지가 남아 있는 상황이었다. 2007년 당시 이석호가 불법 취득한 국유지 가운데 4,131만㎡는 이미 환수를 마쳤고, 106만㎡에 대해서는 환수소송이 진행 중이며, 648필지에 대해서는 처분금지 가처분 결정이 내려진 상황이었지만, 이에 대한 환수금 반환 등 관련 소송이 그로부터 무려 15년이 지난 2023년 현재까지도 진행중이다. 자세한 내용은 파이낸셜뉴스, "국유지 불법취득은 불법, 환수금 반환" 봉이 김선달 전직 공무원 친척 패소", 2023. 10. 10.자 기사; 동아일보, "법원 '불법취득 국유지 환수보상금, 정부에 반환하라'", 2023. 10. 10.자 기사 참조.

3. 1999년 의정부 토지사기단 사건(토지사기)[9]

한국전쟁 당시 적지 않은 수의 부동산등기부가 멸실되었고, 등기부 멸실 이후 오랜 기간 소유권을 주장하는 사람이 없는 토지는 사실상 주인 없는 토지와 마찬가지로 수많은 토지사기단의 손쉬운 먹잇감이 되어왔다. 토지사기단은 주로 등기부가 대량으로 멸실된 경기 북부와 강원 북부에서 오랜 기간 거래가 없고 등기부에 토지소유자의 인적사항이나 생년월일이 제대로 기재되어 있지 않은 토지나 이미 소유자가 사망하였을 것으로 보임에도 상속등기가 경료된 적 없는 토지를 범행대상으로 삼아왔다. 그들은 해당 토지의 토지조사부나 토지대장의 소유자와 같은 이름으로 법원의 개명허가를 받아 이를 근거로 호적등본 등의 서류를 발급받고, 여기에 나머지 서류를 위조하는 방식으로 해당 토지를 담보로 대출을 받거나 매각하는 방식으로 사기 범행을 저질렀다.

종래의 부재지주 토지에 대한 사기사건은 외국거주자나 부재지주의 인감도장과 인감증명, 주민등록등본 등을 위조하여 진정한 소유자인 것처럼 행세하면서 해당 토지를 매도하거나 은행에 담보로 제공하고 대출을 받는 것이 가장 전형적인 형태였다.[10]

그런데 1990년대 이후의 토지사기단은 인감도장이나 인감증명서를

---

9 토지사기단이 국공유지 사기를 저지르는 것은 아주 오랜 역사를 갖고 있다. 1968년에 법무부는 30여 명의 검사를 동원하여 국유지 부정불하사건의 수사에 착수하였는데, 당시 총 3,173건에 212억 원에 이르는 국공유지가 부정불하되거나 개인소유지로 전환된 것을 적발하기도 하였다(당시 국가가 소유권을 상실한 것으로 확인된 국유지의 면적이 무려 2,984만 4,000평에 이르렀다). 자세한 내용은 중앙일보, "망실국유지 얼마나 찾았나, 토지사기 그 수법과 회수실적", 1970. 1. 29.자 기사 참조. 한편, 토지사기단 중에서는 백지 주민등록표를 빼내 변조한 후 이를 사기범행에 활용하는 사건도 있었다. 자세한 내용은 매일경제, "백지주 민등록표 빼내 변조후 억대 땅 사기", 1988. 2. 6.자 기사 참조.
10 중앙일보, "2억대 땅 사기", 1973 5. 30.자 기사; 중앙일보, "부재지주 땅 사기", 1986. 2. 19.자 기사; 중앙일보, "부재지주 땅 30억대 사취", 1988. 3. 11.자 기사

위조하는 단순한 범행에서 진화하여 보다 적발되기 어려운 형태의 범행을 시도하게 된다. 가장 대표적인 것으로 1999년 의정부 토지사기단(70억 원대)을 들 수 있다. 의정부 토지사기단은 서울 파고다 공원 등지에서 직장 없이 지내는 사람들의 명의를 빌려 토지소유자와 동일한 이름으로 개명하는 내용으로 개명허가절차를 진행하고, 이를 바탕으로 개명한 공범이 토지소유자인 것처럼 담보제공에 필요한 서류를 마련하여 해당 토지를 담보로 제공하고 대출금을 챙기려고 하였다.[11] 토지사기단은 자신들의 신분은 철저히 숨긴 상태에서 부재지주와 동일한 이름으로 개명을 한 명의 대여자를 앞세워 대출절차 또는 매각절차를 진행하기 때문에 범행이 적발되기도 어렵고, 만약 진정한 소유자가 뒤늦게 나타나더라도 그 소유자가 이미 진행된 근저당권설정등기의 실행을 저지하거나 소유권이전등기를 회복하는 것이 가능하지 않다는 점을 노린 것이었다.

그런데 2005년 적발된 1,000억 원대 파주 토지사기단은 앞서의 토지사기단보다 훨씬 대범한 모습을 보였다.[12] 이들은 1999년부터 일제강점기의 토지매도증서를 위조하여 국가를 상대로 국유지 200여만 평에 대한 소유권보존등기 말소청구소송을 진행하였다. 먼저 1981년 대한민국 정부가 한국전쟁으로 인하여 지적공부와 등기가 멸실되어 소유권자를 알 수 없는 토지의 소유권자들에게 이를 신고하도록 공고한 적이 있다는 점에 착안하여, 이들은 정부기록보존소에서 소유자가 그 무렵 신고를 하지

---

11 한국경제, "70억 원대 토지사기단 2개 조직 15명 검찰에 적발돼", 1999. 10. 19.자 기사; 한겨레, "문서감정 '구멍' 노린 땅 사기", 2005. 6. 3.자 기사

12 위 사건에 관여한 변호사 조 씨는 이들의 소송을 대리하여 승소판결을 받아 낸 뒤 수임료로 31억 5천만 원을 지급받았고, 그 가운데 9억 원을 사건 브로커 김 모(64세) 씨에게 알선료 명목으로 지급하였다. 또한 문서감정사 김 씨는 유 씨로부터 2,600만 원을 받고 위조된 매도증서가 일제 때 작성된 것으로 추정된다는 허위 감정서를 재판부에 제출하였음이 밝혀졌다.

자세한 내용은 중부일보, "국유지 토지사기단 적발", 2005. 5. 17.자 기사; 매일경제, "대법원도 속인 문서위조 사기단", 2005. 5. 16.자 기사 참조.

아니하여 국유지로 편입된 토지를 확인하였다. 그리고 이들은 일제 때 작성된 토지조사부를 통해 범행대상을 물색하고, 당시의 소유자 이름 및 거래가격 등의 필요한 정보를 얻었다. 그리고 이들은 고문서를 전문적으로 작성하는 필경사를 통하여 원고 역할을 맡은 일당의 죽은 아버지가 1935년에 파주시 임야 3만여 평을 매수한 것처럼 매도증서를 위조하면서 여기에 당시 법원의 직인을 정교하게 위조하여 날인하고 등기번호까지 기입하였다. 이들은 또 거액의 수임료를 약속하고 변호사 조 모(45세) 씨를 범행에 가담시킨 뒤 법원에서 문서 감정을 의뢰할 것에 대비, 문서감정사 김 모(65세) 씨를 매수해 허위감정을 하도록 했다(당시 법원감정인에게 지급하여야 하는 작성 연대 허위감정의 대가는 2,000만 원이라는 것이 공공연한 비밀이었다고 한다). 그리하여 이들은 이러한 방법으로 2000년 초부터 파주시 국유지 임야 3만여 평에 대하여 소유권보존등기 말소청구소송을 제기하여 2년 뒤 대법원에서 원고 승소 확정판결을 받아내는 것에 성공하게 된다. 특히 이들은 위조한 매도증서 등을 토대로 소송을 진행하는 과정에서 법원을 기망하기에 부족한 것으로 드러난 부분을 계속 보완해나가면서 더욱 교묘하고 치밀한 방식으로 문서들을 위조하였다. 이 사건에서 특기할 만한 것은 이들은 범행대상 토지에 관하여 대한민국을 상대로 여러 건의 소송을 제기하였고, 당시 이들이 제기한 6건의 민사소송에서 법원이 진행한 총 17차례의 문서 감정 중 12차례는 진본이라는 판정을 받게 되면서, 그 중 일부에 대해서는 대법원 승소판결까지도 받아냈다는 것이다.

이제 어렵지 않게 법원을 기망하여 승소판결을 받을 수 있고, 국유지에 대한 소유권이전등기를 합법적으로 마칠 수 있음이 드러나게 된 순간부터 토지사기단은 자신들의 범행을 전면적으로 확대하기에 이른다. 이후 이들은 경기도 파주, 강원도 철원 일대 15건의 국유지 200여만 평의 매도증서를 위조해 소송을 진행하거나 준비하고 있었는데, 그 과정에서 검찰에 꼬리가 잡혔다. 그리고 대법원은 2006년 토지사기단 6명에 대한 상고심에서 징역 8년 내지 1년 6월을 선고한 원심을 확정했다. 또 이들의 소송사기를 대리해 수임료로 31억 5,000만 원을 받고 이 중 9억 원을 사건 브로커인 김 모 씨에게 알선료 명목으로 지급한 혐의로 기소된 조 모 변호사는 서울고법에서 징역 1년에 집행유예 2년을 선고받고 상고를 포기해 형이 확정되었다.

당시 이들 토지사기단이 적극적으로 문서를 위조하고 법원을 기망하는 사기범행을 통하여 최종적으로 대법원 승소판결을 받는 등 그 범행 방식이나 죄질이 매우 불량하고, 방대한 면적의 국유지를 대담하게 편취하려고 한 것으로 그 피해가 적지 않았음에도 불구하고 법원이 선고한 형이 지나치게 낮다는 평가가 적지 않았다. 다른 토지사기단으로 하여금 국유지 사기범죄를 꺼리게 하기는커녕, 오히려 그들에게 용기와 자신감을 심어줄 수 있는 정도로 지나치게 낮은 형량이라는 것이었다.

당연히 유사한 형태의 토지사기는 이후에도 사그라들지 않았고, 경기 북부, 강원도 고성, 춘천 등에서 유사한 사건들이 지속적으로 발생하게 된다. 특히 앞서 파주 토지사기단 사건에서 법원 문서감정의 정확도가 그리 높지 않고, 법원이 이를 검증할 수 있는 시스템도 갖추고 있지 못하다는 사정과 실제로 적발되더라도 유죄의 선고형이 전혀 중하지 않다는 사정이 만천하에 드러나게 됨으로써 토지사기범행이 더욱 매력적인 것으로 인식되었기 때문이다. 이후에도 토지사기단들은 오랜 기간 전성기를 누리다가, 국유지나 부재지주의 토지 중 대부분에 대해서 이미 다른 토지사기단들의 작업이 완료됨에 따라 작업대상인 국유지나 부재지주 토지가 줄어들면서 국유지 사기범행은 서서히 자취를 감추게 된다(실제로 얼마나 많은 국유지와 부재지주 땅이 위와 같은 방식으로 토지사기단의 손에 들어갔는지를 아는 사람은 아무도 없다).

하지만, 토지를 상대로 한 사기범행은 범행이 성공하는 경우에 적지 않은 범죄수익이 보장되기 때문에, 토지사기단은 이제 국유지가 아닌 토지로 그 범행대상을 확대해가고 있다. 특히 2021년에 적발된 용인 토지사기단은 앞서의 토지사기단보다 훨씬 진화된 사기수법으로 많은 사람들을 놀라게 한 바 있다.[13] 이들은 부동산 매매 시 필요한 토지소유자의 인감증명서를 발급받기 위하여 토지소유자의 주민등록증을 위조하고, 실리콘을 이용해 토지소유자의 오른쪽 엄지손가락 지문도 정교하게 위조한 후 이를 이용하여 인감증명서를 발급받았고, 토지소유자 행세를 하면서 부동산 매매계약을 하고 계약금을 가로챘다. 무엇보다 놀라운 점은 이들이 '미션 임파서블'류의 문서위조나 지문위조를 사기범행에 도입하였다는 것이었고, 일반인들로서는 그들의 사기시도를 제대로 알아차릴 수 없는 수준에 이르게 되었다는 것이었다. 그리고 다수의 공범이 사기 총책, 가짜 토지소유자, 토지소유자의 지문 위조 등의 역할을 분담하여 범행을 저질렀고, 계약금 5억 원을 받고 잔금을 받기 전에 범행이 발각되자 도주하는 과정에서 대포폰 등을 활용하여 수사에 혼선을 야기하는 치밀함을 보이기도 하였는데, 이는 앞서 말한 사기범죄조직의 기본적인 조직구조나 운용형태가 모든 사기범죄단에서 이미 채택되었음을 보여준다.

4. 2006년 루보 주가조작 사건(시세조종)[14]

1990년대까지만 해도 주가조작 또는 시세조종은 서너 명이 팀을 구성하여 서로 주식을 사고파는 자전거래(cross trading)을 통하여 주가를 움직이는 형태로 진행되는 것이 일반적이었는데, 2000년대 이후에는 사채업

---

13 연합뉴스, "실리콘 이용 지문 본떠 토지사기 … 일당 검거", 2021. 11. 17.자 기사
14 한겨레, "루보 주가조작 1,500억 원 동원 제이유그룹 부회장 등 11명 구속", 2007. 7. 25.자 기사; 중앙일보, "코스닥 대형 주가 조작 사건 10건 분석해보니", 2007. 8. 18.자 기사

자와 전문 트레이더들이 합세하여 훨씬 대형화, 조직화된 모습으로 진화하게 된다. 주가조작을 위해서는 대체로 주가조작범행을 전체적으로 설계하고 종목을 정하여 매도와 매수 타이밍을 지시하는 '주포', 대상종목의 거래량과 가격 등 차트흐름을 관리하는 역할을 담당하는 '화가', 주포의 지시를 받아서 주식 매수 및 매도 주문을 담당하는 '딸각이', 주식매수 등에 소요되는 자금을 공급하는 '쩐주(주로 사채업자)', 해당 회사의 대주주(또는 경영진), 그리고 매수에 필요한 계좌 모집과 자금조달 중개를 담당하는 '브로커' 등으로 구성되고, 이들은 점조직으로 움직이면서 한 번에 여러 종목을 교차 매매하는 방식으로 시세를 조종한다.

이들은 자동으로 사고 팔도록 주문을 넣는 매크로 프로그램 등을 활용하여 거래량을 늘리는 자전거래(일명 '롤링')로 개미들을 유혹하여 이들의 매수주문을 끌어들인 이후, 보유한 주식을 고가에 매도해 차익을 얻거나, 무자본 인수합병(M&A) 과정에서 주가를 띄우고 매도 후에 인수자금을 상환하거나, 전환사채(CB)·신주인수권부사채(BW) 등을 전환가 이상으로 매도하는 등의 다양한 방법으로 상당한 범죄수익을 거둘 수 있었다. 물론 규모가 큰 주가조작사건의 경우에는 여러 주가조작 조직이 연합체를 이루어 시세조종에 가담하는 것도 드문 일이 아니었다.

지금까지 있었던 주가조작 중에서 가장 공격적이고 대범하게 진행된 대표적인 사례로 꼽을 수 있는 것이 바로 2006년부터 2007년까지 진행된 코스닥기업 루보에 대한 주가조작 사건이었다. 원래 루보는 베어링 등 자동차 관련 부품을 생산하는 연 매출 226억 원, 순손실 10억 원 규모의 중소기업이었고, 주주는 최대주주 가족 지분이 40%를 넘고 나머지는 소액주주로 구성되어 있었다. 그런데 제이유 그룹의 부회장이던 김영모는 3개 상호저축은행을 통해 자금을 조달한 후, 2006년 10월부터 주식 매도나 매수를 담당한 증권사나 은행 전 직원들로 하여금 차명 금융계좌를 통해 매수주문을 내도록 하면서 본격적으로 루보의 주식을 매집하기 시작했다. 이들의 주가조작이 시작될 무렵인 2006년 10월 1일 루보의 주가는 1,185원에 불과하였고 그 시가총액은 117억 원 정도였다.

그런데 이들의 주식매집이 시작되면서 루보의 주가는 매일 2%에서 5%씩 꾸준하게 상승하였다. 루보의 주가가 2,000원을 넘어서자, 제이유 부회장인 김영모는 과거 제이유 그룹에서 활동하던 사람들을 조직화하여 전국 각지에 지역책과 홍보담당자를 두어 투자자를 모집하도록 하였다. 그는 전국 각지에서 수십 차례의 투자설명회를 열어 시세조종을 위한 실탄을 확보하면서 본격적으로 개인들의 자금을 유입시켰다. 여기에 제이유의 회원들이 자체적으로 투자설명회를 열어 다른 사람들의 투자를 유치함에 따라 투자에 가담하는 제이유 회원의 수가 급증하게 된다. 그리고 그 과정에서 루보의 주식에 투자한 회원의 계좌를 트레이더들에게 맡기도록 함으로써 투자한 개인들이 스스로 주식을 팔거나 현금을 회수할 수 없게 하였다.

2007년에 들어서면서 작전세력은 루보 주식을 '모찌계좌(주가조작을 위한 차명계좌)'로 이체시켜 주식매도를 준비하기 시작했고, 주가가 10,000원을 넘어서게 되자 서서히 차명계좌를 통해 보유주식을 처분하기 시작하였다. 이때부터는 개미투자자들이 추격매수에 나서면서 루보 주식의 거래량이 급증하고, 주가도 계속하여 상승하게 된다. 작전세력들은 한꺼번에 주식을 처분하는 대신, 추격매수가 들어올 때마다 일정 부분을 처분하면서 시세차익을 거두었고, 2007년 3월 무렵에는 제이유 회원계좌를 통해서 매수한 주식의 대부분의 처분을 마무리하였다.

그럼에도 개미투자자들의 계속되는 추격매수에 힘입어 2007년 4월 16일경 루보의 주가는 시초가에서 50배가 폭등한 51,400원까지 치솟게 되었고, 시가총액은 5,200억 원으로 당시 코스닥시장 시가총액 20위에 오르게 된다. 그러나 검찰에서 주가조작세력을 수사하고 있다는 사실이 알려지면서 바로 가격제한폭까지 폭락하게 된다. 그 다음 날인 17일과 18일의 거래량은 이틀간 불과 1만 6,000주에 불과하였지만(거래대금 6억 원대), 매도잔량이 17일 240만 주, 18일 277만 주 이상이 쌓여 있었고, 이는 '묻지마 작전주'의 끝이 어떤 것인지를 사실 모두가 알고 있었음을 여실히 보여주었다. 이후 루보의 주가는 11거래일 연속 가격제한폭까지 떨어지면서 2,000원대로 복귀한다. 이로 인하여 뒤늦게 매수에 나선 개인 투자자들은 엄청난 손실을 보게 되었고, 이미 부실경영과 다단계 사업의 문제로 인해 위기를 맞고 있던 제이유 그룹 또한 주가조작 사건으로 인해 와해의 위기를 맞게 된다.

　수사결과 주가조작 조직은 투자자들로부터 수백만 원에서 수천만 원이 든 계좌의 아이디와 비밀번호를 통째로 넘겨받아 작전에 나섰고, 이때 주도적으로 사용한 차명계좌는 700여개 이상, 전체 계좌는 3천여 개 이상, 주가조작에 동원된 자금이 1,500억 원에 이른다는 점이 확인되었다. 이들은 당초 유선통신망으로 연결된 증권사 홈트레이딩시스템(HTS)으로 주가를 조작하였다가, 이후 수사당국의 감시를 피하기 위하여 IP추적이 어려운 휴대전화 단말기를 사용하였음이 밝혀지기도 하였다.

　일반적으로 시세조종이나 유사수신 등의 경우에는 그 유죄입증에 필요한 증거를 수집하는 것이 어려운 경우가 많기 때문에 실제 기소가 이루어지는 공소사실이나 유죄판결에 기재된 범죄사실에 따른 범죄수익이 실제 피해규모 등에 비하여 현저하게 적은 경우가 일반적이다. 루보 주가조작 사건의 경우에도 주범인 김영모가 '1,500억 원의 자금을 모집한 뒤 700여개의 차명계좌를 동원해 고가매수 주문, 통정매매 등의 수법으로 루보의 주가를 40배 가까이 끌어올렸다'는 혐의로 기소되었음에도, 그가 취득한 부당이득의 규모는 119억 원으로 산정되어 적지 않은 비판이 있었다. 시세조종의 범죄수익규모를 확정함에 있어서 '의심스러운 경우에는 피고인의 이익으로'라는 법원칙이 엄격하게 적용되면서 공소장이나 판결문에 기재되는 부당이득 규모가 대체로 크게 줄어드는 경우가 대부분이라고 하더라도, 1,500억 원을 동원하여 주가를 40배까지 폭등시키는 천문학적 규모의 시세조종을 하는 과정에서 거둔 범죄수익이 고작 119억 원에 불과하다고 하는 판단을 금융업계 종사자들이나 일반인들로서는 쉽게 납득할 수 없었기 때문이었다. 그럼에도 불구하고, 김영모는 시세조종으로 119억 원의 부당이득을 취했다는 증권거래법 위반 등 혐의가 유죄가 인정되어 최종적으로 징역 8년형을 선고받았고, 2015년 5월 만기 출소하였다.[15]

5. 2008년 조희팔 금융 다단계 사건(유사수신행위 등)[16]

2004년부터 2008년까지 다단계 판매 업체를 통해 전국적으로 7만여 명에게 5조 원이 넘는 돈을 투자명목으로 받아 가로챈 희대의 금융사기사건이 발생하였는데, 이는 2006년 주수도의 제이유 그룹으로 인한 피해규모인 2조 원(피해자 9만 명)을 다시금 뛰어넘는 것이었다.

당시 조희팔이 운영하던 다단계업체들은 골반교정기와 찜질기, 공기청정기 등을 구매하면 이를 모텔이나 찜질방 등지에 대여하여 30%가 넘는 임대수익을 보장한다고 광고하여 투자자들을 모집하였고, 초기에 가입한 투자자들에게 꾸준히 수익금을 지급하면서 지속적으로 회원을 늘려

---

15 이후 김영모는 자신의 조직원들을 불러모아 'YMK홀딩스'를 세우고 자회사 'YMK포토닉스'에 대한 투자자를 모집하는 과정에서 사기 혐의로 기소되어 1심에서 2년형을 선고받았다. 자세한 내용은 KBS, "[탐사K] 피라미드식 주가조작 배후는 루보사태 주범 '김영모'", 2020. 1. 31.자 기사 참조.

16 중앙일보, "5조 사기 조희팔 사망 10년 … '생존 정황 있다' 쫓는 사람들", 2021. 9. 24.자 기사

전국에서 수십 개의 법인과 49개소의 센터를 운영하게 된다. 이때 조희팔이 배당 내지 수당의 형태로 투자자들에게 지급한 수익금은 나중에 가입한 투자자들로부터 받은 투자금에서 마련된 것으로 전형적인 형태의 폰지 사기였지만, 먼저 투자한 사람들이 매일 소액의 이자를 받아 적지 않은 수익을 얻고 있음이 알려진 이후 많은 사람들이 투자에 가담하게 된다.

조희팔 일당은 수익금 지급이 중단되는 시점부터 피해자들이 의문을 품고 문제를 제기할 시점까지의 소요기간을 시뮬레이션 하기도 하는 등 치밀하게 도주를 계획한 후, 2008년 10월 회사 전산망을 파괴한 뒤 현금화한 재산을 들고 도주하였다. 조희팔이 2008년 말 검찰의 기소를 피해 중국으로 밀항할 때까지 5년여에 걸친 조직적 사기범죄로 인한 피해자는 모두 7만 명에 달하였고, 그가 편취한 것으로 드러난 금액은 5조 715억 원에 이르렀다. 당시 피해자 대부분이 서민이었던 데다가 그 중 적지 않은 피해자들이 스스로 목숨을 끊기도 하여 큰 사회문제가 되었다.

그런데 수사기관이 조희팔과 사기범죄조직의 수괴급 용의자들의 신병확보에 어려움을 겪으면서 제대로 수사가 진행되지 못하던 중, 조희팔이 중국에서 조선족 '조영복'으로 신분을 위장하여 도피생활을 해오다가 2011년 심근경색으로 사망하였다는 소식이 국내에 전해졌다. 하지만 조희팔이 사망하였다는 점을 뒷받침하는 장례식 영상에 대하여 여러 의문점이 제기되었고, 그가 사망했다는 날짜도 불명확하며 사망시점 이후에도 조희팔이 골프장에 출입한 기록이 있다는 점 등의 이유로 그가 사망을 가장한 것이라는 주장이 사그라들지 않았다. 그러나 검찰은 2016년 6월 28일 그가 사망한 것으로 결론을 내리고 공소권 없음으로 해당 사건을 종결하였다. 만약 조희팔이 사망하지 않았음에도 검찰을 속인 것이었다면, 이는 대한민국 역사상 가장 성공한 완전범죄 중 하나로 기록될 것이다.

한편, 조희팔이 운영하던 사기범죄조직의 구성원 중 77명에 대해서는 기소가 이루어졌고, 특히 다단계 유사수신업체의 자금관리 담당이었던 강태용에 대해서는 2016년 제1심에서 특정경제범죄 가중처벌 등에 관한 법률위반(사기), 횡령, 배임, 유사수신행위 및 제3자뇌물교부 등으로 징역 22년에 추징금 125억 원이 선고되었으며, 위 판결은 항소심과 상고심에서 확정되었다.

검찰은 2016년 재수사 결과를 발표할 때 전체 편취액 중 원금과 이자를 투자자에게 돌려주고 조희팔 일당이 순수하게 챙긴 범죄수익을 약 2,400억 원 내지 2,900억 원으로 집계했다. 이는 검찰이 범죄피해액수로 파악한 8,300억 원과도 상당한 차이가 있는데, 이는 선순위 투자자들이 원금 이상의 돈을 배당수익이나 소개 수당으로 챙겼기 때문이었다. 다단계 조직에서 먼저 투자한 사람들은 적극적으로 후속 투자자들을 유치하고, 나중에 투자한 사람들이 납입한 돈으로 당초 투자원금 이상의 배당수익이나 소개수당을 받기 때문에, 다단계 구성원 중 대부분이 피해자이면서도 동시에 범죄의 실행행위의 일부를 담당하기도 한 공범으로 볼 수 있어 범죄피해와 범죄수익을 나누기 어려운 부분이 있다. 한편, 그중 검찰이 피해회복 절차를 진행한 조희팔 일당의 범죄수익은 그 중 710억 원 정도에 불과했다.

이 사건의 경우 복잡한 다단계 구조의 최상층에 위치한 극소수를 제외한 7만 명에 이르는 투자자들의 행위를 일일이 규명해 범죄를 입증한다는 것이 사실상 불가능에 가깝기 때문에, 회사의 대표나 최상위 간부들에 대한 기소와 재판만이 진행되었을 뿐, 피해자인지 공범인지 여부가 모호해지는 일정 수준 이하의 하위 간부 등에 대해서는 아예 수사가 진행되지 않았다. 그리고 피해자인지 공범인지 여부가 모호해지는 하위 간부에 대해서는 형사적 책임뿐만 아니라 금전적 손실에 대한 책임도 묻기 어렵기 때문에, 범죄수익을 온전하게 몰수하거나 추징하는 것도 가능하지 않은 경

우가 대부분이었다.[17]

한편 수사결과 조희팔 일당과 수사기관과의 유착관계가 밝혀지기도 하였는데, 조희팔 일당으로부터 2억 7천 여 만 원의 뇌물을 받은 서울고검 부장검사에 대해서는 특가법상 알선수재 알선수재 등으로 징역 7년이 선고되었고, 조희팔을 중국에서 만나 골프와 술 접대를 받은 경찰청 수사 과장에 대해서는 특가법상 뇌물 등으로 징역 9년이 선고되기도 하였다.

6. 2008년 금지금사기 사건(부가가치세 부정환급 또는 조세포탈)[18]

금지금(金地金)이란 순도 99.5% 이상의 금괴나 골드바 등 원재료 상태의 금을 가리키는데, 반도체, 케이블, 단자나 방열판 등 여러 전자제품의 생산공정에서 사용되기도 하지만, 단순 유통을 목적으로 매매되는 경우도 적지 않다. 우리나라는 외환위기 이후 국내에 부족한 금의 국내 유입을 쉽게 하겠다는 목적으로 2003년부터 수출하거나 수출용 원재료로 쓸 목적으로 국내에 들여와 거래되는 금지금에 대해 부가가치세를 면제해주는 '영(0)세율' 제도를 도입하여 수출용 금거래에 대해서 특별한 세제혜택을 부여하기 시작했다.

일반적으로 생산자 ⇨ 도매업자 ⇨ 수출업자 ⇨ 해외업체로 이어지는 정상적인 형태의 금지금의 해외 수출거래라면, 도매업자와 수출업자가 일정 비율씩 부가가치세를 나눠서 부담한다. 부가가치세는 거래가 이

---

17 그동안 다단계 금융사기에 대해서 여러 차례에 걸쳐서 이와 같은 문제점이 지적되고 있으나, 그와 관련하여 제대로 된 제도적 보완이 이루어진 바는 전혀 없다. 이와 관련된 자세한 내용은 이기수, 「조희팔 사건 분석을 통해서 본 유사수신행위의 법제도적 문제점 검토」, 범죄수사학연구 제2권 제1호(2016); 이동임, 「다단계 금융사기 피해방지 및 회복방안」, 피해자학연구 제22권 제2호, 한국피해자학회(2014) 등 참조.

18 신동아, "국세청, 금시장 질서 잡아 수천억 원 세수확대", 2011. 3. 21.자 기사; 세계일보, "[고성춘의 세금이야기] 금지금 사건에 대한 소회", 2014. 3. 25.자 기사; 법률신문, "[조성훈의 판례평석] 금지금을 이용한 사기사건의 올바른 처리", 2021. 1. 9.자 기사

루어지는 단계마다 물품 가격에 반영되어 누적되다가, 거래의 마지막 단계에 있는 수출업자가 해외에 물품을 팔 때 자신이 내야 할 부가가치세를 초과하는 부분을 국세청으로부터 공제 또는 환급받게 된다. 그런데 금지금 거래에는 영세율이 적용되므로, 최종 수출업자가 받게 되는 부가가치세 환급액은 일반적인 수출거래와는 크게 달라진다. 예를 들면, 매출세액이 100억 원이고, 매입세액이 90억 원이면, 해당 사업자가 국가에 납부해야 할 부가가치세액은 1억 원[= 10억 원(= 매출세액 100억 원 - 매입세액 90억 원) × 10%]인데, 만약 수출로 영세율을 적용받게 되면 오히려 9억 원[= △90억 원 (= 매출세액 0원 - 매입세액 90억 원) × 10%]을 환급받을 수 있기 때문이다.

문제는 이러한 영세율제도의 허점을 이용하여 거래과정에 폭탄업체를 끼워넣게 되면 실제로 납부하지 않은 부가가치세를 부정환급을 받을 수 있게 된다는 것이다. 사실 이러한 방식의 부가가치세 부정환급은 이미 사건이 발생하기 몇 년 전부터 서울 종로구 소재 귀금속업체들 사이에 만연해 있던 것이었다. 부가가치세 환급시스템의 허점을 이용한 조직적 사기행위가 빈번하게 일어나고 있었음에도, 과세당국이 폭탄업체가 아닌 정상업체를 상대로 하여 적극적으로 대응하기에는 여러 가지 복잡한 법리적인 쟁점이 있었기 때문에 금지금 부정환급 사건이 사상 초유의 규모로 발전할 때까지 별다른 조치를 취하기 어려웠고, 금지금 부정환급을 적발해낸 이후에도 수많은 행정소송이나 형사소송을 통하여 대응하는 데 적지 않은 시간과 노력을 들여야 했다.

일반적으로 문제가 된 금지금 거래는 외국업체 ⇨ 수입업체 ⇨ 1차 도매업체 ⇨ 폭탄업체 ⇨ 2차 도매업체 ⇨ 수출업체 ⇨ 외국업체의 복잡한 순환구조로 이루어지는 일명 '뺑뺑이 거래'였다. 먼저 외국업체로부터 금지금을 수입하고 1차 도매업자(면세도관업자)가 폭탄업체에 금괴를 넘기는 단계까지는 면세 거래가 이루어진다. 해외에 수출될 물품이라는 점이 확실하다면 국내 유통과정에서도 부가가치세를 부과하지 않는 영세율 제도의 혜택을 받기 때문이다. 1차 도매업자는 금지금 구매가 '외화획득용 원료 거래'라는 취지로 계약서를 꾸며 은행에 보여준 뒤 면세거래를 허용하는 증빙서류인 구매승인서를 발부받고, 이후 금지금을 폭탄업체에 넘긴다. 이때 폭탄업체는 그 동안 부가가치세가 매겨지지 않은 채 유통되어 오던 금지금을 갑자기 국내에서 유통시킬 것처럼 사용목적을 변경하면서 과세당국에 부가가치세를 내겠다고 신고한다. 그리고 마진이 없는 낮은 가격으로 2차 도매업자에게 금괴를 파는데, 폭탄업체가 직전 단계까지 혜택을 받은 세액을 다 물어낼 것처럼 서류상으로 신고하면서 동시에 물품을 싸게 넘기는 것이다. 물론 폭탄업체는 부가가치세를 납부할 의사는 전혀 없고, 거래가 끝나면 폐업하고 사라져버릴 예정이다. 그리하여 폭탄업체로부터 금지금을 넘겨받은 2차 도매업체(과세도관업체) 이후부터는 금지금이 외견상으론 정상적으로 거래되기 시작한다. 단계별로 부가가치세도 정상적으로 신고되고 납부된다. 하지만 이미 폭탄업체 단계에서 금괴가격이 대폭 낮춰졌고 과세신고도 되었기 때문에 2차 도매업체가 국세청에 내는 부가가치세는 그리 크지 않다. 이후 2차 도매업체로부터 금지금을 넘겨받은 수출업체는 외국업체에 금괴를 최종적으로 수출하면서 국세청으로부터 폭탄업체 등 전 단계 업체들이 낸다고 했던, 그리고 냈을 것으로 추산되는 세금을 금지금 수출업체에 주어지는 혜택인 영세율 제도에 따라 부가가치세 조기환급금으로 곧바로 되돌려 받는다(흔히 생각하는 것과 달리, 전 단계의 모든 사업자가 부가가치세를 납부한 이후에 환급이 이루어지는 것이 아니다). 이 때문에 금괴는 국내에 들어올 때보다 낮은 가격으로 수출됨에도 불구하고, 환급되는 부가가치세를 유통에 참여한 모든 업자가 나누어 가지는 형태로 이익이 발생하는 것이었다.

문제가 되는 부가가치세를 납부해야 할 의무가 있는 폭탄업체의 대표로 어김없이 노숙자나 신용불량자들이 등장하기 때문에 국세청과 검찰 등 사법당국은 금지금 문제로 오랫동안 골머리를 앓아왔다. 특히 이러한 거래는 수입부터 수출까지 전 과정이 빠른 경우 3-4시간, 늦어도 2-3일 사이에 모두 끝나게 되기 때문에 분명히 전체 거래과정에 문제가 있을 것으로 생각되기는 하였지만, 폭탄업체를 제외한 나머지 업체들에 대해서는 처벌조항이나 과세조항을 찾기가 어려웠다. 일단 서류상으로는 거래가 정상적으로 이루어졌고, 폭탄업체를 제외한 모든 관련 업체의 거래에서 문제점을 발견하기는 어려웠기 때문이다. 이 때문에 2001년부터 금지금에 대한 부가가치세 환급과 관련하여 「대외무역법」 위반 등으로 수사가 진행되다가도 무혐의나 공소권 없음의 불기소 처분으로 종결되는 것이 다반사였다.

그런데 국세청은 구매확인서에 의한 영세율제도(2003년 6월 이전)에 대한 보완으로 면세금지금제도(2003년 7월 이후)를 도입하고, 2004년경부터는 금지금 관련 사건이 단순 자료상 사건이 아닌 치밀하게 조직된 기업형 범죄임을 인식하고 제대로 기획 세무조사에 착수하였다. 그리고 국세청은 2005년 12월경 금지금 사업에 뛰어든 177개 업체에 대해 총 1조 6천억 원의 과세처분을 하게 된다. 금지금 가격은 국제시세에 연동되어 시장가격이 결정되기 때문에 시장가격과 실제 거래되는 금지금 가격의 차이는 극히 적을 수밖에 없음에도 불구하고, 수출업체가 공급받은 금지금은 시장에서 결정된 가격보다 터무니없이 낮은 가격으로 거래가 이루어지고 있으므로 이를 정상적인 거래로 볼 수 없고, 부가가치세를 환급받는 수출업체 또한 그와 같은 사정을 알고 있는 것으로 봄이 상당하다는 것이 국세청의 주된 논리였다. 그러나 국세청의 과세처분에 대해서는 적지 않은 사업자들이 불복하는 크고 작은 소송이 계속하여 이어졌고, 그중 다수의 사건에서 국세청이 패소하게 된다. 이는 국세청이 주장하는 것과 같이 실질적인 거래가 아닌 '명목상의 거래'라는 점을 입증하기 쉽지 않았고, 앞서 거래과정에 관여한 업체 중 거래규모가 큰 대기업의 경우 폭탄업체와 부가가치세 부정환급을 공모한 것으로 보기 어려운 경우가 적지 않았기 때문이다. 아울러 국세청이 금지금 불법거래를 주도한 혐의로 19명을 고발한 형사사건에 관해서도 형사재판에서 무죄판결이 선고되거나, 검찰 수사 과정에서 무혐의로 종결되기도 하였다. 그런데 금지금에 대한 영세율 제도가 도입된 이후부터 면세금지금제도를 거쳐 납세담보제도를 도입한 2005년 4월까지 부당하게 환급(또는 매입세액 공제)을 받은 금액의 규모는 3조 2,000억 원이 넘는 것으로 평가되었고, 이는 2005년 우리나라의 개인사업자 전체(366만 명)가 납부한 부가가치세 7조 4,000억 원의 43%에 달하는 막대한 금액이었기 때문에, 국세청은 여기서 물러서지 않았다.

국세청은 금지금 사건 전체에 대하여 실력이 출중한 변호사를 소송대리인으로 선임하고 유력한 증거들을 정리하여 재판부에 제출하는 노력을 다하여 2006년 이후 비로소 부가가치세 부과처분취소소송에서 승소판결을 받기 시작한다. 국세청은 2009년 대법원으로부터 수출업체에 부가가치세를 환급하여야 한다는 판결을 선고받기도 하였으나, 2011년 대법원은 위 판결을 뒤집고 "수출업자가 중대한 과실로 인하여 부정거래가 있었음을 알지 못한 경우라면, 그가 매입세액의 공제·환급을 구하는 것은 허용될 수 없다(대법원 2011. 1. 20. 선고 2009두13474 전원합의체 판결)"고 판시하면서 폭탄업체가 끼어 있는 금지금 거래에 부가가치세 환급 또는 매입세액 공제를 제한할 수 있다는 국세청의 주장을 받아들인다. 이로써 국세청은 당시 진행 중이던 30여건의 소송에서 5,700억 원 가량의 부가가치세를 환급하여 줄 의무에서 벗어날 수 있게 되었다(물론 국세청으로부터 부가가치세를 환급받지 못한 기업 중에서 선의의 피해자가 전혀 없다고 단언할 수 있는 것은 아니다).

한편, 2008년 부가가치세 부과처분과는 별도로, 서울중앙지검 금융조세조사 금지금 전담수사팀은 1999년부터 2004년까지 사이에 대기업 직원 및 백여 명이 넘는 다수의 공범이 가담한 2조 원 대 금지금 거래를 통한 부가가치세 포탈을 적발하여 102명을 특가법상의 조세포탈로 구속기소하였고, 그중 41명이 실형을 선고받았다. 그 과정에서 과거 외환위기 때 국민들이 모은 금을 수출했던 대기업 상사의 담당직원 중 일부가 회사를 그만둔 뒤 금수출업체를 설립하거나 대형 도매업체들과 결탁해 홍콩 현지법인까지 설립해 부가세 포탈에 가담하였음이 밝혀지기도 하였다.[19]

금지금에 대한 부가가치세 부정환급 사례는 면세담보제도를 도입하면서 줄어들기는 했지만, 유류, 비철금속과 같이 현금성이 강하면서도 부가가치세 공제혜택이 존재하는 재화의 거래에서는 여전히 광범위하게 등장하고 있고, 이들 거래에서도 예외 없이 폭탄사업자가 등장하고 있다. 과세관청이 폭탄업체가 관여된 부가가치세의 환급이 정의에 반하고 신의성실에 반한다는 이유로 환급을 거부할 수 있는 경우가 있기는 하지만, 그렇다고 하더라도 법원이 언제나 환급을 거부하는 것으로 결론을 내릴 수 있는 것도 아니다. 특히 부가가치세 부당환급에 대한 경제적인 책임을 폭탄사업자가 부담하는 경우는 거의 없고, 과세처분을 받게 된 선의의 정상사업자가 추후 매입세액 불공제로 폭탄업자로 인한 피해를 온전히 부담하게 되는 경우가 적지 않기 때문이다. 이로써 조직범죄단체의 수괴들은 신용불량자 등을 폭탄사업자로 내세운 뒤 유사한 부가가치세 환급 구조를 갖고 있는 현금성 강한 재화(금이던, 유류이던, 비철금속이던 가리지 않는다)를 거래하는 과정에서 부가가치세 부당환급을 받고 있고, 구조의 허술함을 이용하여 큰 돈을 벌면서도 너무나도 쉽게 법망을 피해다니고 있다. 이

19 한겨레, "금괴 변칙거래 2조원대 세금 도둑질", 2008. 2. 18.자 기사

러한 경우에도 국가를 상대로 대담한 사기범행을 자행하고, 정상기업에 그로 인한 피해를 떠넘기고 있는 조직범죄의 수괴를 처벌할 수 있는 수단이 제대로 확보된 바 없다는 것은 앞서 본 다른 사례의 경우와 크게 다르지 않다.

✦

한편, 금지금 폭탄업체와 관련하여 흥미로운 사건이 있었는데, 바로 폭탄업체의 실질적인 사장이 바지사장을 청부살인하려다가 미수에 그친 사건이다.[20] 범행을 모두 마치고 바지사장의 효용이 없어진 상황이라면, 실질적인 사장 입장에서는 바지사장의 존재 또한 부담스럽다고 생각하기 쉽다. 바지사장이 수사기관에 범행의 실체를 알리게 되면, 완전범죄로 편안하게 범죄수익을 향유할 수 있는 기회가 사라져버리기 때문이다. 따라서 실질적인 사장으로서는 결정적인 증거를 없애는 가장 확실한 방법으로 바지사장을 살해하는 방법을 생각해볼 수 있는데, 위 사건은 청부살인업자에게 살인을 교사한 것이었다. 그는 노숙자 출신인 바지사장에게 그동안 고생했다며 중국에 한 달간 관광이나 하고 오라고 선심을 쓰는 척하면서, 사실은 중국에서 불러들인 청부살인업자로 하여금 바지사장을 중국으로 데리고 가서 살해할 것을 지시하였다. 당시 청부살인업자는 실질적인 사장으로부터 700만 원을 받기로 하고, 100만 원을 들여 중국의 청부살인업자에게 다시 살인하청을 의뢰하여 둔 상태였다. 당초 약정된 내용은 청부살인업자가 중국에서 바지사장을 살해하고 난 다음, 한국으로 돌아와 살인교사한 실질적인 사장에게 바지사장의 여권을 건네주고 잔금을 받는다는 것이었다. 물론 그렇게 되었다면 아무도 바지사장을 영원히

---

20 고성춘 변호사의 세금으로 보는 세상이야기, "[국세청에서의 5년] 금지금 사건 소회", 2018.
   12. 9.자 게시글 <https://m.blog.naver.com/lawyergo/221415741659>

찾을 수 없게 되었겠지만, 이 사건의 바지사장은 운좋게도 청부살인업자를 설득하는데 성공하였고, 청부살인업자는 실질적인 사장에게 일을 완벽히 처리했다고 거짓말을 하였다. 그리고 바지사장은 그동안 청부살인업자로부터 살인교사를 지시받았다는 진술을 녹취해 둠으로써 사건의 진상이 밝혀지게 된 것이었다. 여기서 충격적인 내용은 실질적인 사장이 보수가 적다고 투덜대는 청부살인업자에게 '계속 죽일 일이 있으니, 앞으로도 꾸준히 일을 주겠다'고 하여 청부살인의 대가를 700만 원으로 네고하였다는 것이다. 실제 범죄조직의 운영자가 '앞으로도 꾸준히 일을 주겠다'고 한 말은 지금까지 외국에 끌려나가 유사한 방식으로 살해된 바지사장들이 상당수 있을 것임을 의미하는 것이었다. 만약 바지사장이 이와 같이 살해되었다면, 수사기관은 살해된 바지사장들이 범죄조직을 운영하다가 해외로 도피한 것으로 보아 인터폴에 해외도피사범으로 수배를 걸어두는 것 이외에 달리 할 수 있는 조치가 없으므로, 실제 운영자가 누군지에 대해서는 전혀 감을 잡을 수 없다(참고로, 해외도피사범은 2019년 927명, 2020년 943명이다).[21]

7. 2014 KT ENS 대출사기사건(대출사기)[22]

2007년 KT ENS에 휴대폰 액세서리를 납품하던 업체의 영업이사인 전 모씨는 KT ENS에 대한 매출채권을 담보로 은행 대출을 받곤 했는데,

---

21 중앙일보, "해외도피 연 943건…경찰, 중·동남아 '단기 코데' 늘린다", 2021. 11. 3.자 기사
22 한국일보, "대기업 인감서류만 믿고…은행들, 앞다퉈 1조 8,000억원 대출", 2019. 10. 1.자 기사. 한편, 대출사기나 횡령 등의 금융사고는 꾸준히 발생하고 있는데, 규모로는 KT ENS 대출사기사건보다 훨씬 더 큰 초대형 대출사기(미환수액 기준)도 적지 않다. 미환수액 기준으로 2015년~2016년 모뉴엘 대출사기(6,232억 원), 2016년~2017년 육류담보대출사기, 2013년 국민은행 동경지점 부당대출(3,786억 원), 2014년 KT ENS 대출사기(2,684억 원)를 꼽을 수 있다. 자세한 내용은 한국경제, "작년 금융사고 확 줄었다. … 대형사고 없어 피해액 85%↓", 2018. 5. 15.자 기사 참조.

은행들이 KT의 계열사인 KT ENS의 매출채권이 담보로 제공되면 대출심사를 까다롭게 하지 않는 것을 눈 여겨 봤다. 이후 전 씨는 회사를 따로 차린 다음 KT ENS 영업부의 김 부장에게 접근하였다. 전 씨는 KT ENS에 납품할 업체와 물품 등을 선정하고 대금 결제 업무를 맡아서 처리하는 김 부장에게 자신이 운영하는 회사 명의의 법인카드와 2억 원의 현금을 쥐어주고, 허위로 매출채권에 대한 양도승낙서 등의 문서를 위조하도록 한 후, 이를 통해서 받은 대출금을 빼돌리기로 공모하였다. 일단 김 부장이 각종 물품을 납품받았다며 허위로 매출채권양도승낙서 등의 문서를 위조한 후, 회사로부터 미리 발급받은 인감증명서를 첨부하거나 사용인감을 정당한 권한 없이 사용하는 방식으로 관련 서류를 마련해주면, 전 씨가 대출심사가 허술한 제2금융권에서 해당 매출채권을 담보로 하여 대출을 받는 식으로 범행을 시작하였다.

전 씨는 자신이 고안한 방법으로 허술한 대출심사를 손쉽게 통과할 수 있음이 밝혀진 이후 보다 대담하게 범행을 확대해나간다. 그는 여러 대출금의 상환스케줄을 조정하여 A은행에서 빌린 돈을 B은행에서 빌린 돈으로 갚고, B은행 대출금의 만기가 다가오면 C은행에서 다시 빌리는 식의 돌려막기를 통하여 6년간 범행을 이어갔다. 어느 은행도 이를 눈치채지 못했고, KT ENS 또한 이를 눈치채지 못했다. 당시 회사내부자인 김 부장이 회사의 인감관리가 허술한 것을 악용하여 회사 명의의 매출채권양도승낙서 등 문서를 위조하였고, 회사는 당시 필요시마다 매번 인감증명서를 교부하는 것이 번거롭다는 이유로 인감증명서를 미리 발급받아 준다거나, 사용인감을 허술하게 관리하여 법인인감 몇 개를 김 부장이 가져갔음에도 알아차리지 못하였기 때문이다. 이에 이들은 매출채권의 대출을 받을 회사의 규모를 키우고 숫자를 늘리기 시작했다. 차주인 회사의 규모가 커지고, 차주인 회사의 숫자가 많아져야 더 많은 매출 채권을 담보로 대출을 받을 수 있기 때문이었다. 이에 전 대표는 회사 7개를 새로 만들었고 후배들을 바지사장으로 앉혔다. 이렇게 작업해 빼돌린 돈으로 외제차를 사고, 이런 저런 사업도 벌이고, 해외 원정 도박으로 수십 억 원을 탕진하였다(물론 범죄수익의 사용처로 투자와 도박을 들먹이는 변명은 결코 신빙할 것이 되지 못한다).

그때까지 KT ENS는 김 부장 주변의 자금 움직임이 예사롭지 않은 것으로 보고는 있었지만, 김 부장이 정확하게는 무슨 일을 하고 있는지는 알지 못하였다. 다행히 해당 사건의 조사를 담당한 강성운 서울지방경찰청 지능범죄수사대 팀장의 기지로 대출사기에 대한 엑셀 파일을 확보할 수 있었고, 직후 수사가 일사천리로 진행되어 공범들에 대한 출국금지와 체포를 할 수 있었다. 지능범죄수사대 3개팀이 투입되어 두 달간 회계자료를 분석하고 관련자들에 대한 조사를 계속한 끝에, 이들이 총 1조 7,900억 원에 달하는 사기대출을 받았음을 밝혀냈다. 또한 경찰은 2014년 2월 이미 해외로 도주한 주범인 전 씨에 대해서 인터폴에 적색수배를 걸어 두었고, 그는 2015년 11월 국내로 송환되었다. 그리고 그는 1조 7,900억 원대 사기 범죄로 구속기소되어 형사재판에서 징역 25년의 확정판결을 받았다. 이는 피해자 9만 명에게 2조 원대의 사기범행을 저지른 주수도에게 선고된 징역 12년보다도 훨씬 높은 형량이었다.[23]

---

23 한편, KT ENS는 2014년 3월 만기가 돌아온 기업어음(CP)을 상환할 능력이 없다는 이유로 법인회생을 신청하였고, 이후 진행된 회생절차에서 KT ENS의 채권자인 금융기관 16곳이 신고한 사기대출과 관련된 채권 2,894억원에 대해서 다투게 된다. 이후 서울중앙지방법원 제3파산부는 채권조사 확정재판절차에서 금융기관이 신고한 2,894억 원 중 15%인 434억 원만을 회생채권으로 확정하는 결정을 하였다. 위 법원은 "금융회사가 대출심사를 철저히 했다면, 협력업체들의 매출채권 위조사실을 알 수 있었을 것"이라고 판시하였지만, 채권금융기관은 직원이 허위 인감을 만드는 등 관리를 허술히 한 KT ENS의 책임을 너무 적게 인정한 것이라며 반발하였다. 이처럼 사기범죄조직이 챙겨간 범죄수익 만큼 피해를 본 금융기관과 KT ENS 사이에 피해를 분담하는 과정에서 법원이 특정 피해자만을 편드는 내용으로 결론을 내리기는 쉽지 않기 때문에, 사기범죄의 피해는 결국 거래상대방인 정상적인 피해업체나 피해자들이 나누어지게 되는 결론은 이 사건의 경우에도 별 차이가 없었다. 자세한 내용은 서울경제, "KT ENS 부실 대출 피해액 85%는 은행 책임", 2014. 8. 26.자 기사

한편, 수사과정에서 금융감독원 직원이 매수된 것이 확인되기도 하였다. 사실 금감원이 KT ENS 주변의 수상한 대출흐름을 보고 내사에 착수한 상태였는데, 전 씨 일당 중 한 명이 당시 금감원 팀장에게 자신이 투자한 땅을 주겠다고 회유하여 내사 정보를 얻어간 것이었다. 금감원 팀장은 이들에게 대출 사기 작업을 할 때 중간에 특수목적법인(SPC) 같은 걸 끼워넣으면 경찰이나 금융 당국의 자금 추적이 어려워진다는 내용의 팁을 주기도 했었다는 것이 밝혀져 많은 사람들의 화제에 오르기도 하였다.

8. 2016년 중국원양자원 사건

2007년 유가증권시장 종합주가지수(KOSPI)가 2000선을 돌파한 것을 계기로 정부는 증시 세계화를 위하여 해외기업들을 대거 상장시키는 정책을 도입하게 된다. 이 덕분에 2009년 원양어업을 주력으로 하는 중국회사인 중국원양자원 유한공사가 유가증권시장에 상장할 수 있었다. 그런데 2011년 중국섬유업체인 중국고섬공고 유한공사(약칭 중국고섬)가 유가증권시장 상장 후 2개월 만에 1천억 대의 분식회계로 인해 거래가 정지되는 일이 발생하면서 국내 투자자들에게 2,100억 원 규모의 막대한 피해를 안기게 되는 일이 발생하게 된다. 2014년 중국고섬이 상장폐지되었을 때, 1천억 원 대의 분식회계에 관하여 기소된 사람도 없었고, 형사적으로 책임진 사람도 전혀 없었다.

이후 중국기업의 회계 건전성에 대한 우려가 사라지지 않고 있던 와중에 중국원양자원은 2012년 감사보고서에서 매출액 1,860억 원의 1/3에 해당하는 667억 원의 당기순이익이 발생하였음을 공시하였고, 당연히 시장에서는 분식회계의 가능성이 제기되었다. 여기에 더하여 중국원양자원은 채권단의 신주인수권부사채(BW) 채권조기상환요청에 응하지 못하는 상황이 발생하고, 일부 국내로 상환된 자금이 중국 정부의 허락 없이 국내로 융통된 것임이 밝혀지면서 해외송금이 차단되는 등의 문제가 터져나오기 시작한다. 중국원양자원은 지속적인 허위 공시와 대표의 주가조작 의혹으로 회사의 신뢰도가 구준히 추락하여 결국 2017년 상장폐지되었고, 그 피해는 국내 투자자들이 고스란히 떠안게 되었다.

2011년 고섬사태, 2012년 성융광전투자, 2017년 중국원양자원 등 국내 상장되었던 중국기업으로 인한 국내 투자자들의 피해는 이미 3,800억 원에 이르는 상황이었다. 국내에 상장된 중국 기업의 경우 회계감사나 검증, 관리가 제대로 이루어지지 않을 뿐 아니라 직접적인 처벌이 쉽지 않다는 점을 이용한 것이었다. 이처럼 금융당국의 감독이 적절히 이루어지지 않은 상황에서 상장폐지로 인한 피해는 어떻게든 보전되기 어려웠으므로 결국 그 피해는 온전히 국내 투자자들이 부담할 수밖에 없었다.[24] 한편, 유가증권시장 등에 상장되었던 중국 기업들의 분식회계나 상장폐지와 관련하여 대표이사 등이 처벌받은 사례는 현재까지 전혀 알려진 바 없다.

9. 2019년 라임자산운용 및 2020년 옵티머스 자산운용 사건

2019년 라임자산운용이 운영하던 펀드에 대한 환매가 중단되었고, 이에 따라 투자자들은 1조 6,000억 원의 펀드투자금을 돌려받지 못하게 된다. 이후 라임자산운용에 대한 조사 및 수사가 진행되었는데, 라임자산운용이 2017년 5월부터 펀드 투자금과 총수익스와프(TRS) 대출자금을 활용해 인터내셔널 인베스트먼트그룹(IIG) 펀드 등 5개 해외무역금융펀드에 투자하였다가, 이 중 IIG 펀드에서 부실이 드러나자 무역금융펀드를 모자형 펀드 형태(재간접 구조화)로 변경해 17개 펀드로 국한됐던 IIG 펀드로 인한 손해를 34개 펀드로 분산시켜 부실을 은폐하고, 투자자들에게는 그러

---

24 문화일보, "中기업 분식회계 등으로 줄줄이 상폐…개미들 2,800억 피해", 2021. 5. 14.자 기사; 조선일보, "[기자수첩] '아무도 책임 없다'는 중국원양자원 사태", 2016. 7. 26.자 기사

한 사실을 숨긴 채 2,000억 원 규모의 펀드를 추가로 판매하였음이 밝혀진다. 그런데 라임자산운용 사건이 수사 중이던 2020년 1월 추미애 당시 법무부장관은 대검과는 아무런 협의를 거치지 않은 채 검찰의 직접수사 기능을 줄이겠다며, 신라젠과 라임자산운용 사건을 수사하던 서울남부지방검찰청 금융범죄합동수사단을 해체하는 인사를 단행하였다. 이로 인하여 신라젠과 라임자산운용에 대한 수사는 동력을 상실하고, 제한적인 수준에서만 기소가 이루어지고 서둘러 수사가 마무리되었다.[25]

핵심 인물 중 하나로 지목된 이종필 전 라임 부사장은 수사 과정에서 구속 전 피의자심문(영장실질심사)을 앞두고 도주해 5개월간 잠적했다가 경찰에 의해 검거됐다. 이후 특정경제범죄가중처벌 등에 관한 법률위반(배임) 등으로 기소된 이 전 부사장은 2020년부터 진행된 재판과정에서 줄곧 대부분의 혐의를 부인했다. 그러나 1심은 이 전 부사장이 전 신한금투 사업본부장 임 모 씨(징역 8년 확정) 등과 함께 무역금융펀드를 실사하고 펀드 설정 초기부터 적극적으로 관여했다고 보고 부실 펀드 판매 혐의로 징역 15년과 벌금 40억 원, 추징금 14억 원을 선고하였다. 항소심 또한 TRS계약 손익구조와 IIG 펀드 부실 상황 등을 볼 때 그가 주도적으로 펀드 운용과 설정에 관한 의사결정을 하였음을 이유로 그의 주장을 배척하고, 별도로 진행된 펀드 돌려막기 혐의에 대한 재판의 1심 판결결과(징역 10년과 벌금 3억 원)를 병합하여 징역 20년, 벌금 48억 원을 선고하고, 18억 원 상당의 추징을 명했다. 이후 대법원이 이 전 부회장과 검찰의 상고를 기각함으로써 펀드 사기판매 혐의 등을 유죄로 인정한 원심이 확정되었다.[26]

또다른 핵심 피고인으로 지목된 김봉현 전 스타모빌리티 회장은 2019

25 머니투데이, "'합수단 부활' … 추미애가 묶어둔 라임·신라젠 로비 의혹 밝혀지나", 2022. 5. 18.자 기사
26 연합인포맥스, "부실 숨긴 채 2천억 원 규모 펀드 판매 '유죄' 확정", 2022. 11. 10.자 기사

년 12월 사전구속영장이 청구되자 구속 전 피의자 심문(영장실질심사)에 출석하지 않고 달아났다. 그는 현금 약 60억 원을 물품보관소와 은신처 등에 숨겨놓고 도피자금으로 쓰면서 부산을 통해 밀항을 시도하기도 하였으나, 도주 5개월 만인 2020년 4월 지인 명의의 성북구의 한 빌라에서 잠복하던 경찰에 붙잡혔다. 이후 그는 2018년부터 2020년까지 라임자산운용이 투자한 스타모빌리티와 수원여객, 재향군인상조회 자금을 횡령하고 정치권에 금품을 제공한 혐의로 2020년 5월 구속 기소됐다.

그런데 김봉현은 1심 형사재판이 진행 중이던 2021년 7월 보석으로 석방되어 풀려나게 된다. 그때 보증금 3억 원과 주거 제한, 도주 방지를 위한 전자장치(전자팔찌) 부착, 참고인·증인 접촉 금지 등의 수많은 보석조건이 붙어 있었지만, 보석기간 중 공범인 이종필 전 라임 부사장이 징역 20년 판결을 선고받은 것을 보고 그는 다음날 하남시 팔당대교 근처에서 전자팔찌를 끊고 도주했다. 당일 결심 공판 1시간 30분을 앞두고 있었던 때였다. 검찰은 김 전 회장의 측근들을 잇따라 체포하면서 수사망을 좁혀나갔고, 결국 도주 48일 만인 2022년 12월 화성시의 한 아파트에서 그를 검거하였다. 이후 법원은 그에 대한 특정경제범죄 가중처벌 등에 관한 법률 위반(횡령) 등 혐의의 대부분(총 1,258억 원)을 인정하고, 징역 30년과 추징금 769억 3,540만 원을 선고하였다.[27]

---

27 한겨레, "'라임' 김봉현, 1심 징역 30년…횡령·사기 피해 1,258억 원", 2023. 2. 9.자 기사; 한편, 김봉현은 두 번째의 탈출 시도가 실패하였지만 포기하지 않았다. 그는 붙잡힌 이후에도 공들여 탈옥을 계획했다. 김봉현 일당은 수감 중인 서울남부구치소에서 재판과 조사를 위해 서울남부지법과 서울남부지검까지 이동하는 출정 동선에 따라 사전에 호송차량의 이동경로는 물론, 법원과 검찰청 건물 조감도와 건물 내 잠긴 문, 후문 개방 여부, 폐쇄회로(CCTV) 사각지대까지 파악했다. 이때 작성한 탈옥계획서에는 법원과 검찰청 사이 흡연구역의 위치, 재판 진행 과정에서의 식사시간, 이동할 때 교도관 숫자, 호송차량의 내부 좌석 배치와 창문 위치까지 빼곡히 기록돼 있었고, 호송차량 내 김봉현이 앉을 자리에는 '구출자'라고 표시하기도 하였다. 탈옥 시나리오도 다양하게 준비했다. 처음에는 서울남부지검으로 조사를 받으러 갈 때 미리 준비한 차로 교통사고를 낸 뒤 사설 구급차를 이용해 도망칠 계획을 세웠다. 또한 조직폭력배를 고용해 재판에서 난동을 부리게 한 뒤, 감시가 소홀해진 틈을 타

여러 차례에 걸쳐 진행된 김봉현의 도주시도는 범죄조직의 수괴라면 구속전 피의자 심문이 이루어지기 직전에 도주하거나, 구속기간 제한에 따라 재판진행 중 보석결정을 받은 후 도주하는 옵션을 선택할 수 있다는 점을 보여줌과 동시에, 조직범죄의 수괴가 이러한 옵션을 행사하더라도 법원이나 수사기관이 도주한 범죄조직의 수괴에게 줄 수 있는 불이익이 별 것 없다는 점을 만방에 알리는 계기가 되었다. 이제는 충분히 범죄수익을 쟁겨둔 피고인이라면 가급적 형사재판을 오래 끌어서 구속만기에 이르러 보석결정을 받아낸 후에 재판상황을 보면서 치밀하게 도망을 준비하는 것이 현명한 선택이라는 점을 모두가 알게 된 것이다.

라임펀드 환매중단 사태가 일어난 바로 다음해에 또다시 옵티머스 자산운용사건의 사모펀드 사기사건이 터져나온다. 한국경제신문의 조진형, 오형주 기자가 2020년 6월 옵티머스 자금 5,000억 원이 수상한 부동산으로 흘러갔다는 기사를 올린 이후 옵티머스 자산운용에 대한 수사가 진행되어 1조 2,000억 원 규모의 대형사기 사건이 드러날 수 있었다.[28]

문제가 된 옵티머스 자산운용의 사모펀드들은 2017년 12월부터 운용하여 판매되기 시작하였다. 옵티머스는 공공기관 매출채권에 투자하여 연 3%의 수익을 보장하는 안전한 상품이라고 소개하면서 여러 증권사들을 통하여 법인 고객을 대상으로 해당 상품을 판매하였다. 하지만 공공기관에 투자한다는 말은 모두 거짓이었고 실상은 옵티머스의 2대 주주 이동열이 대표로 있는 씨피엔에스, 아트리파라다이스, 라피크, 대부디케이에 이엠씨 등 비상장기업들의 사모사채를 사는 데 투자금이 쓰였다. 이들 회

도주하는 시나리오를 짜기도 했다. 하지만 그의 계획은 조직원 중 일부가 변심해 검찰에 알리면서 물거품이 됐다. 자세한 내용은, 한국일보, "실패한 세 번의 도주극…한국판 '프리즌 브레이크' 꿈꾼 김봉현 남매", 2023. 7. 8.자 기사 참조.
28 한국경제, "[단독] 옵티머스 5,000억 '수상한 부동산'으로 샜다", 2020. 6. 22.자 기사

91
Chapter 02 대한민국은 사기공화국인가?

사는 페이퍼 컴퍼니들로서 투자금을 다시 부동산 프로젝트 파이낸싱(PF), 비상장 주식, 코스닥 상장사 인수합병 등 위험자산에 투자해왔고 펀드 돌려막기에도 이용했으며 심지어 김재현 옵티머스 대표는 자신의 증권 계좌로 수백억 원을 횡령한 정황이 금감원에 포착되었다. 옵티머스는 수탁기관과 사무관리기관, 판매사가 모두 분리되어 업무정보가 공유되지 않는다는 점을 악용하여 수탁기관인 은행에게 비상장기업인 아트리파라다이스의 사모사채를 사들이도록 하는 한편, 사무관리기관인 한국예탁결제원에는 사모사채가 아닌 부산광역시매출채권 등이 편입된 것으로 이름을 변경해줄 것을 요구했고, 그 다음에는 판매사인 증권사들에게 자신들의 사모펀드가 공공기관 매출채권에 투자한다고 속였던 것이었는데, 투자자들은 이를 믿고 옵티머스 사모펀드에 투자한 것이었다.[29]

그런데 2020년 6월 17일이 되자 옵티머스는 돌연 환매 중단을 선언하였다. 이에 서울중앙지방검찰청은 6월 25일 압수수색을 진행하고, 금융위원회는 6월 30일에는 옵티머스를 상대로 영업 정지를 하였으며, 7월 7일에는 김재현 대표, 이동열 대표이사, 감사인 윤석호 변호사 등 관계자들이 구속되기에 이르렀다. 이후 사건의 주범이자 옵티머스 대표인 김재현에게는 역대 대한민국 경제범죄사범 중 최고 형량인 징역 40년이 선고되었고, 이는 대법원에서 확정되었다.[30] 한편, 조폭과 연루된 정황과 정관계 로비자금이 사용된 정황이 드러나기도 하였으나, 이에 대해서는 이후 수사가 제대로 진행된 바 없다.

라임 자산운용 사건과 옵티머스 자산운용 사건에서 놀라운 점은 과거의 대규모 사기범죄조직은 다단계회사의 형식으로 다수의 피해자들로부

---

29 중앙일보, "옵티머스가 4,000억 투자한 회사 가보니, 웬 사우나·원룸이?", 2020. 10. 13.자 기사; 한겨레, "'희대의 사기극' 옵티머스 펀드, 부실자산 바꿔치기 전말", 2020. 7. 6.자 기사
30 한겨레, "'1조원대 사기' 옵티머스 김재현 대표, 징역 40년 확정", 2022. 7. 14.자 기사

터 옥장판 판매대금 내지 투자금 명목으로 돈을 편취하는 정도에 그쳤다면, 이제는 사기범죄조직이 제도권 금융기관의 허울을 쓰고 본격적으로 펀드를 조성하여 개인투자자뿐만 아니라 기관투자자들으로부터 투자금을 모집하고, 이를 편취할 정도의 규모에 이르렀다는 것이다. 이제 사기범죄조직은 금융감독원의 감독을 받는 것을 두려워하지 않는다. 실제로 그들은 금융감독원이 자신들의 사기범행을 저지하지 못할 것임을 이미 알고 있었기 때문이다.

한편, 금융감독원은 펀드를 판매한 증권사 등으로 하여금 사기피해를 대신 변제하도록 하였는데, 최근 금융사기범죄와 관련하여 계속 반복되고 있는 이러한 방식의 문제해결은 사기범죄조직에 대한 추적이나 감독기관의 책임에 대한 주장을 희석시키고 사기범죄로 인한 피해를 사회화하는 또다른 문제를 낳고 있다(결국 돈은 피해자, 국가 또는 공공기금, 금융기관에서 사기범죄조직의 수괴로 흘러가게 된다).[31]

무엇보다 라임과 옵티머스 사건은 앞으로는 대형 경제범죄사건이라고 하더라도 조직적 사기범죄의 실체나 범죄수익의 행방이 제대로 밝혀지지 않은 채 흐지부지 수사가 마무리될 것이라는 점을 모두에게 보여준 신호탄이었다.

10. 2020년 전세사기

전세사기는 부동산임대사업자들이 사회경험이 많지 않은 20대에서 30대 사회초년생과 신혼부부를 상대로 매매시세 파악이 쉽지 않은 빌라,

---

31 옵티머스가 사실상 공중분해된 상태이기 때문에 개인 982명을 포함한 투자자 1,166명의 투자원금 5,151억 원을 해당 상품을 판매한 증권사가 최소 30%에서 100%를 대신 반환하기로 하였다. 자세한 내용은 한겨레, "은행·증권사 사모펀드 피해 보상액 1조 넘어", 2020. 10. 13.자 기사 참조.

다세대주택 또는 도시형생활주택이나 오피스텔에 대한 전세계약을 체결하면서 부동산의 거래가치 이상의 금액으로 전세보증금을 지급받고, 이후 임대인을 신용불량자 등으로 교체한 후 파산시키는 방식의 사기로 2020년 무렵부터 급증하여 심각한 사회문제가 되고 있다. 대규모의 전세사기의 경우에도 실제 임대업자와 명의대여자(바지 임대인)뿐만 아니라 부동산 중개업자 등 다수인이 관여하는 조직적 사기범죄의 모습을 띠고 있고, 그중에서도 임차인들을 유치하는 과정에서 임차인에게 보증보험에 가입하면 전세보증금 전액을 보장받을 수 있어 걱정할 필요가 없다고 설득하는 역할을 맡는 공인중개사나 중개보조원이 가장 핵심적인 역할을 하고 있다. 이들에게는 부동산의 거래를 중개하면서 전문직업인으로서 지녀야 할 품위를 유지하고 신의와 성실로써 공정하게 중개 관련 업무를 수행하여야 할 책무가 있지만, 이미 윤리나 책무를 들먹이기에는 너무 많은 공인중개사 면허가 발급된 결과 치열한 경쟁으로 혼탁해져버린 부동산중개시장에서는 책무를 지킬 생각이 없는 공인중개사만이 생존할 수 있기 때문인지도 모른다.

전세사기는 △국토교통부의 부동산임대사업자 제도, △주택도시보증공사의 전세보증금 반환보증보험 제도, △공인중개사의 급증으로 인한 경쟁의 과열과 직업윤리의 실종, 그리고 △부동산 경매시 국세에 우선적 지위를 부여하고 있는 국세기본법의 네 가지 요소가 결합함으로써 피해규모(또는 범죄수익의 규모)가 대폭 확대될 수 있었다.

우선 다수의 피해를 야기한 전세사기범들의 공통적인 특징으로 이들이 모두 부동산임대사업자라는 점을 들 수 있다. 국가가 이들에게 종합부동산세 등을 파격적으로 감면해주는 부동산임대사업자제도가 없었다면 그들이 수천 채의 주택을 소유하면서 임차인을 모집하는 것은 처음부터 불가능하였을 것이다. 2022년 8월 기준으로 전세 사기 구조에 동원된 악성 임대인 상위 10인의 사고 건수 및 대위변제액은 총 1,807건, 3,719억 원인데(동일 명의자의 변제금이 남은 주택들도 있어 피해액은 계속 커질 예정이다), 부동산임대사업자제도가 없었다면 이들이 수천 채의 주택을 소유하는 것이 현저히 곤란했을 것이고, 그러한 경우 위와 같은 피해는 처음부터 발생하지 않았을 것이다. 또한 이들은 대항력 있는 임차인의 지위가 주택매매로 인하여 자동적으로 매수인에게 인수된다는 점 또한 악용하고 있다. 주택임대차보호법의 취지는 매수인이 자동적으로 책임을 인수하게 함으로써 임차인을 두텁게 보호하자는 것이었는데, 전세사기단은 종전 임대인이 책임에서 해방된다는 성질을 교묘하게 이용하여 임대인을 신용불량자 등으로 교체하여 파산시키는 방식을 주로 활용하고 있는 것이다.

아울러 전세 사기 피해를 줄이기 위해 마련된 전세보증금반환보증 또한 오히려 전세 사기를 부추기고 있다. 당초 주택도시보증공사(HUG)의 전세보증금 반환보증보험 상품에 가입한 임차인은 보증 사고가 발생하는 경우에 본인의 전세금을 보전받을 수 있고, HUG는 대위변제한 임차보증금 채권을 기반으로 임대인 소유의 주택에 대한 집행절차를 통해 임차인에게 지급한 전세금을 회수하는 것이므로, 반환보증 자체에 별다른 문제가 있다고 볼 수는 없다. 다만, 전세사기단이 임차인의 보증보험 가입시 전세금 액수와 상관없이 전세금 전액을 보장해준다는 점을 악용해 매매시세 파악이 쉽지 않은 빌라 등에 대하여 매매 가격 이상의 전세 계약을 체결하거나, 임대인을 신용불량자 등으로 교체해 기획 파산을 발생시키고 HUG로부터 전세금을 받도록 하는 수법을 사용함으로써 사실상 HUG가 운용하는 주택도시기금의 손실분 정도에 해당하는 금액의 이득을 보고, 고스란히 그 손해를 HUG에게 떠안기고 있는 것이다. 예를 들어 매매 가격 2억 원인 부동산을 전세 2억 5,000만 원에 계약했다 전세 사기를 당하는 경우, HUG는 2억 5,000만 원의 전세보증금을 반환하게 되지만, 실제 채권추심과정에서 드는 비용 등을 고려하면 1억 5,000만 원 가량을 회수하기도 어려워 주택 한 채당 약 1억 원 이상의 손실이 발생하는 구조가 되는 것이다.[32] 여기에 보증 사고로 인한 HUG의 대위변제액도 크게 증가하고 있다. 2021년에는 5,041억 원을 지급했고 2023년을 기준으로 5조 원에 육박할 전망이다. 회수율(30.6%)을 감안하면 대위변제액 절반 이상이 HUG 손실로 이어지게 됨은 분명해 보인다.

전세 사기가 발생할 경우 임차인들의 피해도 상당한데, 이들에게 가장 문제가 되는 것은 주택임대사업자인 전세사기범이 국가에 납부하였어야 할 종합부동산세나 재산세 등 당해세 채권이 경매절차에서 전세보증금 채권보다 우선 순위에 있다는 것이다. 국세기본법은 부동산경매의 배당과정에서 당해세에 해당하는 세금인 종합부동산세나 재산세를 법정기일 이후의 모든 채권자에 앞서는 선순위로 규정하고 있다. 그런데 부동산임대사업자인 전세사기범이 해당 주택을 포기하고 도망가는 순간 전세사기범에게는 비과세 또는 합산배제되었던 종합부동산세 등의 각종 세금이 갑자기 살아나고, 국세청은 전세사기범에게 추징하여야 할 종합부동산세 등을 전세사기의 피해자들보다 선순위로 해당 부동산의 경매절차의 매각대금에서 배당받는 어처구니 없는 일이 펼쳐지게 되는 것이다. 물론 임차인으로서는 임대인에 대한 국세체납증명서를 통해서 그와 같은 사실관계를 미리 확인할 수도 없으므로, 전세사기로 인한 경매절차에서 국가로부

---

32 조선일보, "전세 사기 피해 부추기는 '보증보험'…기획 파산에 국가재정도 '빨간불'", 2022. 10. 30.자 기사; 매일경제, "정부 단속 비웃듯…전세사기 한달 동안 1,000억 넘어", 2022. 9. 12.자 기사; 연합뉴스, "대신 갚은 전세금 올해만 2.7조 원…정부, HUG에 1조 원 추가출자", 2023. 11. 17.자 기사에 따르면, 주택도시보증공사(HUG)의 전세보증금 반환보증보험 사고액은 2022년 1조 581억 원을 기록하였고, 2023년도에는 4조 8,808억 원으로 급증할 전망이다. 한편, 실제로 대위변제한 금액에서 회수한 금액의 비율은 2019년 이후 감소 추세다. 2019년 58.3%에서 2021년 41.9%로 감소했고, 2022년 9월 기준으로는 30.6%에 불과하다. 보증 사고가 발생하면 회수하는 금액이 HUG에서 대신 변제한 금액의 절반에도 못 미치는 셈이다.

터 뒤통수를 맞는 셈이다(다시 말하지만, 국가는 처음부터 전세사기범들로부터는 종합부동산세를 받을 생각이 전혀 없었다). 전세사기 피해를 당한 임차인들이 악덕 부동산임대사업자 겸 사기꾼들이 부담해야 할 국세를 종국적으로 부담하는 결과를 가져온다는 점에서 앞서 본 금지금 사건의 경우와 상당히 유사한 구조를 갖고 있다. 다만, 차이점이라면 돈이 임차인(또는 HUG)으로부터 전세사기범과 국가로 흘러들어가고 있기 때문에 이번에는 국가가 마냥 손해를 보는 것이 아니라는 점이다.

대형 사기범죄사건의 공통점

대형 사기범죄는 지금도 끊이지 않고 발생하고 있다. 2010년 이후 앞서 열거한 사건들 이외에도 FX마진거래를 빙자한 금융다단계인 IDS홀딩스 사건(1조 원)이나 유망 벤처기업에 대한 크라우드 펀딩을 빙자한 사모펀드형 사기인 밸류인베스트코리아(VIK) 사건(1조 원) 등 셀 수 없이 많은 사기범죄가 발생한 바 있다. 여기에 2022년 오스템임플란트 횡령 사건(1,880억 원)이나 2023년 경남은행 횡령 사건(2,988억 원)과 같이 막대한 규모의 횡령 범죄도 급증하고 있다. 대형 경제범죄로 인한 피해와 수사개시를 보도하는 뉴스는 끊이질 않고 있지만, 수사 결과 범죄를 저지른 공범들을 일망타진하고 중한 처벌을 이끌어냈다거나, 범죄수익 전부를 회수하였다는 뉴스는 찾아보기 어렵다. 오히려 대형 사기범죄에 대한 뉴스가 모든 이들에게 사기범죄조직들의 활약상을 반복적으로 보여주면서 우리나라가 사기범죄 천국으로 진입하였다는 것을 널리 홍보하는 것처럼 보이기까지 한다.

대규모의 피해가 발생한 사기사건을 자세히 들여다보면 일정한 경향을 보이고 있음을 알 수 있다. 그중 하나가 '단군 이래 최대 피해'와 같은 수식어가 붙은 사기사건들이 하루가 멀다 하고 그 기록을 경신해가고 있다는 것이다. 이제는 피해액 합계가 1조 원 정도 되는 대형 사기범죄가 보도되거나, 1년간 40조 원의 도박자금을 관리하고 세탁해 주는 범죄조직이 적발되더라도 놀라는 사람을 찾아보기 어렵게 되었다.

반면, 다수의 피해자들이 천문학적인 피해를 입었다는 점이 밝혀져 특별수사팀이 가동되어 수사가 진행된 사건이라고 하더라도, 수사기관이 사건의 실체를 온전히 파악하여 공범 전부에 대한 빠짐없는 기소와 재판을 진행한 사건은 거의 찾아보기 어렵다. 이제는 막대한 피해가 드러나더라도 사기범죄조직의 내부 사정에 대한 충분한 정보를 획득하지 못하여 본격적인 수사를 개시하지 못하거나, 수사를 개시한다고 하더라도 수괴와 간부들의 신병을 확보하지 못하는 경우가 허다하다. 어렵게 수괴에 대한 재판을 진행하여 유죄가 인정되더라도 전체 피해자들이 주장하는 범죄피해의 총합에 비하여 현저하게 적은 금액만이 유죄로 인정되는 경우가 대부분이라는 점 또한 수많은 사건에서 공통적으로 발견되고 있다.

[사기범죄부터 수사개시까지의 시간적 간극]

아무리 막대한 피해를 야기한 사기범죄라도 그 사실을 알아차리는 사람이 아무도 없는 완전범죄라면, 해당 사기범죄자로서는 수사와 처벌을 전혀 걱정할 필요가 없다. 설령 완전범죄까지는 아니라고 하더라도 피해자가 사기피해를 인식하는 시점을 최대한 늦출 수 있다면, 증거가 모두 인멸되고 범죄수익이 모두 은닉된 후에 이루어진 뒤늦은 신고로 수사가 개시되더라도 이를 그다지 걱정할 필요가 없다는 점은 완전범죄의 경우와 별 차이가 없게 된다. 이러한 경우 신고나 고소 이후의 수사만으로는 사기범죄의 전말이 드러나는 것을 기대하기도 어렵고, 사기피의자에 대한 형사상 처벌이나 범죄수익 환수가 제대로 이루어질 수도 없다. 이에 사기범죄자들은 이미 오래 전부터 피해변제를 약속하는 등의 방법으로 피해자로 하여금 피해를 인식하는 시점을 늦추고 범죄신고나 고소를 미루도록 함으로써, 신속하게 수사가 진행되는 것을 막고 증거를 인멸함과 동시에 범죄수익을 은닉하는 데 충분한 시간을 확보하여 왔다(물론 사기범죄자가 가장 바라는 것은 차일피일 시간이 흐르는 동안 피해자가 제풀에 지쳐 스스로 포기하는 상황일 것이다).

완전범죄를 꿈꾸는 사기범죄자들이 가장 선호하는 범행은 구조적으로 사기범죄의 전말이 드러나기 어려운 형태의 범행이다. 바로 국유지 사기와 같이 피해자가 국가인 경우나 금지금 사기 또는 전세사기와 같이 정상적인 거래관계의 빈틈을 교묘하게 파고드는 경우가 대표적이다. 이러한 경우 상당한 시간이 경과하여야 사기피해가 드러나게 되거나, 상당한 노력과 수고를 들이지 않고는 다수의 정상거래 속에서 범행의 전말을 확인할 수 없어 사기범죄로 인한 범죄수익 확보 시점으로부터 수사개시 시점까지의 시간적 간극을 최대한 확보할 수 있기 때문이다.

특히 국가나 부재지주를 상대로 한 토지사기사건의 경우에는 저절로 범죄피해가 드러나지 않고, 피해자인 부재지주나 국가가 그 피해사실을 바로 인지하는 것을 기대하기도 어렵다. 한편, 금지금 사건 같은 경우에는 국세청 고성춘 법무과장과 김동오 계장 등이 국세청 전산망으로 금지금의 복잡한 거래패턴을 확인하는 과정에서 수출업체가 홍콩 등으로 수출한 금을 국내 수입업체가 수출가격보다 싼 가격으로 다시 수입한 후, 도매업체들이 부가가치세를 내지 않고 폐업하는 폭탄업체에 넘기고, 이후 폭탄업체는 매입가격보다 낮은 가액(94.5%)으로 국내 소매업체에게 판매함으로써 외국에 수출하겠다고 한 금이 국내시장에서 계속 유통되는 이상한 흐름을 면밀히 추적한 후에야 비로소 전체 범행의 전말을 밝힐 수 있었다.[33] 금이 유통되는 속도가 너무 빠른 데다가 중간에 폭탄업체가 존재하고 있는 패턴을 이상하게 생각한 국세청 직원들이 없었다면, 금지금 사건은 범인들을 제외하고는 지금까지 아무도 그 범행 사실을 알지 못하는 완전범죄로 남았을 것이다.

설령 막대한 사기피해가 드러나 사기범죄의 존재가 명백하게 드러날 수밖에 없는 경우라 하더라도, 수사기관이 피해자들로부터 제공받은 사실관계의 조각들을 모아 사건의 전말을 파악하는 것에 상당한 노력과 수고를 들일 수밖에 없도록 처음부터 사기범행을 설계해두기도 한다. 예를 들면, 대출사기 작업을 할 때 중간에 여러 개의 특수목적법인을 끼워 넣으면 경찰이나 금융당국의 자금추적이 어려워진다. 특수목적법인 사이에서 다양한 계약서와 복잡한 자금거래가 있는 것처럼 가장한다면, 수사관이나 감독기관 담당자들은 지금은 연락이 되지 않는 특수목적법인의 담당자들을 찾아다니다가 거래의 전체적인 내용을 파악하는 것을 포기할 것이기 때문이다.

물론 2014년 KT ENS 대출사기사건(부정대출액 합계 1조 8,335억 원)에서 당시 사건의 조사를 담당한 강성운 서울지방경찰청 지능범죄수사대 팀장이 기지를 발휘하여 중요 정보가 담긴 엑셀 파일을 획득한 아주 드문 사례가 있기는 하다. 하지만 대규모 사기범죄를 기획한 수괴가 범죄사실을 일목요연하게 정리한 문서를 수사기관의 손길이 닿는 곳에 두기를 기대할 수는 없는 법이다. 사실 수사관의 기지와 행운이 있더라도 범죄사실을 재구성하는 데 긴요한 증거를 손쉽게 확보하는 것은 결코 쉽지 않다. 수사관들은 공범들이 모두 도주한 다단계회사의 사무실 등에서 확보한 컴퓨터의 하드디스크에 남아 있는 단편적인 자료들을 찾아 이를 열심히 정리하

---

33 고성춘 변호사의 세금으로 보는 세상이야기, "[국세청에서의 5년] 금지금 사건 소회", 2018. 12. 9.자 게시글

더라도, 그들이 저지른 범죄의 일부 흔적만을 파악할 수 있을 뿐이다. 발굴된 티라노 사우르스의 뼈에 붙어있는 피부조직과 미세한 비늘 또는 깃털의 흔적을 통해서 티라노 사우르스의 피부 색깔을 추측하는 것에 상당한 한계가 있을 수 있는 것과 마찬가지로, 상당한 시간이 경과한 후 파편화되어 남아 있는 몇 장의 엑셀시트와 피해자의 진술에 의존해서 범죄조직의 전체적인 구조와 구체적인 범행분담을 정리하는 것에는 명확한 한계가 있을 수밖에 없다.

특히 사기범죄의 행위 시점과 수사의 개시 시점까지의 시간적 간극이 큰 경우라면 수사기관이 개별 범죄피해 등과 관련된 기초자료를 모아서 구체적인 사실관계를 확인하고, 개별 범죄에 대한 범행일시, 범행방법 및 사기피해액 등의 사항을 엑셀파일의 형태로 정리한 다음, 이후 위 각 범죄와 관련하여 공범 사이의 관계와 역할분담 등을 복원하는 각 단계마다 적지 않은 어려움을 겪을 수밖에 없다. 공범 중 누군가가 나서서 범죄조직의 조직 및 구성, 역할분담 등에 대해서 친절하게 알려주고 조직도나 범행일계표 및 월계표 등과 같은 핵심적인 자료를 제공하지 않는 한, 수사기관이 아무리 많은 시간과 노력을 들이더라도 사건의 전말을 확인하는 것은 대체로 불가능한 것이다.

이러한 이유로 사기범죄조직의 수괴는 대형 사기범죄의 기획 단계에서부터 피해자들뿐만 아니라 공범들도 곧바로 알아차리기 힘든 구조로 사기범죄를 설계하는 것이다. 그 때문에 사기범죄자들이 사기범죄를 마친 이후 수사개시까지 상당한 시간이 소요될 수밖에 없는 것이고, 당연히 그 사이에 공범들은 모두 도주하고, 증거들은 산일되며, 범죄수익은 온전히 은닉된다.

뒤늦게 시작된 수사를 통해서는 해당 범죄조직이 저지른 범죄 전체가 아니라, 수사종결까지의 제한된 시간 내에 증거가 확보된 일부 범죄에 대해서만 유죄 입증이 가능한 선에서 공소장이 작성될 수밖에 없다. 만약 상당한 시간이 지나 범죄조직의 증거인멸이나 범죄수익은닉이 모두 성공하였다면, 일부 범죄에 대한 기소마저도 제대로 진행될 수 없을 것이다.

[사기범죄 및 범죄조직의 실체에 대한 접근 곤란]

사기범죄조직들은 다수의 행위자가 여러 정상적인 거래를 하는 과정 사이에 사기범행을 끼워 넣음으로써 사기범행의 실체를 숨기는 경우가 적지 않다. 특히 금지금 사기, 라임 및 옵티머스 사기, 전세사기 등의 대형 사기사건에서 수사기관이 그 사기범행의 실체를 파악하는 데 어려움을 겪는 주된 이유는 사기범행 과정에 다수의 정상 거래가 섞여 있고, 그중 무엇이 금융기관 등과의 정상거래인지 아니면 사기범행인지를 구별하는 것이 쉽지 않아 사기범행을 특정하는 것부터 어렵기 때문이다. 또한 사기범죄조직들은 수괴나 실질 운영자가 누구인지 드러나지 않도록 대포법인의 명의를 빌리고 바지사장을 섭외하며, 텔레그램, 대포통장, 대포폰 및 가상화폐를 적극적으로 이용함으로써 자신들의 실체를 최대한 드러내지 않는 전략 또한 구사하고 있는데, 이 또한 수사기관이 범행의 실체에 접근하는 것에 적지 않은 어려움을 안겨주고 있다.

대형 사기사건을 수사하는 과정에서 정상거래 중 사기범행을 추려내고, 각종 가명 및 차명거래의 '찐주'를 확인할 수 있을 정도로 충분한 수사를 진행하기 위해서는 상당한 인력, 시간과 자원이 투입되어야 한다. 그러나 아무리 중요한 사건이라도 수많은 연결고리들을 거슬러 올라가 사실관계를 파악하는 데 필요한 인력, 시간 및 자원이 투입되는 경우는 거의 없다. 사기범죄조직들은 이와 같은 사정을 너무나 잘 알고 있기 때문에, 수사기관이 부족한 인력이나 자원으로 인하여 수사를 그만둘 수밖에 없는 딱 그 지점 바로 바깥에 숨어 있는 것이다.

대체로 검찰의 경우 피의자에 대한 구속영장 발부 후 10일 내에 서둘러 기소를 하여야 한다(형사소송법 제203조. 다만, 판사의 구속기간 연장허가를 받은 경우 최장 20일). 기소를 한 이후에는 해당 사건에 대한 수사를 하더라도 수사과정에서 확보한 자료를 형사재판에 증거로 제출할 수 없는 경우가 존재하므로, 수사에는 사실상의 시간적 제약이 있는 셈이다.[34] 그런데 위와 같이 제한된 기간 내에 피의자의 행위가 형사적으로 범죄를 구성하는지를 판단하기 위하여 필요한 요소, 즉, 공범의 특정이나 범행의 경위, 공범 간 업무분담과 범죄수익의 분배에 대해서 온전히 파악한 후 충분한 법리검토를 거칠 수 있을 정도로 충분한 인력과 자원이 집중되는 사건은 거의 없는 실정이다.[35] 수사 과정에 충분한 인력과 자원이 투입되지 않는 상황에도 불구하고 주범에 대한 신병이 확보된 경우라면, 범죄의 실체에 접근하는 충분한 노력을 하는 대신, 10일의 구속기간 동안 가능한 범위 내에서 공소장을 작성할 수 있는 정도의 사실확인만을 거쳐 가능한 부분에 대해서만 기소를 하는 것이 불가피하다. 그리고 기소 이후에는 수사를 하더라도 법원이 그 수사결과를 재판의 증거로 채택하지 않기 때문에, 별건으로 입건할 수 있는 경우에 해당하지 않는 한 추가수사를 진행할 이유가 없다. 따라서 수사기관이 구속기간 중에만 허겁지겁 수사를 진행하는 것 이외에 달리 충분한 시간과 노력을 들여서 수사를 진행하지도 않으므로, 20일 이내에 밝힐 수 있는 범위를 초과하여 범행 전부의 실체를 밝히는 것은 당초부터 기대할 수 없는 것이다.

또한 우리나라에서는 다수의 당사자가 관여한 복잡한 사기사건을 제

---

34 헤럴드경제, "정경심 재판부, '검찰, 기소 후 압수한 증거 다 빼라'", 2019. 11. 26.자 기사
35 중앙일보, "VIK 1조 피해가 단순사기?…부실기소 검찰, 솜방망이 법원", 2021. 11. 30.자 기사

대로 규율하는 데 있어 필요한 형사절차법이나 증거법 상의 특례를 전혀 마련하여 두고 있지 않다. 그 때문에 수사과정에서 사건의 실체가 드러날 수 없으므로, 법원 또한 재판과정에서 사건의 실체에 접근할 수 없다. 검찰이 구속 만기 등의 제약조건 때문에 쪼개기 기소를 하고, 변호인 측에서는 구속집행정지와 보석을 청구하면서 별별 이유를 들어 검찰 수사의 위법성부터 따지기 마련인데, 이때부터 초점을 잃은 형사재판은 사안의 본질과 거리가 아주 먼 쟁점이 주로 다투어지게 된다. 여기에 법원이 증거능력에 관하여 객관적으로 명확한 기준을 갖고 있지 않은 반면, 피고인에게 절차주도권을 부여하는 형사증거법과 실무로 인하여, 특히 다수의 공범이 관여된 '단군 이래 최대'의 수식어가 붙은 사건에서는 예외 없이 오랜 기간 동안 겉도는 사건 진행, 명확한 기준을 알 수 없는 증거채택과 관련된 공방, 그리고 누가 보더라도 실익이 없는 증거조사가 형사재판을 지배하고 있다. 만약 별다른 의미 없는 소송법상 주장을 통한 소송지연 전략을 더 이상 구사할 수 없는 상황이 되면, 변호인들이 집단적으로 사임하고 또 다른 변호인이 선임되어 사건을 검토할 시간을 달라는 새로운 소송지연 전략을 쓰기 시작할 것이다. 그 결과 많은 피고인들이 지연된 재판으로 구속기간을 거의 채우고 보석으로 석방되어 불구속 상태에서 재판을 받는 것이 요즘의 새로운 형사재판 트렌드가 되고 있다.

형사재판이 실체적 진실에 집중하지 못한 채 초점을 상실하고 산만하게 진행되는 것은 대부분 법원이 증거능력에 대한 명확한 객관적인 기준을 제시하지 못한 채 개별 증거의 증거능력을 부여하는 것에 지나치게 소극적인 데다가, 재판진행과 관련된 주도권이 형사피고인에게 부여된 탓이다. 또한 법원이 형사재판과 민사재판의 진행에 별다른 차이를 두지 못하고, 복잡사건에서 효과적으로 사건의 실체에 집중하는 재판 실무나 역량을 전혀 축적해두지 못한 탓에 중요 형사재판 중에서 실체적 진실에 효

과적으로 접근하여 신속하게 설득력 있는 결론을 내렸다거나, 기일 진행
이나 사건관리에 있어 군더더기가 없었다고 평가할 수 있는 사례를 갈수
록 찾아보기 힘들게 되었다.

　문제는 피고인의 지연전략이 효과를 발휘함에 따라 법원의 실체적 진
실에 대한 접근이 곤란해질 수밖에 없는데, 법원의 실체적 진실에 대한 접
근이 어려워지면 다시 소송의 지연으로 이어지는 악순환이 반복되고 있
다는 점이다.

[조직적 사기범죄자들에 대한 관대한 처벌]

　형사재판절차에서 피고인의 이익을 위하여 다수 사건을 원칙적으로
병합하여 진행하고, 피고인에게 절차진행과 증거채택에 관한 주도권을
부여하는 현재의 실무 하에서는 법원이 피고인에 대한 구속만기(1심의 경
우 6개월) 내에 검찰에서 제출하는 증거와 피고인의 주장을 충분하게 검토
하기 어려운 경우가 적지 않다. 이 때문에 범죄성립에 대해서 확신을 갖기
어려운 재판부로서는 '의심스러울 때는 피고인의 이익으로(in dubio pro
reo)'라는 형사재판의 대원칙에 따라 공소사실 중 전부 또는 상당 부분에
대해서 무죄판결을 내리게 되는 경우가 없지 않은데, 국제적 사기범죄조
직 관련 사건에서 이러한 결론은 피해자들이 입은 사기피해의 규모나 자
본시장의 충격을 제대로 반영하지 못한 이해할 수 없는 판단으로 비추어
지기 쉽다.

　일례로, 루보에 대한 시세조종사건에서 공범들은 시세조종을 위하여
1,500억 원을 동원하여 주가를 50배까지 폭등시켰음에도 불구하고, 법원
이 인정한 시세조종으로 인한 부당이득은 고작 119억 원에 불과하였다.
물론 사기범죄조직이 시세조종사건에서 가격을 올리기 위해서 스스로 비

싼 가격에 주식을 집중 매집하는 자전거래를 하는 과정에서 일정한 손해를 보는 것이 불가피하고, 예정보다 빨리 주가가 폭락할 때 이익을 실현하지 못한 부분이 있을 수 있으며, 수많은 거래를 통해서 얻게 된 이득을 하나하나 산정하는 것이 결코 쉽지 않은 측면이 있기는 하다. 아울러 법원의 사실인정은 대단히 보수적일 수밖에 없는 데다가, 모두가 수긍할 수 있는 방식에 따라 범죄수익을 계산하다 보면, 법원이 인정하는 범죄수익은 누가 보더라도 실제 공범들이 확보하였음이 분명한 범죄수익보다 현저히 적을 수밖에 없다. 하지만 이와 같은 점을 고려하더라도, 법원이 인정한 이득규모와 실제 피해자들이 주장한 피해규모의 차이는 국제적 사기범죄조직이 관련된 형사재판에서 밝혀지는 진실의 양이 실제 존재할 것으로 여겨지는 진실의 양보다 훨씬 적다는 것을 상징적으로 드러내 보이고 있다.

법원이 밝혀낸 진실의 양이 실제 밝혀져야 하는 진실의 극히 일부에 불과하다는 점은 종국적으로 낮은 형량으로 이어질 수밖에 없다. 특히 피고인이 복잡사건의 형사재판과정에서 기일진행이나 증거능력과 관련하여 치열하지만 지리하게 다투고 난 후 최종적으로 선고받는 형이 일반적인 사기사건에서 선고되는 형에 비하여 결코 높다고 볼 수 없는 경우가 적지 않다. 예를 들면, 일반 사기 사건에서 동료들에게 금추출사업을 한다고 속여 3명으로부터 6억 4,960만 원을 편취하였다는 범죄사실로 기소된 피고인에 대해서 징역 4년이 선고된 사례가 있다.[36] 그런데 소비자 57만 명에게 2,521억 원 상당의 머지머니를 판매한 것으로 알려진 머지포인트 사건의 경우, 주범들이 소비자 피해액 751억 원, 제휴사 피해액 253억 원 총 1,004억 원의 피해를 입혔다는 범죄사실로 기소되었는데, 이후 주범들이 1심 재판과정에서 선고받은 형량은 징역 8년 또는 징역 4년이었다.

---

36 경남일보, "교회 동료에 금추출사업 사기 6억 5,000만 원 가로챈 60대 징역 4년", 2016. 11. 13.자 기사

또 다른 특경법 사기 사건의 경우 시중 증권가보다 적은 증거금으로 선물거래를 할 수 있는 것처럼 홈트레이딩 프로그램을 만들어 두고 투자자 2만 7,200명으로부터 4,502억 원을 송금받아 편취한 범행(실제로 홈트레이딩 시스템이 시중 증권사의 선물 계좌와 연동되어 있지도 않아 선물 거래가 이루어질 수도 없었다)을 저지른 피고인에 대하여 징역 3년이 선고되기도 하였다.[37] 위 사건의 피고인은 2019. 4.경부터 2021. 2.경까지 약 2년의 기간 동안 실제 선물 거래가 이뤄지지 않는다는 점을 파악하고 항의하는 피해자들의 계정을 삭제하거나 오픈 채팅방에서 강제 추방하는 등 투자금만을 편취한 뒤 약속했던 선물 거래를 중개해주지 않았음에도 2년 여간 별다른 수사나 조사를 받지 않았고, 형사재판에서도 그리 중하지 않은 형을 선고받은 것이었다. 위 사건의 피고인이 다수의 피해자를 대상으로 하면서 상당한 기간에 걸쳐 반복적으로 범행하였고, 피해자들에게 심각한 피해를 야기하였으며, 범죄수익을 의도적으로 은닉하는 등 피해자의 수, 피해규모, 죄질 및 범행 후의 정상에 이르기까지 중한 처벌을 받는 것이 마땅한 것으로 보이는 사건이었음에도 불구하고, 실제로는 사기피해액 6억 원의 일반사기보다 적은 형을 선고받는 데 그친 것이다.

법원은 사기범죄조직이 영업 방식으로 저지르는 반복적인 사기범행에 대하여 상습성을 인정하는 것에는 매우 소극적이면서도, 무전취식을 반복하는 푼돈 사기범에게는 상습성을 인정하여 형량을 가중하는 것에는 별다른 문제의식을 갖지 않고 있다. 결국 사기범행의 상습성 인정 여부 등에서도 일관성이 없는 것으로 보이는 법원의 양형실무는 유독 치밀하게 계획되고 영업의 방식으로 진행된 조직적 사기범죄에 대해서만 한없이 관대한 기준을 들이대는 일관성을 보이고 있는 것이다.

---

37 조선일보, "선물 중개 싸게 해주겠다 … 투자자 2만 명에 4,502억 원 가로챈 30대 실형", 2023. 8. 14.자 기사

[조직적 사기범죄자들에 대한 손쉬운 사면과 가석방, 그리고 재범]

'단군 이래 최대'라는 수식어가 붙는 사기범죄를 저지른 수괴들은 대체로 정치인이나 고위 관료 등과 친분을 과시하는 경우가 적지 않고, 실제로 사기범죄조직의 주요 공범 중 유력자가 있다거나 사기범죄조직의 중요한 뒷배로 활약하는 유력 정치인이 있다는 소문이 파다한 경우가 대부분이었다.[38] 실제로 유력자가 누구인지 확인되지 않은 사건이라고 하더라도, '단군 이래 최대' 규모의 사기범행을 저지르고 복역하는 사기범죄자들 중 이른 시점에 가석방을 받거나 특별사면을 받음으로써 그 소문이 근거가 없는 것이 아니었다는 점을 드러낸 경우를 흔히 볼 수 있다.

조직적 사기범죄를 저지른 사람들이 징역형을 마치고 출소한 이후에도, 계속하여 유사한 범행을 저지르는 것 또한 눈여겨볼 만하다. 일단 막대한 범죄수익을 거둔 사기범죄를 저지른 사람은 이미 그 범죄수익을 어딘가에 은닉해 두었을 것이기 때문에, 일반적인 경우라면 생계를 위하여 다시 사기범죄를 저지를 경제적 필요가 없다고 보는 것이 합리적일 것이다. 그럼에도 그들이 재범을 저지르는 것에 대한 가장 합리적인 설명은 그들이 과거 수많은 범죄를 저지르고도 일부 범죄에 대해서만 재판을 받았고, 대부분의 범죄에 대해서는 재판은커녕 수사도 받은 바 없었던 데다가 이번에는 제대로 수사와 재판을 피할 수 있는 방법을 궁리해서 알아냈다는 것이다. 만약 그들이 수사와 재판을 받는 과정에서 제도상 또는 실무상의 허점을 정확히 파악하였고, 이를 공략할 수 있는 효과적인 방법을 발견하여 앞으로는 과거의 실수를 반복하지 않고 수사나 처벌을 받을 걱정을 하지 않게 되었다면, 이를 활용하지 않고 기존 범죄수익으로 호화 리조트

---

38 중앙일보, "조희팔도 공들인 캐스팅…금융사기 '단골 조연' 된 정치인들", 2021. 8. 31.자 기사

에서 골프를 치면서 조용히 숨어지내기에는 좀이 쑤실 것이다. 또한 과거 특별사면을 받을 수 있는 계기를 마련해준 그 유력자가 여전히 특별사면을 받게 해줄 수 있는 지위에 있다면, 설령 일이 잘못 되어 재차 형사처벌을 받게 되더라도 또다시 특별사면으로 풀려날 수 있다는 강한 확신이 있을지도 모른다. 실제로 특별사면을 받고 풀려난 대형 경제사건의 사기범이 또다시 사기죄를 저질러 형사처벌을 받게 되었을 때 또다시 특별사면을 받고 풀려난 사례가 존재한다는 것은 사기범죄자들에게는 그리 놀라운 일이 아니기 때문이다.

결국 조직적 사기범행으로 처벌받은 사람들이 특별사면이나 가석방을 받고 출소된 이후에도 다시 재범에 이르는 이유는 바로 △수사기관의 사기범죄의 실체에 대한 접근 곤란, 조직적 사기범죄자들에 대한 가벼운 처벌 그리고 특별사면과 가석방의 용이함에 대한 명확한 인식과 △이러한 인식에서 비롯된 근거 있는 자신감에 기인한 것이다.

[경찰수사관 등에 대한 한없이 열악한 처우]

마지막으로 빠뜨릴 수 없는 공통점으로는, 사기범죄조직을 적발해내거나 시스템의 허점을 시정하는 데 기여한 경찰수사관 등에 대해서 별다른 보상이 없다는 것이다. 현재 우리나라에서 사기범죄조직을 적발해서 수사를 진행하고 있는 국가기관은 각급 경찰청의 광역수사대밖에 없다고 해도 과언이 아니다. 그런데 형사사법시스템의 여러 허점에도 불구하고 사기범죄조직에 적극적으로 대응하고 있는 광역수사대 수사관들에게 적절한 보상이 이루어지고 있다거나 획기적인 처우가 제공되었다는 소식을 들어본 사람은 아무도 없다.

오히려 경찰관들은 잠복수사를 하는 과정에서 발생하는 식대 등의 일체의 비용을 자비로 부담하고, 함정수사 과정에서 미끼로 쓸 마약 매수자금을 마련하기 위하여 십시일반으로 돈을 모아야 한다(만약 운 좋게 마약매수자금을 온전히 들고 있는 피의자를 체포한 경우라야, 수사관들은 자신들이 갹출했던 돈을 돌려받을 수 있게 된다). 공공의 안전과 질서유지를 담당하는 경찰관은 그 업무의 성격상 '공안직'으로 분류되어야 함이 마땅한 것으로 보이지만, 정작 '공안직 공무원'에 경찰, 해양경찰 및 소방공무원은 포함되지 않기 때문에 공안직 공무원에 비하여 적은 급여를 받는 것 또한 감수해야 한다. 특히 입직한지 얼마 되지 않은 순경의 경우 열악한 현장에 배치되어 어려운 업무를 담당하는 경우가 많지만, 그들에게 지급되는 급여를 법정 근로시간으로 나눈 액수는 최저임금보다 현저하게 낮은 수준에 불과하다. 순경이 최저임금에 미치지 못하는 급여를 받는다거나, 초과근무수당이 최저임금 기준에도 미치지 못한다는 문제는 오래 전부터 제기되어 왔음에도 불구하고, 그들의 딱한 사정에 귀기울이는 사람은 아무도 없었다.[39] 주당 근무시간이 52시간(기본 40시간, 연장근무 최대 12시간)으로 제한되는 사업장에서는 근로자가 자발적으로 52시간을 초과하여 근무하더라도 사업주는 처벌을 받게 되는 반면, 경찰관이 매주 55.3시간을 근무하여야 하는 것에 대해서 국가는 아무런 책임을 질 생각이 없고, 이러한 상황에 대해서 관심을 갖는 의사결정권자 또한 아무도 없었다.[40]

우리 중 어느 누구도 조직적 사기범죄를 수사하는 과정에서 혁혁한 공적이 있는 경찰수사관이나 검사가 경찰청장이나 검찰총장에 임명되었다는 소식을 들어본 적 없고, 국제적 사기범죄조직을 일망타진하는 데 결정적인 계기를 제공한 국가정보원, 금융감독원이나 한국인터넷진흥원 직원

---

39 머니투데이, "순경 야간수당 시간당 2,661원 … '최저임금도 안돼'", 2015. 7. 26.자 기사
40 헤럴드경제, "쓰러지는 공무원들 … 재직 중 사망 4년간 2,800명, 절반은 '이직 고민'", 2023. 9. 29.자 기사

이 해당 기관에서 수장을 맡게 되었다는 훈훈한 소식 또한 들어본 적 없다.

오히려 우리나라는 조직적 사기범죄에 적극적으로 대응한 수사관 등에게 획기적인 처우를 제공하거나 적절한 보상을 한 바도 없고, 앞으로도 할 생각이 없다고 보는 것이 보다 정확하다. 앞서 금지금 사건의 경우에도 국세청(부가가치세 신고 및 환급 관련 정보), 관세청(수출입 통관자료), 검찰청(수사 및 재판)이 통합적으로 대응하지 않았다면, 사건의 전말을 밝히거나 관련 사건에서 제대로 대응하기 어려웠을 것이다. 그런데 금지금 사건을 담당하던 국세청 직원들 중 최초로 이를 밝혀내고 지난한 소송과정을 거쳐 대법원의 승소판결을 이끌어 낸 사람들이 그 공적을 제대로 평가를 받았다거나, 이를 밝혀낸 공적을 인정받아 국세청장에 임명되었다는 뉴스를 접한 바 없다. 국세청에서 들려오는 소식이라고는 금지금 사건을 밝혀낸 것에 대해서는 제대로 된 포상을 받지도 못했던 직원들이 이후 행정소송에서 패소하거나 형사소송에서 피고인이 무죄를 받게 되면 당연히 이겨야 할 사건에서 패소했다고 시말서를 써야 하는 신세에 놓이게 되었다는 것뿐이었다. 문제는 이런 상황이 다른 감독기관과 수사기관에서도 그대로 반복되고 있다는 것이고, 조직적 사기범죄에 적극적으로 대응한 수사관과 감독기관의 직원들이 오히려 불이익이나 손해를 입게 되는 상황이 당연시되면서 수사기관이나 감독기관의 사기범죄 대응역량을 좀먹고 있다는 것이다.

C

사기범죄조직의 진화, 국가기능의 퇴화

[사기범죄 암흑선단: 분업화와 아웃소싱]

국제적 사기범죄조직은 중국의 불법조업선단인 '암흑선단'처럼 느슨한 형태로 서로 밀접하게 연결되어 있다. 중국의 '암흑선단'은 다른 나라의 수역에 진입하면서 의도적으로 선박자동식별장치(AIS)를 껐다가 중국수역으로 돌아온 후 다시 식별장치를 켜는 방식으로 어업 모니터링 시스템의 감시망을 피하여 조업하는 중국 선박들의 거대한 무리를 말한다. 이들은 선박자동식별장치의 위치 신호가 송출되지 않도록 함으로써 공개된모니터링 시스템에 나타나지 않는 무허가 불법 선박이라는 이유로 '암흑선단'으로 불린다. 이들은 저인망 그물을 서로 연결한 뒤 이를 퍼올리는방식으로 오징어나 꽃게 등을 싹쓸이하고 있는데, 이처럼 공동조업을 통해 어획량을 극대화시키는 과정에서 해양생태계를 철저히 파괴하고 있다. 이들은 1,600척의 어선이 위세를 부리며 몰려다니면서 북한의 동해에서도 약 2년간 불법 조업으로 5,200억 원어치가 넘는 오징어를 남획하고, 태평양을 넘어 인도양, 남미, 서아프리카의 여러 해역에까지 진출해서 불법으로 조업한다. 이들은 각국 정부의 단속에 공동으로 대처함으로써 나포 가능성을 최소화하고 있다. 암흑선단 수천 또는 수백 척이 압도적인 기세로 몰려다니면서 단속하는 해경 함정에 대적하거나, 적극적으로 해경 함정을 공격하여 함정의 선체에 손상을 가하기도 하는데, 이들의 조직적인 저항 덕분에 각국의 해경은 이들을 단속하는 데 큰 어려움을 겪고 있다. 이에 참다못한 아르헨티나 해군은 2016년 3월 불법조업 단속에 강력히 저항하는 중국 저인망 어선에 총격을 가해 격침시킨 사례도 있었다.[41]

성공한 사기범죄조직들 또한 암흑선단처럼 다수의 범죄조직들이 함께 몰려다니면서 적발 및 수사 가능성을 최소화하고 있다. 각종 사기범죄 조직은 범행을 위하여 필수적인 대포폰, 대포통장 및 대포법인뿐만 아니라, 애플리케이션 제작 및 서버 구축, 24시간 고객지원이나 환전 등 온갖 서비스를 아웃소싱으로 조달하기 위하여 전문 공급조직들을 거느리고 있고, 이들과 함께 사기범죄의 암흑선단을 구성하고 있는 것이다.

사기범죄조직의 범죄 실행행위는 각종 문자메시지 등을 통한 피해자 물색, 피해자와의 신뢰관계 형성, 피해자의 처분행위 및 범죄수익의 확보와 은닉이라는 온라인과 오프라인을 넘나드는 복잡한 과정을 통하여 이루어진다. 그중 범행에 필수적이기는 하지만 분업화가 가능한 부분에 대해서는 이미 상당한 정도로 아웃소싱이 진행되었다. 아무리 규모가 큰 보이스피싱 조직이라도 전문 공급조직을 통해 대포폰이나 대포통장을 공급

---

41 연합뉴스, "중국 어선 아르헨티나서 불법조업하다 총격받아", 2018. 2. 27.자 기사 참조. 우리의 경우에도 과거 해경 고속단정이 불법 조업을 하고 있는 중국 어선을 나포하려고 시도하였을 때, 같은 선단 소속 중국 어선 4척이 그 주위를 에워싸고 선원 수십 명이 나포 어선에 뛰어올라 해경 대원들에게 흉기를 휘두르며 나포 어선의 탈취를 시도하였고, 결국 나포 선박을 탈취하여 도주에 성공한 적도 있었다. 또한 이들은 칼이나 도끼 등을 이용해서 해경 대원들에 저항하는 것에 그치지 않고, 조타실 및 기관실을 폐쇄해서 신속하게 북방한계선 (NLL) 이북으로 도주하기도 한다. 이 경우 해경 대원으로서는 나포선박이 NLL 이북으로 넘어가기 전에 반드시 나포선박에서 탈출해야 하기 때문에, 암흑선단은 이와 같은 약점을 노리고 해경 대원을 태운 채 북한의 수역으로 돌진해 들어가는 것이다.

받는 것이 스스로 조달하는 것보다 비용의 절감이나 공급의 안정성 측면에서 훨씬 매력적이므로, 대포폰이나 대포통장은 모두 전문 범죄조직으로부터 아웃소싱 방식으로 조달된다. 아웃소싱을 담당하는 전문적인 공급조직이 지적장애인이나 노숙자 등의 명의를 빌려 유령법인을 만든 뒤, 해당 법인 명의로 만든 대포폰과 대포통장을 생산해내고 이들이 위와 같이 생산한 대포폰과 대포통장이 다수의 사기범죄조직들에 납품되고 있다.

이처럼 전문 공급조직들은 대포폰과 대포통장 등의 공급망을 형성하여 사기범죄조직들을 느슨하게 연결시키고 있을 뿐만 아니라, 사기범죄조직 선단 사이에서 변화와 혁신을 전파하는 역할을 하고 있다. 일례로, 불법 스포츠토토나 불법 온라인도박 조직은 불법 도박사이트 회원들을 상대로 베팅과 환전용 입출금 계좌를 관리해주는 전산시스템 사이트를 개발해 운영하는 별도의 지원 조직에게 자금관리를 맡기고 있다. 전문 자금세탁조직은 '계좌지급 정지시 전액 변상'을 약속하고 수십 개에 이르는 불법 도박사이트 운영조직과 운영계약을 체결한 후, 개별 회원들이 베팅을 위해 자신들이 관리하는 대포통장으로 돈을 입금하면 도박사이트 운영자에게 도박포인트 충전을 승인하고, 계좌를 통해 오고 간 금액을 재빠르게 정산해 주며, 수수료 명목으로 베팅 금액의 2%에 해당하는 금액을 받아 챙기는 방식으로 불법 도박조직의 자금관리를 대신하고 있다.[42] 일반 회사가 전사적 자원관리(ERP) 전문기업의 시스템과 데이터베이스를 활용하는 것처럼, 불법 도박사이트들도 도박전문 계좌관리 조직이 제공하는 시스템과 데이터베이스를 활용하고 있다. 이러한 전문 개발조직은 시스템 개발 부

---

42 KBS 뉴스, "'문제 터지면 전액 A/S'···불법 도박 '40조' 돈 세탁소", 2023. 9. 7.자 기사; 매일경제, "불법 도박사이트 470억 원 자금관리 수수료 챙긴 일당 무더기 검거", 2021. 4. 20.자 기사

서뿐만 아니라, 이후 유지보수를 책임지는 고객관리부서를 따로 두고 있으며, 여기에 국내 사무실 운영관리, 주야간 고객관리 등의 추가 서비스를 제공하고 있는데, 이와 같은 아웃소싱 범죄조직의 혁신이 사기범죄조직에 그대로 전달되고 있기 때문에 과거와는 차원이 다른 형태로 고도화된 범죄조직 운영이 가능해지고 있다.

사기범죄조직들 사이의 연결은 업무의 분업화와 아웃소싱뿐만 아니라, 조직의 확장과 영역의 확대를 통한 인적 교류를 통해서도 이루어진다. 물론 범죄조직의 구성원들이 서로 교류를 하는 것은 아주 오래전부터 있어왔다. 과거의 토지사기꾼이 다단계 사기범죄에 가담하여 한 몫을 챙기고 난 후, 이후 모두로부터 '회장님'으로 불리면서 코스닥 시장을 쥐락펴락하는 시세조종의 전주가 되었다는 것과 같은 영화적 설정은 실제 큰 성공을 거둔 사기범죄조직의 수괴들이 걸어온 길과 크게 다르지 않다. 지금 사기범죄조직에 가담한 젊은 조직원들은 수괴들의 위와 같은 성공사례들을 접하면서 스스로 사기범죄조직의 수괴가 되는 것을 꿈꾸고 있다. 그들은 사기범죄조직의 중간관리자로 성장한 후 자신만의 사기범죄조직을 '창업'할 때 도움이 될 만한 유능한 조직원들과 인적 네트워크를 형성하기 위하여 다른 조직의 조직원들과 인적교류를 하는 것에도 적극적이다.

여기에 범죄수익 또한 후속 범죄에 필요한 도구를 구매하고 경비를 지출하는 데 사용되는 과정에서 국제적 사기범죄조직들 사이를 순환한다. 기존 범죄조직이 거둔 범죄수익은 새로운 형태의 사기조직이 구축하는 서버와 각종 설비, 작업장과 숙소, 대포폰과 대포통장 등을 확보하는 데 끊임없이 투자된다. 금융범죄나 조직적 사기, 횡령이나 배임 사건의 수괴들이 피해자들에게 막대한 피해를 입히고 확보한 범죄수익은 세탁과정을 거쳐 잠시 은닉되었다가 또다시 범죄조직에 공급되어 천문학적인 규모의 범죄 진행에 필요한 조직과 장비를 마련하는 데 투입되는 과정이 끊임없이 반복되고 있다.

결국 수많은 사기범죄조직과 아웃소싱 전문공급조직은 인력 및 자금을 공유하면서 서로 같은 뿌리로 연결되어 있다고 말할 수 있다. 이러한 점에 생각이 미치게 된다면, 온갖 사기범죄조직들이 암흑선단처럼 무리를 이루어 느슨하게 연결되어 있는 모습이 실제로 어떨지 궁금해진다. 아울러 이러한 암흑선단을 단속해야 할 책임을 맡은 국가기관들은 어떠한 조치를 취하고 있는지 또한 궁금하지 않을 수 없다.

[사기범죄 대응조직의 퇴화: 국회와 법무부]

사기범죄조직이 암흑선단을 이루어 계속 활동 영역을 넓혀가면서 시스템의 허점을 파고들고 있음에도, 이에 대한 대책을 마련해야 할 국회나 법무부, 금융감독원이나 방송통신위원회는 사기범죄조직이 창궐하고 있다는 사정을 전혀 눈치채지 못하고 있다. 뿐만 아니라 이들은 사기범죄조직들이 형성하고 있는 암흑선단이 얼마나 자주 우리 사회에 출몰하는지, 우리 국민들에게 얼마나 많은 피해를 끼치고 있는지에 대해서 아예 관심이 없다. 특히 국회는 오히려 검찰의 수사권을 박탈하면서 국가의 전체 수사권한을 토막 내고, 제대로 된 수사나 재판을 할 수 없도록 수사기관과 법원의 인력과 예산을 삭감하며, 법원으로 하여금 개별 형사사건에 합당한 결론을 내릴 수 없도록 형사법을 파편화시키고 있다. 이제 국제적 사기범죄조직을 추적할 수 있는 단서를 잡더라도 이를 제대로 수사할 수 있는 권한이나 자원을 가진 국가기관은 사실상 경찰청의 광역수사대 또는 강력범죄수사대(2021년 이후)만 남아 있을 뿐이고, 나머지 수사기관들은 해당 사건을 수사하기 전에 스스로에게 수사권한이 있는지부터 꼼꼼히 따져보아야 하는 상황에 놓이게 되었다. 이제 검찰이나 공수처가 뇌물범죄 등을 수사하다가 피의자가 국제적 사기범죄조직과 연결되어 있다는 단서를 확보한 경우라도, 이에 대한 수사를 함부로 진행하였다가 사후적으로 수사권한이 없음이 밝혀지게 되면 수사를 하던 수사관이나 검사가 직권남용 등으로 수사와 처벌을 받게 될 수 있게 되었기 때문이다.

법무부 또한 사기조직의 진화에 대응하여 수사기능을 강화하는 대책을 마련하기는커녕, 기존의 수사기능을 소멸시키거나 약화시키는 조치들을 계속하여 도입하여 왔다. 무엇보다 법무부는 다중피해사건이나 부패사건의 수사와 관련된 역량이 집중되어 있던 특수부를 축소하는 등 조직적 범죄가 발생하여도 집중적인 수사를 할 수 있는 수사역량을 스스로 산일시켜 왔다. 그중 대표적인 사례가 대규모 경제사범에 대한 수사를 전문으로 하였던 서울남부지방검찰청의 증권범죄합동수사단을 폐지한 것이다. 2013년 증권범죄 전문수사를 위해 설치된 합동수사단은 50여 명 규모로 금융위, 금감원, 증권거래소, 국세청 등으로부터 전문 인력들의 파견을 받은 대규모 수사팀으로, 증권범죄와 관련하여 상당한 전문성과 경험을 갖추고 있어 '여의도 저승사자'로 불렸다. 그런데 합동수사단이 라임펀드와 옵티머스펀드에 대한 사건을 수사하고 있던 바로 그 무렵, 추미애 당시 법무부장관은 '합동수사단이 부패의 온상'이므로 검찰의 직접수사를 축소함이 마땅하다는 알 수 없는 이유를 들면서 2020년 1월 합동수사단을 해체하였다. 이에 관하여 직전에 터진 라임펀드 사건에 연루된 정관계 인물 수사를 막기 위한 것이라는 의혹이 제기되기도 하였으나, 아무튼 확실한 것은 이후 증권범죄 수사가 사실상 마비되어 증권범죄 사건의 수가 급감하게 되었다는 것이다. 검찰은 금융위원회로부터 자본시장법 위반과 관련하여 2016년 81건의 수사의뢰를 접수해 77건을 처리(기소 혹은 불기소)했고, 2017년엔 81건을 접수해 모두 처리했으며, 2018년엔 76건을 접수해 63건을, 2019년엔 56건을 접수해 33건을 처리했는데, 2020년

에는 58건을 접수해 단 8건을 처리하는 데 그쳤다.[43]

합동수사단의 해체 이후 증권범죄와 관련된 사건은 아무도 수사하지 않고 방치되었고, 다시금 금융증권범죄 합동수사단이 출범한 2022년에도 당초 진행되지 못한 대형 사기사건들에 대한 수사가 원활하게 재개되지 못하였다. 최근 수많은 집단적 피해사례가 발생한 사건 중 신속하게 수사가 진행되어 사건이 전말이 밝혀지고 범죄의 수괴를 비롯한 공범 대부분이 제대로 기소된 사례를 찾기 힘든데, 이제는 검찰청법상의 제약으로 검찰이 일부 경제범죄와 부패범죄를 제외한 대부분의 범죄를 수사할 수 없게 된 탓도 크다. 중요 범죄에 대한 수사를 하다 보면 당초 예기치 못했던 범죄들이 드러나고 작은 범죄에서 큰 범죄가 밝혀지는 경우가 허다한데 이제는 곳곳에 설치된 수사권한에 대한 칸막이로 작은 범죄에 숨어 있는 단서들을 통해서 큰 범죄의 수괴까지 거슬러 올라가 추적하는 것이 불가능하게 되었기 때문이다.[44]

[사기범죄 대응조직의 퇴화: 금융감독원]

범죄수익의 확보와 세탁, 은닉의 대부분이 국내 금융기관이나 가상자산거래소를 거치고 있고 해외에 자산을 이전하는 경우의 위험이 적지 않기 때문에, 국제적 사기범죄조직의 범죄수익 대부분이 국내에 머무르고 있을 것임은 너무나 명백하다. 그럼에도 불구하고. 이를 모니터링할 책임

---

43 한편, 법무부는 그로부터 1년 여가 지나서 서울남부지방검찰청에 소규모 금융·증권범죄 수사협력단을 만들었다가, 이미 합수단의 핵심역량이 모두 산일되어 사라져버린 2022년 5월이 되어서야 다시 합동수사단을 출범시켰다. 하지만 검찰 수사권 박탈 등으로 검찰의 직접 수사권한이 축소되고 수사지휘권도 없는 상황에서 합동수사단이 과거 수사역량을 다시 회복할 수 있는지에 대해서는 회의적인 의견도 적지 않다. 자세한 내용은 머니투데이, "증권범죄 합수단 폐지 1년 반 만에 부활…이럴 거면 왜 폐지했나", 2021. 6. 25.자 기사
44 법률신문, "검찰 수사권 2개 범죄로만…검찰 손발 꽁꽁 묶어", 2022. 4. 29.자 기사

이 있는 금융감독원은 이에 대해서 아무런 실마리도 잡지 못하고 있다. 사실 아무리 의심이 가는 거래라고 하더라도 별도의 수사 단서가 확보되기 전까지 수사기관에게는 계좌 간 자금이동이나 거래를 실시간으로 들여다볼 권한 자체가 존재하지 않는다. 거액의 외환거래나 자금이동, 주식가격의 의심스러운 급등락 등을 사전에 모니터링할 수 있는 금융감독원이 실시간으로 해당 거래를 지켜보고 있던 것도 아니고, 그에 대해 제공해줄 정보도 없다면, 수사기관이 해당 거래의 자금이동을 사후적으로 추적하는 것만으로 제대로 된 성과를 내기는 쉽지 않다(특히 사기범죄조직의 자금흐름을 실시간으로 들여다보지 않는 한, 의미 있는 정도의 범죄수익 환수는 애당초 불가능한 것이다).

그런데 다수의 금융범죄나 증권범죄 사례들을 살펴보면, 금융감독원이나 금융위원회가 유가증권시장, 코스닥시장, 선물옵션시장 및 금융기관을 통해서 이루어지고 있는 수상한 거래에 대해서 제대로 된 모니터링을 하고 있다고 보기 어렵다. 오히려 대부분의 사건에서 금융감독원의 전현직 직원들이 국제적 사기범죄조직의 주요 조력자로 등장하고 있을 뿐이다. 물론 금융위원회 산하기관인 금융정보분석원(Financial Intelligence Unit, FIU)이 법무부, 금융위원회, 국세청, 관세청, 경찰청 등 관계기관의 파견인력의 도움을 받아 자금세탁관련 의심거래를 수집 또는 분석하여 불법거래, 자금세탁행위 또는 공중협박 자금조달행위와 관련된다고 판단되는 금융거래 자료를 관련 법집행기관에 제공하고는 있으나, 금융정보분석원이 조직적 사기범죄에 선제적으로 대응하거나 범죄조직 구성원을 검거하고 수사하는 과정에 의미 있는 성과를 올리고 있는지에 대해서는 별로 알려진 바 없다. 만약 금융감독원이나 금융위원회가 국제적 사기범죄조직의 범죄수익으로 의심되는 자금흐름을 제대로 모니터링을 해왔다면, 국제적 사기범죄조직 등의 은닉된 범죄수익으로 의심되는 매년 45조 원 규모의 거래를 발견해왔을 것이고, 각급 검찰청에서는 국제적 사기범죄조

120
빨대사회

직의 수괴들에 대한 수사가 쉴 새 없이 진행되었을 것임이 분명한데도, 안타깝게도 아직까지 그런 수사가 개시되었다는 기사를 찾아볼 수 없다.

한편, 국제적 사기범죄조직은 잠재적 피해자를 물색하는 과정에서 어느 때보다 현행화되어 있는 피해자 맞춤형 정보에 의존하고 있다. 이제는 사기범죄조직이 어떠한 사기 수법에 특화되어 있는지보다는 사기범죄의 기초가 된 데이터베이스 정보가 어떠한 것인지가 더 중요한 요소가 되었고, 사기범행에 사용되는 데이터베이스에 따라 사기범죄의 성격과 방식이 결정되는 시대가 되었다. 유연성과 확장성을 갖춘 플랫폼으로 이미 진화를 마친 국제적 사기범죄조직으로서는 확보한 데이터베이스 정보에 가장 적합한 사기범죄를 실행할 수 있는 역량을 갖추고 있기 때문에, 그들이 어떠한 범행을 할 것인지는 그들이 보유한 가장 현행화되고 신뢰성 높은 데이터베이스 정보가 무엇이냐에 달려 있다. 그중 전 국민에 대한 금융정보는 국제적 사기범죄조직의 거래 대상이 된 지 오래되었고, 시중은행, 농협, 새마을금고, 신용카드사, 보험사, 통신회사, 포스 단말기 등을 해킹해서 빼낸 개인의 금융정보는 지금도 활발하게 사기조직들 사이에서 유통되고 있다. 그런데 국제적 사기조직이 거래하고 있는 정보 중 비싼 가격에 거래되는 정보들은 모두 현행화된 금융기관 데이터베이스에서 나온 것이고, 이는 어디선가 대출 관련 데이터베이스에 접속하여 쉬지 않고 크롤링(crawling, 자동화된 데이터추출) 프로그램을 돌리고 있는 금융기관 또는 협력업체 임직원으로부터 나온 것임이 분명하다(물론 이들은 사기범죄조직의 암흑선단을 이루는 협력 범죄조직의 조직원이다). 사기범죄조직이 현행화된 최신 정보를 지속적으로 확보하는 과정에서 적지 않은 흔적을 남기고 있을 것으로 보이지만, 금융감독원이나 금융정보분석원이 이에 대한 모니터링을 통해서 잠재적인 사기범행을 저지하고 관련 정보 유통조직을 일망타진하였다는 미담 사례는 누구도 들어본 적이 없다.

오히려 금융감독원은 앞서 본 바와 같이 2020년 카드사 데이터베이스 탈취 범행을 한 범인이 체포된 이후 압수된 하드디스크에서 발견된 금융거래정보 등 수사에 유기적인 협조를 거부하는 과정에서 조직적 사기범죄에 대한 대응능력뿐만 아니라 의지도 없다는 점을 만천하에 보여주었을 뿐이다.

[사기범죄 대응조직의 퇴화: 국가정보원과 한국인터넷진흥원]

사이버안보와 국제범죄를 담당하는 국가정보원, 정보통신망 침해행위와 개인정보 노출 및 불법유통 등에 대응할 책임을 맡고 있는 과학기술정보통신부(한국인터넷진흥원), 방송통신 이용자 보호 등의 책임이 있는 방송통신위원회 또한 국가기간통신망과 주요 통신사업자를 통하여 이루어지는 데이터베이스 탈취사건에서 가담자들을 일망타진하는 등의 단속실적을 거둔 바 없다. 또한 국가정보원이나 한국인터넷진흥원 등이 사기범죄조직의 피해자 물색이나 공범 간 의사연락으로 의심되는 사례를 적극적으로 추적하고 있는지에 대해서도 적지 않은 의문이 있다.

국제적 사기범죄조직들은 각종 전기통신사업자들의 국제, 국내 및 인터넷 회선을 통하여 미끼 전화와 문자메시지를 대량으로 뿌리고 있고, 온 국민이 쉴 새 없이 그들로부터 문자메시지나 전화를 받고 있음에도 불구하고, 이에 대하여 대응할 책임을 부여받은 기관들은 적극적으로 나서는 모습을 보이기는커녕 오히려 손을 놓고 있는 인상만을 주고 있을 뿐이다.

특히 과거 다수의 금융기관 데이터베이스 탈취사건들의 수사 과정에서 국가정보원, 과학기술정보통신부(한국인터넷진흥원), 방송통신위원회나 금융감독원 등이 보여준 조사역량이나 의지는 사기범죄조직의 일망타진을 기대할 만한 수준에 전혀 미치지 못한다는 확신을 갖게 하기에 충분하다. 일단 대량의 개인정보 탈취사건이 발생하면, 국가정보원과 과학기술정보통신부(한국인터넷진흥원) 등은 예외 없이 조선민주주의인민공화국(이하, '북한'이라고 한다)의 해커집단을 그 용의자로 지목하여 왔다. 2013년 방송사와 금융기관의 하드디스크를 파괴한 전산대란, 2014년 한국수력원자력 정보탈취, 2016년 국방통합데이터센터 정보탈취, 2021년 한국원자력연구원 및 KAI 등 정보탈취 사건들은 대체로 북한의 주요 해킹조직으로 알려져 있는 라자루스, 안다리엘, 킴수키가 주범으로 지목되면서 조사가 마무리되었다.[45]

물론 북한 노동당 직속의 위폐제작국에서 미국 달러(일명 '슈퍼노트')를 위조하거나, 북한 정찰총국이 해커들을 이용한 방글라데시 중앙은행에 대한 공격을 통하여 은행에 예치된 달러화를 탈취하고, 환금성이 뛰어난 비트코인 등 가상자산을 해킹하여 이를 탈취하는 방식으로 외화를 마련하고 있다는 사실은 널리 알려져 있다.[46] 블룸버그 통신은 2022년 1월부터 7월까지 북한 연계 해커들이 디파이(DeFi, 탈중앙화 금융) 시스템에서 10억 달러 상당의 암호화폐를 탈취했다고 보도하기도 하였다.[47] 아울러 북

---

45 한국일보, "북한 해킹 능력, 정교하지 않지만 위험적", 2021. 8. 2.자 기사; 한국경제, "최근 10년 간 10대 금융해킹 절반은 북한 연계 단체 소행", 2021. 4. 8.자 기사

46 라자루스는 2016년 2월 방글라데시 중앙은행이 미국 뉴욕연방은행에 보관한 9억 5,100만 달러를 탈취하려는 시도를 하여 그중 일부 예금을 탈취하는 데 성공한 바 있다. 라자루스는 미국의 경제제재를 받는 이란 선박의 이름과 동일한 '주피터(Jupiter)' 거리에 위치한 필리핀 은행 지점의 계좌를 사용하거나 돈세탁을 위한 송금 과정에서 송금받는 '재단(foundation)'의 철자를 'fundation'으로 오기하는 실수를 저질러 결국 6,500만 달러의 피해를 입히는 데 그쳤다. 이후 미국 연방수사국의 수사 결과, 라자루스는 방글라데시 중앙은행에 해킹코드를 심은 후 1년 간 방글라데시 중앙은행의 모든 계좌를 면밀히 훑었고, 디지털 금고를 비롯해 모든 거래루트를 파악하고 이 돈을 안전하게 제3국의 계좌로 빼돌리는 준비를 하였음이 밝혀졌다. 자세한 내용은 조선일보, "송금 때 철자 'o' 빼먹어…방글라데시 은행 턴 북해커, 1조원 날린 사연", 2021. 6. 21.자 기사 참조.

47 Bloomberg, "North Korea Suspected in Massive Hack of DeFi Project Mixin", 2023. 10. 6.자 기사; 매일경제, "북, 올해 디파이 플랫폼에서 1조 3,000억 원 암호화폐 훔쳐", 2022. 8. 17.자 기사; 아울러 이처럼 암호화폐 탈취로 마련된 자금이 핵탄두와 탄도미사일

한의 보위성, 정찰총국, 통전부에 이어 경찰청에 해당하는 사회안전성에도 해커팀이 조직되어 있다고 하는데, 이들 또한 외화나 비트코인뿐만 아니라 국가정보원이나 한국수력원자력과 같은 기관이 보유한 여러 정보에 대해서 충분히 관심을 가질 수 있을 것이다.

그런데 국가정보원과 한국인터넷진흥원은 북한이 사용하는 것으로 생각되는 악성코드 소스와 일치하는 코드가 발견되었다거나, 과거 북한 소행으로 추정되던 해킹에서 사용되었던 IP주소나 동일한 경유지가 사용됐다거나, 과거 디도스 공격 등과 유사한 패턴이라는 점 등을 근거로 금융정보 데이터베이스 또는 거래원장 등에 대한 정보침탈이 대부분 북한의 해커조직에 의해 자행된 것으로 판단된다는 조사결과를 밝혀 왔다. 하지만 그들이 판단의 근거로 들고 있는 악성코드의 소스나 IP주소와 같은 단서만으로 모든 정보침탈범행이 북한의 소행이라고 단정할 수 있는 것인지에 관하여 적지 않은 의문이 있었다. 그와 같은 의구심에도 불구하고 국가정보원 등 합동조사단은 대부분의 정보침탈 사건에서 북한의 해커조직을 범인으로 지목한 후, 북한에 살고 있는 해커들에 대한 수사를 진행하거나 그들의 신병을 확보하는 것은 현실적으로 불가능하다는 점을 들어 신속하게 조사를 마무리하여 왔다. 국가정보원 등은 해킹사건을 면밀하게 수사하거나 범인의 신병을 확보하려는 노력을 전혀 하지 않은 채 언제나 신속하게 조사를 마무리해왔기 때문에, 북한이 그 배후로 지목된 사건에서 사건의 전말이 밝혀지는 경우는 없었고 조사결과의 신빙성을 확인할 방법도 전혀 없었다.

북한의 정찰총국이나 해커들이 농협 전산망의 거래원장이나 각종 신용카드사의 개인신용정보에 관심이 있었다거나, 방송사와 금융기관 전산

개발에 사용된다는 의혹에 대해서는 Reuters, "North Korea grows nuclear, missiles programs, profits from cyber-attacks-U.N. report", 2022. 2. 7.자 기사 참조.

장비 파괴뿐만 아니라 '날씨닷컴' 사이트를 통한 무차별 악성코드 유포, YTN 계열사 홈페이지 자료서버 파괴 등의 방식으로 정보탈취 이외의 공격을 감행할 이유가 있었을 것인지에 대해서 궁금한 생각이 드는 것은 사실이다. 이들이 금융거래와 관련된 데이터베이스를 탈취하더라도 이를 바로 활용하기 어렵고, 반드시 잠재적 구매자들인 국제적 사기범죄조직에 접근하여 구매의향을 확인한 후 사기범죄조직에게 금융거래와 관련된 정보들을 판매하는 번거로운 절차를 거쳐야 하기 때문이다. 북한의 정찰총국 등이 데이터베이스 정보를 현금화하는 과정에서 자신들의 신원과 움직임이 노출되는 불필요한 위험을 감수한다는 것도 쉽게 이해하기 어려운 부분이다. 만약 국가정보원 등의 조사결과를 그대로 믿는다면, 북한의 각종 해킹조직들은 보이스피싱 조직이나 국제적 사기범죄조직들이 군침을 삼킬 만한 각종 정보를 해킹하고 있는 반면, 그 정보를 가장 필요로 하는 국제적 사기범죄조직들은 북한의 해커집단으로부터 정보를 구매할 뿐 스스로 데이터베이스에 대한 정보탈취를 시도한 바는 없다는 것이 된다. 이는 앞서 금융감독원 수사협조 거부의 단초가 된 외장하드 사건에서 보는 바와 같이 보이스피싱 조직들이 탐낼 만한 정보가 시중 사기조직들 사이에서 지속적으로 유통되고 있는 점을 고려하더라도 도저히 수긍하기 어려운 것이다. 한편, 실제로 정보를 탈취한 범인들에게 국가보안법위반 등의 혐의가 적용되어 기소되거나 처벌된 사례도 찾아볼 수 없다.

무엇보다 2013년 농협 전산망 마비의 경우 전산망 마비가 발생한 후 불과 20일(공휴일 포함) 만에 "북한 정찰총국의 소행인 것으로 밝혀졌다."는 조사결과가 발표된 것은 더욱 납득할 수 없었다.[48] 당시 농협을 비롯하여 총 4만 8,000여 대의 서버, PC, ATM이 한꺼번에 공격받았고, 이들을

---

48 연합뉴스, "정부 3.20 해킹은 북한 소행 추정 … 수법 일치", 2013. 4. 10.자 기사

복구하는 것에도 상당한 시간이 소요되었으며, 이들에 대한 침입경로 및 방식을 파악하는 것만으로도 적지 않은 시간이 소요될 것이라고 보았기 때문에, 대부분의 전문가들은 드러난 IP주소나 전산망 마비의 원인 등을 통하여 해커를 추적하는 것에 상당한 시간이 소요될 것이라고 예상하였다. 특히 해커들이 오랜 기간 치밀하게 준비하여 거의 흔적을 남기지 않았고, 다수의 서버에 악성코드로 인한 문제가 발생하여 상당수 서버가 복구되지 못했으며, 중간에 특정 해커 그룹의 소행인지에 대한 논란이 있었기 때문에 해커가 누구인지를 밝히는 것에 적지 않은 어려움이 있을 것으로 보는 의견이 많았다. 그런데 아직 복구되지 않은 서버가 차고도 넘치는 상황에서도 국가정보원과 한국인터넷진흥원은 서둘러 전산망 마비가 북한의 '정찰총국' 소행임이 밝혀졌다는 조사결과를 발표한다. 조사결과 발표에 소요된 시간은 영업일 기준으로는 단 15일에 불과했는데, 이처럼 믿기 힘들 정도로 단기간 내에 조사결과가 발표되고 난 후에는 언제나 그렇듯이 더 이상의 조사는 진행되지 않았다. 이처럼 국가정보원 등이 제대로 조사를 거쳤을 것으로 기대하기 어려운 짧은 기간의 조사를 거쳐 늘 북한의 해커집단이 정보탈취 범행의 용의자로 지목되고 있는 반면, 실제로 어떠한 방식으로 정보탈취가 시도되었고 국내의 조력자는 누가 있었으며 어떠한 유통경로로 탈취된 정보가 시중에서 거래되고 있는지에 대해서 주도면밀한 수사가 진행된 바 없었다. 언제나 그 실효성이 의심스러운 '망분리'를 제외하고는, 유사한 정보탈취 범행을 방지하기 위하여 어떤 효과적인 후속 조치가 취해졌는지도 알려진 바 없다.

이쯤 되면, 대량 정보 탈취사건이 발생하면, 국가정보원, 금융감독원이나 방송통신위원회가 언제나 과거의 정보탈취 당시의 IP나 악성코드의 소스 중 일치하는 부분이 무엇이 있는지를 찾는 방식으로 조사를 진행하는 것 아닌가 하는 의구심이 생길 수밖에 없다. 특히 중국의 IP를 빌려 쓸 정도로 허술한 인프라를 갖고 있는 북한이 데이터 백업서버에 상당한 피해를 입힐 정도로 복잡한 금융기관의 전산시스템에 대한 이해를 갖추고 있을 것으로 보기 어렵다거나, 이미 망분리를 마친 농협의 내부망에 접근하기 위해서는 내부자의 도움이 필요하다는 등의 주장에도 귀를 기울이고, 그 가능성을 검증하기 위해 면밀한 조사를 하였다고 볼만한 사정이 전혀 보이지 않기 때문이다.

사실 지금까지 모든 정보탈취 사건에 대한 조사의 목적이 가장 빠른 시간 내에 정보탈취에 대한 책임이 모두 북한에 있음을 선언하고 조기에 사건을 종결하는 것에 있었을 것이라는 의심이 진실에 가까운 것인지도 모른다. 실제로는 국제적 사기범죄조직이 정보탈취를 기획하고 해커들을 배후에서 조종해온 것이었음에도, 지금까지 수많은 정보탈취 사건에서 예외 없이 북한이 범인으로 지목됨에 따라 이후 한 번도 해커나 범죄조직에 대한 추적이 진행된 바 없고, 제대로 된 수사가 이루어진 바 없을지도 모를 일이다.

지금도 보이스피싱 범죄의 피해자들이 제2금융권으로부터 대출이 승인되지 않았다는 결과를 듣고 나서 바로 다음 날 보이스피싱 범죄조직으로부터 대출 알선 전화를 받는 경우가 적지 않다. 이는 여전히 대출심사결과에 대한 정보가 탈취되어 어디에선가 실시간으로 거래되고 있음을 의미하는 것이기도 하다. 국제적 사기범죄조직 사이에서는 지난 주에 진행된 대출심사에 대한 자료가 현행화('업데이트')되어 거래의 대상이 되고 있음에도, 사후적으로라도 정보탈취 사건이 수사가 진행되는 사례는 그리 많지 않다. 아울러 북한의 해커조직이든 국제적 사기조직이든 예전보다 해킹 시도를 더하면 더했지 덜하지는 않을 것인데, 최근 정보탈취 사례가 조기에 발각되어 추적이 진행되는 사례 또한 찾아볼 수 없다. 그래서 지금은 국가정보원 등이 정보탈취를 아예 탐지할 수 없을 정도로 고도화된 정보탈취기술을 보유한 사기범죄조직이 아무런 흔적을 남기지 않고 정보탈취 범행을 저지르는 것이 아닌가 하는 우려가 드는 것도 사실이다.

[사기범죄조직의 찬란한 미래]

국제적 사기범죄조직이 치밀한 계획을 바탕으로 국제적으로 역할을 분담하고 온라인을 적극적으로 활용하는 것이 형사처벌을 받을 확률을 현저히 낮추고 번성할 수 있는 기회를 제공한다는 점이 명백해진 후에 모든 상황은 크게 바뀌었다. 국제화된 보이스피싱 조직, 불법 스포츠토토 조직, 코인투자사기 조직 등 다양한 형태의 범죄조직이 번성하는 반면, 전통적인 형태의 조직폭력사범은 꾸준히 감소하고 있다. 조직범죄의 미래가 어디에 있는지가 분명해진 상황에서 수사기관에 쉽게 노출될 수 있는 오프라인 비지니스에 자신의 미래를 거는 조직폭력배는 더 이상 찾아보기 어렵게 되었다. 경찰이 관리하고 있는 조직폭력배 명단은 2021년 기준 5,197명에 이르지만, 새로 등재되는 사람은 거의 없고 기존 조직폭력배가 고령으로 사망하면서 관리 대상 수가 조금씩 줄고 있다. 예전에 오프라인 유흥업소를 관리하던 조직폭력배의 까마득한 후배들은 이제 폭력조직의 선배들에게 깍듯하게 인사하는 법을 잊어버린 지 오래되었다. 이들은 중국이나 캄보디아 등지에서 또래들끼리 보이스피싱, 온라인토토, 불법 온라인 도박사이트 또는 음란물 공유 관련 조직을 꾸려나가면서 얻은 막대한 범죄수익으로 고가의 아파트와 차량을 구입하면서 자신의 부를 과시하는 인플루언서와 같은 존재들이기 때문에, 더 이상 새로운 시대에 필요한 새로운 기술을 전혀 알지 못하는 고리타분한 선배들을 필요로 하지 않기 때문이다.

국제적 사기범죄조직은 더 이상 음지에서만 활동하는 것도 아니다. 범죄수익이 상당한 정도에 이르게 되면 결국 합법적인 경제영역으로 나올 수밖에 없다. 일단 조직과 자원이 갖추어진 상태라면 합법적인 경제영역이 더 많은 기회를 제공하기 때문이다. 최근에도 대규모 사기범죄조직은 그 활동범위를 꾸준히 확대하여 주식시장이나 금융시장으로 진출하면서 최근의 환경변화를 적극적으로 활용하고 있다. 이들은 옵티머스 펀드나 라임펀드 등의 사모펀드 및 제도권 금융기관을 이용하여 금융시스템의 신뢰에 영향을 미칠 수 있을 정도의 대형 사기사건을 저지르는 것도 마다하지 않는다. 그간 대형 금융사기 또는 자본시장법위반 사건은 일반적으로 금융정보를 독점하거나 최신 금융기법을 잘 알고 있는 사기범죄자들이 정상적으로 보이는 회사의 외관을 만들고 금융지식이 부족한 피해자들을 현혹하여 돈을 편취하는 범죄에 불과하였다면, 이제는 금융감독원에 등록된 정식의 금융회사를 이용하여 온 국민을 현혹하는 사기범죄로까지 발전하고 있는 것이다. 또한 그들은 무자본 M&A, 주가조작, 코스닥시장에서의 횡령 및 배임사건과 같은 전통적인 형태의 금융사기뿐만 아니라, 사기피해자의 유인과 관리가 용이한 메신저앱 등을 적극적으로 활용하는 주식리딩방과 같은 신종 금융범죄들을 끊임없이 기획하면서 날마다 새로운 사기범죄를 선보이고 있다.

최근 라임 펀드와 옵티머스 펀드에서 일어난 막대한 피해, 이에 대한 미진한 수사와 지지부진한 피해 회복은 앞으로 우리나라에서 어떠한 일들이 쉬지 않고 일어날 것인지를 알려주는 전조와 같은 것이다. 과거에는 지나치게 큰 규모의 범죄를 계획하고 실행에 옮기는 것은 계획단계에서부터 여러 어려움이 있었기 때문에 성공하기 쉽지 않다고 여겨져 왔지만, 이제는 감독기관이나 수사기관이 추적할 의지와 역량이 없다는 점이 확인되었기 때문에 금융법이나 자본시장법에 정통하고 수완이 좋다면 충분히 도전해볼 만한 상황으로 바뀐 것이다.

다단계 사기이든, 사모펀드 사기이든, 폰지사기이든 간에 시중 금융기관을 적극적으로 활용하였을 때 그 범행의 규모를 폭발적으로 키울 수 있다. 다만, 위와 같은 사기범죄는 다수의 사람들에게 신뢰할 수 있다는 외관을 보여줘야 하므로 범죄조직의 구성원이 어느 정도 노출될 수밖에 없다. 더욱이 언젠가는 모든 투자금을 반환할 수 없다는 사정이 드러나게 될 수밖에 없는데, 그 무렵 범죄수익을 모두 챙겨서 도주하는 것에 실패할 수 있다는 위험까지도 부담해야 한다. 특히 이들이 당초 계획한 것보다 빨리 'D-Day'가 오는 경우라면 적시에 범죄수익을 제대로 현금화해서 은닉하는 데 필요한 시간을 벌기 어렵다. 여기에 자본시장법 위반 범죄의 피해자들이 재빨리 피해사실을 인식하여 사기범죄조직의 구성원에 대해서 엄벌에 처해달라며 신속한 수사를 촉구하는 집단행동을 할 수도 있고, 그로 인해 수사가 신속하게 개시될 수 있는 경우도 있을 수 있다. 물론 사기범죄조직들은 사기범행 직후부터 피해자들을 유인하기 위한 피해자 모임 카페나 게시판을 만들어두고 있고, 유능한 조직원들로 하여금 피해자 모임을 주도하도록 하고 있으므로, 사기범죄조직의 통제 하에 놓이게 된 피해자 모임이 실질적으로 수사개시나 증거수집에 도움이 될 것으로 기대하기는 갈수록 어려워질 것이다.

하지만, 자본시장법 위반의 범죄를 기획하는 범죄조직의 수괴가 고려하여야 할 여러 가지 제약조건에도 불구하고, 이제 대형 금융사기로 인한 피해가 막대할수록 이에 대한 수사가 의외로 미진하고 피해 회복이 지지부진한 경우가 대부분이라는 것을 모두가 목격하게 되었다. 이 때문에 보다 쉽게 많은 돈을 끌어 모아 단기간에 천문학적 범죄수익을 만들어내고자 하는 사기범죄조직은 정상거래의 외관을 만들어 모든 사람들을 한꺼번에 유혹하는 범행을 시도하려고 할 것은 너무나 자명한 상황이 된 것이다.

이처럼 국제적 사기범죄조직은 급속도로 성장하면서 경제적, 정치적 영향력을 확대하는 것까지도 넘보고 있는 반면, 수사기관이나 감독기관에서는 국제적 사기범죄조직을 일망타진할 의지나 역량이 모두 사그라들고 있다. 1997년 알바니아에서는 피라미드 조직의 사기범행으로 전 국민의 2/3 이상이 사기피해를 당하는 충격적인 일이 발생한 바 있다. 이로 인한 혼란은 내전으로까지 발전하여 UN 평화유지군이 파견된 이후에야 종료될 수 있었는데, 모든 상황이 종료된 이후에도 피라미드 사기조직의 수괴들은 제대로 된 처벌을 받은 바 없다. 이제 우리나라에서 알바니아의 피라미드 사기사건 규모의 조직적 사기범죄가 발생한다고 하더라도, 제대로 그에 대한 수사를 진행할 수 있는 실력과 역량을 갖춘 국가기관이나 수사인력을 찾기 어렵게 되었다. 다른 한편으로, 우리나라에서 국제적 사기범죄조직에 대한 수사 등을 진행할 실력이나 역량을 갖춘 국가기관이나 수사인력이 존재하지 않는다는 점이 명백해진 바로 그 순간, 1997년 알바니아 금융사기사건과 같은 규모의 사건이 우리나라에서도 펼쳐지게 될지도 모른다.

감독기관과 수사기관, 법원이 국제적 사기범죄조직에 대응할 의지도 없고, 그 과정에서 필요한 본질적이고도 핵심적인 역량을 축적할 생각도 없는 현재의 상황이 지속된다면, 우리가 국제적 사기범죄조직에 처절하게 패배하는 것은 단지 시간문제에 불과함을 깨닫는 데에는 그리 오랜 시간이 걸리지 않을 것이다. 그리고 우리가 반드시 패배할 수밖에 없는 상황이 되었음을 모두가 자각한 바로 그 순간, 국제적 사기범죄조직의 암흑선단은 압도적인 기세로 몰려와서 어쩔 줄 모르는 우리의 수사기관을 철저히 무력화시킨 다음, 자신들의 그물을 모두 연결하여 오징어와 꽃게가 아닌 바로 우리들과 우리들의 자식들을 모두 잡아갈 것이다.

03

왜 조직적 사기범죄가 창궐하는가?

A. 사기범죄조직에 대한 그릇된 생각

B. 사기범죄 창궐의 근본 원인: 사건의 암장

C. 방안의 코끼리: 인력 및 예산의 부족

A

사기범죄조직에 대한 그릇된 생각

[모두의 착각: 공기 중으로 사라진 범죄수익]

로또에 당첨되어 일확천금의 행운을 누렸지만 이후 당첨 전보다 더 비참하게 살아가게 되었다는 로또 당첨자의 이야기를 흔히 접할 수 있다. 실제로 로또에 당첨된 후 어리석은 의사결정을 반복함에 따라 로또에 당첨되기 전보다 더 불행한 처지에 놓이게 된 사람이 없지는 않겠지만, 대부분의 로또 당첨자가 다시 어려운 생활로 돌아갔다는 이야기를 순진하게 믿을 것은 아닐지도 모른다. 왜냐하면, 로또에 당첨된 사람의 입장에서 여전히 자신에게 손 벌리는 사람들에게 완곡하게 거절의 뜻을 밝히는 방법으로 가장 효과가 좋은 것은 로또 당첨금을 모두 다 써버렸다고 공개적으로 선언하는 것이기 때문이다.

로또 당첨자가 고가의 스포츠카를 타면서 여전히 해외여행과 명품에 상당한 돈을 지출하고 있다면, 그로부터 도움을 바라는 주위의 가족들과 불미스러운 다툼이 끊이지 않고 발생할 수 있다. 그러다가 주변 사람들과의 갈등을 더 이상 참을 수 없을 때, 그는 스포츠카를 처분하고 사업에 실패해서 당첨금을 다 써버렸다거나 방탕한 생활로 더 불행하게 되었다고 선언한 다음, 예전의 생활로 돌아가는 것이 유일한 탈출구라고 생각하게 될 지도 모른다. 그래서 로또에 당첨된 사람이 잘못된 투자와 낭비로 결국 싸구려 모텔을 전전하는 신세가 되었다고 공개적으로 선언한다고 하여 그것이 반드시 로또 당첨금을 하나도 남김없이 다 탕진하였다는 것을 의미하는 것이 아닐 수도 있다. 그들 중에서 자신의 인생이 더 불행해졌다고 공개적으로 밝히는 사람이 끊임없이 나온다고 하여 실제 로또 당첨이 언제나 불행을 몰고 오는 것이라고 철썩같이 믿을 것은 아닌 것이다.

또한 모래사장을 걷다가 로마 시대의 금화가 가득 담긴 항아리를 발견하였다거나, 할아버지가 유산으로 남긴 집의 오래된 다락방을 정리하다가 고가의 명화를 발견하였다는 등의 해외토픽란의 기사도 언제나 그대로 믿을 것은 아니다. 도굴한 금화나 절취한 명화를 취득한 후 그 취득 경위나 매입자금의 출처를 밝히기 곤란하거나, 거래단계를 건너뜀으로써 양도와 관련된 세금 등을 아끼기 위해서 좋은 방안이 없을까를 고민하는 사람에게는 언제나 돌아가신 할아버지가 유산으로 남겨준 주택의 먼지가 가득한 다락방이나 다른 사람이 소유권을 주장하기 어려운 모래사장이 우연한 발견의 장소로 정말 매력적으로 보일 수도 있기 때문이다.

천문학적인 돈을 편취 또는 횡령한 범인들이 편취하거나 횡령한 돈을 모두 도박이나 유흥에 돈을 써버렸다고 하는 진술 또한 그대로 믿을 것이 못된다. 수사기관의 수사가 시작되면 카지노에 들락거리는 흔적을 만들어 두거나(일부러 고액권 수표를 들고 가서 이를 칩으로 교환한 다음, 곧바로 칩을 환전하여 현금으로 들고 나오면, 이후 수표금 전부를 모두 도박으로 날렸다고 변명할 수 있게 된다), 유흥주점에서 눈이 튀어나올 정도의 금액을 신용카드로 계산하는 방식(그리고 결제대금의 일부는 카드깡의 형식으로 반환받는다)을 활용하여 그 변명거리를 만든 것일 가능성이 높기 때문이다. 저축은행이나 신용카드 회사에서 거액의 돈을 빌렸다가 이를 사기범행의 범죄수익으로 변제하는 것도 자금의 추적을 피할 수 있는 좋은 방법이 된다는 것은 이미 모든 범죄자들에게 널리 알려져 있는 자금추적 회피수법이다. 그럼에도 불구하고 거액의 대출을 받아 코인투자에 나섰다가 실패한 후 회사의 자금을 횡령하여 위 대출금을 갚았다는 변명을 그대로 믿어주는 검사나 판사는 해당 범죄자로부터 비웃음만을 사게 될 것이다. 그들이 도박과 유흥에 편취금을 모두 다 써버렸다는 사기범죄자의 말을 곧이곧대로 믿어준 덕분에 가상자산으로 탕진한 바도 없고, 카지노나 유흥업소에서 공기 중으로 사라진 바 없었던 범죄수익은 여전히 마늘 밭에서 범죄자를 기다리고 있을 것이기 때문이다.

일반적으로 상당한 사전지식과 경험이 있어야 이해할 수 있는 복잡한 구조의 설명보다 권선징악으로 종결되는 단순한 구조의 설명이 이해하기 쉽다고 하여 그 단순한 설명이 보다 사태의 진실에 가까울 것이라는 생각은 대체로 잘못된 것일 가능성이 높다. 국제적 사기조직에 대한 대응이 부족한 이유의 가장 밑바닥에는 국제적 사기조직에 대한 커다란 오해가 자리 잡고 있다. 특히 대부분의 사람들이 사기범죄조직과 그 구성원, 그들이 벌어들이는 천문학적인 범죄수익, 그리고 그들을 상대하는 수사기관의 상황에 관하여 매우 그릇된 관념을 갖고 있다. 여기에 자신의 견해 내지 주장과 배치되는 정보는 의도적으로 외면하고, 복잡한 사회현상에 대해서 극히 제한적인 정보만으로 성급하게 결론을 내리는 성향이 강화됨에 따라, 복잡한 사회현상이나 조직화된 범죄에 대한 피상적이고 자극적인 정보를 넘어서 그 이면에 있는 실상을 제대로 이해하는 일반인이나 정치인, 정책결정권자를 찾아볼 수 없게 되었다. 문제의 본질에 대한 정확한 이해가 부족한 탓에 정치인들과 정책결정권자들은 전혀 효과를 보기 어려운 공허한 대책만 양산하고 있을 뿐만 아니라, 오히려 사기범죄조직에 대한 수사와 재판을 함에 있어 필요한 모든 수단을 제거하는 의사결정을 반복함으로써 문제상황을 현저히 악화시키고 있다.

[사기범죄조직과 그 구성원에 대한 착각]

먼저 흔히 갖고 있는 그릇된 생각으로 사기범죄조직과 그 구성원에 대한 착각을 꼽을 수 있다. 우리가 흔히 떠올리는 조직범죄단체 구성원의 모습은 머리를 짧게 깎은 건장한 체격의 사람들이다. 그들은 선배들에게는 깍듯하게 인사하지만, 다른 사람들에게는 온몸을 덮고 있는 용 문신을 보여주면서 겁을 주는 것을 서슴지 않는 불량배들로 그려진다. 그러나 과거 나이트클럽이나 유흥주점을 근거지로 삼아 생활하면서, 때때로 법원 경매, 재개발이나 철거 현장과 같이 이권 다툼이 있는 현장에 출동하여 자신의 폭력적 성향을 과시하던 조직폭력배들은 더 이상 선배들이 개척해 둔 과거에 머물러 있지 않다. 1980년대 범죄와의 전쟁 당시 유흥가를 주름잡았던 전형적인 조직폭력배들의 후배들은 조직폭력의 세계에서 빠른 속도로 사라져가고 있지만, 살아남은 다수는 국제적 사기범죄조직에 진출하여 활발하게 활동 중이다. 다만, 과거 조직폭력배들의 전유물이었던 일본 야쿠자의 이레즈미나 멕시칸 갱의 치카노와 같은 문신이 빛의 속도로 확산되고 있다는 점은 조직폭력배 후배들이 개척하고 있는 영역이 확대되고 이에 매력을 느끼는 사람들이 오히려 늘어나고 있음을 방증하고 있다.

현재 국제적 사기범죄조직의 수괴들은 유망한 스타트업 CEO에 더 가깝기에, 과거 폭력조직의 수괴와는 공통점을 찾기 어려울 수 있다. 오늘날 범죄조직의 수괴는 뛰어난 싸움 실력으로 유명한 사람이 아니라 돈 버는 재주가 탁월한 사람인 경우가 대부분이다. 이는 합법과 불법의 경계를 넘나들면서 조직원들에게 상당한 범죄수익을 남겨줄 수 있는 범죄기업을 운영할 능력이 입증되어야 다른 조직원들을 부하로 거느릴 수 있는 시대가 되었기 때문이다. 그래서 오늘날 조직범죄의 세계에서의 주인공은 시대변화의 흐름에 올라타 큰 성공을 거둔 자들로서 탁월한 기획력과 조직력, 자금력과 인맥을 동원해서 국제적 사기범죄조직을 운영하면서 각종 사기범죄를 진화시키고, 나아가 끊임없는 변화를 통하여 조직범죄의 지형을 바꾸어 내고 있는 범죄기업의 CEO들이다.

아울러 사기범죄조직에 가입하는 대부분의 조직원 또한 과거의 조직폭력배와는 적지 않은 거리가 있다. 수괴의 말에 잘 따르고 폭력을 행사하는 데 서슴지 않는 조직원들이라고 하더라도 언행이 거칠고 배움이 부족하다면 더 이상 국제적 사기범죄조직에서 성공을 보장받기 어렵다. 반드시 가정에 어려움이 있거나 반항기를 주체할 수 없어 도중에 학교를 중퇴한 사람들이 사기범죄조직에 가입하는 것도 아니고, 국제적 사기범죄조직의 조직원들이 한밤중에 유흥업소를 지키는 업무를 하고 있는 것도 아니다. 현재 사기범죄조직이 저지르는 조직적 사기나 온라인 도박개장과 같은 범죄는 물리력으로 상대방을 제압하는 폭력범죄와는 사뭇 다르기 때문에, 조직원들은 조직폭력배의 건장한 체격이나 용 문신을 유지할 이유가 더 이상 없다. 물론 사기범죄조직들은 과거 폭력조직에서 볼 수 있었던 수직적이고 권위적인 의사결정구조를 가지고 있고 여전히 폭력적이거나 강압적인 내부규율을 유지하기도 하지만, 이제는 수익률 높은 사기범죄를 목적으로 하는 범죄기업의 성격이 더 강하다. 조직원들에게는 가입기수와 나이보다는 실적이 더 중요해졌고, 조직원들은 수괴나 조직에 대한 충성도에 따라 보상을 받는 것이 아니라 사기범행을 통하여 편취한 범죄수익에 따라 보상을 받고 있다. 일례로, 보이스피싱 조직의 경우 매월 가장 많은 범죄수익을 거둔 조직원에게 해당 범행으로 인한 수익의 10%

정도의 통상적인 수당 이외에 명품 가방이나 시계 등의 특별 보너스를 지급하는데, 이는 통신판매업체의 콜센터나 보험사의 영업부서에서 볼 수 있는 수당이나 보너스 지급방식과 별 차이가 없다.

아울러 조직원이 컴퓨터 프로그램과 애플리케이션을 개발할 수 있다거나, 24시간 상담센터를 책임지면서 아무런 문제 없이 다수의 인력을 운용할 수 있다거나, 대포폰이나 대포통장 등의 공급조직을 차질 없이 관리할 수 있다거나 하는 등으로 사기범죄에 반드시 필요한 업무능력을 갖추고 있어야만 사기범죄조직의 범죄수익에 대해서 지분을 갖게 되는 파트너로 성장할 수 있다는 것도 과거와는 크게 다른 점이다. 실제로 중국이나 태국, 베트남, 필리핀 등지에서 보이스피싱 조직에서 콜센터 조직원으로 관여하였던 피고인들 중에는 남녀를 불문하고 쉽게 목돈을 벌기 위해서 범죄조직에 가담한 청년들이 적지 않은데, 그들 중 조직폭력배와 비슷한 인상을 갖고 있는 사람은 그리 많지 않다. 오히려 비슷한 또래의 사회초년생과 별다른 차이가 없는 경우가 대부분이다. 이제 이들에게서 더 이상 사회적응성이 부족한 폭력배의 흔적을 찾기는 쉽지 않다.

이처럼 오늘날 국제적 사기범죄조직이나 그 구성원들은 과거의 폭력조직이나 그 구성원과는 상당한 차이를 보이고 있음에도 불구하고, 범죄조직을 규율하는 법률이나 실무는 아직도 과거 폭력조직과 조직폭력배에 대한 인상에 머물러 있다. 원래 범죄조직이라 함은 오로지 폭력범행만을 목적으로 삼는 조직이나 단체에 한정되지 않는다. 일반적으로 범죄조직의 징표로 집단화된 폭력성을 들 수 있다고 하더라도, 테러리스트 조직을 제외한 나머지 범죄조직은 폭력범죄 그 자체를 목적으로 하지 않는다. 어디까지나 그들은 마약이나 도박, 매춘이나 사기범행을 통해서 얻는 범죄수익을 목표로 하지만, 그와 같은 목표를 이루기 위하여 폭력을 수단으로 삼는 것에 불과한 것이기 때문이다. 이와 같은 이유로 유엔이나 FBI는 조직범죄(organized crime)를 '주로 범죄수익을 얻기 위하여 불법적인 활동에 가담한 범죄자가 국제, 국내 또는 지역에서 운영하는 고도로 집중화된 기업(transnational, national, or local groupings of highly centralized enterprises run by criminals to engage in illegal activity, most commonly for profit)'이라고 정의하고 있는 것이다. 다시 말하면, 범죄조직은 일반적인 형태의 기업과 그 조직원리나 운영방식에 있어서는 별다른 차이가 없고, 다만 그 수익을 실현하는 과정이 범죄행위와 결합되어 있다는 점에 있어서만 차이가 있는 것이다. 따라서 어떤 기업이 영위하는 사업이 운송업과 소매업이라고 하더라도, 그 상품이 마약이라면 마약의 운송과 판매를 목적으로 하는 범죄조직으로 평가할 수 있다. 단순히 조직원들의 외양이 온순해 보인다거나 규율이 주로 경제적인 인센티브를 통해서 이루어지고 있고 폭력적이지 않다고 하여 그들이 범죄조직의 징표를 갖추지 못하고 있다고 쉽게 단정하는 것은 조직범죄의 본질적 요소를 간과한 탓이다.

그런데 우리나라에서 조직범죄에 대한 처벌은 (i) 공갈(형법 제350조)이나 강요(제324조 제1항) 등의 폭력범행을 목적으로 하는 단체 또는 집단을 구성하거나 가입 또는 활동한 사람에 대한 처벌규정을 두고 있는「폭력행위등 처벌에 관한 법률」이나 (ii) 사형, 무기 또는 장기 4년 이상의 징역에 해당하는 범죄를 목적으로 하는 단체 또는 집단을 조직하거나 가입 또는 활동한 사람을 처벌할 수 있도록 한 형법 제114조(범죄단체 등의 조직)에 따라 이루어져 왔다. 지금껏 폭력조직 외의 범죄조직을 위 규정으로 처벌하는 사례는 거의 없었다. 특히 형법 제114조의 범죄단체는 다양한 형태로 성립하거나 존속할 수 있고 정형을 요하지 않으므로, 범죄단체가 성립하고 존속하는 것을 판단하기 위해서는 그 구성이나 가입에 있어 반드시 단체의 명칭이나 강령이 명확하게 존재할 필요도 없고, 결성식이나 가입식이 반드시 있어야 성립되는 것은 아니라는 점에서 폭처법 상의 범죄단체와 차이가 없지만, 실무상으로는 형법 제114조가 예비, 음모, 미수를 따로 처벌하는 규정을 두고 있지 않기 때문에 기수범으로 처벌하기 위해서는 단체강령 등의 단체성의 징표가 어느 정도 갖추어질 필요가 있다고 보았다. 이 때문에 그 징표가 존재하는지를 판단하는 과정에 행동강령이나 행동수칙으로 보일 만한 내부 규율을 정해 두었는지를 중요한 요소로 평가하였고, 그 과정에서 폭력조직에서 흔히 볼 수 있었던 '조직강령'과 같은 명시적인 규율체계가 없는 단순 범죄기업이라면 이를 범죄단체로 포섭하는 것이 대단히 어색하게 느껴질 수밖에 없었다. 결국 명시적인 규율체계나 위계질서가 존재하지 않는, 어쩌면 일반 회사와 크게 다를 바 없는 사기범죄조직에 대해서는 앞서 본 범죄단체로 보지 않는 것이 실무로 자리 잡는 것은 상당히 자연스러웠다. 추상적인 차원에서는 사기범죄조직을 범죄단체라고 부르는 것에 동의할 수 있다고 하더라도, 실제 다단계 판매 사업자로 등록된 주식회사의 대표이사를 피라미드사기 범죄단체의 수괴라고 선언하는 것은 폭력범죄단체나 테러단체, 반국가단체만을 집단적 폭력성을 징표로 하는 범죄단체에 해당하는 것으로 생각해온 우리의 관념에는 그리 어울리지 않는 것이었기 때문이다.

그러나 범죄단체의 실체가 존재함에도 불구하고 구성이나 가입에 있어 반드시 폭력단체와 마찬가지로 명확한 조직강령이 존재하여야 한다고 요구하는 것은 범죄집단의 요건을 지나치게 협소하게 파악한 것이었다. 원래 범죄단체 또는 범죄집단의 정의로 돌아가 보면, 범죄의 공동 목적이 분명하고, 반복적으로 범죄를 실행할 수 있는 조직체계를 갖추고 있으며, 각자 지위에 따라 역할을 분담하고 있다면 당연히 범죄단체 또는 범죄집단으로 그 조직이나 활동을 처벌하여야 할 필요가 있다. 이에 대법원은 2017년에야 비로소 보이스피싱 사기범들에게 범죄단체조직죄를 적용한 하급심 판결의 손을 들어주었고, 그 다음부터는 사기범죄조직을 범죄단

체 또는 범죄집단으로 보아 범죄단체조직죄 등을 적용하는 사례들이 점차 늘어나게 되었다.[1]

이로써 폭력성이나 조직강령을 갖추지 못한 국제적 사기범죄조직이라도 그 조직 및 구성, 활동을 범죄단체조직죄 등으로 처벌할 수 있게 되었다. 그렇지만 단순히 한두 명으로 실행할 수 있는 수준의 범죄를 넘어서 영속적으로 수익을 창출하기 위하여 범죄실행을 위한 범죄조직을 조직하고 구성하는 행위나, 범죄조직이 사기범죄를 영업적으로 저지르는 활동에 가담하거나, 그 범죄수익을 확보하는 것 자체가 범죄를 구성한다고 보아 기소하고 처벌하는 것은 여전히 쉬운 일이 아니다. 무엇보다 과거의 조직폭력배를 전제로 하고 있는 현재의 법률이 국제적 사기범죄조직의 구성이나 활동을 조직범죄로 인식하는 것에 여전히 방해가 되고 있고, 그 결과 개별 사기범죄에 대한 수사 및 처벌과는 별도로 범죄단체조직 및 활동에 대해서 범죄단체조직죄 등으로 수사나 형사처벌이 이루어지는 것을 어렵게 만들고 있기 때문이다.

[사기범죄의 특징이나 범죄기업의 수괴에 대한 착각]

사기범행의 대부분은 폭행이나 살인과 같은 범죄와 같은 우발적인 범죄와는 달리 계획적인 범행이다. 예기치 않게 우연히 발생한 계기로 인하

---

1 우리나라는 2000. 12.경 UN의 「초국가적 조직범죄 방지협약(조약 제2258호)」에 가입한 이후 그 이행입법의 일환으로 형법 제114조를 개정하여 범죄단체에 이르지 못하는 범죄집단을 처벌할 수 있도록 규정함으로서 동 협약상 규정되어 있는 조직범죄단체의 개념을 상당 부분 도입하였다. 이에 「폭력행위등 처벌에 관한 법률」의 범죄단체와 달리 수괴·간부·조직원의 위계질서가 없더라도, 강제력이 약한 내부규율 또는 수평적·민주적 의사결정구조를 갖고 있는 경우에도 형법상의 범죄단체로 보아 구성 및 활동을 처벌할 수 있게 되었다(다만, 범죄집단 등의 개념에 대해서는 추가적인 논의가 필요하다). 자세한 내용은 김민석, "'범죄단체'의 규범적 개념 및 '범죄집단'의 해석론", 법조 2019, vol.68, no.2, 통권 734호, 법조협회 참조.

여 범죄에 이르게 된 우발적인 폭력범죄의 경우 피의자가 사전에 범행을 계획하는 경우는 그리 많지 않다. 술에 취하여 상대방의 욕설을 참지 못하고 순간적으로 주먹을 휘두른 폭행사건의 피의자가 추후 형사처벌을 받게 될 가능성이 어떠한지 또는 처벌의 수위가 높은지와 같은 사정을 두루 감안하여 범행을 계획하였을 리 없다. 심지어 CCTV 촬영 중인 파출소 안과 같이 범죄를 저질렀을 때 처벌 가능성이 매우 높은 상황에서도 이에 아랑곳하지 않고 술에 취하여 자신을 말리는 경찰관들을 폭행하는 사람이라면 미리 범행을 계획한 경우는 아예 없다고 봐도 무방할 것이다.

그러나 사기범죄를 저지르고자 하는 사람은 이와 전혀 다르다. 그는 피해자가 수사기관에 신고할 것인지, 자신이 사기죄로 처벌받을 가능성이 높은지, 그로 인한 처벌수위가 어떠할지를 꼼꼼히 따져본 후에야 사기범행의 착수를 결정한다. 음식값을 지불할 의사나 능력 없이 무작정 음식을 주문하는 무전취식과 같은 형태의 일부 사기범행을 제외한다면, 당시의 상황이나 기분에 따라 범행을 감행할 것인지가 결정되는 사기범행은 존재하지 않는다. 만약 처벌을 받게 될 가능성이 매우 높거나 사기범행으로 인한 경제적인 이득이 그로 인한 처벌을 감내할 수 있을 정도에 이르지 못한다면, 생계형 사기범이 아닌 조직적 사기범들은 거의 예외 없이 해당 범행을 포기할 것이다. 이와 같은 계획적인 범죄의 특성 때문에 사기범행이 제대로 처벌되는 경우가 많지 않거나 처벌이 중하지 않다면 사기범행의 수는 필연적으로 증가할 수밖에 없다.

따라서 사기범행의 수가 급격한 우상향의 곡선을 그리면서 폭증하고 있다면, 사기범행에 대한 형사처벌이 제대로 이루어지지 않고 있거나, 그 처벌수위가 높지 않다는 것을 반증한다고 보는 것이 합리적이다. 현재 우리나라에서 유독 조직적 사기범죄가 창궐하고 있는 것 또한 사기범죄조직에 대한 대응이 부족하고, 특히 사기범죄조직의 수괴가 형사처벌을 받을 가능성이 낮고 그로 인한 처벌의 수위 또한 높지 않다는 점을 강하게 시사한다. 수많은 보이스피싱 현금인출책에 대한 수사와 구속이 이어지고 있음에도 불구하고, 김미영 팀장 사건 등 일부 사건을 제외하고는 사기범죄조직의 수괴를 기소한 사례를 막상 찾기 어려운 것을 보더라도 수괴에 대한 처벌가능성이 그리 높지 않음을 쉽게 짐작해볼 수 있다. 특히 범죄기업으로 운영되고 있는 사기범죄조직의 실체를 온전히 파악한 사례가 날이 갈수록 줄어들고 있다는 것은 수사기관이 범죄기업의 규모와 복잡성을 따라가지 못하고 있을 뿐만 아니라, 수괴의 역량이나 영향력을 제대로 파악하지도 못하고 있음을 강하게 시사하고 있다.

이는 그동안 사기범죄조직을 범죄단체로 제대로 인식하지 못해왔던 것과 마찬가지로, 조직폭력배 두목이 아닌 사기범죄조직의 수괴의 실체 또한 제대로 인식하지 못하고 있음에 기인한 것이다. 여전히 적지 않은 사람들이 범죄단체의 수괴는 다른 조직폭력배들이 머리를 조아릴 만한 '악당(villain)'의 느낌이 있어야 한다고 생각하고 있기 때문인지도 모른다. 그래서 새로운 형태의 가상자산을 들고나온 스타트업 대표나 코스닥 상장기업을 새롭게 인수한 기업사냥꾼, 폰지 사기(Ponzi scheme)[2]를 비즈니스 모델로 삼고 있는 다단계업체 또는 높은 수익률을 자랑하는 사모펀드의 회장이 뒤로는 막대한 범죄수익을 챙기면서도, 외관상 정상적으로 보이

---

2 폰지 사기(Ponzi scheme)는 새로운 투자자로부터 받은 투자금을 기존 투자자들에게 배당하는 방식으로 진행되는 투자사기를 말한다. 1920년대에 찰스 폰지(Charles Ponzi)가 투자자들에게 국제우편쿠폰의 차익거래에 투자하면 몇 개월만에 50%의 수익금을 지급하겠다고 약속하면서 사기행각을 시작하였고, 새로운 투자자들로부터 투자금을 유치하면 이를 기존 투자자들에게 수익배당의 형식으로 지급하는 방식으로 새로운 투자자들을 늘려갔다. 찰스 폰지가 고안한 폰지 사기는 지속적으로 신규 투자금이 유입되어야 유지될 수 있는 구조인데, 어느 순간 새로운 투자금을 유치하기는커녕 기존 투자자들로부터 집단적으로 투자금 반환요청을 받게 되자 사기행각의 실체가 드러나게 되면서 폰지의 사기극은 비로소 막을 내리게 되었다. 한편, 폰지 사기는 범죄의 수괴가 직접 대부분의 범죄수익을 취하게 된다는 점에서, 사기범죄 피해자를 모집한 사람에게도 일정한 범죄수익이 돌아가는 피라미드 사기(Pyramid scheme)와는 그 구조를 다소 달리한다.

는 기업의 사무실에서 근무하면서 운전기사가 딸린 마이바흐나 벤틀리를 타고 값비싼 명품으로 세련된 취향을 자랑하고 있다면, 이들에게 범죄단체의 수괴로서의 혐의가 적용되는 경우 뭔가 어색하다고 느끼는 것이다.

그리고 대부분의 사람들은 범죄조직의 수괴가 동원할 수 있는 자금과 그들이 행사할 수 있는 정치적 영향력의 크기 또한 쉽게 간과하고 있다. 1년에 수천억 원의 범죄수익을 거두어들이는 범죄조직의 수괴라면, 이제는 자신의 꼬리를 추적해 오고 있는 한두 명의 검사와 수사관을 두려워할 이유가 전혀 없다. 이제 그는 수사기관이 인력과 자원을 총동원하더라도 막대한 범죄수익을 거두어들이는 사기범죄조직의 실체를 밝힐 수 있는 역량이나 자원을 전혀 갖추지 못하고 있음을 잘 알고 있다. 과거 자신의 흔적을 추적해오던 검사들은 이제 수사권한이 없고, 경찰의 광역수사대장이나 수사관 또한 복잡한 사기조직을 수사할 수 있을 정도의 인력과 조직을 갖추고 있지 못하며, 설령 그들이 수사를 시작한다고 하더라도 조만간 인사발령을 받고 나면 수사는 흐지부지될 것임을 모두 알고 있다. 하지만 2019년 10월 부산지검 부패범죄 전담수사부가 검찰 직접수사 축소 방침에 따라 폐지됨으로써 모든 수사에서 자유로워진 범죄조직의 수괴가 있다면, 그는 매년 수천억 원을 범죄수익으로 거두어들이고 있는 자신을 아무도 쫓고 있지 않음에 무척 의아해 하고 있을지 모를 일이다.

[수사의 용이성에 대한 착각]

흔히들 검찰이나 경찰이 막상 국제적 사기범죄조직을 잡으려고 마음 먹기만 한다면, 충분히 그들의 조직이나 구성, 범행에 대한 정보를 쉽게 확보할 수 있을 것이라고 생각한다. 왜냐하면 체코 공화국(Czech Republic)과 같이 "진실은 승리한다(Pravda vitezi)"라는 구호를 내세우는 국가가 있는가 하면, 셰익스피어의 「베니스의 상인」에서 랜슬럿이 한 "결국에는 진실이 밝혀지기 마련이다(At the length truth will out)"라는 대사가 이후 권선징악을 주제로 하는 다양한 영화와 소설에서 반복되면서, 대부분의 사람들이 진실은 언젠가 밝혀진다는 뿌리 깊은 믿음을 갖게 되었기 때문이다.

그러나 범죄와 관련된 진실이 아무런 노력 없이 저절로 드러나는 법은 결코 없다. 더욱이 조직적 사기범행에 관한 진실이 자연스럽게 밝혀진 경우는 역사상 한 번도 없었다고 단언할 수 있다. 언젠가는 정의가 실현될 것이라는 희망 가득한 믿음은 어디까지나 중대한 범죄피해를 겪고 다시금 삶의 의미를 찾고자 하는 사람에게 용기를 주기 위하여 창안된 것이지, 실제 범죄적 진실의 발견과정을 제대로 설명하는 것과는 상당한 거리가 있다.

아무것도 하지 않고 기다린다고 해서 결코 범죄로 은폐된 진실이 스스로 드러나는 법은 없다. 범죄조직이 은폐한 진실이 결코 한 눈으로 파악할 수 있을 정도로 단순하지도 않다면 더욱 그러하다. 오히려 "진실을 드러내기 위하여 고통을 감수하는 곳에서만 결국 진실이 승리할 뿐이다(Truth will ultimately prevail where pains is taken to bring it to light)"라는 조지 워싱턴의 말이나 "진실은 대개 순수한 법이 없고, 결코 단순하지도 않다(The truth is rarely pure and never simple)"는 오스카 와일드의 말이 수사기관이나 법원이 발견해내야 하는 실체적 진실발견의 실상과 훨씬 가깝다.

특히 누군가가 감추려고 부단히 노력하였던 진실이라면 결코 그것이 스스로 드러나는 법은 없다. 나치가 600만 명이 넘는 유대인들을 가스실에 몰아넣고 학살하는 과정에 정말로 많은 수의 인원이 직·간접적으로 관여하였음에도 그 사건의 실체는 결코 스스로 밝혀진 것이 아니었다. 소비에트의 붉은 군대가 1944년 7월 폴란드의 마이다네크 강제수용소(Majdanek Extermination Camp)에 도착하여 대량학살의 증거들을 확인하고, 언론기자들을 초대하여 그곳에서 일어났던 공포의 순간들을 공개한 후에야 역사적으로 가장 잔혹한 인종학살의 실체가 만천하에 드러나게 되었다. 물론 소비에트가 처음 나치의 인종학살을 보고했을 때 그 정보를 접하고 이를 그대로 믿은 사람은 극소수에 불과했다. 소비에트가 발견한 마이다네크는 어디까지나 인종학살의 존재를 인식하는 계기에 불과하였고, 이후 학살의 중심이었던 아우슈비츠(Auschwitz)를 비롯한 여러 집단수용소에서 확보한 생존자, 유골과 유품, 나치 내부자들의 진술이나 나치 친위대(Schutzstaffel)가 남기고 간 문서 등의 자료들을 종합한 후에야 비로소 나치가 자행한 인종학살의 전말을 확인할 수 있었다.

이처럼 범죄조직이 숨기려고 했던 거대한 진실은 한 눈에 그 전말을 파악할 수 있을 정도로 순수한 법이 없고 결코 단순하지도 않다. 복잡한 범죄기업의 전말을 파악하여 관련자들에 대한 수사를 진행하는 것은, 누군가 톨킨의 소설 「반지의 제왕」 3부작을 낱장으로 분리하고 쪽번호를 삭제한 후 1/5 정도의 페이지만을 무작위로 섞어서 모래사장에 흩뿌려 둔 것을 토대로 원래 소설의 줄거리를 추측하는 것에 비견할 수 있다. 빠른 시간 내에 해변에서 찾은 종이 뭉치를 정리하기 위해서는 전체적인 줄거리와 등장인물을 미리 알고 있어야 하는데, 그 내용을 제대로 알고 있지 못하기에 당연히 많은 시간을 들이더라도 해변에서 확보한 낱장만으로는 소설의 줄거리에 제대로 접근하기 어려울 수밖에 없는 것이다.

수사기관의 노력과 고통 없이 저절로 드러나는 범죄적 진실은 존재하지 않는다. 만약 누군가가 조직적 사기범죄를 통하여 상당한 범죄수익을 거두고 그에 관한 진실을 적극적으로 감추기 위하여 최선의 노력을 다한 경우라면, 수사기관은 숨겨진 진실을 밝히기 위해 부단히 노력하여야 하고, 운이 좋은 경우라야 비로소 진실의 일부만을 밝힐 수 있는 것이다. 여기서 더 나아가 재판과정에서 유죄를 받아내는 것은 전혀 다른 이야기이다. 앞서 본 바와 같이, 기획 단계에서부터 허점이 있는 범죄조직은 수사기관의 추적을 받게 되면 쉽게 와해될 수밖에 없는 반면, 제대로 된 조직과 구성을 갖춘 범죄조직은 수사기관의 추적을 쉽게 따돌릴 수 있는 효과적인 수단을 모두 구비해 두고 있다. 성공적인 사기범죄조직의 수괴로서 초기 기획단계에서부터 수사기관의 추적을 성공적으로 따돌릴 수 있도록 국제화, 온라인화 및 점조직화의 교리에 충실한 조직을 구성하고, 이후에도 수사의 최신 동향을 확인하여 조직구성과 범행방식을 점검하면서 지속적으로 자신의 허점을 보완해왔기 때문이다. 예를 들면, 보이스피싱 사기범죄조직은 외국에서 보이스피싱 콜센터를 운영함으로써 수사기관으로부터 압수수색을 받을 위험을 원천적으로 차단해왔다. 또한 보이스피싱 사기범행에서의 현금전달책과 같이 수사기관의 추적에 노출될 수밖에 없는 부분이 있다면, 사기범죄조직은 외부에서 현금전달책을 모집한 후 그들에게 추적이 불가능한 텔레그램 메신저로 업무지시를 전달함으로써 현금전달책이 체포되더라도 범죄조직을 추적할 수 없도록 하는 방식으로 진화하였다. 따라서 범죄조직의 구성 및 조직 등에 관한 정보를 효과적으로 은폐하는 방식으로 진화를 거듭한 사기범죄조직을 수사하는 과정에서 수사기관이 별다른 노력을 기울이지 않고 사기범죄조직이 은폐한 조직 및 구성 등에 대한 정보를 확보할 수 있는 경우는 전혀 없다고 보아도 사실과 다르지 않다.

국제적 사기범죄조직에 대한 수사와 재판에서 진실을 드러내기 위한 고통을 감수하는 자가 없다면, 범죄조직과 관련된 진실은 결코 모습을 드러내지 않는다. 그럼에도 불구하고 별다른 노력과 수고 없이 진실이 스스로 드러나기 마련이라는 일반의 인식은 범죄적 진실이 발견되는 과정에 마땅히 투입되어야 하는 현실적인 노력과 자원의 양을 현저히 축소하는 결과를 낳고 있다. 특히 복잡사건의 수사나 재판에 필요한 인력과 자원을 최소한의 수준 이하로 유지하면서도, 이에 대하여 아무런 문제의식을 갖지 못하고 있는 무지와 오해가 오히려 사기범죄조직이 진실을 은폐하는 것을 용이하게 하는 주요 원인이 되고 있는 것이다.

그런데 국제적 사기범죄가 추적을 회피하기 위하여 복잡하게 진화해 왔음을 이해하지 못하는 사람일수록, 국제적 사기범죄조직이 활개를 치는 것은 어디까지나 수사기관의 의지가 부족한 탓이라고 생각하는 경우가 많다. 그러나 수사기관이 제대로 마음을 먹으면 조직적 사기범죄의 단서를 확보해서 거대한 사기범죄조직의 진상을 밝힐 수 있고, 오래지 않아 사기범죄조직 전부를 소탕할 수 있을 것이라는 착각을 하는 것은 어디까지나 2시간의 러닝타임 동안 주인공이 범죄조직을 소탕하는 데 항상 성공하는 영화를 지나치게 많이 본 탓이다. 사기범죄조직이 범행을 철저히 분업화하여 점조직들로 하여금 범행의 일부를 담당하도록 한 것은, 수괴를 제외하고는 범죄계획을 전체적으로 알고 있거나 자금흐름을 종합적으로 파악할 수 있는 지위에 있는 공범이 없도록 하기 위함이다. 100여 명으로 이루어진 보이스피싱 사기범죄조직의 중간 관리자라고 하더라도, 범행에 사용되는 대출관련 데이터베이스, 대포폰, 대포통장 등을 어디서 입수하거나 조달한 것인지, 국외나 국내에서 운영되는 점조직들이 어떻게 구성되어 있고 어디에 위치하고 있는지, 무엇보다 범죄조직의 실질적인 수괴와 쩐주가 누구인지에 대한 정보 전부를 온전히 파악할 수 없다. 이제 수괴는 자신만큼 전체 범죄수익의 규모나 흐름을 소상히 알고 있는 공범을 만들어두지 않는다. 수사기관이 협조적인 중간 관리자들의 협력과 도움을 확보한다고 하더라도, 그 수괴가 스스로 협조하거나 수괴가 상세히 작성한 장부를 확보하지 않는 이상 사기범죄조직의 범행 전반을 파악할 수 없도록 진화를 마쳤기 때문이다.

두꺼운 소설책에서 떨어져나와 모래사장에 흩뿌려진 낱장 일부를 어럽게 모은 다음 이를 정리해서 그 줄거리를 추측해 보려고 하고 있음에도, 가장 핵심적인 내용을 담고 있을 것으로 생각되는 페이지를 도저히 찾을 수 없어 대략적인 줄거리조차 복원하기 어려운 상황은 수사기관이 진행하고 있는 모든 복잡사건에서 정말 똑같이 반복되고 있다. 이러한 상황에서 문제해결을 위해서는 가장 중요한 정보를 담고 있는 문제해결의 실마리가 바로 자신의 발 앞에서 발견되는 행운을 기대해서는 안된다는 점을 인식하여야 한다. 다시 말해서, 모든 자원을 총동원하여 가장 핵심적인 내용을 담고 있는 페이지를 찾을 때까지 모래사장에 흩어져 있는 모든 낱장들을 '최대한 신속하게 그리고 빠짐없이' 수거해서 정리하는 경우에만 비로소 줄거리를 확인할 수 있는 기회를 가질 수 있다는 것이다. 시간이 지날수록 바람에 날려가서 영영 확보할 수 없는 낱장들이 늘어나기 때문이다. 국제적 사기범죄조직이 조직구성과 범행방법의 복잡성을 극대화해 둠으로써 수사기관으로 하여금 범행의 규모나 내용을 온전히 확인하는 것을 불가능하게 하여 둔 상황에서, 범죄조직의 전말을 파악하기 위해서는 압도적인 양의 자원과 노력을 투입하여 그들이 감추어 둔 단서들을 신속히 찾아내어 복잡한 사실관계 이면에 놓여있는 범죄의 진상에 접근하는 것 외에는 다른 방법이 없다.

여기서 아무런 고통을 감수할 생각 없이 한가롭게 수사기관의 의지를 탓하면서 진실이 스스로 드러나기를 기다리는 게으른 자들에게 결코 "진실은 승리한다"는 경구가 실현될 리가 없다. 국제적 사기범죄조직이 진화를 거듭하여 더 이상 추적이 불가능한 곳에서 범행을 저지르고 있음에도, 사기범죄조직을 전담하는 수사 조직과 인력을 축소시키고 그 역량을 산일시키고 있다면, 당연히 "진실을 드러내기 위하여 고통을 감수할 생각이 없는 자에게는 결코 그 진실이 밝혀지지 않기 마련이다"라는 경구가 적용될 것이기 때문이다.

[형사재판의 용이성에 대한 착각]

영화 「어퓨굿맨(A Few Good Men)」에서 네이선 제섭 대령(잭 니콜슨 분)이 대니얼 캐피 법무관(톰 크루즈 분)의 질문에 "너는 진실을 감당하지 못해! 그래 맞다, 내가 했다(You can't handle the truth! You're goddamn right. I did!)"라며 법정에서 자신의 범행을 자백하는 드라마틱한 장면이 있다. 이를 보고 재판과정에서도 진실이 드러나는 것이 그리 어렵지 않을 것으로 착각하는 경우가 적지 않은데, 이 또한 어디까지나 2시간의 러닝타임 동안 극적으로 형사재판을 마무리하기 위한 허구적 설정에 불과한 것이라는 점을 미처 깨닫지 못한 탓이다.

실제 형사재판에서 주범이 자신의 죄상에 대해서 소상히 자백하는 경우가 아닌 이상, 재판과정에서 구체적인 범행의 실체가 빠짐없이 드러나는 경우는 결코 흔하지 않다. 특히 복잡한 사기범죄조직의 범행에 관한 것이라면, 수사기관이 범죄의 전말을 제대로 확인할 수 있을 정도로 충분한 증거를 수집한 경우가 많지 않고, 그나마 일부 공범이 기소되었을 때에도 수사가 완결되지 않은 경우도 많다. 물론 조직적 사기범죄는 공범 중 일부가 체포되지 않고 도주 중인 경우가 대부분이어서 모든 수사가 완결되는 경우를 상정하기도 어렵다.

그런데 국회가 형사소송에 있어서 당사자 사이의 밸런스를 고려하지 않고 대륙법계와 영미법계의 여러 제도들을 도입하여 왔고, 최근 형사소송법 개정 등으로 결국 형사재판에서 검사와 피고인(및 변호인) 사이의 밸런스가 붕괴되어 버린 탓에 형사재판절차가 효율적으로 운영되는 것이 불가능한 상황이 되어버렸다. 이에 법원이 실체적 진실이 무엇인지를 확인하는 과정 또한 불합리하고 비효율적으로 변함에 따라 「어퓨굿맨」에서처럼 피고인이 순순히 자신의 범행을 자백하는 경우가 아니라면 필연적으로 재판절차가 지연되고, 지연된 재판절차를 통해서 밝히는 실체적 진실 또한 매우 초라한 경우가 점차 늘어가고 있다.

성공한 사기범죄조직의 수괴라면 수사 및 형사재판과정에서 유능하고도 적극적인 변호사들을 무제한으로 선임할 수 있는 여력이 있고, 그 변호사들은 피고인의 방어권 보장을 위하여 도입된 장치들을 적극 활용하여 수사 과정의 허점이나 공소장의 오류, 증거채택이나 재판과정의 문제점을 빠짐없이 주장할 수 있다. 더욱이 형사소송법에 실체적 진실발견이나 피고인의 방어권 보장과는 무관한 소송법적 장치나 절차들을 도입해 둔 결과 피고인에게 필요 이상의 재판 진행의 주도권이 부여되어 있으므로, 피고인과 변호인으로서는 이를 충분히 활용하여 법원의 절차진행이나 실체적 진실발견에 영향을 미치려고 한다. 그 결과 법원은 피고인과 변호인 측의 절차 지연 목적의 증거 의견이나 각종 신청에 무기력하게 끌려다니는 상황이 되었다.

실제 피고인이 격렬하게 다투는 대형 형사사건에서 여러 공판기일을 거치면서 지리한 공방을 계속하다가 별다른 실익없는 증인들만 잔뜩 불러놓고 100시간 넘게 증인신문을 진행하고도 갈피를 잡지 못하는 사건이 적지 않다. 예를 들면, 피고인이 대형 전세사기범행을 기획하고 하수인들으로 하여금 기망 행위를 하도록 하였다는 공소사실로 기소된 사기사건에서, 피고인 측이 피해자들의 진술조서를 부동의함에 따라 법원이 부득이 검찰의 증인신청을 받아들여 피해자 120여 명을 증인으로 소환한 사건이 있었다. 범죄피해로 인한 고통을 눈물로 호소하는 여대생이나 범죄피해를 당하여 휴학하고 입대하였다가 군대에 휴가를 내고 나온 이등병은 법원이 자신의 딱한 처지를 들어줄 것을 기대하고 증인으로 출석한 것이었지만, 그들이 변호인으로부터 들은 질문은 "검찰이 수괴라고 주장하는 피고인을 직접 만난 적이 있느냐? 검찰에서는 피고인이 증인을 기망했다고 하는데 아무런 근거가 없는 것 아니냐? 실제로는 하수인만 만나본 것이지, 여기 있는 피고인이 누구인지는 전혀 알지 못하지 않느냐?"와 같이 누가 봐도 별 의미가 없는 것으로 보이는 추궁뿐이었다. 법원이 여러 공판기일에 걸쳐 무려 120여 명의 피해자를 소환하였음에도 범죄의 실체에 접근하기는커녕 무의미한 질문과 답변 사이에서 헤매는 이와 같은 일들은 지금 전국의 형사법정에서 넘쳐나고 있다.

이에 대하여 법원은 대외적 상황변화에 적응하면서도 실체적 진실을 효과적으로 발견할 수 있는 형사재판 실무를 발전시킨 바가 전혀 없다. 당연히 법원이 형사재판과정에서 국제적 사기범죄조직의 복잡한 범행의 전말을 효과적으로 드러낸 경우 또한 찾아보기 어렵다. 수사기관이 국제적 사기범죄조직의 수괴의 신병을 확보한 후 전방위적 수사를 진행해본 경험이 그리 많지 않기 때문에, 법원 또한 형사재판을 통하여 수괴의 복잡한 범행에 상응한 형사재판을 진행하는 데 충분한 경험과 역량을 전혀 축적해두지 못한 탓이다. 최근 국제적 사기범죄조직의 범행이 폭증하고 있음에도 수괴의 신병을 확보하는데 어려움을 겪고 있는 경찰이나 검찰이 그래도 수사를 하고 있다는 것을 보여주기 위해서 말단에서 현금전달 등을 담당한 단순 가담자들에 대한 수사를 진행하여 구속 기소하면, 법원 또한 수괴에 대한 합당한 처벌을 하지 못하는 불편한 진실이 부각되지 않도록 언제나 단순가담자들에게 중형을 선고하는 것으로 자신들의 존재의의를 과시하고 있을 뿐이다.

문제는 법원 스스로 현재의 형사소송 실무가 복잡한 사기범죄조직에 대한 재판을 하기에 전혀 부족하지 않다는 그릇된 생각에 빠져 있다는 것이다. 법원은 피해자 한 명과 피고인 한 명임을 전제로 마련된 일반적인 형사재판절차를 그대로 복잡사건에 적용하고 있고, 다수의 공범이 등장하는 복잡사건을 효율적으로 처리할 수 있는 재판실무나 운용방안을 전혀 마련해둔 바 없다. 이로 인한 문제가 적지 아니함에도 법원 스스로 실무를 개선하려는 노력을 전혀 하지 않고 있다.

특히 피해자가 수만 명을 넘어 수십만 명에 이르는 대형 경제범죄사건에 있어서 피고인의 자본적 또는 경제활동의 의존성 등을 사기범죄의 습벽의 내용으로 볼 수 있는 경우라고 하더라도, 법원은 범죄조직 구성원의 상습성을 인정하는 것에 소극적인 반면, 지나치게 범죄일람표에 집착한다. 다수의 사기범행을 상습사기의 포괄일죄가 아닌 경합범으로 보는 경우, 범죄일람표상 모든 범죄가 각각 하나의 죄를 구성하기 때문에 각각의 항목별로 유죄 인정에 충분한 증거가 필요하다. 그래서 국제적 사기범죄조직 사건에서 범죄일람표에 기재된 범죄가 수만 건에 이르더라도 각 항목별로 증거가 존재하는지를 꼼꼼히 따지고, 피고인 측에서 수천 명의 피해자의 진술을 부동의하면 반드시 모든 피해자를 법정에 소환하여 증인으로 진술하도록 하는 일이 반복되는 것이다. 특히 피고인 측에서 부동의하는 참고인 진술의 숫자가 많을수록 해당 참고인들의 진술이 피고인이 다투는 사안의 쟁점과 관련이 없을 가능성이 매우 높다는 점은 재판에 관여하는 모두가 알고 있지만, 경합범의 범죄일람표상 모든 항목에 대한 증거를 따져보는 실무가 적용되는 한 피고인이 다투는 경우에 법원은 이를 피할 도리가 없기 때문이다. 이처럼 피고인의 뜻에 따라 모든 피해자가 법정에 불려 나와 증인으로 진술해야 하는 경우에, 법원은 법정에 출석하지 못하는 피해자에 대해서 과태료를 부과하고, 피해자가 출석하지 않은 부분의 사기범행에 대해서는 무죄를 선고하기도 한다.

한편, 대법원은 '처음부터 장기간에 걸쳐 불특정 다수로부터 회원가입비 명목의 금원을 편취할 목적으로 상당한 자금을 투자하여 성인사이트를 개설하고 직원까지 고용하여 사기행위를 영업으로 한 경우에는 그 행위의 반복성이 영업이라는 면에서 행위 그 자체의 속성에서 나아가 행위자의 속성으로서 상습성을 내포하는 성질을 갖게 되고, 또한 이미 투자한 자금에 얽매여 그러한 사기행위를 쉽게 그만둘 수 없다는 자본적 또는 경제활동상의 의존성도 습벽의 내용이 될 수 있으므로 상습성을 인정할 수 있다'고 판시한 바 있다(대법원 2006. 9. 8. 선고 2006도2860 판결). 또한 상습사기와 같은 포괄일죄의 경우 공소사실의 특정과 관련하여 그 일죄의 일부를 구성하는 개개의 행위에 대하여 구체적으로 특정되지 아니하더라도 그 전체 범행의 시기와 종기, 범행 방법, 범행 횟수 또는 피해액의 합계 및 피해자나 상대방을 명시하면 이로써 그 범죄사실은 특정된다고 볼 수 있다. 그런데 막상 형사재판을 담당하는 재판부는 수괴를 변호하는 변호사들의 적극적인 주장과 끈질긴 신청에 버티지 못하고, 결국 범죄일람표 1번 범행부터 10,000번 범행까지의 모든 범죄에 대해서 하나하나 충분한 증거가 법정에 현출되었는지를 따지고, 피고인이 부동의한 증인을 소환하느라 정작 해당 범죄조직의 구성 및 운영 등에 관한 실체적 진실이 무엇인지를 살필 여유가 없는 경우가 대부분이다.[3] 물론 법원이 이러한 경우 상습사기를 인정하는 것을 꺼리는 데에는 피고인에게 포괄일죄인 상습사기죄를 인정하게 되면 이후 추가적인 사기범행이 발각되었을 때 일사부재리 원칙(모든 국민은 동일한 범죄에 대하여 거듭 처벌받지 아니한다)에 따라 처벌이 불가능하다는 점에서 그 이유를 찾을 수 있다. 따라서 조직적 사기범행에 대해서 상습성을 인정한다면 유죄를 인정할 경우 위와 같은 사정까지

---

3 한편, 미국의 생명과학기업 테라노스(Theranos)의 투자사기와 관련하여 미국 캘리포니아북부 연방지방법원에서 진행되었던 엘리자베스 홈즈(Elizabeth Holmes) 등에 대한 사기공모 사건 등의 공소장을 살펴보면 투자금의 이체금액을 개괄적으로 표시하고 있을 뿐, 우리 같으면 당연히 있어야 할 수천 페이지의 범죄일람표는 첨부되어 있지 않다(https://www.justice.gov/usao-ndca/page/file/1135066/download). 또한 미국 뉴욕남부 연방지방법원에서 진행되었던 마약왕 엘 차포에 대한 공소장에서도 엘 차포의 범행을 구성하는 각각의 행위에 대한 범죄일람표가 첨부되어 있지 않고, 시기별로 운송한 코카인 중량의 추정치를 기재한 표만 삽입되어 있을 뿐이다(https://documents.latimes.com/indictment-joaquin-el-chapo-guzman/).

빨대사회

도 고려하여 형량을 대폭 상향할 필요가 있다. 법원이 사기범행의 상습성을 인정하고도 선고하는 형량을 그대로 유지한다면, 이는 오히려 범죄조직의 수괴에 현저히 유리한 결과가 될 것이기 때문이다(즉, 범죄조직의 수괴는 사기범죄의 극히 일부에 대해서만 혐의를 인정하고 유죄를 선고받음으로써 이후의 나머지 범행에 대한 수사나 재판을 받을 여지를 차단할 수 있다).

여기에 재판장이 공소장 일본주의에 따라 공판기일 전에 형사기록을 전혀 보지 않고 재판에 임하고, 변호인에게 절차진행의 주도권을 주고 검사와 변호인의 의견만을 들은 상태에서 증인의 진술 내용 등을 지레짐작한 채 재판절차를 진행하는 깜깜이 실무 또한 국제적 사기범죄조직 사건에서 법원이 예외 없이 변호인에게 휘둘리면서 비본질적인 부분에 집중하는 지리멸렬한 재판진행을 하는 데 큰 몫을 하고 있다. '진실발견은 판사의 책임'으로 보는 직권주의를 택한 독일의 경우에는 재판장은 당연히 증거기록을 보고 재판에 임하고(단, 참심원은 제외), '입증은 당사자의 책임'으로 보는 당사자주의를 택한 미국의 경우에도 재판장은 재판의 효율적인 진행을 위하여 당연히 증인의 진술이 담긴 진술서를 확인하고 재판에 임하는 반면, 직권주의와 당사자주의의 하이브리드를 지향하는 우리의 경우에는 피고인이 내용을 인정하지 아니한 진술증거를 아예 보지 않으려 함으로써 효율적으로 형사재판을 진행하는 것을 처음부터 포기하고 있는 것이다(아울러 법원이 증거를 보지 않으려 하는 경향은 이후 피고인이 다투는 증거에 대한 증거능력판단에서도 똑같이 나타난다). 그래서 조금이라도 사건이 복잡해지면 갈 길을 잃고 정처 없이 흘러가는 모습을 보이는 우리의 형사재판은 특히 복잡한 사기범죄조직에 대한 재판으로는 처음부터 부적합한 것이었지만, 다른 한편으로 조직적 사기범죄의 피고인에게는 다른 나라에서는 찾아볼 수 없는 기회를 제공하고 있는 것이다.

또한 법원은 수사기관에게 허여된 단기의 구속기간이 복잡한 사기범죄에 대한 증거를 충분히 수집하기에는 부족하다는 점에도 눈을 감고 있다. 범죄조직의 수괴인 피의자에 대한 단기의 구속기간 동안 수집할 수 있는 증거가 제한적일 수밖에 없기 때문에 해당 피고인에 대한 형사재판에서 제출되는 증거 또한 충분치 못한 경우가 대부분이다. 그럼에도 불구하고, 수사기관이 기소 이후 추가적으로 증거를 발견하였거나 이후 공범을 체포하여 다른 진술증거를 확보하는 등의 사정이 있더라도, 법원은 추가적으로 확보된 증거를 가급적 채택하지 않으려고 하는 실무를 유지하고 있다. 이는 극히 제한된 증거를 바탕으로 재판한 결과가 오히려 더 진실에 부합할 것이고, 여죄를 추궁당하는 과정에서 허위로 자백하는 것을 방지함으로써 피고인의 이익에도 부합할 것이라는 너무나도 어색한 논리에서 비롯된 것이다. 하지만 법원의 이와 같은 실무는 오랜 기간 동안 지속적으로 진행되는 사기범죄조직에 대한 연속적인 수사를 통하여 확보한 증거 중 상당 부분을 형사재판의 자료로 활용하지 않겠다는 것에 다름 없는 것이어서 복잡한 사기범죄의 전말을 밝힐 수 있는 증거가 추가적으로 형사재판과정에 현출되는 것을 막고 있다. 물론 이와 같은 실무가 피고인의 이익에 부합할 것이라는 법원의 세심한 고려는 피고인의 주장과는 전혀 다른 실체적 진실이 존재한다는 점을 뒷받침하는 추가 증거의 제출을 모두 차단함으로써 수괴인 피고인에 대한 무죄선고의 가능성을 높이고 있으므로, 당초 의도한 바와는 다른 방식으로 피고인을 위한다는 목적을 이루고 있는 셈이다. 아울러 복잡사건에 대한 형사재판이 현저히 지체되고 있는 상황에서도, 법원은 관련 공범인 증인에 대한 검사의 사전면담(Witness Proofing)에 대해서도 매우 부정적인 태도를 견지하고 있다. 이 때문에 형사재판의 지연으로 사건발생 후 2~3년 뒤에 증인으로 소환된 공범으로부터 '오래 전 일이어서 기억나지 않는다, 수사기관에서 사실대로 말했으니 그것을 참고하시라'는 증언을 청취한 재판부는 부실한 증언을 유죄인

정의 증거로 삼을 수 있을지에 대해서 고민에 빠질 수밖에 없게 되었다.

이처럼 법원의 복잡한 사기범죄조직의 수괴와 조직원에 대한 재판과정에서 일반 사건과 똑같은 재판실무를 유지하는 것은 여전히 형사재판 과정에서 조직적 사기범죄의 실체를 밝히기 위해서 무엇이 필요한지를 전혀 파악하지 못하고 있기 때문이다. 그래서 복잡한 조직적 사기범죄가 창궐을 하고 있는 상황에도 아랑곳 하지 않은 채, 법원은 조직적 사기범죄에 대한 형사재판이 통제불능의 상태로 발전한 지금의 상황을 어떻게 개선해나갈 것인지에 대해서 어찌할 바를 모르고 있다. 마치 법정에 불려나온 사기범죄조직의 수괴가 "너는 진실을 감당하지 못해! 그래 맞다. 내가 했다."라고 자백할 것을 순진하게 바라고 있는 영화관람객처럼 말이다.

[범죄수익 환수의 용이성에 대한 착각]

사기범죄조직은 최대한의 범죄수익을 확보하는 것을 목표로 삼고 있고, 사기범죄조직의 수괴가 사기범죄조직을 구성하여 운영하는 것 또한 수사기관의 추적을 피하여 안전하게 최대한의 범죄수익을 확보하기 위한 것이다. 만약 그가 범죄수익을 극대화할 수 없다면, 굳이 운영에 적지 않은 노력과 비용이 들어가고 번잡스럽게 다수의 사람들이 관여하는 사기범죄조직을 유지할 이유가 없다. 사기범죄는 원래 계획적인 특성이 있고 조직적 사기범죄는 더 치밀하고 계획적이라는 점에 생각이 미친다면, 거추장스러운 사기범죄조직을 운영하면서 사기범죄를 저지르는 가장 핵심적인 이유가 범죄조직을 이용한 사기범죄가 더 큰 범죄수익을 올릴 수 있을 뿐만 아니라 범죄수익을 안전한 어딘가로 빼돌리는 것에도 상당한 강점이 있기 때문이라고 짐작해볼 수 있다.

따라서 조직적 사기범죄의 수사에서는 범죄수익의 추적과 환수가 가장 중요한 출발점이자 종착점이 될 수밖에 없다. 사기범죄조직의 수괴가 누구인지를 확인하는 가장 확실한 방법은 범죄수익의 대부분이 누구에게 흘러가는지를 보는 것이다. 아울러 범죄수익의 흐름에 대한 정보는 범죄단체의 활동이나 조직 등을 밝히는 데 있어서도 매우 중요한 단서가 될 수 있다.

범죄수익의 흐름을 확인하기 위해서는 가장 먼저 범죄수익이 모이는 저수지 계좌의 실체를 파악해야 한다. 하지만, 수사기관이 거대 범죄조직의 수괴와 조직원들을 일망타진하고, 이들을 성공적으로 구속기소하여 모두에게 합당한 유죄판결을 받아낸 경우라고 하더라도, 범죄수익이 최종적으로 도달한 저수지 계좌의 존재를 확인하여 성공적으로 범죄수익을 추적 및 환수한 사례는 그리 많지 않다. 사기범죄조직의 수괴들은 어떠한 경우에도 범죄수익의 액수나 흐름, 세탁방식을 철저히 숨기고, 범죄수익이 최종적으로 흘러간 목적지에 관해서는 철저하게 비밀에 부친다. 만약 수사기관의 조사가 시작되었다는 낌새가 있으면 저수지 계좌에서 돈을 빼내서 카지노에 출입기록을 만들어두거나, 유흥주점에서 눈이 튀어나올 정도의 금액을 신용카드로 계산하는 등 다양한 방법을 활용하여 범죄수익을 모두 써버렸다는 주장을 뒷받침하는 흔적들을 만들고, 실제 범죄수익은 몰래 마늘 밭에 숨겨둠으로써 수사기관의 추적을 피한다. 수사기관이 마늘 밭 어디쯤에 범죄수익이 숨겨져 있을 것이라고 짐작할 수는 있다고 하더라도, 그 정확한 위치를 모르는 이상 범죄수익을 추적하여 피해자들의 피해를 회복시켜 주는 것은 불가능에 가깝기 때문이다.

보이스피싱이나 불법 스포츠토토 등을 통해서 1년에 20조가 넘는 범죄수익이 누군가의 코인 지갑이나 마늘 밭에 따박따박 쌓이다가, 이후 일정한 기간이 지나면 수사기관의 추적을 피하는 세탁과정을 거치게 된다. 지금까지는 해외로 외화를 반출하는 것이 그리 쉽지 않았고, 해외에서 외화를 운용할 때 자금관리책이 도망가는 것과 같은 위험이 적지 않았기 때문에 결국 범죄수익의 상당 부분은 국내에 남아 있기 마련이었다.[4] 이처럼 남아 있는 범죄수익은 결국 자금세탁을 거쳐 국내 자산시장으로 흘러들어가게 된다. 범죄수익은 비트코인과 같은 가상화폐를 거쳐 부동산이나 주식과 같은 자산으로 바뀌었다가 다시 현금화되고, 이후 사기범죄조직의 수괴가 운영하는 법인에 차명 투자금으로 입금되는 등의 방식으로 몇 차례 손 바뀜을 거치고 나면 아무도 그 자산의 원천이 범죄수익임을 알아차리지 못하게 된다. 아무리 능력 있는 검사나 수사관이 보이스피싱 조직의 수괴가 운영하는 여러 법인의 계좌에 은닉된 수백억 원 대의 돈이 범죄수익이라는 직감을 갖게 되었다 하더라도, 모든 손 바뀜 과정을 추적하여 범죄수익임을 확인하고 환수하는 것은 거의 불가능에 가깝다. 왜냐하면 법원이 계좌추적영장을 발부할 때 상당히 엄격한 절차와 요건을 요구하고 있어 개별적인 손바뀜을 추적해 들어가는 수사가 더딜 수밖에 없고, 범죄수익이 큰 경우에는 이를 모두 추적하기에는 인력과 자원이 현저하게 부족하기 때문이다. 특히 모든 범죄수익이 '믹싱 앤 텀블링(mixing & tumbling)' 등의 방식으로 흩어졌다가 섞였다를 반복하고 있으므로, 수사기관이 수십 차례 계좌추적영장을 받아서 자금흐름 추적에 나서더라도 끊임 없이 나타나는 수많은 갈래길을 마주할 수밖에 없고, 결국 저수지 계좌 또는 지갑에 도달하기 전에 길을 잃기 십상이다.

그런데 눈을 돌려보면, 국제적 사기범죄조직의 수괴로서 천문학적인

---

4 그러나 해외로 자금을 반출하는 것은 과거에 비하여 현저하게 용이해진 것으로 보인다. 금융감독원이 2022년 10월 현재 다수의 무역법인 또는 외국인 투자법인이 관여된 17조 원의 이상 외화송금을 의심거래로 조사하였고, 그 중에서 암호화폐 '김치 프리미엄'을 노리고 외화를 해외로 불법 송금한 사례가 여러 건 적발되었는데, 그 규모와 횟수, 대범함이 과거의 '환치기' 범행들과는 차원을 달리하고 있다. 한국경제, "4.3조 원 규모 외화, 해외 불법송금…코인 '김치 프리미엄' 2,100억 챙겨", 2023. 1. 18.자 기사; 한겨레, "'김치 프리미엄' 노리고 4조 원 해외 불법 송금…검찰, 20명 기소", 2023. 1. 18.자 기사

범죄수익의 세탁을 마치고 안전하게 범죄수익을 확보한 사람이라면 고급 자동차나 고급 주택, 사치재를 찾기 마련이라는 점에 생각이 미칠 것이다. 그런데 마침 우리나라에서 메르세데스-벤츠 S클래스가 인구당 판매대수 기준 세계 1위(판매대수 기준 세계 3위)로 불티나게 팔리고 있고, 3억 원 이상 국내 법인 명의의 슈퍼카가 5,000대를 넘어서고 있는 상황이라면, 누가 초고가 사치재를 반복적으로 구입하고 있는 것인지에 대해서 궁금해할 필요가 있다. 소득을 누락하지 않고 제대로 신고함으로써 정상적으로 세금을 납부하는 사람들이 가질 수 있는 허영심만으로는 사치재 시장에서 이처럼 강력한 수요를 계속적으로 만들어 낼 수 없을 것이기 때문이다. 또한 중국이나 베트남 등에서 외국인들이 비트코인을 환치기하는 방법으로 국내에 자금을 들여와서 서울 강남에 아파트를 사고 사모펀드에도 가입하고 있다면, 우연찮게 국제적 사기범죄조직이 주된 거점을 마련해두고 있는 국가의 외국인들만 우리의 부동산시장과 자본시장을 열심히 기웃거리고 있는 이유가 궁금하지 않을 수 없다.

그러나 눈앞의 권력다툼에 열중하고 있는 정치인들은 국제적 사기범죄조직이 어떻게 선량한 서민들로부터 범죄수익을 뽑아내고 있는지, 그리고 그들이 어떻게 범죄수익을 세탁하고 은닉하며 소비하고 있는지에 대해서 놀랍게도 아무런 관심이 없다. 그들 중 대부분은 아직도 국제적 사기조직의 범죄수익이 그리 크지 않고, 세탁이나 은닉된 범죄수익을 찾는 것이 그리 어렵지 않으며, 수사기관이 의욕만 있으면 이를 환수하는 것도 가능할 것이라는 착각을 하고 있을지 모른다. 하지만 법무부가 2019년부터 2021년까지 「부패재산의 몰수 및 회복에 관한 특례법」에 따라 피해자에게 범죄피해재산을 환부한 금액은 89억 6,000만 원(7건)에 불과했다.[5]

---

[5] 실제 범죄피해재산 환부는 2020년 52억 1,000만여 원(2건), 2021년 37억 5,000만 원(5건)에 불과하였는데, 이는 2021년 사기 범죄에 따른 재산 피해금액 40조 6,829억 원의 0.1%에

아울러 국회가 만들어 둔 「범죄수익은닉의 규제 및 처벌 등에 관한 법률」 또한 범죄수익을 추적해서 이를 몰수나 추징의 방식으로 확보하는 것을 내용으로 하고 있으나, 실제 위 법이 예정하고 있는 것처럼 쉽고 간편하게 범죄수익이 환수된 사례는 거의 없다. 자금추적 기법이 발달할수록 이를 회피하는 기법도 발달하기 마련인데, 자금추적을 피하기 위하여 조세피난처에 계좌를 개설하거나 법인을 설립하기도 하고, 해외거래소로 가상자산을 이체하는 등의 방식을 활용하면 어렵지 않게 위 법에 의한 추적을 피할 수 있기 때문이다. 라임펀드 사건의 경우를 보더라도, 투자라는 명목으로 다양한 회사나 펀드에 자금이 흩어져 버렸고, 그중 무엇이 투자금이고 무엇이 범죄수익이 은닉된 것인지 확인할 방법도 없으며, 투자 실패로 공중분해되거나 해외로 빼돌려진 부분에 대해서는 그 내용을 확인하기도 어려웠다. 특히 철저한 계획 하에 공중분해가 진행된 경우라면, 수사기관이나 제3자가 사후적으로 은닉된 범죄수익의 행방을 찾는 것은 아예 불가능에 가깝다. 이러한 이유로 범죄수익이 어디로 흘러갔는지 파악하는 것부터 어려움을 겪고 있고, 전체 범죄수익이 얼마인지도 추산하기 어려우며, 그 수익 전부 또는 일부를 추적하는 것은 엄두도 내지 못하는 상황은 거의 모든 국제적 사기범죄조직의 사건에서 똑같이 반복되고 있다. 예전처럼 수사기관이 의욕을 갖고 열심히 추적하면 조직범죄단체의 수괴가 관리하는 저수지 계좌를 어렵지 않게 찾을 수 있던 시기는 이제 다시 돌아오지 않을 것이다. 이제는 일반적인 형태의 사기사건의 경우에도 범죄수익환수가 가능하지 않은 시대가 되었기 때문이다.

다른 사람들은 그 존재를 쉽게 알 수 없는 마늘 밭이나 저수지 계좌 또

도 미치지 못하는 수준이다. 서울경제, "엄단 천명에도…경제범죄 수익환수는 3년간 7건뿐", 2022. 8. 3.자 기사; 법률신문, "다중 사기범죄에 '부패재산몰수법' 유명무실", 2021. 8. 19. 자 기사

는 비트코인 지갑을 찾아내기 위해서는 수사기관이 그 자금이동이 이루어지는 순간에 이를 주시하고 있어야 한다. 사후적으로는 상상할 수도 없는 시간과 노력을 들이고도 이를 발견하기는 쉽지 않다. 수사 과정 중 조직범죄단체의 수괴가 마늘 밭에 돈다발을 묻는 것을 직접 목격한 것이 아니라면, 모든 은닉행위가 종료된 후 수사기관이 마늘 밭 깊숙한 곳에 묻혀 있는 돈다발을 찾아내는 것은 불가능에 가까운 것이다. 이러한 경우 수사기관은 우선 피의자가 아닌 제3자 소유의 마늘 밭을 파헤칠 권한이 있는지, 파헤치고도 돈다발이 나오지 않는 경우에 누가 책임질 것인지부터 고민해야 한다.

여기서 마늘 밭에 돈다발을 묻을 때 함께 있었던 공범으로부터 돈다발의 위치에 관한 정보를 제공받는 방법을 생각해 볼 수 있다. 그런데 「범죄수익은닉의 규제 및 처벌 등에 관한 법률」이 범죄수익의 정보를 알려주는 사람에게 포상금을 지급하는 규정을 두고 있기는 하나, 위 법에 따르면 200억 원 이상의 범죄수익의 몰수와 추징에 공로가 있는 사람에게 지급하는 포상금의 상한을 고작 1억 원으로 정하고 있고, 그나마 실제 배정된 예산은 그에 현저히 미치지 못한다.[6] 당연히 범죄수익의 존재와 위치를 알고 있는 공범이 마늘 밭에 돈다발을 묻은 위치를 알려줄 이유가 없다. 정상적인 판단능력이 있는 공범이라면 수사기관에 범죄수익 200억 원을 신고하고 포상금으로 200만 원을 지급받는 대신, 자신이 그 200억 원을

---

6 더욱이 경찰이 신고포상금으로 지급할 수 있도록 배정된 예산은 아주 초라한 수준이다. 일례로, 「산업기술의 유출방지 및 보호에 관한 법률 시행령」은 기술유출을 신고한 사람에게 최대 1억 원의 포상금을 지급하도록 정하고 있지만, 실제 산업기술 유출 관련 신고포상금 명목으로 책정된 예산은 500만 원에 불과하다. 그래서 서울경찰청 안보수사대가 삼성 디스플레이의 LCD 생산 공장 운영 기술을 중국 업체들에 500억 원 가량을 받고 넘긴 기술유출 사건과 관련하여 결정적인 단서를 제공한 내부 고발자에게 지급한 포상금은 놀랍게도 350만 원에 불과하였다. 여기서 더욱 놀라운 것은 2023년 기획재정부는 '신고 포상금 예산 500만 원을 1,000만 원으로 2배 늘려달라'는 경찰의 요청을 거부했다는 점이다. 자세한 내용은 조선일보, "[기자의 시각] 신고 포상금 1년 예산이 500만 원?", 2023. 10. 26.자 기사 참조.

챙기고 도주하는 옵션을 선택할 것이다.

결국 국회가 수사기관으로 하여금 자금이동이 이루어질 때 이를 지켜보도록 한 수단 또한 전혀 마련해 둔 바도 없었기에, 수사기관이 범죄수익의 이동경로를 추적하는 기법을 발전시킬 수도 없었다. 공범으로부터 돈다발을 숨긴 장소에 대한 정확한 제보가 있을 리도 없는 현재의 상황에서, 언제나 수사관들은 범죄수익이 은닉되었음이 분명한 마늘 밭 앞에서 발길을 돌릴 수밖에 없게 된 것이다.

[소결]

우리는 사회현상의 이면에 있는 실상을 제대로 이해하지 못하면서도, 자신의 이해부족을 탓하기에 앞서 상대를 얕잡아 보는 것에 매우 익숙하다. 그래서 어리숙한 조직폭력배들로 구성되어 있는 국제적 사기범죄조직이 은폐한 진실을 파헤치는 것에 별다른 어려움이 없을 것으로 생각하고, 경찰, 검찰 및 법원이 수사와 재판 과정에서 정신을 차리고 열심히만 하면 별다른 자원이나 인력의 지원이 없어도 사건의 실체적 진실이 술술 풀려나오고 범죄수익이 회복될 것이라는 크나큰 오해를 하는 사람들이 적지 않다. 그러나 국제적 사기범죄조직을 묘사한 영화나 드라마에서 묘사된 드라마틱한 사건의 해결 과정이 현실에서도 그대로 적용될 수 있었다면, 사기범죄조직이 창궐하는 지금의 상황은 처음부터 발생하지 않았을 것이다.

국제적 사기범죄조직은 세상에 대한 이해가 부족하지 않고 어리숙하지도 않다. 그들은 범죄수익을 주된 목적으로 하는 범죄기업을 운영하면서, 유가증권시장 상장을 노리고 있는 스타트업에 견줄 만한 인력과 자본, 기술을 갖추고 있고, 조직구성이나 형태, 운영방식을 끊임없이 진화시켜 왔다. 오랜 기간 사기범죄조직은 수사개시에 필요한 단서들을 모두 은폐하고 형사사법시스템에 적발될 위험을 최소화할 수 있는 방법을 찾아낸 덕분에 가장 수익성 높은 범죄기업으로 자리매김하고 있다. 그럼에도 수사 및 재판에 대한 치트키(cheat code)를 모두 알아낸 국제적 사기범죄조직에 대해서, 수사권한이나 예산, 인력의 지원이 없는 수사기관이 사력을 다하더라도 그 범행의 전말을 밝힐 수도 없고, 법원이 그들의 죄상을 밝혀 적절한 수준의 형사처벌을 할 수도 없게 되었다는 점을 대부분의 사람들은 여전히 받아들일 생각이 없다.

이러한 상황에서 복잡한 실상을 제대로 이해하지 못하면서도 자신의 이해부족을 탓하기에 앞서 상대를 가장 얕잡아보고 있는 것은 다름 아닌 국회이다. 국회는 수사기관이 여전히 국제적 사기범죄조직에 대응할 수 있는 수단과 역량을 과도하게 보유하고 있는 것처럼 큰 착각을 하고 있다. 그런데 실제로 스파링은 못하지만 근거 없는 자신감을 갖고 있는 복서가 갖고 있는 '내가 이겨내고자 하는 의지가 있으면 금방 상대를 제압할 수 있을 것'이라는 착각은 어쩌다 한 번쯤 크게 휘두른 어퍼컷이 상대방의 턱에 적중한다면 현실에서 이뤄질 수도 있겠지만, 교도소를 들락날락하면서 형사사법시스템을 회피할 수 있는 모든 방법을 깨쳐버린 국제적 사기범죄조직의 수괴들을 구멍이 숭숭 뚫려 있는 형사사법시스템으로 잡을 수 있을 것이라는 국회의원들의 잘못된 기대는 결코 현실에서 이루어질 수 없는 것이다. 국회의원들이나 정책결정권자들은 범죄기업이 어떻게 조직되고 운영되고 있으며, 어떻게 진화하면서 계획적으로 무제한의 범죄수익을 만들어 나가고 있는지를 제대로 파악하려고 노력한 바 없기 때문이다. 이 때문에 수사기관이나 법원이 국제적 사기범죄조직에 제대로 된 대응 수단을 갖추지도 못하고 있고, 당연히 범죄수익을 추적하여 회수해 본 사례 또한 거의 없는 것이다. 이러한 상황에서 기껏 사기범죄조직의 단순 가담자에게 사기범죄조직의 범죄 전체에 대한 엄중한 책임을 묻는 것 이외에 수사기관이나 법원이 실제로 할 수 있는 일은 거의 남아있지 않게 되었다.

그럼에도 사기범죄조직에 대한 수많은 오해들은 국제적 사기범죄조직의 유일한 장애물인 수사기관의 수사역량을 계속해서 감소시키는 주된 원인이 되어 왔다. 국회가 국제적 사기범죄조직의 궤멸을 이끌어 낼 수 있는 제도적인 비책을 도입하기는커녕, 조직범죄의 죄상을 낱낱이 밝힐 수 있는 제도적, 정책적 수단들을 하나둘씩 무력화하였고, 국제적 사기범죄조직들에게 형사사법제도의 모든 제약을 벗어날 만능키를 부여하기에 이르렀다. 국회는 앞장서 그들을 향해서 문을 활짝 열어주었고, 이제는 자신들이 과거에 저지른 수많은 과오들을 시정하려는 시도를 적극적으로 저지하는 모습까지 보이고 있다. 사실 수사기관이 사력을 다하여도 그 실체에 도달하기 힘든 국제적 범죄조직들은 더욱더 놀라운 속도로 진화하고 있는 반면, 수사기관은 미처 국제적 범죄조직의 실체에 접근하기도 전에 수사의 동력과 자원을 상실하고 빠르게 쇠퇴해가고 있을 뿐이다.

결과적으로 수사기관의 수사역량과 의지가 급감하여 처벌 가능성이 현저하게 낮아짐에 따라 이제 사기범죄조직들의 황금시대(Golden Age of Fraud Syndicates)가 도래하였다. 지금까지는 누군가의 목덜미에 조심스럽게 빨대를 찔러보던 국제적 사기범죄조직은 이제부터는 수사기관과 법원의 눈치를 보지 않고 누군가의 목덜미에 과감하게 빨대를 꽂을 수 있게 된 것이다. 사기범죄조직의 수괴들이 떳떳하게 자신을 드러내 보이면서 활개치고 다니고, 우리의 자녀들이 사기범죄조직에서 수괴가 되기를 꿈꾸며, 모든 사람들이 높은 수익률을 자랑하는 새로운 사기범죄 아이템에 너도나도 달려드는 새로운 시대를 보게 될 날이 얼마 남지 않았을 지도 모르는 일이다.

B

사기범죄 창궐의 근본 원인: 사건의 암장

[미터급 대어 낚시의 준비물]

바다낚시를 나가서 1미터가 넘는 대어(흔히 '미터 급'이라 한다)를 낚고자 하는 낚시꾼이라면, 우선 미터급 대어의 입에서 빠지지 않는 낚싯바늘과 대어가 팽팽하게 당기더라도 터지지 않는 낚싯줄, 대어의 힘을 버텨낼 수 있는 낚싯대를 먼저 갖춘 후에야 비로소 대물을 마주하러 바다로 나갈 수 있다는 점에 동의할 것이다. 미터급의 대어를 끌어당기는 과정에서 당연히 부러질 수밖에 없는 우럭 낚싯대나 대어의 힘과 무게를 버티지 못하고 터져 나갈 쭈꾸미 채비(낚싯바늘과 낚싯줄)로 운 좋게 미터 급이나 200kg 대의 참치를 낚는 일은 결코 일어나지 않는다. 물론 어복이 따르는 날이었다면 미터급의 대어가 잠깐 낚싯바늘에 걸리는 경우가 있을 수는 있겠지만, 미터급 대어를 건져낼 수 있는 낚싯대와 채비를 갖추지 못하였음에도 사람보다 힘이 센 물고기가 줄을 터트리지 않고 스스로 얌전히 물 밖으로 나오는 행운이 따를 것까지 기대해서는 안되는 법이다.

그런데 미터급 물고기를 낚기 위한 준비는 낚싯대와 채비에서 그치지

168
빨대사회

않는다. 출조에 앞서서 대상 어종이 갖고 있는 먹이활동의 특성이나 낚시 장소의 날씨, 물때나 조수 등을 면밀하게 확인한 후에 어떠한 미끼와 떡밥을 쓸 것인지, 어떻게 채비를 구성할 것인지도 미리 계획을 세우고 준비해야 한다. 아무런 전략 없이 한낮에 낚싯대를 펴 놓고 마냥 기다린다고 해서, 밤에 집어등을 보고 달려드는 습성을 갖고 있는 오징어와 한치가 그냥 와서 낚싯바늘에 꿰이는 일은 여간해서는 생기지 않는다. 마찬가지로, 여름철 오징어나 한치를 낚는 데 쓰는 주낙을 가지고 와서 미터급의 대방어를 잡겠다고 큰 소리를 친다면, 주변 낚시꾼들이 모두 당신을 비웃을 것이다(물론 한치 주낙으로만 채비를 구성해서 미터급 대방어 수십 마리를 잡는 조과를 올릴 수만 있다면, 그것은 모두로부터 '낚시명인'으로 인정받을 수 있는 가장 빠른 방법이 될 것이라는 점은 별론으로 한다).

낚시꾼이 잡고자 하는 대상 어종의 종류와 습성에 대한 치밀한 분석을 마치고, 그에 맞는 채비와 낚싯대, 미끼와 떡밥을 준비한 다음 갯바위나 선상에서 낚시를 시작하게 되었다면, 이 순간부터 낚시꾼은 자신이 상대할 미터급의 대어가 오랫동안 낚싯바늘과 그물을 피해왔던 똑똑한 물고기라는 점을 기억할 필요가 있다. 처음의 예상과 달리 입질이 없거나 당일 조과가 그리 좋지 않다면 낚싯바늘을 드리우는 위치와 깊이를 달리하든지, 미끼와 떡밥을 바꾸어 보는 것과 같이 당일의 물때와 상황에 따라 공략법을 계속하여 바꾸는 요령도 있어야 한다. 아울러 낚시꾼은 미터급의 물고기가 낚싯줄로부터 벗어나고자 사력을 다할 때 이에 맞설 수 있는 투지와 그 과정에서의 정신적 긴장과 체력적 부담 또한 견뎌낼 수 있는 실력과 여유도 갖추고 있어야 한다.

각설하고 미터급의 대어를 낚기 위해서 반드시 필요한 것은 (1) 대상 어종에 적합한 낚싯대와 채비, (2) 치밀한 분석과 전략, (3) 낚시꾼 자신의 실력과 투지이다. 이처럼 낚싯바늘 끝에 달려 있는 미끼에서부터, 낚시바늘과 채비, 낚싯대와 릴을 거쳐 낚시꾼의 팔뚝과 두뇌에 이르기까지 대어를 끌어올리는 데 필요한 모든 요소를 제대로 갖추지 못한다면, 미터급의 대어가 기가 막힌 손맛을 느끼게 해주면서 순순히 물 밖으로 나오는 기적을 기대할 수 없다. 여기에 치밀한 분석과 전략, 실력과 투지, 겸손한 마음가짐은 모두 낚시꾼에게 속하는 것으로 낚시 도구와 같은 물적 도구만큼이나 낚시꾼 자신의 인적 역량이 중요하다는 점과 그날의 조과에 대해서 조급한 마음으로 안달하지 않는 겸손하고도 느긋한 마음가짐 또한 장기적으로 좋은 성과를 만들어가는 데 있어서 필요하다는 점 또한 반드시 기억할 필요가 있다.

다시 본론으로 돌아가 보면, 마약범죄나 조직범죄와 같이 피해자가 존재하지 않는 사건을 수사하는 과정은 미터급 대어 낚시와 상당히 비슷한 점이 많다. 낚시꾼이 바닷속을 훤히 꿰뚫어 볼 수 없듯 수사기관도 범죄단체의 내부 사정을 제대로 볼 수 없다. 낚시꾼은 어군탐지기를 통해서 한치 떼가 모여 있는 곳을 대충 확인하거나, 민어가 구애 과정에서 내는 소리를 듣고 민어가 어디쯤 있을 것인지를 짐작하는 경우도 있지만, 대체로 지난 조황, 물때, 조수, 바람과 바닷속 지형 등의 간접적인 정보에 의존하여 바닷속의 사정을 미루어 짐작하고 이에 근거하여 낚싯바늘을 어디에, 얼마나 깊이 드리울지를 결정하는 것이 일반적이다. 범죄조직을 수사하는 수사관 또한 실제로 범죄단체 조직원 사이에 무슨 일이 있었는지를 상세히 파악한 후에 수사에 나서게 되는 것이 아니다. 그 또한 개별 범죄의 수사 과정에서 나오는 작은 단서와 과거의 수사 경험 등을 토대로 공범들 사이의 공모관계 등을 미루어 짐작하고, 이에 기초하여 확실한 증거를 용이하게 수집할 수 있는 지점에서 수사를 시작하게 된다. 미터급의 대어를 낚기 위한 바다낚시와 대형 경제사범이나 사기범죄조직에 대한 수사는 이외에도 유사한 점이 많은데, 특히 바다낚시의 교훈은 사기범죄조직에 대한 수사의 경우에도 대체로 그대로 적용될 수 있다. 즉, 수사기관이 제대로 수사를 진행하기 위해서는 최소한 (1) 적합한 수사도구와 방법, (2) 치밀한 분석과 전략, 그리고 (3) 실력과 투지를 갖추고 있어야 한다는 것이다.

그런데 국제적 사기범죄조직의 수괴에 대한 수사나 정치인이 뒷배로 있는 부패범죄 수사는 훨씬 복잡한 인적구성과 거래관계 등으로 인하여 그 수사의 난이도가 훨씬 높아진다. 이는 헤밍웨이의 소설 『노인과 바다』에서 노인이 간신히 잡아서 돌아온 거대한 청새치 낚시에 비견될 수 있다. 4~5m 길이의 청새치는 1m 내외의 대물 참돔이나 대방어와는 차원을 달리한다. 청새치는 미터급 어종과는 달리 낚시꾼보다 더 빠르고, 더 경험이 많고, 더 똑똑하며, 더 힘이 세다. 청새치는 시속 100km를 넘는 속도로 헤엄을 칠 수 있고, 입천장이 두꺼워서 바늘이 입술에 제대로 박히지도 않는다. 설령 바늘이 박힌다고 하더라도 스스로 낚싯바늘을 빼낼 수도 있는 재주도 갖고 있다. 무엇보다 청새치는 성장과 번식이 느림에도 불구하고 거대한 크기로 성장하기까지 수많은 낚싯바늘과 그물, 포식자들을 피해서 살아오는 과정에서 다양한 생존방법을 터득해 온 경험과 지혜를 갖고 있다. 특히 청새치는 뾰쪽한 윗턱을 칼처럼 휘둘러서 먹잇감이나 낚시꾼에게 치명적인 피해를 줄 수도 있는 공격력도 갖추고 있다. 이 때문에 청새치를 잡으면 갑판에 올리기 전에 총으로 무력화하거나 망치로 머리를 깨는 등 갑판 위에서 힘을 쓰지 못하도록 반드시 제압해두어야 한다. 이처럼 청새치는 대물 참돔을 낚기 위한 수준의 낚싯줄에 걸리더라도 이를 쉽게 터트리고 도망갈 수 있고, 여의치 않으면 스스로 낚싯바늘을 빼낸 후 도망갈 수도 있으며, 결국 갑판에 끌려 올라오게 되더라도 낚시꾼의 배에 윗턱을 찔러 넣을 수 있으므로, 청새치를 잡기 위해서는 당연히 미터급의 참돔을 잡는 것과는 차원을 달리하는 수준의 준비가 필요하다. 그것은 바로 (1) 더 강력한 채비와 낚시도구(이때부터는 낚시도구에 높은 출력의 낚싯배도 포함된다), (2) 청새치의 경험과 지혜를 넘어서는 더 치밀한 분석과 전략, (3) 더 높은 차원의 실력과 투지, 그리고 (4) 청새치의 치명적인 공격을 방어할 수 있는 강력한 수단(통상적인 낚시에는 쓰일 리 없는 총이나 망치와 같은 도구를 포함한다) 등이 그것이다.

따라서 국제적 사기범죄조직의 수괴에 대한 수사는 일반 형사사건의 피의자에 대한 수사와 그 방법과 증거확보 등의 모든 면에 있어서 실질적으로 그 내용을 달리하여야 한다. 범죄조직의 수괴는 지금까지 사기범죄조직을 국제적으로 성장시켜오는 과정에서 수사기관의 수사도구와 방법, 다양한 전략과 공략법, 수사기관 내부의 사정에 대해서 너무나 잘 알고 있고, 천문학적인 범죄수익 중에서 수사와 처벌을 피하기 위하여 경비로 지출할 용의가 있는 돈이 웬만한 지방검찰청이나 지방경찰청의 1년 예산보다 더 크다고 보더라도 사실과 다르지 않을 것이기 때문이다. 상상할 수 없는 수준의 자원을 동원할 수 있는 능력을 지닌 국제적 사기범죄조직의 수괴를 추적하고 그가 기획하고 실행한 사기범죄의 실체를 파악하려면, 당연히 지금까지 상상할 수 없었던 정도의 인력과 자원을 동원하는 것이 전제되어야 한다. 만약 적정한 규모의 인력과 자원이 투입되지 않고 필요한 제도적 장치들이 마련되지도 않았다면, 수사를 하기에 적합한 능력과 의사를 갖춘 수사관이 있다고 하더라도 그 수사관의 노력만으로 수괴를 법정으로 끌어내는 일은 결코 일어날 수 없는 것이다.

지금까지 우리 형사소송법과 수사기관이 준비해 둔 수사도구와 방법, 분석과 전략, 실력과 투지는 기껏해야 간혹 미터급의 참돔을 잡을 수 있는 수준에 불과했다. 실제 청새치에 비견될 수 있는 국제적 사기범죄조직의 수괴에 대한 수사와 기소를 진행하여 수괴 및 주요 공범에 대한 처벌과 동시에 범죄수익의 환수를 이룬 사건이 거의 없다는 점이 이를 뒷받침하고 있다. 국제적 범죄조직의 수괴가 수사와 형사재판을 통하여 정의로운 결론을 받는 사례가 드문 것은 무엇보다 수사기관이 국제적 사기범죄조직에 관한 사건에서도 일반 형사사건의 경우와 별 차이가 없는 수사방법과 자원만을 동원하였기 때문이다. 반면, 사기범죄조직의 수괴는 수사, 기소나 유죄판결을 저지하기 위해서 사실상 무제한의 옵션을 갖고 있고, 여기에는 수사 과정에 임하는 수사관이나 검사에 대한 각종 진정이나 인사권자를 통한 인사조치 요구와 같은 것뿐만 아니라, 불리한 진술을 할 가능성이 있는 공범을 살해하거나 그 가족을 납치하는 등의 보복 수단이 모두 포함된다. 앞서 본 국유지 사기사건이나 금지금 사건 등에서 범죄조직의 수괴가 공범에 대한 살해를 시도하였다가 살인미수 등으로 처벌받은 사례를 보면, 범행을 은닉할 수만 있다면 수사기관에서 불리한 진술을 할 것으로 생각되는 공범을 살해하기로 결심하는 것이 그리 드문 일이 아니라는 것을 알 수 있다. 다만, 살해 시도가 성공하여 살인죄로 처벌받은 사례가 그리 많지 않은 것은 실제로 살해한 사례가 적었다기보다는 해당 범행에 관한 진술을 할 사기죄의 공범 겸 살인죄의 피해자가 살해된 후 어딘가에 묻혀 있어 더 이상 신고나 제보를 할 수 없는 상태에 있기 때문이라고 보는 것이 보다 정확할 것이다.

　안타깝게도 범죄조직의 수괴가 재판과정에서 자신에 대한 유죄 입증을 무력화하기 위하여 활용할 수 있는 수단들은 매우 다양하게 확대되고 있는 반면, 현재 경찰, 검찰이나 법원이 이를 저지할 수 있는 수단은 빠른 속도로 소진되고 있다. 공범에 대한 검찰 피의자신문조서에 대한 증거능력이 전면적으로 배제될 수 있게 됨에 따라 공범인 증인은 부득이 출석하여 수괴에게 불리한 증언을 하는 상황을 감수하여야 한다. 공범인 증인이 출석을 거부하거나 진술거부권을 행사하여 법원이 유죄를 선고할 수 없게 되는 상황은, 미국의 마피아가 법정 증인을 설득, 회유 또는 살해함으로써 형사재판에서 무죄를 받을 수 있었던 상황과 별반 차이가 없는 것이다.[7] 만약 불리한 진술을 할 것으로 생각되는 공범을 회유하거나 살해하려는 시도가 여의치 않을 경우라도, 조직범죄의 수괴는 상당한 비용을 들여서 배신한 공범이나 그 가족에 대한 형사고소, 민사소송 및 가압류 등의 각종 절차를 몰아치듯 진행할 수도 있다. 수사기관으로서는 수사에 협조적인 공범으로부터 진술조서를 받고(다시 말하지만, 재판과정에서 피고인인 수괴가 이를 증거로 삼는 것에 부동의하면 공범의 피의자신문조서나 진술조서는 증거로 쓸 수 없다), 검찰이 재량을 행사하여 그 공범에 대하여 낮은 형량을 구형하는 것 이외에는 별달리 취할 수 있는 조치가 없기 때문에, 그 공범이 증인으로 출석하기에 앞서 범죄조직의 수괴로부터 온갖 회유와 협박을 당하여 법정에서 종전 진술을 번복하게 되더라도 손을 놓고 지켜볼 수밖에 없다. 문제는 조직범죄의 수괴들이 이러한 상황을 매우 잘 알고 있다는 것이다.

[사건의 암장]

일반적으로 사건의 암장이라고 함은 사건의 실체를 알고서도 적극적으로 사건을 덮는 것을 가리키는 것 같지만, 실제로는 직감적으로 뭔가 있는 것 같다는 느낌이 들지만 여러 사정으로 해당 사건에 대한 수사를 더 진행하지 못하는 것을 의미하는 경우가 많다. 대부분의 경우 누군가가 '사건을 암장하는 것'이 아니라 자연스럽게 '사건이 암장되는 것'이다. 사기범죄조직에 대한 수사 중 다른 중요한 형사사건이 발생하여 가용 수사

---

7 참고로, 미국은 1970년에야 조직범죄억제법을 통해 증인보호 프로그램을 도입하였고, 이후 미국연방보안관실은 그동안 무려 19,000명의 증인 또는 증인 가족들에게 이사, 성명변경, 성형 등의 증인보호조치를 하였는데, 그중 95%가 해당 범죄의 공범인 증인이었다. 만약 19,000명에 대한 증인보호가 이루어지지 않았다면, 적지 않은 수의 사건에서는 무죄판결이 불가피했을 것이다. 반면, 실질적으로 증인보호 프로그램을 운용하고 있다고 보기 어려운 우리나라에서는 증인보호가 이루어지지 아니한 결과 얼마나 많은 수의 사건에서 무죄가 선고되고 있는지를 짐작할 수 있는 방법이 전혀 없다.

관의 대부분이 차출되었다거나, 수사인력이 충분치 아니하여 공범에 대한 신병확보나 압수수색이 적시에 제대로 진행되지 않는 상황이 계속된다면, 조금만 더 팔을 뻗으면 조직적 사기범죄의 실체에 접근할 수 있을 것 같은 느낌에도 불구하고 더 이상 수사를 계속할 수 없게 되는 것이다.

오늘 챔질에 문제가 있었든지 아니면 날씨나 물때가 도와주지 않았든지 간에 주말 낚시꾼은 낚싯배가 갯바위로 자신을 데리러 왔을 때 바로 채비를 걷어야 한다. 갯바위를 넘어 어두운 바닷물 속에 왠지 대어가 있을 것 같다는 느낌을 믿고 자신을 데리러 온 고깃배를 물리고 갯바위에 남아서 밤새 하염없이 대어를 노리고 있을 수는 없다. 낚시꾼이라면 누구나 탐내는 갯바위 자리를 차지했다고 하더라도 때가 되면 채비를 접어야 하는 것과 마찬가지로, 수사관도 자신의 촉이 정확하게 작동했더라도 수사 과정에서 범죄에 대한 직접적인 증거를 획득하지 못하는 상황이 예상보다 길어지거나, 중간에 수괴나 중요 공범이 모두 해외로 도주하는 일이 발생한다면 해당 사건에 대한 수사를 접을 수밖에 없게 된다. 특히 수사관들의 캐비닛에는 이미 다른 사건기록이 수북히 쌓여있고, 수사를 전면적으로 확대했을 때 실제 성과로 이어질 것인지에 대한 확신이 없는 상황에서, 왠지 미터급 대어를 잡을 수 있을 것 같다는 느낌만을 근거로 수사 확대의 모험에 나서는 것은 단지 무의미한 야근과 주말 근무만을 의미하는 것이기 때문이다.

사건이 암장되는 경우의 대부분은 수사인력이나 예산 부족과 같은 사정 때문에 수사가 계속되지 못하여 범행의 실체가 묻히게 되는 것이라고 봐도 무방하다. 전체 사기피해는 2020년 기준 40조 3,000억 원으로 매일 발생하는 사기범죄피해는 무려 1,100억 원을 넘어서고 있는데, 매일 이 정도 규모의 사기범죄를 처리할 수 있는 여력이 있는 수사기관이나 수사인력은 아예 존재하지 않는다. 국제적 사기범죄조직의 사기범행으로 매일 1,100억 원 정도의 피해가 발생하고 있음에도 그중 극히 일부만 제대로 처벌이 이루어지고 있다면, 그중 대부분 범죄조직 수괴의 사기범행은 암장되고 있다고 봐도 사실과 크게 다르지 않을 것이다. 사기범죄 피해에 상응한 범죄수익이 모여 있는 저수지 계좌의 숫자와 잔고 또한 막대한 규모에 이를 것이다. 아울러 국제적 사기범죄조직의 범행이 불특정 다수의 피해자를 상대로 한 것이 대부분이기 때문에, 피해자들과 접촉하는 과정에서 대포폰 통화 내역 및 문자메시지, 대포통장 거래 내역 등의 흔적이 남아 있기 마련이고, 범죄수익이 움직이는 과정에서 사기범죄조직의 저수지 계좌로 이어지는 거래흔적들이 있을 수밖에 없다. 아마도 수사기관이 팔을 잘 뻗는다면 닿을지도 모르는 가까운 곳에 그 흔적들이나 계좌들이 위치하고 있을지도 모른다. 하지만 수사인력이나 자원 부족 등의 여러 제약조건(constraints)으로 인하여 범죄의 흔적들을 거슬러 수괴로 추적해 들어가는 시도나 범죄수익이 모이는 저수지 계좌에서 범죄수익의 최종 종착지를 추적해서 들어가는 시도가 끝까지 진행되기도 어렵고, 설령 그와 같은 시도를 진행된다고 하더라도 범행의 복잡성으로 인하여 도중에 번번이 좌절되는 것이 지금의 현실이다.

여기에 사건의 암장을 가속화시키는 제도가 거듭하여 도입됨으로써 상황은 더욱 악화되고 있다. 낚시꾼의 예로 돌아가면, 누군가가 낚시꾼의 권한을 제한하면서 대상 어종에 따라 낚시의 주체를 나누고(미리 정해진 대상 어종만을 낚을 수 있으며, 우연히 다른 대상 어종을 낚게 되면 해당 낚시꾼을 처벌한다), 낚시 과정에서 쓸 수 있는 미끼와 떡밥, 캐스팅과 챔질의 방법을 획기적으로 제한하며(일정한 방법만을 사용해야 하며, 만약 물고기가 그 방법에 동의하지 않는 경우 물고기를 다시 풀어주어야 한다), 낚시 과정을 나누어 복수의 낚시꾼이 각자 낚시 과정의 일부분에만 관여할 수 있도록 하고(일단 캐스팅이나 챔질을 한 사람은 해당 물고기를 갑판으로 올릴 수 없다), 대상 어종을 낚은 경험이 있는 낚시꾼에게는 차후에 그 대상 어종을 잡을 수 있는 자격을 박탈한다면(한 번 미터급의 대어를 낚아본 낚시꾼은 다음에는 예외 없이 주꾸미 낚시만 할 수 있다), 낚시의 성과는 갈수록 초라해질 것이 분명하다. 낚시꾼이 처음에는 실력과 의욕이 넘쳤다고 하더라도, 앞서 본 규칙의 지배를 받게 되면 오래지 않아 미터급 대어는커녕 손바닥만한 우럭을 잡을 실력이나 의욕이 없는 낚시꾼으로 전락해버릴 것이라는 점에도 별 의문이 없다.

그런데 우리의 형사사법시스템은 도저히 납득할 수 없는 이유로 피의자의 신분이나 범죄의 종류에 따라 수사주체를 검찰, 경찰 및 고위공직자범죄수사처로 나누고(당초 수사권한이 있는 범죄를 수사하다가, 이후 수사범위를 확대하여 우연히 수사권한이 없는 범죄를 수사하게 되면 직권남용죄로 처벌받을 수도 있다), 수사 과정에서 증거를 확보하거나 법원에 증거로 제출하기 위하여 거쳐야 할 절차와 방법을 획기적으로 어렵게 해두거나 아예 불가능하게 하고 있다. 이제 피고인은 공범 피의자에 대한 검찰 피의자신문조서를 부동의하는 것만으로도 간단히 그 증거능력을 부정할 수 있다. 이에 따라 복잡한 사건일수록 공범 간의 공모나 실행행위 분담 등을 입증하기 위하여 법정에 제출될 수 있는 증거의 수는 획기적으로 줄어들게 되었다. 여기에 더하여 법무부와 경찰청은 실력이 있는 검사나 수사관들에게 의욕을 불어넣는 것으로 보기 어려운 인사명령을 거듭함으로써 검사들과 수사관들의 수사 의욕을 꺾고 스스로의 수사역량을 줄여가고 있다. 특히 특수수사에 역량을 쌓은 유능한 검사들이 조기에 퇴직하여 전관변호사로 활동하는 것은 검찰의 특수수사에 적지 않은 지장을 초래할 수밖에 없다. 대체로 특정 영역의 수사를 잘한다는 평판을 갖고 있는 검사들이나 수사관들에게 그 평판을 유지할 수 없는 보직으로 인사이동을 시킴으로써 이들로 하여금 좌절을 겪을 수밖에 없도록 하는 상황을 계속 방치한다면, 앞으로 수사기관 내부에서 수사역량이 증대되는 것을 기대할 수는 없을 것이기 때문이다(반면, 역량있는 수사관과 검사가 사직을 거듭함에 따라 당초 의도한 바와 달리 수사기관 외부에 수사경험과 역량이 쌓이게 된다).

국제적 사기범죄조직이 관여되어 있는 사건은 당연히 수사기관이 필요한 모든 준비를 마치고 절실한 마음으로 수사를 진행해도 간신히 그 수괴를 잡을 수 있을까 말까 하겠지만, 현실에서는 수사기관이 필요한 준비를 제대로 할 수 있게 하지도 않고, 제대로 수사를 진행하도록 두지도 않는다. 검사의 수사권한이 상당 부분 박탈된 이후 이제 국제적 사기범죄조직이나 대형경제범죄에 대한 수사를 제대로 진행할 수 있는 기관은 경찰청의 광역수사대만 남아 있는 상황이다. 하지만, 그동안 조직적 사기범죄에 적지 않은 성과를 내왔던 경찰청의 광역수사대의 경우에도 앞서 언급한 것과 같이 국제적 사기범죄조직에 대해서 수사를 진행할 인력이 여전히 부족하고, 설령 수사를 한다고 하더라도 형사재판에서 증거로 제출할 공범들 사이의 진술증거는 여전히 수집할 수 없다. 경찰의 공범에 대한 피의자신문조서나 진술조서는 예전부터 피고인의 부동의로 손쉽게 증거능력을 박탈할 수 있었기 때문에 별 의미 없는 문서로 취급받은지 오래되었다.

이로써 복잡한 사건들이 가장 먼저 암장되게 되었고, 특히 역사적인 규모의 사기범죄라면 제대로 수사가 진행될 수 없어 더더욱 아무 일도 없던 것처럼 자연스럽게 암장될 수밖에 없게 되었다. 이제 국제적 사기범죄조직을 운영하는 청새치급의 수괴들은 아무런 걱정 없이 각종 범죄의 바다를 자유롭게 누비고 다니는 온전한 자유를 얻게 된 것이다. 초라한 낚시도구를 앞에 두고 기껏해야 손바닥만 한 우럭만을 노리고 있을 뿐인 형편 없는 실력의 낚시꾼들을 마음껏 비웃으면서 말이다.

[우연히 국제적 사기범죄조직의 꼬리를 발견한 경우]

국제적 사기범죄조직이 관련되어 있는 조직적 사기범죄의 경우 제대로 된 수사를 진행하기 위해서 필요한 인력과 자원의 양이 전통적인 사기사건의 경우와는 차원을 달리한다는 점은 앞서 보았다. 그런데 수사기관에서는 국제적 사기범죄조직의 범죄 또한 단 1건의 사건으로 분류되기 때문에 대부분의 조직적 사기범죄 사건에서 실제 수사 과정에 투입되는 인력과 자원은 그리 많지 않고, 일반적인 경우라면 수사인력의 수는 한두 명을 넘지 않는 경우가 대부분이다. 다른 사건을 수사하던 도중 국제적인 사기범죄조직에 대한 중요한 단서를 발견하게 된 경우라고 하더라도, 추가로 수사인력을 지원받는 것이 쉽지 않기 때문에 새로운 단서를 추적하여 전체 범죄의 실상을 밝히는 일은 여간해서는 일어나지 않는다.

사기범죄조직이 다수의 피해자에게 문자메시지를 보내 휴대전화를 잃어버린 딸인 것처럼 행세하는 상품권 사기사건의 수사가 진행되는 과정을 살펴보자. 사기범죄조직은 피해자로 하여금 문화상품권이나 구글플레이 상품권을 구매하도록 한 후 그 상품권 번호를 전달받아 이를 편취하는 방식으로 사기범행을 저지른다. 수사가 진행되는 과정에서 종종 사기범죄조직이 남긴 흔적이 발견되기도 하는데, 경찰이 1건의 상품권 편취사건을 수사하다가 해당 상품권의 구매대금이 송금된 금융계좌에 금융계좌추적용 압수수색영장을 집행하여 확인한 결과 1개월의 기간 동안 3,700여 건, 합계 1억 8,000만 원이 입금된 관련 계좌를 확인한 바 있었다. 사기범행을 통해서 편취한 범죄수익은 반드시 사기범행을 기획하고 지휘한 수괴에게 흘러가게 되어 있고, 이를 위해서 그 전에 수괴가 관리하기 쉬운 저수지 계좌(또는 비자금 모계좌)를 거치는 것이 일반적인데, 이번에 발견된 계좌는 피해자가 입금한 금융거래계좌와 다른 것으로 그 거래 규모나 빈도를 고려할 때 저수지 계좌 또는 저수지 직전 계좌로 충분히 의심할 만한 것이었다. 이처럼 일선 경찰서의 경찰관이 상품권에 대한 환전수익 또는 상품권 판매대금 입금이 집중적으로 이루어지는 금융계좌를 확인하게 되었다면, 처음에 고소를 접수하였던 사건만을 수사하여야 하는지 아니면 해당 계좌에 입금된 금원 전부에 대해서도 수사를 확대해야 하는지에 대해서 고민하지 않을 수 없다.

만약 경찰관이 상품권 사기사건을 수사하다가 발견한 금융거래계좌에서 최근 일주일 동안 수천 건의 입금내역이 있었음을 확인하고, 입금액과 형태에 비추어 동일한 사기범행에 의한 것이라는 의심이 든다고 하더라도 수사를 확대하기 위해서는 돌파해야 하는 몇 가지 난관이 있다.

우선 상품권 환전사기의 편취금 저수지로 추정되는 금융계좌에서 수천 건의 입금내역이 발견되었다고 하여 그 입금내역만으로 수천 건의 사기범행이 충분히 입증된 것이라고 볼 수 없다. 다수인으로부터 유사한 금액이 입금되었다는 사정만으로 금융계좌에 입금된 금액 전부가 동종의 사기범행으로 인한 범죄수익이고, 그중 동종의 사기범죄에 의한 것이 아닌 거래(예를 들면, 중고나라 사기거래)가 섞여 있을 가능성이 전혀 없다고 단정할 수 없기 때문이다.

이에 수천 건의 입금 내역이 사기범행으로 인한 것인지 또는 범행으로 확보한 상품권을 판매한 범죄수익인지 여부를 확인하기 위해서는 (1) 해당 금융계좌와 그 연결계좌에 대한 금융계좌추적용 압수수색영장을 청구하여 해당 금액을 입금한 수천 명의 입금자 명단과 계좌번호를 확보하고, (2) 입금자들의 계좌가 속한 금융기관을 통하여 입금자들 각각의 인적사항을 확인한 다음, (3) 각각의 입금자에게 연락하여 어떠한 경위로 금원을 입금한 것인지를 확인하는 절차를 거쳐야 한다. 그리고 그 과정에서 피의자들이 수사가 개시된 사실을 눈치채지 못하게 추적해야만 피의자를 체포하고 해당 범행에 대한 전모를 밝힐 수 있게 될 가능성이 높다는 점도 명심해야 한다. 따라서 피의자가 수사가 진행된다는 사실을 파악하지 못하게 보안을 유지하면서(필요한 경우에 해당 계좌의 입출금을 정지해두지 아니하고 거래를 계속하도록 지켜 보아야 하는 경우가 있을 수도 있다), 피의자를 특정하고 그 신병을 확보하는 노력을 함께 진행해야 한다. 그런데 법원이 수천 건의 입금 관련 연결계좌 전부에 대한 일괄 압수수색영장을 발부하여 줄 것인지 여부는 차치하고, 수천 개에 달하는 계좌를 일일이 확인하고 그 계좌명의인에게 연락하여 사기범죄조직으로부터 시세보다 저렴한 가격에 상품권을 구매하고 그 대가로 현금을 입금한 것인지 여부를 확인하는 작업은 결코 만만한 것이 아니다.

이 때문에 해당 수사관이나 수사과장이 위 계좌가 편취금의 저수지 계좌에 해당한다고 주장하면서 그에 대한 수사를 위하여 더 많은 인원을 배치하여 수사를 확대할 것을 요청하더라도 인력 사정에 여유가 없는 일선 경찰서에서 이를 받아들이기 쉽지 않다. 물론 해당 경찰관이 인력 사정에 상대적으로 여유가 있는 광역수사대에 근무하고 있고, 과거 사기범죄조직의 공범들을 체포하고 구속하는 데 탁월한 실적을 거둔 사람이라면 결론은 조금 달라질 수도 있다. 하지만 대개의 경우 1건의 문화상품권 편취 사기 사건을 수사하고 있는 수사관에게는 수십 건의 동종 사건이 이미 배당되어 있고, 수천 건에 대한 입금내역을 조사하기 위하여 추가로 차출될 수 있는 수사관들 또한 유사한 사건을 수십 건씩 들고 있기 때문에 따로 수사인력을 확보할 수 있는 여력이 없는 경우가 대부분이다.

입장을 달리하여 광역수사대장이나 해당 경찰서의 수사과장의 입장에서 보면, 과거 국제적 사기범죄조직의 꼬리를 확인한 후 수십 명의 수사인력을 동원하여 본격적으로 몸통에 대한 수사를 진행한 경험이 있고, 그 과정에서 만족할 만한 성과를 거둔 적이 있다고 하더라도, 사기범죄조직의 저수지 계좌로 보이는 흔적을 발견한 것만으로 전면적으로 수사를 확대하기로 결정하는 것은 결코 쉽지 않은 일이다. 과거 유사한 사건에서 추가적인 수사단서를 확보하지 못하고 막다른 길에 이르러 수사가 허무하게 종결되는 것을 지켜본 경험이나 수사가 개시된 사실을 알게 된 사기범죄조직이 활동을 전면적으로 멈춘 후 모두 도주하여 수사가 중단된 상황을 겪어 본 경험은 오히려 전면적 수사 개시를 주저하게 만들지도 모른다. 또한 수사관들이 주말에도 출근해서 근무하고 있는 상황이라면, 수사과장이 퀭한 눈의 수사관들에게 새로운 복잡사건의 수사에 시간과 노력을 추가적으로 더 쏟으라는 말을 꺼내는 것 또한 그리 쉽지 않을 것이다.

막대한 인력과 자원이 투입되어야 하는 국제적 사기범죄조직에 대한 집중적인 수사가 가능하기 위해서는 반드시 '미리' 조직적 사기범죄를 수사하기 위한 인력과 자원이 충분히 투입되어 있어야 한다. 수사의 경과에 따라 국제적 사기범죄에 대한 수사를 전면적으로 확대할 수도 있다는 생각만으로는 결코 국제적 사기범죄조직에 제대로 대응할 수 없다. 국제적 사기범죄조직이 활용한 것이 분명한 계좌의 흔적이 있고 사기범죄조직의 냄새가 진동하는 상황이라고 하더라도, 수사책임자가 그에 대한 수사를 확대하고 자원을 집중하기로 마음먹으려면 수사 확대가 현재 진행중인 다른 사건에 대한 수사에 별다른 지장을 초래하지 않아야 하기 때문이다. 만약 개별 사기사건을 수사하던 중 운 좋게 범죄조직의 꼬리를 확인하게 된 경우라도 그 몸통을 추적하기 위해서 다른 사건들에 대한 수사를 전면적으로 중단하여야 하는 상황이라면, 수사책임자가 국제적 사기범죄조직에 대한 수사를 확대하여 그 범죄의 진상을 밝히고 범인의 신병을 확보하는 것에 적극적이기를 기대할 수는 없는 노릇이다. 여기서 중요한 것은, 수사기관이 국제적 사기범죄조직의 꼬리를 발견하였지만 수사기관 내부의 여러 사정으로 제대로 수사를 진행하지 못하는 바로 그 순간에 사건이

빨대사회

자연스럽게 암장된다는 것이고, 그것이 바로 국제적 사기범죄조직의 수괴가 가장 바라는 해피앤딩이라는 것이다.

[암장의 가속화(1): 수사에 대한 오너십 해체]

잠수함의 잠항 훈련 과정에서 중요한 승조원 훈련 중 하나는 함 내 화재 상황에서 신속하게 화재를 진압하는 것이다. 특히 비좁은 공간에 많은 전자장비와 무기를 싣고 다니는 잠수함의 특성상 화재가 발생하였을 때 조기에 진압하지 못하면 불길이 순식간에 번져서 큰 사고로 이어지기 쉽다. 잠수함 화재 훈련을 받을 때 반드시 기억해야 할 것은 맨 앞에서 소방호스를 들고 화재를 진압하는 임무를 맡게 된 승조원은 자신을 교대해 줄 승조원이 나타나서 어깨를 두드리기 전까지는 절대 화재진압 현장에서 이탈하여서는 안된다는 것이다. 화재진압의 책임을 맡은 사람은 어떠한 경우에도 화재진압의 책임을 감당하여야 하고, 교대 인력이 오기 전까지는 화재진압 책임으로부터 결코 이탈해서는 안 된다는 것은 잠수함 화재 훈련의 핵심이다. 아울러 오랜 시간 화재를 진압하는 경우 유독가스에 질식되거나 고열에 탈진할 수 있기 때문에 다른 승조원들은 반드시 뒤에서 기다리고 있다가 맨 앞에서 화재를 진압하는 승조원과 계속하여 교대해 주어야 한다. 맨 앞에서 화재를 진압하는 승조원이 기꺼이 위험을 감수하면서 헌신적으로 화재진압의 책임을 맡고, 앞서 책임을 맡은 승조원의 등을 두드려 화재진압의 책임을 넘겨받을 승조원들이 줄을 서서 기다리며, 그들 모두가 화재진압의 책임을 나누어지고 이를 포기하지 않는 경우라야만, 깊은 잠항심도에서 예기치 못한 화재가 발생하더라도 이를 성공적으로 진압할 수 있는 것이다.

범죄조직에 대한 수사의 경우에도 잠수함에서 일렬로 종대를 이루어

화재를 진압하는 승조원들과 마찬가지로, 범죄조직에 대한 수사를 진행하는 경찰, 검찰수사관과 검사가 일렬로 종대를 이루고 있었다(이미 눈치챘겠지만, 과거시제이다). 누군가가 내가 수사하고 있는 사건을 넘겨받기 전까지는 '내 사건'이라는 책임감을 갖고 최선을 다해서 실체적 진실을 밝혀야 하고, 다음 단계에서 넘겨받는 사람 또한 앞서 있던 사람이 밝히지 못한 실체적 진실을 밝히기 위하여 최선의 노력을 해야 한다. 이를 위하여 과거에는 수사 단계별로 경찰 수사관 ⇨ 경찰 수사과장 ⇨ 검찰 수사관 ⇨ 검사 ⇨ 부장검사 ⇨ 차장검사가 일렬종대를 이루고 있었다(이는 수사 기록의 흐름에 따라 사건에 대한 책임을 지는 순서이고, 직급과 직접적인 관련이 있는 것은 아니다). 수사의 흐름에 따라 형사사법정보시스템(킥스)에서 담당자로 정해진 사람이 그 사건을 '내 사건'으로 관리했다. 먼저 경찰 수사관이 '내 사건'으로 수사를 진행하다가 보통 한두 달 이내에 수사 결과를 검찰로 송치하면, 주임 검사가 이를 이어받아 '내 사건'으로 관리했다. 사건 접수 후 3개월이 지나면 미제 사건으로 분류되기 때문에 검사가 실적 관리를 위해서라도 적극적인 수사 지휘를 하기도 하였고, 수사가 미진하면 검사가 직접 수사하기도 했다. 잠수함에서 일렬종대를 이루고 있는 승조원들이 효과적으로 화재를 진압하고 최종적으로 불씨가 꺼졌는지를 확인하는 데 최적화되어 있는 것과 마찬가지로, 경찰에서 시작한 수사를 검찰에서 마무리할 수 있도록 수사기관의 기능과 역할을 구분한 것 역시 제한된 인력과 자원으로 실체적 진실을 발견하고 신속하고도 적정하게 사건을 종결하기 위하여 최적화된 업무분담 체계였다.

특히 복잡사건은 수사부터 재판에 이르기까지 '내 사건'으로 책임을 지는 사람이 있어야 진실이 밝혀질 계기가 마련될 수 있다. 만약 일렬종대로 이뤄진 오너십의 사슬이 해체되고, 수사관과 검사에게 주어지는 모든 사건들이 '남의 사건'이 되는 순간 어려운 사건을 끙끙거리며 해결할 의욕은 사라지게 된다. 수사권 조정 이후 수사지휘권이 폐지된 검찰은 경찰에 보완수사만 요구할 수 있게 되었고, 대부분의 형사사건은 오롯이 1차적 수사 종결권을 가진 경찰의 사건이 됐다. 이론적으로는 검사는 보완수사를 요구할 수 있고 경찰은 마감 시한 없이 보완수사를 할 수 있다고는 하지만, 실제로는 '남의 사건'에 대한 수사가 미진할 때 증거가 보완되는 과정은 과거에 비하여 훨씬 어렵고 번거롭게 변하였다. 검사가 보완수사를 요구하고 나면 더 이상 자기 사건이라고 볼 수 없게 되므로, 이에 대해서 더 이상 책임을 질 이유가 없다. 아울러 검사는 불송치결정에 이의가 들어온 사건에 대해서도 이를 처리하는 기관에 불과하고, 일단 결론을 내리면 사건은 손을 떠나 다시 맡을 일이 없으므로 필요 이상의 시간과 노력을 들일 이유가 없게 되었다. 경찰 또한 일단 마무리하고 검찰에 기소의견으로 송치한 사건에 대해서 검찰로부터 보완수사를 요구받게 된다면, 그사이 쏟아져 들어온 다른 사건들에 대한 수사를 진행하면서도 해당 사건의 사건기록을 다시 열어 검찰의 보완요구사항을 충실하게 챙기는 것에 적지 않은 어려움을 겪을 수밖에 없다.

이처럼 수사체계를 바꾸어 모든 사건을 '남의 사건'으로 만드는 순간 과거 박종철 고문치사사건과 같은 사건의 진실을 밝히는 것은 그만큼 어려워지게 된다. 그럼에도 불구하고 국회는 과거에 고문치사사건을 은폐하려는 시도가 거의 성공할 뻔했다는 역사적 교훈을 모두 잊어버린 것처럼, 수사기관이 사건을 은폐하려는 시도가 재현되더라도 이번에는 아무도 알아차릴 수 없도록 누구에게 수사의 권한과 책임이 있는지를 모호하게 해 둔 수사권 조정이라는 기이한 입법을 감행한 것이다.[8] 이제 검찰의 수사권 박탈 이후 모든 사건들이 구조적으로 '내 사건'이 아닌 '남의 사

---

8 중앙일보, "'박종철 치사' 특종 기자 '그때 검수완박했으면 사건 묻혔다'", 2022. 4. 25.자 기사

건'이 됨에 따라 수사기관이 제대로 책임감을 갖고 수사에 임하는 것을 기대하기는 어렵게 되었다. 수사관과 검사가 일렬로 종대를 이루어 범죄를 수사하는 오너십 구조가 완전하게 해체된 이후 부패범죄 수사는 거의 자취를 감추었고, 막대한 사기피해를 안긴 사기범죄조직에 대한 수사는 지지부진하며, 일반 사건에서도 사건처리가 현저하게 지연되고 있다. 그럼에도 불구하고 지금까지 복잡사건에 대한 수사를 그나마 가능케 했던 오너십 구조가 사건의 암장을 막을 수 있었다는 점에 대해서는 아무도 관심이 없다. 깊은 잠항심도에서 화재가 발생한 잠수함 내에서 모두가 불길을 피해 숨어 있는 것과 같은 상황이 계속된다면, 결국 잠수함 전체에 화재가 번져 유폭으로 침몰하게 될 것이 시간 문제임에도 불구하고 내 알 바 아니라는 잠수함 승조원처럼 말이다.

[암장의 가속화(2): 수사에 대한 인력 및 예산의 부족]

우리 언론에서 다루는 뉴스 중에서 형사재판과 수사가 차지하는 비중이 상당히 높고, 그에 대한 일반 대중의 반응도 상당히 즉각적이고 뜨거운 편이다. 대중의 관심이 집중된 형사사건에서는 피의자의 구속여부, 수사 및 재판의 진행 상황, 선고 결과가 실시간 검색어 순위에 오를 뿐만 아니라, 그에 대한 관심이 각종 인터넷 게시판을 뜨겁게 달구는 경우도 흔하다. 이는 산업계에 큰 영향을 줄 수 있는 민사재판 결과나 대한민국을 상대로 한 중요 투자자-국가 소송(Investor-State Dispute, ISD) 결과라고 하더라도 뉴스 가치를 인정받기 쉽지 않은 것과는 사뭇 다른 것이다. 사실 정치나 연예 분야의 기사를 제외하고 인터넷 게시판에서 수사나 형사재판에 대한 언론 기사보다 더 뜨거운 관심을 받는 것은 거의 없다고 보아도 과언이 아니다.

이와 같은 수사와 재판에 대한 관심은 수사나 형사재판의 결과에 대한 불만을 낳기도 하고, 나아가 "○○○를 처벌해주세요"와 같은 각종 청원 등으로 이어지기도 한다. 이에 국회가 해당 범죄에 엄벌을 위하여 형량을 가중하는 법을 신속하게 만들고는 있지만, 법정형을 올리기만 하면 예산을 한 푼도 더 들이지 않고도 해당 범죄를 억제할 수 있다는 낙관적인 희망으로 만든 엉성한 법률이 제대로 효과를 발휘할 리 만무하다. 오히려 '○○○ 사건'을 계기로 급하게 만들어진 체계적이지 않은 법률은 수사 및 재판과정에서 여러 법률적, 현실적 문제를 야기하고 있다.

반면, 모두가 관심을 갖고 지켜보고 있는 범죄수사와 형사재판이라고 하더라도 실제 투입되는 인력과 자원은 그리 많지 않다. 모두가 한목소리로 엄정한 수사와 처벌을 요구하는 중요 형사사건의 수사, 공소제기 및 재판에 대해서 진실을 밝히기에 합당한 정도의 인원과 예산이 각 단계별로 투입되는 것은 우리의 범죄영화나 미국 수사드라마에서나 가능한 것일 뿐, 우리의 현실은 그와 거리가 멀다. 실제 경찰이나 검찰에서 해당 사건의 수사를 담당하는 인원은 대개 한두 명(많아야 두세 명)에 불과하고, 그 경찰관이나 검찰 수사관들이 개별 사건에 동원할 수 있는 자원 또한 자신들의 시간과 노력이 전부인 경우가 대부분이다. 여기에 더하여 언론을 떠들썩하게 만든 중요한 사건의 수사를 담당하고 있는 검사나 수사관들이 또다른 중요한 사건을 동시에 수사하고 있는 경우도 적지 않고, 재판에 관여하는 공판검사나 판사의 사정 또한 그와 별반 다르지 않다. 법원에서 사회적으로 크게 주목을 받고 있는 형사사건을 담당하는 재판부를 검색해 보면, 그 재판부가 다른 중요 사건들을 함께 담당하고 있는 경우를 심심치 않게 발견할 수 있다. 그리하여 수사나 형사재판를 해결함에 있어 충분한 인력이 투입되고 있다거나, 각종 게시판과 국민청원 사이트에서 국민들이 게시글과 청원서를 작성하는 데 쓰이는 시간보다 많은 시간이 수사나 재판과정에 투입되고 있다고 단언할 수 있는 사례는 거의 없다. 개별 수사관이나 검사 또는 판사는 일정한 시점에 여러 사건을 처리하고 있기 때문에, 정말 중요한 것으로 보이는 사건이라고 하더라도 필요한 시간과 노력보다 현저히 미치지 못하는 시간과 노력만이 해당 사건에 투입되고 있는 것이다. 이와 같은 사정을 고려한다면, "○○○ 수사팀을 증원해주세요."라는 청원이 보다 현실적일 수 있다.

그런데 수사 및 재판을 제대로 진행하는 데 필요한 인력이나 자원이 배분되지 않는 것은 실제로 그로 인한 문제가 없기 때문이라기보다는 그와 같은 문제를 드러내는 것이 별다른 뉴스 가치가 없기 때문이었다. 이 때문에 인력 및 자원배분 부족 문제를 제대로 해결할 생각을 가진 정책결정권자 또한 거의 없었다. 어쩌다 언론보도로 그와 같은 문제가 드러난 경우라고 하더라도, 정책결정권자 중에서 인력 및 자원배분 부족 문제를 책임지고 해결하고자 했던 사람은 찾아보기 어렵다. 오히려 우리의 형사사법시스템에 다른 나라에서 유례를 찾기 힘든 생뚱맞은 제도를 도입하고, 복잡사건을 수사할 주체가 누구인지 불명확하게 만드는 등의 방식으로 형사사법시스템의 실무를 망가뜨리고, 인력 및 예산배정에도 매우 인색한 모습을 보여왔다. 이런 상황에서 본질적이고 만성적인 문제들이 스스로 해결될 여지는 전혀 없었고, 부족한 인력 및 예산문제로 중요 사건들이 암장되는 것도 막을 수 없었다.

방안의 코끼리: 인력 및 예산의 부족

[미국의 경찰 예산삭감의 결과]

2020년 5월 미국 미네소타 주 미네아폴리스에서 위조지폐 사용이 의심된다는 신고를 받고 경찰관들이 출동하였다. 출동 경찰관 데릭 쇼빈은 용의자로 의심되는 조지 플로이드(George Floyd)를 체포하는 과정에서 무릎으로 목을 9분 29초간 눌러 그를 숨지게 하였고, 이 사건을 계기로 전국적으로 인종차별 반대 운동이 펼쳐지게 되었다. 이후 강제력으로 치안을 확보하는 인종차별적 경찰에 예산을 배정하는 것보다는 각종 사회보장서비스에 예산을 배정하는 것이 공공안전을 위해서 바람직하다는 주장이 힘을 얻으면서 '경찰 예산을 삭감하라(Defund the police)'는 구호가 미국 전역에 퍼져 나갔다. 이에 미네아폴리스를 비롯한 뉴욕, 시카고, 포틀랜드, 로스앤젤레스 등의 시의회는 경찰 예산을 대폭 삭감하였다. 특히 댈러스의 경우 5명의 백인 경찰관들이 시위 도중에 중무장한 저격수에 의하여 살해되기도 하였지만, 시의회는 이에 아랑곳하지 않고 경찰관의 초과근무수당과 신규 채용에 소요되는 예산을 삭감하였고, 그 결과 사기가 저하된 경찰관들이 조기 은퇴 등을 이유로 사직하여 3,600여 명에 달하던 수가 3,100여 명으로 줄어들게 되었다.[9]

그런데 이듬해인 2021년 이후 경찰 예산을 삭감한 도시에서 살인, 강간, 강도 등의 중범죄가 기록적인 수준으로 증가하였다. 특히 조지 플로이드의 죽음으로 인종차별 반대운동의 진앙이 된 미네아폴리스에서는 전년 대비 살인사건이 13.4% 증가하였고, 댈러스에서도 25%가 증가하였다. 이와 같은 범죄 급증에 놀란 도시들은 일제히 경찰 예산을 다시 늘렸지만 상당수 경찰관들은 이미 무리를 지어 떠나버린 상황이었고 경찰관 채용 절차에 지원하는 구직자 또한 줄어 결원을 충원하는 것에 어려움을 겪었다. 예년보다 적은 수의 경찰관이 예년보다 폭증한 범죄를 처리하여야 하는 상황에 더하여 2021년에 공무 중 살해된 경찰관의 수가 73명으로 전년 대비 59% 급증할 정도로 경찰관의 업무가 훨씬 위험해짐에 따라 경찰관에 대한 직업적 매력이 상당한 정도로 떨어졌기 때문이었다. 2023년에 이르기까지 경찰에 반대하는 정서와 예산삭감에 더하여 보석제도의 변화로 범죄율이 급증하고 있는 뉴욕주의 경우 늘어난 업무를 버티지 못하고 사직하는 뉴욕주 경찰국(NYPD) 소속 경찰관들의 수가 우려할 정도로 폭증하고 있는 상황이다.[10]

경찰 인력이 대폭 감소한 후 보다 적은 수의 경찰관이 보다 많은 업무를 처리하게 됨에 따라 911 신고접수 후 경찰관이 사건 현장에 출동하는 데 걸리는 시간 또한 현저하게 증가하게 되었고, 이는 다시 우범지역에서의 범죄 발생을 빠르게 증가시키는 악순환에 빠지게 되었다. 이에 흑인 커

---

9 New York Times, "A Year After 'Defund,' Police Department Get Their Money Back", 2021. 10. 10.자 기사
10 New York Post, "NYPD cops leave force in alarming rate—over 2,500 turned in badges so far in 2023", 2023. 11. 25.자 기사

190
빨대사회

뮤니티를 포함하여 종전보다 치안이 불안해진 지역에서는 치솟는 범죄에 대응하여 치안을 확보하여 줄 것을 요구하는 목소리가 다시 힘을 얻게 되었지만, 미국 전역에서 여전히 인종차별이나 경찰 예산축소와 관련된 논쟁이 진행중이기에 문제의 해결은 쉽지 않아 보인다. 댈러스 시를 비롯한 여러 시 정부의 정책결정권자들이 경찰관을 범죄자보다 더 위험한 존재로 취급하면서 충분한 검토나 별다른 고민 없이 성급하게 치안을 약화시키는 결정을 하였음이 분명한데도, 정책결정권자들은 자신들의 결정으로 강력 범죄가 폭증하게 된 결과에 대해 책임을 지기는커녕 범죄 급증의 원인을 여기저기에 떠넘기면서 문제상황을 더욱 악화시키고 있기 때문이다.[11]

　미국의 경찰 예산삭감과 관련된 사례를 통해서 알 수 있는 점은 범죄예방 및 수사를 담당하는 경찰 조직의 인력과 예산감축이 범죄율 증가에 미치는 영향이 생각보다 크고, 그 효과 또한 빠르게 나타난다는 것이다. 일단 범죄가 증가하는 현상이 고착화되면 종전보다 훨씬 더 많은 비용과 자원을 소요하고도 종전과 같은 수준으로 범죄율을 낮추는 것이 결코 쉽지 않다. 범죄 대응 및 수사역량은 형사사법시스템 전반의 인력 및 예산 수준과 직접적인 관련이 있고, 필요한 수준에 미치지 못하는 인력과 예산으로는 충분한 수준의 범죄예방 및 수사를 할 수 없으며, 이는 곧바로 범

---

11 이러한 상황은 2014년 캘리포니아 주에서 건의안 47호로 통과된 「안전한 이웃과 학교법 (The Safe Neighborhoods and Schools Act)」에 따라 범죄현장에서 영장 없이 현행범으로 체포할 수 있는 중범죄(felony)의 기준이 매장절도(shoplift)의 경우 절취액 기준 400달러 초과에서 950달러 초과로 상향된 이후 캘리포니아에서 떼도둑들의 상점 약탈이 심해지고 있지만, 캘리포니아 주 의회가 아직까지 치안 악화의 원인으로 지목되고 있는 위 법을 개정하지 않고 있는 것과 맥을 같이 한다고 볼 수 있다. 「안전한 이웃과 학교법」이 실제로는 이웃과 학교를 안전하지 않은 상황으로 내몰고 있다는 점이 명백해졌고, 주 의회에 중범죄 기준을 낮추는 내용의 개정법률안이 계속하여 발의되고 있음에도 불구하고, 주 의회는 아직까지 자신들의 실책을 인정할 생각도 없고, 책임지고 문제 상황을 해결할 의지도 보여주지 못하고 있는 것이다.

죄율 증가로 연결된다는 것을 미국의 사례는 웅변하듯 보여주고 있다.

경찰 조직의 인력과 예산 부족 문제가 형사사법시스템의 본질적이고 만성적인 문제와 밀접한 관련이 있을 수 있다는 점은 우리에게도 시사하는 바가 크다. 또한 미국의 경찰 예산삭감 운동은 어리석은 결정으로 인한 부작용이 아무리 속출한다고 해도 그 결정에 책임이 있는 정치인이 스스로 자신의 의사결정을 뒤집는 일은 여간해서는 일어나지 않는다는 것을 보여준다. 결국 어리석은 결정에 책임이 있는 정치인이 주민소환이나 선거 패배 등의 사유로 스스로 그에 대한 대가를 치르기 전까지 그 대가를 지불하는 사람은 어리석은 결정을 한 정치인들이 아니라 범죄 피해자들과 국민들일 수밖에 없다.

[형사사법시스템 내에 자리잡은 '방안의 코끼리']

좁은 방안에 거대한 코끼리(an elephant in the room)가 들어와 있다면, 코끼리로 인하여 방이 비좁아졌음을 인식하는 것은 전혀 어렵지 않다. 그런데 코끼리가 너무 거대하고 무거워서 밖으로 내보내는 것과 같은 해결책을 찾기 어렵다는 점이 명확하게 되었을 때, 대부분의 사람들은 아예 코끼리를 못 본 척하는 것으로 문제를 회피하기 마련이다. 지금까지 아무도 제대로 해결할 수 없었던 크고 어려운 문제가 여전히 존재함에도, 이제는 아무도 그 문제를 언급하기를 꺼린다면, 그것이 바로 본질적으로 가장 중요한 문제인 '방안의 코끼리'일 가능성이 높다.

최근 30여 년간 사법개혁의 기치 아래 수많은 제도개선이 진행되었음에도 불구하고 이러한 노력들은 대부분 별다른 성과 없이 끝나버렸다. 사법개혁의 과제 중 제대로 된 성과를 거둘 수 있었던 것을 하나도 꼽을 수 없는 지금에 이르러, 형사사법시스템에서 수많은 문제들을 야기했던 근본적인 원인에 대해서는 제대로 언급하기를 꺼려왔던 것 아닌가 하는 점에 생각이 미치지 않을 수 없다.

사실 수사, 재판 및 집행과정에서 주도적으로 사건을 처리할 인력이 부족하고, 사건처리과정에 배분된 예산이 지나치게 적다는 문제는 모두가 알고 있는 것이었다. 하지만 인력 및 예산부족의 고질적인 문제는 모두에게 당연한 제약조건(constraints)으로 여겨졌을 뿐, 사법개혁의 과제목록에 전혀 포함된 바 없었고, 누구도 이에 대해 제대로 된 해결책을 모색한 바도 없었다.

지금까지도 모두가 분명하게 인식하고는 있지만, 다들 어쩔 수 없다고 생각하기에 아예 언급하기 꺼리는 수사 및 재판과정에서의 인력과 예산 부족 문제가 사실 형사사법시스템의 모든 문제를 야기해왔던 근본원인 또는 '방안의 코끼리'였던 것이다.

[방안의 코끼리(1): 수사 과정에서의 인력 부족]

2019년 10월 업계 1위 사모펀드 라임자산운용이 사실상 '폰지 사기 구조'로 운용돼왔다는 의혹이 제기되고 1조 6,000억 원 규모의 환매중단 사태가 벌어진 후 진행된 라임자산운용에 대한 수사 사례를 보더라도 수사에 투입되는 인력이 그리 많지 않음을 쉽게 확인할 수 있다. 라임자산운용 사건은 제도권 금융기관까지 관여되어 있는 복잡한 금융사기사건으로 피해자의 수(4,000여 명)나 피해규모(1조 6,000억 원 이상)가 상당히 크고, 여기에 정치권 등에 대한 정관계 로비 의혹까지 제기되어 수사대상이 되는 피의자나 참고인의 수도 상당히 많을 것으로 예상되는 사건이었다. 이러한 경우 전체 범행 구조를 파악하고 사기혐의를 입증할 수 있는 증거를 빠짐없이 수집하기 위해서는 반드시 수사 초기부터 많은 수의 수사 인력이 투입되어야 한다. 당초 이 사건은 서울남부지검 증권범죄합동수사단에 배당되었지만, 추미애 당시 법무부장관이 검찰 조직을 개편하면서 증권범죄합동수사단을 폐지시켰다. 신속한 수사와 신병확보를 위하여 필요한 수사 인원을 배치하기는커녕 오히려 수사팀을 해체하는 황당한 결정을 한 것이었다.

이후 서울남부지검 형사6부에서 그 수사를 이어받았지만 형사6부에서 이 사건에 투입된 수사팀 중 검사 인력은 총 11명이었고, 이후 9개월 여가 지난 시점에서 9명으로 축소되었다(수사팀 중 검찰수사관의 숫자는 밝혀지지는 않았으나, 대체로 검사 수의 2~3배를 넘지 않는 것이 일반적이다).[12] 당시 법무부 장관이 합수부를 해체하면서도 수사 흐름이 끊어지거나 진행이 늦어지는 일이 없을 것이라는 뜻을 밝힌 것과는 달리, 수사 과정의 흐름이 끊겨 수사 진행은 지연될 수밖에 없었고, 부족한 수사 인력으로 꾸려진 수사팀이 증거를 수집하고 도주한 주범들의 신병을 확보하는 과정에서 적지 않은 어려움을 겪을 수밖에 없었다. 라임펀드 사건의 복잡성으로 인하여 사기 범행의 실체를 파악하는 데 적지 않은 시간이 걸렸을 뿐만 아니라, 사기범 행의 주범들에 대한 신병을 조기에 확보하는 것 또한 쉽지 않았고, 그로 인하여 수사 과정도 길고 험난할 수밖에 없었다. 또한 재판 중 도주한 김봉현 전 스타모빌리티 회장을 비롯하여 주범 중 상당수가 도주하여 대부분의 수사인력이 수사에 손을 놓은 채 공범들의 신병확보에 투입되는 등으로 수사와 재판에 적지 않은 차질이 빚어지기도 하였다.

결국 피해액 1조 6,000억 원 규모의 대형 사기사건으로 피해자가 4,000여 명에 이르고, 검찰이 확보하여야 할 공범 및 관련자의 진술 또한 상당한 양에 달하며, 주요 공범들이 도주하여 이들에 대한 추적에도 상당

---

12 한국경제, "라임펀드 사태 핵심 인물들 재판 결과 살펴보니…", 2021. 10. 9.자 기사

한 인력이 투입될 수밖에 없는 사건임에도 불구하고, 라임자산운용 사건의 수사팀 중 검사는 10명 내외에 불과하였던 것이다. 라임자산운용 사건과 관련되어 수사가 진행되어 피고인으로 기소된 사람들은 라임자산운용 대표 등 운영자, 증권회사 센터장, 변호사, 전 청와대 행정관 등으로 아주 다채로웠는데, 검찰이 수사 과정에 투입한 검사와 수사관의 몇 배에 달하는 수의 유명한 변호사들이 변호인으로 선임되어 수사 및 재판 과정에 동원되면서 수사와 재판의 진행은 더욱 지체될 수밖에 없었다. 그로 인하여 라임자산운용 사건이 터진 지 3년이 지난 현재까지도 범죄수익 대부분이 어디로 흘러갔는지에 대해서 제대로 된 갈피를 잡지 못하고 있는 것이다.

　모든 언론의 관심이 집중된 대형 사기사건에 투입되는 검사와 수사관 인력이 얼마 되지 않고, 심지어 그들이 상대해야 하는 변호사들의 수에도 현저히 미치지 못한다는 사정은 그보다 적은 규모의 사기사건에 있어서도 별반 다르지 않다. 수많은 피해자를 만들어 낸 조직적 사기범죄가 연일 떠들썩하게 신문 지면을 장식하고, 다수의 피해자가 검찰청과 법원 앞에서 피의자의 엄벌을 촉구하는 시위를 하고 있지만, 해당 형사사건을 담당하는 경찰 수사 인력이 수사관 2~3명을 넘어서는 경우는 그리 많지 않다. 검찰이 수사권과 수사지휘권을 제한 없이 행사할 수 있었던 때라면 사건이 검찰로 송치된 이후 검찰에서도 주임 검사와 검찰 수사관이 더 투입되어 보완수사를 진행하는 경우가 일반적이었고, 특히 부족한 경찰 인력만으로는 제대로 진행하기 어려운 다중피해 사기사건이나 부패사건의 경우 특수부나 형사부 중 두세 개 검사실의 검사 두세 명과 수사관 예닐곱 명이 경찰과 함께 수사를 진행하기도 하였다. 하지만 검찰의 직접 수사권의 상당 부분이 박탈되고 수사지휘권이 축소된 이후에는 그와 같이 보완수사가 진행되는 경우는 모두 사라져버렸다.

　수사기관이 5명 남짓의 수사 인력으로 다수의 판매책이 관여된 1,000

억 원대 피라미드형 폰지 사기단을 수사하는 상황을 생각해보자. 피해자들의 고소 또는 고발 등을 통하여 해당 범행에 대한 정보를 접수하게 되면, 수사기관은 우선 피해자들을 상대로 구체적인 범행의 내용과 피의자들을 특정하기 위한 정보를 수집하여야 한다. 수사기관은 먼저 피해자 쪽 증거를 수집하게 되는데, 사기범죄 피해자를 소환해서 그 피해 경위와 금액 등에 대한 진술을 조서에 남기거나 아니면 유선전화로 이를 확인하고 그 결과를 수사 보고의 형식으로 남겨둔다. 사건 초기에는 피해의 전체 규모가 분명하게 드러나지 않기 때문에 이 단계에서 사건의 전모를 파악하기 위하여 필요한 만큼의 충분한 인력이 투입되는 경우는 거의 없다. 뿐만 아니라 이후 피해자가 수천 또는 수만 명에 이르고 있음이 밝혀진 경우라고 하더라도, 사건의 규모에 비례하여 수사 인력이 추가 투입되는 일 또한 결코 일어나지 않는다. 결국 한 줌의 수사 인력으로 다수의 피해자로부터 피해 경위와 내용을 청취하고, 관련 증거를 하나씩 확보하는 작업에 상당한 시간이 소요될 수밖에 없다.

　문제는 수사기관이 피해자들에 대한 조사를 진행하고 있다는 사실이 알려지는 순간, 해당 사기범죄조직의 수괴와 공범들은 증거를 모두 인멸하고 도주하기 시작한다는 것이다. 따라서 수사기관은 부족한 인력으로 수만 명의 피해를 정리하는 도중에도 주범의 신병을 확보하기 위한 체포영장 발부 및 집행에 나서야 하고, 수사 대상이 되는 피의자들이 증거를 인멸하기 전에 여기저기 산재해 있는 증거를 재빨리 확보하여야 하며, 범죄수익을 동결시키기 위해서 압수수색과 추징보전 또한 신속하게 진행하여야 한다. 만약 공범이 다수 있고 그 피해 금액이 천문학적인 사건이라면, 수 천건의 압수수색과 체포영장의 집행이 동시다발적으로 진행될 필요가 있다.

　피해자 측으로부터 범죄수법과 피해규모에 대한 정보를 획득하기 위한 수사와 피의자 측으로부터 범죄조직의 구성과 운영에 대한 정보를 획득하기 위한 수사, 공범의 신병을 확보하고 은닉한 범죄수익을 추적하기 위한 수사가 동시에 진행되어야 하는 복잡사건은 당연히 상당한 수의 수사 인력이 동시에 투입되어야 수사가 제대로 진행될 수 있다. 하지만 일반적인 사건에서 여러 갈래로 진행되어야 하는 수사에 투입되는 인력은 많아야 수사관 두세 명 정도에 불과하다.

한편, 해당 수사팀으로 배치된 검사들이나 수사관들은 여전히 기존에 진행하던 사건들을 구속 만기나 미제기한에 맞추어 적절히 종결하여야 하는 경우가 대부분이다. 공범들이 도주하면서 체계적으로 증거를 인멸하고 있는 상황에서 이미 다수의 기존 사건을 들고 있는 수사 인력으로 구성된 수사팀이 사기단의 조직과 구성, 범행의 규모 등과 관련된 전모를 밝히고 범죄를 구성하는 모든 행위를 빠짐없이 수사하여 공범들을 신속하게 기소하는 것은 당초부터 불가능할 수밖에 없다.

그나마 중요 사건에 수사역량을 집중적으로 투입할 수 있는 여력이 있는 경찰청의 광역수사대라고 하더라도, 중요 사건에 실제로 투입될 수 있는 인원은 여전히 부족하고, 이와 같이 부족한 인원만으로 사건의 진상을 제대로 밝히고 관련 공범들을 일망타진하는 성과를 이끌어 내는 것은 결코 쉽지 않다. 과거 경찰청 광역수사대와 검찰청 특수부가 나누어 진행하던 수사의 대부분을 검찰 수사권 조정 이후 경찰청 광역수사대가 진행하게 되었는데, 현재까지 경찰 인력 사정은 거의 개선된 바 없기 때문에 수사 인력 부족 문제는 과거에 비하여 현저하게 악화되었을 뿐이기 때문이다.

더욱이 수사나 증거수집 과정에서 다수의 법리적 판단이 수반되는 복잡사건의 경우에 형사재판이나 공소 유지 경험이 부족할 수밖에 없는 경찰청 광역수사대 수사관들이 검찰의 수사지휘에 의존하지 않고 실제 형사재판과정에서 증거로 채택되는 데 문제가 없는 진술이나 물증을 확보하는 것에 적지 않은 어려움을 겪을 수밖에 없게 되었다. 누차 말하지만, 수사 ⇨ 재판 ⇨ 집행의 흐름에서 앞단의 수사 단계만을 전담하는 경찰수사관이 이후 기소와 재판 단계에서의 법리적 논증이나 증거능력, 유죄에 필요한 입증의 정도에 관한 구체적인 기준과 실무를 접해본 경험이 있을 수 없고, 그 내용을 상세히 알기도 어렵다. 원래 수사, 재판 및 집행에 모두 관여하는 검사가 수사지휘를 통하여 증거획득절차와 방법에 관하여 필요한 지시나 조언을 하거나, 검사 스스로 부족한 증거능력 부분을 보강하기 위한 보완수사를 함으로써 이러한 문제를 해결해왔지만, 이제는 수사와 기소가 단절되어 이러한 방식의 문제 해결이 불가능하게 되었다. 결국 재판절차나 형사증거법에 대한 전문지식이나 업무 경험이 부족할 수밖에 없는 경찰수사관이 진행한 수사를 통하여 힘들게 확보한 증거들이 실제 공판 과정에서 적법한 증거로 사용될 수 없게 되는 경우가 빈번하게 발생할 수 있다. 이러한 경우 수사기관이 범행의 전말을 온전히 밝혔다고 하더라도 증거를 확보하는 과정의 절차적 문제 때문에 범죄조직의 수괴에 대하여 무죄판결이 내려지는 사건의 수가 증가할 수밖에 없다. 이러한 문제는 검찰의 수사지휘가 사라진 후 경찰의 업무부담 증가와 인원부족 문제가 악화되면 될수록 더 자주 발생하게 될 것이다.

중요 사건에도 매우 적은 인력과 자원만을 투입해온 것은 과소 인력으로 많은 사건을 처리하는 과정에서 효율만을 강조해온 기존의 인력 운용 방식과 무관하지 않다. 중요 사건이라고 하더라도 도저히 납득할 수 없는 정도의 소수의 인원이 수사와 재판을 담당하는 것이 오랜 기간 너무나 당연시되어 왔다. 그래서 복잡사건의 진상을 온전히 밝히는 것은 처음부터 가능한 것이 아니었고, 당연히 사건의 진상이 충분히 밝혀지고 모든 범죄가 빠짐없이 기소되는 경우 또한 기대할 수도 없었다. 사건이 쏟아져 들어오는 상황에서 다수의 사건을 조기에 처리하기 위해서는, 넉넉히 유죄 인정을 할 수 있을 정도로 충분한 증거를 수집하는 것에 집중하기보다는 수사기관은 간신히 유죄판결을 이끌어낼 수 있는 최소한의 증거를 확보하는 정도의 수사를 할 수밖에 없었다. 수사를 통한 증거확보가 그나마 가능한 범위 내에서만 기소가 이루어지고 모두의 기억 속에서 잊혀질 무렵 그 중 일부에 대해서 유죄판결이 선고되는 것이 현저하게 부족한 수사인원으로 진행되는 수사가 이끌어 낼 수 있는 최선의 결론이었는지도 모른다.

아무도 관심 갖기 어려운 일반 사기사건에서는 인력부족이 더욱 큰 문제로 작용한다. 일반 사기사건의 경우 해당 사건의 수사를 담당하는 사람이 경찰 수사관 1명뿐일 가능성이 매우 높고, 그 수사관이 100건이 넘는 다른 사기사건을 동시에 수사하는 경우가 대부분이다.[13] 수사권조정 전에는 사건이 경찰에서 검찰에 송치된 후 검사 1명과 검찰 수사관 1명이 해당 사건을 검토하고 필요한 경우 보완수사를 진행하였지만, 이제는 검사의 수사지휘권이 사라지고 수사권 또한 대폭 축소되면서 검사가 경찰의 수사가 종결된 이후 관여할 수 있는 여지가 크게 줄어들었다. 그래서 경찰 수사관 1명이 살인적인 사건 부담을 짊어진 채 고독하게 수사를 진행하고는 있지만, 이러한 상황에서 진행되는 수사가 실체적 진실발견에 충분한 정도에 이를 수는 없는 것이다.

결국 현재의 수사 지연의 문제는 수사 과정의 역할 분담과 자원배분이 잘못 설계된 것에서 비롯된 것으로, 주말에도 야근을 하고 있는 경찰 수사관의 능력이나 열의가 부족한 탓으로 돌릴 것이 결코 아니다. 한편, 2021년 검찰과 경찰의 수사권 조정 이후 경찰이 1차 수사 종결권을 가지게 되면서 수사 부서에서 처리해야 할 사건이 폭증함에 따라 2023년 상반기에

---

13 2020년 전국 일선 경찰서 사이버수사과에서 근무하는 수사관 1인당 사건 접수 건수는 337.8건에 달했다. 매일경제, "'이러니 제대로 수사할 수 있겠나' … 고소고발 대한민국, 경찰 1명 사건 337건 담당", 2021. 7. 28.자 기사 참조.

만 치안 인력인 경찰 기동대 인원 중 1,009명을 수사로 돌렸는데, 이에 따라 일선 지구대 및 파출소의 치안 인력이 감소하고 노령화됨에 따라 무차별 칼부림에 이어 대낮 공원 칼부림 등에 제대로 대처하지 못하는 악순환이 계속되고 있다는 점 또한 기억할 필요가 있다.[14]

[방안의 코끼리(2): 수사 과정에서의 예산 부족]

수사과정에서 예산부족 문제는 곳곳에서 발견된다. 일례로, 마약범죄는 폭증하고 있는데 반하여 마약수사 예산은 뒷걸음질 치고 있다. 경찰청은 전국 17개 지방경찰청마다 마약수사대 또는 마약수사계를 설치해 운영하고 있는데, 경찰청의 마약단속 예산은 2016년 2억 5,987만 원에서 2017년 2억 2,293만 원, 2018년에는 1억 6,617만 원까지 줄었다. 2018년 마약 투약으로 검거된 인원이 1만 2,613명인데, 한 명당 1만 3,174원의 예산이 지출되는 셈이다. 검찰 역시 마약수사 예산은 2017년 49억 3,900만 원에서 2018년 47억 6,000만 원, 2019년 44억 7,400만 원으로 꾸준히 감소하고 있다.[15]

마약수사 예산은 주로 위장거래를 위한 미끼로 쓰이거나 마약류 사범들의 정보를 수집하는 데 사용된다. 당연히 위장거래의 상대방인 마약 거래상으로부터 영수증이나 거래명세서를 받을 수 없는데다가, 현재 진행 중인 수사의 경우에는 그 지출 내역 또한 정확하게 밝힐 수 없는 부분이 있을 수밖에 없지만(대부분의 특활비가 이러한 용도로 사용된다), 지출내역을 공개할 수 없다는 바로 그 이유로 마약수사 예산을 감액하겠다는 국회의 요구에 제대로 대응할 수 없었다. 그로 인하여 마약수사에 쓸 예산이 계속

---

14 조선일보, "검경 수사권 조정에 동네 순찰 맡을 경찰 1,000명 감소", 2023. 8. 19.자 기사
15 한국경제, "마약 수사 예산 태부족 … 위장거래 땐 수사관들 사비 걷기도", 2019. 4. 12.자 기사

삭감되다 보니 마약수사에 큰 어려움이 발생하고 있다. 일례로, 검찰은 2018년 대만 최대 폭력조직인 '죽련방'의 정보를 수집하기 위해 판매상으로 가장하여 5kg 어치 마약을 사들이기로 했는데, 죽련방이 요구한 3억 원을 마련할 수 없어 수사관들은 십시일반으로 돈을 모으거나 가짜 돈을 끼워 넣어 거래하는 웃지 못할 사례도 있었다.

이와 같은 상황이 계속되면 당연히 마약수사는 현저하게 위축될 수밖에 없다. 여기에 마약수사 전담부서가 통폐합되고 검찰의 수사범위가 밀수 등으로 제한되는 등의 사정이 겹치면서 마약수사 역량은 현저하게 감소한 것에 반하여, 부족한 마약수사 인원으로 입건한 마약사범의 수와 압수량은 폭발적으로 증가하고 있다(2023. 1.부터 2023. 2.까지 사이에 마약사범은 전년 동기 대비 32.4%, 마약류 압수량은 57.4% 증가하였다).[16]

실질적으로 예산이 제대로 배정되지 않는 상황은 '증인보호 프로그램'으로 널리 알려진 범죄신고자 보호제도의 경우에도 별반 차이가 없다. 「특정범죄신고자 등 보호법」은 특정범죄에 관한 범죄신고자를 비롯하여 보복을 당할 우려가 있는 그 친족에 대한 보호방안으로 인적 사항 기재의 생략(제7, 8조), 증인소환 및 신문의 특례인정(제11조), 신변안전조치(제13조), 이사·전직 등으로 인한 비용 등 구조금 지급(제14조), 범인의 신상변동 상황에 대한 통지(제15조) 등을 규정하고 있다. 그러나 대부분의 경우 이를 위하여 실제 책정된 예산이 거의 없다 보니, 수사기관이 수사 과정에서 범죄신고자 등을 보복의 위협으로부터 보호하기 위하여 취할 수 있는 조치는 거의 없다고 봐도 무방하다. 일례로, 김미영 팀장으로 널리 알려진 보이스피싱 조직의 핵심 제보자는 조직원의 가족으로부터 살해 협박을 받거나 재판과정에서 신분이 노출되기도 하였음에도 불구하고, 경찰로부터 이사

---

16 법률신문, "힘빠진 檢, 망가진 마약수사", 2023. 4. 20.자 기사

가라는 권유를 듣고 이사지원비 300만 원과 신고포상금 50만 원을 지급받았으며, 응급상황에 대비하여 보안업체와 연결된 비상 호출기를 받은 것이 그가 받은 증인 보호조치의 전부였다.[17] 이러한 상황은 2016년 김미영 팀장 사건의 제보자가 아직까지도 도망 다니고 있다는 뉴스가 나온 이후에도 아무런 변화가 없다. 물론 이러한 상황은 국회가 각종 법률을 통하여 범죄신고자 또는 증인에 대한 보호를 공개적으로 선언한 것 이외에 실질적으로 범죄신고자 또는 증인을 보호하는 데 필요한 구체적인 세부사항을 정해 둔 바도 없고, 필요한 예산을 제대로 배정한 바 없었다는 점에서 기인하는 것이다.[18]

수사 과정에서 필요한 예산이 배정되지 않는 상황에서 수사관 등에 대한 처우가 제대로 보장될 리도 없다. 우리나라의 근로 허용시간은 주 52시간(주당 40시간, 연장근로시간 12시간)이고, 근로기준법 제56조에 따른 시간외 근무수당(연장, 야간 및 휴일근무)은 통상임금의 50% 이상을 가산하도록 규정하고 있다. 그런데 충남K경찰서의 수사형사로 근무하는 경우 주당 노동시간은 무려 80시간으로, 국가는 연장근로시간을 합친 근로시간을 포함하여 최대한의 근로시간을 주당 52시간으로 제한하고 있는 근로기준법에 명백히 위반되는 수준의 근로를 강요하고 있음을 알 수 있다(물론 경찰공무원의 사용자인 국가는 근로기준법의 적용을 받지 않기 때문에, 경찰공무원에게 근로시간 제한을 현저히 초과한 근로를 강요하더라도 어떠한 불이익도 받지 않는다). 아래

---

17 MBC, "[시사매거진] 도망자가 된 제보자", 2016. 9. 12.자 기사
18 한편, 법원 또한 재판과정에서 증인보호 프로그램을 운영한다고는 하지만, 증인이 증언할 때 피고인과 마주치지 않게 해주거나 인적사항을 가명으로 해주는 것을 제외하고, 따로 법원이 나서서 증인을 보복의 위험으로부터 보호하기 위하여 취하거나 취할 수 있는 조치도 거의 없다. 한편, 법원이 인적사항이 온전히 기재되어 있는 판결문 정본(비공개)과 익명화 처리가 된 판결문 사본(공개)을 따로 두는 것이 아니라, 피해자를 보호한다며 판결문 정본에 가명 또는 '○○○'과 같은 익명화 처리를 무제한으로 허용하고 있는데, 이처럼 공소사실이 제대로 특정되었다고 볼 수 없는 판결문 정본만을 두고 있는 것도 판결문이 갖추어야 할 완결성에 대한 법원의 무지와 법원의 증인보호책임에 대한 오해를 그대로 보여주고 있다.

의 표는 지구대와 수사형사의 표본에 대한 노동시간을 나타내고 있다(단, 노동시간에는 점심, 저녁 식사시간 포함).[19]

¯ 지구대

구분	근무형태	주기	주당 근무시간
4 조 2 교대	주-야-비-휴	4 일	44.7 시간
3 조 2 교대	주-주-주-야-비-야-비-야-비	9 일	48.1 시간
3 조 1 교대	당-비-휴	3 일	58.1 시간

* 교대시간근무 일 매 30분 근무시간 인정

¯ 수사형사

구분 (급지)	인원	교대형태(주기)	팀	팀별 인원	주당 노동시간
서울 S 경찰서(1)	당직 36	당-잔-일 1-비(4 일)	4	7-8	62
	강력 48	당-잔-일 1-일 2-일 1-일 1-일 1-비 (8 일)	8	6	65
충남 K 경찰서(2)	통합 14	당-비-일 2-일 1-일 2-일 1(6 일)	2	7	80
충남 Y 경찰서(3)	통합 10	당-비-일 3-일 1-일 3-일 1-일 3- 일 1(8 일)	3	5	67.5

* 당(09:00-익일 09:00), 잔(09:00-12:00), 일1(09:00-18:00), 일2(09:00-22:00), 일3(09:00-20:00)

문제는 정부 스스로 정한 근로기준법 상의 기준을 초과하는 근무시간

---

19 배규식 · 노광표 · 송태수 · 주민규 · 최은지 · 김인아 · 김대호, 「경찰 교대제와 노동시간」, 한국 노동연구원(2012). 한편, 위 논문에서 언급하고 있는 노동시간은 다소 오래전에 조사된 것으로서 현재의 경찰 노동시간을 정확하게 반영하고 있다고는 보기 어렵지만, 2023년 현재 경찰관의 평균 근로시간이 여전히 매주 55.3시간에 이른다는 점을 고려할 때 현재의 경찰 교대제도나 근무시간과 큰 차이를 보이지 않는다고 판단되어 위 논문의 조사결과를 원용하였다.

을 강요하면서도, 근로기준법이 정한 바와 같이 할증된 시간 외 근무수당 은커녕 최저임금에도 미치지 못하는 급여나 수당만을 지급하고 있다는 점이다. 경찰관의 업무특성상 야간 및 휴일 근무가 많을 수밖에 없는데, 초과근무수당으로 지급받게 되는 금액은 경정의 경우 초과근무수당 24 만 원 내외, 순경의 경우 초과근무수당 15만 원 내외에 불과하다. 실제 초 과근무를 한 것보다 훨씬 적은 시간만을 초과근무로 인정해주고, 그 이상 의 근무에 대해서는 해당 경찰관이 아무런 대가를 받지 않고 정부에 노무 를 제공하고 있는 것이다. 그럼에도 불구하고, 점심시간을 포함해 하루에 1~3시간씩 주어지는 휴게 시간은 상관의 지휘 및 감독에 따라 민원 응대 와 긴급 출동 등 업무를 처리해야 하므로 사실상 근무시간에 해당하고, 근무 교대 전 인수인계를 위해 30분간 일찍 출근하는 시간 또한 근무시 간으로 인정되어야 한다는 고달픈 경찰관들의 주장은 무려 9년 가까이 진행된 소송에서 이를 인정할 증거가 부족하다는 이유로 받아들여지지 않았다.[20]

고용노동부가 고시한 2023년도 적용 최저임금은 시간당 9,620원으 로, 주 40시간 근무 시 2,010,580원(유급 주휴 포함, 월 209시간 기준)인데, 국 가는 입직한 지 얼마 되지 않은 경찰관에게는 최저임금에 미치지 못하는 급여를 지급하고, 국가 스스로 근로기준법에서 정한 근로시간을 초과하 여 시간외근무를 시키면서도 최저시급에도 현저히 미치지 못하는 초과근 무수당만을 지급하고 있다. 그럼에도 국가가 경찰관들에게 자신을 희생 해서라도 국민의 재산과 생명, 그리고 안전을 제대로 책임지라고 하는 요 구를 하는 것은 매일 경찰관들이 지구대에서 상대하는 술에 취한 악성 민 원인의 뻔뻔함을 넘어선 것이다. 국가가 입직한 지 얼마 되지 않은 경찰관

---

20 연합뉴스, "휴게시간도 임금 달라, 행정소송 낸 경찰관들…1심 패소", 2022. 1. 31.자 기사

들에게 최저임금에도 미치지 못하는 급여를 지급하면서 사실상 착취하는 것을 당연하게 생각하고, 경찰관들이 과거 조선의 노비처럼 얼마 안 되는 새경에 감사해하면서 악성 민원인들에게 굴종하기 위하여 근무하려고 경찰관에 입직한 것이 아니라는 점을 깨닫지 못한다면, 오래지 않아 형사 정의를 위하여 헌신을 다하는 경찰관을 그 어디에서도 찾아보기 어렵게 될 것이다. 그럼에도 국가가 경찰관들에 대한 갑질과 뻔뻔함을 거둘 생각이 없다는 점만큼은 너무나 분명해 보인다.

[방안의 코끼리(3): 재판 과정에서의 인력 부족]

수사기관이 범인의 신병을 확보하고 범죄사실에 대한 증거를 수집한 후 이를 기소하게 되면, 이후 형사재판을 진행하는 법원의 인력 사정 또한 수사기관의 사정과 별반 차이가 없다. 공판 과정에서 검사가 제시한 증거에 대하여 피고인에게 충분히 반박할 수 있는 기회가 부여된 다음, 종국적으로 법원이 논리적으로 완결된 결론을 내리는 과정은 언제나 적지 않은 시간과 자원을 필요로 한다. 법원의 결론이 형식적으로 문제가 없는 것에서 그치지 않고 내용적으로도 누구나 납득할 수 있는 것이 되기 위해서는 더 많은 시간과 자원이 필요한 경우도 있다. 판사가 당사자의 주장을 충분히 경청하고, 재판에 현출된 증거뿐만 아니라 증거나 증인의 진술로 명시적으로 드러나지 않은 사정까지 파악하여 합당한 결론을 내리기 위해서는 판사 스스로도 해당 사건에 충분한 시간과 상당한 노력을 들여야 한다. 판사가 당사자의 과거를 단번에 파악할 수 있는 능력이 있거나 거짓말을 꿰뚫어 볼 수 있는 관심법에 능통한 것이 아니라면, 사건당사자나 사건과는 무관한 제3자에 불과한 판사가 당사자의 주장과 여러 증거들을 통하여 등장인물 사이에서 어떠한 일들이 일어났는지를 파악하기 위해서는 수사기관이 제출한 서면과 당사자의 진술을 꼼꼼하게 들여다보는 지난한 과정을 거쳐야 한다. 특히 공소장에 등장하는 인물이 많고 그들이 오랜 기간 적지 않은 상호작용을 하고 있었다면, 당사자 사이의 관계와 진술을 통해서 드러난 사실관계를 바탕으로 드러나지 않은 이야기를 포함한 전체적인 줄거리를 확정하는 것에는 단선적인 대하 역사소설의 줄거리를 파악하는 것보다 더 많은 노력과 오랜 숙고가 필요하기 마련이다.

그런데 지나치게 많은 사건이 배당된 탓에 판사가 개별 사건에 당사자의 주장을 간략하게 요약해서 들을 수 있는 정도의 시간(공판기일당 5분 내지 10분)만을 할애할 수 있을 뿐이라면, 판사가 당사자의 주장을 경청한다거나 법원에 제출된 증거 이면의 진실을 파악할 수 있는 사건의 수는 현저하게 줄어들게 된다. 법원이 형식적으로 반드시 진행될 것이 요구되는 절차(예, 피고인 본인 확인이나 기소 또는 증거에 대한 의견 청취)를 진행하고 나면, 해당 사건에 쓸 수 있는 나머지 시간만으로는 직·간접적으로 관련된 사람들로부터 필요한 정보를 확인하거나 당사자 주장의 진위를 가리기에 충분한 심리가 이루어질 수 없고, 종국적으로는 모두가 납득할 수 있는 결론에 도달할 가능성 또한 상당한 정도로 감소할 수밖에 없다.

여기서 더 나아가 판사가 개별 사건에 필요한 최소한의 시간마저 할애할 수 없을 만큼 많은 사건을 배당받게 된다면, 이는 근무 여건의 문제를 넘어서게 되고 판사가 아무리 야근을 한다고 한들 모든 사건에서 제대로 된 결론에 이르기는 어려워진다. 판사를 비롯하여 공판 검사, 참여관이나 실무관, 속기사 등 재판에 관여하는 모두가 감당할 수 있는 사건 수의 임계값을 넘는 순간 판사들은 당사자들의 주장과 증거를 면밀히 검토하여 진실을 밝혀내고 있는지에 대해서는 관심을 잃게 되고, 최대한 효율적으로 많은 사건을 종국 처리하는 것에 보다 신경을 쓸 수밖에 없다. 이러한 상황에서는 형사소송법상의 원칙이 제대로 구현되고 있는지 또는 법정에서 실체적 진실이 제대로 발견되고 있는지에 대해서 아무도 관심을 기울이지 않게 되고, 이때부터는 부실한 재판과 재판의 지연이 일반적인 형사재판의 모습으로 자리잡을 수밖에 없다.

현재 형사단독 판사에게 배당되는 사건 수는 평균적으로 대략 월 70~80건에 이르고, 공판에 관여하는 공판 검사는 보통 2개의 재판부를 맡아 주 3~4일 공판에 참여하고 있다. 오래전부터 사법개혁이 진행되어 왔음에도 이러한 사정은 과거와 비교하여 별로 달라진 것이 없다. 현재와 같이 형사단독 재판부가 1주일에 2일간 공판기일을 진행하면서, 매 30분마다 5~6건의 사건을 진행한다면 공판에서 그 많은 사건에 대한 실질적인 심증을 형성하기에 충분한 시간을 갖는 것은 애당초 불가능하다. 또한 2개 재판부의 공판에 관여하는 공판 검사 또한 매월 대략 140~160건의 새로운 사건을 검토하는 상황이다 보니, 기존에 진행 중이던 사건의 진행 상황을 챙겨보고, 매 기일에 진행될 증인신문을 허겁지겁 준비하는 데에도 시간이 부족하다. 만약 공판 검사가 주 4일 동안 늦은 오후까지 형사재판에 참여하고 있다면, 새로 접수된 복잡한 형사사건을 제대로 파악해서 충실하게 준비하는 것은 물리적으로 불가능한 것이다. 만약 공범이 100명을 넘어가는 복잡한 사건의 공범들에 대한 치열한 증인신문이 예정되어 있다면 공판 검사로서는 몇 주간 가정생활을 포기하고 주말에 출근하여 혼자서 기록을 살핀다고 하더라도, 매월 140~160건의 신건과 그만큼의 구건(기존 사건)을 동시에 진행하는 것에서 더 나아가 새롭게 진행되는 복잡사건의 모든 증거를 완벽하게 파악하여 법정에서 공범들의 죄상을 통쾌하게 밝힐 수는 없을 것이다.

매달 쉴 새 없이 쏟아지는 80건의 사건에 압도된 판사라면, 특히 폭행이나 음주운전과 같은 대부분의 생활 범죄에 대해서는 충분한 시간과 관심을 쏟기 어렵게 된다. 만약 사기꾼에게 돈을 갚으라고 요구하는 과정에서 먼저 사기꾼인 상대방이 도발하여 폭력을 행사하게 된 폭행 피의자(다른 사건의 사기피해자)라면 폭력혐의에 대한 재판이 진행되는 법정에서 판사에게 참작할 만한 사정을 주장해 보고 싶겠지만, 점심시간이 넘어서까지 진행되는 오전 공판에서 아직 진행할 사건이 여러 건 남아 있고, 오후에도 복잡한 사건의 증인신문이 예정되어 있어 마음이 급한 판사의 입장에서는 그의 말을 끝까지 들어주기 어려울지도 모른다. 만약 판사의 거듭된 제지에도 불구하고 피고인이 여러 사정을 참작해줄 것을 간청하는 과정에서 괜히 언성을 높이게 되었다면, 오히려 더 불리한 결론을 받을 수도 있다. 이때 가난 때문에 돈이 없어 누님과 7명의 조카를 먹일 빵을 구하려고 빵집에 침입해서 빵 몇 개를 훔쳤다는 이유로 기소된 피고인 장발장이 법정에 출석했다고 하더라도, 그로부터 자신의 딱한 처지에 대한 변명을 들어줄 여유를 가진 판사를 찾을 수 없을 것이다. 또한 가장 합당한 양형을 고민할 여유조차 없었던 판사라면 피고인 장발장에게 아주 높은 확률로 기계적으로 산출된 형량인 징역 5년을 선고하게 될 것이다(이후 여러 번에 걸친 탈옥시도가 실패하게 된다면, 장발장이 수형생활을 해야 하는 기간은 19년으로 늘어날 지도 모른다).

　판사가 공판 과정에서 필요한 시간과 관심을 쏟지 못하는 경우 발생하는 문제는 단순 폭행사건에서 벌금액이 증액되는 정도의 문제에 그치지 않는다. 과거에 살인 등의 중대범죄에 대해서 유죄가 인정되어 중형이 선고되었다가 지금에 이르러 재심을 거쳐 무죄로 그 결론이 바뀌는 사건들은 형사재판에 충분히 인력이나 자원이 투입되지 않은 것이 매우 오래된 일임을 보여준다. 과거에도 형사단독 재판부가 한 달에 80건의 신건을 배당받고, 중대범죄 사건을 담당하는 형사합의부 또한 상당한 수의 신건을 배당받고 있었다면, 그 당시 피고인의 억울한 사정에 귀를 기울이고 변명의 기회를 부여할 여유가 없는 상태에서 재판이 진행되지 않았을 것이라고 단정할 수 없다. 감당할 수 없는 많은 사건이 쏟아져 들어오고 있는 상황에 압박감을 느껴온 판사로서는 피고인의 주장이 별 근거 없는 무죄 주장과 크게 다르지 않다고 생각하고, 충분한 시간과 여유를 갖지 못한 채 심리를 서둘러 종결하였는데, 이처럼 종결된 수많은 사건 중 극히 일부가 오랜 시간이 지난 후에 재심 무죄로 억울한 사정이 드러나게 되는 것일 지도 모른다.

이처럼 지나치게 적은 시간과 노력을 할애한 사건 중에서 피고인의 억울한 사정에 눈을 감았던 사건이 결국 재심무죄로 드러나고 있다면, 지금의 재판 진행은 그때와는 달라져야 한다. 그러나 지금 형사재판의 모습은 그때와 전혀 달라진 바 없다. 과거 진행된 사건에서 피의자가 순순히 범죄사실을 자백하고 있다는 이유로 수사와 재판과정에서 피고인의 진술과 증거들을 면밀하게 살펴보지 아니한 사건(그리고 이후 재심 과정에서 결론이 무죄로 바뀐 사건)과 똑같은 재판진행이 반복되고 있다면, 과거와 별반 다를 바 없는 재판 여건 하에서 진행되고 있는 지금의 형사재판에서 앞으로 재심을 거쳐 무죄로 결론이 뒤바뀔 판단이 전혀 없다고 자신할 수 있는 사람은 아무도 없을 것이다. 피고인이 순순히 일부 범죄사실에 대해서 자백하고 있고 나머지 범죄사실에 대한 변명이 설득력이 있음을 이유로 극히 일부 범죄에 대해서만 수사와 재판이 진행되고 훨씬 더 중한 범죄에 대해서는 제대로 수사와 재판이 진행되지 않고 암장된 사건이 전혀 없다고도 볼 수 없다. 그리고 그와 같은 사건들에 대해서 시간이 지나 전혀 다른 결론이 내려지지 않으리라는 보장 또한 없을 것이다.

지나치게 과소한 인력과 자원이 투입된다는 점은 수사나 재판을 진행하여 일응의 결론을 얻고도 당사자가 그 결과에 만족할 수 없어 또다시 선행 재판의 기판력에 저촉되지 않는 새로운 혐의사실로 고소하여 수사나 재판을 진행하는 경우가 적지 않다는 점에서도 허다하게 드러난다. 이러한 사건 중에서 도중에 결론이 바뀌는 것들은 당초 사건들에 대한 수사 등을 진행하는 과정에서 얼마나 과소한 자원이 투입되는지를 여실히 드러내 보여주고 있다(물론 그러한 사건들의 대부분은 사건 당사자가 사건 초기에 투입한 시간과 자원이 지나치게 적었기 때문이다).

과거 2010년대 초반에 공판중심주의나 직접심리주의에 충실한 재판 진행을 하고자 하였던 판사들이 있었다. 이들은 야근과 주말 근무를 마다하지 않고 사건 진행에 자신들의 시간과 노력을 쏟아부어 공판중심주의나 직접심리주의에 충실한 재판 진행을 해보려고 노력했었다. 그러나 아무런 인적 및 물적 지원이 없이 진행되었던 그들의 실험은 어느새 흔적도 없이 사라지고 말았다. 이제는 그들의 노력을 기억해주는 사람은 어디에서도 찾을 수 없고, 공판중심주의나 직접심리주의에 충실한 재판 진행이 어떠한 것인지에 대해서 진지한 문제 의식을 갖고 있는 판사 또한 더 이상 찾아보기 어렵게 되었다. 이는 법원이 헌법과 형사소송법상의 원칙을 준수할 의지가 없었다는 점에 문제의 원인이 있었다기보다는, 판사로 하여금 법정에 현출된 증거로 심증을 형성하거나, 당사자의 억울한 사정을 충실하게 들어주는 데 필요한 인력과 자원이 충분하게 제공되지 않았다는 점에 본질적인 원인이 있었음을 이제 모두가 알게 되었기 때문이다.

많은 사건의 결론이 합당한 것이 아니었거나 적지 않은 사건이 암장되어온 문제의 원인이 오로지 판사가 사명감이 부족한 탓이 아니었다. 과거에 수사와 재판이 부실하게 진행될 수밖에 없는 요인이 현재에도 그대로 존재하고 앞으로도 개선되지 않는 이상, 수많은 형사, 검사, 판사와 참여관, 실무관, 속기사, 법의관 등이 모두 사명감으로 밤을 새우며 일을 하더라도 앞으로도 동일한 문제가 반복될 수밖에 없을 것이다.

그럼에도 형사재판이 조금이라도 더 올바른 결론을 내리기 위해서는 충분한 인력과 자원이 투입되어야 한다는 것을, 그리고 시간과 노력을 충분히 들일 수 없었던 판사와 검사를 비난하는 것만으로는 전혀 문제가 해결되지 않는다는 것을 이해하려고 하는 사람은 정작 찾아보기 어렵다. 이것이 형사재판과 관련된 모든 문제의 가장 근본적인 원인일지도 모른다.

[방안의 코끼리(4): 재판 과정에서의 예산 부족]

형사재판과정에는 판사와 공판검사 이외에도 변호인, 참여관 및 실무관, 속기사, 법정경위, 출정교도관과 같은 여러 인력들이 관여하게 될 뿐만 아니라, 절차진행을 위해 법정과 구치소, 호송차량, 재판 관련 전산장비 등과 같은 여러 물적 시설이 요구된다. 재판과정에서 필요한 인적 및 물적 자원, 그리고 그 인력과 물적 자원의 운용을 위한 예산은 공정한 재판, 나아가 신속한 재판을 위해서 필요불가결한 요소임에도 이 또한 흔히 간과되고 있다.

그 때문에 형사사법시스템을 유지하기 위해서 반드시 필요한 예산을 증액하거나 예산 항목을 새롭게 창설하려는 노력은 대체로 아무런 성과가 없이 끝나는 경우가 많다. 마땅히 처벌받아야 할 범죄자들을 위해서 국가가 국선변호인 선임 비용을 부담한다든지, 유죄판결이 확정된 수형자들에게 마스크를 지급한다든지 하는 것들은 모두 유권자들로부터 인기를 끌만한 정책이 아니기 때문이다.

형사사법제도를 운영하는 과정에서 필요한 예산보다 훨씬 부족한 예산만 배정되고 있다는 점은 국선변호인 제도의 운영과정에서도 확인할 수 있다. 무려 헌법 제12조 제4항에 근거를 두고 있는 국선변호인제도는 피고인 중 기초생활수급대상자나 고령자 등 스스로 변호인을 선임할 수 없는 사람에 대해서 국가가 비용을 부담하여 국선변호인을 선정해줌으로써 피고인에게 변호인의 조력을 받을 권리를 실질적으로 보장해주기 위한 것이다. 형사재판의 국선변호인 제도는 형사재판의 운영에 있어서 필요불가결한 요소로 자리잡았는데, 「2021년 사법연감」에 따르면 2020년 국선변호인의 조력을 받아 형사재판에 임한 피고인의 수가 12만 664명에 이르고 있다.

법원은 가급적 피고인이 국선변호인으로 선정해주기를 희망하는 변호사 중에서 국선변호인을 선정하고, 이후 해당 피고인에 대한 재판이 끝나면 해당 국선변호인에게 국선변호료를 지급한다. 이때 국선변호사가 받는 보수는 2023년부터는 사건당 50만 원인데, 이는 그나마도 기존 30만 원에서 대폭 증액된 금액이다(물론 어려운 사건의 경우에는 보수를 다소 증액해서 지급하기도 한다).[21] 2022년도의 법원행정처의 연구용역에 따르면, 국선변호인이 실제 투입하는 시간을 기준으로 최저임금 수준의 보수를 산정하면 건당 보수 금액이 60만 원이 되어야 하고, 사건 당사자가 법원 인근의 법무사 사무실에서 5페이지 내외의 서면을 작성하는 도움을 받는 데 20~30만 원 정도의 비용을 지출하는 것과 비교해보더라도 현재의 국선변호사 보수가 정상적인 국선변호가 이루어질 수 있는 수준에 이르고 있다고는 보기 어렵다.

대부분의 사건이 1회 기일에 종결되니 평균적으로 쉬운 것이 아니냐고 생각하는 사람도 있을 수 있겠지만, 구속 피고인의 경우에는 구치소에서 접견을 한 후 그 주장을 정리하여 서면을 제출하고, 피고인의 가족이 없는 경우에는 피해자와 처벌불원을 위한 협의까지 진행하여야 하며, 혹시 정말 억울한 사정이 있는 피고인의 경우라면 악착같이 달라붙어서 그 무죄를 입증하여야 하기도 하는데 이때에는 그 정도의 국선변호인 보수로 충분하다고는 도저히 볼 수 없다. 간혹 8~12회 이상의 공판기일에 참

---

21 법조신문, "올해부터 국선변호인 기본보수 45만원→50만원 상향", 2023. 3. 17.자 기사

석해서 적지 않은 수의 증인을 신문해야 하는 경우도 없지 않다는 점을 감안하면, 평균적으로 지급되는 국선변호인 보수는 국선변호인 제도의 정상적인 운영을 기대하기에 충분한 수준에 미친다고 보기 어렵다. 만약 국선변호인이 피고인의 무죄 주장을 변론하기 위하여 최선을 다하여 노력하여야 하는 다수의 사건에 관여하고 있고, 그중 8~12회 이상의 공판기일에 참석해서 증인 신문 등을 진행하는 경우도 적지 않은 상황을 상정해 본다면, 그 변호사는 한 달에 국선변호로 5건도 진행하기 어려울 것이고, 최저임금 수준에도 미치지 못하는 국선변호료로는 오래지 않아 자신의 사무실을 접을 수밖에 없을 것이다.

이와 같은 국선변호료는 변호사 자격이 없는 사람이 다른 사람의 법률적인 분쟁에 관여하게 된 경우와 비교해보더라도 형편없이 적은 금액임을 알 수 있다. 만약 당신이 그리 친하지 않은 친구로부터 법원에 중요한 사건이 있는데 컴퓨터로 문서 작성하는 것을 도와달라는 부탁을 받고, 대신 의견서를 작성해주고 공판기일에 법정에도 함께 출석하기로 하였다고 하자. 그런데 알고 보니 사건이 그리 간단하지도 않고 빨리 종결되는 것도 아니어서 여덟 번 정도 법원에 출석하기 위하여 매번 휴가를 내는 불편을 감수해야 했고, 그 과정에서 판사로부터 법률적 주장이 산만할 뿐만 아니라 입증이 부족하다고 질책을 받아 식은땀을 흘리기도 하였으며, 친구로부터 의견서나 변론의 내용이 부실하다며 불평을 듣기도 하였다고 가정해보자. 해당 사건이 거의 1년 동안 8번의 공판기일을 거친 후 종결되었는데, 그 때로부터 한참 지난 시점에 그 친구로부터 모든 노고에 대한 수고비조로 50만 원을 받았을 때 기분이 좋을 것인지 생각해보면 된다. 만약 친구가 고생했다고 고마워하면서 큰 인심을 쓰는 것처럼 수고비로 70만 원을 주었다면, 친구에게 정말 고마워할 것인지도 말이다. 그리고 친구가 항소심에서도 또다시 수고해달라는 부탁을 하였을 때 항소심 재판에 기꺼이 관여할 용의가 있을 것인지를 생각해보면, 지금 국선변호인이 받는 국선변호료가 전혀 납득할 만한 수준이 되지 못한다는 점을 부정할 수 없을 것이다. 그런데 국선변호인은 해당 사건에 들인 시간과 노력에 비하여 현저하게 적은 보수를 받는다는 점에서만큼은 당신과 별 차이가 없을지 몰라도, 당신과는 달리 피고인과 친구도 아니고, 피고인으로부터 직접 보수를 받는 것도 아니며, 무엇보다 사건이 끝난 직후에 예산사정으로 보수를 제때 지급받지 못하는 경우가 있고, 심지어 피고인으로부터 갖은 고소와 진정을 당하는 경우도 있다는 점에서 큰 차이가 있다.

문제는 여기서 끝나지 않는다. 얼마 되지 않는 금액의 국선변호료라고 언제나 꼬박꼬박 입금되는 것도 아니다. 대법원의 예산사정으로 인하여 상당히 오랫동안 국선변호료를 지급받지 못한 경우가 있었고, 이로 인하여 적지 않은 국선변호인들이 큰 불편을 겪기도 하였다.[22] 국가의 형사재판기능을 보완하기 위하여 다수의 변호사들을 국선변호인으로 활용하고 그들의 수고와 노력에 비해서 매우 적은 보수만을 지급하면서도, 국가는 자신들만의 예산사정을 이유로 들어 당연히 지급해야 할 보수를 상당한 기간 동안 지급하지 않는 진상 노릇도 마다하지 않고 있는 것이다. 이러한 상황에서 국선변호인이 피고인으로부터 감사 인사는커녕 그리 열심히 일하지 않는다고 원망하는 소리를 듣는다면, 억울한 피고인들을 열심히 돕겠다는 의지와 다짐은 그리 오래 가지 못할 것임은 너무나 분명한 것이다.

---

22 2015년 국선변호인 선정 건수는 늘어나고 있는 상황에서도 국선변호료 예산은 전년 대비 63억 원이 감액되는 일이 발생하였다(2014년 540억 원에서 2015년 477억 원으로 감액). 당시 법원은 예산편성 과정에서 당초 국선변호료 예산요구에서 41억 원이 감액된 일반회계예산을 배정받은 데다가, 줄어든 공탁출연금으로 인하여 예산부족분이 72억 원에 이르게 되자, 사법연수원 인건비 등에서 42억 원을 전용해 썼지만 결국 예산이 바닥나 국선변호인들에게 변호료를 제때 지급하지 못했다. 이후 법원은 2015년 12월 변호료 27억 원을 2016년 예산으로 겨우 지급했다. 자세한 내용은 한국일보, "[단독]변호료 연체에도···말 못하는 국선변호사들, 예산 감축에 전국서 3억 원 미지급", 2015. 8. 28.자 기사; 법률신문, "국회, 법원에 '국선변호료 지급 지연 말라' 주의", 2016. 7. 18.자 기사 등 참조.

눈을 돌려보면 이러한 사례는 차고도 넘친다. 법무부는 피해자에 대한 사법 지원을 위하여 피해자 국선변호사 제도를 운영하고 있다. 그런데 2018년 법무부는 피해자 국선변호사 보수와 관련된 예산이 감축되자, 기본수당 2만 원을 지급하는 대신 수사 및 공판절차 참여에 따른 수당을 기존 10~40만 원에서 10~20만 원으로, 서면 제출 수당은 최대 20만 원에서 10만 원으로 감액하는 등 변호사 보수를 일괄 삭감하는 내용으로「피해자 국선변호사 보수기준표」를 개정하기에 이른다.[23] 이에 따라 피해자 국선변호인은 위 보수기준표가 정하고 있는 기본보수 2만 원과 서면 제출 수당 최대 10만 원, 수사 및 공판절차 참여에 따른 수당 최대 20만 원을 지급받을 수 있게 되었는데, 명목상으로는 최대 32만 원의 수당을 지급받을 수 있는 것처럼 안내가 되기는 하였지만, 피해자 국선변호인이 피해자의 의견을 청취하고 이를 정리하여 법원에 피해자 의견서를 제출하고 실제로 받는 수당은 대부분 10만 원 내외로 결정되었다. 이는 처음으로 피해자 국선변호사가 되어 피해자를 면담하고, 수사 과정과 재판과정에 참여해본 변호사가 법무부가 입금한 금액을 보고 제대로 입금된 것이 맞는지를 의심해 볼 수 있을 정도로 적은 금액이다. 개별적인 사건에서 피해자 국선변호인이 자신의 업무에 투입하여야 하는 시간을 따져보면, 법무부가 지급하는 국선변호인 보수는 최저임금은커녕 교통비에도 미치지 못하는 수준임이 분명하기 때문이다.

또한 아동학대 사건의 경우에도 피해자 국선변호인 제도가 운영되고 있는데, 그 상황은 더욱 좋지 않다. 아동학대와 관련된 예산은 2021년까지는 기획재정부의 복권기금과 법무부의 범죄피해자보호기금(검찰이 징수한 벌금으로 조성됨)에 의존하고 있어 기금 안정성도 떨어졌고, 보건복지부,

---

23 법률신문, "법무부, 피해자 국선변호사 보수기준 개정 불가피", 2018. 6. 28.자 기사

법무부, 기획재정부, 경찰청, 여성가족부 5개 부처가 관여하고 있어 정책의 일관성이나 행정의 효율성도 부족했다. 2022년부터는 아동학대 예산 중 상당 부분을 보건복지부의 일반회계로 일원화하였지만, 아동학대 관련 예산과 인력은 여전히 아동학대 증가 추세를 따라가지 못하고 있는 상황이다. 아동의 복리를 최우선적으로 고려하여 개별적인 아동학대 사건이 처리되기를 바라기에는 예산은 턱없이 부족한 데다가, 지방자치단체, 경찰, 아동보호전문기관 등으로 사건에 대한 책임이 분산되어 있고, 각 기관에는 전문 인력도 부족하기 때문이다.[24]

무엇보다 학대 피해아동 쉼터 76개소의 정원은 600여 명 남짓에 불과한 반면, 2019년 아동학대 신고 건수는 3만 건에 이르고 있다. 학대 혐의자와 즉각 분리를 명하는 현재의 시스템 하에서는 학대 피해아동을 위한 쉼터가 부족하다는 이유로 피해아동이 당초의 거주지와 상당한 거리에 떨어져 있는 다른 지방자치단체의 아동쉼터에서 보호를 받게 되는 경우가 적지 않다. 예를 들면, 2020년 전북에서는 학대 피해아동에 대한 분리 조치가 300건 가까이 이루어졌음에 반하여, 전북에 소재한 쉼터 3곳의 정원은 20명에 불과하여 부득이 다수의 아동이 전남 등 다른 지역 쉼터로 배정되기도 하였다. 피해아동들이 낯선 지역의 쉼터에서 지내면서 학교에도 다니지 못하고 친구들도 만나지 못한 채 아무런 기약 없이 모든 절차가 종결되기만을 기다려야 하는 상황에서, 심리적으로 불안한 피해 아동들은 쉼터에서의 생활에 적응하는 데 적지 않은 어려움이 있을 수밖에 없었다.[25]

보건복지부는 이러한 상황에는 눈을 감고 2021년 3월부터 「아동학대 대응체계 강화방안」으로 1년 안에 2차례 학대신고가 접수되면 바로 아동

24 한국경제, "아동학대 예산 뜯어보니…'정인이 사건' 반복될 만했다", 2021. 1. 12.자 기사
25 KBS, "'학대 분리조치' 아동 3백 명인데 쉼터 돌봄은 고작 20명?", 2021. 3. 11.자 기사

을 학대 행위자로부터 떼어 놓는 '즉각 분리제도'를 시행하였고, 이를 시행한 9개월간 무려 1,043건의 아동을 즉각 분리하였다.[26] 이에 피해아동이 '보호'를 명분으로 다른 지역의 쉼터에 머무르면서 학교에 다니지 못하거나, 대법원 판결까지 수년 동안 시설에 머무는 상황이 늘어나게 되었다. 그리고 피해아동이 언제까지 쉼터에서 보호받게 되는지, 언제 나갈 수 있는지를 물어보았을 때 이를 제대로 답할 수 있는 사람은 이제 아무도 없게 되었다.

실제로 현재의 열악한 상황에서 즉각 분리제도를 전면적으로 시행하는 것이 학대 피해 아동의 안전과 피해회복에 전혀 도움이 되지 않는다는 일선의 의견은 '혹시 문제가 생기면, 네가 책임질 것이냐'라는 주장에 물러설 수밖에 없었고, 앞으로 피해아동의 복리에 반하는 기계적인 분리가 이루어지더라도 이를 저지할 수 있는 수단은 어디에도 없게 되었다. 이러한 결과가 피해 아동의 복리를 최우선적으로 고려한 '보호' 조치라고는 볼 수 없는 것임은 너무나 분명했지만, 당초 아동복지법 개정안이 성안되고 통과되는 과정에서 아무도 이러한 부분을 고려한 바 없었다.[27]

한편, 아동학대에 대한 수사와 재판 등의 각 절차에서 피해 아동을 도와주는 역할은 피해자 국선변호인이 담당하고 있다. 피해자 국선변호인은 수사 초기부터 피해 아동을 면담하고 수사와 재판에 관여하면서 수사기관, 쉼터, 아동보호 전문기관 및 학교 등의 여러 기관으로부터 업무협조를 구하는 등의 다양한 업무를 진행하여야 한다. 그런데 피해자 국선변호인에게는 온갖 책임만 부여되어 있을 뿐, 필요한 권한이나 자원을 부여받은 바 없어 막상 피해 아동의 복리를 위해 필요한 도움을 주기 어렵게 되어 있다.

---

26 연합뉴스, "아동학대 즉각분리 시행 1년…작년 9개월간 1천 43건", 2022. 3. 29.자 기사
27 한겨레, "30일 시행 '학대아동 즉각분리'…일단 떼어놓으면 끝?", 2021. 3. 28.자 기사

또한 피해자 국선변호인이 지급받게 되는 보수 또한 아동의 복리를 위하여 업무를 처리하는 피해자 국선변호인의 사명감을 꺾을 수 있는 수준으로 책정되어 있다. 국가가 변호인의 조력이 절실한 피해아동의 이익을 위하여 피해자 국선변호인을 선임한 다음, 피해자 국선변호인에게 지급하는 보수는 의견서 작성에 따른 수당으로 5만 원 내지 10만 원, 이후 수사공판 절차 참여에 따른 수당으로 10만 원 내지 20만 원에 불과하다. 아동학대 사건의 성격상 피해자 아동 등의 면담을 위하여 피해자 국선변호인이 상당한 시간과 자원을 들여야 하는 경우가 적지 않은데, 이러한 보수는 교통비에도 미치지 못하는 수준이다. 특히 아동보호시설 부족 때문에 멀리 떨어진 아동보호시설로 보내진 피해아동을 접견하기 위하여 먼 거리를 오가야 하는 피해자 국선변호인이 딱 자신의 보수 수준에 상응하여 법률상 조력을 제공하려고 한다면 피해아동의 복리가 증진될 것을 기대할 수 없다. 반면, 피해자 국선변호인이 교통비에도 못 미치는 보수와는 무관하게 피해아동의 복리를 위하여 학교와 쉼터, 경찰서의 담당자를 일일이 찾아가서 면담하는 등 최선의 법률상 조력을 제공하라는 취지였다면, 이는 국선변호인에게 국가의 이름으로 행하는 갑질에 다름아니다.

처음 맡게 된 아동학대 사건에서 엄청난 사명감을 갖고 업무에 임한 국선변호인이라고 하더라도, 한번 그 국선변호인 보수액을 알게 된 이후에는 아동학대 사건에서 충분한 시간과 자원을 들여 피해 아동의 복리를 위한 최선의 노력을 하기는 쉽지 않다. 이러한 수준의 보수를 계속 유지한다면, 열악한 상황에서도 사명감을 갖고 묵묵히 일하는 피해자 국선변호사의 사기가 꺾일 수밖에 없고, 결과적으로 법률서비스의 질 하락을 불러올 수밖에 없다. 물론 국선변호인 보수와는 관계없이 사명감을 갖고 피해아동을 위한 수고를 마다하지 않는 변호사들이 적지 않지만, 형사사법시스템이 변호인 개인의 선의와 사명감에만 의존한다거나, 열심히 일하는 국선변호인이 모두 지쳐 떨어져 나갈 때까지 모른 척하고 있는 것은 결코 정상적인 형사사법시스템의 작동방식이라고 할 수 없다.

그런데 법무부는 피해자에 대한 국선변호인 보수를 감액하여 지급하던 2021년 3월 뜬금없이 '형사피의자에 대한 공공변호인 제도'를 도입하겠다는 계획을 밝혔다. 법무부가 입법예고한 형사소송법안 및 법률구조법안에 따르면, 형사공공변호인 제도는 단기 3년 이상 법정형에 해당하는 범죄 혐의를 받는 피의자 중 사회적, 경제적 약자에 해당하는 사람에게 수사 단계에서부터 국선변호 서비스를 제공하겠다는 것이었다. 당시 검찰과 경찰의 수사권 조정을 주도한 법무부는 '경찰이 수사를 많이 하면 그만큼 인권 침해가 늘어나니 이에 대응해야 한다'는 정말 어처구니없는 논리를 내세우기도 하였다. 범죄 혐의에 대한 수사와 피의자에 대한 기소를 담당하는 검찰을 산하에 두고 있는 법무부가 형사피의자에 대한 변호인의 조력을 지원하는 것이 체계상 합당한 것인지에 대한 적지 않은 의문이 제기되었고, 예산 부족으로 범죄피해자도 제대로 보호하지 못하는 상황에서 수사 중인 중범죄 피의자의 국선보호까지 하겠다는 것은 사리에 맞지 않는다는 비판 또한 거세게 일었다.[28]

다른 한편으로, 형사피해자에 대한 국선변호인에게 20~30만 원 정도의 보수만을 지급하던 법무부가 수사 단계에서 하루 종일 피의자조사 과정에 참여하는 공공변호인에게는 도대체 얼마를 보수로 지급하겠다는 것인지에 대해서 궁금해하는 사람도 적지 않았다. 당시 법무부가 피해자 국선변호인제도의 파행적 운영에 대해서는 눈을 감은 채, 또다시 피의자의 수사참여 변호인제도를 운영하기 위한 공단을 설립해서 법무부 산하의 기관장 자리를 늘리겠다는 속셈을 드러낸 것이라며 분노에 가까운 의견

---

28 조선일보, "'피해자 국선변호'도 안되는데 피의자도?…형사공공변호인 도입에 변호사업계 '보여주기식 선심행정'", 2021. 7. 15.자 기사

을 보인 법조인들도 있었다. 이처럼 수많은 논란을 야기했었던 형사공공변호인 제도에 대한 도입논의는 이후 별다른 진척을 보이지 못하고 역사의 뒤안길로 사라지게 되었다.

만약 불가피한 예산사정으로 피해자 국선변호인 보수를 감축하였다가 이후 예산사정에 여유가 생겼다면, 가장 먼저 국선변호인 보수를 현실화하는 것이 마땅한 것이다. 특히 아동학대 사건의 경우 예산상의 문제로 법률의 사각지대에서 제대로 된 보호를 받지 못하는 아동들의 안타까운 사례가 적지 않다는 점에 미안한 마음을 갖고 있었다면, 피해아동에게 실질적인 도움을 제공하거나 국선변호인의 적극적인 조력을 이끌어내기 위한 예산지원을 늘리는 것이 보다 시급하다고 여겼을 것임이 분명하다. 하지만 형사피의자에 대한 공공변호인 제도와 관련된 일련의 제안경과를 살펴보면, 법무부는 애당초 아동학대 피해아동의 딱한 처지나 각종 국선변호인 제도의 운영상 문제에는 별다른 관심이 없었다는 점만을 여실히 드러내었을 뿐이었다.

[방안의 코끼리(5): 집행과정에서의 예산 부족]

형사소송절차의 정상적 운영을 위해 필요한 예산과 인력이 지원되지 않는 것은 수사와 재판에만 그치는 것이 아니라, 이후 형 집행 단계에서도 계속된다. 현재 교정시설의 처우는 과거에 비하여 많이 개선된 부분이 있다고 생각하면서, 오히려 과밀수용 상태를 유지하는 것이 당연하고, 재소자들에게 어느 정도 고통을 주는 것이 바람직하다고 여기는 사람들도 적지 않다. 물론 고문과 가혹행위가 만연하던 일제강점기나 군사독재정권 시절의 감옥 또는 형무소에 비하면, 지금의 구치소나 교도소가 수용자의 인권 측면에서 크게 개선되었다고 볼 수 있을 것이다. 그러나 현재 교정기관의 현실을 알게 된다면, 재소자들에게 과밀수용으로 인한 고통을 주는 것에도 어느 정도 한계가 있어야 하고, 예산을 들여 수용자들의 처우를 개선할 필요가 있다는 점을 부정하기는 어렵다.

헌법재판소의 2016. 12. 29.자 2013헌마142 결정에서 드러난 수용자들에 대한 처우의 실상은 다음과 같다. 위 사건의 청구인이 재소자로서 수용된 기간 동안 1인당 실제 사용가능 면적은 1.06㎡ 또는 1.27㎡였다. 이는 수용자에게 제공되는 매트리스의 크기인 1.4㎡에 미치지도 못하는 것이었고, 평균 신장의 성인 남성이 팔다리를 마음껏 뻗기 어렵고, 모로 누워 '칼잠'을 자야 할 정도로 매우 협소한 것이었다. 이에 대해서 헌법재판소는 과밀수용으로 인하여 청구인의 신체적·정신적 건강이 악화되거나 인격체로서의 기본 활동에 필요한 조건을 박탈당하는 등 극심한 고통을 경험하였을 가능성이 크다고 보아 수용행위 자체가 청구인의 인간으로서의 존엄과 가치를 침해한다고 판시하였다.

대법원 또한 구치소나 교도소 등 교정시설이 '과밀 수용'으로 인해 수용자에게 2㎡에 못 미치는 공간을 제공했다면, 이는 기본권을 침해한 것으로 국가에게 배상책임이 인정된다는 판결을 선고하기도 하였다(대법원 2022. 7. 14. 선고 2017다266771 판결). 대법원은 '수용자가 하나의 거실에 다른 수용자들과 함께 수용되어 거실 중 화장실을 제외한 부분의 1인당 수용면적이 인간으로서의 기본적인 욕구에 따른 일상생활조차 어렵게 할 만큼 협소하다면, 그 자체로 수용자의 인간으로서의 존엄과 가치를 침해한다(다만, 그러한 과밀수용 상태가 예상할 수 없었던 일시적인 수용률의 폭증에 따라 교정기관이 부득이 거실 내 수용 인원수를 조정하기 위하여 합리적이고 필요한 정도로 단기간 내에 이루어진 경우라면 예외로 볼 수 있다)'고 판시하였다. 여기서 대법원은 성인 남성의 평균 신장이나 관련 규정, 수용자에게 지급되는 매트리스 크기(1.4㎡) 등을 종합적으로 고려할 때 수용자 1인당 도면상 면적 2㎡를 위법성 판단의 기준으로 보아야 하고, 1인당 수용거실 면적이 2㎡에 미달할 경우 국가배상책임이 인정된다고 판단함으로써, 1인당 수용거실 도면상 면적 2㎡가 과밀수용의 한계가 됨을 밝혔다.

재소자들에게는 어느 정도 열악한 처우가 불가피하고 오히려 이것이 교정의 목적에 부합한다고 생각하는 사람이라면, 대법원이나 헌법재판소가 굳이 나서서 수용자들의 여건을 개선하라는 취지로 판결할 것까지는 없지 않냐고 생각할 수도 있다. 그러나 수용자들에 대한 국가형벌권 행사가 편안한 수용생활을 의미하는 것은 아니라는 의견을 갖고 있던 사람이라고 하더라도, 막상 교정시설에 방문해서 재소자들이 갇혀 있는 좁은 공간을 보게 된다면, 현재의 과밀수용이 단순히 열악한 정도를 넘어선 것이라는 대법원과 헌법재판소의 판단을 반박하기는 어려울 것이다. 대법원이 제시한 수용거실 면적 기준인 1인당 2㎡은 일반적인 24평형 아파트(전용면적 59.9㎡) 정도의 공간에 30명의 재소자가 거주하는 것과 같은 것이다. 24평형 아파트에 30명의 재소자를 집어넣고 장기간 합숙하도록 한다면, 그중 적지 않은 수의 재소자들이 다른 재소자들과 문제를 일으키거나 과밀수용으로 인한 신체적, 정신적 건강의 악화를 겪는 것이 불가피할 것이다. 수용자 한 명이 거주하는 독방으로 설계된 협소한 공간에 두 명의 재소자로 하여금 함께 지내도록 하는 상황 또한 결코 '인권선진국'에서 발생하는 정상적인 상황이라고 보기 어렵다. 인권위에 따르면 2013년 이후 구금시설 평균 수용률(수용 정원 대비 실제 수용 인원)은 해마다 증가 추세를 보여 2017년말 기준 115.4%를 나타내고 있고, 대도시 주변은 전체 평균보다 8.9%포인트 높은 124.3%의 수용률을 보였다.[29] 여성 수용자의 경우 전용 교정시설이 전국에 하나밖에 없는 상황에서 부산구치소의 여성 수

---

29 경향신문, "비좁은 교도소에 사람 넘친다…인권위 '구금시설 과밀수용 해결해야'", 2018. 12. 17.자 기사

빨대사회

용률은 185.6%에 육박했다. 이는 20명이 지낼 수 있도록 설계된 공간에 무려 37명이 함께 지내고 있다는 뜻이 된다.

이처럼 과밀수용으로 극단적으로 밀집도를 높여 놓고 재소자들 사이에서 별다른 사고가 생기지 않기를 바랄 수는 없다. 과밀수용으로 인하여 불만으로 가득 찬 수용자들은 끊임없는 진정과 고소, 헌법소원, 국가배상소송을 제기하기 마련이다. 그리고 불만에 찬 재소자들과 가장 가까운 곳에서 근무하고 있는 교도관들이 이들의 온갖 진정, 형사고소와 국가배상소송에 그대로 노출될 수밖에 없다. 수용자들이 교도관들을 형사 고소하거나 국가인권위원회에 관계자를 진정하는 것 중의 상당 부분은 과밀수용으로 인한 불편과 직간접적으로 관련이 있지만, 아무도 이러한 문제의 해결을 진지하게 고민한 바 없다.

오히려 국회의원들과 지방자치단체장들은 자신의 선거구 내에서의 교정시설의 신축뿐만 아니라, 교정시설을 수선하려는 시도에 대해서 결사항전의 태도로 반대하고 있다. 이 때문에 대법원과 헌법재판소의 판단에도 불구하고, 교정시설의 여건이 의미 있는 수준으로 개선될 수도 없었고, 아직까지 과밀수용에 따른 문제가 해결의 실마리를 찾지도 못하고 있는 것이다. 교도소 및 구치소의 시설개선을 위한 신축 또는 증축공사에는 언제나 인근 주민들의 강력한 반대가 기다리고 있기 때문에, 1963년 준공되어 시설 안전점검 결과 재건축이 시급한 'D등급' 판정을 받은 안양교도소의 경우에는 천장 배관과 전깃줄이 그대로 노출돼 있는 열악한 환경에도 불구하고, 아직까지도 이전계획을 수립하지도 못하고 있다.[30] 오히려 정치인들은 언제나 낙후된 교도소 부지를 시민 공간으로 돌려주겠다는 공약만을 내세우고 있을 뿐, 이들은 기존의 낙후된 교도소에 수용 중이던

---

30 한국경제, "안양교도소 반쪽 이전이 웬말이냐…주민들 '분통'", 2022. 8. 18.자 기사

수용자들을 어떻게 할 것인지에 대해서는 아무런 관심이 없기 때문이다. 국회의원들은 자신의 지역구로 교정시설이 이전하거나 증축 등의 개선공사를 진행될 것 같은 기색을 보이면 예외 없이 총력을 다하여 이를 저지하기 때문에, 수용자들로 미어터지는 교정시설을 어디론가 옮기기도 어렵고 노후한 교정시설을 수선해서 쓰기도 어려운 상황은 시간이 흘러도 전혀 해결되지 않고 있다.

이처럼 교정시설 내에서 과밀수용과 관련된 문제들이 꼬리에 꼬리를 물고 생겨나고 있지만, 이를 해결할 권한이 있는 사람들이 문제해결을 위해 노력하는 경우는 거의 없다. 아무도 문제를 해결하지 않을 뿐만 아니라 오히려 모두가 상황을 악화시키는 방향으로 이끌고 있으므로, 갈수록 문제상황이 복잡해지고 있다.

문제는 과밀수용의 문제가 교도소 담장 내에 머물지 않는다는 것이다. 과밀수용의 문제가 폭발 직전의 상황에 이르게 되었다면, 이는 더 이상 교도소 담장 밖의 일반인들과 무관한 문제일 수 없다. 정치적으로 수용자들의 과밀수용 문제가 해결될 기미가 보이지 않는 상황이라고 하더라도, 교정당국은 어떻게든 이를 해결하려고 노력할 수밖에 없기 때문이다. 교정시설을 신축, 증축 또는 수선하는 과정에서 적지 않은 어려움을 겪고 있는 교정당국으로서는 개별 교정시설에서 꾸준히 수용자의 수를 줄이는 방법으로 과밀수용의 문제를 해결하려고 할 수밖에 없다. 조금이라도 교정시설 내 밀집도를 낮추고, 나아가 수용자 간 사고 발생 가능성을 줄일 수 있는 여지가 있다면, 가석방 등을 결정하는 과정에서 수용자가 교화되었는지와 같은 사정뿐만 아니라 교도소의 과밀수용이 악화되고 있는지와 같은 사정 또한 적극적으로 고려하게 된다.

이에 흉악범죄를 저질러 무기징역형을 선고받은 사람에 대해서도 가석방 허가에 필요한 복역 기간을 채우기만 하면 가석방함으로써 과밀수용 문제에 대처하는 것은 어느 순간부터는 당연한 일이 된다. 무기징역수의 경우에는 절대 풀려나지 않을 것이라는 일반적인 믿음과는 달리, 실제로 적지 않은 수의 무기징역수들이 20년 정도의 형기를 마치면 가석방되어 풀려나고 있다. 무기징역을 선고받은 수형자 가운데 지난 1999년부터 2005년까지 가석방된 사람은 35명으로, 이 중 2명은 13년~14년, 28명이 16년~20년 만에 출소했고, 20년 이상 복역한 출소자는 불과 5명에 불과하였다. 가석방으로 풀려난 무기징역수는 2017년 11명, 2018년 40명, 2019년 14명, 2020년 18명, 2021년 17명으로 최근 5년간 꾸준히 두 자릿수를 기록하고 있다.[31] 교정시설의 열악한 여건은 무기징역형을 선고받은 흉악범죄자이거나 재범의 가능성이 있는 범죄자라고 하더라도 최장 20년 정도만 복역하면 대부분 가석방으로 출소할 수 있게 해주는 것이다. 이는 과밀수용되어 있는 수용자들 중 모범적인 수형 생활을 하는 사람에게 가석방의 당근을 제시함으로써 구금시설의 질서를 확보하려는 교정행정상의 필요와도 무관하지 않다. 여기에 재소자들 사이에 사고가 발생하였을 때 교도관에게 반드시 책임을 묻는 비정상적인 관행까지 존재하는 것을 고려하면, 교정시설에서의 사고발생의 가능성을 줄이고, 재소자들의 신체적, 정신적 건강을 유지하며, 교도관들의 안전을 확보하기 위해서는 오히려 최대한 많은 수의 수용자들에 대한 가석방을 허가하는 것만이 최선의 해결책일지도 모른다.

한편, 과밀수용이 일상화된 교정시설에 충분한 예산지원이 이루어질 리도 없다. 특히 2020년 12월 서울동부구치소에서 코로나19가 유행하였을 때 교정당국이 마스크를 마련할 예산이 없어 무방비상태로 있었던 상황은 교정당국이 처한 예산 부족 문제가 어느 정도인지를 잘 보여준다. 법

---

31 머니투데이, "무기징역 흉악범, 영원한 격리?···한해 17명 '가석방' 받고 거리 활보", 2022. 9. 5.자 기사; 법률신문, "가석방 허가율 90%···출소자 재범 심각", 2010. 5. 4.자 기사

무부는 2019년도 기준 일평균 교정시설 수용자 5만 4천여 명과 교정공무원 1만 6천여 명에게 매일 마스크 1장을 지급할 경우 하루에 소요되는 5,000만 원에서 9,000만 원 가량의 예산을 마련할 수 없었다. 교정당국이 마스크 구매예산을 배정해달라고 요청하였으나 예산당국이 위와 같은 예산을 배정해주지 않았기 때문이다.

교정당국이 수용자들에 대한 마스크 구매예산을 배정받지 못하여 교정시설의 수용자들에게 상당한 기간 마스크를 지급하지 못하였고, 그러던 중 정원 대비 수용률이 116.6%(수용정원 2천 70명, 현 인원 2천 413명)로 과밀 상태였던 서울동부구치소에서 코로나19가 발생하여 급격히 확산되었다. 법무부는 확진 판정이 나온 수용자들을 분리한 뒤 해당 수용동을 폐쇄하고 방역 조치를 하였으며, 접견이나 교화행사, 이송 등을 전면 중지하고 의료 인력과 마스크, 레벨D 보호복 등 방역물품을 추가로 지원하기는 하였으나, 당시 수용자들이 확진자를 한 방에 8명씩 수용하고 있다며 창밖으로 "살려주세요"라는 메모를 걸어두어 화제가 되기도 하였다. 서울동부구치소는 과밀수용을 해결하지 못하고 확진자와 접촉자를 그룹별로만 분리하였다가, 이후 확진자 345명을 경북북부2교도소로 이송하여 밀집도를 낮추는 조치를 취하였다. 당시 재소자 중에서 코로나19로 인한 사망자가 나오기도 하였으나, 법무부 내에서는 이로 인하여 징계를 받은 사람은 아무도 없었다. 교정당국은 언제나 빠듯한 예산과 인력으로 가까스로 기능을 유지해가고 있는 상황이었을 뿐이었고, 예산당국이 마스크 예산을 배정하지 아니한 것이나 서울동부구치소가 과밀상태에 있었던 것이 교정당국에 있던 누구의 탓도 아니었기 때문이다.[32]

---

32 중앙일보, "매일 9,800만 원 든다⋯동부구치소 감염발 KF 마스크 대란", 2020. 12. 28.자 기사. 오히려 법무부 관계자는 "구치소는 과밀 인원으로 항상 예산이 부족하다"며 "일반 국민도 마스크를 구하기 어려운 상황에서 수용자에게 마스크를 매일 지급했다면 오히려 국민

서울동부구치소에서 집단감염으로 큰 혼란이 발생한 이후에야 비로소 재소자를 위한 마스크 구입예산이 승인되어 배정될 수 있었다. 교정당국이 요청한 마스크 예산을 삭감한 것에 책임이 있는 의사결정권자나 정치인, 예산당국은 유권자인 국민들을 상대로 재난지원금을 한 푼이라도 더 지급하겠다는 약속에는 누구보다 적극적이었지만, 자신들의 득표에 유리한지 알 수 없는 재소자들이 과도하게 밀집된 환경에서 코로나에 쉽게 전염될 수 있는 상황에 놓여 있는지, 그 때문에 재소자들과 교도관들에게 충분하게 마스크가 지급될 필요가 있었는지에 대해서는 철저하게 눈과 귀를 닫고 있었다. 이러한 사정이 만천하에 드러났지만, 당시에도 그리고 이후에도 이 모든 사태 발생에 실질적 책임이 있는 사람이 어떠한 형식으로든 책임을 지는 모습을 보여준 적은 결코 없었다.

[방안의 코끼리(6): 집행과정에서의 인력 부족]

과밀수용이 상식적인 수준을 넘어선 지 오래된 교정시설에서 근무하는 의사 또한 충분할 것이라 기대할 수 없다.[33] 교정시설 의무관 89명이 매년 918만 건의 진료를 해야 하는 상황에서 교정시설 의사 1명이 하루 동안 진찰해야 하는 재소자의 수는 하루 210명이 넘는다(단, 공중보건의 제외). 의무관들이 하루 8시간 근무를 한다고 가정하면, 환자 1인당 정확히 2분 20초 내로 문진과 기본적인 검사와 처치, 그리고 처방을 끝내야 한다는

여론이 좋지 않았을 것"이라며, 수용자에게 마스크를 지급하지 못하여 교정행정에 큰 혼란이 발생하는 것보다 국민 여론이 보다 중요하다는 취지의 답변을 내놓기도 했다. 국회나 국민들로부터 질타를 받느니 차라리 교정행정 상의 혼란을 감수하겠다는 취지의 발언은 교정당국이 각종 민원이나 예산 등과 관련하여 얼마나 주눅이 들어있는지를 여실히 보여주는 것이라 하겠다.

33 연합뉴스, "박봉에 고소·고발까지 … 교정시설 떠나는 의사들", 2021. 4. 15.자 기사

뜻이다. 물론 교정시설에 배치된 공중보건의들 또한 환자들에 대한 진료 업무를 하고 있으므로, 실제 환자 1명에 대하여 이보다는 조금 더 긴 시간이 할애된다고 볼 수 있다. 하지만 그 정도의 시간만으로는 정신질환을 가진 수용자들이나 스스로의 의사를 표현하기 어려운 수용자들이 제대로 된 치료를 받기 어려울 수밖에 없다. 비록 의무관이나 공중보건의가 치료하기 어려운 질병에 대해서는 수용자의 외부 진료를 허용하고 있기는 하지만, 수용자를 데리고 외부 병원에 출장을 가기 위하여 여러 명의 교도관이 계호를 위하여 동원되어야 한다는 점에서 교도소의 인력사정상 이 또한 어려운 경우가 적지 않다. 만약 수용자 1명에 대하여 3명의 교도관이 계호를 하는 것이 원칙임에도 불구하고, 부족한 인력사정을 감안하여 그보다 적은 숫자의 교도관들이 수용자들을 계호하여 외부진료를 나갔다가 해당 수용자가 교도관들의 감시를 피하여 도주하는 상황이라도 발생한다면, 그때 교도관들은 수용자의 병수발을 하는 과정에서 고생은 고생대로 하고 징계를 받게 되는 억울한 처지에 놓일 수도 있다. 이에 교정당국은 외부진료에 다소 소극적인 태도를 보일 수밖에 없지만, 그렇다고 하여 외부진료로 인한 비용이 적게 들어가는 것은 아니다. 반드시 외과수술이 필요하거나 중증질환의 치료를 받아야 하는 재소자에 대해서 부득이 진행되는 외부진료에 소요되는 비용은 2015년 기준으로 무려 156억 원에 이르렀다.[34]

집행과정에서의 의사 인력 부족 문제는 범죄를 저지른 심신장애인 등이 수용되어 있는 치료감호소의 경우에도 별반 다르지 않다. 2022년에 공주에 위치한 국립법무병원(종래의 공주치료감호소)에서 근무하던 의사 4명이 과밀수용 문제를 해결하기 위한 방법을 두고 행정직 간부들과의 갈등을

---

34 연합뉴스, "금태섭 '작년 재소자 외부진료로 국고 156억 지출'", 2016. 9. 26.자 기사

겪은 끝에 집단으로 항의성 사표를 내고 퇴직하기도 하였다.[35] 그 무렵 국립법무병원장을 제외한 풀타임 정신과 전문의 4명과 신경과 전문의 1명이 잇달아 사직함에 따라, 국립법무병원에는 원장과 계약직 의사들만 남게 되어 결국 원장이 하루에 500명 넘는 환자를 봐야 하는 상황이 되었다. 외부엔 법무부 과장과 의료진 간 마찰이 '집단 사직'의 원인으로 알려졌지만, 그건 어디까지나 발단이었을 뿐이고 고질적인 과밀수용과 의료 인력 부족, 처우 문제, 전공의(레지던트) 확보 문제, 법무부에 대한 불만 등이 겹친 결과였다는 의견이 지배적이었다.

집행기관에서 의사 인력의 부족 문제는 교정시설 내에서 치료하기 어려운 질병의 범위를 확대시킬 수밖에 없고, 이는 일정한 질병이 있다는 증빙을 갖출 수만 있다면 그리 어렵지 않게 구속집행정지를 받을 수 있는 중요한 계기가 된다. 2002년 여대생 하 모씨(살해 당시 22세)를 청부살해한 혐의로 2004년 무기징역을 선고받았던 윤 모씨가 검찰에 허위진단서를 제출함으로써 2007년 7월 형집행정지로 풀려났고, 2013년 5월 재수감될까지 병원을 드나들며 자유롭게 생활해온 것이 드러난 적이 있었다. 충격적인 청부살해사건의 피고인이라고 하더라도 그리 어렵지 않게 반복적으로 형집행정지를 받아낼 수 있었고, 이를 위해서 윤 모씨가 당시 연세대 세브란스병원 의사 박 모씨에게 허위진단서 발급 대가로 건네준 돈은 미화 1만 달러에 불과하였다(이때 허위진단서를 발급해준 의사는 허위진단서작성 혐의로 구속 기소되었다가 최종적으로 벌금 500만 원의 형을 선고받았다).[36] 당시 형집행정지를 받기 위해서 허위의 진단서로 형집행정지를 받는 데 들어가는 대가가 너

---

35 매일경제, "공주치료감호소 의사 4명 집단사표⋯수용인원 문제로 내부갈등", 2022. 2. 7.자 기사; 한국일보, "치료감호소 의사 '하루 환자 200명까지⋯약도 기억 안 나'", 2022. 6. 21. 자 기사

36 한겨레, "여대생 청부살해 사모님 형집행정지 도운 주치의 벌금 500만 원", 2017. 11. 9.자 기사

무 저렴했던 데다가, 형집행정지가 무제한 연장되는 것이 너무 쉬웠다는 점은 많은 법조인들과 교정기관 관계자들에게 적지 않은 충격을 주었다. 만약 피고인이 허위진단서를 제출하였을 때 수용자의 외부입원 필요성을 제대로 검토할 수 있을 정도로 충분한 의무관을 갖추고 있었고 교정시설의 과밀수용 등과 같은 사정이 없었다면, 검사나 교정당국이 진단서가 허위인지를 가려서 형집행정지를 허가하지 않거나, 일단 허가하였더라도 이후 이를 연장하지 않았을 가능성이 훨씬 높았을 것이다. 한편, 형집행정지에 대한 감독이 엄격해진 현재에도 의무관 부족문제는 여전하기에 윤모씨처럼 허위의 진단서로 형집행정지를 받고 풀려나서 자유롭게 지내고 있는 중범죄자들이 전혀 없을 것이라고 단언할 수 있는 사람은 아무도 없다.

[방안의 코끼리(7): 인력 및 예산 부족으로 인한 사건의 암장]

일반 사건의 경우에 실무관행으로 치부할 수 있는 업무처리이거나 판사나 검사의 사소한 부주의로 치부할 수 있는 발언도 중요 사건에서는 큰 잘못인 것으로 비난 받고, 고소나 고발 등을 당하게 되거나 이를 이유로 불명예스럽게 퇴직하는 경우가 급격하게 증가하고 있다. 특히 우리의 정치적 양극화가 돌이킬 수 없는 정도로 진행된 탓에 형사사건의 절차나 결론에 민감하게 반응하는 사람들이 적지 않고, 검사와 판사가 내린 결론에 수긍하기 어렵다며 해당 검사와 판사에 대한 인신공격을 서슴지 않고 있는 상황은 갈수록 수사와 재판을 담당하는 검사나 판사에게 부담으로 작용하고 있다.

무엇보다 담당 수사관이나 검사 또는 판사에게 과도한 부담을 지우는 중요 형사사건의 경우에 있어서까지 필요한 인력이나 자원이 배정되지 않는 상황은 수사나 재판에 대한 부담을 가중시키고 있고, 이로 인하여 경찰청, 검찰청 및 법원에서 중요 사건이 몰려 있는 부서를 회피하려고 하는 경향이 날이 갈수록 심화되고 있다. 이에 한 명이 아쉬운 중요 사건 전담 부서에서는 유능한 수사관이나 검사, 판사들이 남아 있지 않고 계속하여 빠져나가는 악순환이 계속된다. 이제 법원의 중요 형사사건을 담당하는 형사합의부 재판장 중에서 능숙한 재판진행으로 훌륭한 평판을 갖춘 고참 판사를 찾아보기는 어렵게 되었다. 대체로 형사 합의부 재판장 경험이 거의 없는 서열이 가장 낮은 부장판사가 중요 형사사건의 재판장을 맡아서 이를 진행하는 기이한 사무분담이 이제는 일반적인 현상으로 자리잡았는데, 이는 다른 나라에서는 전례를 찾아보기 어려운 것이다.

대부분의 사람들은 판사나 검사들이 수사나 재판을 하기 위해서 힘든 시험과 어려운 수련과정을 거쳐서 그 책임을 맡게 되었음에도 불구하고, 왜 기를 쓰고 중요 형사사건을 맡지 않으려 하는 것처럼 보이는지, 왜 판사나 검사들이 도중에 좋은 직장을 그만두고 나오는지, 왜 사직한 전직 검사나 판사가 결국 변호사가 되어 부패정치인이나 조직범죄의 수괴들의 이익을 위해서 최선을 다해 일하게 되는지를 이해하지 못한다. 그런데 당사자들이 수사와 재판결과에 대체로 만족하지 못하고 있는 현상과 수사관이나 검사, 판사가 수사나 재판과정에서 합당하게 사건을 처리하는 데 필요한 인력과 자원을 제공받지 못하여 어떻게든 중요 형사사건을 담당하지 않으려고 하는 현상은 사실상 동일한 원인에서 비롯된 다른 결과에 불과하다.

형사사건의 수사와 재판이 진행되는 과정에서 수사관, 검사 및 판사는 넘치는 사건에 허덕이고 있고, 수많은 경찰, 검사와 판사, 법의관과 의무관, 교정공무원은 사명감으로 일을 시작했다가 체력적으로나 정신적으로, 그리고 가정적으로 더 이상 버틸 수 없는 한계에 이르러 현장을 떠나고 있다. 과거에 불의에 맞서겠다는 사명감을 갖고 공직에 진입하였던 수많은 공무원들이 쓸쓸하게 퇴직하고 있는 현실은 정말 억울한 사정이 있는 사건이라고 하더라도 전혀 발굴되지 않고 암장될 가능성이 매우 높다는 점을 강하게 시사하고 있다.

무엇인가 정의롭지 않거나 부조리한 일들이 진행되고 있을 때, 이를 알아차릴 수 있고 알아차려야 하는 사람은 당연히 그 절차에 관여하는 깨어 있는 수사관, 법의관, 검사와 판사여야 하겠지만, 자신의 캐비닛에 넘치는 사건들에 허덕이면서 체력적으로나 정신적으로, 그리고 가정적으로 위기를 겪고 있는 사람이 사건을 덮고 있는 흑막을 걷어내고 진실을 발견해내는 것을 기대하기란 여간 어려운 일이 아니다. 불의한 부패정치인이나 범죄조직의 수괴가 최선을 다해서 불의를 은폐하려 하고 있음에도 불구하고 실체적 진실을 밝히는 것은 대체로 불가능에 가까운 일이라는 점과 실체적 진실의 일부라도 간신히 밝히기 위해서는 수사관, 검사나 판사가 이를 들여다볼 수 있는 권한과 책임감, 실력과 의지, 그리고 무엇보다 사명감과 용기를 갖추어야 한다는 점은 흔히 간과된다.

1987년 박종철 고문치사사건이 세상에 알려지게 된 것은 어디까지나 서울지검 공안부의 부장검사 최환, 중앙일보 기자 신성호, 동아일보 기자 윤상삼, 부검의 황적준, 중앙대 부속 용산병원 의사 오연상의 사명감과 용기에서 비롯된 것이었다. 이때 사명감과 용기를 가진 이들 중 한 명이라도 체력적으로, 정신적으로, 그리고 가정적으로 위기를 겪은 탓에 퇴직하고 그 자리에 없었다면, 박종철 고문치사사건의 진실은 결코 세상에 드러날 수 없었을 것이라는 점을 반드시 기억할 필요가 있다. 이러한 점에 대한 기억을 상실한 형사사법시스템이 실력과 의지, 사명감과 용기를 갖춘 수사관, 검사, 판사와 법의관을 폄훼하고 신분상의 불이익만을 부과하고 있다면, 앞으로 중요 형사사건은 예외 없이 암장될 것이고, 일단 사건이 암장되고 난 다음에 땅 속에 묻혀버린 사건의 실체가 드러나는 일은 결코 일어나지 않을 것이기 때문이다(이는 박종철 고문치사사건이 매우 정형화된 대공수사 방식을 드러내 보였지만, 이후 비로소 새롭게 밝혀진 과거의 고문치사사건이 그리 많지 않음을 떠올려 보면 어렵지 않게 알 수 있다).

[방 안의 코끼리 또는 방 안의 쓰레기]

형사사법시스템을 구성하는 여러 하부체계가 원활하게 작동하기 위해서 필요한 인력, 예산 및 제도에 대해서는 철저히 모른 체하고, 공익적 필요에 부합하는지와 무관하게 당장 치적으로 삼을 만한 제도를 무분별하게 도입해온 국회의원들의 정신세계는 흡사 저장강박증을 갖고 있는 호더(hoarder)의 정신세계와 그리 다르지 않다.[37] 집 안에 쌓여 있는 쓰레기가 악취를 내며 썩어가고 있다는 사정에 대해서는 아무런 관심이 없고, 계속하여 집 안으로 새로운 쓰레기를 가지고 들어오는 호더들과 마찬가지로, 국회는 지금까지 좋아 보인다며 들여온 새로운 제도들이 형사사법시스템 내에서 썩어가고 있는지는 아랑곳하지 않고, 또다시 새로운 제도들을 시스템 내로 들이는 것만을 반복하고 있다. 사실 그들은 자신의 선거홍보물에 기재하여 두면 그럴듯하게 보이는 새로운 제도와 조직을 만들어내는 데 모든 노력을 하고 있을 뿐이기 때문에, 지금까지 만들어 놓은 다른 제도들이 실제 제대로 운영되고 있는지 여부에 대해서는 아무런 관심

---

37 물건에 집착해 수집하고 저장하는 '저장강박(compulsive hoarding)'이라는 정신장애가 있으면, 밖에서 신문, 폐지, 빈병, 플라스틱, 고철 등을 쉴 새 없이 가져와 집안에 쌓아두고 절대 버리지 않는다. 오히려 그들은 집안 가득 발 디딜 틈 없이 쓸모없는 물건들을 성벽처럼 쌓아두는 것에 편안함을 느낀다. 이처럼 쓸모없는 물건을 버리지 못하고 주워 오거나 사서 집안 가득 축적하는 행위를 호딩(hoarding)이라 일컬으며, 이러한 행위를 하는 사람을 호더(hoarder)라 부른다.

이 없었다.

　그래서 국회는 강력범죄자들이 어렵지 않게 가석방되거나 구속집행 정지를 받는 상황에 대해서 분개한다면서도, 막상 국회의원 자신의 지역구에 있는 교정시설을 수선하고 개선하려는 시도에 대해서는 자신의 모든 영향력을 발휘하여 이를 저지하고, 도리어 교정시설을 쫓아내는 것에 앞장을 선다. 또한 국회는 아동학대 피해아동을 보호하지 못하는 경찰, 검찰 및 법원을 질타하면서도, 아동학대 피해아동들이 학교에 가지도 못하고 자기 집과는 멀리 떨어진 쉼터에 지내면서 학교에 가지도 못한 채 언제까지 그 생활을 계속해야 하는지 알 수 없는 절망적인 상황에 놓여 있다는 것에 대해서는 철저히 모른 척한다. 그들은 형사정의에 필요한 사명감과 실력을 갖춘 경찰관, 수사관 및 검사, 판사, 법의관과 의무관, 교정공무원이 보여준 노력과 수고에는 전혀 고마워하지 않으면서, 부족하게 배정되는 인력과 예산으로 인하여 만들어진 실무관행이나 사소한 부주의에 대해서는 그냥 넘어갈 생각이 없다.

　서울동부구치소에서 코로나19 집단 발병이 일어난 후에야 비로소 교정당국에 수용자들의 마스크 예산이 배정된 것은 결코 우연이 아니다. 국회가 수사와 형사재판절차에 증인보호제도를 도입하였기에 앞으로는 증인이 범죄자로부터 위협을 받더라도 위축되지 않고 실체적 진실에 관하여 증언할 수 있을 것이라고 큰 소리를 친다고 하더라도, 이들이 증인보호 프로그램에 배정한 예산은 거의 없기 때문에, 사실 증인 입장에서 증인보호 프로그램이 있는 것과 없는 것에 별반 차이가 존재하지 않는 것도 모두 같은 맥락이다. 사실 수사와 형사재판을 거쳐 집행에 이르기까지 비슷한 일들이 무한 반복되고 있다. 이 때문에 새로운 전염병이 돌고 난 이후에야 교정시설에서 허겁지겁 마스크 예산을 배정받는 일은 또다시 발생할 것이고, 증인이나 피해자가 피고인(또는 피의자)에 의하여 살해되어도 책임질 사람이 아무도 없는 사건 또한 반복해서 발생할 것이다.

하지만, 국회는 자신들이 법률과 예산에 대한 최종적인 결정권한과 그에 따르는 책임을 갖고 있음에도, 일선 경찰, 검찰과 법원, 교정당국을 상대로 왜 전염병이 집단발병한 것인지, 증인보호 프로그램이 있음에도 왜 증인인 피해자가 살해된 것인지를 추궁할 것이다. 제대로 예산과 인력을 배정받은 바 없는 경찰, 검찰과 법원, 교정당국을 아무리 비난한다고 하더라도 이러한 상황은 절대 개선될 수 없는 것이지만, 아무도 이에 대해서는 이야기하지 않을 것이다. 인력 및 예산 부족으로 형사사법시스템이 제대로 작동하지 않고 있는 것에 국회가 주된 원인을 제공하여 왔음에도 불구하고, 국회는 스스로 문제를 해결해야 하는 주체가 아닌 제3자인 것처럼 행세하면서 수사기관과 법원, 교정기관을 비난하는 것으로 책임을 피해 갈 것이기 때문이다.

지금까지 수많은 사람들이 소리 높여 주장해왔던 공판중심주의나 직접심리주의의 요체는 법정에서 실체적 진실에 가장 가까운 증거에 대한 철저한 조사가 이루어져야 하고, 법률적 쟁점에 대한 실질적인 공방이 이루어져야 한다는 것이었지만, 이를 온전히 구현하기 위해서는 가장 필요한 것들에 대해서는 모두가 말을 아껴왔다. 국회는 단일 사건에 투입되어야 하는 수사관, 검사와 판사의 시간이나 자원을 대폭 증가시키거나, 이들의 체력과 정신력을 아무런 의미 없이 소진시키는 장치들을 너무나 쉽게 도입하면서도, 수사나 재판과정에서 인력이나 자원을 확보하는 것에는 언제나 인색했다. 앞으로는 재심으로 무죄가 나오는 사건이 없도록 수사와 재판을 철저히 하라고 호통을 치던 국회의원들도 현재의 재판 여건으로는 아무리 노력하더라도 그와 같은 목표를 달성할 수 없을 것이라는 점에 대해서는 너무나 잘 알고 있지만, 이를 해결할 생각은 추호도 없었다.

그렇기에 수사에서부터 재판을 거쳐 집행에 이르기까지 형사사법시스템이 작동하는 모든 단계에서 인적 및 물적 자원이 충분하게 투입되는 모습은 전혀 찾아볼 수 없다. 개별 사건에 대한 수사와 재판과정에서 형사정의가 제대로 구현되고 있는지에 대한 국민들의 관심이 높은 것과는 달리, 수사와 재판 과정에서 투입되는 인력과 자원은 국민들이 요구하는 수준의 형사정의를 구현하기 위하여 필요한 수준에는 현저히 미치지 못하고 있다. 형사사법시스템의 고질적인 인력 및 예산 부족 문제가 결국 형사절차에서 국민의 기본권을 지속적으로 침식하고 있을 뿐만 아니라 형사정의의 구현을 지속적으로 저해하고 있는 상황을 벗어날 수 없게 하는 근본적인 이유가 되고 있다. 특히 현저하게 많은 인력과 자원이 투입되어야 하는 복잡사건이 급증하고 있는 현재의 상황에서, 경찰, 검찰과 법원은 반복적이고 무의미한 절차진행에 인력과 자원을 모두 소모한 나머지, 이제 정의로운 수사 및 재판 결과를 내어 놓기는커녕 형식적인 수사 및 재판결과를 제때 내어 놓지도 못하는 상태가 되었다.

방안의 코끼리에 대해서는 언급하지 않는 암묵적인 규칙이 있는 것처럼, 우리 모두는 가장 중요한 본질적인 문제를 직접적으로 언급하기를 꺼리고 있다. 사실 국회가 형사사법시스템 내에서 제대로 작동할 수 없는 새로운 제도들을 쉴 새 없이 들여오고, 이러한 제도들이 수많은 문제를 야기하면서 썩어가고 있음에도 이는 내버려 둔 채 새로운 무엇인가를 또 도입하며, 그 과정에서 형사사법시스템이 제대로 기능하는 데 필요한 예산과 자원을 배분하는 것을 극히 꺼려온 것이 모든 문제의 근본 원인이었다. 이것이 지금까지 형사사법시스템에 도입된 수많은 제도들이 제대로 작동되지 않았던 가장 주된 이유였고, 모두가 형사사법시스템의 신뢰부족을 이야기하면서도 아무도 언급하지 않았던 방안의 코끼리였던 것이었다.

사실 우리의 문제는 여기서 그치지 않는다. 지금까지 집 안에 쓰레기들이 산처럼 쌓여서 썩어가고 있음에도 쓰레기를 전혀 치울 생각이 없고 계속해서 쓰레기를 집으로 들이고 있는 호더를 그대로 내버려 둔다면, 곧 온 집 안이 쓰레기로 가득 차버릴 것이기 때문이다. 이제 형사사법시스템은 바로 '방안의 코끼리'와 함께 보다 더 해결하기 어려운 '방안의 쓰레기' 문제에 직면해 있는 것이다. 악취가 진동하지만, 호더가 계속 집으로 들이고 있고, 아무도 그에 대해서 이야기할 수도 없으되 치울 수도 없는 그 방안의 쓰레기 말이다.

04

누가 수사와 재판을 어렵게 만들었나?

A. 이상한 나라의 형사재판

B. 왜 사기범죄에 대한 대응은 늘 부족한가?

C. K-제사해운동

이상한 나라의 형사재판

[이상한 나라의 영어교육]

만약 어떤 나라가 외국과의 교류가 활발해짐에 따라, 외국어 중 활용 가능성이 가장 높은 영어를 가르치기로 결정하였다고 가정해보자. 그에 따라 교육당국이 초등학교에서부터 고등학교에 이르는 의무교육기간 12년 중 10년 동안 상당한 수업 시수를 영어에 할당하고, 진학 과정에서 영어활용능력을 중요하게 평가하였으며, 학생들 또한 영어 공부에 적지 않은 시간과 노력을 투입하였다면, 어떤 결과를 기대할 수 있을까? 실제로 효과적인 교육전략과 교재, 선생님들의 헌신과 학생들의 노력이 있었다면, 10년간의 영어교육과정을 마친 대부분의 학생들은 영어로 기본적인 의사소통을 하거나 여행을 가서 접하게 되는 광고판이나 메뉴의 내용을 이해하는데 어려움을 겪지 않을 것이다. 상당한 시간과 노력을 들여 영어를 가르치는 이유가 학생들로 하여금 영어로 의사소통을 하도록 하기 위한 것이었다면, 10년 동안 읽기와 쓰기, 듣기와 말하기를 통하여 기본적인 대화에 필요한 단어나 문형을 충분히 익힐 수 있을 것이기 때문이다.

네덜란드의 경우를 보더라도, 의무교육만을 마친 고등학교 졸업자 중 상당수가 영어와 독일어를 자유자재로 구사할 수 있고, 심지어 프랑스어나 한국어 등의 제2외국어로도 기본적인 의사소통이 가능한 사람들이 적지 않은데, 이는 의무교육과정 중의 외국어 교육만으로도 기본적인 의사소통이 가능한 정도의 외국어 활용능력을 갖추는 것이 충분히 가능하다는 것을 보여주고 있다.

그런데 우리의 경우 국민의 대부분이 초등학교 3학년부터 고등학교 3학년까지 10년간 영어를 열심히 배웠지만, 정규교육만을 마친 고등학교 졸업자 중 외국인과 영어로 5분 정도의 대화를 자연스럽게 이어갈 수 있는 의사소통능력을 갖춘 사람을 찾기는 그리 쉽지 않다. 고등학교 졸업자들은 10년의 고행에 가까운 영어공부를 끝내고 떠난 배낭여행에서 적지 않은 노력을 들인 영어공부가 별다른 쓸모가 없었다는 것을 반드시 깨닫기 마련이다. 이처럼 영어교육을 마친 학생들 대부분이 영어로 일상적인 의사소통을 하는 데 적지 않은 어려움을 겪고 있는 상황은 그들이 영어에 쏟아온 시간과 노력의 양을 생각하면 도저히 이해하기 어렵다.

만약 누군가가 자신은 10년 동안 수영을 열심히 배웠다고 주장하면서도 물에 들어가서 헤엄은커녕 뜨지도 못하고 가라앉는다면, 그의 말을 계속 믿는 사람은 없을 것이다. 그의 주장 가운데 '10년', '수영을', '열심히' 또는 '배웠다' 중 최소한 하나 이상은 거짓말이라고 보는 것이 합리적이다. 10년 동안 영어를 열심히 배웠다고 주장하면서도 영어로 기본적인 의사소통을 하지 못하는 사람의 말 또한 제대로 믿기 어렵다. 여기서 '10년', '영어를', '열심히' 또는 '배웠다' 중에서 반드시 거짓된 부분이 있을 수밖에 없다. 그런데 대한민국에서 의무교육을 마친 사람 중에서는 누구도 '10년', '열심히'와 '배웠다' 부분에 대해서 이의를 제기하기 어려울 것이므로, 가장 거짓말에 가까운 것으로 의심되는 부분으로 남는 것은 놀랍게도 바로 '영어를'이 된다.

그런데 영국인이나 미국인이 우리 학생들이 정답을 맞출 수 있는 수능 영어문제의 답을 맞히지 못하는 놀라운 상황을 보면, 정작 우리 학생들이 배운 '영어'가 당초 활용가능성을 염두에 둔 '의사소통을 위한 영어'가 아니었을지 모른다는 생각은 확신으로 굳어진다. 영어를 모국어로 구사하는 사람이 무슨 말인지 이해하지 못하는 '영어'가 우리 교육현실에서 가르쳐온 '영어'의 실체가 무엇이었는지를 가장 극명하게 드러내 보여주는 것이다. 우리 학생들이 10년이 넘는 기간 동안 배워온 것은 실제로 활용할 수 있는 '영어'가 아니었고, 오로지 평가 목적의 '영어문제 풀이'였던 것이다. 교육당국은 학생들의 우열을 가리는 수단으로서 영어문제 풀이만을 가르쳐온 셈이고, 학생들로 하여금 영어를 통한 의사소통능력을 증진시키는 것에는 아무런 관심을 두지 않았다. 그 때문에 '문제풀이'를 위한 영어교육에서는 활용성이 높은 자연스러운 문장보다는 정답에 대한 논란이 없고 문제풀이가 까다로운 반면 실제로는 쓰일 리 없는 대단히 부자연스러운 문장들에 집착해왔고, 우리나라의 학생들 대부분은 세계 어느 곳에서도 쓰일 리 없는 부자연스러운 표현과 문법만을 열심히 공부해 온 것이다.

지금에 와서 보면, 교육당국이 학생들로 하여금 실제 영어로 의사소통이 가능한 능력을 갖출 수 있도록 하는 것에 대해서 별다른 관심이 없었다는 점은 너무나 분명했다. 우리나라의 모든 사람이 10년이 넘는 기간 동안 '영어문제 풀이'에 열심히 집중했기에, 영어문제 풀이를 위하여 습득한 모든 것이 실제 '영어'를 활용한 의사소통과는 무관하다는 점을 깨닫는 당혹스러운 순간을 겪어본 적이 있다. 이처럼 당혹감을 느꼈던 사람 중에 교육정책을 책임지는 사람들이 없었을 리 없다. 결국 교육당국 또한 그와 같은 사정을 누구보다 잘 알고 있음에도 불구하고, 수십 년간 일관되게

'영어문제 풀이'에만 집중해온 것이다. 이쯤 되면 교육당국이 의사소통에 필요한 '영어'가 아닌 실생활에 전혀 쓸모 없는 '영어문제 풀이'에 모든 학생들과 선생님들의 소중한 시간과 노력을 쏟도록 제도를 설계하고 운영하여야 할 특별한 이유가 있었던 것은 아닌지 궁금하지 않을 수 없다.

그런데 조금만 더 우리의 교육현실을 들여다보면, '문제풀이' 교육과 같은 상황은 영어과목에만 그치지 않음을 쉽게 확인할 수 있다. 우리의 학생들 중 교과서를 이해할 수 없을 정도로 독해력 수준이 낮은 학생들이 전체의 32.9%, 의약품 설명서를 이해하지 못하는 '문해가 매우 취약한 수준'의 비율 역시 38%로 OECD국가 가운데 하위를 기록하고 있다.[1] 대학교를 마칠 때까지 16년간 국어교육을 받은 대학 졸업자가 기본적인 한글 단어의 뜻을 제대로 몰라 신문 기사의 내용을 제대로 이해하지 못하거나, 법률행위의 상대방이 보내온 문서의 내용과 취지를 온전히 파악하지 못하는 경우가 허다하다. 이제는 '금일(今日)'이나 '사흘'의 뜻을 제대로 모르는 사람이 적지 않고, 상대방이 자신에게 일정한 법률적 행위를 할 것을 요구하면서 '최고하다'라는 표현을 쓴 것에 대하여 뜬금없이 자신을 칭찬한 것으로 받아들이는 사람도 있을 수 있다. 이러한 상황에서 고등학교 졸업자 중에서 문서로 자신의 법률적 입장을 명확하게 밝힐 수 있는 능력을 갖춘 사람을 찾기 어렵게 되었다. 제대로 된 국어교육을 받았다면 자신의 법률적 입장과 이를 뒷받침하는 사실관계를 제대로 구별할 수 있고, 자신의 입장을 뒷받침하는 근거를 조리 있게 표현할 수 있어야 한다. 그러나 '국어문제 풀이' 교육만 받았던 사람들은 법률적으로 중요한 처분문서에에 기재된 문장의 의미를 제대로 이해하지 못하고 있기 때문에, 사기범죄 조직이 들이민 서류에 기재된 법률표현이 어떠한 의미가 있고, 자신에게

---

1 한겨레, "다섯 줄만 넘어가도 읽기 힘들어 하는 아이들", 2019. 8. 13.자 기사

어떠한 효력을 미칠 것인지를 제대로 이해하지 못한다. 이로 인하여 '국어문제 풀이'만 할 줄 알았던 대다수의 국민들은 사기범죄조직이 접근해 왔을 때 그들의 의도를 간파하지 못하고 꼼짝없이 사기범죄의 피해를 당하게 되는 것이다.

특히 국어, 영어 및 수학 등 기본적인 과목에서 학생들의 문해력이나 이해력이 현저하게 악화되고 있음에도 불구하고, 교육당국은 이에 전혀 아랑곳하지 않는다. 언제나 교육당국은 본질적이지 않은 것을 본질적인 것처럼 가장하고, 오로지 학생들 사이의 서열을 나누기 위한 목적으로 아무짝에도 쓸모없는 문제풀이를 중심으로 제도를 설계하고 운용하는 관성을 버릴 생각이 전혀 없다.

교육당국이 의무교육과정을 통하여 학생들에게 '지식과 경험'을 가르치는 것에 집중하지도 않고, 대학입시를 통하여 학생들의 '역량과 자질'을 평가하려고 하지도 않으면서도, 오로지 '문제풀이' 능력만을 평가하는 데 모든 관심을 기울이고 있는 정확한 원인이 무엇인지는 전혀 알려져 있지 않다. 교육당국 내에서 정책을 입안하고 결정하는 사람들 또한 의무교육과정에서의 '문제풀이' 교육이 현실에서는 별반 쓸모가 없다는 점을 잘 알고 있음에도 불구하고, 그들이 왜 그토록 쓸모없는 '문제풀이'에만 집중할 수밖에 없는지 그 이유를 희미하게라도 알고 있는 사람 또한 찾기 어렵다. 특히 대학입시와 관련하여 매년 기존 대학입시제도를 뒤집으면서 파격적으로 입시정책을 개편하는 것을 예사로 알아온 교육당국이 모든 교육과정에서 일관되게 '문제풀이'에 집중하는 것만큼은 전혀 변화가 없었다는 점은 참으로 놀랍지 않을 수 없다. 이쯤 되면 실생활에서 전혀 쓸모가 없는 '문제풀이'가 교육의 참된 목적이 되어야 한다는 교육적 철학을 갖고 있는 교육자 집단이 존재하고 있는 것이 아닌가 하고 의심할 정도가 되었다.

그동안 교육당국은 '문제풀이'에 집중하는 교육과정에 대한 비판을 받기만 하면 언제나 '학급당 학생 수'를 줄이는 것이 교육의 모든 문제를 해결할 수 있을 것처럼 주장해왔다. 그런데 막상 학령인구가 줄어들어 학급당 학생 수가 급격하게 감소하고 시도교육청 예산이 남아도는 상황이 되자, 교육당국은 비본질적인 것을 본질적인 것으로 가장하면서 여전히 '문제풀이' 중심의 교육을 계속하고 있는 이유에 대해서 말을 아끼고 있다. 공교육에 불안한 학부모들은 더욱 사교육에 매달리고, 학원들은 앞다투어 초등학생의 눈높이에 맞춘 영재학교, 특목고 및 의대 준비반으로 그들을 유혹하고 있음에도, 교육당국은 아직까지 '문제풀이'에 대한 집착을 버릴 생각이 전혀 없다.

어리석은 교육제도를 설계하고 운영하는 데 책임이 있는 수많은 교육감들이 교육감 선거와 TV 토론 등에 나와 여전히 허황된 아이디어를 교육개혁이라고 주장하는 기이한 모습은 '문제풀이'에 집착하는 교육당국의 일관성과 함께 우리의 교육정책을 관통하는 두 가지 핵심 요소가 되었다. 허황된 교육개혁 어젠다를 소리 높여 외치는 교육감 후보들과 교육감들은 대개 스스로에게 본질적인 문제를 해결할 수 있는 능력이나 의사가 없다는 것을 잘 알고 있다. 그래서 그들은 자신들의 당선가능성을 높이기 위하여 가장 비본질적인 무언가가 오히려 본질적인 문제인 것처럼 가장하면서 소리 높여 교육개혁을 이야기하고 있는 것이다.

문제는 그들이 주장하는 비본질적이고 허황된 교육개혁 어젠다가 본질적인 문제를 덮어버리는 바로 그 지점에서 '문제풀이' 교육은 사라지지 않고 끈질긴 생명력을 유지해갈 수 있었다는 것이다.

만약 희대의 악당이 청소년에 대한 교육을 철저히 망치겠다는 계획을 세운 다음, 이를 위하여 천재적인 '교육붕괴계획'을 세워 실행에 옮기려는 상황을 가정해보자. 그 악당은 우선 영어교육과 관련해서는 10년간의 의무교육을 충실히 마친 학생들로 하여금 영어를 활용한 의사소통을 할 수 없도록 한다는 악마적 목표를 설정할 수 있을 것이다. 하지만, 아무리 치밀한 교육붕괴계획에 따라 수업시수를 줄이고 형편없는 교과과정과 교재를 제공하며, 열심히 공부할 유인을 모두 제거하였다고 하더라도, 실제 의사소통을 할 수 있는 '영어'를 가르쳤다면 10년이 지날 무렵 학생들 중 일부는 영어로 의사소통을 할 수 있을 것이다. '10년'간 '영어'를 '배웠다' 중 영어교육에 가장 중요한 요소는 '영어'이기 때문에, 가장 본질적인 '영어'를 가르치기만 한다면 그 방법론에 적지 않은 문제가 있다고 하더라도 최소한의 성과를 내는 것이 전혀 불가능한 것은 아니기 때문이다.

그렇다면, 천재적인 악당은 10년간의 영어교육을 망치기 위해서 갖은 노력을 하였음에도 불구하고 자신의 계획에 따라 영어공부를 마친 학생 중 영어로 의사소통이 가능한 사람이 적지 않은 것을 보고 깜짝 놀랄지도 모른다. 그리고 그는 사교육의 열기가 전 세계에서 최고 수준인 대한민국에서 의무교육을 마친 학생 중 영어로 의사소통을 할 수 있거나 영어소설을 즐겨보는 사람이 그리 많지 않은 것을 보고 더 큰 충격에 빠질지도 모른다. 특히 두려움 없이 영어로 의사소통을 할 수 있는 고등학교 졸업생은 예외 없이 사교육의 도움을 받은 것이라는 점을 알게 되면 더욱 그러할 것이다. 10년 동안의 선생님들의 헌신과 학생들의 노력, 부모들의 지원과 영어학원들 사이의 끝없는 경쟁에도 불구하고 학생 대다수가 영어로 의사소통을 할 수 없는 결과에 이를 수 있게 하는 유일한 방법이 바로 교육과정에서 '실생활에 전혀 쓸모없는 영어문제 풀이'를 가르치는 것으로 설계하는 것이었음을, 천재적인 악당은 대한민국의 사례를 보고 비로소 깨달을 수 있을 것이다. 여기서 그는 자신보다 대한민국의 영어교육이 훨씬 더 교육붕괴라는 악마적 목표에 가까이 도달하였다는 점에 진심으로 감탄할 것임이 분명하다.

하지만 천재적인 악당이 대한민국 교육시스템의 악마적 천재성에 감탄하기에는 아직 이르다. 우리의 교육당국의 놀라운 점은 선생님들과 학생들로 하여금 소중한 시간과 노력을 가장 쓸모없는 문제풀이에 집중하도록 제도를 설계하고 운용하는 것에만 그치지 않기 때문이다. 개별 과목에서 본질적인 부분에 관심과 노력을 쏟지 못하게 하고 비본질적인 부분에 집중하도록 하는 것에서 더 나아가, 조금도 쉬지 않고 맥락 없이 대학입시제도를 바꿈으로써 교육과정 전체가 비본질적인 부분에만 온전히 집중하도록 하는 천재적인 또는 악마적인 체계로 진화하였기 때문이다. '의사소통에 필요한 영어'를 가르치면서 누구나 예측할 수 있는 방향과 속도로 안정적으로 대학입시제도를 운용하는 경우와 비교하였을 때, 대한민국의 교육제도는 학생들로 하여금 불필요한 문제풀이에 많은 시간과 자원을 소모하도록 할 뿐만 아니라, 매년 변화하는 대입제도를 따라잡기 위해서 더욱 많은 시간과 자원을 의미 없이 소모하도록 함으로써, 학생들로 하여금 본질적인 부분의 교육에는 전혀 시간과 노력을 들일 수 없도록 작동하고 있다. 즉, 무의미한 문제풀이와 변화하는 대학입시 대응에 모든 시간과 자원을 소진한 학생들은 우주적 진리에 대한 호기심을 발전시키거나 스스로 지식과 경험을 획득하고 세상을 이해할 방법을 배울 기회를 모두 상실하게 되는 것이다.

　이처럼 교육제도를 설계하고 운용하는 과정에서 비본질적인 부분에만 집중하는 교육정책을 입안해서 시행하고 있는 교육당국의 무능력과 무책임함은 천재적인 악당이 세운 악마적인 '교육붕괴계획'보다 훨씬 효과적으로 우리의 교육을 실패로 이끌어가고 있다. 곰곰이 생각해 보면, 개별 교육과정 및 전체 교육과정에서 비본질적인 것에만 집중하도록 만드는 체계와 운용, 이것이 바로 교육의 총체적 실패로 가는 유일한 길이며, 천재적인 악당이 세운 목표를 달성하기 위한 가장 효과적인 수단이라는 점을 깨달을 수 있다. 교육의 총체적 붕괴를 의욕하였던 천재적인 악당은 대한민국의 교육당국이 교육의 붕괴를 이끄는 모습을 보고는 더 이상 자신이 '악당'의 반열에 오를 자격이 없고, '천재적'이라는 단어를 붙이기에 실력이 한참 부족하다는 점을 시인하지 않을 수 없을 것이다. 그리고 누구도 달성하기 어려운 목표를 이렇게 쉽게 달성해내고 있는 대한민국의 교육당국이 사실 '희대의 악당'으로 불릴 자격이 충분하다는 점 또한 인정하지 않을 수 없을 것이다.

교육과 관련된 근본적 문제에 대한 해결의 열쇠는 사실 '교육이 어떻게 바뀌어야 하는지'에 있는 것이 아니었다. 교육이 어떻게 바뀌어야 하는지에 관해서는 지난 70년간 수많은 사람들이 떠들어 왔고, 그중 상당수는 전국 각지의 교육청에서 수도 없이 실험된 바 있지만, 대체로 문제를 악화시켰을 뿐 제대로 문제가 해결되는 것을 보기는 어려웠다. 한 번도 학생들로부터 좋은 평가를 받아본 적 없고 인상적인 논문을 써낸 적도 없었던 교수 출신의 교육부장관과 정치인 흉내를 내는 교육감들이 낸 신박한 아이디어로 교육현장이 뒤집히는 것은 흔하게 보았지만, 그들이 내세우는 '신박한 아이디어'는 소셜미디어에서 그들의 존재의의를 뽐내는 용도 이외에는 별다른 쓸모가 없었다. 기초학력 미달 학생이 갑자기 증가하게 된 것과 같은 사례는 교육 현장에서 차고도 넘치지만, 교육부장관이나 정치인 교육감들과 같은 의사결정권자들로부터 기초학력 미달 학생들의 학력을 제대로 증진시킬 수 있는 신박한 아이디어를 들어본 사람은 아무도 없다. 교육부가 제대로 학교폭력에 대응하고 이를 예방하겠다며 학교폭력위원회를 만든 다음, 선생님들로부터 가해학생에 대한 조사 및 조치 권한을 빼앗은 신박한 정책은 실제로는 가해학생에 대한 조사와 피해아동 보호조치가 지연되고, 학교폭력 피해아동에 대한 2차 가해가 증가하며, 실제 학교폭력이 통제할 수 없을 정도로 늘어나게 된 결과만을 가져왔을 뿐이었다.

 교육 현장에서의 꼬일 대로 꼬여버린 문제를 해결하기 위한 시작은 누가 문제해결의 열쇠를 가지고 있는지를 제대로 인식하는 것에 있다. 학생들로부터 한 번도 좋은 평가를 받아본 적이 없고, 학교폭력을 슬기롭게 해결해 본 적 또한 없는 정치인 행세를 하는 교육감이나 교육부장관에게 교육 현장에서의 중요한 문제에 대한 의사결정 권한을 무작정 맡기는 것으로, 앞으로 중요한 교육 문제가 저절로 해결될 것이라 기대할 수는 없는 법이다. 만약 유권자들이 정치인 흉내를 내고 있는 교육감들이 신박한 해결방법을 알고 있을지도 모른다는 생각을 버리지 않는다면, 어떠한 경우에도 문제해결이 시작될 수는 없을 것이다.

 학교에서 영어를 가장 잘 가르치는 선생님이 영어교육의 문제를 해결할 수 있는 방법을 알고 있고, 누구보다 장애아동을 잘 가르치는 선생님이 특수교육의 문제를 해결할 수 있는 방법을 알고 있으며, 학교폭력의 가해아동과 피해아동에게 슬기롭게 접근하여 학교폭력 문제를 원만하게 해결해본 교장이나 교감 선생님이 학교폭력의 문제를 합리적으로 해결할 방법을 알고 있을 것이라는 점에서 문제해결의 실마리를 찾아야 한다. 결론적으로 문제를 해결할 수 있는 사람에게 문제해결을 위한 정책을 입안하고 실험할 수 있는 권한을 부여하는 것이 문제해결에 있어서 가장 핵심적인 열쇠가 된다는 것을 기억할 필요가 있다. 만약 지금까지 한 번도 문제를 해결해본 적도 없고, 앞으로도 문제를 해결할 수 없음이 명백한 사람에게 그 문제해결의 권한을 여전히 맡기는 상황이라면, 현재의 무능하고 무책임한 의사결정권자인 그들은 똑같이 무능하고 무책임했던 과거의 의사결정권자와 가까운 미래에 부임하여 똑같은 무능과 무책임을 보여줄 장래의 의사결정권자와 손을 잡고 아무도 거스를 수 없는 '천재적인 악당'이 되어 '교육의 총체적인 실패'를 이끌어내는 엄청난 결과를 끝내 이루고야 말 것이기 때문이다.

[이상한 나라의 형사재판]

본질적으로 중요하지 않은 것을 본질적으로 중요한 것처럼 가장해온 부끄러운 현실은 비단 우리의 교육시스템에만 존재하는 것이 아니다. 끊이지 않고 진행되었던 수많은 사법개혁에도 불구하고 여전히 제대로 기능하지 않고 있는 형사사법시스템 또한 모든 영역에서 거의 예외 없이 실패해 온 교육시스템과 놀라울 정도로 유사한 모습을 보이고 있다. 오랫동안 형사사법시스템에 다양한 제도 도입과 관련하여 격렬한 논쟁이 있었고, 사법개혁이라는 미명 하에 수많은 제도가 쉴 새 없이 도입되었음에도, 형사사법시스템과 관련하여 높이 평가할 수 있거나 개선된 부분이 쉽게 떠오르지 않는 이유는 바로 본질적이지 않은 것을 본질적으로 중요한 것처럼 가장해왔을 뿐, 실제로 중요한 본질적인 문제를 해결하려고 노력한 적이 전혀 없었기 때문이었다.

대체로 형사법에 대한 체계적 이해가 일천할 뿐만 아니라, 실무에서 별다른 개선 노력을 해본 적이 없는 사람들이 어디에선가 주워들은 설익은 아이디어를 마치 기발한 것처럼 소개하면, 국회는 별다른 숙고 없이 이를 형사법이나 사법시스템에 도입하며 흔히 이를 '사법개혁'이라고 불렀다. 실제로 그들이 도입하여야 한다고 주장했던 제도들과 그들이 주장했던 사법신뢰 회복의 효과는 사실 아무런 관련이 없는 것이었기에, 그들이 쉴 새 없이 사법개혁을 위한 여러 제도들을 도입하였음에도, 그들이 주장하던 사법개혁의 효과는 전혀 나타날 수 없었다.

입법목적을 제대로 달성하기에 효과적인 수단인지를 전혀 알 수 없는 새로운 제도들이 계속하여 도입된 결과, 우리의 사법시스템은 설익은 아이디어에 기초하여 족보를 알 수 없는 이상한 제도들이 덕지덕지 붙어 있는 기이한 모양으로 변모하였다. 그리고 기이하고도 이상한 제도들이 서로 얽혀 이제는 전체 사법시스템의 정상적인 작동을 중단시키는 시너지를 발휘하는 지경에 이르게 되었다.

일례로, 법학전문대학원은 국민의 다양한 기대와 요청에 부응하는 양질의 법률서비스를 제공한다는 거창한 목적을 달성하기 위하여, 복잡다기한 법적 분쟁을 전문적·효율적으로 해결할 수 있는 지식 및 능력을 갖춘 법조인을 양성하겠다며 시작되었다(「법학전문대학원 설치·운영에 관한 법률」제2조). 그런데 법학전문대학원이 복잡다기한 법적 분쟁을 해결하는 데 충분한 법적 지식과 능력을 갖출 수 있도록 폭넓은 교과과정을 운용하고 있는지에 대해서는 여전히 의문이 남아있고, 지난 10년이 넘는 기간 동안 운영돼 온 법학전문대학원 체제가 국민에 대한 양질의 법률서비스를 제공하는 데 긍정적인 기여를 하고 있는지에 대해서도 확신하는 사람을 찾아보기 어렵다.[2] 오히려 과거 같으면 변호사들이 관여하는 것을 꺼렸을 것임이 명백한 학교폭력 사건에서 가해학생 측의 대리인이 되어 '맞폭 고소'를 적극적으로 진행하고 있는 상황이나 학폭위를 비롯하여 수사기관과 법정에서의 무리한 주장과 생떼가 난무하는 현상의 주된 원인을 경쟁이 치열해진 변호사 업계에서 찾는 주장만이 힘을 얻고 있을 뿐이다.[3]

다른 예로, 법조일원화를 통해 충분한 사회적 경험과 연륜을 갖춘 법관들을 선발하여 국민으로부터 신뢰와 존경을 회복하겠다는 이유로, 「법원조직법」 제42조 제2항은 법관 임용대상자들에게 10년의 법조경력을

---

2 연합뉴스, "국내 로스쿨 25곳 중 16곳 '부실운영'…변협 평가결과", 2023. 1. 30.자 기사;
   법률신문, "[이창현 칼럼] 난파선이 된 24개 로스쿨", 2024. 1. 4.자 기사
3 조선일보, "치과 의사 월급 300만 원?…'간판만 걸면 돈 쓸어담던 호시절 끝났다'", 2023.
   11. 25.자 기사

요구하고 있다(다만, 그 경과규정에 따라 임용시점 기준 2013년~2017년 3년, 2018년~2024년 5년, 2025년~2028년 7년, 2029년 이후 10년 이상의 법조경력이 필요하다).[4] 당시 훌륭한 법관의 역량을 갖춘 중견 법조인이 법관직에 지원할 유인책이 마련되지 않는다면 법관에 지원하는 중견 법조인 공급에 적지 않은 차질이 발생할 가능성이 높고, 법관으로서의 업무의욕과 역량이 부족한 법조인들이 법관직을 채울 가능성이 높다는 우려가 제기되었지만, 이를 보완하기 위한 개선책은 아무것도 도입된 바 없었다. 이 때문에 법조일원화 제도를 시행한 후 10년이 경과하였지만, 그간 충분한 사회적 경험과 연륜을 갖춘 법관이 선발되어 오고 있는지, 이로써 국민의 사법신뢰가 회복되었는지에 대해서는 여전히 적지 않은 의문이 제기되고 있는 반면, 처음부터 예견되었던 판사들의 업무의욕상실과 재판지연의 부작용만 도드라지는 상황이 되었다.[5]

---

4 우리의 형사사법시스템은 이미 변호사 자격을 갖춘 사람 중에서 판사와 검사를 선발하고 있었음에도 불구하고, 오랜 기간 동안 법조일원화를 도입해야 한다고 주장하는 사람들이 적지 않았다. 하지만 구체적으로 법조일원화라는 개념이 법관선발 과정에서 어떠한 요소를 갖출 것을 요구하는지, 도대체 법조일원화가 어디에서 유래한 것인지에 대해서 제대로 답변할 수 있는 사람을 찾기는 어려웠다. 필자가 이해하기로는, 법조일원화란 주로 법정변호사(barrister) 중에서 판사를 임용하던 영미법상의 판사임용 체계를 판사에게 변호사로서의 별도 경력을 요구하지 않고 즉시 판사로 임용하던 대륙법상의 판사임용 체계와 구분하기 위하여 일본이 만든 독자적인 개념이고, 우리는 영미법 체계에 대한 이해가 부족한 상황에서 일본이 만든 개념을 그대로 들여온 것에 불과하다. 실제로는 영미법상 판사임용에 법조경력을 요구하는 것이 일반화되어 있는 것도 아니고(심지어 미국 헌법은 연방법원 판사에 대하여 변호사 자격이나 일정한 법조경력 등을 전혀 요구하지 않고 있다), 단지 변호사로서 자격이 있는 사람 중에 판사를 선발하는 것에 불과한 것이므로 '영미법상 법조일원화'는 사실 판사임용에 '10년'과 같이 일정한 기간의 법조경력이 필요하다는 것과 아무런 상관이 없었다. 그럼에도 불구하고, 국회와 대법원은 아무도 그 정체를 알 수 없는 '법조일원화'가 대륙법계의 법관임용 시스템(career judgeship)에 반대되는 개념으로 사법신뢰를 회복할 수 있는 열쇠가 될 것으로 착각하고(앞서 말했지만 우리는 이미 오래 전부터 변호사 자격을 갖춘 사람 중에서 판사와 검사를 선발하고 있었다), 법조일원화 정책에 따라 법조경력 10년 이상(2029년 이후)의 변호사 자격자 중에서 법관을 선발하는 것이 큰 의미가 있다고 믿기로 한 것이다. 그러나 국회가 판사임용에 최대 10년의 법조경력을 요구하면서도 도대체 '10년'의 법조경력이 어떤 정책적 목적을 달성하기 위하여 효과적이라는 것인지를 제대로 밝힌 바 없다.

5 법률신문, "법조일원화 제도 당초 목표한 취지는 제대로 못 살려, 조병구 부장판사, '법조일원화 10년' 중간 점검", 2022. 1. 10.자 기사. 조병구 부장판사는 『법관 인력의 구조조정』이

Chapter 04 누가 수사와 재판을 어렵게 만들었나?

지난 20년간 국회가 제대로 된 문제의식을 바탕으로 올바른 제도와 정책을 도입하여 문제를 해결해왔다면, 형사사법시스템은 이제 신뢰할 만한 것으로 탈바꿈해 있어야 한다. 그런데 유튜브에는 우리의 치안 상황 이나 방산업체들의 기술적 성취를 찬양하는 내용의 수많은 국뽕 동영상 이 넘쳐나고 있는 상황이지만, 우리의 형사사법시스템에 대해서 이를 칭 찬하는 내용의 국뽕 동영상을 찾아보기는 쉽지 않다. 오히려 중한 범죄에 대해서는 수사기관과 법원이 제대로 대응하지 못한다는 점에 불만을 토 로하는 동영상이나 법원의 형사재판결과를 정치적으로 논쟁적인 관점에 서 해석하고 비판하는 동영상이 하루에도 수천 건씩 게시되고 있을 뿐이 다. 무엇보다 우리의 형사사법시스템이 20년 전보다 개선된 부분이 무엇 인지를 확실하게 이야기할 수 있는 사람조차 전혀 찾아볼 수 없다.

국회가 실제로 추구하는 입법목적이 무엇인지가 분명하지 않고, 표면 적으로 주장하는 입법목적을 달성하는 것과는 사실 아무런 관련이 없는 정책적 수단을 선택하고 있었다는 점은 사실 형사사법시스템이 반복적으 로 노정하고 있는 대부분의 문제와 아주 밀접하게 연결되어 있다. 형사사 법시스템의 문제해결을 가장한 국회의 입법은 대체로 다음과 같은 순서 를 무한히 반복한다. (1) 국회는 일단 거창한 정책적 목표를 선언한다. 하 지만 이러한 정책적 목표가 현실적으로 달성될 수 있는 것인지, 또는 그러 한 정책적 목표가 달성되면 공공의 이익이 실제로 증진될 수 있는 것인지 에 대해서는 별다른 관심을 갖지 않는다. 예를 들면, 법관 임용대상자의

라는 논문에서 "10년 이상 자신이 속한 법조 영역에서 기반을 닦아온 중견 법조인에게 법관 직을 지원하도록 할 만한 사회적 분위기나 충분한 유인책이 조성되어 있지 않고, 10년 이상 경력 법조인의 법관 지원이 증가하지 않는 이상 경력 7년과 10년 이상을 뽑는 단계에 이르 면 자칫 '법관 인구 절벽 사태'가 발생할 수 있다. (이는) 법관 인력 수요·공급에 대한 제대 로 된 예측 없이 경력 하한을 높게 설정해 생긴 문제인데, 지금이라도 개선책을 마련할 필요 가 있다."는 의견을 밝힌 바 있다.

최소 법조경력을 10년으로 규정하면서도, 이를 통하여 어떠한 입법목적을 달성할 수 있는지, 굳이 10년의 법조경력이 필요한 이유는 무엇인지, 또는 신뢰와 존경을 받는 법조인에게 10년의 법조경력을 채우고 법관에 지원할 동기를 제공하기 위하여 무엇이 필요한지에 대해서는 별다른 고민을 하지 않는다. 이후 (2) 국회는 자신들이 선언한 목표를 이루기 위해서 필요한 제도적 개선책들은 전혀 도입하지 않고, 오히려 당초 제시된 정책적 목표를 달성할 수 없게 하는 효과를 가진 제도나 정책을 함께 도입한다. 예를 들면, 10년의 법조경력을 갖추고 임용된 판사는 정년까지 재직 기간이 줄어들기에 과거에 임용된 판사에 비하여 당연히 연금액이 감소하게 되는데, 이러한 경우 실력과 명망을 갖춘 변호사가 법관직에 느끼는 매력은 더욱 떨어질 수밖에 없다. 그런데 국회는 여기서 유능한 중견법조인을 유인할 연금제도 등의 개선방안을 고민하기는커녕 법관의 각종 수당이나 혜택을 축소하는 내용으로 예산을 삭감함으로써 10년의 법조경력을 갖춘 변호사나 검사 중 능력을 인정받는 사람들이 판사직에 지원할 유인을 하나둘씩 끊어버리는 것에 관심을 집중한다. 또한 과거 사법연수원 시절에 30세 전후로 임관되었던 신규판사들과 법조일원화 이후 40세 전후로 임관되는 중견법조인 판사들은 업무의 집중력이나 체력 등 여러 가지 측면에 있어서 차이가 있을 수밖에 없지만, 이로 인한 부정적인 영향을 최소화하기 위해서 필요한 보조 인력이나 시설 등의 지원과 관련된 예산을 지속적으로 삭감하는 것이다.[6]

여기에 (3) 국회는 당초 자신들이 선언한 목표를 달성하기 위하여 필요한 자원은 전혀 배분하지 않으면서 그 목표가 달성되지 않게 되거나 자신들이 원하는 결론이 나오지 않으면 무조건 누군가를 비난한다. 예를 들

---

[6] 법률신문, "대법원 내년 예산 유례없이 감소… 법조기관 중 유일", 2021. 9. 16.자 기사; 법률신문, "'연임법관 단기 해외연수' 예산 전액삭감에 판사들 '당황'", 2023. 9. 25.자 기사

면, 국회는 법관의 독립을 충분히 보장하지도 않고 있는 상황에서 전관예우를 방지한다며 법관의 지위나 자존감을 떨어뜨리고, 검사의 권한을 전격적으로 축소하며, 변호사의 자율성을 훼손하는 입법을 감행해왔었다. 그럼에도 국회의원들은 자신들의 마음에 들지 않는 특정 사건에 대해서는 해당 사건을 담당한 판사나 검사의 정치적 편향성, 출신 지역과 학교 등을 들면서 비난하는 것을 서슴지 않는다.

특히 국회가 실제로 제안한 제도 개선의 대부분은 재판과 수사 과정에서 도출된 어색하고 불편한 결론들에 대한 책임을 모두 전관 변호사나 판사, 검사에게 돌리면서 비본질적인 것들이 본질적인 것처럼 현실을 호도하여 온 것이 적지 않다. 오히려 국회가 형사사법시스템에 관한 중요 의사결정을 하는 과정에서 전문가들의 의견을 전혀 청취하지도 않고, 자의적으로 권한을 행사하여 형사재판의 공정성과 효율성을 침식시키는 의사결정을 너무나 태연하게 빠른 속도로 하는 것이 문제라는 점을 전혀 알려고도 하지 않는다. 그 때문에 30년 전 형사사법시스템에 존재하였던 문제 중에서 국회가 온갖 호들갑을 떨면서 제정했던 법률을 통해서 해결한 문제로 손에 꼽을 수 있는 것이 전혀 없다. 만약 국회가 앞으로도 같은 태도를 유지한다면, 앞으로 30년이 지나더라도 국회가 만든 해결책으로 형사사법시스템이 눈꼽만큼이라도 개선될 것을 기대할 수 없을 것이다.

30여 년간의 사법개혁을 마친 지금에 이르러 수많은 제도들이 도입되기도 하고 사라지기도 하였지만, 여전히 모든 사람이 형사사법시스템이 제대로 작동하고 있지 않다는 확신을 갖고 있다는 점 하나만큼은 전혀 바뀐 바 없다. 30년 전과 비교하였을 때 가장 달라진 점은, 모든 사법개혁이 실패로 돌아감에 따라 이제는 무엇이 문제인지, 어떻게 해결해야 하는지, 누구에게 문제해결의 권한이 부여되어야 하는지에 대해서 자신 있게 대답할 수 있는 사람을 찾을 수 없게 되었다는 것이다. 그 결과 수많은 사법개혁 과제를 받아들였던 형사사법시스템은 이제는 왜 동일한 문제가 아직까지 남아있는지, 그리고 왜 과거의 해결책은 하나같이 별다른 효과가 없었는지, 아무도 그 이유를 종잡을 수 없는 전인미답의 상황에 진입하게 되었다.

[악인을 지목하는 입법]

문제를 해결하고자 하는 사람들은 문제의 '원인'을 찾으려 하지만, 문제가 발생한 상황을 이용하려고만 하는 사람들은 문제를 야기한 '범인'만을 잡으려 한다. 제대로 문제를 해결할 수 있는 능력이 없음에도 문제해결의 권한과 책임을 부여받은 사람 중에서 가장 무능력한 자들이 보여온 행태는 언제나 범인을 찾는 것이었고, 이는 동서고금을 막론하고 별다른 차이가 없었다. 그들은 자신들이 해결해야 할 문제에 대한 실효성 있는 대책을 세우는 대신 문제를 야기한 범인을 비난하고 그 책임을 끝까지 묻겠다는 태도를 보여 왔다. 무능한 의사결정권자의 범인 찾기의 결과가 늘 잘못된 사람을 범인으로 지목하는 것으로 마무리되었다는 것과 범인 찾기에 몰두한 의사결정권자가 이후 새롭게 발생하는 문제의 실제 범인인 경우가 적지 않았다는 것은 '범인 찾기'류의 문제해결 방식이 갖고 있는 또다른 특징이다.

우리의 형사사법시스템이 노정하고 있는 문제와 관련하여, 그간 국회는 문제의 '원인'을 찾으려 하기보다는 '범인'을 잡으려 하였을 뿐만 아니라, 언제나 '범인'을 잘못 지목해왔다. 국회는 형사사법시스템의 문제를 해결한다면서도 그 운용과정을 면밀하게 살펴보고 제대로 작동하지 않는 구체적인 원인을 찾아서 이를 해결하려고 한 바 없었다. 그들은 언제나 범인을 전관 변호사, 사법연수원의 폐쇄적인 동기 문화, 법원과 검찰의 과도한 권한과 같은 추상적인 것들에 돌려왔다. 국회는 판사직이나 검사직에서 퇴직하여 변호사로 개업하려고 하는 사람의 개업지를 제한하고, 사법연수원의 존재근거가 된 사법시험을 폐지하고 법학전문대학원을 탄생시켰으며, 검찰을 비난하면서 검찰 수사권의 대부분을 박탈함과 동시에 고위공직자비리수사처를 만들고 형사소송법상의 증거능력과 관련된 법률조항들을 수차례 개정하였다. 국회가 지난 30년이 넘는 기간 동안 누군가를 비난하고 책임을 묻는 일만을 계속하면서 판사와 검사의 개업지 제한, 사법시험 폐지와 법학전문대학원의 설립, 국민참여재판, 법관후보자에 대한 최저 법조경력 제한 등을 쉴 새 없이 도입하여 왔지만, 놀랍게도 형사재판의 실무와 관련된 문제가 개선되는 기적이 우리에게 찾아온 적은 단 한 번도 없었다.

사실 사법개혁 입법은 국회가 자신들에게 쏟아질 비난을 피하고 책임을 다하는 것처럼 보이기 위하여 누군가에게 책임을 전가하는 것에 불과한 것이었다. 그래서 국회는 형사사법시스템상의 문제가 어떠한 제약조건(constraints)에서 비롯된 것인지, 종전의 규정을 개정하거나 폐지한다면 그 제약조건이 어떻게 변경된다는 것인지, 자신들이 도입하는 제도로 수사와 재판실무에서 어떠한 개선이 기대된다는 것인지에 대해서는 전혀 설명하지 않았다.

국회가 문제의 원인과 결과에 대한 냉정한 분석을 생략한 채 신속하게 누군가를 비난하는 것으로 문제해결에 갈음해왔던 덕분에, 국회가 전관 변호사의 개업지 제한을 강화해도 전관 변호사에 대한 수요는 더 늘어났고, 사법시험을 폐지하고 법학전문대학원을 출범시키고 변호사시험을 도입하였지만 국민의 사법접근성은 그다지 개선되지 않았으며, 검찰의 수사권을 박탈해도 고소 사건 처리의 공정성이나 신속성은 더 악화되는 현상이 반복되고 있다. 물론 이러한 현상은 모든 공공기관을 지방으로 내려

보내도 서울의 집값이 다시 올라간다든지, 온갖 저출산 대책을 만들어도 출산율은 기록적으로 더 떨어지는 것처럼 정부와 국회가 손을 대는 모든 영역에서 신기하게도 똑같이 반복되고 있다.

또한 범인 찾기에 몰두해온 무능한 의사결정권자들이 제대로 일을 하는 사람을 비난하고 권한을 박탈한 이유와는 정반대의 이유로 전혀 능력이 없는 자들에게 권한을 부여하는 것에는 너무나 관대하다는 점도 악인을 지목하는 문제해결방식의 주된 특징 중 하나라는 점을 기억할 필요가 있다. 국회는 기존의 수사기관의 수사나 법원의 재판결과에 불만이 있는 경우에 각종 특별검사나 진상조사위원회와 같은 별도 기관을 만들어내는 것이 주된 해결책인 것으로 여겨왔다. 그런데 실체적 진실을 발굴할 수 있는 능력과 의지를 갖춘 사람에게 충분한 자원을 제공하더라도 그 진실이 밝혀질지 확신할 수 없는 복잡한 사건에서, 국회는 수사업무와 무관한 업무를 하던 사람들을 특별검사나 위원, 조사관, 수사관으로 임명하고 새로운 조직을 만들어 복잡한 사건의 수사나 진상조사를 하도록 한 것이었다. 설령 새로 임명된 특별검사 등이 아무리 의욕에 넘친다고 하더라도 대체로 오랫동안 수사기관에서 노련한 수사기법을 연마해온 검사나 수사관처럼 일을 잘 하는 것은 불가능에 가깝다. 중요 사건의 피의자를 상대할 수 있는 능력을 지닌 검사나 수사관은 오랜 시간 다양한 사건들을 진행하면서 온갖 시행착오와 시련을 겪고 실로 고행에 가까운 순간들을 버텨낸 사람들인데, 이들이 그동안 진실과 거짓을 구별해왔던 경험을 바탕으로 복잡한 사건에서 피의자나 공범의 거짓된 변명에 길을 잃지 않고 실체적 진실에 접근할 의지와 역량을 갖추고 있다는 점은 흔히 간과되어 왔던 것이다.

수사 과정에서의 다양한 시련을 극복한 적이 없는 사람이 갑자기 수사업무를 맡아서 범죄조직의 수괴가 꽁꽁 감추어 둔 진실을 발견할 수 있다거나, 별다른 재판 경험이 없는 사람이 무죄가 유력한 사건의 공판업무를 맡아서 갑자기 유죄를 이끌어내는 주장과 입증을 할 수 있을 것이라는 생각은 영화에서나 가능한 망상에 불과하다. 그럼에도 국회는 흔히 수사와 재판에 있어서 기존의 질서에 오염되지 않은 아마추어가 기존의 역량 있는 수사관, 검사 및 판사와 같은 전문가들을 충분히 대체할 수 있다고 생각하고, 특별검사나 진상조사위원회와 같은 별도 기관들을 끊임없이 만들어 왔다. 새로운 조직이 수사 또는 진상조사를 하게 되면 실체적 진실에 접근할 수 있을 것이라는 국회의 일관된 논리에도 불구하고, 국회가 만들어낸 진상조사위원회 등의 기관이 새로운 실체적 진실을 밝혀낸 수사나 조사 결과를 보여준 사례는 거의 없었다.[7]

그 때문에 국회가 사실 실체적 진실을 발굴하는 것에는 별 관심이 없고, 이를 발굴할 능력이 전혀 없는 사람들에게 새로운 일자리를 만들어주는 것에만 적극적인 것 아닌가 하는 의구심을 갖는 사람이 적지 않다. 국회가 늘 새로운 조직을 만들었던 것이 실체적 진상규명이 미진한 수사를 누가 어떻게 진행할 것인가와 같은 본질적인 문제를 고민하던 끝에 나온 해결책이었을 리 없다는 점이 지금에 와서는 명백해지고 있기 때문이다.

한편, 국회는 검사와 판사를 모든 문제의 범인으로 지목하고 법왜곡죄를 신설하여 "양심"에 따른 수사와 재판을 저지하려는 움직임을 보이고 있다.[8] 이는 제대로 수사와 재판을 하는 사람을 내치고 그들을 시기하는 형편없는 자들을 등용하겠다는, 역사적으로 반복되어온 잘못을 또다시 재현하는 결과가 되더라도 아랑곳하지 않겠다는 확고한 의사의 표현에 다름 아니다. 스스로 문제를 해결할 수 있는 능력이 없음을 감추고 싶은

---

7 중앙일보, "[시론] 사회적 참사 진상규명, 왜 매번 실패할까", 2023. 11. 21.자 기사. 김민후 변호사는 위 시론에서 '어떤 구호가 내 가족의 생계나 우리 조직과 세력에 도움이 되냐를 먼저 따질 것이 아니라, 무엇이 진실이고 무엇이 답인지를 찾고자 하는 목소리에 귀를 기울여야 한다'고 역설하고 있다.
8 법률신문, "판·검사가 위법한 목적으로 법규 부당하게 적용하면 처벌", 2022. 3. 10.자 기사

자들은 자신들에게 쏟아질 비난을 피하고 책임을 다하는 것처럼 보이기 위하여 자신들의 권한이 소진되기 전까지 누군가에게 책임을 전가하기 마련이다. 임진왜란 당시 실제 문제를 야기한 범인이 이순신인 것도 아니고, 이순신을 처벌한다고 하여 문제의 원인이 해소될 것이 아님은 모두가 알고 있었지만, 선조가 자신의 책임을 게을리한 바 없는 이순신을 비난하고, 원균이 져야 할 책임까지도 이순신에게 묻는 태도를 보인 것과 별다른 차이 없는 범인 찾기가 이 땅에서 똑같이 반복되고 있는 것이다.

[액셀러레이터와 브레이크 페달을 동시에 밟기]

기본적으로 형사소송의 여러 원칙들은 수사와 재판의 모든 단계에서 서로 충돌한다. 공정한 재판을 위해서는 공판에서의 충분한 변론과 증거조사가 필요하지만, 신속한 재판을 위해서는 그중 불필요한 변론과 증거조사가 제한될 필요도 있다. 그렇다면, 도대체 무엇이 보장받아야 하는 변론이고 무엇이 불필요한 변론인지를 설명해주는 또 다른 원칙이 필요하다. 실제 재판운영과정에서는 서로 상충되는 목표를 동시에 달성하기 위해서 세심한 주의를 기울여야 하겠지만, 형사사법시스템 내에서 수사관, 검사, 판사, 변호사의 역할을 맡은 사람들이 아무리 열심히 자신의 직무를 수행하더라도, 대체로 서로 충돌하고 있는 것처럼 보이는 제도적 요구를 모두 온전히 충족시키는 것은 쉽지 않다. 실무상 모순되는 것처럼 보이는 원칙들은 액셀러레이터와 브레이크를 동시에 밟으라는 것과 별 차이가 없는 것처럼 느껴지는 것이 적지 않은데, 운전자가 고지식하게 액셀러레이터 페달과 브레이크 페달을 동시에 밟고 있다면, 결코 사고를 내지 않으면서도 동시에 목적지에 도착하는 일은 일어날 수 없다. 그때 자동차는 정지된 상태에서 한동안 멈춰 있다가 조만간 구동계통 등에서 중대한 고장이 발생할 것이지만, 아무런 사고를 내지 않으면서도 최대한 빨리 목적지에 도착한다는 본래의 목적은 어떠한 경우에도 결코 이룰 수 없게 될 것이다.

국회는 입법목적이나 효과가 서로 상반되는 제도를 무분별하게 도입하면서도, 그로 인하여 발생하는 수많은 충돌 문제들에 대해서 구체적인 해결방향을 알려준 바 없다. 대체로 수사와 재판을 하는 과정에서 당사자의 진술을 경청하고 사건기록을 꼼꼼하게 검토하여 제대로 된 결론을 내리라고 하면서도, 형사단독 재판부에 매월 80건씩 쌓이고 있는 사건을 미루지 않고 처리하라는 것은 사실 불가능의 영역에 있는 것을 강요하는 것을 모두가 알고 있음에도 그렇다. 관련 법령이 판사들에게 상당한 초과근무 및 휴일근무를 강요하고 있지만 판사들이 그에 부응하여 초과근무 및 휴일근무를 한다고 하더라도, 속절없이 쌓여 가는 사건에 대한 심리가 충실하게 될 리가 없다(참고로, 판사가 새벽이나 휴일에 사무실에 출근하여 근무한다고 하더라도 초과근무수당이나 휴일근무수당은 전혀 지급되지 않는다).

이처럼 최소한의 인력과 자원만으로 상충되는 모든 목표를 동시에 달성할 것을 요구하게 되면, 수사기관이나 법원은 여러 목표를 최대한 달성할 수 있는 방향으로 업무를 진행하는 것이 아니라, 최대한 문제가 발생하지 않는 방향으로 업무를 진행하려고 하는 경향을 보인다. 이 경우 사건을 충실하게 심리하여 합당한 결론을 내리는 것보다는 처리율, 미제율이나 본질적으로 중요하지 않은 지표를 관리하는 것에만 모든 역량을 집중하게 된다. 가장 대표적인 사례로 한번 겪은 사람이라면 결코 잊을 수 없는 과거 약식명령에 대한 정식재판청구사건에서의 비효율을 들 수 있다. 과거 피고인이 약식명령에 수긍하지 못하고 정식재판을 청구한 경우 불이익변경금지원칙이 적용되었기 때문에, 판사는 어떠한 사정이 있더라도 징역형으로 형종을 변경할 수 없었고, 벌금액 또한 증액할 수 없었다. 불이익변경금지원칙은 피고인의 정식재판청구권을 보호하기 위하여 도입된 것이지만, 실무상으로는 피고인들에게 정식재판절차를 주도할 수 있는 권리를 부여한 셈이었다. 이에 따라 단지 벌금 납부를 유예하거나, 벌금형이 선고된 이후의 후속조치(예, 청소년에게 주류를 판매한 사업주에 대한 영업정지)를 미루기 위한 목적의 정식재판청구가 법원에 쏟아져 들어오기 시작하였다. 사실관계에 아무런 다툼이 없어 재판을 진행할 이유가 없는 사건의 경우에도 순전히 재판지연을 목적으로 말도 되지 않는 쟁점을 치열하게 다투는 변론이 이루어지고, 수많은 사람들이 무의미하게 증인으로 소환되었다.

이처럼 재판지연을 목적으로 정식재판을 청구하는 경우에 그로 인하여 야기되는 문제는 일반의 예상을 뛰어넘는 것이었다. 폭행과 모욕죄로 벌금 100만 원의 약식명령을 받고 벌금의 납부를 미루려고 한 고령의 피고인이 본격적으로 약식명령을 다투겠다고 결심하였다면, 법원은 그에게 국선변호인을 선임하여 주고, 여러 증인을 소환한 후 증인들에게 여비를 지불하며, 오랜 시간 동안 증인신문과 변론에 시간과 자원을 들여야 했다. 그럼에도 불구하고, 불이익변경금지원칙 때문에 유죄임이 드러난 피고인에게 법원이 선고할 수 있는 벌금액은 단지 100만 원에 불과하였다. 법원이 결론을 내리기까지 들인 국선변호료 및 증인여비 등의 비용이 이미 100만 원을 초과하였고, 누가 봐도 재판과정에서 적지 않은 사법 자원이 투입된 경우라고 하더라도, 법원이 무의미한 정식재판청구를 한 피고인에 대해서 할 수 있는 것은 아무것도 없었다. 법원은 종종 피고인에게 소송비용을 부담하라는 결정을 내리기도 하였지만, 그와 같은 결정으로 별다른 불이익이 있을 리 만무했다.

이처럼 불이익변경금지원칙으로 인하여 정식재판사건이 폭주하던 때 정식재판 전담 재판부에 인력이 추가적으로 배치된 바도 없고, 정식재판 청구사건과 다른 형사재판 사이에서 발생하는 자원배분의 불균형을 시정하기 위한 조치가 취해진 바도 없었다. 무엇보다 재판의 진행과정이 재판 관여자 모두를 설득시킬 수 있는 정도로 본질적인 부분에 집중할 수 있도록 제도가 개선되거나, 정식재판청구사건 실무가 합리성과 효율성을 제고하기 위하여 개선된 적도 없었다. 현재 법원이 갖고 있는 자원으로 어떻게든 해결하라는 국회의 태도는 결국 정식재판청구권을 최대한 보장하겠다는 당초의 의도와는 달리, 정식재판청구 사건의 재판지연과 재판과정에서의 정식재판청구 취하 강요 등의 부작용만을 낳게 되었다. 또한 벌금형의 선고를 무작정 미루기 위하여 정식재판을 청구한 피고인들의 억지스러운 주장을 듣고, 법정에서 그들과 실랑이하는 업무는 한없이 고통을 안겨줄 뿐 직업적 보람과는 아무런 관련이 없었기 때문에 법원 내에서 정식재판청구 사건 전담부는 가장 기피되는 부서로 자리잡게 되었다. 무엇보다 정식재판을 통해서 다툴 만한 실질적인 이유가 없는 피고인들이 늘어날수록, 판사들이 정말 억울한 사정을 갖고 있는 피고인들의 주장을 귀를 기울여 들어주기 어려워졌다. 벌금 100만 원의 선고를 미루기 위하여 억지주장을 하는 피고인들의 사건에 많은 시간과 노력을 들인 결과, 징역 3년의 실형이 선고될 가능성이 높은 구속 피고인의 형사사건에 투입되는 시간과 노력이 줄어드는 참담한 상황이 수많은 법정에서 반복되었다.[9]

[형사사법시스템이 제대로 기능하기 위한 조건]

대부분의 사람들이 선뜻 이해하지 못하는 점 중 하나는 다른 나라에 가장 완벽한 형태의 형사사법시스템이 있다면 왜 그것을 그대로 들여오지 못하느냐 하는 것이다. 특허로 보호되고 있는 기술적 성취를 따라잡거

---

9 자세한 내용은 김형진·하민경, 『정식재판청구제도 개선 방안에 관한 연구』, 사법정책연구원 (연구총서 2016−08) 참조

나 이를 우회하기 위해서는 특허권자가 특허출원과정에 들인 것과 비슷한 노력과 수고를 쏟아야 하는 것과 달리, 형사사법시스템의 체계와 운영 방법은 모두에게 공개되어 있으므로 가장 바람직한 형사사법시스템을 그대로 들여오는 것이 가장 간편한 방법으로 생각되기도 한다.

그런데 다른 나라의 형사사법시스템을 그대로 들여오기 위해서는 그에 앞서 형사사법시스템의 구성원리를 명확하게 결정할 필요가 있다.

(1) 형사사법시스템의 구조와 재판절차를 정함에 있어서 '진실발견은 판사의 책임'이라는 직권주의적 목표가 보다 중요한 것인지, 아니면 '입증은 당사자의 책임'이라는 당사자주의적 목표가 보다 중요한 것인지를 정해야 한다. 형사사법시스템이 직권주의를 취하는지, 아니면 당사자주의를 취하는지에 따라 형사재판과정에서 판사, 검사 및 변호인의 역할이 사뭇 달라지기 때문이다. 예를 들면, 판사가 피고인이 유죄라는 점에 대해서 상당한 정도의 심증을 갖게 되었지만 합리적 의심의 여지가 없는 정도까지 입증이 되었다고는 보기 어려운 경우라면, '입증은 당사자의 책임'을 지도원리로 삼고 있는 형사재판에서는 검사의 입증이 충분치 아니하다는 이유를 들어 피고인에 대하여 무죄(또는 유죄 안 됨)의 판결을 하여야 한다. 하지만 '진실 발견은 판사의 책임'을 지도원리로 삼고 있는 형사재판에서는 판사 스스로 유죄의 근거가 될 수 있는 다른 증거에 대해서도 증거조사를 할 책무가 있다. 각각의 지도원리가 판사에게 다른 행동을 하도록 요구하고 있는 바로 그 지점에서 모두를 만족시킬 수 있는 절충적인 해결책은 존재할 수 없다.

'진실 발견은 판사의 책임'을 중시하는 직권주의(inquisitorial system)와 '입증은 당사자의 책임'을 중시하는 당사자주의(adversarial system)는 구체적인 사건의 재판 진행과 결론에 있어서 일반인들이 생각할 수 있는 범위를 넘어서 큰 차이를 보인다. 1994년 이혼한 전처 등을 살해한 혐의로 기소되었다가 미국의 형사재판과정에서 '죄가 안 됨(not guilty)'의 평결을 받은 O. J. 심슨이 당사자주의를 취하고 있는 미국이 아닌 직권주의적 형사재판제도를 갖고 있는 다른 국가에서 재판을 받았다면 그 결과는 크게 달랐을지도 모른다. 재판부의 피고인 신문으로부터 시작하는 직권주의와 검사와 변호인의 프리젠테이션으로 시작하는 당사자주의는 법정에서 실체적 진실을 재구성하는 방법에서부터 큰 차이가 있기 때문이다.

사실 재판장의 재판진행방식이나 주심 판사의 가치관, 변호인의 적극성마저 재판 진행과 결과에 적지 않은 영향을 미친다. 재판장이 개별적인 사건에서 법리적으로 완결된 형태의 판결문을 작성하는 것을 우선시하는지, 당사자의 억울한 사정에 관심을 두고 실질적으로 타당한 결론을 내리는 것을 더 중시하는지, 또는 간결하고 군더더기 없는 사건 진행을 하는 것을 더 선호하는지와 같은 차이만으로도 재판의 진행이나 결론이 크게 달라질 수 있다. 심지어 배석판사가 법원에서 거짓말을 서슴지 않는 당사자나 소송대리인에게는 상당한 불이익을 주어야 한다는 가치관을 갖고 있다거나, 지방출장을 꺼리는 변호인이 지방에 위치한 법원에서 진행되는 형사재판을 무조건 종결해달라고 요청하는 것과 같은 사정 또한 재판의 진행이나 결론에 다소간에 영향을 주기도 한다. 하물며 '진실발견은 판사의 책임'을 지도원리로 삼는지, 아니면 '입증은 당사자의 책임'을 지도원리를 삼는지에 따라 개별 재판의 진행이나 결과는 큰 차이가 있을 수밖에 없다. 따라서 직권주의와 당사자주의 사이에서 절충적이면서도 더 효율적인 형사사법시스템은 존재할 수 없고, 직권주의와 당사자주의의 장점만을 취한 형사사법시스템을 만들 수 있다는 생각은 도저히 이룰 수 없는 헛된 망상에 불과할 수밖에 없다.

하지만 문제는 국회가 절충적이지만 더 효율적인 형사사법시스템을 찾을 수 있다는 기대를 여전히 버리지 못하고 있다는 것이다(참고로, 우리 헌법 또한 대통령제를 택하면서도 내각제의 총리를 두고 있다). 이미 국회가 제정한 형사소송법은 소송절차 전반에 걸쳐 기본적으로 당사자주의적 소송구조를 취하고 있다(헌법재판소 1995. 11. 30. 92헌마44 결정). 그 결과 형사재판결과는 '입증은 당사자의 책임'의 지도원리를 따르는 경우가 많을 수밖에 없지만, 누가 봐도 유죄인 것으로 생각되는 피고인에 대한 무죄판결을 납득할 수 없는 국민들의 비판은 주로 직권주의적 소송구조를 전제로 판사가 실체적 진실발견을 위한 책임을 다하지 않았다는 것에 집중되고 있다.

이때 국회는 직권주의적 소송구조를 전제로 판사가 실체적 진실발견을 위한 책임을 다하지 않았다고 비판하면서도, 이에 대한 대책으로 생뚱맞게 당사자주의 요소를 더욱 강화하는 입법을 하거나, 별다른 체계적 검토 없이 서로 충돌하는 직권주의와 당사자주의적 요소를 마구잡이로 도입해버리는 경우가 적지 않다. 국회가 언제나 당사자주의에 기운 입법을 하면서도 법원에 직권주의적 책임을 강조하는 상황은 법원 또한 아직도 당사자주의와 직권주의 사이에서 답을 정하지 못하고 있는 것처럼 처신하게 하는 주된 이유가 되고 있다. 그래서 제도적으로는 입증이 당사자의 책임이지만, 동시에 여론상으로 판단은 판사의 책임이라는 서로 모순되는 지도원리 사이에서 법원은 아슬아슬한 줄타기를 할 수밖에 없고, 이 때문에 실체적 진실을 제대로 발굴해내지 못하면서도 당사자에게 주장 및 입증 기회를 충분히 주는 것도 아닌 어중간한 태도를 취한 채 종결되는 사건이 적지 않게 되었다. 이러한 상황에서 다른 나라의 형사사법시스템에서 아무리 좋은 제도나 구성요소를 골라서 들여온다고 하더라도 우리나라에서 제대로 된 효과를 볼 수 있을 리 없다.

다음으로, (2) 검사와 변호인이 자신의 역할을 충실히 하면 실체적 진실을 파악하는 데 필요한 정보가 자연스럽고도 효과적으로 법정에 현출될 수 있도록 재판관여자들의 권한이 합리적으로 배분되어야 하고, 나아가 판사가 주재하는 재판절차 또한 효과적이면서도 신속한 실체적 진실 발견이 가능하도록 설계되어야 한다(한편, 효율적인 재판은 실체적 진실발견에 효과적인 형사재판이 어느 정도 구현되고 난 이후에야 생각해볼 수 있는 문제이다). 그런데 형사사법시스템은 입증이 당사자의 책임인지, 아니면 판단이 판사의 책임인지에 대해서 갈수록 모호한 태도를 취하고 있기에, 형사재판 관여자들의 권한과 역할 또한 효과적으로 배분될 수 없고, 그러한 상황에서 판사에게 효율적인 재판진행을 도모할 여지 또한 존재하지 않는다.

그리고 (3) 형사사법시스템의 구조적 문제로 납득할 수 없는 수사결과나 판결이 계속되는 경우라면, 형사사법시스템의 제도나 운용, 자원배분의 문제를 합리적으로 개선할 수 있는 거버넌스 체계가 마련되어 있어야 한다. 그런데 우리의 형사사법시스템은 중요한 지도원리에 대해서도 명확하게 입장을 정리한 바 없고, 검사, 변호인 및 판사의 권한과 역할을 합리적이고 효율적으로 배분하고 있지도 않을 뿐만 아니라, 설계나 구조상의 문제가 반복적으로 발생할 때 이를 스스로 개선해갈 수 있는 거버넌스 체계 또한 전혀 마련해둔 바 없다. 여기에 국회가 자신들의 입법 권한을 통하여 형사사법시스템의 설계와 운영 전반에 대한 영향력을 계속하여 확대하고 있는 상황이기 때문에, 사법부가 정치적 영향으로부터 독립하여 자율성과 전문성을 바탕으로 스스로 형사사법시스템을 개선할 여지는 전면적으로 차단되어 있다. 선진국의 형사사법시스템이 제대로 된 거버넌스 체계를 갖춘 이후 스스로 진화를 거듭할 수 있었던 것과는 달리, 우리의 경우 형사사법시스템 스스로 부족한 부분을 개선하고 문제를 해결하기 위해서 누가, 어떻게, 무엇을 할 수 있는지부터 정해진 것이 전혀 없다. 그 때문에 우리의 형사사법시스템은 그 개선을 위하여 국회의 입법만을 하염없이 기다리는 답답한 처지에서 벗어나지 못하고 있는 것이다.

아울러 (4) 실체적 진실을 발견하고 이에 대한 적정한 판단을 하려면 수사와 재판과정에 충분한 인력이나 자원이 투입되어야 한다. 진실이 스스로 드러날 것이라는 일반의 기대와는 달리 계획적 범행의 실체는 결코 스스로 드러나지 않는다. 일례로, 3개월 전에 자신이 지출한 카드 사용내역 명세서를 보고, 해당 카드 사용내역 전부를 바로 떠올릴 수 있는 사람은 그리 많지 않을 것이다. 만약 1년 전에 지출한 카드 사용내역이라면 명세서에 의지하더라도 도저히 기억이 나지 않는 부분이 있을 수 있고, 3년 전에 지출한 카드 사용내역이라면 무슨 지출인지 추측할 수 없는 부분이 더 많을 수도 있다. 만약 5년 전의 카드 사용내역이라면, 상당한 시간과 노력을 들이고도 그것이 실제 자신의 카드 지출내역인지, 그 무렵에 대체 무슨 카드를 쓰고 있었는지에 대해서도 제대로 답변하기 어려울지도 모른다.

이처럼 자신의 카드 사용내역을 보고 어디서 무슨 이유로 지출한 것인지를 확인하는 과정에도 상당한 시간과 노력을 들여야 한다면, 다른 사람의 카드 사용내역을 보고 그가 과거에 어디서 무엇 때문에 지출을 한 것인지를 확인하는 것은 자신의 카드 사용내역을 확인하는 경우와는 비교가 되지 않는 시간과 노력이 소요될 수밖에 없다. 나아가 다른 사람이 일목요연하게 정리된 카드 사용내역을 숨겨두고 있거나, 카드사용을 꺼리고 현금을 주로 지출하였고, 어디서 어떤 지출을 했는지에 대해서도 거짓말을 하고 있다면, 그가 어디서 무슨 사유로 얼마를 지출했는지를 전부 파악하는 것은 불가능에 가까울 것이다. 그런데 국제적 사기범죄조직이 조직을 관리하면서 범죄수익과 운용자금을 대포법인의 대포통장을 통하여 운용하고, 그중 상당수를 현금과 가상화폐로 은닉하여 왔으며, 수사기관이 전체 범행을 파악할 수 없도록 효과적으로 점조직화 등을 진행하여 왔다면, 수사기관이 수년 동안 사기범죄조직의 수괴가 저지른 범행의 내용을 빠뜨리지 않기 위해서는 막대한 인력과 자원이 투입되어야 한다는 점은 누구도 부인할 수 없다. 하지만, 우리나라에서 아무리 거대한 범죄조직을 수사하는 경우라고 하더라도 충분한 인력과 자원이 투입된 사례는 찾아볼 수 없다. 여전히 경찰수사관이 잠복 수사과정에서 발생하는 일체의 경비(식비 등 포함)를 자비로 부담하는 것이나, 마약 함정수사를 위하여 형사들이 십시일반으로 돈을 걷어 위장거래를 위한 마약거래대금을 마련하고, 해당 피의자를 검거하면 다시 자기 돈을 찾아가는 것(당연히 피의자 검거에 실패하면 마약거래대금으로 갹출한 돈을 날리는 셈이 된다)이 반복되고 있음에도 이를 해결하려는 시도는 대체로 좌절되고 있을 뿐이다.

복잡사건은 수사기관이 사건 초기부터 충분한 자원을 투입하여 필요한 증거를 최대한 확보한 경우라야 복잡한 사실관계의 일부분이라도 제대로 파악할 수 있다. 그런데 현실적으로 부족한 인력 및 자원에 더하여 병행적으로 진행되는 여러 사건, 수사관과 검사의 끊임없는 인사이동, 엄격한 미제처리기한이라는 다수의 제약조건들에 쫓기는 수사 현장에서는, 욕을 먹지 않을 정도로만 수사를 진행한 후 기소에 필요한 최소한의 증거를 확보하여 실제 범행 중 극히 일부에 대해서만 기소하는 것이 그들이 할수 있는 최선이 될 수밖에 없는 것이다.

마지막으로, (5) 여러 어려운 사정들에도 불구하고 실체적 진실이 일부라도 드러나는 것은 어디까지나 복잡한 중대범죄의 실체적 진실을 밝히기 위하여 사력을 다하는 수사관과 검사의 사명감과 노고 덕분이라는 점을 절대 잊어서는 안 된다. 앞서 말한 모든 조건들이 모두 성취되었다고 하더라도, 경찰 및 검찰수사관, 검사의 노력이 없다면 어떠한 실체적 진실도 밝혀질 수 없다는 점은 쉽게 간과된다. 피고인의 변명 너머에 숨겨진 실체적 진실의 실마리를 찾아내어 사건의 진상을 밝히는 것은 다른 사람의 5년간 카드 사용내역을 보고 어떻게 살아왔는지를 추측해보는 것과 비교할 수 없게 많은 품이 드는 지난한 작업이다. 더욱이 실체적 진실에 관한 수사를 진행하는 과정에서 핵심 참고인이 살해당하거나, 협조적인 공

범이 실종되어 막다른 길에 도달하거나, 인력 부족으로 '믹싱 앤 텀블링'
이 진행된 범죄수익의 흐름을 끝까지 거슬러 올라가지 못한 경우와 같이
이런저런 사정으로 사건의 진상을 밝히지 못하는 경우가 훨씬 더 많다. 이
러한 사정을 극복하고 실체적 진실의 일부가 밝혀진 경우라면, 예외 없이
누군가가 사건에 대한 책임감으로 위험과 어려움을 감수한 것이라고 보아
도 무리가 없다. 그럼에도 형사정의에 책임감을 가진 사람이 쏟은 노력과
수고로움에 대한 우리 사회의 평가는 참으로 인색한 경우가 대부분이다.

[형사사법시스템의 핵심 요소]

무엇보다 복잡한 중대범죄의 진상을 밝히는 과정에 절대로 없어서 안
되는 것은 실체적 진실을 밝히겠다는 수사담당자의 의지가 될 수밖에 없
다. 그런데 수사담당자의 의지를 가능케 하는 것은 경찰수사관이나 검사
에게 부여되는 수사 과정 전반에 대한 책임성 또는 오너십(ownership)이다.
만약 형사사법시스템이 수사에 대한 경찰수사관이나 검사의 수사 과정
전반에 대한 오너십을 인정해주지 않는다면, 누구도 머리 아픈 복잡사건
또는 중대범죄에 대해서 여러 관련자들이 한 진술의 모순점을 밝히고, 뒤
죽박죽인 사실관계를 정리한다거나, 오랜 시간을 들여 증거를 수집할 이
유를 찾지 못할 것이다. 특히 수사 과정에서 범죄의 단서가 나온다고 하여
자신의 뜻대로 수사할 수 있는 것도 아니라면, 굳이 수사기관이 복잡하고
지난한 절차를 거쳐 범죄조직 수괴의 지난 5년간 카드내역이나 통화내
역, 계좌거래내역을 샅샅이 들여다볼 이유가 없다.

그런데 우리의 경우 수사능력이나 사명감의 측면에서 누구든 인정할
수밖에 없을 정도로 헌신적인 경찰수사관과 검사에 대해서 수사 과정 전
반에 대한 오너십을 인정해주기는커녕, 실체적 진실을 밝히기 위해서 사

력을 다하여 수사를 진행한 경찰수사관이나 검사에 대하여 모욕에 가까운 인사명령을 하는 경우가 적지 않다(언제부터인가 여기에 국회의 탄핵도 포함된다). 복잡사건에서 실체적 진실을 발굴해낼 수 있는 능력을 갖추고 있는 사람에게 수사 과정 전반에 대한 오너십을 인정하지 않고, 오히려 씁쓸한 인사조치만을 하는 상황이 반복되면 수사역량을 갖춘 경찰수사관과 검사들은 오래지 않아 변호사로 전직하거나 수사업무에서 손을 뗄 수밖에 없게 된다. 이들이 범죄수사에서 손을 뗀 후에는, 복잡한 중대범죄의 진상을 밝히기 위하여 형사사법시스템의 가장 주된 도구인 유능한 경찰수사관이나 검사가 전혀 남아 있지 않게 된다.

반면, 지금까지 적지 않은 범죄수익을 거두고 있던 국제적 사기범죄조직의 입장에서는 자신들을 추적해오는 수사관 또는 검사 개인에 대해서 불이익을 주고 싶은 생각이 들 수도 있다. 국제적 사기범죄조직은 막대한 범죄수익을 바탕으로 청탁, 고소 및 진정과 같은 온갖 수단을 활용하여 수사관이나 검사에 대한 모욕에 가까운 인사조치를 유도하려고 할 수 있고, 이러한 경우에도 복잡사건이나 중대사건에 적극적이었던 수사관이나 검사들은 자연스럽게 해당 사건에 대한 책임감을 서서히 상실하게 될 것이다.

복잡한 사건의 실체적 진실을 발견해낸 수사관과 검사에 대해서 굳이 오너십을 인정해주고, 그들의 수고로움을 높게 평가해줄 필요가 없지 않느냐고 생각하는 사람도 적지 않다. 그러나 의미 있는 성과를 만들어내기에 쉽지 않은 영역에서 성공적인 결과를 이끌어낸 사람에게 되려 불이익을 주는 것이 반복된다면, 의미 있는 성과들은 계속하여 만들어질 수 없다. 의미 있는 성과를 만들어 낸 사람들에게 불이익을 주는 전통을 갖고 있는 나라가 오랜 시간 동안의 빌드업이 필요한 축구 강국이 될 수 있다거나 우주개발에서 두각을 나타내는 일은 결코 일어날 수 없는 것과 마찬가지이다. 심지어 독재국가인 조선민주주의인민공화국마저도 핵탄두와 로

켓을 개발하는 과학자들에게 체계개발과정에서의 오너십을 인정해주고, 개발 도중 원하는 결과를 얻지 못했다고 바로 해당 과학자를 숙청하지 않는 것에는 다 그럴 만한 이유가 있는 것이다.

결론적으로, 국회는 검사와 변호인, 그리고 판사가 자신의 역할을 충실히 하면 형사재판에 필요한 정보가 자연스럽고도 효과적으로 법정에 현출되는 형사재판체계를 구축해두지도 못하였고, 법원 등이 형사사법시스템이나 자원배분의 구조를 합리적으로 수정해 나갈 수 있는 거버넌스를 갖추는 것도 허용하지 않고 있으며, 실체적 진실을 발견하고 이에 대한 적정한 판단을 하기에 충분한 인력이나 자원을 배분한 바도 없다. 국회는 여기서 더 나아가 수사관이나 검사가 복잡사건 등에 오너십을 갖고 책임감 있게 수사를 할 수 있도록 하는 제도적 수단을 대부분 폐지함으로써 형사사법시스템이 제대로 기능하는 데 필요한 모든 요소를 완벽하게 제거하였다.

국회는 수사관이나 검사가 불의에 대적하기 위하여 반드시 필요한 모든 수단들을 빼앗은 셈이고, 이제 수사관이나 검사를 지탱하고 있던 용기의 불꽃들은 모두 사그라들게 되었다. 누군가로부터 불의에 맞서는 자의 용기를 전해 들은 순간부터 그들이 가슴에 품기 시작한 바로 그 용기의 불꽃은 이제 다른 누구에게도 전달되지 않고 머지 않아 조용히 꺼지게 될 것이다.

[소결: 포에니 전쟁의 교훈]

제대로 일을 해서 훌륭한 성과가 있을 때에는 별다른 보상이 없다가, 원치 않는 결과가 나왔다고 하여 곧바로 책임을 묻는 것은 무능한 리더가 지배하는 사회에서 전형적으로 반복되는 모습이다. 기원전 264년부터 기원전 146년까지 오랜 기간 진행된 로마와 카르타고 사이의 포에니 전쟁에서도 그와 같은 모습을 여실히 확인할 수 있다. 패장을 처벌하지 않는 것을 전통으로 삼고 있었던 로마와는 달리, 당시 카르타고는 패전 책임자를 십자가형에 처해 죽여버리는 것이 관례였다. 당시 포에니 전쟁은 120여 년 동안 세 차례에 걸쳐 진행되었는데, 전쟁이 장기화될수록 카르타고의 장수들은 십자가형으로 처형되는 운명을 벗어날 수 없었다. 아무리 승전경험이 많은 유능한 카르타고 장수라고 하더라도 참여하는 전투가 늘어나게 되면 언젠가는 패배하는 경우가 있을 수밖에 없고, 그 한 번의 패배를 이유로 반드시 처형을 당하였기 때문이다. 이후 처형된 유능한 장수의 빈자리는 능력이나 경험이 부족한 장수들이 채울 수밖에 없었다. 결국 시간이 지날수록 유능한 장수들을 스스로 처형해버린 카르타고에 전세가 불리하게 돌아갔고, 제3차 포에니 전쟁에서 카르타고는 스키피오 아이밀리아누스가 이끄는 로마군에게 철저히 파괴되었다. 이로써 카르타고 해상왕국은 완전히 멸망하게 된다.

카르타고가 스스로의 핵심역량을 모두 갉아먹는 의사결정을 고집한 탓에 멸망하였다는 포에니 전쟁의 교훈에도 불구하고, 국가가 스스로의 핵심역량을 갉아먹는 것은 지금도 어렵지 않게 찾아볼 수 있다. 이순신 장군이나 김구 선생의 사례를 볼 수 있듯이 우리나라는 전통적으로 국가에 의미 있는 기여를 하고 성과를 낸 사람에게 그에 걸맞는 대접을 하는 나라는 결코 아니었다. 중국의 사법당국이 카타르 월드컵 본선행에 실패한 전 국가대표팀 감독에 대한 감찰을 시작한 것이나 베트남이 박항서 감독을 다시 찾는 것을 보고 비웃던 우리나라 또한 2002년 월드컵 4강에 오르게 한 히딩크 감독이나 2022년 월드컵 16강에 오르게 한 벤투 감독에게 박한 평가와 비난만을 하였을 뿐 다시는 재계약을 하지 않았다. 대한민국 정부 또한 2022년 1단 추력 300톤 급의 3단 로켓 누리호의 발사 성공 직후에 그 성공의 역사를 쓰는 데 결정적인 역할을 했던 한국항공우주연구원의 누리호 개발조직을 해체하고, 발사체개발사업본부장을 비롯한 발사체 전

문가들로 하여금 사표를 쓰게 하는 것에도 전혀 주저함이 없었다.[10]

우리 스스로의 핵심역량을 갉아먹는 의사결정이 반복되는 것은 수사와 재판과정에서도 흔히 찾아볼 수 있다. 조직적 사기범죄나 부패범죄 등에 적극적으로 대응하였던 감독기관의 조사관, 경찰이나 검찰의 수사관이나 검사에게 개인정보보호법이나 각종 민원, 진정 등의 온갖 이유를 들어 책임을 묻는 일은 지금 이 순간에도 반복되고 있다. 국가가 불의에 맞선 사람들의 역량과 의지를 별 것 아닌 것으로 평가함에 따라, 국세청에서 근무하면서 금지금 사건의 실체를 밝히기 위하여 야근과 주말 근무를 마다하지 않았던 조사관들이 이후 국세청에서 퇴직하여 각종 법무법인이나 세무법인에서 근무하고 있고, 거대한 불의에 맞서 용기를 보여주었던 검찰 특수부의 능력 있는 검사들이 퇴직하고 변호사로 근무하면서 지금 특수수사를 받고 있는 사기범죄조직의 수괴를 열심히 변호하고 있는 것은 어찌보면 너무나 자연스러운 결과이다. 불의를 척결하는 것에 매진하고 있는 수사관이나 검사가 형사소송의 무죄판결이나 행정소송 패소, 민원 접수 등의 이유로 불이익을 당하는 것이 계속하여 반복되는 한, 거대한 불의에 맞서 진실을 밝히기 위한 역량을 갖추고 있는 유능한 수사관이나 검사가 남아 있을 것을 기대할 수 없다.

사기범죄조직이 급격하게 성장하고 있을 때, 이를 제지해야 할 국가기관들은 국제적 사기범죄조직의 움직임에 제대로 대응할 수 있는 능력을 갖추지 못한 채 답답한 퇴행을 하고 있으면서 조사관, 수사관 및 검사에게 엄중한 책임을 묻고 있다. 여기에 더하여 수사와 관련된 실무적인 문제를 해결하면서 숨겨진 진실에 접근할 수 있는 능력이 있는 탁월한 경찰관이나 검사, 재판과 관련된 실무적 문제를 해결하면서 합리적인 재판진행으

---

10 중앙일보, "누리호 개발조직 사실상 해체…고정환 항우연 본부장 사퇴", 2022. 12. 15.자 기사

로 재판신뢰를 끌어올릴 수 있는 존경받는 판사나, 우리의 실무나 외국의 제도에 관하여 소상히 파악하고 있는 특출난 학자에게 사법제도의 개선을 위하여 제대로 기여할 수 있는 기회가 부여된 적도 거의 없다. 어떠한 제약조건들이 형사사법시스템의 핵심적 기능을 저해하고 있으며, 어떻게 제도가 운용되어야 하는지에 대해서 소상하게 파악하고 있는 사람이 의사결정과정에 참여할 수 있는 방법 또한 존재하지 않는다. 그 때문에 우리는 국제적 사기범죄조직을 추적하는 데 긴요한 수단들을 갖출 기회를 모두 놓치고 있는 것이다.

유능한 장수를 모두 잃고 능력이나 경험이 부족한 장수들만 남게 되어 멸망을 앞두게 된 카르타고처럼, 이제 우리는 눈 앞에서 활개치고 다니는 국제적 사기범죄조직에 대해서 유효한 대응을 할 수 있는 능력과 열의를 갖춘 사람을 모두 내친 탓에 이제 폭주하는 사기범죄조직을 못 본 척할 수밖에 없는 처지가 되었다. 우리가 카르타고의 실패를 반복하고 있을 때, 그 정반대 편에서 국제적 사기범죄조직은 포에니 전쟁에서 로마가 승리한 교훈을 제대로 받아들이고 있음은 너무나 명백하다. 불법적인 범죄행위를 반복하여 범죄수익의 극대화를 꾀하는 국제적 사기범죄조직은 자신들의 약점을 발견하고 이에 대한 대응책을 마련하는 사람에게 적지 않은 인센티브와 보상을 제공하고 있기 때문이다. 우리와 달리, 그들은 자신들의 핵심역량을 축적하면서 다음 단계의 사기범죄조직으로 진화하는 데 각고의 노력과 자원을 아끼지 않고 있다.

스스로 핵심역량을 소진하는 세력이 이를 축적하는 세력을 이길 수 없다는 포에니 전쟁의 사례에 비추어 보면, 앞으로 오랜 기간 이어질 사기범죄조직과의 전쟁에서 각지의 인재들이 모여들고 있는 국제적 사기범죄조직들과 모든 인재들이 도망치듯 빠져나가고 있는 우리 형사사법시스템 중 누가 최후의 승자가 될 것인지를 예측하는 것은 전혀 어려운 일이 아닐 것이다.

왜 사기범죄에 대한 대응은 늘 부족한가?

[군사작전의 핵심: 적 중심의 식별과 분쇄]

프로이센 왕국의 군인이자 군사학자였던 카를 폰 클라우제비츠(Carl von Clausewitz)는 『전쟁론(Vom Kriege)』에서 '적의 무게중심에 대한 효과적 타격'이 군사전략의 핵심이 되어야 함을 강조한 바 있다. 그는 나폴레옹 보나파르트 시대의 전법을 체계화하여 '적의 정신적, 물리적 힘과 의지의 원천인 무게중심(Schwerpunkt, center of gravity)을 정확히 식별하고, 여기에 전투력을 집중하여 해당 체계가 효과적으로 붕괴될 수 있도록 공략하는 것'이 전쟁계획 수립과 작전수행에 있어서 핵심 목표가 되어야 한다는 점을 꿰뚫어 보았다. 구체적으로는 전쟁에서 승리하기 위한 전략은 반드시 (a) 적의 행동의 자유, 물리적인 강점, 그리고 전투 의지가 합일되어 발현되는 지점인 적의 무게중심을 제대로 식별한 다음, (b) 그 무게중심에 아군의 군사적 수단과 비군사적 수단을 효과적으로 투사하여 이를 분쇄하는 것을 그 내용으로 하여야 하고, (c) 무엇이 적의 무게중심인지에 대한 정확한 판단 없이 성급하게 그릇된 전략적 목표를 설정하고 전력을 분산시켜서는 안된다는 것이었다. 이러한 '적의 무게중심 식별 및 효과적 타격' 방법론은 비록 오래전부터 전해 내려오던 군사전략에서부터 도출된 것이기는 하지만, 역사적으로 검증된 경쟁전략으로 평가되고 있고, 오늘날의 전투 작전계획의 수립이나 기업의 전략수립에도 여전히 적지 않은 영향을 미치고 있다.

전략적 목표를 달성하기 위하여 적의 무게중심을 제대로 파악하고, 일단 적의 무게중심이 식별되면 이에 대해서 모든 수단을 효과적으로 투사하여 적의 전투의지를 빠르게 분쇄하여야 한다는 것은, 형사사법시스템이 국제적 사기범죄조직과의 전쟁을 수행하는 과정에서 반드시 따라야 할 전략의 핵심과도 맥이 닿아 있다. 국제적 사기범죄조직을 분쇄하여야 한다는 전략적 목표에 동의하는 사람이라면, 범죄조직이 범행을 저지르는 과정에서 형사사법시스템의 간섭이 거의 없는 이유, 그들의 강점과 전투의지가 합일되어 발현되는 지점인 무게중심을 파악해내고, 여기에 모든 수단을 집중하여 범죄조직을 분쇄하여야 한다는 클라우제비츠 식의 방법론에 이의를 제기하기 어려울 것이다. 아울러 적의 무게중심이 무엇인지도 모르고 제대로 파악할 생각도 없는 상태에서 함부로 적을 타격하여서는 아니된다는 것이나 전략적 목적 달성에 아무런 상관없는 행동으로 제한된 자원과 전력을 분산해서는 아니된다는 방법론 또한 그 누구도 부정할 수 없을 것이다.

그런데 참으로 안타깝게도, 우리의 국회는 국제적 사기범죄조직과의 전쟁에서 적의 무게중심을 파악하여 여기에 모든 타격수단을 집중하는 전략을 채택하지 않고, 도리어 적의 무게중심을 파악할 수 없게 하거나 이를 효과적으로 타격하는 것을 곤란케 하는 입법만을 반복해왔다. 국회는 더 나아가 적으로부터 반드시 보호해야 할 아군의 무게중심을 약화시키는 입법 또한 서슴지 않았다. 이러한 입법이 클라우제비츠가 『전쟁론』을 통하여 가장 경계하여야 한다고 역설한 '그릇된 전략적 목표 설정 및 전력 분산'으로 이어지게 된 것은 어찌보면 너무나 당연한 것이었다.

[잘못된 형사재판의 체계]

형사소송절차는 수사, 재판 및 집행의 순서로 진행되고, 형사사법시스템은 각 절차진행 과정에서 피의자(수사), 피고인(재판) 및 수용자(형이 확정되지 않은 미결수용자와 형이 확정된 수형자를 포함)에게 일정한 기본권을 보장한다. 그런데 형사재판의 핵심 원칙이나 피의자 등의 절차적 권리에 관하여는 형법이나 형사소송법뿐만 아니라, 상위법인 헌법에서도 적지 않은 규정을 찾아볼 수 있다.

예를 들면, '어떤 행위를 범죄로 처벌하기 위해서는 미리 이를 금지하는 법률규정을 두어야 한다'는 죄형법정주의나 '행위시에 법률이 금지한 바 없는 행위를 사후적으로 금지하는 법률을 만들어 처벌할 수는 없다'는 소급입법금지와 같은 근대 형사법의 원칙들을 헌법과 형사법에서 동시에 찾아보는 것은 그리 어렵지 않다.[11] 헌법은 형사법과 관련된 국민의 기본권이나 형사재판의 원칙에 대해서 상당한 비중을 두고 여러 조문을 통하여 이를 거듭 규정하고 있다. 그런데 헌법은 민사재판, 가사재판이나 특허재판 등에 관하여 재판공개의 원칙을 제외하고는 별다른 규정을 두고 있지 않다. 이처럼 헌법이 관심을 가지는 재판원칙과 기본권 대부분이 형사재판에만 집중되어 있는 이유는 바로 헌법과 법률에 기반한 민주주의 체

---

11 헌법 제12조 ① 모든 국민은 신체의 자유를 가진다. 누구든지 법률에 의하지 아니하고는 체포·구속·압수·수색 및 심문을 받지 아니하며, 법률과 적법한 절차에 의하지 아니하고는 처벌·보안처분 또는 강제노역을 받지 아니한다.
　제13조 ① 모든 국민은 행위시의 법률에 의하여 범죄를 구성하지 아니하는 행위로 소추되지 아니하며, 동일한 범죄에 대하여 거듭 처벌받지 아니한다.

계의 근본을 이루는 것이 형사재판절차에서의 기본권이고, 형사정의의 구현이 국가의 존립근거를 이루고 있기 때문이다.

헌법과 형사법이 동시에 천명하고 있는 죄형법정주의나 소급입법금지와 같은 형사법적 원칙들은 지금은 너무나도 당연한 것으로 생각된다. 하지만, 헌법이 굳이 나서서까지 형사소송법상의 여러 원칙들을 재차 강조하고 있는 것은 과거 수사나 형사재판 과정에서 죄형법정주의나 소급입법금지와 같은 기본적인 원칙들부터 제대로 지켜지지 않았기 때문이다. 실제로 각국의 헌법이 유사한 태도를 보이고 있는 것 또한, 처벌규정이 없음에도 형사처벌을 하는 것이나 행위 시에는 처벌규정이 없었던 행위에 대해서 사후적으로 처벌규정을 만들어서 처벌하는 것과 같은 사례들이 전세계적으로 오랜 기간 동안 반복되어 왔음을 짐작할 수 있게 한다.

성군으로 칭송받는 세종대왕의 치세에서도 죄형법정주의나 소급입법금지가 문제되는 사례가 적지 않았다.[12] 세종대왕은 귀신을 불러내어 백성들을 현혹시키는 요망한 무당을 죽임이 마땅하다는 사헌부의 의견에 대하여 "사건에 앞서 금지하는 법을 세우지 아니하고 갑작스레 하루아침에 법으로 처단하는 것은 불가하다"며 이를 제지하였는데(세종실록 18년 5월 12일), 이는 피의자의 행위가 행위시 법령에서 금지된 것인지 여부와는 상관없이 처벌이 이루어지는 경우가 드물지 않았음을 보여준다. 또한 대사헌 조박이 세종의 명에 따라 궁녀를 처형하라고 지시한 것에 대하여, 사헌부 관리 안순이 '사람의 목숨은 지극히 중한 것이고, 죽으면 다시 살아나지 못하는 것입니다. 무슨 죄를 저질렀는지를 제대로 알지 못하면서 극형에 처하는 것은 옳지 않습니다. 마땅히 담당 기관에서 먼저 죄를 밝혀야

---

12 박현모, 「세종의 법 관념과 옥사(獄事) 판결 연구」, 한국정치연구 제23집 제1호(2014), pp. 15-16.

할 것입니다'라는 취지로 항명하였는데, 세종대왕이 조박의 예상과는 달리 안순을 옹호한 것과 같은 사례를 보더라도(세종실록 22년 11월 28일), 피의자가 실제로 어떤 범죄를 저질렀는지에 대해서 제대로 조사를 진행하지 않고 처벌한 사례 또한 빈번하였다는 점을 알 수 있다.

조선에서는 말 한마디 잘못했다는 이유로 사형에 처해지는 경우도 빈번했다. 심의지는 영조에게 "전하, 일물(一物)을 진정 모르시오?"라며 사도세자가 갇혔던 뒤주를 언급하였다는 이유로 반역죄가 인정되어 사형에 처해졌다(영조실록 47년 8월 3일 등). 당시 심의지는 금기어를 입 밖으로 내어 영조의 심기를 거슬렀을 뿐, 그에게 반역의 의도가 조금이라도 있었다고 볼 여지는 없었다. 그럼에도 심의지에게 반역죄가 인정된 것은 어떤 행위가 반역에 해당하는지, 반역행위에 대해서 어떠한 처벌이 합당한지는 순전히 왕의 판단에 달려 있었기 때문이었다.[13]

1597년 조선의 의금부가 이순신을 구금하였을 때 그에 대한 첫 번째 범죄혐의는 '조정을 속이고 임금을 업신여긴 죄'였다. 조선의 형사사법시스템은 별다른 법률의 근거가 없더라도 왕의 심기를 노하게 하였다면, 조선을 침략한 일본을 상대로 최고의 전공을 올리고 있는 장수를 피의자로 구속하거나 처벌하는 데 별다른 제한이나 어려움이 없었음을 알 수 있다. 사실 '임금을 업신여긴다'는 이유만으로 구속하여 사형을 선고할 수 있는 형사사법시스템에서는 죄형법정주의와 같은 원칙들이 별다른 의미가 있다고 보기도 어렵다. 임금을 불편하게 하는 말을 하기만 하면 반역죄가 성립되어 사형에 처해질 수 있는 형사사법시스템에서는 무슨 행위가 죄가 되는지를 미리 법으로 정해 두어야 한다는 소급입법금지가 큰 의미를 갖기도 힘들다. 누군가를 처벌하고자 하였다면 그를 처벌하기 위한 목적으

---

13 은지민, 「한중록으로 읽어낸 조선 시대의 형법 법제」, 冠嶽語文硏究 第40輯, pp. 280-281.

로 과거의 행위를 처벌하는 법률을 만드는 거추장스러운 절차를 거칠 필요도 없었다. 왕의 심기를 거스르지 않기 위하여 존재하는 형사사법시스템은 단지 왕의 마음에 들지 않는 사람을 죽이는 도구에 불과하였기 때문이다.

현대의 헌법이 중요 형사법원칙들을 반복하여 선언하고 있는 것은 해당 원칙들이 그만큼 지켜지기도 어렵고 구현되기도 어렵다는 말과 다르지 않다. 이는 다시 말하면 현대 형사소송법의 모든 원칙들을 온전히 받아들인 형사사법시스템이라고 하더라도, 원칙들을 선언하는 것만으로 실체적 진실을 발견해내는 과정에서 해당 원칙이 구현된다거나 피고인과 피해자의 절차적 권리가 온전히 보장된다고 자신하기 어렵다는 말이기도 하다. 그렇다면 형사재판과정에서 피의자 또는 피고인의 정당한 이익을 보호하면서도 실체적 진실을 발견하여 합당한 결론을 도출해내는 형사사법시스템을 구현하는 것이 그리 쉬울 리도 없다. 모든 사건의 수사와 형사재판과정에서 실체적 진실을 발견하고 이를 토대로 합당한 결론을 내림으로써 다양한 범죄로부터 피해자와 사회를 보호하는 것이나, 죄를 범하지 않았음에도 누명을 쓰고 있는 피고인에 대해서 형사처벌의 부담을 면해주는 것은 결코 동시에 달성하기 쉬운 목표가 아니다. 또한 피고인이나 피해자에게 충분한 절차적 권리를 보장하면서도 신속한 재판을 하려면 언제나 수많은 실무상 문제들을 맞닥뜨릴 수밖에 없고, 쉬지 않고 나타나는 새로운 증거형태나 범죄에 대응하는 상황에 적응하다보면 형사재판 당사자 사이의 균형이나 제도운영의 적정성을 계속 유지하기 어려울 수도 있다.

이러한 이유로 형사재판에서 실체적 진실발견과 이해관계인들의 절차적 권리보장, 모두가 수긍하고 납득할 수 있는 재판결과와 같은 상충되는 목적을 동시에 온전하게 구현하고 있는 형사재판절차는 인류역사상 존재한 바 없다고 보는 것이 진실에 가까울지 모른다. 그렇다면 형사사법 시스템이 실체적 진실발견과 절차적 권리보장, 설득력 있는 재판결과의 이상을 구현하는 데 손색이 없는 정도에 이르렀다고 선언할 수 있을 정도에 이르기 전까지는 끊임없이 제도상의 문제를 개선하고 실무운영의 적부를 점검할 수 있는 구조를 갖추는 것은 너무나 당연한 것이다. 형사사법 시스템이 효과적으로 실체적 진실을 발견해낼 수 있는 구조를 갖추고 있는지, 소송당사자 사이의 권한 배분에 바람직한 균형이 유지되고 있는지, 실체적 진실발견과 당사자들의 권리보장을 위하여 필요한 자원이 적절히 투입되고 있고 수사와 형사재판의 실무가 효율적으로 기능하고 있는지를 끊임없이 점검하면서 개선하는 구조와 절차를 갖추는 것이 그와 같은 목표에 이르기 위한 유일한 방법일 것이기 때문이다.

하지만, 우리 형사사법시스템이 이상적인 형태의 형사사법시스템과는 상당한 거리가 있음을 부인할 수는 없다. 세계의 모든 나라들이 대한민국을 부러워한다고 소개하는 소위 '국뽕' 유튜버 중에서 우리가 완벽한 형사소송법 체계인 'K-형사소송법'을 갖추고 있다고 자랑스럽게 이야기하는 사람을 찾아볼 수 없다. 오히려 우리 형사사법시스템이 실체적 진실을 밝히지도 못하고 있고, 피해자에 대한 2차 가해를 용인함으로써 피해자의 실체적 또는 절차적 권리를 제대로 보장하고 있지 못하며, 납득할 수 없는 형사재판결과를 내놓고 있음을 이유로 소리 높여 비판하는 사람들만 가득할 뿐이다. 각종 특별법으로 점철된 파편화된 구조의 형사사법시스템이 헌법의 여러 원칙들을 제대로 구현하고 있다고 생각하고 있는 사람 또한 찾아볼 수 없다.

형사사법시스템에 대한 비판에 응하여 그동안 '피고인 신청형' 국민참여재판이나 '전관' 변호사 개업지 제한과 같이 다른 나라에서 유례를 찾기 어려운 기이한 제도를 수없이 도입하였음에도, 억지로 덕지덕지 붙여놓은 위와 같은 제도들을 통하여 공식적으로 추구하였던 목표들이 성취되었다거나, 형사재판에 대한 국민의 신뢰가 증진되었다고 평가하기도 어렵다. 왜냐하면, 우리 형사사법시스템은 애당초 헌법이 선언하고 있는 여러 원칙들을 제대로 구현하기 위한 목적으로 체계적으로 설계된 바 없었고, 개별적으로 도입된 제도들 또한 실체적 진실발견과 절차적 권리보장, 설득력 있는 재판결과라는 상충되는 목적 사이에서 제대로 갈피를 잡은 바도 없었으며, 무엇보다 각종 형사법 원칙을 구현하는데 최적화된 실무를 탐색하고 구현해나가는 형사사법시스템 진화의 구조와 방법, 절차를 마련해둔 바도 없었기 때문이다.

[엄벌주의와 형사특별법]

국회가 목적이 불명확한 제도나 효과가 의심스러운 제도를 끊임없이 도입함으로써 형사사법시스템을 이해할 수 없는 모습으로 훼손해가는 기저에는 대중의 분노에 대응하는 엄벌주의가 자리잡고 있다.[14]

일단 대중의 공분을 불러일으키는 형사사건이 발생하면, 국회는 엄벌이 유일한 해결책인 것처럼 '○○○법'이라는 별칭의 입법을 통하여 해당 처벌조항의 형량을 갑자기 끌어올리는 방식으로 대응해왔다. 엄벌주

---

14 엄벌주의의 대표적인 사례로 신군부가 1980년 계엄포고령의 종료 이후에도 삼청교육대를 계속 구금할 명분이 필요하다고 보아 1980. 12. 16. 제정한 구 사회보호법 상의 보호감호를 들 수 있다. 상습범에 대해서는 형기종료 후에도 즉각적인 사회 복귀를 막아야 한다는 주장에 근거하여, ① 동종 또는 유사한 죄로 2회 이상 금고 이상의 실형을 받고 형기 합계 3년 이상인 자가 최종형의 전부 또는 일부의 집행을 받거나 면제를 받은 후 다시 동종 또는 유사한 죄를 범한 때, ② 일정한 죄를 수회 범하여 상습성이 인정될 때 보호감호를 부과할 수 있었다. 이로 인하여 '유전무죄 무전유죄' 발언으로 유명한 지강헌의 경우 절도죄에 대한 형기는 징역 7년에 불과하였지만, 이후 무려 10년에 이르는 기간 동안 보호감호를 받게 된다. 사회보호법은 1980년부터 반복적 범행에 대한 중한 처벌의 근거가 되었지만 기본권침해와 이중처벌 논란을 피할 수 없었고, 1989년 헌법재판소가 사회보호법 일부에 대하여 위헌결정을 선고하였음에도 계속 유지되다가, 2005년에야 비로소 폐지되게 된다.

의 입법은 대중의 공분을 불러일으킨 사건과 동일한 유형의 범죄를 저지른 피고인들을 엄벌하기 위한 것으로 특정 구성요건표지만 충족하면 무조건 가중 처벌되도록 하는 규정을 두는 것이 일반적이다. 이때 해당 구성요건표지를 갖춘 범죄에 대해서는 행위의 불법성이나 가벌성을 따로 따져볼 필요 없이 중한 형을 선고하도록 하면서도, 다른 유사한 범죄와 구성요건이 중복되는지, 또는 법정형 사이에 균형을 유지하고 있는지 여부에 대해서는 체계적인 검토를 거치지 않고 속전속결의 입법이 이루어지는 것이 큰 특징이다. 그 과정에서 기본법인 형법을 개정하는 것보다 형사특별법을 제정하거나 개정하는 것이 훨씬 간편하다는 이유로 국회는 무분별하게 형사특별법을 제정 또는 개정하여 왔다. 그런데 여러 가지 특별법이 동시에 동일한 구성요건의 범죄를 규율함에 따라 검사의 기소나 법원의 판단에 따라 동일한 범죄에 대해서도 각기 다른 법률조항이 적용되어 처단형(법정형을 구체적 범죄사실에 적용함에 있어서 법정형에 법률상, 재판상의 가중, 감경을 하여 처단의 범위가 구체화된 형벌의 범위)의 범위가 달라지게 되고, 이로 인하여 상대적으로 죄책이 가벼운 범행이 죄책이 무거운 다른 범행보다 무겁게 처벌받게 되는 불합리한 사례가 빈번하게 발생하게 되었다.

형사재판제도의 구조나 절차운영에 대한 제대로 된 이해 없이 국민들의 관심이 집중된 사건에 대해서 엄벌주의에 치우친 입법을 한 결과, 하나의 사건에 대하여 적용될 수 있는 형사특별법이 여러 가지인 경우가 적지 않다. 일례로, 「형법」과 「아동·청소년의 성보호에 관한 법률」, 「성폭력범죄의 처벌 등에 관한 특례법」은 모두 미성년자 간음과 같은 죄에 대해서 각기 다른 처벌규정을 두고 있다. 이러한 경우 기본법인 형법과 각종 특별법 조항의 적용범위가 어떻게 다르고, 그 부수처분에는 왜 차이가 있는지에 대해서 국회는 아무런 설명을 한 바 없다. 이에 더하여 국회는 개별 법률의 처벌조항을 끊임없이 제정 또는 개정함으로써 발효시점을 달리하는 여러 법률들이 시간적으로 어떤 효력을 갖는지에 대해서도 제대로 알기 어렵게 해두고 있다. 원래 하나의 법률에서 체계적으로 규정되어야 할 범죄구성요건이 갈수록 다양한 법률에서 다루어지고 있기 때문에, 특정 사안에 언제 개정된 어떤 법률이 적용되고, 어떤 법률에 적용된 부수처분이 부과되어야 하는지를 자신 있게 이야기할 수 있는 판사나 검사를 찾아 볼 수 없는 지경에 이르게 되었다(이미 다른 법률에서 규정하고 있는 것과 별다른 차이가 없어 보이는 처벌규정을 또다시 도입하겠다는 법률안을 발의하면서도, 그 법률안에 대한 제안이유나 입법취지에 다른 법률의 유사한 처벌규정이 정하고 있는 구성요건과는 어떤 관계에 있는지, 왜 부수처분 등을 달리 규정하는지 등에 대해서는 별다른 언급이 없는 경우가 대부분이다).

그런데 한 가지 흥미로운 사실은 1984년부터 시행된 「특정경제범죄 가중처벌 등에 관한 법률」을 제외하면, 수많은 형사특별법 중에서 사기범죄조직의 구성이나 조직적 사기범죄에 대한 가중처벌을 규정한 특별법이 전혀 없다는 것이다(물론 형법상 범죄단체조직죄 등을 적용할 수는 있으나, 이는 가중처벌과 관련된 규정이 아니다). 위 법은 과거 제5공화국 출범 이후 장영자 어음사기 사건과 영동개발진흥 사건 등 경제범죄와 외화도피 범죄가 빈번히 발생하고 범죄양상도 갈수록 대형화, 조직화, 지능화되어 경제 및 사회에 미치는 충격과 피해가 막심함에 비해 법정형이 지나치게 가볍다는 이유로 일정한 경제범죄를 가중처벌하기 위하여 제정되었다. 특경법은 단일 범죄로 인하여 취득한 재물이나 재산상의 이득액이 50억 원 이상인 때에는 무기 또는 5년 이상의 징역, 5억 원 이상 50억 원 미만인 때에는 3년 이상의 유기징역으로 가중처벌하도록 규정하고 있기 때문에, 단일 피해자가 입은 피해액이 5억 원이 넘지 않는 경우라면 그러한 피해자가 10만 명에 이른다고 하더라도 위 법으로는 처벌할 수 없다(물론 상습범으로 본다면 달리 볼 여지가 있다). 그러한 경우에는 형법 제347조(사기), 형법 제37조 및 제

38조(경합범)에 따라 사기죄의 법정형을 경합범 가중한 15년 이하의 징역 또는 3,000만 원 이하의 벌금이 처단형으로 적용될 뿐이다.

성폭력, 아동학대, 음주운전이나 산업재해와 같은 거의 모든 종류의 사건에서 범죄자들을 엄벌에 처해야 한다는 국회의원들의 성난 목소리는 정말 신기하게도 지난 40년간 '단군 이래 최대 사기사건'들이 계속 기록을 경신하고 있는 사기범죄에서는 전혀 들을 수 없었다. 국제적 사기범죄조직의 수괴 등을 가중처벌하는 근거가 되는 법률이 전혀 없는 상황에서 실무상 조직적 사기범죄에 대하여 형량을 높이는 것만으로는 한계가 있을 수밖에 없다.

여기에 더하여 국회는 조직적 사기범죄에 대한 수사 및 재판의 특례를 정해 둔 법률 또한 제정한 바 없다. 오로지 한 명의 피고인을 염두에 두고 있는 현행 수사 및 재판관련 규정만으로는 다수의 공범이 복잡하게 관련되어 있는 조직적 사기범죄에 대한 수사와 재판 과정에서 실체적 진실 전부가 신속하게 드러날 수 없었다. 이처럼 재판과정에서 실체적 진실이 충분히 밝혀질 수 없기에 조직적 사기범죄의 피고인들을 엄벌하는 것에도 실무상 적지 않은 부담이 있을 수밖에 없다.

[조직적 사기범죄에 대한 가벼운 형량]

국제적 사기범죄조직이 활개를 치고 있는 것에는 국회의 잘못된 입법뿐만 아니라 법원의 지나치게 가벼운 형량에서도 그 원인을 찾을 수 있다. 조직적 사기범죄의 유죄가 인정된 사건에서 피해자의 수나 피해규모, 피고인의 가담정도에 비하여 지나치게 적은 형량이 선고되는 경우를 찾기 어렵지 않다. 특히 수괴의 경우 범죄에 대한 기여도, 범죄수익의 규모 및 수익배분비율 등에 비추어 지나치게 가벼운 형이 선고되는 경우가 대부분이고, 심지어 단순가담자와 별반 차이가 없는 형이 선고되는 경우도 적지 않다. 2019년 폰지사기의 방식으로 다른 투자자를 데려오면 그 투자금의 20%를 떼어준다며 투자자를 모았던 '에어비트 사건'에서 법원이 총 873억 원을 편취한 사기범행의 주범에게 선고한 형은 징역 6년에 불과한 반면,[15] 보이스피싱 사건에서 금융기관 직원으로 행세하며 피해자 8명으로부터 피해금 4억 원을 수거하여 범죄조직에 전달한 단순가담자에게 선고한 형이 징역 4년에 이르고 있는 것을 보면, 법원이 선고하는 형이 범죄에 대한 가담정도나 취득한 범죄수익과는 별 상관이 없는 것처럼 보이기까지 한다(물론 개별 사건의 형량은 피고인의 법정에서의 태도, 피해회복을 위한 노력, 동종 및 이종 전과 등을 고려한 것이므로, 평면적으로 단순 비교할 수 있는 것은 아니다).[16]

한가지 분명한 것은, 법원은 특히 조직적 사기범죄의 수괴에 대해서는 유달리 관대한 양형을 유지하고 있다는 점이다. 법원이 사기범죄조직의 구성원들에게 최종 선고하는 형량은 수괴와 단순 가담자 또는 중간 관리자들과 별반 차이가 없는 경우가 적지 않다. 조직적 사기범죄의 전말을 밝히는 사례가 현저히 줄어들고 있는 지금의 상황에서 처벌가능성이 극히 낮은 수괴에 대해서 단순가담자와 별 차이 없는 형이 선고됨으로써, 법원의 판결이 조직적 사기범죄를 억제하는 역할을 하기는커녕, 오히려 조직적 사기범행을 장려하는 결과를 낳고 있다. 무엇보다 사기범죄조직의 수괴에 대한 관대한 양형은 사기범죄조직의 단순 가담자나 중간 관리자들로 하여금 사기범죄조직의 수괴를 꿈꾸게 하는 계기를 마련해준다. 결국 법원이 사기범죄조직의 수괴에게 관대한 형량을 선고하는 것은, 조직적 사기범행의 폭발적 증가와 더불어 사기범죄조직의 원활한 인력수급에도 상당한 역할을 하고 있는 것이다.

---

15 한국경제, "5년간 5조 피해…암호화폐 사기, 보이스피싱 뛰어넘었다", 2022. 1. 16.자 기사
16 동아일보, "보이스피싱 단순 조력자도 실형…검찰 '처벌 수위 높일 것'", 2023. 2. 6.자 기사

사기범행은 다른 범행들과는 중요한 차이가 있는데, 그것은 대체로 계획적 범행이라는 것이다. 물론 술에 취한 상태에서 무전취식을 하거나 택시요금을 지불하지 않는 우발적 형태의 사기범행이 없지는 않지만, 대부분의 사기범행은 계획적으로 피해자를 물색하고 피해자를 기망하기 위한 행위를 필요로 한다는 점에서 우발적 범행의 범주에 포섭되지 않는다. 술에 취하거나 화가 난 상태에서 저지르는 우발적인 폭력범행의 경우 이후의 처벌가능성이나 형량을 감수하겠다는 생각으로 범행을 저지르는 경우는 별로 없겠지만, 사기범죄자들은 처벌가능성과 잠재적인 형량을 염두에 두고 사기범행에 나서는 것이 일반적이다.

그런데 현행 형법은 동일한 형태의 범죄를 반복적으로 범하여 다수의 피해자에게 상당한 피해를 준 경우에 있어서도 가장 중한 죄에 정한 장기 또는 다액의 그 2분의 1만을 가중한 범위 내에서 처벌을 할 수 있도록 한 가중주의를 채택하고 있다(형법 제38조 제1항 제2호). 각각의 죄에 정한 형을 병과해서 처벌하는 병과주의를 취한다면, 태국 법원이 피해액 2천 225억 원의 사기범죄를 저지른 피고인에 대하여 14만 1,078년의 징역형을 선고한 사건의 경우에도, 가중주의를 채택하고 있는 우리의 경우에는 15년(단일 피해자에 대한 사기범행의 이득액이 각 5억 원 이하인 경합범) 또는 45년(단일 피해자에 대한 사기범행의 이득액이 5억 원 이상인 경합범)의 징역형이 최고 수준의 유기징역형이 되는 것이다. 이에 따라 피해자별 이득액이 5억 원을 넘어가지 않는다면, 피해액 합계 100만 원인 단 2건의 사기범행과 피해액 1억 원의 사기범죄 10만 건으로 피해금액 합계가 10조 원인 사기범행에 대한 징역형 상한은 모두 15년으로 아무런 차이가 없게 된다.

결국 여러 건의 사기범행을 저지른 사람의 경우 동종의 사기범행을 계속하여 저지르더라도 추가적인 사기범행에 따라 처단형의 상한에 별다른 변화가 없는 것이다. 조직적 사기범죄를 계속하여 저지르더라도 형량이 전혀 가중될 수 없다는 점은, 사기범죄조직으로 하여금 추가 범죄를 단념하게 하기는커녕, 해당 사기범행이 조직적일수록, 편취 금액이 클수록, 피해자가 많을수록 처벌될 가능성이 낮아진다는 요소와 결합하여 보다 대담하게 조직적 사기범죄를 확장시키도록 하는 중요한 요소가 되고 있다. 이처럼 형사법의 가중주의 원칙은 이왕 사기범행을 저지를 계획이라면 더 반복적이고 조직적인 형태의 사기범행을 저지르고, 더 많은 피해자로부터 더 많은 범죄수익을 확보할 것을 유도하고 있는 것이다.

한편, 상습사기에 대해서는 형을 가중하는 규정(형법 제351조)이 있기는 하지만, 실무상으로는 영업으로 사기범행을 저지르는 경우에 쉽게 상습성을 인정하지는 않는 경향이 있다. 물론 상습사기가 인정된다고 하더라도 당초 사기죄에 정한 형의 2분의 1까지 가중하는 것에 불과하고, 포괄일죄인 상습사기에 다시 경합범 가중을 할 수 있는 것도 아니며, 추가적으로 범죄가 발견되더라도 일사부재리의 원칙이 적용되어 다시 공소와 재판을 할 수 없으므로, 특경법 적용이 가능한 사기범행에 대한 선고형을 대폭 상향하기 위한 것이 아니라면, 오로지 처단형의 현실화를 위하여 이를 인정할 실익이 크다고는 보기 어려울 수도 있다(다만, 특경법을 적용하거나, 양형기준 상 가중요소로 파악함으로써 형량범위를 상향할 수 있고, 범죄일람표상 개별범죄에 지나치게 집중할 필요가 없게 되는 소송절차상의 실익이 있을 수는 있다). 이처럼 단일 피해자의 피해액 기준 5억 원 미만의 사기죄의 경합범에 대한 처단형의 상한이 15년으로 고정되어 있는데다가, 사기범죄조직의 사기범행에 상습성을 인정하고 형량범위를 상향하는 것을 꺼리는 실무로 인하여 막대한 경제적 피해를 야기시키는 사기범죄조직의 사기범행에 대한 처벌 수준이 매우 낮은 수준으로 유지되었고, 이로 인하여 유독 국제적 사기범죄조직에 의한 사기범행에 대한 처벌이 다른 사기범죄에 대한 처벌과 비교하여 보더라도 훨씬 낮은 수준으로 유지될 수 있게 된 것이다.

사기범죄는 계획적인 범죄로써 처벌가능성과 처벌의 정도에 대단히 민감할 수밖에 없다. 만약 사기죄가 수사기관의 수사와 법원의 재판을 받는 사건의 상당 부분을 차지하고 있음에도 불구하고 그 수가 급격히 증가하고 있다면, 이는 사기범행의 범죄수익이 대단히 큰 반면 그 처벌가능성과 형량이 매우 낮은 수준이라는 점을 강하게 시사한다. 특히 조직적 사기범행에 대한 법원의 양형에 관하여 피해자들이나 일반인들이 지나치게 낮은 형량이라며 도저히 수긍할 수 없다는 의견을 계속하여 제기하는 반면, 사기범죄자들이 더 이상 처벌을 두려워하지 아니하여 해당 범죄가 꾸준히 증가하는 현상이 관찰된다면 이는 조직적 사기범행에 대한 양형이 피고인, 피해자 및 일반인이 모두 납득하고 수긍할 수 있는 범위 내에 있지 않다는 점을 명확하게 드러내고 있다고 봐도 무방하다. 특히 사기범죄 조직의 수괴에 대한 양형이 피해자(응보)와 일반인(일반예방)뿐만 아니라 해당 범인(특별예방)이 보기에도 지나치게 관대한 수준이라면, 법원은 스스로의 기준을 바꿔 최소한 조직적 범죄를 억제할 수 있는 수준까지 조직적 사기범죄에 대한 형량을 대폭 상향할 필요가 있는 것이다.

이때 사기범죄에 대한 양형은 최소한 피해자나 일반인이 어느 정도 수긍할 수 있으면서도, 잠재적으로 범행을 계획하고 있는 사람으로 하여금 범행에 대한 결심을 주저하게 할 수 있는 수준으로 변경되어야 한다. 이를 위하여 법원은 조직적 사기범죄에 대한 양형에 관한 기준과 개별사건에서의 실무를 변경해 나가야 함은 너무나 당연하다.

여기서 법원은 과거의 양형실무에서 벗어나 사기죄의 형량 범위를 보다 온전히 활용할 필요도 있다. 예를 들면, 다중피해자들에게 상당한 정도의 범죄피해를 야기한 피고인에게는 그보다 더 큰 피해를 야기한 피고인이 있는지, 또는 그 피고인이 어느 정도의 형을 선고받았는지 여부를 고려하지 않고 징역형의 상한인 징역 15년에 가까운 형을 선고하는 것을 적극적으로 검토할 필요도 있다. 지금까지는 사기죄 경합범의 징역형의 상한인 15년을 언젠가 올지도 모르는 희대의 사기범죄자를 위하여 아껴두었었지만, 이미 희대의 사기범죄자들 수만 명이 대한민국에 임하여 모든 국민들의 목에 빨대를 꽂고 있는 상황이 되었다면 이제 징역형의 15년 상한을 아껴둘 필요가 없게 된 것이다.

하지만, 법원이 개별 사건에서 납득할 수 있는 양형을 내어놓는 것은 단순히 형량을 현실화하겠다는 선언을 하는 것만으로 달성할 수 있는 손쉬운 목표가 아니다. 양형위원회의 사기죄 양형기준에 조직적 사기범행을 가중요소로 기재해두는 것만으로 한번에 모든 조직적 사기범죄사건에 대한 형량이 현실화될 수 있는 것도 아니다. 왜냐하면, 형법상의 가중주의뿐만 아니라, 형법상 사기죄의 미분화, 형사소송법상의 기소인부절차 및 유죄협상절차 등의 부재, 왜곡된 형사 항소심 및 상고심 실무 등의 여러 요소가 복합적으로 조직적 사기범죄에 대한 실체적 진실발견과 양형의 현실화를 동시에 억누르고 있기 때문이다.

[형량은 어떻게 결정되는가]

형사재판에서 모두가 수긍할 수 있는 양형을 하여야 한다는 것은 시대를 초월하여 법원에게 부여된 사명이다. 판사는 피해자(응보), 피고인(특별예방) 및 일반인(일반예방)이 모두 납득하고 수긍할 수 있는 범위 내에서 형을 정해야 하고, 이를 위하여 형을 선고함에 있어서 형법 제51조에 따라 피고인의 주관적 요소(연령, 성행, 지능과 환경 등)와 범행의 객관적 요소(범행의 동기, 수단과 결과 등)를 고려하여야 한다.

그런데 형법상의 양형요소를 고려하여 이해관계인들이 모두 수긍할 수 있는 범위 내에서 형량을 정하는 것은 실제로는 간단한 문제가 아니다.

우선 구체적인 형량을 결정하는 과정부터 살펴본다.

형사재판을 담당하는 판사들이 피고인의 형량을 정함에 있어서 가장 먼저 확인해야 하는 것은 유죄가 인정된 처벌조항이 정하고 있는 법정형이다. 사기죄의 경우, 형법 제347조가 '사람을 기망하여 재물의 교부를 받거나 재산상의 이익을 취득한 자는 10년 이하의 징역 또는 2,000만 원 이하의 벌금에 처한다'고 규정하고 있으므로, 사기죄에 대하여 징역형을 선택한다면 선고할 수 있는 징역형의 범위는 '10년 이하, 1월 이상'이 된다. 다음으로, 각종 가중조항(누범가중 또는 경합범가중) 또는 감면조항(심신미약 또는 자백 감경 등)의 적용을 거치게 되는데, 앞서 유사한 형태의 사기범행이 여러 건 있었다면 경합범가중을 거친 처단형(각종 가중 및 감경을 거쳐 처벌의 범위가 구체화된 형의 범위)은 형의 장기에 1/2를 가중한 '15년 이하, 1월 이상'의 징역형이 된다.

여기에 형법 제51조에 따라 (1) 범인의 연령, 성행, 지능과 환경, (2) 피해자에 대한 관계, (3) 범행의 동기, 수단과 결과, (4) 범행 후의 정황을 고려하여 구체적인 선고형을 정하게 된다. 이때 사기범죄의 경우 피고인이 편취한 금액이 얼마인지, 편취범행의 죄질은 어떠한지, 피고인이 피해자에게 반환한 돈이 있는지, 재판과정에서 허위의 주장으로 법원을 속이려고 한 적이 있는지, 과거 유사한 범죄전력이 있는지 등을 양형의 주된 고려요소로 삼게 된다.

여기서 판사들은 2007년부터 양형위원회가 수립하여 둔 구체적인 양형기준을 참고한다.[17] 그중 사기범죄에 대한 양형기준(2023. 7. 1. 시행)은

---

17 참고로, 형법이나 형사소송법은 개별 사건의 양형에 적지 않은 영향을 미치는 양형위원회의 양형기준에 대해서 아무런 언급이 없다. 참으로 생뚱맞게도, 법원의 조직과 구성에 관한 사항을 정하고 있는 법원조직법이 양형위원회에 양형기준을 설정하거나 변경하는 권한을 부여하고(법원조직법 제81조의6), 여기서 법관으로 하여금 양형기준을 존중할 책무를 부과하고 있을 뿐이다(제81조의7).

범죄유형 및 피해금액에 따라 세분화된 권고형량을 정해두고 있다. 예를 들어, 피해자에게 돈을 빌려 달라고 거짓말을 하여 차용금 명목으로 4,000만 원을 편취한 일반사기에 대하여 징역형을 선택한 경우 양형기준에 따른 기본영역 권고형량은 '징역 6월 내지 1년 6월'이 된다. 그런데 조직적 사기로 다수의 피해자로부터 4억 원을 편취한 경우 양형기준에 따른 기본영역 권고형량은 '징역 2년 내지 5년'이다. 조직적 사기범행이 죄질도 훨씬 불량하고 피해액이 훨씬 많더라도, 그 권고형량에 있어서만큼은 일반사기와의 차이가 그리 크지 않다. 심지어 조직적 사기로 4조 원을 편취한 수괴라고 하더라도 양형기준에 따른 기본영역 권고형량은 '징역 8년 내지 13년'에 불과하다. 다수의 피해자들로부터 4조 원을 편취한 조직적 사기범죄의 수괴의 경우 사기범죄로 인한 피해액이 4,000만 원의 일반사기보다 무려 10만 배나 많고, 사기범행의 죄질이 비교할 수 없이 불량하다고 하더라도 그 권고형량의 상한(형법상 사기죄에 경합범 가중을 하는 경우라면 징역 15년)은 4,000만 원의 차용금 사기범죄에 대한 권고형량의 상한(최대 징역 1년 6월)의 10배 정도에 불과하다. 이처럼 조직적 사기범죄에 대한 권고형량의 상한이 그에 대한 불법성에 상응한다고 볼 수 없게 된 가장 큰 이유는 사기범죄의 경합범에 대한 법정형 상한 자체가 너무 낮기 때문이다. 실제 실형을 선고할 수 있는 사기범죄로 인한 피해액의 범위가 4,000만 원 정도에서부터 그 15만배인 6조 원의 넓은 구간에 존재한다면, 처단형의 형량 범위는 대략 6개월부터 그 30배인 15년에 불과하다. 실제 선고 가능한 징역형이 피해액에 비하여 상당히 좁은 범위 내에 존재함에 따라 법원이 사기피해액이나 범행의 죄질에 비례하여 형량을 현실화하려고 하더라도 한계가 있을 수밖에 없고, 실형에 선고함이 마땅한 사기범죄에 대해서는 아무리 법원이 그 양형을 고민한다고 하더라도 결국에는 사기피해액이나 범행의 죄질과는 무관하게 고만고만한 범위 내(보통 3년에서 7년 사이)에서 형이 선고될 수밖에 없게 되는 것이다.

한편, 형법이 정하고 있는 법정형을 가중 또는 감경하여 처단형의 범위를 확정하고, 이후 양형요소들을 고려하여 양형기준의 권고형량을 확인하였다고 하더라도, 그것만으로 바로 형량을 결정할 수 있는 것은 아니다. 4,000만 원 차용금 사기에 대한 기본영역의 권고형량은 징역 6월 내지 1년 6월로, 아직 권고형량의 양형범위가 구체적인 형량을 정할 수 있을 정도로 좁혀졌다고는 보기 어렵기 때문이다. 그 때문에 판사들은 유사한 사건에서 다른 재판부가 실제 선고한 형량을 참고한다. 사실 판사들은 개별 사건에서 형량을 정함에 있어서 법률적 고려요소보다 동종 사건에서 선고되는 평균적인 형량이나 자신이 과거 동종 사건에서 선택해온 형량을 더 중요하게 생각하는 경우가 없지 않다. 형사정책적인 측면에서 보면, 판사가 누구냐에 따라서 형량에 큰 편차를 보이는 것은 그리 바람직하다고 할 수 없다. 유사 사건에서 다른 재판부의 형량을 고려하여 형량을 정하는 것은 양형편차를 줄임으로써 피고인의 승복가능성을 높일 수 있기 때문에 충분히 합리적인 것으로 여겨진다. 만약 본질적으로 별다른 차이가 없는 사건에서 다른 유사한 사례와 상당한 차이를 보이는 형을 선고한다면, 과도한 처벌을 받았다고 생각하는 피고인은 항소를 할 것이고, 항소심 재판부는 다른 재판부의 양형과 큰 차이가 있는 판결을 취소하고, 피고인의 주장을 받아들여 형을 감축하게 될 것이다. 만약 판사가 다른 재판부의 형량과 비교하여 현저하게 관대한 형을 선고한다면, 이에 대해서는 검사가 예외 없이 항소를 할 것이고, 항소심으로서는 해당 판사의 판결을 계속하여 취소할 가능성이 적지 않다. 항소심 재판부가 제1심 판결을 취소하면서 평균에 수렴하는 형량으로 변경한다면 해당 사건을 담당한 1심 판사에게도 적지 않은 부담이 되기 때문에, 결국에는 해당 판사 또한 상대적으로 안전한 형량범위 내에 있는 형량, 즉 지금까지 동종 사건에서의 선고되어 온 평균적인 형량을 선택할 가능성이 매우 높아지게 된다.

그런데 대부분의 판사들이 일정한 유형의 범죄에 대하여 평균적으로 선택하여 온 형량에는 실제로 평균수명이나 경제환경, 재범률과 같은 훨씬 다양한 사정들이 직간접적으로 고려되어 왔다. 예를 들면, 한국전쟁 직후 생계곤란으로 인한 절도범행이 많았던 시절에는 딱한 형편의 전쟁고아들에게 그 절도범행의 책임을 엄히 묻기는 어려웠다. 또한 경제가 고도성장을 하고 있던 1970년대나 1980년대에는 중한 범죄를 저지른 피고인이라고 하더라도 최대한 사회에 복귀할 수 있는 기회를 주는 것이 바람직하다는 생각이 일반적이었다(이때 법원이 선처해 준 사람들 중에서 실제로 사회복귀에 성공한 사례도 적지 않았다). 무엇보다 과거 한국인의 기대수명이 현저히 짧았던 시절에는 장기의 징역형은 사실상 무기징역형과도 별 차이가 없는 것이었기 때문에, 법원이 장기의 징역형을 선고하는 것에 적지 않은 부담을 느끼기도 하였다(참고로, 한국인의 기대수명은 1960년 52.4세, 1970년 62.3년에 불과하였다). 또한 1980년대까지만 하더라도 법원은 70세를 넘은 피고인에 대해서는 매우 중한 범행을 저지른 것이 아니라면 구속영장을 발부하거나 실형을 선고하는 것 자체를 무척 꺼렸다. 특히 교정시설에서 수용 중 사망할 가능성이 있다면 더욱 그러했다. 전통적인 유교적 관념도 형사재판실무에 적지 않은 영향을 끼쳤는데, 특별한 사정이 없는 한 공범인 남편과 아내, 아버지와 아들, 여러 형제 중에서 죄책이 중한 사람만 구속하거나 그에게만 실형을 선고하는 것이 일반적이었고, 공범인 가족들을 모두 구속시키거나 전부에 대해서 실형을 선고하는 경우는 거의 찾아보기 어려웠다. 특히 일반적인 범죄에 대한 형량 또한 대체로 그리 중하다고 볼 수 없었는데, 이러한 양형실무는 도로교통법위반 사건에서 보행자신호를 위반하여 자동차를 운전하다 횡단보도에서 보행자를 충격하여 전치 2주의 상해의 결과를 야기한 경우에 피해자로부터 처벌불원의 의사가 제출

빨대사회

되었거나 자동차종합보험에 가입한 것과 같은 사정이 있다면 여전히 벌금 70만 원의 약식명령을 발령하고 있는 것과 같은 사례들에서 여전히 그 흔적을 찾아볼 수 있다.

그런데 지난 수십년 간 정치, 경제, 문화 및 사회적으로 상당한 변화가 일어남에 따라 과거에 구체적인 형량을 정하는 과정에서 고려했던 사정들 또한 상당한 정도로 달라졌다. 우선 2021년 기대수명은 83.6세로 50년 전에 비하여 20년 이상 큰 폭으로 증가함에 따라 노년에도 건강을 유지하면서 충격적인 범행을 저지르는 사례도 증가하였고, 이에 과거와 같이 노년의 피고인에게 무조건적인 선처를 베풀어야 한다는 논리는 더 이상 유지될 수 없게 되었다. 또한 피고인들의 생계곤란과 같은 어려운 사정을 이해하려는 태도나 소년범에게 최소한 여러 차례의 기회를 주어야 한다는 인식 또한 희미해져가고 있다. 오히려 고도성장이 멈춘 상황에서 재범에 대한 관대한 처벌은 또다른 범행으로 이어질 뿐이라며 반복적 범행에 대해서는 엄벌해달라는 요구가 날이 갈수록 거세어지고 있다. 아울러 유교적 질서나 가족적 유대관계가 대부분 소멸한 상황에서 예전처럼 부부나 형제, 부자관계에 형사정의 보다 앞선 우선권을 인정해 주기도 어렵게 되었다.

[제약조건(1): 유기징역형의 범위]

일단 특정한 종류의 범죄에 대한 양형실무가 정착된 이후라면, 개별 재판부로서는 특별한 사정이 없는 한 이를 벗어난 판결을 선고하는 것을 꺼리기 마련이다. 문제는 과거의 양형실무가 전제로 하고 있었던 사정이 변경되어 형량을 과거와 달리 정할 필요가 있는 경우에도 한번 정해진 기준을 바꾸기 어렵다는 것이다. 특히 우리나라에서 양형과 관련된 사정이 변경되어 벌금형 ⇨ 유기징역형 ⇨ 무기징역형 ⇨ 사형으로 이어지는 법정형의 단계적 구조가 모두 해체되는 상황이 되었음에도, 개별 범죄에 대한 법정형을 포함하여 양형과 관련된 여러 제약조건들에는 별다른 변화가 없는데, 이것이 양형의 적정화를 더욱 어렵게 만들고 있다.

법원이 형량을 정함에 있어서 가장 중요한 제약조건 중 하나는 유기징역형의 상한이다. 1953년 제정된 형법이 정한 유기징역형의 상한은 15년, 가중시 25년이었다. 이는 당시 평균수명이 45년 내외였고, 유기징역형의 상한을 초과하는 형을 선고하여야 하는 사건의 경우 무기징역형이나 사형을 선고할 수 있었다는 점을 고려할 때 충분히 납득할 수 있는 것이었다. 예를 들어 살인죄에 대해서는 사형, 무기징역 또는 5년 이상의 유기징역에 처하도록 규정하고 있었으므로, 여기서 유기징역형을 선택하게 되면 징역 5년에서 15년의 범위에서 그 형을 정할 수 있다. 만약 1960년 전후 20세의 피고인이 저지른 살인죄에 대한 형을 정하는 경우를 상정해 보면, ① 유기징역형 하한 5년, 상한 15년, ② 경합범 가중된 유기징역형의 상한 22.5년, ③ 누범 가중된 유기징역형의 상한 25년, ④ 무기징역형 {예상 복역기간 32.4년(= 기대수명 52.4세-피고인 연령 20세)} 또는 ⑤ 사형으로 이어지는 양형의 단계적 구조 내에서 적정하다고 여겨지는 형종 및 형량을 정할 수 있었다. 실무상으로는 유기징역형에 15년의 한계가 지워져 있는 상황임을 감안하여, 1명의 피해자를 살해한 피고인에 대하여 유기징역형을 선고하는 경우 10년에서 12년 가량의 형을 선고하고, 그보다 더 중한 강도살인죄나 다수의 피해자에 대한 살인죄 등을 범한 피고인에 대해서는 가중된 유기징역형이나 무기징역형 또는 사형을 선고하는 방식으로 단계를 높여 나가는 것이 합리적인 양형방식으로 인식되었고, 위와 같은 양형의 단계구조 내에서 사건에 합당한 형량을 정하는 방식이 실무에 자리를 잡게 되었다. 피해정도나 죄질에 따라 단계적으로 양형을 정하는 이와 같은 접근방식은 살인죄보다 죄책이 가벼운 것으로 생각되는 다른 범죄의 양형실무에도 반영되어, 대부분의 범죄에 관하여 피해정도(또는 결과의 중대성)나 죄질, 재범 횟수 등을 기준으로 단계적으로 형량을 정하는 실무가 자리잡았다.

그런데, 1960년 52.4세에 불과하던 한국인의 기대수명은 지난 60년간 크게 증가하였고, 2010년에는 79.4세에 이르게 되었다. 이에 15년 상한의 유기징역형과 무기징역형 사이에 상당한 정도의 괴리가 발생하게 된다. 앞서 본 20세의 청년에 대해서 형을 정하는 경우를 상정해보면, 유기징역형 상한 15년, 가중된 유기징역형의 상한 22.5년 또는 25년은 과거와 같지만, 무기징역형으로 인한 수형기간은 최대 59.4년(= 기대수명 79.4세-피고인 연령 20세)이 되어 유기징역형의 상한인 15년의 상한이 상대적으로 가벼운 것으로 여겨지게 되었다. 유기징역형과 무기징역형 사이의 간극이 벌어져 징역형 사이의 선형적 단계구조가 유지될 수 없게 되자, 과거에는 모두가 납득할 수 있던 형량을 이제는 더 이상 받아들일 수 없게 된 것이다.

국민들의 기대수명의 변화로 징역형의 선형적 단계구조가 서서히 붕괴되고 있던 상황에 별다른 관심이 없던 국회는 2010년 갑자기 유기징역형의 상한을 대폭 올리는 입법을 감행한다. 과거에도 국민들의 공분을 자아내던 강력범죄에 대하여 법원이 지나치게 관대한 형을 선고하면, 법원의 양형이 국민의 눈높이에 미치지 못한다는 여론의 질타가 이어지고, 이에 국회가 특정 범죄에 대한 법정형을 높이는 원포인트 입법을 하는 경우가 적지 않았다. 이러한 경우 국회가 심의과정에서 신중한 논의와 충분한 숙의를 거치지 않아 졸속으로 부실한 입법을 한다는 비판을 받기 일쑤였다. 하지만 이때에도 대부분 특별법이나 특례법을 개정하여 가중처벌규정을 두는 경우가 대부분이었고 기본법인 형법을 원포인트 방식으로 개정한 경우는 흔치 않았다. 기본법인 형법을 개정하는 것은 사회적 환경변화나 외국의 입법례 등을 검토하고 충분한 의견을 수렴하는 과정을 거칠 필요가 있다는 점에 대해서는 대부분의 사람들이 인식을 공유하고 있었기 때문이었다. 그래서 충분한 시간과 노력을 들이지 않은 채 형법이 정하고 있던 유기징역형의 상한을 간편하게 '원포인트'로 개정하는 것은 아무도 상상할 수 없는 일이었다. 적어도 2010년까지는 그러했다.

하지만 조두순 사건과 김길태 사건에 대한 판결의 양형에서 국민의 법감정과 법원의 양형 사이에 상당한 괴리가 있음이 드러나자, 국회의원들은 자신들에게 기본법인 형법 중에서도 그 근간을 이루는 형벌의 상한을 마음껏 개정할 수 있는 권한이 있다는 점을 떠올린다. 다만 국회는 충분한 시간과 노력을 들일 생각이 없었기에 의원입법의 형식을 빌어 기본법인 형법을 전격적으로 개정하기로 한다. 국회의 형법개정안은 유기징역형의 상한을 최대 30년, 가중시 최대 50년으로 상향함으로써 누범으로 가중처벌되는 경우 최대 징역 50년까지 선고할 수 있도록 한 것이었다. 유기징역형의 상한을 갑자기 2배로 올리는 내용으로 형법을 개정하는 경우라면, 개별적인 처벌조항의 법정형 또한 상향하기 위해서 전반적인 법정형체계 또한 전면적으로 손을 보는 것이 마땅한 상황이었지만, 그들은 형법각칙 개정안에 많은 시간과 노력을 들일 생각이 전혀 없었다.

그래서 국회는 형법총론 부분의 유기징역형 상한만을 개정하는 내용의 '원포인트' 입법을 하기로 하고, 오랜 시간의 노력과 고민이 필요한 과정을 모두 생략한 채 별다른 의견수렴절차나 공청회를 거치지도 아니하고, 법사위의 법안심사소위를 거친 후 위원회가 마련한 대안이 본회의에 회부되자마자 형법개정안을 곧바로 통과시켜 버렸다. 당시 형법총론 부분의 유기징역형 상한에 대한 규정만을 전격적으로 개정하는 것을 내용으로 하는 법사위원장 대안이 마련된 바로 그 날, 법사위 제1소위와 법사위 전체회의, 국회 본회의에서 일사천리로 위 법률안이 통과된 것에 대해서 상당한 비판이 쏟아졌다.[18] 특히 다수의 판사, 검사 및 형법학자들은 기본법인 형법의 체계를 뒤흔드는 개정안에 대하여 납득할 수 있는 근거가 제시된 바 없고, 충분한 시간과 노력을 들여 검토가 이루어진 바도 없으며, 형법 개정으로 야기될 교도소 수용인원의 증가와 같은 문제에 대해서도 전혀 고려하지 않은 상태에서 형법이 덜컥 개정되었다는 점에 대해서 경악을 금치 못하였다.

아무리 국회가 형법개정의 이유로 꺼내든 아동에 대한 성폭력에 대한 엄벌주장이 설득력이 있었다고 하더라도, 충분한 검토나 의견 수렴을 생략한 채 형법상 유기징역형의 상한을 두 배로 올리는 방식의 형법개정만으로 아동성폭력범죄를 저지른 피고인들이 갑자기 중한 처벌을 받게 되는 것도 아니었다. 국회가 유기징역형의 상한을 갑자기 30년(또는 가중시 50년)으로 상향하였다고 하더라도, 법정형으로 유기징역형을 두고 있는 모든 아동성폭력범죄를 포함한 개별 범죄의 형량의 상한 또한 자동적으로 두 배가 되는 것은 아니었기 때문이다. 사기죄를 예로 들면, 형법개정에도 불구하고 사기죄는 여전히 징역 10년을 유기징역형의 상한으로 하고 있으므로, 경합범 가중시에도 징역 15년이 상한이 된다는 점에 있어서는 70년 전과 전혀 차이가 없었다(한편, 조직적 사기범죄에 대해서는 가중처벌을 위한 어떠한 법률도 제정한 바 없었기에, 조직적 사기범죄에 대한 처벌 또한 과거와 전혀 달라진 바 없었다).

---

18 유기징역형의 상한에 대한 다른 나라의 입법례를 살펴보더라도, 독일은 15년, 영국, 스위스, 오스트리아, 네덜란드, 대만은 20년, 이탈리아는 24년, 프랑스와 일본은 30년, 스페인은 40년으로 우리나라의 징역 50년은 지나치게 과한 입법이라는 비판이 있었고, 특히 일본이 2004년 15~25년에서 20~30년으로 개정한 것과 같이 우리의 경우에도 점진적으로 유기징역형의 상한을 변경하는 것이 보다 바람직하였다는 의견이 유력하게 제기되기도 하였다. 자세한 내용은 법률신문, "[사설] 유기징역 최고 상한 50년, 적절한가", 2010. 6. 24.자 기사; 법률신문, "유기징역 최대 50년 재검토해야", 2010. 11. 9.자 기사; 법률신문, "[황정근 변호사] 국격을 손상시킨 징역 50년 입법", 2013. 10. 24.자 기사 참조.

입법자의 인상과 국민의 법감정에 기반하여 '원포인트'로 형법상 유기징역형 상한만을 개정하였을 뿐, 이후 개별범죄들에 대한 법정형을 체계적으로 정비한 바 없었으므로, 형법 개정 이후에도 아동성폭력범죄를 비롯한 범죄들에 대한 양형실무가 개선되기를 기대할 수는 없었다. 체계적인 고민이 결여된 상태에서 복잡한 절차와 과정을 생략한 채 순전히 입법자의 인상에 기초하여 이루어진 간편한 법률개정은 실질적으로 일부 강력범죄나 누범에 대한 형량을 대폭 끌어올리는 효과만을 거둘 수 있을 뿐이었다. 예를 들면, 무기징역 또는 7년 이상의 유기징역에 처해지는 강도치상죄와 같이 유기징역형의 상한을 따로 규정하지 아니한 강력범죄를 저지른 피고인들의 경우에는 국회가 당초 의도한 것은 아니었지만 개정 형법에 따라 종전보다 훨씬 가중된 유기징역형을 선고받을 수 있었고, 누범의 요건을 충족한 경우라면 훨씬 불이익한 형량을 선고받게 되었다. 그러나 이러한 변화는 유기징역형의 상한을 친절하게 규정하고 있는 대부분의 재산범죄에서는 적용될 여지가 없었다.

[제약조건(2): 가중주의]

피고인이 저지른 여러 범행에 대해서 동시에 형을 정해야 하는 경합범의 처단형을 정하는 방식은 형사사법시스템에 따라 큰 차이가 있다. 먼저 피고인이 저지른 다수 범행의 적용법조가 정하고 있는 모든 형의 상한을 모두 더하는 방식인 병과주의(또는 합산주의)가 있다. 영국, 호주나 뉴질랜드와 같은 영미법계 국가들과 스페인(다만, 최고 복역기간은 40년), 태국(단, 사기범죄의 최고 복역기간은 20년), 멕시코, 과테말라, 콜롬비아와 같은 국가들이 경합범의 법정형 상한을 모두 더하는 병과주의를 채택하고 있다. 이에 따르면 법원은 피해자의 숫자나 피해의 규모가 늘어남에 따라 형량의 상한을 합산하는 것에 별다른 제한이 없으므로, 피고인의 기대여명을 훨씬 넘어서는 기간 동안의 유기징역형이나 복수의 무기징역형을 선고할 수 있다(다만, 일부 제한이 있는 국가도 있음).

인류역사상 종신형이 아닌 유기징역형으로 가장 무거운 형을 선고받은 사람은 태국의 차모이 티피아소(Chamoy Thipyaso)이다. 그녀는 16,000명 이상의 피해자를 상대로 피라미드 사기를 벌여 2억 달러 상당의 피해를 입혔다는 범죄혐의가 인정되어 무려 141,078년의 유기징역형을 선고받아 2006년 기네스북에 인류역사상 최고의 징역형을 선고받은 사람으로 등재되기도 하였다(하지만, 그녀는 불과 8년만 복역한 후 가석방되었다). 한편, 미국에서 유기징역형으로 가장 무거운 형량은 1994년 3세 여아를 강간하였다는 혐의로 기소된 찰스 로빈슨(Charles Robinson)에 대하여 선고된 징역 30,000년이었다.[19]

그런데 병과주의를 채택하고 있는 법원이 선고한 초장기 유기징역형의 경우 피고인이 순차적으로 모든 유기징역형을 마칠 때까지 복역하는 것에는 적지 않은 예외가 있다. 법원이 선고한 장기의 징역형은 어디까지나 복역기간의 상한을 정하여 둔 것에 불과하고 가석방심사 위원회가 실제 복역기간의 종료 시점을 정하는 경우가 적지 않은 데다가, 다수의 범죄에 대한 병과형의 집행이 동시에 진행되는 경우도 있기 때문에 실제 복역기간은 그보다는 훨씬 짧은 경우가 많다. 미국의 경우에도 교도소의 과밀수용 문제가 심각한 탓에, 수형자가 교도소 내 선행, 작업성적, 교정 프로그램 참여 등에 따라 일정한 점수를 취득해 자신의 형기를 스스로 단축시

---

19 미국에서 선고된 것 중에서 사형을 제외한 최고의 형량은 1995년 테리 니콜스(Terry Nichols)에 대한 161건의 무기징역형(종신형)과 9,300년의 유기징역형(사면불가)이었다. 그는 1995년 4월 오클라호마 폭탄테러의 주범으로 1급 살인과 방화 등으로 주법원에 기소되어 위와 같은 형을 선고받았고, 이와 별도로 연방법원에서 테러리즘과 과실치사 등으로 유죄판결을 받기도 하였다.

켜 나갈 수 있는 형기 자기단축제도(수형기간 1년당 최대 54일 감축)인 '선시제도(Good Conduct Time)'를 두고 있다. 또한 형기를 다 채우지 아니한 수형자에 대한 가석방 또한 매우 높은 비율로 이루어지고 있으며, 심지어 예산과 교정시설 부족으로 조건 없는 석방이 이루어지는 경우도 있기 때문에 실제 복역기간이 선고받은 형량에 비하여 이례적으로 짧은 경우도 드물지 않다.[20]

그럼에도 불구하고, 병과주의는 경합범의 형량을 정함에 있어서 피해자의 숫자나 피해의 규모가 늘어남에 따라 형량이 무제한적으로 늘어나는 구조로 설계되어 있고, 무기징역형을 뛰어넘는 유기징역형을 인정함으로써 판사의 재량권을 무한대로 확장하고 있는 반면, 형벌에 대한 예측가능성을 대폭 축소한다는 비판을 받아왔다. 이에 경합범에 대한 처단형의 상한을 제한하거나 가장 중한 형의 법정형을 기준으로 일정한 정도의 가중처벌만을 인정하는 가중주의가 설득력을 얻게 되어 대부분의 유럽국가나 일본에서는 경합범 가중에 있어 가중주의를 채택하고 있다. 우리의 경우에도 처단형의 상한을 가장 무거운 죄에 대하여 정한 형의 상한의 1/2까지만 가중할 수 있도록 규정하고 있기 때문에(형법 제38조 제1항 제2호), 아무리 많은 중범죄를 저지른 피고인이라고 하더라도 그에 대한 처단형은 가장 중한 범죄에 정한 형의 1/2을 가중한 상한의 범위 내에서 정할 수밖에 없다. 이러한 이유로 다수의 사기죄를 저지른 피고인에 대한 징역형의 상한이 최대 15년에 그치는 것이다.

문제는 가중주의가 전제하고 있었던 상황은 어디까지나 많아야 수십건 정도의 사건이 경합하고 있던 것을 전제한 것이었고, 피고인 한 명이

---

20 아동 음란물 소지죄로 징역 1,000년을 선고받은 후 8년여 만에 가석방된 사례로는 New York Post, "Convicted pedophile serving 1,000−year sentence gets parole", 2020. 7. 3.자 기사 참조.

수십만 명의 피해자에게 인명피해나 재산피해를 가하는 것을 염두에 둔 것이 아니었다는 점이다. 특히 경합범 가중을 통하여 가장 중한 형의 상한의 1/2만 가중한 것은, 아무리 다수의 범죄를 저질렀더라도 당초 범죄에 정한 형의 150% 내외의 형량범위 내에서 적정한 형을 찾을 수 있을 것이라는 가정에 기반한 것이었다. 그런데 개별적인 피해액은 그리 크지 않지만 전체 피해규모가 막대한 조직적 사기사건의 경우라면 가중주의에 따라 경합범 가중이 이루어진 유기징역형의 상한의 범위 내에서는 결코 적절한 형을 찾을 수 없기 때문에 이와 같은 가정이 더 이상 유효하다고 볼 수 없게 되었다.

일반 사기죄에 대한 법정형은 '징역 10년 이하 또는 벌금 2,000만 원 이하'이므로, 두 건의 사기죄를 저지른 피고인에 대한 처단형은 당연히 한 건의 사기죄에 정한 형의 상한의 1/2만 가중한 '징역 15년 이하 또는 벌금 3,000만 원 이하'가 된다. 그런데 피해액이 5억 원을 넘지 않는 사기범행 10만 건을 지휘한 사기범죄조직의 수괴에 대한 처단형 또한 그와 전혀 차이가 없다. 물론 10만 건의 사기범죄 중 단 한 건이라도 이득액이 5억 원 이상인 경우라면 특경법에 따라 가중 처벌될 수 있겠지만, 개별 사건의 이득액이 모두 5억 원 미만인 경우라면 전체 피해자가 수십만 명이든, 사기피해액이 수십 조 원에 이르든 간에 언제나 형법상 사기죄에 경합범 가중이 된 처단형의 상한은 징역 15년을 넘어설 수 없게 된다.

이처럼 가중주의는 특정한 형태의 사기범죄가 무한 복제되어 피해자를 양산하는 다중 피해범죄와 관련하여, 법원이 사기범죄자들에 대한 합당한 형량을 정함에 있어 상당한 제약조건으로 작용하고 있다. 특히 현행 형법이 사기범죄를 일반 사기범행과 조직적 사기범행으로 구별하지 아니한 채 단 하나의 조항에서 규율함에 따라, 조직적 사기범행에도 일반 사기죄가 적용됨으로써 상대적으로 낮은 법정형이 불가피하고, 여기에 경합범에 대한 가중주의가 결합됨으로써 법원이 선고할 수 있는 형량의 범위가 지나치게 좁아졌기 때문이다. 이로 인하여 법원이 다양한 양형요소를 고려하여 세심하게 형을 정하는 경우라고 하더라도, 동종의 여러 사안과 비교하였을 때 일관된 양형기준이 있는지를 의심케 하는 사례가 나올 수밖에 없다.

일례로, '비트코인 선물거래 상품에 투자하면 250일이 지난 시점에 원금을 회수하고 300일이 지난 시점부터 55%에서 115%에 이르는 수익률을 낼 수 있다'며 '하위 투자자들을 데려오면 이들이 투자한 금액의 3% 내지 10%를 직급수당으로 보장하고, 누적 투자금이 일정 수준을 넘어서면 실적에 따라 직급을 부여하고 수당을 주겠다'고 피해자들을 속여 824억 원 이상을 편취한 다단계 금융피라미드 사기사건에서, 법원은 한국 투자총책 2명에게 징역 4년 6월 또는 징역 4년의 실형을 선고한 바 있었다.[21] 그런데 2011. 7. 1. 시행된 양형기준[22]에 따르면 조직적 사기범행으로 피해자들에게 300억 원 이상의 피해를 입힌 경우에 대한 권고형(기본영역)은 '징역 8년에서 13년'이었고, 가중사유가 존재하는 경우라도 권고형(가중영역)은 '징역 11년 이상'이었던 점을 고려하면, 위 사례의 피고인들은 양형기준에 비추어 보더라도 상당히 관대한 형을 선고받은 것으로 볼 여지가 있었다. 특히 조직적 사기범죄를 지휘한 수괴 또는 관리자들은 대부

---

21 서울경제, "투자 후 300일 지나면 최대 115% 수익, 암호화폐 투자사기의 덫", 2020. 7. 22. 자 기사. 위 사건에서는 피고인들이 투자자들에게 원금과 약정된 수익을 보장할 수 없다는 점을 미필적으로나마 인식하였으면서도 투자를 적극 권유한 사정이 있지만, 공범들에 대한 양형이나 관련 사건의 진행 등을 고려하여 위와 같이 형을 정한 것으로 보인다.

22 대검찰청이 발간한 『2020 범죄분석』에 따르면, 사기범죄 발생건수는 2010년 205,913건에서 2019년 313,593건으로 52.3% 증가하였고, 발생비율(인구 10만명당 발생건수) 또한 407.6건에서 604.8건으로 48.4% 증가하였다. 반면, 사기죄의 양형기준은 2011. 7. 1. 시행된 이후 오랜 기간 동안 개정된 바 없어 이에 대한 비판의 목소리가 적지 않았고, 양형위원회는 2022. 3. 1.에야 비로소 조직적 사기 등에 대한 권고형량을 조정하는 내용으로 개정된 사기범죄에 대한 양형기준을 마련하여 시행하였다. 하지만 300억 원 이상의 조직적 사기에 대한 양형기준은 현재까지도 전혀 바뀐 바 없다.

빨대사회

분 '사기범행을 주도적으로 계획하거나 그 실행을 지휘한 경우, 불특정 또는 다수의 피해자를 대상으로 하거나 상당한 기간에 걸쳐 반복적으로 범행한 경우, 피해자에게 심각한 피해를 야기한 경우, 범죄수익을 의도적으로 은닉한 경우'와 같은 가중사유가 중복하여 존재하는 경우가 많고, 그러한 경우 기본영역보다 훨씬 더 중하게 처벌해야 한다는 점을 고려하면 더욱 그러했다.

당시 일반사기 중 피해액 5억 이상, 50억 원 미만에 대한 권고형(기본영역)은 '징역 3년 내지 6년'이고, 50억 원 이상, 300억 원 미만에 대한 권고형(기본영역)은 '징역 5년 내지 8년'이었다는 것을 감안하면, 위 사건에서 피고인들이 선고받은 형량은 일반사기 중 피해액 5억 이상, 50억 원 미만에 대한 권고형의 범위에 더 가까웠다. 이는 사기범죄조직의 수괴로 사기범행을 주도적으로 계획하거나 그 실행을 지휘하고, 불특정 또는 다수의 피해자를 대상으로 하거나 상당한 기간에 걸쳐 반복적으로 범행을 저질렀으며, 범죄수익을 의도적으로 은닉하였다고 하더라도, 조직적 사기범행으로 상당한 피해를 야기한 피고인에게 몇 가지 감경요소가 적용되는 경우 그보다 적은 금액의 사기피해를 야기한 일반사기의 피고인보다 훨씬 가벼운 처벌을 받을 수 있는 여지가 적지 않음을 드러내 보여주고 있다.

또한 원금 보장과 고수익을 약속하며 100억 원이 넘는 돈을 챙긴 피고인에 대한 유사수신행위의 규제에 관한 법률위반 사건에서는 "피해액이 크고 수사를 피해 도망쳤으며 동종 전력이 있다"면서도 "뒤늦게나마 수사기관에 자수하고 잘못을 뉘우치고 있다" 등의 이유로 징역 2년 6개월에 집행유예 4년의 판결이 선고된 사례도 있었던 반면,[23] 보이스피싱 조직원의 지시를 받고 피해자 24명으로부터 총 4억 여원을 받아 이를 사기조

---

23 서울경제, "사기범 66% 벌금·집행유예 선고…솜방망이 처벌이 화 키웠다", 2022. 12. 9.자 기사

직에 입금하였음을 이유로 사기 등 혐의로 기소된 보이스피싱 조직의 현금전달책에 대해서는 단순가담자였음에도 징역 6년이 선고된 사례도 있었다.[24] 여기에 사기피해액 5,000만 원 정도의 일반사기 범행을 저지른 피고인이라고 하더라도, 과거 동종 전과가 있거나 집행유예기간 중인 경우에는 징역 6개월의 실형을 선고하는 경우도 적지 아니하다는 점(양형기준 중 피해액 1억 원 미만의 일반사기에 대한 기본영역의 권고형은 징역 6월에서 1년 6월이다)을 고려하면, 법원이 선고형을 정함에 있어 피고인이 피해자에게 얼마나 심각한 피해를 야기하였는지, 얼마나 주도면밀하게 사기범행을 계획하고 그 범죄수익을 은닉하였는지, 일부라도 범죄피해가 회복된 부분이 있는지 등을 전혀 고려하지 않고 있는 것처럼 보인다는 점을 부인하기는 어렵다.

이처럼 다양한 사기사건에 있어서 그 형태와 피해규모의 차이에도 불구하고 법원이 실제 선고하는 형량에 별 차이가 없는 것은 앞서 본 사기죄의 징역형 상한(10년 이하)과 가중주의(경합범 가중시 15년 이하)가 결합된 구조적인 한계에서 비롯된 측면이 크다. 법원이 범행의 형태, 편취액의 다과 및 피고인의 가담정도 등의 여러 요소를 고려하여 다양한 형태의 사기범죄에 대한 합리적인 양형기준을 마련하려는 시도에도 불구하고, 기본적으로 경합범 가중의 상한이 15년에 불과하다는 점 때문에 조직적 사기범행으로 다수의 피해자에게 상당한 피해가 발생한 경우라도 최종형에 있어 유의미한 차이를 만들어내기 어렵다. 달리 말하면, 형법상 사기범죄에 해당하면 사기피해액이 5,000만 원에 불과한 일반 차용금 사기사건부터 피해액이 그 10만 배인 5조 원에 이르는 조직적 금융범죄사건까지 모두 유기징역형 1월 내지 15년의 범위 내에서 형량을 결정하여야 한다. 이처

---

24 연합뉴스, "보이스피싱 전달책 40대 징역 6년⋯피해자 1명 극단선택", 2022. 3. 3.자 기사

럼 좁은 형량범위 내에서 여러 양형인자들을 고려하여 개별 사건에서 실질적으로 균형감 있는 형량을 선택하는 것이 생각보다 쉽지 않다. 이 때문에 사기피해액이 1,000억 원에 이르는 대형 사기사건이라고 하더라도 피해를 일부 변제하고, 범죄수익의 대부분을 보유하지도 않고 있음을 강조하면서 다른 공범들의 범행을 낱낱이 알리는 방법으로 반성하고 있음을 드러내 보이는 등 양형기준상 몇 가지 감경요소의 적용을 받게 되면, 사기피해액 10억 원의 일반사기 사건에 대한 권고형량 만큼이나 낮은 징역형을 선고받는 것이 그리 어렵지 않게 되는 것이다.

여기에 조직적 사기범죄의 수괴들은 오래 전부터 재판과정에서 유능한 변호사들을 동원하여 악착같이 무죄를 주장하면서도, 범죄수익 중 일부를 공탁하거나 피해자들로부터 처벌불원서를 받아 제출하는 등의 여러 가지 전략을 입체적으로 구사함으로써 최대한 관대한 형을 선고받아 왔던 노하우가 있다. 또한 현재 진행 중인 형사사건의 양형을 정함에 있어서 과거의 선례 중 피해액이나 범행수법 등이 유사한 사례를 찾아 이에 가장 근접한 형을 선고하는 것에 익숙한 판사들의 형량결정방식이 결합하게 되면, 다수의 피해자를 상대로 수천억 원에서 수백억 원의 고액의 사기범행을 저지른 사람들이라고 하더라도 모두 별 차이 없이 징역 3년에서 7년의 범위 내의 징역형을 선고받게 되는 것이다.

아울러 형법의 가중주의에 따라 사기죄의 형량범위가 줄어드는 상황은 사기범죄를 계획하는 범죄조직들로 하여금 최대한 다수의 피해자에게 광범위하게 피해를 입힐 수 있는 범행을 계획하도록 하는 큰 유인을 제공하고 있다. 사기범죄 계획단계에서부터 단일 사기피해액 5억 원 이상인 소수의 피해자에 대한 사기범행으로 특경법의 적용을 받는 것보다는 다수의 피해자로부터 5억 원 미만의 범죄수익을 뽑아내는 것이 훨씬 위험부담이 적기 때문이다(이러한 경우 검찰의 직접 수사도 피할 수 있는 장점이 있다). 이처럼 특경법의 적용을 받지 않도록 개별 피해자별 피해금액을 5억 원 미만으로 설계할 수 있다면, 전체 사기피해액이 10조를 넘어가는 사건의 수괴라고 하더라도 최고 15년의 징역형을 선고받는 위험만을 부담하게 되는 것이다(또한 형사소송법 개정으로 인하여 다수의 피해자를 양산하는 사기범죄를 저지를수록 오히려 처벌받을 걱정을 하지 않아도 되는 상황이 되었다는 점에 대해서는 후술한다).

　수십만 명의 피해자들을 상대로 반복적 범행을 저지른 중대범죄자들에게 실질적으로는 가장 유리한 법정형이 적용되는 것은 어디까지나 피해자의 숫자나 피해의 규모에 따라서 비례적으로 유기징역형의 형량을 올릴 수 없도록 한 가중주의가 가장 핵심적인 제약요인으로 기능하고 있다는 점은 그 누구도 부인할 수 없다.[25] 형법상의 가중주의는 대륙법계의 영향을 받은 것으로 한 명의 피고인이 여러 건의 범행을 저지른 경우에 그 상한이 무한히 확대되어 사실상 무기징역보다 중한 처벌을 받는 경우를 피하기 위한 것이었다. 하지만, 수십만 명에 대한 재산적 피해를 야기한 경우에도 형법상의 가중주의가 그에 합당한 형량을 정할 수 없도록 하고 있다는 점을 모두가 잘 알게 된 이후에는 사기범죄조직들은 가중주의의 허점을 노리고 적극적으로 다중피해 사기범행을 설계하는 상황에 이르게 되었다. 형법이 다수의 범행을 저질러 한꺼번에 처벌을 받는 경합범의 처단형이 과도하게 상향되는 것을 억제해 주던 원칙이 이제는 조직적 사기범죄를 가장 두텁게 보호해주는 역할을 하고 있는 것이다.

---

25 한편, 세월호 사건 이후 업무상 과실치사 형량을 높이기 위하여 병과주의(또는 합산주의)에 대한 논의가 있었지만, 가중주의를 폐기하는 문제는 형사법 시스템 전반을 뜯어고치는 작업으로 굉장히 오랜 검토와 고민이 필요하다는 비판이 적지 않았다. 한겨레, "박 대통령 '수백 년 징역형'…법조계 '포퓰리즘' 우려", 2014. 5. 20.자 기사 참조.

빨대사회

[제약조건(3) : 사형제도의 사실상 폐지와 무기징역형의 형해화]

흉악범죄로 다수의 사람을 살해한 피고인에 대해서 사형이 선고되면, 이후 교정당국이 이를 집행하며, 무기징역형이 선고된 피고인에 대해서는 실제로 생을 마칠 때까지 징역형의 집행이 이루어지는 상황이었다면, 가중주의로 경합범의 상한을 일정 수준으로 제한하더라도 양형에 있어서 더 중한 형을 선고하는 것이 불가능한 것은 아니었을 것이다.

그런데, 형법 제41조가 법원이 선고할 수 있는 형의 한 종류로 여전히 사형을 규정하고 있음에도 불구하고, 1997년 이후 사형이 집행되지 아니함에 따라 사형은 사실상 사문화된 형이 되었다. 또한 무기징역형이라고 하더라도 대부분 20년의 형기를 마치면 가석방되는 상황이 되었고, 유기징역형 또한 형기의 상당 부분을 마치면 가석방을 받는 것이 그리 어렵지 않다. 형법 제72조는 행상(行狀)이 양호하여 뉘우침이 뚜렷한 때에는 무기형은 20년, 유기형은 형기의 3분의 1이 지난 후 행정처분으로 가석방을 할 수 있다고 규정하고 있으므로, 형법상 유기징역의 상한인 30년의 유기징역형을 선고받은 경우에는 10년, 가중된 상한인 50년의 유기징역형을 선고받은 경우라도 17년이 지난 후에는 가석방심사를 받을 수 있다. 이처럼 사형이 선고되더라도 집행되지 않고, 무기징역형의 경우에도 길어봐야 20여년 정도의 복역기간을 마치면 가석방의 기회가 부여된 결과, 우리나라에서는 오로지 15년에서 20년 남짓의 유기징역형이 사실상 가장 중한 형이 되었다면 이야기는 전혀 달라진다.

여기서 우리나라의 마지막 사형수와 그 이후의 상황을 언급하지 않을 수 없다. 1991년 10월 19일 서울 영등포구 여의도광장에서 많은 사람들이 자전거나 롤러스케이트를 타고 있을 때 프라이드 차량이 KBS 본관 우측에서 여의도 광장으로 진입하였다. 그 차량은 시속 70km가 넘는 속도로 자전거를 타고 있던 국민학교 학생과 유치원생을 치었고, 그 뒤에도 계속하여 광장을 질주하면서 이미 쓰러져 있는 사람들 위로 넘나들다가, 어린이와 노인을 포함한 21명을 친 다음 자전거 보관함을 들이받은 뒤에야 멈췄다. 당시 범인은 멈춘 차량에서 내려 붙잡으려는 시민들을 뿌리치고 여중생을 인질로 잡으려고 하였으나, 바로 갖고 있던 칼을 빼앗기고 제압당하였다.

현장에서 현행범으로 체포된 범인은 양말공장에서 해고된 후 거리에서 잠을 자며 근근이 생활을 이어가던 김용제로 밝혀졌다. 그는 가난과 가정의 불행으로 사회에 제대로 적응하지 못하였고, 시력이 나쁜 탓에 작업이 더디고 실수를 하는 일이 잦다는 이유로 거듭 해고를 당하였다. 특히 마지막으로 해고된 후 4개월의 시간이 지나는 동안 사회로부터 무시와 냉대만 받던 그는 사흘 동안 아무것도 먹지 못한 상태에서 혼자 죽기에는 억울하다는 생각을 하게 된다. 이에 그는 자동차의 가속페달을 힘껏 밟아 두 명의 어린 생명을 빼앗고, 21명에게 상당한 피해를 입힌 범행을 저지른 것이었다.[26] 이후 그에 대한 형사재판이 진행된 결과, 1991년 11월 살인죄가 유죄로 인정되어 사형판결을 선고받았으며, 이에 그가 불복해 항소하였지만 항소가 기각되었다. 이후 대법원으로부터 1992년 8월 18일 상고기각 판결을 받아 그에 대한 사형이 확정되었고, 5년 6개월 뒤인 1997년 12월 30일 사형이 집행되어 형장의 이슬로 사라졌다. 사형제도가 사실상 유명무실해진 현재, 김용제는 사형이 집행된 우리나라의 마지막 사형수 23명 중 하나가 되었다. 한편, 여의도광장 차량질주 사건이 발생하기

---

26 그는 경찰 조사과정에서 '시력이 나쁘다는 이유로 일하는 직장마다 빈번히 쫓겨나 주위 사람들이 자신을 무시하고 냉대하는 것 같아서 사회에 복수하고 죽고 싶었다. 나는 언제나 입에 풀칠하기도 바쁜데 남들은 호의호식하고 행복해하는 현실에 좌절, 범행을 결심했다' 라는 취지로 진술하였다. 자세한 내용은 시사저널, "[표창원의 사건 추적] 악마가 된 외톨이 빗나간 분노의 돌진", 2012. 9. 10.자 기사 참조.

며칠 전 대구 거성관 나이트클럽 방화사건(1991)이 발생하였다. 당시 나이트클럽에 출입을 저지당해 화가 난다는 어처구니없는 이유에서 비롯된 묻지마 방화범죄로 무려 16명이 사망하고 13명이 중경상을 입는 막대한 피해가 발생한 것이었다. 제1심 법원은 피고인 김정수에게 사형을 선고하였으나, 항소심 법원은 피고인의 범행이 우발적인 것이었고 전기누전으로 오인한 종업원의 과실로 피해가 커진 점을 참작하여 제1심 법원의 사형선고를 취소하고 무기징역형으로 형을 감경하였고, 상고심에서 위 형이 확정되었다.

그런데 1997년 사형집행이 사실상 중단되어 사형이 사문화된 이후에도 피해의 규모나 범죄의 잔혹성 측면에서 과거 어떤 사건과도 비교할 수 없는 사건이 거듭 발생하게 된다. 특히 대구지하철 방화사건(2003)의 경우 검찰은 방화범죄를 저질러 피해자 192명을 사망케 한 김대한에게 '현존전차 방화치사상죄'로 사형을 구형했지만, 법원은 김대한이 온전한 정신상태에서 일으킨 범행이라 보기 어려운 점과 직접 방화한 열차에선 인명피해가 그다지 없었던 점, 사망자 대다수가 김대한의 방화 행위에 따른 직접적인 결과가 아닌 대구 지하철 측의 잘못된 대응으로 숨진 측면도 있다는 점을 고려해 무기징역형을 선고하였다. 대구지하철 방화사건은 502명이 사망한 삼풍백화점 붕괴사고, 326명이 사망한 남영호 침몰사고, 304명이 사망한 세월호 침몰 사고보다는 피해자의 수가 적긴 하지만, 지금까지 법원이 진행한 형사사건 중 온전한 고의범죄에 의한 것으로는 가장 큰 피해가 발생한 것이었음에도 불구하고 법원이 사형이 아닌 무기징역형을 선고한 것이었다. 이후 항소심 법원이 항소를 기각하자 김대한은 상고를 포기하였고, 2004년 지병인 호흡곤란과 뇌졸중으로 사망하였다.[27]

---

27 머니투데이, "13년 전 오늘…192명 사망한 최악의 지하철 참사", 2016. 2. 18.자 기사 참조.

한편, 2012년 지나가던 20대 여성을 자신이 세들어 살던 집으로 납치, 성폭행하려다 살해하고, 시신을 훼손한 후 356조각으로 나누어 비닐봉지 14개에 담아두었다가 발각된 충격적인 사건이 발생하였다. 당시 범인으로 체포된 오원춘이 인육(人肉)을 유통하려 했다는 의혹까지 더해지면서 사회에 큰 충격을 주었고, 이후 진행된 형사재판에서 1심 법원은 오원춘이 살인 후 시신을 훼손한 것이 '불상의 용도에 사체 인육을 제공하기 위한 의사 내지 목적'을 갖고 있었던 것으로 보인다면서 사형을 선고하였다. 그러나 항소심 법원은 오원춘이 우발적 범행을 저지른 것이라며 무기징역으로 감형했고, 이는 대법원에서 그대로 확정되었다.

대구지하철 방화사건(2003)은 고의에 기한 직접적인 방화에 기하여 사망한 피해자가 무려 192명에 이르러 고의에 의한 범죄로는 지금까지도 비슷한 예를 찾아볼 수 없을 정도의 막대한 피해를 야기한 사건이었고, 오원춘 살인사건(2012)은 범행의 잔학성 측면에서 그 유례를 찾기 어려운 것이었다. 문제는 피해규모나 잔학성 측면에서 비교대상을 찾기 어려운 두 사건에 대해서 무기징역형이 선고되어 확정된 이후에 발생했다. 이후 기소된 형사사건들은 아무리 중한 범행을 저지른 피고인에 관한 것이라고 하더라도 그 피해규모나 잔학성 등의 측면에서 대구지하철 방화사건이나 오원춘 살인사건을 뛰어넘는 정도에 이른다고 보기 어려웠기 때문에, 법원으로서는 무기징역형을 넘어 사형을 선고하는 것에 큰 부담을 느낄 수밖에 없게 되었다. 그래서 살인죄로 두 차례 복역한 전력이 있는 사람이 출소 후에 세 번째 살인범행을 저지른 경우라고 하더라도, 법원이 사형이 아닌 무기징역형을 선고하는 것이 어느덧 자연스러운 상황이 되어 버렸다.[28] 이는 사형제도 폐지론에 따르는 판사들이 상당히 늘어나면서 과거

---

28 연합뉴스, "전처 등 두 차례 살인 처벌받고 또 동거녀 살해…무기징역 확정", 2023. 4. 17. 자 기사 참조. 위 사건의 피고인은 2001년 헤어질 것을 요구하는 전처를 살해해 징역 8년을

같으면 사형을 선고함이 마땅한 것으로 여겨졌을 사건에 대해서도 사형을 선고하는 것을 꺼리는 탓도 크다.[29]

그 결과 실제로는 무기징역형이 가장 중한 형이 되어버렸고, 사형은 형법전에서 언급되고 있을 뿐 실제로는 집행되지 아니하여 없는 것과 마찬가지인 형이 되었다. 우리나라가 20년 넘게 사형을 집행하지 않은 결과 2022년 현재 59명의 사형수가 미결수 신분으로 복역하고 있다. 특히 1992년 15명이 죽고 20여명이 부상을 입은 왕국회관 방화치사사건으로 기소되어 사형이 확정된 피고인은 현재까지 30년 이상 구금되어 있고, 사형 확정 후 30년이 경과한 2023년 11월까지 집행이 되지 않는 경우 형법 제77조 및 제78조 제1호에 따라 그 집행이 면제될 예정이었다. 그런데 법무부가 제출한 사형에 집행시효의 적용을 제외시키는 형법개정안이 국회를 통과함으로써, 이제 우리나라에서는 사형이 실질적으로는 기한 없는 징역형이 되어 사실상 무기징역형을 대체하는 더욱 기이한 상황이 펼쳐지게 될 것이다.[30]

선고받고 복역하였으며, 2012년 베트남에서 불륜 상대방과의 결혼을 반대하는 상대방의 어머니를 흉기로 찔러 살해하고 베트남 법원에서 징역 14년을 선고받았다가, 8년 5개월간 복역한 후 2020년 출소해 한국으로 추방되었는데, 2022년 외도를 의심하며 다투던 동거녀를 흉기로 찔러 살해하여 세 번째 살인 혐의로 기소된 것이었다.

29 한국법제연구원이 실시한 '2016 법의식 실태조사'에서 사형을 집행해야 하는지 여부에 관한 설문에 응한 판사 50%가 '반대하는 편이다', 3.3%이 '매우 반대한다'는 의견을 밝혔는데, 직접 사형을 선고할 책임이 있는 판사들이 오히려 사형집행에 반대하는 경우가 많았다. 자세한 내용은 연합뉴스, "사형 집행해야 하나…판사 '반대' vs 검사 '선고했으면 집행'", 2017. 8. 8.자 기사 참조.

30 원래 형법 제77조 및 제78조는 사형 확정 후 30년이 경과한 시점까지 집행이 되지 않는 경우 그 집행을 면제하도록 규정하고 있었다. 그런데 이와 비슷한 규정을 두고 있던 일본에서는 2010년 사형에 집행시효가 적용되지 않도록 형법을 개정하였지만, 60여명에 이르는 사형수가 존재하는 우리나라에서는 그간 법률개정의 필요성이 제기되었음에도 불구하고 국회는 그에 대한 논의를 방치해두고 있었다. 그러다가 2023년 가장 오래 수감중인 사형수의 복역 기간이 29년을 넘기면서 형법 제78조가 정한 사형의 시효인 30년이 만료될 상황에 이르게 되자(한편, 1995년에 사형을 선고받은 4명이 2025년에, 1996년에 선고받은 5명이 2026년에, 1997에 선고받은 5명이 2027년에 그 집행시효가 만료될 예정이다), 법무부는 부랴부랴 사형의 집행시효를 폐지하는 내용의 형법 개정안을 마련하여 국회에 제출하였고, 2023.

무기징역형의 경우 실제로 우리나라에서 50년간 복역한 무기수는 한 명도 없고, 40년 이상 복역한 무기수는 비전향 장기수 한두 명밖에 없으며, 대체로 20년 정도의 복역을 마치면 가석방으로 풀려나는 것이 대부분이었다. 따라서 '무기징역형을 선고받고 20년 정도의 수형생활을 하다가 가석방 되는 것'이 우리나라에서의 가장 중한 징역형이 되었다고 볼 수 있다.[31]

이처럼 법원이 사형을 선고함이 마땅한 사건에 대하여 사형을 선고하는 것을 꺼리고 무기징역형 또는 장기의 유기징역형을 선택하는 경향은 과거라면 무기징역형 또는 장기의 유기징역형이 선고되었던 사건들의 형량을 차례로 끌어내리는 결과로 이어졌다. 물론 사기죄의 경우에는 이득액이 50억 원 이상일 때 특경법 제3조 제1항 제1호가 적용되면 무기징역 또는 5년 이상의 유기징역으로 가중처벌되는 것에 그치기 때문에, 해당 피고인에게 사형이 적용될 여지는 없다. 또한 특경법에 따라서 무기징역형 선고가 가능한 이득액 50억 원 이상인 일부 재산범죄를 제외하면, 형법상 재산범죄 대부분은 그 법정형에 사형이나 무기징역형이 규정되어 있지도 아니하다. 하지만 전체 양형의 단계구조가 바뀌게 되면 재산범죄에 대한 양형 또한 그 영향을 받지 않을 수 없다.

---

8. 8. 형법 제77조와 제78조가 개정되어 사형에는 집행시효가 적용되지 않게 되었다. 자세한 내용은 중앙일보, "30년 복역 사형수 '왕국회관 방화범' 석방될까?", 2023. 4. 10.자 기사; 법률신문, "사형 집행 30년 시효 임박 두고 논란", 2023. 3. 23.자 기사; 법률신문, "사형 집행 시효 30년 폐지한다…개정안 국무회의 통과", 2023. 6. 6.자 기사 참조.

31 무기징역형을 받고 가석방된 수형자는 2016명 2명, 2017년 11명, 2018년 40명, 2019년 14명, 2020년 18명이었다. 이와 같이 가석방된 무기수가 재범을 저지르는 사례도 적지 않은데, 가출소한 무기수가 저지른 범죄 중 최근 5년간 유죄가 확정된 사건 11건 중 10건이 강력범죄(폭력·절도·성폭력·살인)였고, 11건 중 7건은 가출소 이후 2회 이상 재범을 저지른 경우로 밝혀지기도 하였다. 살인죄로 무기형을 받고 또 살인죄를 저질러 다시 무기형을 받거나 출소한 무기수가 네 차례 더 성범죄로 재판을 받아 모두 합쳐 징역 17년을 선고받은 경우도 있었다. 자세한 내용은 서울신문, "사형제 대안 '가석방 없는 무기징역' 힘 받나", 2022. 7. 11.자 기사 참조.

여기에 흉악범죄에 대한 엄벌을 위하여 형량을 올려야 한다는 국민들의 요구를 반영한 결과, 과거에 징역형의 양형범위 하단에서 6개월에서 3년 내외의 징역형이 선고되었던 사건들의 형량은 급격하게 상향되었다. 사실상 사형제가 폐지된 것으로 양형실무가 운영이 되는 반면, 흉악범죄나 대규모 재산피해를 야기한 범죄에 대한 엄벌요구가 거세짐에 따라 앞서 본 바와 같이 법원이 구체적인 사건에서 선택할 수 있는 형량의 범위가 갈수록 한 가운데로 모이게 된 것이다. 이에 피해자의 신체나 재산에 상당한 피해를 야기한 범죄에 대한 선고 형량의 범위가 대체로 3년에서 7년 사이에서 결정되는 것을 흔히 볼 수 있게 되었다. 과거 양형실무에 따라 선고되던 형량 범위의 상단은 내려오고 하단은 올라오는 상황이 지속되면서 법원이 대부분의 사건에서 사건의 경중을 따져 적정한 형을 선택할 수 있는 여지는 현저히 줄어들게 되었다.

그 결과 수조 원 규모의 사기피해를 야기한 국제적 사기범죄조직의 수괴와 50억 원 규모의 사기피해를 야기한 전통적인 사기범죄자가 최종적으로 받는 선고형의 범위 사이에 큰 차이가 없을 수 있다. 또한 조직범죄의 설계자로 편취한 범죄수익을 모두 은닉해둔 사람과 단순가담자로서 일당을 받고 일한 사람의 형량에도 별 차이가 없는 경우를 어렵지 않게 찾아볼 수 있다. 피해자들로부터 824억 원을 편취한 다단계 피라미드 사기조직의 운영자 2명에게 징역 4년 6월 또는 징역 4년의 실형이 선고되기도 하지만, 보이스피싱 조직의 하부 조직원으로 단순가담자에 불과한 전달책에게 징역 6년이 선고되는 매우 어색한 상황들이 반복적으로 나타나고 있는 것이다.

이러한 상황이 계속되면, 모든 사람들이 법원의 양형실무에 의문을 제기할 수밖에 없다. 양형의 불균형으로 이익을 얻는 피고인들은 언제나 다수 공범이 관여한 조직적 범죄를 설계하고 막대한 범죄수익을 어딘가에 쌓아두었을 범죄조직의 수괴들이 되고 있음이 명백해지고 있기 때문이다. 특히 사기범행의 규모나 사기범행과정에서의 지위와 역할 등에 따라 납득할 수 있는 차이를 두지 못하는 양형실무는 조직적 사기범죄에 가담하는 모든 사람들에게 조직적 범죄에 가담할 것을 단념하라는 메시지를 주지도 못하고, 나아가 조직적 사기범죄를 억제하지도 못하고 있다. 오히려 조직적 사기의 단순가담자에게 다음 기회에는 범죄조직 내에서 보다 중요한 중간관리자나 수괴의 역할을 맡아야 한다는 메시지를 주고 있다. 다시 말해서, 현재의 양형실무는 범죄조직 구성원 모두에게 범죄를 단념케 하게는커녕 국제적 사기범죄조직의 수괴를 꿈꾸게 하는 계기만을 제공하고 있는 것이다.

여기서 또 하나 눈여겨 볼 것은 적지 않은 수의 국회의원들이 사형제도의 폐지를 주장하면서도, 다른 한편으로는 개별 흉악범죄의 엄벌을 이야기하고 있다는 점이다.[32] 국회는 법원의 양형재량을 축소하는 것을 내용으로 하는 각종 특별법을 제정함으로써 실제로 법원이 선고할 수 있는 형량을 좁은 구간에 몰아넣으면서도, 자신들이 큰 고민 없이 만들어 둔 특

---

32 참고로, 사형제도를 폐지하는 것이 합당한지 여부에 대한 논의는 관념적으로 사형제 폐지 또는 유지에 대한 철학적, 이론적 근거를 따지기에 앞서, 누군가가 대한민국 국민에 대한 핵 공격을 지시하여 수백만 명을 살해한 경우에 그에 대한 형사재판에서 선고되어야 하는 합당한 형이 무엇이어야 하는지에 대한 논의에서 출발하여야 한다. 만약 수백만 명을 학살한 전쟁범죄에 대하여 유죄가 인정되더라도 해당 피고인에 대해서는 반드시 사형이 아닌 무기징역형이 선고되어야 하고, 이후의 정치적 상황이 변하였을 때 그 피고인에 대하여 사면 또는 가석방이 되더라도 이에 이의를 제기하지 않고, 이미 형사재판을 거쳐서 적법하게 처벌이 이루어진 이상 더 이상의 형사정의를 요구하지도 않겠다는 확신이 있다면, 그와 같은 확신이 있는 사람이 사형제도 폐지를 주장하는 것은 전혀 어색하지 않다. 그런데 사형제도를 폐지해야 한다는 생각을 갖고는 있지만, 사형제도가 폐지된 후에 수백만 명을 전쟁범죄로 학살하고 무기징역형을 선고받았다가 가석방된 피고인이 있다면 피해자들의 가족들이 자력구제에 나서 그를 살해하였을 때 이를 충분히 이해할 수 있고, 국가가 형사정의를 실현한 피해자 가족을 살인죄로 처벌하여서는 안된다는 생각을 동시에 하고 있다면, 그가 사형제도의 폐지가 어떤 의미를 갖고 있는지에 대해서 제대로 이해하고 있다고 볼 수는 없을 것이고, 이러한 사람의 사형폐지 주장에는 전혀 귀를 기울일 필요가 없을 것이다.

별법이 양형의 불균형을 더욱 심화시킨다는 점을 전혀 인식하지 못하고 있다. 그런 와중에 양형과 관련된 실무가 개선될 기회는 하나 둘씩 사라져 가고 있다. 여기에 사형제 폐지를 주장하는 국회의원 중에 그로 인한 문제를 해결하기 위하여 가석방이 불가능한 절대적 무기징역형을 도입하자고 주장하는 사람도 있다. 그런데 그들은 무기징역형의 경우라도 수형자의 나이, 범죄동기, 죄명, 형기, 교정성적, 건강상태, 가석방 후의 생계능력, 생활환경, 재범의 위험성, 그 밖에 필요한 사정을 고려하여 가석방을 할 필요가 있는 경우가 있다는 점을 전혀 알려고도 하지 않는다.

특히 수형자가 말기 암환자로서 수술, 항암 화학요법이나 방사선 요법 등을 시행하였으나 치료 효과를 더 이상 기대하기 어려운 상황이 되었을 때까지 교정시설에서 복역하도록 하는 것은 현실적으로 더 큰 문제를 야기할 수밖에 없다. 교정시설이 수형자의 건강악화 등에 대하여 즉각적이고 충분한 대응을 할 수 있는 의료인력이나 의료시설을 제대로 갖추고 있지 못한 현재의 사정을 고려할 때, 말기 암 등으로 건강이 현저하게 악화된 수형자로 하여금 외부의 호스피스 시설에서 생을 마치도록 하는 것이 보다 바람직한 경우가 대부분이기 때문이다. 아울러 교정공무원들이 호스피스 시설에 입소하여야 할 정도로 건강상태가 악화된 재소자의 병수발을 들어야 하는 상황이 바람직하다고 볼 수도 없고, 현재의 한정된 예산 및 인원으로는 다수의 말기 암 환자에 대한 병수발이 가능하지도 않다. 교정시설 중 일부가 사실상 수형자를 위한 호스피스 병동이 되더라도 절대로 특정한 피고인에 대해서는 가석방이 허가되어서는 안된다는 주장은 수형자에게도 인권이 있으니 사형제도를 폐지하자고 주장하는 사람이 같은 입으로 주장할 수 있는 내용은 아니다. 흥미롭게도, 가해자의 인권을 위해서 사형제도의 폐지를 주장하고, 그에 대한 보완책으로 가석방 없는 무기징역형을 주장하는 국회의원들 중에서 자신의 지역구에서 진행되는 수형자와 교정공무원의 인권을 위한 교정시설의 시설개선에 대해서 소극적으로라도 찬성하는 사람은 어디에서도 찾아볼 수 없다.

아무튼 사형제도의 사실상 폐지와 무기징역형의 형해화로 인하여 양형의 단계적 구조가 붕괴하게 한 근본적인 원인은 무엇보다도 정치적인 상황과 대중의 여론이 조금이라도 바뀌면 그에 따라 충분한 검토 없이 개별 사건의 양형에 영향을 미치도록 제도와 정책이 바뀌었기 때문이다. 국회가 단순한 인상이나 정치적 어젠다에 기대어 조악하게 만들어 둔 형사특별법이 도리어 형사정의를 훼손하는 상황에 이르게 되었음에도, 국회가 형사사법시스템의 체계적 불균형을 가중시키는 입법을 거듭한 결과 형사재판이 집중력을 상실하게 되었으며 법원의 양형재량이 크게 제한을 받게 되었다. 그 결과 법원이 중하게 벌해야 하는 범죄와 그렇지 않은 범죄 사이의 양형에 있어서 별다른 차이를 만들어 내지 못하게 되면서 법원의 전체적인 양형이 모두가 납득할 수 있는 범위를 서서히 이탈하게 된 것이다.

문제는 인상에 기한 입법과 양형실무가 형사정의를 실현하기는커녕 형사정의를 심각하게 훼손해오고 있다는 것이 명백해진 지금에 이르기까지 국회의 입법태도와 법원의 양형실무는 전혀 바뀌지 않고 있다는 것이다. 특히 국회가 사형제는 폐지되어야 하고 가석방이 불가능한 무기징역형이 도입되어야 한다고 주장하지만, 수형자들로 미어터지는 교도소를 증개축하는 것에는 결사반대한다는 상충되는 태도를 유지하는 한, 이제 일관성이 없고 균형점에서 벗어난 듯한 법원의 양형이 스스로 형사정의가 가리키는 균형점을 찾아 돌아오기를 기대할 수는 없게 되었다.

[제약조건(4) : 범죄전력에 따른 가중처벌 또는 초범에 대한 관대한 처벌]

법원의 양형실무의 핵심을 이루고 있는 범죄전력에 따른 단계적 양형 구조도 조직적 사기범죄의 양형과 관련하여 적지 않은 문제를 야기하고 있다. 형법은 집행유예의 취소, 상습범가중, 누범가중 등에서 기본적으로 범죄전력 또는 재범을 주요 가중요소로 평가하고 있다. 이에 따라 양형실무 또한 과거 유사한 범죄로 처벌받은 전력이 있음에도 불구하고 자숙하지 않고 또다시 범죄를 저질렀다는 점을 매우 중요한 가중인자(행위자요소)로 고려하고 있었다. 과거 형사처벌을 받은 적이 있음에도 불구하고 자숙하지 않고 또다시 같은 형태의 범행을 반복한다는 점은 온전한 반성이나 개전의 정이 없다는 징표로 삼기에도 적당한데다가, 범행의 반복성을 기준으로 형종과 형량을 정하는 것은 벌금형의 선고유예 ⇨ 벌금형 ⇨ 징역형의 집행유예 ⇨ 징역형(실형)의 단계적 구조와도 제법 잘 어울리는 것이었기 때문이다. 이에 과거 형사처벌을 받았던 피고인이 동종 범행을 저지른 경우 법원은 직전 범행과의 유사성이나 시간적 간격 등을 고려하여 직전 형보다는 보다 중한 다음 단계의 형을 선고하는 양형실무가 자리잡게 되었다. 이에 시정되지 않은 차량 내 동전을 훔치는 정도의 사소한 절도범죄라도 시간적으로 인접해 있는 범죄전력이 쌓이는 경우라면, 법원은 처음에는 벌금형으로 시작했다가 징역형의 집행유예를 거쳐 결국 징역형(실형)의 순서로 가중된 형을 선고하게 된다.

법원이 이처럼 범죄전력에 따른 순차적 가중을 하기 위하여 별다른 범죄전력이 없는 피고인, 즉 '초범'에 대해서 가장 낮은 수준의 처벌을 하는 것은 너무나 당연하게 여겨졌다. 과거 높은 수준의 범인 검거율을 기록하고 있던 상황에서 '초범'에 대해서는 다소 관대한 형으로 정해두어야 이후 단계적 양형구조를 적용하는데 크게 무리가 없었기 때문이다.

문제는 의도적으로 반복적이고 조직적인 범죄를 저질러 다수의 피해자에게 적지 않은 피해를 야기한 범죄조직의 수괴라고 하더라도, 실제로 과거에 별다른 범죄전력이 없는 '초범'인 사례가 늘고 있다는 것이다. 특히 조직적 사기범죄에 대한 수사와 재판이 급격하게 줄어들고 있는 현재의 상황에서는 대담하게 조직적 사기범죄를 저지른 수괴라고 하더라도 워낙 수사와 재판을 받는 경우가 적다 보니 과거 같은 범죄로 처벌받은 경험이 전혀 없는 경우가 적지 않다. 과거 대면을 하지 않고 사기범행을 할 수 없었던 시절에는 사기범행의 피해자가 어렵지 않게 가해자를 특정할 수 있었기 때문에 반복적인 사기범행의 경우 오래지 않아 꼬리를 잡히는 경우가 많았고, 여러 번 사기범죄를 저지른 사람에게는 그로 인한 범죄전력이 쌓이는 것이 흔한 일이었다. 반면, 비대면으로 무제한의 사기범행을 저지를 수 있게 된 지금에 이르러서는 인터넷과 메신저를 이용하여 피해자를 모집하고 기망하며, 가상자산을 이용하여 편취금을 확보하는 전 과정에서 대면 접촉 없이 사기범행을 저지르고 있기 때문에, 피해자가 가해자를 특정하는 것에 어려움을 겪을 수밖에 없고, 사기범죄자들은 수사와 처벌을 손쉽게 피해갈 수 있게 되었다. 특히 조직적 사기범죄의 경우에는 처벌받지 않은 범죄가 처벌받은 범죄보다 훨씬 많고, 과감하게 다수의 피해자들을 상대로 범행을 저지르는 사기범죄조직의 수괴에게 별다른 범죄전력이 없는 것이 전혀 어색하지 않은 상황에서, 조직적 사기범죄의 경우에는 범죄전력을 법질서위반의 징표로 삼는 것이 아무런 의미가 없게 되었다. 이 때문에 과거에 동종 범죄로 처벌받은 전력이 없는 초범이라는 이유로 동종의 수법으로 피해자의 수와 피해액을 순식간에 무한대로 늘릴 수 있는 조직적 사기범죄에 대하여 관대한 처벌을 하는 것이 정당화될 수 있는지에 대해서는 의문을 갖게 하는 사건들이 끊이지 않고 있다.

초범에 대한 관대한 양형실무가 가중주의와 결합하여 있는 상황으로 인하여, 조직적 사기범죄의 구성원들은 수사기관에 적발되기 전까지 최대한 큰 규모로 범행을 저지르는 것이 가장 합리적인 전략으로 자리잡았다. 만약 어떤 피고인이 10명의 피해자들을 기망해서 각 1억 원씩을 편취하기로 결심하였다면, 무조건 짧은 기간 동안 10건의 편취범행을 저지르는 것이 이후 수사와 처벌을 받는 데 극단적으로 유리하기 때문이다. 만약 10명에게 각 1억 원의 사기피해를 입혀 순차적으로 10번의 수사와 재판을 받게 된다면, 그 피고인이 법정에서 선고받는 징역형의 총합은 집행유예 실효 및 누범가중 등으로 10년을 초과할 가능성이 높다. 이에 비해서 10건의 경합범으로 단 1번의 수사와 재판을 받게 되는 경우라면, 경합범으로 그 처단형이 가중되더라도 '초범'에 대한 징역형의 총합은 4년을 넘지 않을 것이다.

　과거 여러 차례 범죄로 처벌받은 전력이 있음에도 불구하고 재범을 하였다는 것을 적극적으로 법질서를 위반하고 있는지 여부를 판단하는 중요한 지표로 여겨왔고, 초범에 대해서는 사회에 복귀할 기회를 주기 위해서 관대한 처벌을 해왔던 양형실무는 지금까지도 나름의 합리적 근거와 이유를 갖고 있다. 그러나 동종의 범행을 무제한으로 반복하여 수많은 피해자를 야기하고 있는 조직적 사기범행에 대해서까지 초범에 대한 관대한 처벌을 당연시하는 양형실무가 여전히 정당화될 수 있다고 볼 수 없다. 처벌받은 전력이 있음에도 또다시 재범에 이르렀다는 점에서 확인되는 법질서 준수의식의 결여는 수사나 처벌이 제대로 이루어지지 않고 있는 영역에서 영리적인 목적으로 반복적으로 범행을 저지르는 경우에도 충분히 인정될 수 있는 것이기에 더욱 그러하다. 특히 동종 범행의 무한 반복을 통하여 범죄피해가 무제한 확대되고 있는 지금의 상황에서는 사기범죄의 영업적 특성을 고려하여 범죄전력이 없는 초범의 경우에도 '관대한 선처' 대신 다수의 범죄전력이 있는 사람과 마찬가지로 가중처벌을 하는 것으로 양형실무가 신속하게 전환되어야 할 필요가 있다.

[소결 : 제약조건 해결의 열쇠]

'사기치기 좋은 나라'가 된 우리나라는 사기범죄조직의 반대편에 있는 대학생, 취업준비생, 신용불량자 또는 고령자 등 상대적으로 취약한 지위에 있는 사람들을 겨냥한 보이스피싱, 대출사기, 전세사기 등이 창궐하는 나라가 되었고, 이제 적지 않은 수의 사람들이 사기피해로 정상적인 생활을 영위하기 불가능한 상황에 내몰리게 되었다.

그럼에도 불구하고, 형법과 형사소송법은 국제적 사기범죄조직의 조직적 사기범행을 억제하려는 모습을 전혀 보이지도 않고 있고, 조직적 사기범행과 단순한 차용금 사기범행 사이의 재판절차에 아무런 차이를 두고 있지도 않다. 미국 연방수사국(Federal Bureau of Investigation, FBI)이나 마약단속국(Drug Enforcement Administration, DEA)이 아동음란물 유통조직이나 마약조직 등 범죄조직에 대한 수사를 하는 과정에서 함정수사, 통신감청 및 유죄협상과 같은 수단을 적극 활용하여 수사를 진행하고 유죄인정을 위한 증거를 수집하고 있다거나, 일본에서 조직범죄와 관련한 기소전 유죄협상을 활용하고 있고, 이탈리아에서 마피아 조직에 대한 통신감청을 허용하는 등 대부분의 국가들에서 범죄조직 수사 및 재판의 특례를 인정하는 여러 제도적 수단을 도입하여 운영 중인 것과 달리, 우리의 경우에는 조직범죄에 대응하는 어떠한 수단도 도입해 둔 것이 없다.

오히려 형법상의 가중주의, 양형의 단계구조의 축소, 초범에 대한 관대한 처벌 등의 형사사법제도 또는 실무상의 제약조건이 세분화되지 않은 사기관련 형벌규정이나 법원의 소극적인 증거능력 인정절차 등과 결합함에 따라, 형사재판실무나 양형실무가 반복적이고 조직적인 사기범행

324
빨대사회

에 대해서 결정적인 어드밴티지를 부여하는 지경에 이르게 되었다.

이제 우리의 양형실무는 불법성이나 가벌성이 현저한 조직적 사기범행에 대한 형량을 정함에 있어 불법성이나 가벌성이 상대적으로 가벼운 단순 사기범행에 대한 형량과 납득할 수 있는 차이조차 만들어내지 못하고 있다. 뿐만 아니라, 조직적 사기범죄를 설계하고 범죄조직을 통하여 막대한 이득을 취해온 수괴와 조직 말단에 위치한 단순가담자의 양형에 있어서 해당 범죄로 처벌을 받는 공범자들이 납득할 수 있는 수준의 차이를 보여주는 것에도 실패하고 있다.

이처럼 실제 선고되는 형량이 해당 범죄의 불법성이나 가벌성과는 전혀 비례하지 않는 것으로 보이는 현재의 양형실무는 우리나라에서 조직적 사기범행이 매력적인 비즈니스로 여겨지게 된 근본적인 이유가 되었다. 적지 않은 수의 조직적 범죄 가담자들이 관련 형사재판의 선고결과를 접하고 자신들의 범행을 포기하게 하기는커녕, 오히려 조직적 사기범죄의 수괴를 꿈꾸게 하는 상황에 이르게 되었기 때문이다.

이러한 문제상황의 기저에는 조직적 또는 악의적 사기범행에 대해서는 최소한 해당 사기범행으로 인한 피해의 정도나 불법의 크기에 비례하는 형이 선고되어야 함에도 법원이 선고하는 형이 그러하지 못하다는 점이 자리잡고 있다. 원래 바람직한 양형은 피고인(특별예방), 피해자(응보) 및 일반인(일반예방)이 모두 납득하고 수긍할 수 있는 범위 내에 있어야 하는 것이지만, 조직적 사기범죄와 같이 특정 종류의 범죄가 급증하고 있는 상황은 특히 피고인들 스스로가 납득할 수 없을 정도로 가벼운 형량이 선고되고 있다는 것을 시사한다.

만약 판사가 입장을 바꿔 자신을 조직적 사기범죄의 피해자라고 가정해보았을 때, 자신이 결정한 형량에 대해서 스스로도 납득할 수 없다는 생각이 든다면, 그와 같은 양형실무는 모두가 수긍할 수 있는 범위를 한참 벗어나, 해당 사건의 피해자나 피고인뿐만 아니라 아무도 납득할 수 없는 영역에 위치하고 있는 것이라고 봐도 무방할 것이다. 이처럼 피고인을 포함한 모든 사회구성원이 법원의 양형실무에 납득하지 못한다는 점이 명백해졌음에도, 법원이 관행이라는 이름으로 그러한 양형실무를 유지하려 한다면 법원이 추구하는 양형실무는 모든 사회구성원이 바라는 형사정의에 명백히 반하는 것이라는 점을 인식할 필요가 있다.

이제 법원으로서는 과거의 양형실무를 만연히 따르기보다는 형법이 정하고 있는 처단형의 범위를 보다 온전히 활용함으로써 피고인, 피해자 및 일반인들이 모두 납득할 수 있는 결론을 내리는 것으로 양형실무를 바꾸어 나갈 필요가 있다. 특히 형사재판의 원활한 진행을 방해하는 조직적인 범죄의 수괴에 대해서까지 무조건적인 사건병합, 초범에 대한 관대한 선처, 실형 선고 후 법정구속 자제, 형사항소심에서 피고인의 번의 자백, 일부 공탁이나 피해자의 처벌불원에 따른 관대한 고려를 유지함으로써 가장 엄히 처벌받아야 할 피고인들로 하여금 이를 활용하여 형량을 대폭 경감받거나 집행유예를 선고받을 수 있는 길을 열어 두는 것 또한 더 이상 실무나 관행이라는 이름으로 정당화될 수는 없다. 왜냐하면, 사기범죄조직의 수괴들은 바로 그 양형실무상의 허점이나 관행을 이용함으로써 조직적 사기범행을 적극적으로 확대해온 것이기 때문이다.

안타깝게도 지금까지 법원은 형사사법시스템에 양형실무의 변동요인이 발생하였을 때 제대로 대응해온 경험이 부족하다. 구속전 피의자신문(영장실질심사)이 도입된 이후에도 기소전 구속 관행에만 변화를 주었을 뿐, 피해변제 등의 사유가 있는 경우 중한 징역형의 집행을 유예하는 과거의 관행을 유지함으로 인하여 발생하는 양형상 불균형 등에 있어서 충분한 논의를 진행한 적이 없었다. 이에 과거에는 구속 상태에서 재판을 받다가 피해변제 등을 이유로 형의 집행유예 선고를 받고 풀려났던 사안에 대해서까지 불구속 상태에서 재판이 진행되고 결국 징역형의 집행유예형이 선고되는 실무가 그대로 유지되었다. 이때 중형이 선고됨이 마땅한 피고인들에 대하여 처음부터 불구속으로 재판이 진행되고 일부 피해회복 등을 이유로 형의 집행유예가 선고되는 것이 형사정의에 반한다며 비판하는 의견이 적지 않았다. 과거와 달리 불구속 상태에서 재판을 받다가 징역형의 집행유예의 형을 선고받게 되는 기회는 대체로 충분한 재력과 사회적 지위를 갖고 있는 사람에게만 돌아가는 것이 일반적이었기 때문이다. 그럼에도 법원의 양형실무는 기존의 관행에서 크게 달라지지 않았다.

또한 국회가 특정한 형태의 교통사고로 인한 사망사고에 대해서 업무상과실치사죄의 가중처벌을 하는 법률규정을 도입한 후에도, 법원은 그에 해당되지 않는 업무상과실치상죄에 대해서는 과거의 양형을 유지함으로써 무기력한 모습으로 형량의 불균형을 확대시키기도 하였다. 예를 들면, 어린이보호구역 내에서 어린이를 충격하여 상해를 입힌 운전자에 대해서는 구속영장을 발부하기도 하지만, 횡단보도에서 신호를 위반하여 보행자를 충격하여 상해를 입힌 운전자에 대해서는 여전히 벌금 70만 원의 약식명령을 발령하고 있었던 것이다.

결국 법원이 사회의 변화와 국회의 입법에 적절하게 대응하여 전체적으로 균형감 있는 양형을 유지하기 위한 노력을 제대로 하지 아니한 탓에 스스로 형량의 불균형을 가져온 것이라고 볼 여지가 없지 않다. 그런데 이는 하급심 법원이 범행의 불법성에 따라 형량에 있어서 유의미한 차이를 만들어 내려는 시도를 하는 것에 대하여, 항소심이나 상고심 법원이 이를 계속하여 무력화해온 것과도 매우 밀접한 관련이 있다. 조직적 사기범죄에 대한 법원의 양형이 지나치게 가볍다는 것이 명백하게 드러난 상황에서 하급심 법원의 엄정한 처벌에 대해서는 항소심이나 상고심의 개입이 극도로 자제되어야 함에도, 증인을 직접 대면한 바도 없고 증거조사를 한 바도 없는 항소심이나 상고심이 적극적으로 양형에 개입하여 형량을 감액하여 줌으로써 균형점을 이탈한 양형실무가 새로운 균형점으로 복귀하는 자연스러운 이행과정을 거치는 것을 끊임없이 방해하고 있었던 것이다.

앞서 본 여러 사정들에도 불구하고, 이제 법원은 조직적 사기범죄의 수괴에 대한 양형을 현실화하여 그가 저지른 불법에 상응하는 판결을 선고하는 데 머뭇거릴 여유가 전혀 없다. 특히 법원 스스로가 얽매어 있는 제약조건들을 과감하게 변경해나갈 필요도 있다. 물론 국회가 조직적 사기범죄를 일반 사기범죄와 구분하여 법정형이나 수사 및 재판의 특례를 달리 정해두는 등의 조치를 취하는 것이 가장 바람직할 것이지만, 법원은 이러한 조치가 취해지기 전에라도 사기범죄조직의 수괴가 추가적인 사기범죄를 꺼리거나 단념할 수 있을 정도로 현실적인 양형이나 유연한 법률적용을 검토할 필요가 있다(예를 들면, 조직적 사기범죄에 대해서는 폭넓게 상습사기를 인정하고 그 피해액에 따라 적극적으로 특경법을 적용하는 방법도 생각해볼 수 있다). 이때 법원이 검토해야 할 양형수준은 무엇보다 사기범죄조직의 수괴들이 피해자들에게 무한한 피해를 입히면서 자신들의 범죄수익을 무한히 복제하는 것을 조금이라도 단념시키는 수준으로는 결정되어야 한다.

법원이 조직적 사기범죄의 수괴와 단순가담자 사이에, 수조 원의 사기범행의 수괴와 반복적 생계형 사기범죄자 사이의 양형에 있어서 아무런 차이를 만들어 내지 못하면서, 법원의 재판이 설득력이 있기를 바라는 것은 결코 이루어질 수 없는 망상과 같은 것이다. 사기범죄조직의 수괴에게 불법에 상응한 형을 선고하지 않음으로써 단순가담자에게 선고할 형이 수괴에게 선고하는 형과 다를 바 없게 되는 어처구니없는 상황을 계속해서 만들어가고 있는 주체는 어디까지나 법원이라는 점이 명백한 상황에서, 법원은 스스로의 판단이 지금 자신의 존립근거를 흔들고 있다는 점을 인식하여야 한다. 스스로의 존립근거가 무너지는 상황에 처한 법원에 조직적 사기범죄자에게 15년의 징역형 상한을 아껴둘 여유 따위는 결코 남아 있지 않다.

조직적 범죄에 대한 유죄협상(plea bargain)이 도입되기 전이라도, 법원은 적극적으로 사실관계를 다투면서 의도적으로 재판을 지연시키는 수괴의 경우에는 현재 양형실무에서 선고되는 징역형보다 2-3배까지도 가중된 양형을 하는 것 또한 적극적으로 검토할 필요가 있다. 이때 15년의 징역형 상한에 이르게 되더라도 15년의 징역형을 선고함에 주저할 이유가 없다. 아울러 수괴에 대한 양형에 있어서는 드러나지 않은 범죄 또한 적극적으로 고려할 필요가 있다는 점과 법원이 그들에 대한 양형을 대폭 강화하더라도 여전히 그들의 불법에 미치지 못하는 수준일 수 있다는 점을 명확하게 인식할 필요도 있다.

법원이 조직적 사기범죄의 실체적 진실을 밝히는 데 도움이 되는 온갖 수단을 적극적으로 받아들이고, 수괴에 대한 양형을 현실화한 이후 조직적 사기범죄로 인한 피해가 차츰 줄어드는 상황이 된다면 그때에서야 비로소 수괴에 대한 양형이 균형점을 찾은 것이라 말할 수 있을 것이다. 즉, 그와 같은 상황에 이르기 전까지는 사기범죄조직의 수괴에게 지금보다 현저히 중한 형을 선고하는 것을 자제할 이유는 전혀 없다.

무엇보다 증거능력을 판단하고 양형을 정하는 최종적인 책임은 어디까지나 해당 사건을 담당한 판사에게 있는 것이지, 국회나 양형위원회에게 해당 사건의 증거능력에 대한 판단과 양형에 대한 책임을 미룰 수는 없다. 비록 현재의 문제상황을 야기한 주된 책임이 국회에 있다고 하더라도, 판사로서는 자신의 사건에 대한 책임을 면할 수 있는 것도 아니다. 양형실무와 관련된 현재의 문제상황을 해결하여야 하는 책무는 온전히 그 사건을 담당하는 바로 판사의 것이다.

무엇보다 판사 자신이 형사재판이 이루어지는 법정에서 가장 정의를 갈구하는 사람이 되어야 하고, 무엇보다 정의를 갈구하는 판사 자신이 납득할 수 있는 판단을 하는 경우라야만 모든 사람들이 수긍할 수 있는 여지가 생긴다는 점을 기억해야 한다. 그리고 개별 사건에서 판사들 스스로가 납득할 수 있는 범위의 형량을 발견해나가는 노력을 계속하는 것이 모든 형사재판에서의 양형실무가 균형점을 찾고 나아가 우리나라의 형사재판을 통하여 형사정의가 실현되는 유일한 방법이라는 진리를 절대 잊어서는 아니 된다.

C

K-제사해운동

[저 새는 해로운 새다]

중화인민공화국의 국가주석 마오쩌둥은 1955년 쓰촨성에 현지 지도를 나갔다가, 곡식을 쪼아 먹는 참새를 가리켜 "저 새는 해로운 새다. 반드시 없애는 것이 좋겠다(麻雀是害鳥, 最好要消滅)."고 말하였다. 이에 중국 정부는 1958년 10월 마오쩌둥의 교시에 따라 참새를 포함한 쥐, 파리, 모기를 해로운 생물로 규정하고 전국적으로 이를 박멸시키는 것을 내용으로 하는 '제사해운동(除四害運動, 해로운 4가지를 없애는 운동)'을 벌이게 된다. 중국 공산당 간부들이 쥐, 파리 또는 모기보다는 가장 성과를 내는 것이 용이한 참새사냥 실적경쟁에 나서게 되면서, 중국의 모든 인민들이 전국에서 참새를 잡는 과업에 동원되었다. 그 결과 1년 내내 무분별한 참새사냥을 통하여 무려 20억 마리에 달하는 참새를 박멸함으로써 제사해운동은 성공에 이른 듯 보였다.

그런데 중국 전역에서 참새의 개체수가 급감하여 멸종 직전의 위기에 이르게 되자, 참새의 주된 먹이였던 해충의 개체수가 폭발적으로 증가하게 되었다. 당초의 기대와는 정반대로 참새를 퇴치하기 이전보다 중국의 식량생산량이 대폭 감소하였고, 설상가상으로 전염병까지 창궐하게 되어 3천만 명 이상의 중국 인민이 식량부족이나 질병으로 죽는 결과가 초래되었다. 결국 중국 공산당 지도부는 참새사냥을 중단하고 소비에트연방으로부터 수십만 마리에 달하는 참새를 수입하여 중국 전역에 풀어놓을 수밖에 없었다.

중요한 문제에 대한 제대로 된 해결책을 찾는 과정은 그 문제가 어떤 원인으로부터 발생한 것인지를 올바르게 밝히는 것으로부터 시작되어야 한다. 만약 식량 부족이라는 문제를 해결하여야 할 책임이 있는 사람이라면 식량 부족이 발생하는 주된 원인이 무엇인지를 밝힌 다음, 그 원인을 제거하고 식량 증산이라는 목표를 이루기 위해서 효과적인 수단과 방법을 제대로 검토할 의사와 능력이 있어야 한다. 만약 그러한 의사와 능력이 없다면, 그는 논밭에서 곡식을 쪼아먹는 참새를 보고 가장 쉬우면서도 그럴듯해 보이는 해결책을 떠올릴 가능성이 매우 높을 것이다. 그런데 문제를 해결할 의사나 능력이 없는 사람의 머릿속에 불현듯 떠오른 손쉬운 해결책으로 당초 해결이 쉽지 않았던 문제가 마법처럼 해결될 리 없다. 그래서 식량부족을 해결하기 위하여 참새를 박멸하겠다는 황당한 해결책은 식량부족의 문제를 해결하는 것과는 정반대의 결과를 초래할 수밖에 없었던 것이다.

역사적으로 무능한 자들이 택한 손쉬운 해결책은 당초 의도와는 정반대의 결과를 가져왔을 뿐 대체로 안 하느니만 못한 것이 대부분이었다.[33]

---

33 이와 비슷한 사례로는 중세 유럽에서의 고양이 대학살을 들 수 있다. 1484년 교황 이노센트 3세가 "고양이는 악마와 계약한 이교도 동물"이라고 선언을 함에 따라, 이후 중세 유럽에서는 수많은 고양이들을 잡아서 불태워 죽이는 일들이 반복되었다. 중세 유럽의 여러 나라들에서 과도하게 고양이를 학살하여 쥐를 번성케 한 것이 흑사병이 유행하는 원인이 되었다는 설도 있지만, 중세 유럽인들은 악마가 고양이로 변하여 전염병을 퍼뜨린다고 믿었기 때문에

만약 중국 공산당이 참새잡이를 전국적으로 확대하는 방안을 내부적으로 검토하는 과정에서 뭔가 이상하다고 생각하고 이를 시행하는 것에 주저하기만 하였더라도, 해충의 폭발적인 증가로 인한 최악의 식량부족 상황을 피할 수는 있었을 것이다. 실제로는 수많은 인민들의 생명이 달린 중요한 문제에 관하여 불현듯 떠올랐던 참새사냥이 그럴듯해 보인다는 단순한 생각만큼이나 그에 대한 맹종이 결국 3천만 명이 넘는 인민이 굶어 죽거나 병에 걸려 죽는 끔찍한 결과를 초래한 것이기 때문이다.

문제는 손쉬운 해결책이 공산당 간부들로 하여금 전 국민을 동원해서 잡기 어려운 쥐나 파리, 모기 대신 참새를 사냥하도록 경쟁을 시키는 것에만 그치지 않는다는 것이다. 문제를 해결할 수 있는 직접적인 해결책이 아닌 그저 그럴듯해 보이는 해결책에 집중할수록, 제대로 문제를 해결할 수 있는 기회를 모조리 놓칠 수밖에 없다.

결론적으로, 중국 공산당이 제사해운동으로 식량부족 문제가 더욱 악화되는 상황을 제대로 인식하였다면, 재빨리 황당한 해결책을 내놓는 의사결정권자로부터 그 결정 권한을 박탈한 다음, 실제 문제를 해결할 수 있는 의지와 능력이 있는 사람에게 의사결정권한을 부여하고 그로 하여금 대책을 하도록 했어야 했다. 하지만 모든 사태의 장본인인 마오쩌둥은 의사결정권한을 박탈당한 바 없었고, 제사해운동의 끔찍한 결과에 대해서 어느 누구에게도 사과한 바 없었다.

흑사병이 유행할수록 더욱 열성적으로 고양이를 잡아서 죽였다. 이러한 고양이 학살은 오랜 기간 동안 지속되다가 1630년 프랑스 국왕 루이 13세가 금지령을 내린 이후에야 자취를 감추게 된다. 한편, 인류 역사상 새를 상대로 전쟁을 선포한 국가로는 중화인민공화국 외에도 오스트레일리아가 있다. 1932년 오스트레일리아는 에뮤를 상대로 전쟁(Great Emu War)을 선포하였다가, 탄약 1만 발을 쏘고도 에뮤 12마리를 잡는 초라한 결과를 얻고 난 후 사실상 항복을 선언하며 전쟁을 종료하였다. 1958년 제사해운동을 통하여 참새를 거의 절멸시키고도 사실상 해충과의 전쟁에서 패배한 중국의 경우와 비교하면 오스트레일리아는 훨씬 빠른 시점에 현실을 제대로 인식하고 현명한 결정을 한 셈이다.

[수사기관에 대한 K-제사해운동]

중요한 문제가 어떤 원인에서 비롯된 것인지를 확인하고자 하는 의지도 없고, 문제를 해결하기 위한 방안에 대한 종합적인 검토를 할 능력이 없는 의사결정권자가 국민을 파탄으로 몰아넣는 결정을 하는 장면은 과거의 중화인민공화국에서만 찾아볼 수 있는 것이 아니다. 지금 우리의 형사사법시스템에서도 70년 전 중화인민공화국의 제사해운동과 똑같은 일이 벌어지고 있다.

국제적 사기범죄조직들이 언제든 국민들의 목덜미에 빨대를 꽂기 위하여 최선의 노력을 경주하고 있을 때, 국회는 국제적 사기범죄조직의 죄상을 밝히고 수괴를 비롯한 공범들을 효과적으로 처벌하는 것에 어려움이 있는 이유가 무엇이고, 이를 해결하기 위해서는 어떠한 수단을 갖추어야 하는지에 대해서는 아무런 관심을 기울인 바 없다. 또한 형사사법시스템을 설계하는 책임을 맡고 있는 국회는 국제적 사기범죄조직에 효과적으로 대응하기 위해서 수괴들이 어떻게 범죄조직을 구성하고 조직하는지, 어떠한 방법으로 피해자들을 물색하고 유인하는지, 어떻게 피해자의 돈을 편취하고 범죄수익을 세탁한 후 이를 분배하는지를 분석하고 각 단계별로 저지할 방안을 마련하기 위하여 시간과 노력을 들일 생각은 더욱 없었다. 그 때문에 국회는 국제적 사기범죄조직의 활동에 관한 정확한 인식을 바탕으로 수사기관이나 법원에 어떠한 도구와 수단들이 제공되어야 하는지에 대해서도 종합적으로 검토한 바 없었고, 수사기관이나 법원의 조직이나 구조를 정비하거나 수사와 재판을 위한 인력이나 자원을 제대로 확충한 바도 없었다.

오히려 국회는 사기범죄를 억제하고 국민들의 피해를 줄이기 위하여 조직적 사기범행에 대응하는 수단을 도입하기는커녕, 조직적 사기범행에 대응하는 수사기관과 법원의 기능을 제한하는 법률을 쉴 새 없이 통과시킴으로써 국제적 사기범죄조직의 활동에 날개를 달아주고 있었다. 아울러 국회는 검찰청법 등을 개정하여 경찰과 검찰 사이의 수사 흐름을 끊어버리고 수사 흐름에 따른 오너십의 승계구조를 해체함으로써 수사기관의 수사역량을 대폭 축소시키고 효율적인 수사를 할 수 있는 여지를 차단하였다. 수사의 공백이 발생할 것이 분명한 상황에서 검찰의 수사권한을 제한하면서도 경찰의 수사역량을 보완할 생각은 전혀 없었다. 이로써 현장에서는 복잡한 형사사건을 책임지고 수사할 사람이 사라지는 결과를 낳게 되었다. 국회는 수사책임을 모호하게 만들어 수사역량을 감소시킨 것에 더하여 복잡하고도 불필요한 행정절차를 대폭 늘림으로써 수사기관으로 하여금 행정절차에 많은 자원을 쏟도록 하고 범죄수사와 직접적으로 관련 없는 업무에 국가의 범죄대응역량을 상당 부분 소진시키도록 하였다.

무엇보다 국회는 형사소송법 개정으로 범죄조직의 수괴에게 실체적 진실을 발견하려는 법원과 검찰의 노력을 효과적으로 무력화할 수 있는 수단을 부여하였다. 이제 다수의 공범이 등장하는 복잡한 사건에서 법원이 실체적 진실을 발견하거나 합당한 결론을 내리는 것이 사실상 불가능하게 되었다. 국제적 사기범죄조직이나 마약조직 등이 급속도로 성장하면서 영향력을 확대해가고 있는 상황에서 모든 수사기관과 법원이 사력을 다해도 개별 사건에서 실체적 진실을 발견하거나, 범죄자들에게 형사적으로 합당한 형벌을 부과하기가 어려워지는 상황은 날이 갈수록 심화되고 있다. 그럼에도 불구하고, 수사기관의 권한을 쪼개어 중요범죄를 수사할 수 있는 주체를 제한하고 수사 개시를 어렵게 하여 두거나, 공범의 진술조서에 대한 증거능력을 엄격하게 제한한 것은 결국 형사사법시스템에 관한 문제의 원인으로 사기범죄조직이 아닌 사기범죄조직의 범죄에 대응하던 수사기관을 지목한 것과 다름 없다고 볼 수 있다.

수사기관의 권한과 기능을 대폭 제한함으로써 결국 사기범죄조직들에 대해서 두터운 보호를 제공하는 셈이 되었고, 이는 국제적 사기범죄조직과 그들의 사기범죄가 폭발적으로 증가하는 최악의 상황을 불러오고 있다. 중국의 제사해운동의 결과 해충이 폭증했다면, 우리의 K-제사해운동 또한 마찬가지 이유로 사기범죄조직이 폭발적으로 증가하는 것을 피할 수 없었기 때문이다. 수사기관이 사라진 자리에 창궐하는 사기범죄조직으로 인하여 막대한 피해를 입게 될 우리와 우리의 후손 중에서 그와 같은 상황을 납득할 수 있는 사람은 아무도 없을 것이다. 하지만 그와 같은 사태의 모든 원인이 된 해결책을 떠올린 장본인 중에서 K-제사해운동의 끔찍한 결과에 대해서 사과를 하거나, 책임을 질 사람 또한 아무도 없을 것이라는 점에도 의문의 여지가 없다.

[형사사건의 내러티브(narrative)]

원래 수사기관이 찾지 못한 실체적 진실이 이후 재판과정에서 비로소 드러나는 경우는 찾아보기 어렵다. 반드시 수사관이나 검사가 적법한 수사 과정을 통해 실체적 진실을 발견하고 이에 관한 증거들을 충분히 확보한 다음, 법정에서 증거능력이 있는 증거들을 토대로 실체적 진실의 단서를 확인하는 것이 형사소송법이 예정하고 있는 실체적 진실발견을 위한 기본적 접근방식이기 때문이다. 그런데 실제 다수 당사자가 관여한 복잡 사건의 수사 과정 초기에 확보되는 증거들은 서로 간의 관련성이 명확하게 드러나지 않는 경우가 대부분이다. 범죄조직의 피해자들의 진술과 범죄에 단순 가담한 공범들의 진술은 언제나 구체성이 부족하여 수괴를 특정하는 데 별 도움이 되지 않거나, 체포영장을 청구하기에는 일관성이 부족하기 마련이다. 특히 다단계조직의 구성원들처럼 한편으로는 피해자이면서도 다른 한편으로는 가해자인 특성을 가지고 있다면, 모든 관련자들이 피해자인 것처럼 행세하거나 바보 흉내를 내기 때문에 사건의 실체를 파악하기는 더욱 힘들어진다.

그럼에도 불구하고 서로 연결되지 않은 것처럼 보이거나 모순되는 것처럼 보이는 증거들과 공범들의 진술을 연결하여 실체적 진실에 관한 내러티브(narrative, 일련의 사건들이 일정한 맥락에 따라 일관되게 연결되어 구성된 이야기)를 만들어 내는 것은 수사기관의 가장 중요한 역할이다. 범죄적 진실은 결코 스스로 드러나는 법이 없기 때문에, 수사기관이 (a) 관련자들의 진술과 증거, (b) 그로부터 추출한 단편적 사실관계를 바탕으로 (c) 등장인물과 줄거리를 갖춘 내러티브를 재구성하게 된다. 이후 수사기관은 위와 같이 재구성한 내러티브를 바탕으로 기소를 하고, 법원은 재판절차에서 이를 검증하는 것이 바로 형사재판의 핵심을 이루게 된다.

예를 들면, 타인의 재물을 보관하는 자가 그 재물의 반환을 거부함으로써 성립되는 횡령죄의 경우에는 실제로 다소간의 기망행위가 섞여 있는 경우가 대부분이어서 실제로는 사기와 구분하기 모호한 경우가 적지 않다. 이러한 경우 관련 대법원 판례(대법원 2011. 5. 13. 선고 2011도1442 판결 등)를 참고하여 해당 범죄를 사기죄로 구성할 것인지, 아니면 횡령죄로 구성할 것인지를 결정하고, 수사과정에서 드러난 사실관계에 위와 같은 법률적 평가가 포함된 내러티브를 도출해내는 것은 어디까지나 법률가인 검사의 몫이 된다. 이후 법원은 검사가 재구성한 내러티브를 뒷받침하는 관련 증거들이나 관련자들의 진술을 통하여 그 내러티브의 신빙성을 검증한 후 유무죄의 판단을 하게 되는 것이다.

실체적 진실발견에 필수적인 내러티브의 구성(또는 공소사실의 확정)은 형사재판에서 가장 중요한 요소 중의 하나이고, 이를 위하여 수사 과정이나 재판 과정을 책임지고 이끌어갈 권한과 책임이 누구에게 부여되는지를 명확히 정해둘 필요가 있다. 특히 내러티브를 구성하는 권한과 이를 뒷받침하는 증거를 수집하는 최종적인 수사권한은 같은 주체에게 귀속되어 있어야 하기 때문에, 과거 형사소송법과 검찰청법은 검사를 수사 과정의 주재자로 정하고 있었다.

그런데 형사소송법과 검찰청법의 개정으로 형사사건의 수사 과정에서 실체적 진실을 발견할 책임이 있는 검사로부터 수사 과정을 주재하는 역할과 1차적으로 증거를 수집하는 경찰을 지휘할 권한이 박탈되었다. 이는 영화제작의 총책임을 맡고 있는 영화감독이 소품 감독이 책임지는 소품이나 의상디자인, 작가가 책임지는 대사나 지문에 대해서 직접 관여하지 못하도록 한 것과 마찬가지이다. 이러한 경우 영화감독이 자신이 구상한 영화를 제대로 만들어 낼 수 없게 되는 것과 마찬가지로 복잡사건에서도 검사가 사건의 실체에 부합하는 내러티브를 구성하는 데 큰 어려움을 겪을 수밖에 없게 되었다.

이처럼 수사와 기소의 주재자이던 검사의 권한이 수사흐름에 따라 분절되어 어떤 때에는 존재하지 않다가도 어떤 때에는 존재하기도 함으로써 검사가 개별 사건의 수사 과정에 대하여 어떠한 책임을 갖고 있고 권한을 행사할 수 있는지를 정확히 알 수 없게 되었다. 이에 따라 검사가 구체적인 사건에서 내러티브를 확정하고 실체적 진실을 확인하기 위하여 반드시 필요한 수사나 권한행사를 꺼리는 경우가 증가할 수밖에 없다. 당연히 검사가 소극적으로 구성한 내러티브에는 허점이 많이 있을 수밖에 없고, 이로 인하여 형사재판에서 사건의 갈피를 잡지 못하여 과도하게 재판이 지연되거나 입증이 부족하여 무죄판결이 선고될 가능성이 높아지게 되었다.

[형사소송법 개정: 다수 공범사건에서 피고인의 진술증거 통제권한]

형사소송법 제312조 제1항은 피고인이 자신과 공범에 대한 검찰 피의자신문조서의 내용을 '인정'한 경우에만 이를 증거로 사용할 수 있도록 개정되었다. 원래 형사재판에 제출되는 증거가 객관적으로 확인할 수 있는 형식이나 절차를 갖추었는지를 바탕으로 증거능력을 판단하는 각국의 증거실무와는 달리, 전적으로 피고인의 주관적 의사에 따라 핵심적인 증거에 대한 증거능력을 부여할 것인지 여부를 결정하도록 한 것이다.

이로써 피고인은 자신과 공범에 대한 검찰 피의자신문조서에 대한 무제한적인 통제권한을 갖게 되었다. 특히 사기범죄조직의 수괴가 사기범행을 기획하고 공범들로 이루어진 범죄조직을 구성한 다음, 구체적인 범행을 지시하였다는 점을 입증할 수 있는 주된 증거들은 대체로 공범들의 진술증거(즉, 공범들에 대한 경찰 및 검찰 피의자신문조서 또는 진술조서)가 될 수밖에 없다. 그런데 수괴에게 공범들의 진술증거에 대한 증거능력을 부인할 수 있는 통제권한을 부여하게 되면, 범죄조직의 구성과 구체적 범행의 지시를 입증하는 데 핵심적인 증거인 공범들의 수사기관에서의 진술이 재판과정에 제대로 현출될 수 없게 된다. 이처럼 주요 증거에 대한 증거능력의 인정이 오로지 피고인의 주관적인 동의에만 달려있게 되는 경우, 단지 피고인이 부동의한다는 이유로 실체적 진실이 무엇인지를 밝힐 수 있는 증거가 법정에 제출될 수 없고, 결국 재판과정에서 충분한 증거가 제출되는 것을 전제로 설계된 형사재판제도는 제 기능을 수행하는 것이 불가능하게 될 수밖에 없다.

다수의 공범이 관여하는 복잡사건에서 전체 범행을 기획하고 지시한 범죄조직의 수괴라면 수사 과정에 협조한 공범의 진술증거를 모두 부동의함으로써 어떠한 경우에도 증거로 쓸 수 없도록 하는 강력한 수단을 갖게 된 것이다. 여기에 범죄조직의 수괴가 형사재판의 지연이나 증인 회유 등의 전략을 함께 구사하는 경우, 공범이 법정에 증인으로 나와 수괴에게 불리한 진술을 할 가능성은 더욱 줄어들게 된다. 설령 수사기관이 수집한 증거들에 비추어 검찰의 기소가 아무리 합당한 것이었다고 하더라도, 피고인이 증거에 대한 통제권한과 증인 회유 등의 전략을 효과적으로 활용한다면 주요 증거들 대부분이 법정에 제출될 수 없으므로, 재판과정에서 피고인에 대한 공소사실이 충분하게 입증되지 못하였다고 보아 무죄를 선고하여야 하는 경우가 획기적으로 늘어나게 되는 것이다.

문제는 여기서 그치지 않는다. 법원이 공범들을 증인으로 소환하더라도 이들이 증언거부권을 행사하는 경우에, 법원이 증언거부권을 행사하는 공범들을 상대로 쓸 수 있는 수단 또한 전혀 마련되어 있지 않다. 그리고 법원이 실체적 진실에 접근할 수 있는 다른 방법도 생각하기 어렵다. 일반적으로 복잡사건의 재판과정에서 수사기관이 밝혀내지 못한 중요한 실체적 진실이 추가적으로 드러나는 경우는 거의 없다는 점을 감안하면, 검사가 공소장에 기재한 사실관계를 넘어서 법원이 새로운 진실을 밝힐 것을 기대할 수는 없다. 이러한 상황에서 수사기관이 밝혀낸 제한적인 진실에도 제대로 접근하지 못한 법원이 합당하고 정의로운 결론을 내리는 것은 불가능하다. 이때 법원으로서는 공소장에 기재된 범죄사실을 검증할 수 있는 증거가 거의 없는 상황에서 피고인 측에 질질 끌려가는 재판진행을 하다가, 모두에게 잊혀질 때쯤 도리 없이 무죄판결을 선고할 수밖에 없게 된 것이다.

형사소송법은 이제 사기범죄조직의 수괴에게 수사기관의 모든 노력을 무력화할 수 있는 가장 강력한 무기를 내어 주었다. 원래 형사증거법은 실체적 진실발견과 피고인의 방어권 보장 사이의 합리적인 균형을 고려하여 도입된 것이었지만, 지금의 형사증거법은 수사기관이 갖은 수고를 하여 실체적 진실을 발견했더라도, 피고인의 선택에 따라 법원의 실체적 진실 발견 노력을 전면적으로 저지할 수 있게 한 것이다.

물론 위 전략은 모두 상당한 정도의 범죄수익을 쌓아 두고 있는 피고인만이 행사할 수 있는 것이고, 다수의 공범이 있는 경우에 그 효과가 극대화되는 것이므로, 국제적 사기범죄조직의 수괴가 아닌 일반적인 피고인이 이를 이용하여 유리한 결론을 이끌어 낼 수 있을 것이라는 뜻은 아니다. 반드시 중형이 선고됨이 마땅한 사건에서 절대 끝나지 않을 것 같은 무의미한 증거에 대한 공방만을 반복하다가, 구속기간 만기가 가까워지면 피고인은 보석으로 풀려나고, 한참 뒤에 대부분의 공소사실에 대한 무죄판결과 별 의미 없는 유죄판결로 귀결되는 것은 모두 상당한 정도의 범죄수익을 형사재판 과정에 쏟아 넣을 수 있는 범죄조직의 수괴에게만 허용된 특권이기 때문이다.

[검찰청법 개정: 검찰의 수사권한 박탈]

2021년 개정 검찰청법이 검찰의 직접 수사권한을 몇 가지의 중요범죄로 제한함에 따라 국가의 범죄대응능력은 현저하게 축소되었다. 그런데 범죄는 연속적인 흐름으로 이루어지는 것이어서 범죄의 실체는 단일함에도 불구하고, 범죄를 수사하는 권한이 수평적으로 분절됨에 따라 복잡한 범죄조직에서 이루어지는 연속적인 범행의 실체를 결코 밝히지 못하는 사건들이 속출하게 되었다.

다수의 공범이 관여한 복잡사건의 경우에는 모든 공범에 대한 수사를 마칠 때쯤에야 각각의 공범 피의자에 대한 공소사실과 적용법조를 확정할 수 있는 경우가 대부분이다. 일례로, 피의자의 소지품 중에서 마약이 발견되었다고 하더라도, 그 행위가 마약류 관리에 관한 법률에 따른 매매,

매매의 알선, 수수, 운반, 사용, 투약하거나 투약하기 위하여 제공하는 행위 중 어떤 것에 해당하는지는 공범에 대한 수사가 완전히 끝나기 전까지는 쉽게 단정하기 어렵다.

그런데 검찰청법 개정 이후에는 수사를 시작하기에 앞서 피의자에 대한 공소사실과 적용법조를 알아야 하고, 적용법조를 제대로 알지 못한다면 수사에 착수할 수 없는 아주 획기적인 상황이 되었다. 검찰 입장에서는 최종적으로 수사권한이 없는 것으로 드러난 사건에 대한 수사 개시 자체가 직권남용에 해당될지도 모르는 상황을 고려하지 않을 수 없게 되었으므로, 특히 수사권이 존재하는지 여부가 모호한 경계 지점에서는 수사를 진행하는 것에 극히 소극적일 수밖에 없다. 여기에 검찰의 경찰에 대한 수사지휘권 또한 박탈되어 검찰의 수사권한 밖의 범죄에 대한 수사에 관여할 여지 또한 현저하게 줄어든 상황에서는 나중에 검찰에 수사권한이 있는 경우로 밝혀질 수 있는 경우라 하더라도 수사권한의 존부를 판단하기 위하여 수사에 착수하는 것부터 크게 위축을 받게 되었다. 결국 검찰 수사권한의 경계에서 활동하는 범죄자들에게는 절대적으로 유리한 상황이 펼쳐지게 된 것이다.

형사사법시스템이 본격적으로 실체적 진실을 발견하는 시도를 방해하고 있다는 점을 가장 잘 드러내 보이는 영역 중 하나가 「마약류 관리에 관한 법률」이 적용되는 마약 관련 사건이다. 검찰청법 및 관련 시행령 개정으로 검찰은 마약 사건 중 '가액 500만 원 이상 마약 밀수' 사건에 대해서만 경찰의 수사를 거치지 않고 직접 수사(인지 수사)를 할 수 있게 되었다. 다시 말하면, 마약의 가액이 500만 원에 이르지 않는 경우에는 검찰이 수사에 나설 수 없고, 마약 밀수가 아닌 단순 소지, 보관, 운반의 경우에는 아무리 많은 양을 유통시켰더라도 검찰이 수사를 개시할 수 없게 된 것이다(다만, 2022년 「검사의 수사 개시 범죄 범위에 관한 규정」 개정으로 검찰이 마약 유통 범죄에 대해서는 다시 수사할 수 있게 되었다).[34] 여기에 경찰에 대한 수사지휘권 또한 박탈되었기 때문에 검찰은 경찰이 수사한 마약사건에 대해서 구체적으로 관여하기 어렵다는 것은 앞서 본 바와 같다.

문제는 마약범죄에 대한 수사권한이 분절됨에 따라 기본적으로 서로 연결되어 있는 마약범죄에 효과적으로 대응할 수 없게 되었다는 것이다. 원래 마약수사는 투약 사건을 인지하는 것에서 시작하여 유통 과정을 거슬러 올라가 마약 제조 및 밀수범들을 추적하는 것이 기본적인 흐름이다. 예를 들면, 100만 원 안팎의 소액 마약거래가 진행되는 다크웹(특정 프로그램을 통해서만 접속할 수 있는 웹사이트)에서 마약 유통책을 수사한 다음, 이를 바탕으로 배후에 있는 마약 공급조직에 대한 수사를 진행하는 것이다. 이처럼 마약범죄는 보통 하선(아래 단계의 투약자)을 수사하기 시작해 점차 상선(윗 단계의 공급자)으로 수사가 전개되는데, 수사의 흐름상으로 경찰이 마약류 단순 소지 등에 대한 수사를 마치고 해당 사건을 검찰로 송치하면, 검찰이 이를 이어받아 마약유통이나 밀수, 제조의 혐의가 있는 상선에 대한 인지수사를 진행하는 방식으로 진행되었다.

그런데 검찰의 수사범위가 가액 500만 원 이상의 마약에 대한 밀수와 유통으로 제한됨에 따라, 하선으로부터 시작해 상선을 잡고, 다시 그 상선으로부터 시작해 다른 하선을 파악하는 방식으로 꼬리를 물고 진행되는 전통적인 마약수사방식은 더 이상 활용하기 어렵게 되었다.

구체적인 마약사건에서 벌어지고 있는 황당한 상황을 보면 검찰청법 개정에 따른 수사권한의 분절이 도저히 납득할 수 없는 것임을 쉽게 알 수 있다.[35] 검찰은 2021년 국내에 거주하는 외국인 2명이 동남아에서 필로폰

34 시사인, "늘어나는 마약 범죄, 검경 수사권 조정 탓이라고?", 2022. 10. 21.자 기사
35 조선일보, "500만 원 이상 밀수사건만 하라…검찰 마약 인지사건 절반 이하로 뚝", 2022. 1. 29.자 기사

200g을 국제 우편으로 밀반입하는 것을 인지하여 수사를 한 다음 이들을 구속기소하였다. 그런데 검찰이 마약 밀매를 수사하던 과정에서 "한국에 사는 다른 외국인 A씨로부터 필로폰 10g을 구매하였다."는 진술을 확보하고 다른 외국인 A의 마약 유통 혐의를 인지하였는데, 검찰은 다른 외국인 A에 대한 수사를 진행하지 못하였다. 위 사건은 '500만 원 이상 마약 밀수' 사건에 해당되지 아니하여 직접 수사를 할 수 없었고, 검찰이 경찰에 마약유통 사건에 대한 수사지휘권을 행사할 수도 있는 것도 아니었기 때문에 경찰을 통하여 해당 사건에 대한 수사를 진행할 방법이 없었다. 물론 검찰이 경찰에 수사의뢰 등의 방식으로 수사첩보를 제공하는 것이 불가능한 것은 아니지만, 중요 마약사건의 정보원 노출이나 정보유출 가능성을 고려할 때 마약수사첩보를 수사의뢰 형식으로 제공하는 것은 안하느니만 못한 결과를 초래할 수 있다. 마약사건에 대한 첩보가 다른 곳으로 새어 나가는 것을 막기 위해서 바로 옆에 있는 수사부서에도 현재 진행되는 사건의 내용을 알리지 않는 것이 마약수사의 가장 기초적인 원칙이 된 것에는 다 그럴만한 이유가 있는 것이다.

아울러 검찰이 마약 밀수를 의심하는 사건이라도 언제나 수사할 수 있는 것은 아니다. 검찰은 해당 사건에 대한 수사를 하기 전에 반드시 마약류의 시가와 밀수된 마약의 양을 확인하여야 하기 때문이다. 그런데 마약류 100g 또는 100회 투약분과 같은 객관적인 기준에 따라 대상범죄를 구분한 것도 아니고, 밀수된 마약의 시가에 따라서 수사권한의 존부가 결정된다. 그 시가는 도매가와 소매가가 다르고, 시점이나 지역마다 다르며, 유통경로에 따라 다를 수밖에 없다. 이것은 낚시꾼에게 대상 어종인 참돔 중 시가 5만 원 이상에 해당하는 것만 낚을 수 있고, 시가 5만 원의 기준에 못 미치는 참돔이나 다른 종류의 어류인 경우에는 아예 낚시가 허용되지 않는다고 규정하면서 이를 위반하는 경우 낚시꾼에게 형사책임을 지우겠다는 발상과 별반 차이가 없다. 그런데 물고기를 잡지 않고서는 그 무게와 시가를 확인할 방법이 없고, 미리 무게가 확인된 물고기를 잡을 수 있는 방법 또한 없으므로, 아무도 어떠한 낚시가 허용되는지를 알 수 없게 되는 상황에 봉착하게 된다. 마찬가지로 전국 곳곳에서 진행되는 마약사건의 대부분에 관하여 수사기관에게 수사권한이 있을 수도 있고 없을 수도 있는 중첩(superposition)의 기이하고도 당혹스러운 상황이 나타나고 있다. 무엇보다 명확하게 규정되어야 할 수사기관의 수사권한의 존부가 양자역학에서 다루어지는 불확정성[36]에 비견될 수 있을 정도로 불명확하다는 문제가 모든 마약사건에서 반복되고 있는 것이다.

이러한 논리는 수사기관이 법원에 압수수색영장을 청구하려면 압수수색을 통하여 무슨 증거가 나올 것인지를 정확히 특정하여야 한다는 법원의 실무, 즉 아직 압수수색의 집행을 하지 않은 상황에서 구체적으로 어떤 매체에서 어떤 증거가 나올 것인지를 특정하라고 요구하는 논리와도 별반 다르지 않다. 통상 압수수색영장은 대략적으로 'PC, 노트북, 타블렛, 하드드라이브 또는 USB 저장매체'에 저장된 정보 중 해당 범죄사실과 관련된 정보 정도로 특정되었다고 보는 것이 일반적이지만, 최근에는 이보다 더 특정할 것을 요구하는 경향이 있다. 그런데 수사를 해야 알 수 있는 정보를 수사하기 앞서 특정해서 제시하라고 하는 요구는 이미 수사의 영역에 관한 것이라고 할 수 없다. 독심술을 할 수 있거나 마법을 부리는 능력이 있는 사람 가운데서 검사나 수사관을 뽑는 것이 아닌 이상, 수사기관이 압수수색을 하여야만 비로소 알 수 있는 것을 압수수색하기 전에 특정할 것을 요구한다면 제대로 수사가 진행될 수 없다.

---

36 '불확정성 원리(uncertainty principle)'란 독일의 물리학자 하이젠베르크가 주장한 양자역학 이론으로, 입자의 위치와 운동량을 동시에 정확히 알아낼 수 없고, 입자의 위치와 운동량은 일정 수준의 정확도 이상으로는 동시에 측정할 수 없다는 원리이다.

이처럼 형사사법시스템이 수사기관에게 가능하지 않은 것을 지나치게 요구하게 되면, 이후 형사재판에서 피고인이 범행을 실행하였는지와 같은 본질적 부분에 대한 심리가 이루어지기보다는, 압수된 마약의 무게가 얼마였고 어떤 시가가 적용되어야 하는지, 압수수색영장의 대상이 제대로 특정된 것인지와 같이 비본질적인 사항을 다투는 사건이 계속 늘어날 수밖에 없고, 이로 인하여 형사재판이 효율적으로 진행되어 실체적 진실에 부합하는 결론에 이를 것을 기대하기는 갈수록 어려워지게 된다.

과거 경찰은 소매상이나 투약자 위주로 수사를 진행하고, 경찰로부터 여러 마약 사건을 송치받은 검찰이 여러 수사정보를 바탕으로 마약 공급유통조직에 대한 수사를 진행하였다. 이는 검찰이 구조적으로 경찰보다는 마약 수사에 적합한 측면도 있다는 점이 고려된 것이다. 마약 수사는 범죄의 특성상 고도의 전문성이 필요한데, 전국 60개 검찰청에는 마약 수사 전담 검사 93명과 마약 분야만을 주로 수사하는 전담 수사관 252명을 갖추고 있다. 아울러 검찰이 마약 관련 국제공조 수사업무도 담당해왔으며, 대형 조직범죄를 다뤄온 경험도 경찰보다 풍부하다. 그런데 이제는 수사권이 분절되어 마약의 유통 흐름을 거슬러 올라가는 방식으로는 수사가 제대로 진행되기 어렵게 되었고, 이 때문에 검찰의 마약 인지사건은 전년에 비하여 절반 이상 감소하게 되었다. 이제 검찰은 경찰에서 넘어온 마약 송치 사건에 대한 보완수사만을 하는 신세가 된 것이다.

그렇다면 경찰이 마약 공급유통조직에 대한 수사를 주체적으로 진행하여야 하겠지만, 경찰의 마약 관련 수사기능에 대한 인력과 예산지원은 전혀 늘어난 바 없다. 참고로, 2019년 기준 경찰청의 마약 단속인력은 276명에 불과하고, 2018년 기준 전국 경찰청에 배정된 마약 단속예산은 1억 6,617만 원에 불과하였는데, 경찰의 수사영역이 확대되어야 하는 현재까지도 마약수사 관련 인력이나 예산이 제대로 확보되지 않고 있다. 수사기관이 마약소매상을 추적하기 위한 함정수사는 마약소매상에게 구매 문의를 한 후 돈을 송금하는 것으로부터 시작하는데, 수사기관이 함정수사 과정에 쓸 예산부터 충분치 않은 것이다. 마약함정수사는 영수증으로 증빙할 수 있는 거래가 아니기 때문에 특활비나 마약단속예산이 아닌 기존 기관운영예산으로는 지출이 불가능한데, 국회는 계속 특활비나 마약단속예산을 문제삼으면서 이를 감액하고 있다. 이에 3,700억 원 규모 필로폰 밀반입을 적발한 대만 폭력조직 '죽련방' 관련 사건에서 보는 것처럼, 마약수사관들이 함정수사 과정에서 마약투약자를 가장하여 마약판매책들에게 접근하여 마약을 매수할 때 미끼로 쓸 돈을 마련하기 위하여 수사관들이 십시일반으로 돈을 모으거나, 종이로 된 가짜 지폐를 끼워 넣어 거래하는 웃지 못할 사례가 거듭 발생할 수밖에 없는 것이다.[37]

결국 국회는 경찰의 부족한 마약 관련 인력이나 예산의 지원을 늘려줄 생각은 없으면서도 검찰의 마약 관련 수사권을 급격하게 축소시킨 것이기에, 당연히 수사기관 전체의 마약범죄 대응 능력은 현저하게 감소될 수밖에 없었다.

인천공항이나 인천항을 통하여 마약 밀수가 잦은 인천의 경우, 경찰과 검찰이 협력하여 마약수사를 진행하는 실적을 올리기도 하였다. 인천경찰청 광역수사대가 마약 사범을 적발해 개별 사건으로 검찰에 송치했는데, 인천지검 강력부에서 이들 마약 사범의 범행에서 공통점을 발견하고 마약조직 소탕을 위해 경찰과 협의체를 구성하여 마약조직을 수사하기로 하는 자구책을 마련하였고, 텔레그램을 통해 마약류 판매를 위한 광고, 권역별 판매, 자금세탁, 수익금 인출 등 역할 분담 체계를 갖춘 범죄집단을 적발하여 기소하는 실적을 올린 것이었다. 수사권 조정 전에는 검찰의 수

---

37 한국경제, "마약 수사 예산 태부족…'위장거래' 땐 수사관들 사비 걷기도", 2019. 4. 12.자 기사

사지휘권으로 자연스럽게 이와 같은 수사가 진행될 수 있었다는 점에서 인천의 사례는 이제는 누구도 수사하기 어렵게 된 마약 수사를 계속 진행하기 위해서 검찰청과 경찰청이 상당히 번거로운 자구책을 마련하여야 한다는 것을 널리 알려준 사례가 되었다. 물론 대부분의 사건에서 검찰과 경찰의 협의체를 만들기도 어렵고, 그와 같은 협의체를 만들어 두더라도 잦은 인사이동으로 제대로 작동하기도 쉽지 않을 것이다.

아울러 검찰이 마약 수사 과정에서 공범에 대한 정보를 제공하는 조건으로 이루어져왔던 사실상의 '플리바겐(plea bargain)'도 더 이상 활용하기 어렵게 되었다. 물론 우리 형사사법제도는 공식적으로 플리바겐을 인정하고 있지 않고, 되려 검찰의 제안에 속아서 한 자백은 증거능력이 없다고 보는 판례가 있기는 하지만, 실제 마약이나 조직범죄 관련 사건에서 검사는 수사에 협조한 피고인의 구형을 낮추어 주고, 법원은 수사에 협조한 사정을 양형에 고려하는 방식으로 판결을 선고하는 경우가 적지 않았다. 그런데 사실상의 플리바겐을 통하여 공범들에 대한 범행정보를 획득하는 것은 어디까지나 기소 및 구형을 담당하는 검찰이 할 수 있는 역할이었는데, 경찰과 검찰 사이의 수사협력관계가 사실상 존재한다고 보기 어려운 현재의 상황에서 검찰이나 경찰이 사실상의 플리바겐을 약속하고 추가적인 범행정보를 획득하는 것도 어려워졌다. 기소 및 구형을 담당하지 않는 경찰이 플리바겐과 유사한 방식으로 피의자로부터 수사정보를 획득하는 것은 여전히 쉽지 않지만, 검찰 또한 공범들로부터 추가적인 정보를 획득하더라도 새로운 범죄에 대한 수사권이 존재하는지 여부가 문제되는 사례가 적지 않아 수사협력에 대한 반대급부로 플리바겐을 할 수 있는 여지가 대폭 줄어들었기 때문이다.

최근 마약 범죄가 폭발적으로 증가하고 있는 현상은 결국 국회가 수사기관의 수사권을 별다른 고려 없이 평면적으로 분절시킴으로써 수사기관의 마약수사를 급격하게 위축시킨 데다가, 이에 대한 예산 및 인력지원 또한 최소한의 수준으로 유지한 의도적 방기로 인한 당연한 결과이다. 검찰의 수사권 박탈로 검찰의 수사권 행사 범위를 제한하고, 검찰의 수사지휘권을 박탈함에 따라 지장을 받는 것은 마약 수사에만 국한되지 않는다. 투약, 유통, 밀수 및 제조가 모두 연결된 구조의 마약범죄와 유사한 특성을 갖고 있는 국제적 사기범죄조직에 대한 사건의 경우에도 수사권한이 평면적으로 분절됨으로써 국가 전체적인 수사역량이 현저하게 줄어들게 된 것이다.

또한 2022년 10월 발생한 이태원 참사를 보더라도 중요 사건에 대한 수사기관의 대응역량이 감소하였음을 극명하게 알 수 있다. 과거 세월호 침몰, 삼풍백화점 붕괴, 대구지하철 폭발 등 대형 참사가 발생하였을 때에는 검찰과 경찰이 유기적으로 협력해 수사 역량을 극대화할 수 있도록 검경 합동수사본부를 설치하는 게 일반적이었다. 대형 참사일수록 신속한 진상 규명을 위한 현장 및 증거 보전과 감식 등 초동수사가 중요한 데다, 책임 소재를 밝힌 뒤 기소를 위한 법리 검토 등이 치밀하게 진행되어야 하기 때문이다. 이태원 참사의 경우 부실 대응 비판에 직면한 경찰이 진상 규명의 주체이면서 동시에 수사 대상이 되었지만, 이태원 참사 진상 규명을 위한 검경 합동수사본부는커녕 검찰 단독 수사본부도 설치할 수 없었다. 이는 경제범죄와 부패범죄를 제외한 모든 범죄에 대해서 검찰의 수사권이 박탈되었기 때문이다.

결국 검찰은 경찰이 사건 조사를 끝내고 그 결과를 송치할 때까지 지켜볼 수밖에 없는 입장이 된 것인데, 여기서 더 놀라운 점은 검찰이 경찰로부터 사건기록을 송치받아서 검토하다가 중요한 다른 수사단서를 포착하거나 누군가의 여죄를 포착하더라도, 대부분 경찰에 추가 수사를 지시할 수도 없고 이를 스스로 수사하는 것이 허용되지 않는다는 것이다. 설령 수사가 허용되는 경우라도 매우 번거로운 내부적인 절차를 거쳐야 한다(물론 이러한 경우 직권남용으로 고발될 수 있는 위험을 감수해야 하는 경우가 있을 수 있다).

[범죄피해자의 구제]

새로운 형사소송법과 검찰청법이 시행된 이후 수사를 주재하는 검사가 수사 전반을 주관하던 기능이 사라지면서 형사사건의 신속한 처리를 위한 기본적인 체계 또한 붕괴되고 있다. 과거 70여 년간 부족하나마 기능해왔던 형사사법시스템은 검찰과 경찰 사이에 파워게임이 있는 것처럼 주장하는 국회에 의하여 일거에 작동을 멈추었기 때문이다. 가장 큰 변화는 돈과 권력이 있는 범죄자들에게도 작동하던 수사기관이 한순간에 제대로 된 기능을 할 수 없게 되면서 일반 국민들이 범죄피해를 당하게 되었을 때 피해자로서의 권리를 행사하는 것 또한 너무나 어려워졌다는 것이다. 아울러 피해자들이 상당한 법률비용을 지출하고도 적정한 기간 내에 만족할 만한 수사결과를 받아볼 수도 없게 되었다.

현재 대부분의 형사사건에 대한 사건종결권한이 경찰에게 부여되어 있지만, 여전히 경찰 수사인력과 예산의 부족이 해결되지 않고 있다. 그 결과 경찰로 폭주하는 형사사건의 처리는 현저하게 지연되고 있고, 형식적이고 부실한 수사를 거쳐 불송치 또는 불기소되거나 그냥 암장되는 사건 또한 기록적으로 증가하고 있다.

과거 경찰에서 검찰로 송치되는 데 2~3개월이 걸리던 것이 이제는 2년이 넘어도 송치되지 않는 사건이 허다해졌다. 과거에는 경찰의 수사결과에 부족한 부분이 있으면 이를 검찰이 넘겨받아 수사를 진행하였지만, 이제는 경찰이 1차적으로 송치 또는 불송치를 결정하는 권한을 부여받고, 검찰의 불송치 사건에 대한 관여가 현저하게 제한됨에 따라 이러한 일들이 흔히 벌어지고 있다. 또한 수사기관에 직접 수사하는 사람은 별로 없고 고소인이 제출한 이의신청이나 수사관이 작성한 영장청구서가 적정한지 여부를 평가하고 판단하는 감독자 또는 관리자들만 넘쳐나고 있는 것도 신속한 수사가 이루어지지 않는 문제를 더욱 악화시키고 있다.

경찰이 불송치로 사건을 종결하는 경우와 경찰이 검찰 송치하는 경우 등의 사건처리흐름이 복잡해지면서 범죄피해자들은 자신이 고소한 사건이 어디서 어떻게 진행되고 있는지를 파악하는 것에도 현저한 어려움을 겪고 있고, 과거 단일한 흐름의 수사구조가 붕괴되면서 검찰의 직접 수사나 사건지휘를 통한 신속하고도 적정한 처리 또한 불가능해졌다. 이제 고소인이 직접 고소하려고 하면 고소장 자체를 받아주지 않으려고 하는 경우도 있고, 설령 받아준다고 해도 수사결과가 나올 때까지 너무 오래 걸린다. 검찰에서 보완수사 요구를 받고 다시 내려간 사건은 사건번호를 새로 부여받기도 하고 기존 사건과 분리되어 진행되는데, 이러한 경우 고소인은 어떤 경찰서에서 고소 사건에 대한 수사가 진행되고 있는지도 알기 어렵다. 이에 고소인들은 자신이 신고한 사건에 대한 수사가 실제로 진행되고 있는지, 또는 누군가의 캐비닛에 처박혀 있는지를 알지 못하는 경우가 많아졌다. 여기에 검사와 수사관의 인사이동까지 겹치게 되면 피해자 입장에서는 사건이 언제쯤 사건이 마무리될 수 있는지도 전혀 예상할 수 없게 된다.

특히 검찰이 개별 사건의 수사 과정을 감독하고 지휘할 수 없게 된 이후 피해자의 권리가 제대로 보장되지 않고 있다는 점이 여실히 드러나고 있다. 검찰이 송치된 수사기록을 검토한 결과 문제가 있음이 밝혀진 경우라면, 과거 검사에게 수사지휘권이 있을 때 그랬던 것처럼 검사가 경찰에게 보완을 명하거나 직접 수사를 진행함으로써 문제를 신속하게 해결하는 것이 가장 바람직하다. 하지만 지금은 수사기록상 허점이 발견되더라도 누가 이를 바로잡아야 하는지가 대단히 모호하고, 이에 개별 사건의 처리가 엉망으로 진행되더라도 이를 책임지고 관리할 사람을 찾기 어렵게 되었다. 검찰의 수사권을 상당 부분 박탈하고 경찰에 사건종결권한을 부여함으로써 수사절차를 한없이 복잡하게 만들어 둔 탓에 개정 검찰청법의 시행 이후 많은 범죄피해자들이 범죄수사 과정에서 또다시 납득할 수 없는 수사결과를 받아들고 눈물을 흘리고 있는 것이다.

여기서 검찰과 경찰은 서로 사건처리에 협력하여야 한다는 공자님 말씀만으로는 결코 이러한 문제가 해결되지 않는다. 오히려 검찰의 수사권 박탈 이후 검찰과 경찰의 유기적인 수사 협조관계가 사라지고, 적대적인 긴장관계만 남아 있다는 것도 피해자의 권리구제에 어려움을 가중시키는 요소로 작용하고 있다.

아울러 검찰의 수사권이 상당 부분 박탈된 후 검찰은 검찰청법상 중요사건(예, 피해액 5억 원 이상의 특경법상 사기 사건 등)만을 수사할 수 있을 뿐이어서 검사나 검찰수사관에게 모든 형사사건에 대한 책임감을 가질 것을 요구하는 것도 불가능하게 되었다. 또한 수사기관은 그렇지 않아도 복잡한 데다가 제대로 처리하더라도 빛이 나기 어려운 사기사건에 대해서는 적극적으로 수사할 이유를 찾기 어려워 과거에도 소극적인 대응을 하는 경우가 적지 않았다. 그런데 검찰 수사권 박탈 이후 경찰에 사건이 폭주하게 되자 사기피의자에 대한 범죄사실을 충분히 정리하여 갖은 자료를 첨부하여 고소하더라도, 피의자의 이사를 이유로 한 관할 변경이나 다른 지역에 거주하는 참고인 조사 등을 이유로 고소사건이 이송에 재이송을 거듭하는 일이 일상화되고 있다. 수사결과가 나올 때까지 2년이 소요되는 사건의 상당수는 이처럼 여러 번의 사건이송을 거친 것들이 대부분이다. 또한 피해자가 복잡한 사기 사건을 고소한 이후, 검찰의 보완수사 요구나 경찰의 조사 지연 등으로 사건이 제대로 진행되지 않고, 경찰의 불송치에 대한 이의신청, 검찰의 불기소결정, 검찰 항고를 거쳐 최종적으로 기소될 때까지 십여 명의 수사관과 15명의 검사를 거치는 것도 이제는 전혀 어색한 것이 아니게 되었다. 이쯤되면 그 과정에 관여한 누군가가 해당 사건의 실체적 진실발견에 책임감을 갖지 아니하였다고 하여 이를 탓할 수도 없는 상황이 되어버린 것이다.

이로써 범죄피해자로서는 아무리 억울한 사정이 있다고 하더라도 형사적으로 권리구제를 받을 수 없는 경우가 폭증하고 있다. 최근 수사기관들은 고소인들이 내는 증거에 의존하거나 그나마 복잡한 증거에 대해서는 접수를 거부하는 등 무성의한 자세로 일관하다가 일정한 시점에 이르면 납득하기 어려운 이유를 들어 불송치결정을 하는 불성실한 태도를 보이는 경우가 적지 않다. 최근 많은 고소사건의 처리 과정에서 경찰관이나 검사는 '피의자는 …라고 변명하고, 위 변명을 뒤집을 만한 충분한 증거가 발견되지 아니하고'라는 이유로 불송치결정 또는 무혐의처분을 남발하기도 한다. 특히 사기나 업무상 배임과 같이 복잡한 사건 중 관련자들이 많고 사건 경위를 파악하기 어려운 사건의 경우 기본적인 법리를 이해하려는 노력을 하지 않고, 고소인들이 제출하는 증거는 다소 복잡하다는 이유로 그 접수를 거부하고 돌려보내는 경우도 있다. 경찰의 불송치결정 이후에 이의신청에 따라 해당 사건을 검토하는 검사의 경우에도 아무런 추가조사나 증거수집 노력을 하지 않고(물론 해당 사건에 대해서 직접 수사권한이 없는 경우가 대부분이다), 사법경찰관이 작성한 의견서의 문제점을 어느 정도 인식하면서도 불기소처분을 하는 경우가 적지 않다. 결국 수사기관들이 범죄를 저지른 자들을 적극적으로 형사법정에 세우려는 노력을 하기보다는 범죄자들에게 불송치 또는 불기소결정의 면죄부를 주는 소극적이고 무성의한 조직으로 전락해가고 있는 것이다.

아울러 고발권자가 경찰의 불송치결정에 대해서 이의신청할 수 있는 권한도 사라져서 고발제도 자체가 그 의미를 상당 부분 상실하게 되었다. 이로써 당사자가 아닌 사람들은 수사결과에 어떠한 이의도 제기할 수 없게 되었는데, 아동을 포함하여 경제적 형편이나 장애 등의 이유로 스스로 자신의 권리를 주장할 수 없는 사람들을 위해서 누군가가 나서서 형사피해자의 권리를 행사하는 것에 심각한 제약을 받게 된 것이다.

헌법과 형사법은 국민으로부터 사적 복수에 대한 일체의 권한을 박탈한 대신(단, 정당방위 제외), 국가로 하여금 피해자를 대신하여 수사, 기소 및 재판 절차를 진행하도록 함으로써 국가가 직접 범죄자에 대한 형벌권을 행사하겠다고 선언하고 있다. 이러한 수사권한을 행사하는 수사기관이라면, 당연히 범죄피해자인 국민이 신고 또는 고소하는 사건에 관하여 법률상 범죄가 성립될 수 있는지 여부를 가리기 위하여 임의수사 및 강제수사 등 형사소송법이 허용하는 모든 수단을 강구하여 증거를 수집한 후 기소 또는 불기소 여부를 판단하여야 할 책임이 있다. 그런데 수사기관이 부과된 책임을 다하기 위하여 필요한 임의수사 및 강제수사 권한을 부여받지 못하였다면, 해당 수사기관에게 그 책임을 제대로 이행할 것을 기대할 수는 없게 된다.

검찰과 경찰 사이의 적정한 업무 배분에도 실패한 결과, 수사권한을 박탈당한 검찰이 부담하던 업무가 경찰로 그대로 전이되는 풍선효과가 발생하였고, 이에 전체 수사기관이 처리하는 형사사건의 숫자가 감소되고 그 결과의 질 또한 전체적으로 떨어질 수밖에 없는 문제가 발생하고 있다. 또한 사건에 대한 수사가 제대로 진행되기는 커녕 여기저기로 이송되는 경향이 심화되는 상황에서는, 피해자의 억울한 처지에 공감하고 사건의 본질을 제대로 이해하는 책임감 있는 수사관들이 원래 다른 수사관이 해야 하는 일까지 떠맡게 되는 상황이 발생하게 된다. 복잡한 사건을 피하려는 사건 떠넘기기 경향이 강해질수록, 복잡한 사건에 대한 수사를 끈질기게 진행하던 성실하고 책임감 있는 수사관들 또한 어느 순간부터는 복잡한 사건을 무조건 회피하겠다고 생각을 고쳐먹기 마련이다.

그리고 수사기관이 생산하는 증거 중 피의자신문조서의 증거능력이 어차피 인정되지 않고, 공범에 대한 피의자신문조서를 제외한 나머지 증거로 유죄인정이 가능한 경우 또한 획기적으로 감소하고 있는 상황에서 굳이 복잡사건에 대한 수사를 열심히 진행할 이유를 찾기 어렵다는 점도 앞서 든 현상의 주된 이유가 되고 있다. 그 결과 수사기관에서 복잡사건에 대한 수사를 끈질기게 진행하여 유죄판결을 받아본 경험이 있는 성실하고 책임감 있는 수사관이나 검사의 수가 급격히 줄어들 수밖에 없고, 검찰과 경찰의 의욕이나 경험이 급격히 감소함에 따라 그들의 수사역량 또한 쌓이지 못하고 모두 사라져가고 있다.

[소결]

유독 최근의 우리나라에서는 복잡한 조직범죄의 실상을 파헤쳐가는 과정을 담은 영화가 큰 인기를 얻고 있다. 이들 영화에서는 범죄조직이 최선을 다해서 범죄의 진상을 은폐하고자 노력하더라도, 진실을 발견하려고 노력하는 수사관이나 검사가 집념을 갖고 수사하는 과정에 우연히 또는 기적처럼 실체적 진실이 드러나게 된다. 그러나 범죄조직에 대한 수사현실은 이와 큰 차이가 있다. 현실에서는 수사기관이 막다른 길에 도달하였을 때 우연히 또는 기적처럼 실체적 진실을 발견하는 경우는 거의 없다. 수사관이나 검사가 집념을 갖고 뭔가 수상한 부분에 대해서 조사를 진행하다가, 추가적인 수사단서가 잡히지 않아 피의자 특정이 불가능하거나 명백한 증거를 확보하기 어려운 상황에 봉착하게 되면, 기소중지나 참고인중지의 이름표를 달고 사실상 종결되는 경우가 대부분이다.

지금 우리의 형사사법시스템에서는 은폐된 진실을 발견하려고 노력하는 수사관이나 검사 또한 급격하게 사라져가고 있다는 점 또한 범죄수사에 관한 영화와 적지 않은 차이를 보인다. 검찰 수사권 박탈로 수사 과정을 '책임'지는 사람이 누구인지 알 수 없는 상황이 되어 버렸고, 수사기관 내에서도 실체적 진실을 밝힐 수 있는 '권한'이 있는 사람이 누구인지를 알 수 없는 상황이 되었기 때문이다. 당연히 고소인이나 피해자들 또한 수사기관의 누구에게 억울한 사정을 이야기할 수 있는지조차 이제는 알 수 없게 되었다.

이러한 상황에서는 경찰과 검찰이 제한된 인력과 자원의 범위 내에서 역할을 분담하여 국제적 사기범죄조직의 공범에 대한 수사를 계속하고 있었던 것 또한 제대로 진행될 리 없다. 오로지 경찰청 광역수사대만 지금 이 순간에도 묵묵히 국제적 사기범죄조직의 뒤를 쫓고 있을 뿐이다. 검사들은 중요 형사사건을 접할 때마다 해당 사건에 대한 구체적인 정보가 충분치 않은 상황에서도 적용법조가 무엇인지, 자신에게 수사권한이 존재하는 것인지, 나아가 보완수사를 요구할 수 있는 것인지 등을 따져볼 수밖에 없게 되었다. 검사로서는 수사권한이 존재한다는 확신이 없는 사건에서는 극도로 소극적인 자세를 취하게 될 수밖에 없는데, 이처럼 소극적인 업무처리에 익숙해진 검사들에게 국제적 사기범죄조직의 수괴에 맞서서 수사를 계속할 수 있는 기백이나 실력을 기대할 수도 없을 것이다.[38]

매년 일정한 분량의 형사사건이 발생하고 있고, 이를 제대로 수사하고

---

38 물론 최근 서울남부지검에 금융·증권범죄합동수사단이 재출범하고, 서울동부지검에 보이스피싱 정부합동수사단과 서울북부지검에 조세범죄 합동수사단이 출범할 예정이지만, 이러한 합동수사단은 모두 검사의 수사지휘권이 박탈되어 수사가 이루어지지 않는 것에 대한 임시방편에 불과하므로, 과거에 가능했던 수준을 뛰어넘는 적극적인 수사가 진행될 것으로 기대하기는 어려울 것이다.

기소하며 재판하고자 한다면, 일정한 수의 수사관, 검사 및 판사 등이 일정한 시간과 노력을 들이는 경우라야 모든 형사사건에 대한 수사와 재판 절차가 차질 없이 진행될 수 있을 것이다. 만약 형사사건이 적체되어 있어 수사관이나 검사 대다수가 매일 야근을 해도 모든 형사사건을 합당하게 처리하기 어려운 상황이라면, 이미 그 시점에서 수사관, 검사와 판사가 형사사건을 해결하기 위하여 들이는 시간과 노력의 총합을 추가적으로 증가시키기는 것은 쉽지 않다. 이러한 경우 수사기관은 제한된 인력과 자원으로 가장 효과적인 방식의 수사를 하려고 할 수밖에 없는데, 그 과정에서 복잡하여 단기간 내에 유의미한 결론을 얻기 힘든 사건에 충분한 시간과 노력을 들이기는 어렵다. 너무나 당연한 귀결이지만, 상당한 시간과 노력이 소요될 것으로 보이는 복잡한 사건일수록 낮은 우선 순위를 부여받게 되고(단, 정치적으로 중요한 사건의 경우에는 그렇지 않다), 낮은 우선 순위를 부여받은 사건에는 합당한 결론을 얻기 위해서 필요한 정도의 시간과 자원이 투입되지 않게 된다. 이러한 경우 납득할 만한 수사결과나 재판결과가 나올 수 없음은 너무나 당연하다.

수사 현실이 이와 같음에도 불구하고, 국회는 수사인력을 늘리기는커녕 검찰의 수사권 박탈을 통하여 수사권한을 수평적으로 분절시킴으로써 사실상 수사인력을 상당 부분 감축하는 것과 같은 효과를 가져왔다. 아울러 누가 국제적 사기범죄조직을 책임지고 수사를 할 것인지를 불분명하게 만들어 두었을 뿐만 아니라, 경찰청 광역수사대나 검찰청 형사말부가 무리해서 수사를 진행하여 기소를 하더라도, 공범에 대한 진술증거의 증거능력의 인정 여부를 피고인에게 맡겨둠으로써 형사재판 또한 제대로 진행될 수 없도록 하였다. 이에 범죄조직 내에서 다툼이 발생해서 유력한 공범으로부터 최대한의 협조를 받는 운 좋은 경우를 제외하고, 앞으로는 조직적 사기범행을 기획하고 실행행위를 지시한 수괴에 대한 유죄증거가 법정에 충분하게 현출되는 것을 기대하기 어렵게 되었다. 결국 사기범죄 조직에 대한 수사와 재판에는 상당한 정도로 지장이 초래될 수밖에 없고, 앞으로 국제적인 사기범죄조직의 수괴들이 제대로 처벌을 받는 사례는 크게 줄어들 전망이다.

2020년대의 대한민국은 국제적인 사기범죄조직들이 본격적으로 창궐하였던 시대로 기억될 것이다. 국회가 수사기관을 성공적으로 무력화하고 오히려 사기범죄조직에 강력한 회피 수단을 제공하였기 때문에, 조직적 사기범행의 꽃이 화려하게 피어나는 사기꾼들의 천국이 우리나라에 임하게 된 것이다. 반면, 피해자가 아무리 억울한 일을 당하였다고 하더라도, 수사기관이나 법원이 피해자를 대신하여 범죄자들을 수사하고 합당한 처벌로 사건을 마무리하는 사건은 날이 갈수록 줄어들게 될 것이다. 다수의 공범이 관여되어 있고 불법성이 큰 범죄일수록 합당한 수사와 처벌이 불가능하게 되어 범죄조직의 범행에 고통받는 피해자들이 갈급하게 외쳤던 형사 정의는 결코 올 수 없게 된 시대가 이미 시작되었기 때문이다.

지금까지 사기범죄조직이 창궐하게 된 가장 주된 이유가 사기범죄조직들이 형사사법시스템상의 취약점을 발견하여 적극적으로 활용해왔다는 것이었다면, 지금부터는 국회가 '검찰은 해로운 수사기관'이라고 외치면서 범죄수사를 위해 필요한 권한을 박탈하고, 국제적 사기범죄조직의 골칫거리였던 수사기관의 대응수단들을 하나둘씩 제거한 것에 기인한 것이다. 과거 형사재판과정에서 진실 발견을 위해서 새로운 증거방법으로 DNA 시퀀싱 검사결과를 받아들인 것처럼 범죄의 상당수가 온라인에서 이루어지는 상황에서 증거에 대한 새로운 획득방법을 고민하여야 할 바로 그 시점에, 가장 필요한 공범의 진술증거에 대한 증거능력을 범죄조직 수괴의 주관적 의사에 따르도록 한 가장 어리석은 선택을 한 탓이다. 이로 인하여 치밀하게 계획하여 조직적으로 진행되는 사기범행을 처벌할 수 있는 가능성은 시간이 지날수록 0에 수렴하게 될 것이고, 앞으로는 법원에서 복잡한 사건의 실체적 진실이 밝혀지는 일은 찾아보기 어렵게 될 것이다. 그 때가 되면 사기범죄조직으로 인한 피해는 누구도 통제를 할 수 없는 수준에 이를 것이다.

국민 대다수가 '검찰은 해로운 수사기관'을 외쳐왔던 사람들에게 이와 같은 결과에 책임을 묻기 전까지는 계속하여 그 대가를 치르는 것은 바로 잠재적 또는 실질적 범죄피해자들인 국민들이 될 것이다. 이는 중화인민공화국을 해충으로 뒤덮이게 한 '제사해운동'이 대한민국을 국제적 사기범죄조직으로 뒤덮이게 할 'K-제사해운동'에 던져주는 가장 중요한 메시지이다.

05

사기범죄 천국의 도래

A. 처벌회피 특권의 확대와 제국의 붕괴

B. 붕괴로 이끄는 힘: 포퓰리즘

C. 이미 도래한 미래, 사기범죄 천국

A

처벌회피 특권의 확대와 제국의 붕괴

[괴이한 모습으로 변하는 법]

"제국의 패망이 가까워질수록 법은 더욱더 괴이한 모습을 띠기 마련이다(The closer the collapse of the Empire, the crazier its laws are)"라는 키케로의 격언은 현대에 이르러서도 여전히 유효하다. 법이 괴이한 모습으로 변하고 있는지, 그리고 제국의 패망이 가까워졌는지를 확인하기 위해서는 법체계의 핵심적인 내용들이 서로 충돌하고 있음에도 그대로 존속되고 있거나, 중요한 법률이 별다른 합리적 이유 없이 정치적 상황에 따라 쉬지 않고 변경되고 있는지를 보면 된다. 만약 법체계가 공식적으로 표방하고 있는 여러 원칙들이 상충되는 것에 관하여 누구도 어찌할 수 없다는 생각이 팽배해 있고, 법률이 서로 충돌하면서 불합리한 문제상황이 발생하더라도 이의를 제기하는 사람이 더 이상 나타나지 않으며, 누구도 합리적인 근거를 제시하지 못하지만 법률이 정치적 목적을 위하여 끊임없이 개정되고 있다면, 법률이 괴이한 모습으로 변하여 제국의 패망을 앞당기고 있는 중이라고 봐도 무방할 것이다.

특히 일반 사람들에게는 가장 엄격한 법률이 적용되고 이를 어겼을 때 엄혹한 제재가 뒤따르는 반면, 권력을 가진 자들은 법률이 존재하지 않는 것처럼 행동하고, 이들이 엄격한 법률을 어겼을 때에도 별다른 제재가 없는 이중기준이 너무나 당연한 상황이 되었다면, 괴이한 법률이 탑처럼 쌓인 괴이한 법률체계로 인하여 제국의 붕괴가 상당 부분 진행된 것이다.

그런데 요즘 우리 주위에서는 제국의 패망을 알리는 것 같은 괴이한 이중기준의 사례를 흔히 찾아볼 수 있다. 정치인이나 인플루언서들은 텔레비전에 나와서 누군가에게 쌍욕을 해도 별다른 불이익이 없지만, 공무원이나 경찰관은 악성 민원인으로부터 쌍욕을 듣더라도 공무원으로서 품위를 유지하여야 하고, 혹시 악성 민원인에게 다소 과격한 발언을 하기라도 하면 바로 신분상 불이익을 당하기 쉽다. 법인 명의로 3억 원짜리 슈퍼카를 운행하는 사람에게는 그 경비 중 일부를 손비로 인정하여 상당한 액수의 법인세를 감면해주고, 수천만 원짜리 수소차와 전기차를 운행하는 사람에게는 국가와 지방자치단체가 앞다투어 수천만 원에 이르는 보조금을 지급하지만, 오래된 트럭을 운전해서 생계를 유지하는 영세한 자영업자에게는 서울 시내에서 공해차량을 운행한다며 눈에 불을 켜고 단속하고 예외 없이 과태료를 부과한다.

부동산임대사업자로 등록하고 수천 명의 피해자를 상대로 전세사기를 치고 다니는 사기꾼의 종합부동산세와 취득세는 그토록 쉽게 감면해주면서도, 어렵게 다자녀를 키우고 있는 가구의 근로소득세를 감면해주는 것에는 그렇게 인색하다. 그런데 전세사기범이 해당 주택을 포기하고 도망가는 순간 비과세 또는 합산배제되었던 종합부동산세 등의 각종 세금이 갑자기 살아나고, 국세청이 전세사기범에게 추징하여야 할 종합부동산세 등을 전세사기의 피해자들에 앞서 해당 부동산의 경매절차의 매각대금에서 먼저 배당받는 어처구니 없는 일 또한 너무나 자연스럽게 일어난다.

국가는 사업자들에게 자신들이 정한 최저임금과 노동시간을 준수할 것을 강제하고 이를 위반한 사업자를 예외 없이 처벌하면서도, 정작 국가가 고용한 교사들이나 경찰관, 하위직 공무원이나 군대의 부사관들에게는 자신들이 정한 최저임금보다 못한 급여와 휴일근무수당을 지급하고, 그나마도 국가 스스로 정한 노동시간을 초과하는 경우에는 예산이 없다며 최저임금보다 못한 급여를 받고 있는 공무원들에게 아무런 수당을 지급하지 않는 뻔뻔함을 보이는 것 또한 매년 반복된다.

대한민국은 다자녀가구나 전세사기 피해자, 청년과 아동에게는 한없이 엄격한 반면, 다주택가구나 전세사기범에게는 한없이 친절한 이중기준을 갖고 있지만 이를 눈치채는 사람은 그리 많지 않다. 물론 국회와 정부는 앞에서는 다자녀가구와 청년, 아동의 이익을 위하여 최선을 다하고 있는 것처럼 외치고 있지만, 다자녀가구, 청년과 아동은 급진적인 것처럼 보이는 여러 정책들에도 불구하고 별다른 이익을 받은 바 없다. 실제 여러 통계를 통해서 드러나고 있는 것은 오히려 이들이 강력한 선택압(選擇壓, selection pressure)을 견디지 못하고 소멸의 길에 접어들었다는 것이다.

사실 국가가 소외된 다자녀가구와 청년들에게 실질적 혜택을 줄 생각이 없었다는 점은 처음부터 너무나 명백한 것이었다. 언제나 정부가 부동산경기를 걱정하면서 다수의 부동산 자산을 갖고 있는 다주택자에게는 종합부동산세 등의 국세와 취득세 및 등록세 등의 지방세를 어떻게 하면 감면해줄 수 있을까를 고민하면서도, 다수의 자녀를 낳고 기르는 다자녀가구에 대해서는 근로소득세를 조금도 감면해줄 생각은 추호도 없었다. 다자녀가구의 근로소득세를 파격적으로 감면해 주는 미국이나 독일과는 달리, 우리나라에서 다자녀가구에 대한 실질적인 혜택은 국가가 지방자치단체나 한전의 팔을 비틀어 자동차 취득세나 전기요금을 조금 깎아주는 것으로 생색을 낸 것이 전부였기 때문이다. 다자녀가구와 청년들이 급등한 자산 가격과 고용불안으로 출산과 결혼을 줄이는 것에 대응하여 정부가 해결책으로 내놓았던 것의 상당 부분은 급등한 자산 가격과 고용불안으로 인하여 이득을 보는 계층에게 더 많은 보조금과 세액 감면의 혜택을 주는 것이었다. 정부는 저출산 대응에 2006년부터 2021년까지 280조 원을 썼다고 밝히고 있지만, 지방자치단체에서 지원하는 바우처 등을 통하여 실제 출산율 진작에는 직접적인 효과가 있다고 보기 어려운 업체들(예를 들면, 관광호텔 지원이나 만화 육성)에 저출산 관련 예산을 모두 소진하였을 뿐, 다자녀가정에 실제로 세금을 감면해주거나 경제적 이익을 줄 생각은 처음부터 없었다. 이러한 상황에서 다주택가구는 살아남고, 다자녀가구는 멸종의 선택압을 받는 것은 너무나 당연한 것이다.

어떤 국가가 적극적으로 특정 인구그룹의 출산을 절대적으로 '억제'하겠다는 명확한 정책적 목표를 갖고 그 목표에 상응한 노력을 기울이더라도, 전쟁이나 기근과 같은 상황이 없다면 현재 우리나라의 출산율 수준(2023년 3분기 기준 0.70)에 도달하기는 쉽지 않을 것이다. 하지만 대한민국은 출산을 극단적으로 억제하겠다는 목표를 갖고 있었던 것도 아니었음에도, 인류 역사상 그 어떤 나라도 평화시에 달성했을 리 없는 출산율 수치를 매 분기마다 경신하면서 자연적 국가소멸의 길에 들어섰다(참고로 일본의 2023년 상반기 출산율은 1.26이다). 이러한 상황에서 정부는 한가롭게 출산과는 아무런 상관이 없는 누군가가 저출산 대응 예산을 가로챌 수 있는 구조를 설계하여 두고, 출산과는 아무런 관련이 없는 누군가에게 끊임없이 저출산 대응예산을 소진하고 있다. 그 결과 희대의 빌런이 의도적으로 국민들의 출산을 막고 있는 상황이라고 하더라도 도저히 도달할 수 없는 수준으로 보이는 출산율을 지속적으로 경신하고 있고, 누군가가 280조 원의 저출산 대응 예산을 모두 가로채고 있음에도 아무도 이상하게 느끼지 않는 바로 이 상황이 패망에 가까워져가고 있는 대한민국이 보여주는 괴이한 모습인 것이다.

이처럼 공식적으로 밝힌 정책적 목표(예, 출산율 제고)가 내심 의욕하는 실질적 목표(예, 다자산가구의 소득증대)와는 어울리지 않는 것임에도 불구하고, 언뜻 합리적인 것처럼 보이는 '이중기준'을 만들고 대중이 이를 쉽게 알아차릴 수 없도록 하는 것은 어디까지나 국가의 예산에 빨대를 꽂은 누군가에게 꾸준히 돈을 공급하기 위한 구조를 계속 유지하기 위한 것이다. 이처럼 국가에게 빨대를 꽂은 자들에게 돈을 공급해주는 구조는 사업 실패로 인한 빚을 개인회생으로 벗어나 보려고 하였다가 결국 자살로 자신의 삶을 마감한 다자녀가구의 가장이나 학교폭력의 피해를 입고 학교에서 자퇴하고 은둔형 외톨이(히키코모리)로 전락한 아동을 위한 것이 결코 아니다.

하지만, 교묘하게 설계되어 있는 이중기준으로 인하여 국가에 빨대를 꽂고 배를 불리고 있는 자들이 다자녀가구와 청년, 아동과 같이 보호받아야 할 그룹에 결코 포함되지 않는다는 사실을 눈치채기는 쉽지 않다. 이 때문에 외부적으로 드러나는 정책적 목표와 실질적인 목표가 전혀 다르다는 점이나 이중기준이 국가에게 빨대를 꽂은 자들에게 돈을 공급해주는 구조를 유지하기 위한 것이라는 점을 제대로 인식하고 있는 사람을 찾아보기도 어려운 것이다.

제국의 법률이 괴이한 모습으로 변할 때 서로 상충되는 정책적 목표나 도저히 납득할 수 없는 이중기준이 끊임없이 생산된다. 이와 같은 이중기준은 국가로부터 부당한 이득을 받기 위한 도관(conduit)을 만들면서 이를 은폐하기 위한 목적으로 정립되는 것이므로, 괴이한 법의 가장 핵심적인 요소를 이룬다. 그리고 이중기준 중에서 제국의 패망과 가장 밀접하게 관련이 있는 것은 바로 시스템의 제약을 회피할 수 있는 특권을 창설하고 권한과 책임을 분리하는 이중기준이다. 이는 국가가 정상적으로 작동되는 데 가장 필요한 기능을 담당하는 사람들에게는 한없이 큰 부담과 불이익을 지우면서도, 막대한 자산을 보유하고 국민들을 착취하면서 해악만을 끼치고 있는 사람들에게는 시스템의 여러 제약을 회피할 수 있는 특권을 행사할 수 있는 권능을 부여하는 것이다.

무엇보다 가장 결정적인 특권은 수사와 형사재판을 회피할 수 있는 권능, 즉 처벌회피의 권능이다. 결국 처벌회피의 권능의 확대가 제국의 정상적 기능을 저해하고 패망에 이르게 하는 핵심적인 요소가 된다. 수사와 형사재판의 정상적인 작동을 방해하며 수사와 형사재판에서의 특권을 누리는 사람의 범위가 늘어나면서 제국의 쇠락이 시작되고, 이후 그 특권을 누리는 자들의 범위가 점차 확대됨에 따라 제국의 작동불능 또한 가속화된다. 제국의 정상적인 작동을 방해함으로써 이익을 누리려고 하는 자(또는 국가에게 빨대를 꽂은 자)들의 세력이 커지면서 자신들의 특권을 확실하게 해두기 위한 기괴한 내용의 형사법을 만들기 마련이고, 이러한 형사법은 결국 부패할 준비가 되어 있는 권력자들과 그들에게 자금을 대주는 범죄자들을 보호하고 그들에게 더욱 큰 특권을 제공하게 된다. 이러한 악순환이 반복되면 결국 형사사법시스템의 정상적인 기능이 모두 중단될 수밖에 없고, 아무리 강력한 제국이라고 하더라도 곧 패망에 이를 수밖에 없게 되는 것이다.

[형사절차에서의 특권: 처벌회피(impunity)]

원래 왕은 형사사법시스템의 적용을 받지 않았고, 권력을 갖고 있는 한 수사나 재판, 처벌을 받지 않았다. 특히 왕권신수설에 따르면 백성에 대한 형벌권은 신으로부터 권한을 부여받은 왕의 고유한 권한이었고, 판사는 어디까지나 왕으로부터 형벌권 행사를 위임받아 그 권한을 행사하는 도구에 불과하였다. 왕으로부터 형벌권을 위임받은 판사가 그 형벌권으로 다시 왕을 재판한다는 것은 논리적으로 모순되는 것이었으므로, 결코 허용될 수 없었다. 이에 '주권자인 왕은 법적인 잘못을 저지를 수 없고, 주권자인 왕을 처벌할 수도 없다'는 주권면제(crown immunity) 원칙이 확립된 것은 너무나 당연한 결과였고, 이는 오랜 기간 각국의 법원이 재판권한을 행사할 수 있는 범위를 제한해왔다. 우리 헌법 제84조가 "대통령은 내란 또는 외환의 죄를 범한 경우를 제외하고는 재직중 형사상의 소추를 받지 아니한다"고 규정하고 있는 것에서도 주권면제의 희미한 흔적을 찾아볼 수 있다.

권력자 등이 중대한 범죄를 저질러도 처벌이 이루어지지 않는 상태를 가리켜 '처벌회피 또는 불처벌(impunity)'이라고 한다. 나치가 지배하던 독일 제3제국(Drittes Reich)에서 유대인 집단학살을 지시한 총통 아돌프 히틀러에 대해서 아무런 수사나 처벌이 진행되지 않았고, 아프리카의 콩고를 자신의 사유지로 갖고 있던 벨기에의 왕 레오폴드2세가 최대 1,500만 명에 이르는 콩고 사람들을 죽이고 그들의 팔다리를 자르는 잔혹한 범죄를 저질렀을 때에도 그에 대해서 아무런 수사나 처벌이 진행된 바 없었다는 것을 불처벌의 대표적인 사례로 들 수 있다.

오늘날의 처벌회피 또는 불처벌이란 대체로 '범죄를 저지른 권력자 또는 정치적 영향력이 있는 사람에 대해서 수사나 형사재판, 그에 따른 처벌이 이루어지지 아니하여 정의실현이 거부된 상태'를 의미한다. 국가의 형사사법시스템이 정상화되어가는 과정은 권력을 가진 자가 수사와 재판을 전면적으로 피해갈 수 있는 처벌회피 또는 불처벌 사례가 사라지고, 부패범죄를 저지른 권력자 또한 일반인의 경우와 마찬가지로 수사와 재판을 받게 되는 것과 그 궤를 같이 한다. 다시 말해서, 권력자 또는 정치적 영향력이 있는 사람의 범죄에 대한 처벌이 제대로 이루어지는지를 통하여 형사사법시스템이 얼마나 형사정의를 실현하는 체계를 갖추고 있는지를 확인할 수 있는 것이다.

반대로 국가의 형사사법시스템이 부패하는 과정은 이중기준이 점차 늘어나고 처벌회피의 범위 또한 확대되는 것을 통하여 어렵지 않게 확인할 수 있다. 만약 부패한 형사사법시스템이 붕괴로 나아가고 있다면, 처음에는 최고 권력자와 그 가족만이 처벌회피의 특권을 누릴 수 있었다가, 나중에는 그 특권을 누릴 수 있는 범위가 권세와 재력이 있는 자들로 확대될 것이다. 이후 권력자 또는 정치적 영향력이 있는 사람의 범죄에 대한 수사, 재판 및 처벌이 현저하게 곤란하도록 법률제도가 변경되거나, 수사와 재판을 통한 실체적 진실발견이 현저히 어려워지는 방향으로 실무가 운용되다 보면, 점차 처벌을 받지 않는 사람의 범위가 무제한으로 확대될 수밖에 없다. 그러다 보면 부패범죄나 경제범죄를 저지르는 범죄자들 대부분이 어느덧 처벌회피의 특권을 누리는 상황이 되고, 선량한 시민들은 무법천지에서 각자도생을 도모해야 하는 처지에 내몰리게 되는 것이다. 특히 형사사법시스템이 수사나 재판을 할 수 없는 사실상의 처벌회피의 범위가 극적으로 확대되어 개별 사건에서 진실발견이나 형사정의실현이 불가능하다는 점이 명백하게 드러날 때, 국민들이 거리로 나가 범죄자를 처벌하고 부패한 정부를 전복시켜야 한다는 구호를 외치기 시작할 것인데, 이것이 바로 형사사법시스템이 이미 붕괴되었음을 알리는 가장 확실한 증거가 된다.

['사실상의 처벌회피(처벌면제)' 특권]

법률상의 처벌면제는 대통령이나 국왕 등 국가의 수반(Head of State)에게만 주어지는 법률상의 특권이지만, '사실상의 처벌회피'의 특권은 게임 내에서 아무리 양아치 짓을 하고 다니더라도 뒷일을 걱정할 필요가 없게 해주는 투명망토(invisibility cloak)와 같은 레어 아이템이다. 사실상의 처벌회피의 특권이 효과를 발휘하는 경우라면 수사기관은 사건 초기부터 처벌에 필요한 사실관계를 파악하거나 이를 위한 증거를 수집하는 행위를 전혀 하지 않는다. 만약 백악관에서 코카인 뭉치가 발견되었다고 하더라도, 수사기관은 용의자를 특정할 수 있는 증거를 전혀 확보하지 못하였다는 수사결과를 서둘러 발표하고 11일만에 수사를 종결할 수도 있다. 물론 수사와 형사재판절차에서 자신의 재력을 이용하여 어렵지 않게 불기소나 무죄 판결을 받을 수 있다면, 이 또한 넓은 의미로 처벌회피를 가능케 해주는 투명망토에 속한다고 볼 수 있을 것이다.[1]

사실상의 처벌회피 특권은 이를 행사할 수 있는 사람의 수와 범위가 상당히 제한되어 있을 수밖에 없기에 진정으로 희소한 것이다. 언제 어디서든 사실상의 처벌회피의 특권을 누리기 위해서는 실제 수사와 재판을 담당하는 경찰관, 검사 및 판사에 대하여 직간접적으로 인사상 불이익을 줄 수 있는 정도의 권력을 갖고 있어야 하기 때문이다. 사실상의 처벌회피 특권은 시스템의 정상적인 감시와 제재를 피할 수 있다는 점에서 영화나 게임에서의 투명망토와 유사한 역할을 하기는 하지만, 모든 사람들이 누

---

1 사우디의 백만장자인 에산 압둘아지즈(Ehsan Abdulaziz)는 2015년 영국에서 강간 혐의로 기소되었다. 피고인 압둘아지즈는 검사의 공소에 대하여 '거실에서 우연히 넘어졌는데, 속옷에서 빠져나온 성기가 마침 소파에서 자고 있던 피해자의 성기 안으로 우연히 들어갔다'는 황당한 주장을 하였지만, 이후 배심원들은 피고인에 대한 무죄평결을 내렸다. 물론 배심원들이 재판과정에 현출된 모든 증거들을 확인하고 30분 만에 무죄평결을 내린 것에는 아마도 술자리에서 만나 피고인의 집에 따라간 피해자의 진술을 여러 모로 신빙하기 어렵다고 판단하였기 때문인 것으로 보이지만, 만약 배심원들이 다소 납득하기 어려운 피고인의 변명이나 유능한 변호사의 현란한 변론을 그대로 믿어준 탓이라면 아마도 백만장자인 피고인에 대해서는 별다른 재력이 없는 피고인과 비교하여 (특히 유능한 변호사를 통한) 두툼한 보호막이 작동된다고도 볼 수 있을 것이다. 자세한 내용은 Independent, "Ehsan Abdulaziz: Saudi millionaire who said he 'accidentally tripped and penetrated' teenage girl cleared of rape", 2015. 12. 16.자 기사

가 그 특권을 행사할 수 있는지 명확하게 알고 있다는 점에서 누가 아이템을 사용하고 있는지를 알기 어려운 영화나 게임 속 투명망토와는 적지 않은 차이가 있다. 또한 프랑스혁명 당시 루이 16세의 사례에서 볼 수 있듯, 현실에서 처벌회피 특권을 상실한 이후에는 반드시 뒷일을 걱정하여야 한다는 점에서도 영화에 나오는 투명망토와는 적지 않은 차이를 보인다.

상당한 정도로 부패가 만연해 있는 나라라면, 사실상의 처벌회피 특권을 행사하는 권력자와 정치적, 경제적 이해관계로 긴밀하게 연결되어 있는 사람들 또한 같은 특권을 누리기를 희망한다. 사실 인류의 권력투쟁은 외견상으로는 국가의 중요의사결정, 국가조직의 인사나 예산에 관한 권한에 관한 것으로 보이지만, 권력투쟁을 바로 옆에서 직관할 수 있는 정도의 위치에 올라가는 순간 투쟁의 대상이 되는 권력에는 반드시 처벌회피의 특권이 포함되어야 함을 깨닫는 데 그리 많은 시간이 걸리지 않는 법이다.

[처벌회피의 출발점(1단계): 태국의 레드불 스캔들]

처벌회피의 특권이 현실 세계에서 어떻게 구현되는지를 여실히 보여주는 사례로 2012년 발생한 후 아직까지 전혀 해결되지 않고 있는 태국의 '레드불 스캔들'을 들 수 있다.[2] 2012년 9월 방콕 도심에서 페라리 자동차를 운전하던 운전자가 오토바이를 타고 근무 중이던 경찰관(Wichean Glanprasert)을 들이받아 사망하게 한 뒤 도주하였다. 당시 페라리는 시속 177km의 속도로 운행하다가 경찰관과 부딪친 후 약 200m를 더 주행한

---

2 New York Times, "Thailand Drops All Charges Against Red Bull Heir in Deadly Crash", 2020. 7. 24.자 기사; 서울신문, "페라리 뺑소니에 마약까지 '무죄' 레드불 3세 '공분'", 2022. 8. 4.자 기사

뒤 멈췄고, 피해 경찰관은 페라리에 끌려가다 목과 뼈가 부러져 사망했다. 사고 직후 현장에서 도주한 용의자는 자신의 집에서 체포되었는데, 체포된 후 측정된 용의자의 혈중알코올농도는 법적 허용치를 초과한 0.065%였고, 과속과 코카인 복용이 의심되는 상황이었지만, 용의자는 보석금 50만 바트(약 2,000만 원)를 내고 풀려난다.

문제는 용의자가 세계적인 스포츠 음료 '레드불(Red Bull)' 창업주의 손자인 오라웃 유위티야(Vorayuth Yoovidhya, 당시 27세)였다는 것이었다. 그가 속한 유위티야 가문은 202억 달러(약 24조 원)의 재산을 보유한 태국에서 손꼽히는 부호였기에 경찰관이 음주운전 뺑소니로 사망한 중대한 사건이었음에도 불구하고 경찰은 오라웃의 혐의에 대한 수사를 제대로 진행할 수 없었다. 음주운전으로 사망사고를 내고 뺑소니를 친 오라웃은 경찰로부터 8차례에 걸쳐 소환을 받고도 단 한 차례도 응하지 않았다. 그럼에도 경찰은 그에 대해서 체포영장을 발부하지 않았다. 오라웃은 자신의 가족들이 피해 경찰관의 가족에게 10만 달러 상당의 손해배상금을 지급한 이후, 전용기를 타고 영국, 일본 등 최소 9개 국가를 방문하고, 포뮬러 원(F1) 대회를 보러 다니는 등 화려한 생활을 계속함으로써 태국 국민들을 경악시키기도 하였다.

2017년 우여곡절 끝에 오라웃에 대한 첫 번째 체포영장이 발부되기는 하였지만, 그는 직전에 국외로 도주하는데 성공하였고, 수사는 또다시 답보상태에 들어가게 된다. 태국의 경찰과 검찰은 사고 발생 이후 수년간 오라웃에 대한 수사를 진행할 생각이 없는 것처럼 한없이 미루다가 그에 대한 과속, 도주차량 및 업무상 과실치상 혐의에 대해서는 공소시효가 완성되었음을 이유로 사건을 종결한다. 그리고 남아 있던 혐의인 업무상 과실치사 혐의에 관하여도, 태국 경찰은 오라웃이 피해 경찰관을 죽음에 이르게 하고 도주한 때로부터 8년이 지난 2020년 7월이 되어서야 불송치결정을 하면서 인터폴 수배나 체포영장을 청구하지 않겠다는 입장을 밝혔다. 당시 태국 경찰은 '필요한 모든 절차를 거쳤고, 이에 따라 지극히 정상적인 결론에 이른 것이다'라며 불송치결정이 정당한 것임을 강변하였다. 이는 수사기관이 차후 수사를 받거나 처벌을 받지 않을 것임을 확인해준 것이었기 때문에, 국외로 도주하였던 오라윳은 이제 체포될 위험이 사라진 태국으로 떳떳하게 귀국하게 된다.

문제는 태국 경제가 의존하던 관광산업이 코로나 19로 막대한 타격을 입게 되어 실업과 불평등으로 고통을 받게 된 태국 국민들은 경찰이 발표한 수사결과에 더 이상 납득할 수 없었다는 것이었다. 태국 전역에서 경찰의 수사결과에 항의하는 집회가 시작되었고, 이후 빠르게 번져 나가며 반(反)정부 시위로 발전하게 된다. 이것이 바로 총리의 사임과 태국 군주제 개혁을 요구하였던 2020년 태국 민주화운동의 출발점이었다(우리의 경우 1987년 6월 민주항쟁의 단초를 제공했던 것은 독재정권의 권력유지를 위한 정권 차원의 범죄에 대해서 처벌회피의 특권이 존재함을 깨닫게 해준 박종철 고문치사 사건이었다). 1만 명의 시위대가 방콕에 집결한 가운데 태국 사회에서 금기시되던 왕실 개혁 문제까지 거론되기 시작하자, 태국 정부는 서둘러 위 사건에 대한 진상조사위원회의 설치를 약속했고, 수사당국은 부랴부랴 오라윳 재수사 방침을 발표했다.

그리고 수사당국은 재수사 후 보름 만에 오라윳에 대한 체포영장을 청구한다. 사고 당시 오라윳이 코카인을 복용했다는 증거가 나왔음에도 수사기관은 '치과 치료를 위해 맞은 것'이란 오라윳 측 주장을 그대로 받아들여 별도로 입건하지 않았았는데, 뒤늦게 코카인 복용 혐의를 들어 체포영장을 청구한 것이었다. 이에 방콕 남부지방법원은 오라윳에 대해 코카인 복용, 피해자 구조 의무 불이행 등 새로운 혐의를 추가해 영장을 발부하게 된다. 이처럼 경찰이 사건 발생 8년 만에 오라윳에 대한 체포영장을

374

빨대사회

발부하면서 강제 구인에 나설 듯한 모습을 보이자, 오라웃은 또다시 수사 기관의 손길을 피하여 싱가포르로 도주해버린다. 경찰은 도주한 오라웃을 인터폴의 수배명단에 올렸지만, 이후 알 수 없는 이유로 수배명단에서 그의 이름이 사라진다. 이후에도 검찰과 경찰이 조직적으로 그를 비호하고 있다는 사정이 드러났고 이에 대한 비판 여론이 들끓었지만, 실제 그에 대한 수사는 전혀 진행된 바 없었다.

2022년 오라웃의 코카인 복용 혐의에 대해서는 마약법 개정으로 공소시효가 완성됨으로써, 그에 대해서는 업무상 과실치사 혐의만 남게 되었다. 이미 민주화운동 시위대가 해산한 상황에서는 어떠한 수사기관도 오라웃에 대한 수사와 기소에 대해서는 적극적인 모습을 보이지 않고 있었기 때문에, 수사기관이 그의 신병을 확보하지 못한 상태에서 2027년이 경과하게 되면 나머지 업무상 과실치사 혐의 또한 공소시효 완성으로 공소권 없음의 불송치(또는 불기소) 결정이 내려지게 될 것임은 매우 분명해 보인다.

사실 오라웃에 대한 수사와 재판이 제대로 진행되지 않을 것이라는 점은 이미 예견된 것이었다. 사고 발생 직후 피해 경찰관의 형은 '용의자가 권력과 돈이 있는 사람으로 많은 커넥션을 갖고 있기 때문에 기소되지도 않을 것이다. 만약 기소되더라도 아무런 처벌을 받지 않을 것이며, 혹시 처벌이 된다고 하더라도 집행유예로 종결될 것이다.'라고 예상하였는데, 무려 10년이 경과한 무렵까지 그의 예측이 그대로 들어맞고 있는 것이다. 물론 용의자가 권력이나 돈, 커넥션을 갖지 못한 경우라면 전혀 다른 결과가 나왔을 것이라는 점에 대해서는 이론의 여지가 없을 것이다.

태국의 레드불 스캔들은 형사사법정의를 바라는 국민들이 아무리 많고, 그들이 온 도심을 메우고 왕정을 폐지해버리겠다며 압박을 하더라도, 형사사법시스템의 손길이 결코 닿을 수 없는 정도의 부와 권력을 가진 자들이 존재하고 있음을 증명해보이고 있다. 특히 1만 명의 시위대가 오라 웃에 대한 처벌을 요구하면서 이에 응하지 않는 태국 왕실의 폐지를 주장한 것에 대하여 태국 정부가 철저한 수사를 약속하였음에도, 수사당국이 오라웃에 대한 체포영장을 집행하지 못했다는 사정은 처벌회피 특권을 행사하는 집단이 얼마나 견고하고 강력한지, 그리고 그들의 처벌회피에 대한 의지가 얼마나 대단한 것인지를 드러내 보여준다.

공무수행 중인 경찰관이 살해된 것임에도 태국 경찰 스스로 무기력한 모습을 보이는 것을 보면, 처벌회피의 특권을 누리는 강력한 집단이 존재할 때 형사정의를 바라는 자들이 느끼게 될 무력감이 어떨 것인지를 어렵지 않게 짐작해볼 수 있다. 과거 우리나라에서도 처벌회피의 특권을 누리는 자들의 의지가 어떠한 것인지를 보여주는 사례가 적지 않았는데, 그중 대표적인 것으로는 조선의 궁궐에서 연쇄살인을 저지르던 사도세자에 관한 진실을 알렸던 나경언의 사례를 들 수 있다. 1762년 5월 나경언은 영조에게 '세자가 왕손(王孫)의 어미를 때려 죽이고, 여승(女僧)을 궁으로 들였으며, 서로(西路)에 행역(行役)하였다'며 사도세자가 궁궐에서 연쇄살인을 하고 있음을 알렸는데, 영조는 곧바로 불편한 진실을 발설한 나경언을 고문하도록 하였고, 이후 신하들의 청에 따라 '하찮은 자가 세자를 모함하였다'는 이유로 그를 대역죄인으로 몰아 참형에 처할 것을 지시하였다(영조실록 38년 5월 22일). 이처럼 동서고금을 막론하고 처벌회피의 특권은 그에 맞서는 사람에게는 결코 관대하지 않다. 그리고 처벌회피의 특권을 누리는 자들의 신속하고도 무자비한 의사결정을 마주할 때 아무것도 할 수 없는 사람들이 느끼게 되는 무기력함 또한 시대와 장소를 가리지 않고 별다른 차이가 없을 것이다.

[처벌회피의 점진적 확대(2단계): 미국의 금주법과 주류밀매업자들]

형사사법시스템의 기능 일부가 작동을 멈추었다면, 누군가 위법한 범죄를 저지르더라도 이를 수사할 권한을 가진 수사기관이 없거나, 해당 범죄자에 대한 수사가 진행되어 기소되더라도 법원이 합당한 결론을 내릴 수 없는 상황에 자주 맞닥뜨리게 된다. 형사사법시스템의 수사와 재판기능이 제대로 작동하지 않아 처벌회피의 범위가 대폭 확대된 대표적인 예로 금주법 제정 직후의 미국을 들 수 있다.

미국 의회는 1919년 미국 사회에 만연한 음주문제를 해결하겠다며 알코올 농도 0.5% 이상인 주류의 생산과 판매를 금지하는 '금주법(Volstead Act)'을 제정하였다. 그런데 금주법은 의료 목적의 알코올이나 종교의식에 사용되는 와인을 허용함으로써 그 시작부터 중대한 입법적 허점(loophole)을 갖고 있었다. 아울러 정부지출을 최소화하는 것을 중요한 목표로 삼고 있었던 의회는 아주 적은 예산만을 금주법 위반 범죄의 단속과 수사를 위해서 편성해 두었기 때문에, 금주법 단속국(Bureau of Prohibition)에 배치되어 미국 전역에서 단속과 수사를 담당해야 하는 수사관의 수는 고작 1,500여 명에 불과했다.

만연한 음주문제를 해결하기 위하여 주류의 생산과 판매에 엄정한 처벌을 하겠다면서도 폭넓은 예외 규정을 두고, 범죄의 수사와 단속에는 최소한의 인원과 예산만을 배정해 둔 금주법이 제대로 작동할 리 없었다. 금주법은 대체로 가난한 노동계급을 엄혹하게 처벌하는 결과를 낳았을 뿐, 실제 미국 사회에 만연한 음주문제를 제대로 해결하지 못하였다. 오히려 금주법은 알 카포네와 같이 단속과 수사를 피해 주류를 밀매하는 범죄자들(bootleggers)이 크게 번성하는 계기를 만들어 주었다.

엉성한 금주법을 회피하기 위한 노력은 곳곳에서 발견할 수 있다. 그

중 가장 유명한 것은 일정한 기간 물에 담가 두면 와인을 만들 수 있는 포도 블록이 금주법에 직접적으로 저촉되지 않는 점을 노리고 출시된 포도압축 블록인 바인글로(Vine-Glo)였다. 바인글로는 "포도 블록을 1갤런의 물에 녹인 후 20일간 찬장에 두어서는 결코 안됩니다. 왜냐 하면 포도용액이 바로 (금주법이 금지하고 있는) 와인으로 변하기 때문입니다."라는 신박한 경고문구를 달고 불티나게 팔려나갔다. 당초 수사당국은 바인글로가 금주법에 위배되지 않는다고 보았지만, 얼마 지나지 않아 연방법원은 바인글로가 금주법에 위반된다고 판단하였는데(United States v. Brunett, 53 F.2d 219), 이렇듯 갈팡질팡한 법적용은 금주법이 무엇을 금지하고 있고, 무엇을 허용하고 있는지부터 분명하지 않았기 때문이었다.

혼돈의 금주법 시대에 '주류밀매업자의 왕(King of the Bootleggers)'으로 불렸던 조지 레머스(George Remus)의 사례는 제대로 작동하지 않는 미국 형사사법시스템의 현실을 적나라하게 드러내 보여주었다. 원래 변호사였던 조지 레머스는 그가 변호하던 주류 밀매업자가 막대한 벌금을 아무렇지도 않게 납부하는 것을 보고, 자신도 주류 밀매업계로 뛰어들기로 결심한다. 과거 시카고 약학대학을 졸업하고 약사로서 약국을 운영하다가, 이를 그만두고 다시 일리노이 법과대학에 입학하여 변호사 자격을 취득한 후 형사사건 전문 변호사로 경제적으로 성공을 거둔 그는 금주법 시행 전에 생산되어 주류 공장에 재고로 쌓여 있던 수백만 갤런의 위스키를 합법적으로 확보할 수 있는 방법을 찾아냈다. 제약회사는 정부의 허가를 받으면 재고로 쌓여 있는 주류를 '의료용'으로 구매할 수 있다는 점에 착안하여, 레머스는 스스로 제약회사를 설립하고 주류창고에 재고로 쌓여 있던 위스키를 무차별적으로 사들이기 시작한다(이후에는 다수의 주류공장도 매입한다). 그리고 그는 자신이 설립한 운송회사를 통하여 위스키를 운반하도록 한 다음, 역시 자신이 고용한 무장강도들로 하여금 운반 중인 위스키를 탈취하도록 하였다. 공식적으로는 무장강도가 탈취한 것으로 신고된 위스키는 모두 어둠의 경로로 판매되며 레머스에게 막대한 이득을 안겨주게 된다.

그런데 오랜 기간 완전범죄에 가까웠던 레머스의 범죄행각은 그의 뇌물을 거절한 인디애나 주의 수사관에 의하여 적발됨으로써 끝나게 된다. 이후 레머스는 3천여 회에 걸쳐 금주법을 위반하였다는 혐의로 기소되어 1925년 배심원들로부터 유죄평결을 받고 2년의 징역형을 선고받는다. 그는 교도소에서 수형생활을 하던 중 동료 수감자인 프랭클린 닷지(Franklin Dodge)에게 "내 아내가 모든 재산을 관리하고 있다"며 넌지시 이야기하였는데, 사실 교도소에 위장 잠입해 있었던 금주법 수사관이었던 닷지는 바로 수사관직을 그만두고 레머스의 처 이모진 홈즈(Imogene Holmes)를 찾아간다. 닷지는 홈즈와 불륜을 저지른 다음, 홈즈와 함께 레머스의 주류공장을 포함한 모든 재산을 처분하고 그 처분 대가를 은닉해 두었다. 1927년 레머스가 출소하자 홈즈는 살인청부업자를 고용해 레머스를 살해할 것을 교사하기도 하였다. 그런데 살인청부업자가 레머스에게 홈즈로부터 살인청부를 받았다는 사실을 알려줌으로써 홈즈의 살인교사는 실패로 돌아간다.

레머스가 금주법 위반죄로 2년간 복역하고 있는 동안, 홈즈는 금주법 수사관과 불륜을 저지르고 그의 재산을 모두 처분한 것도 모자라, 그를 죽이려고 시도하다가 이에 실패한 것이었지만, 그녀는 여기서 포기하지 않고 레머스를 상대로 이혼을 청구한다.

그런데 레머스는 이혼 재판의 변론기일이 열리는 날 법정에 출석하였던 홈즈를 총으로 살해하였고, 즉시 경찰서에 자수하게 된다. 이후 진행된 그에 대한 살인사건의 형사재판은 전국적인 관심을 끌게 되었다. 레머스는 공판기일 내내 스스로를 변호하면서 노련하게 자신이 '일시적 심신상실 상태(transitory insanity)'에 있었음을 주장했다. 일시적 심신상실 주장은 과거 그가 변호사로서 성공가도를 달리고 있을 때 다수의 살인사건에서 높은 성공(즉, 무죄평결)을 거둘 수 있는 이유가 되었던 바로 그 주장이었다. 그의 아내가 레머스의 삶을 망가뜨렸다고 생각한 배심원들은 불과 19분 만에 평의를 마치고, 그에 대해서 '죄가 안됨(not guilty)'의 평결을 하게 된다. 이로써 레머스에 대한 형사사건은 그가 정신병원에 입원하는 것으로 종결된다. 그리고 그가 불과 7개월 만에 정신병원에서 퇴원함으로써 모든 절차가 마무리되었다. 레머스는 수사기관에 스스로 아내를 살해하였음을 자백하였음에도, 당시 미국의 법원은 제대로 된 실체적 진실을 밝히지도 못했고 합당한 처벌을 내리지도 못한 것으로 평가받았다.

실제 형사사법시스템이 서서히 작동을 멈추게 되면, 레머스의 사례처럼 변호사와 같은 전문직을 그만두고 범죄조직의 수괴로 변신하는 사례를 찾아보기 쉬울 것이다. 성공한 전문직 종사자보다 사기범죄집단의 수괴가 훨씬 더 큰 수익을 거둘 수 있는 상황에서, 각고의 노력과 경험을 바탕으로 형사사법시스템의 허점을 훤히 알고 있는 변호사 또한 수사와 재판을 받지 않는 안전하면서도 천문학적인 범죄수익을 마다할 이유가 없기 때문이다. 전문성으로 무장한 범죄조직의 수괴들은 과거 미국에서 레머스가 보여주었던 것처럼 수사기관과 법원의 모든 노력을 우습게 만들면서 형사사법시스템의 손길을 손쉽게 피해 가는 모습을 보여줄 지도 모른다. 형사증거법에 전문성을 갖춘 범죄조직의 수괴가 자신이 저지른 범행의 전모를 드러내는 증거들을 빠짐 없이 인멸하였다면, 수사기관에게 해당 범죄조직의 범행을 밝힐 것을 기대하기도 쉽지 않다. 그로 인해 해당 범죄가 수사와 재판을 받을 가능성이 전혀 없는 비즈니스가 되었다면, 그때부터는 그것을 범죄라고도 부르기도 어려울 것이다.

형사사법시스템의 붕괴되고 있음을 알리는 레머스에 대한 뉴스가 퍼져나갈 바로 그 무렵 미국 전역에서 '시카고 아웃핏(Chicago Outfit)'이라는 조직범죄단체를 이끌며 '스카페이스'라는 애칭으로 불리던 알 카포네(Al Capone)와 같은 성공한 범죄자들이 연예인처럼 대중적인 추앙을 받기 시작하였다. 알 카포네는 시장이나 경찰서장과 각별한 관계를 유지하였기에 '성 발렌타인 축일의 대학살(Saint Valentine's Day Massacre)'과 같이 지극히 폭력적인 방식으로 처벌회피의 특권을 과시하면서 경쟁상대를 제거하고 자신의 세력을 확장할 수 있었다.

당시 미국 대통령이었던 허버트 후버는 알 카포네의 갱단에 대하여 "시카고는 갱단의 손아귀에 있고, 경찰과 판사들은 완전히 그들의 통제하에 있다. 오로지 연방정부만이 시카고를 정상적으로 회복시킬 수 있는 유일한 조직이기 때문에, 모든 연방정부 조직은 알 카포네와 그 조직을 잡는 데 총력을 다하라"고 지시하였다. 이에 미국 연방정부가 모든 역량을 총동원하여 알 카포네에 대해서 야심차게 수사를 진행하였지만, 그에 대한 공소장에 기재된 공소사실은 기껏 법정모욕, 불법무기소지, 탈세 혐의에 관한 것이 전부였다.

미국의 금주법 제정과정에서 여러 가지 흥미로운 시사점을 확인할 수 있다. 그중 하나는 금주법은 이전까지는 합법적이었던 주류판매를 갑자기 위법한 것으로 보아 처벌하면서도, 실행과정에서의 구체적인 문제를 충분히 고려하지 않고 예외 조항을 두는 엉성한 구조를 취하고 있었다는 것이었다. 덕분에 이미 범죄조직을 갖추고 있거나 법률적인 지식이 충분한 범죄자들에게는 법망을 피해갈 수 있는 방법을 찾는 것이 그리 어렵지 않았다. 또한 실제 금주법 단속과 수사에 필요한 자원을 현저하게 부족한 수준으로 투입함으로써, 오히려 의도했던 것과는 달리 마피아의 창궐과 형사사법시스템의 붕괴를 가져왔다. 불법적인 밀주사업의 규모가 성장하는 속도를 따라잡지 못한 형사사법시스템은 적어도 금주법 관련 사건에 대해서는 정상적인 작동을 사실상 멈추었고, 이는 다시 불법적인 밀주사업의 규모를 폭발적으로 성장시키는 계기로 작동하였다.

이처럼 폭발적으로 성장한 밀주사업과 정상적으로 작동하지 않는 형사사법시스템이 공존하는 상황에서는 대통령이 총력을 다하여 알 카포네를 체포하라고 지시한다고 하더라도, 알 카포네의 금주법 위반이나 살인교사 등과 직접 관련된 혐의가 아닌 탈세 혐의로만 수사와 형사처벌이 가능하였다는 점 또한 눈여겨 볼 만하다. 이는 금주법이 미국의 형사사법시스템을 '큰 파리는 잡지 못하고 작은 파리만 잡는 거미줄'로 바꾸어 버리는 데 결정적인 역할을 하였음을 짐작케 한다. 미국 대통령이 법무부 등을 총동원하여 수사에 착수하였지만 알 카포네의 살인교사나 금주법위반 등의 혐의에 대해서는 충분한 증거를 수집하지 못하여 따로 기소하지 못하는 상황이 유독 미국의 금주법 시대에만 발생하는 것도 아니다. 형사사법시스템의 본격적으로 무력화되기 시작하면, 알 카포네를 꿈꾸는 조직범죄단체의 수괴를 수사함에 있어 모든 자원과 노력을 들이더라도 범죄의 증거를 충분히 수집할 수 없는 상황이 필연적으로 닥치게 될 것이기 때문이다.

또한 금주법으로 인하여 위법하지만 매우 수익성 높은 사업 기회들이 만들어졌고, 이로 인한 경제적 부가 너무나 매력적이었기 때문에 성공적인 변호사나 수사관이 모두 자신의 본업을 내버리고 밀주사업에 뛰어들었다는 점 또한 매우 흥미롭다. 안정된 직장을 갖고 있던 전문직 종사자들이나 공무원이 기꺼이 자신의 직업을 그만두고 불법적 비즈니스에 뛰어드는 장면을 본다면, 바로 해당 범죄가 처벌을 받을 위험이 상당 부분 사라져가고 있는 상태이고, 기존의 범죄조직들이 본격적으로 처벌회피의 특권을 누리고 있다는 점을 간접적으로 드러내 보인다고 할 수 있을 것이다.

마지막으로, 1920년 시행된 이후 미국 사회에 수많은 해악을 끼쳤던 금주법은 형사사법시스템의 붕괴라는 명백한 해악을 끼쳤음에도, 전반적으로 공익을 증진하였다고 평가할 수 있는지에 대해서는 제대로 밝혀진 바가 없었다. 그럼에도 수정헌법 제21조와 금주법이 개정되어 알코올 농도 0.5% 이상의 맥주와 와인의 생산이 허가된 1933년까지 금주법은 무려 13년간 그 효력이 유지되었다. 그나마 금주법 개정은 대공황으로 인한 경제사정의 악화, 주세 감소로 인한 정부 재정의 어려움, 강력하게 금주법 도입을 주장하였던 보수의원들의 사망 등으로 인하여 가능하게 된 것이었다. 하지만 이후에도 주별로 금주법을 계속 유지한 곳들이 있었기 때문에, 1966년에 미시시피주가 마지막으로 금주법을 폐지할 때까지 금주법은 미국 어디에선가 계속 그 효력을 유지하고 있었다. 알 카포네의 조직원이 대낮에 다른 경쟁조직의 조직원들을 살해하였다는 소식을 듣고 대통령을 포함한 모든 사람들이 두려워하고, 형사사법시스템이 제대로 작동하지 않는다고 불평을 하더라도, 한번 만들어 놓은 어리석은 법은 쉽게 사라지지 않는다는 것을 미국의 금주법이 여실히 보여주고 있는 것이다. 그리고 역사는 영원히 되풀이된다는 투키디데스의 격언은 오늘날까지 유효하다. 2014년 미국 캘리포니아 주에서 950달러 미만의 절도를 경범죄로 분류하기로 한 주민투표가 통과된 이후 상점 등에서의 절도와 약탈이 심각한 정도로 기승을 부리고 있음에도 그에 대한 입법적인 조치는 계속 미루어지고 있는 현재 상황 또한 금주법 당시와 큰 차이가 없는 것으로 보이기 때문이다.[3]

---

3 Fox News, "California Democrat frustrated by rising theft admits liberal crime bill was 'big mistake'", 2023. 8. 30.자 기사

[처벌회피의 전면적 확대(3단계): 1997년 알바니아 피라미드 사기사건][4]

처음에는 막대한 권력이나 부를 쌓아 둔 자들의 범죄에 대해서만 작동하지 않던 형사사법시스템이 점차 모든 범죄에 효과적으로 맞설 수 있는 수단을 상실하였다는 점이 널리 알려지게 되면서, 수사나 형사재판은 실체적 진실을 밝히는 기능이 급격하게 축소되는 변곡점을 맞게 된다.

우선 상당한 권력이나 부를 누리고 있는 자들은 혹시 있을지도 모르는 수사나 재판에 대비해서 자신도 처벌회피의 특권을 누릴 수 있는지를 알아보고 싶다는 생각을 하기 마련이다. 그래서 형사사법시스템이 실제로 개입하여 작동하는 지점이 어디인지를 파악하기 위하여 조심스럽게 수사기관과 법원의 간을 보다 보면, 그때 수사기관과 법원이 의외로 제대로 대응하지 못하고 무기력한 영역이 여기저기에 존재한다는 것을 확인하게 된다. 이는 지금까지 사실상 처벌이 이루어지지 않았던 영역에서 새로운 형태의 범행이 활성화되는 결과로 이어지게 되고, 결국 처벌회피 특권을 누리는 자들의 범위를 확대시키는 악순환으로 다시 이어진다. 이처럼 처벌회피의 특권을 누리고자 하는 자들의 강력한 의지는 사실상의 처벌회피 특권이 존재하는 영역을 전면적으로 확대해 나가게 된다.

그러다 보면 수사관이나 검사, 판사가 아무리 열심히 하더라도 걷잡을 수 없이 커져가는 불의에 맞설 수 없음이 점차 명백해지는 시점에 도달한다. 그때부터 무기력한 형사사법시스템 내에서 불의에 맞서는 사람들의 수가 급격히 줄어들기 시작한다. 당연히 수사기관과 법원이 무기력하다는 점을 확인할 수 있는 사례들이 급증하게 되고, 이때 예전에는 절대 볼

---

4 Chris Jarvis, "The Rise and Fall of the Pyramid Schemes in Albania", a Working Paper of the International Monetary Fund, WP/99/98 (1999) 〈https://www.imf.org/external/pubs/ft/fandd/2000/03/jarvis.htm〉

수 없었던 희한한 일들이 일어나기 시작한다.

　형사사법시스템의 작동이 상당 부분 멈추고 '처벌회피 특권'이 대부분의 범죄조직으로 확대된 대표적인 사례로는 1996년부터 1997년 사이에 발생한 알바니아 피라미드 사기 사태(Pyramid Schemes in Albania)를 들 수 있다. 비록 알바니아 피라미드 조직의 사기범행으로 인한 피해를 역사상 최대 규모로 평가할 수는 없지만, 특정한 형태의 사기범죄가 개별 국가와 그 국민들에게 끼친 영향의 크기로는 인류 역사상 전례를 찾아보기 힘든 것이었다. 당시 알바니아 국민들의 2/3 가량이 피라미드 사기조직에 투자 명목으로 돈을 입금하고 있었고, 피라미드 사기조직이 투자자들에게 지급을 약속한 투자 원금과 수익의 규모가 당시 알바니아 명목 GDP의 절반에 달하였다. 그 때문에 피라미드 사기조직이 붕괴되고 폰지 사기의 전말이 밝혀진 이후 집권 세력이 실각하고 무정부상태에 접어들면서 전례 없는 혼란이 발생하였고, 곳곳에서 걷잡을 수 없는 폭동과 유혈사태가 발생하여 2천 명이 넘는 사람들이 살해되기도 하였다. 최종적으로 내전 상황으로까지 발전한 피라미드 사기 사태는 결국 UN 평화유지군이 파견된 이후에야 종료될 수 있었다.

　피라미드 사기조직들이 어떻게 알바니아의 경제를 뒤흔들 수 있을 정도로 깊이 뿌리를 내렸는지를 이해하려면, 먼저 알바니아의 경제적인 상황을 살펴보아야 한다. 1945년부터 1985년까지 독재자 엔베르 호자(Enver Hoxha)가 철저히 스탈린주의에 기반한 중앙 통제 방식의 경제정책을 펼친 결과, 알바니아는 여전히 동유럽에서 가장 고립되고 낙후된 국가로 남아 있었다. 그간 알바니아 국민들에게는 모든 형태의 사유재산 보유가 금지되어 있었고, 그들은 외부의 영향이나 정보로부터도 철저히 고립되어 있었다. 1991년 알바니아가 동구권 국가 중에서 마지막으로 47년간 이어진 공산독재를 종식시켰을 때, 당시 1인당 GDP가 1,070달러에 불과할 정도로 빈곤하였던 알바니아 국민들은 다른 동유럽국가의 국민들과는 달리 시장경제적 요소를 전혀 경험한 바 없었다.

당연히 알바니아 국민들은 자본주의로의 체제전환 과정에서 적지 않은 어려움을 겪게 되었다. 이러한 국민들과 금융시장에 대한 감독기능을 제대로 갖추지 못한 금융당국의 취약점을 파고든 것은 현지의 마피아와 결탁한 다단계 회사(또는 피라미드 사기조직)들이었다. 당시 알바니아의 금융당국은 전체 수신의 90% 이상을 차지하고 있던 3대 은행의 여신 규모를 엄격하게 제한하고 있었는데, 이로 인하여 늘어나는 여신 수요를 감당한 것은 금융감독의 통제범위 바깥에 위치한 다단계 회사들이었다. 고객들로부터 예치한 예금을 다시 대출하는 방식으로 예대마진을 확보하는 은행과는 달리, 다단계 회사들은 고객들로부터 투자금을 수취한 후 이를 자신의 계정으로 옮겨서 자금을 필요로 하는 기업들에게 투자하는 방식으로 자금을 융통해주는 것으로 알려져 있었지만, 사실 처음부터 이들은 피라미드 사기조직에 가까웠다.

1992년 5월 공산당의 후신인 사회당이 총선에서 패배하고, 민주당 소속의 살리 베리샤(Sali Berisha)가 대통령에 취임하면서부터 알바니아 정부와 다단계 회사의 유착이 본격적으로 시작된다. 여러 다단계 회사들이 정부의 지원을 받아 설립되고, 이들은 고수익을 보장한다며 투자자들을 끌어 모으면서 단기간에 급격하게 성장하게 된다. 대부분의 다단계 회사들은 나중에 투자한 사람들의 투자금을 먼저 투자한 사람들에게 배당금으로 지급하는 폰지 사기의 구조를 갖추고 있었을 뿐, 대부분 실질적인 투자자산을 보유한 바 없었다. 다만, 일부 다단계 회사들은 UN의 제재를 피하여 구 유고연방에 무기를 밀거래하는 사업에 투자하여 상당한 수익을 얻고 있다는 소문이 돌기는 했다.

한편, 다단계 회사들은 경쟁적으로 이자율(또는 확정 투자수익률)을 올리면서 투자금을 유치하고 있었지만, 먼저 투자한 투자자들에게는 약속한 이자 또는 확정 투자수익과 원금을 모두 반환하고 있었기 때문에 막대한 규모의 이자 또는 확정 투자수익 지급 규모에도 불구하고 이들의 투자금 상환능력에 대해서 의심하는 사람은 거의 없었다. 다단계 회사들이 장기 간 유지될 수 없는 폰지 사기의 특성을 갖고 있다거나, 반환하여야 할 투 자 원금과 이자(또는 확정 투자수익)가 보유자산의 규모를 현저히 초과하고 있을 것이라거나, 다단계 회사의 운영자들이 지나치게 과시성 소비를 하 고 있다는 점은 오랜 기간 동안 별다른 관심도 끌지 못했다.

무엇보다 1993년부터 1996년까지 알바니아 경제가 연평균 8.8%의 경제성장을 기록함에 따라 다단계 회사들이 계속하여 투자금을 유치하는 데 별다른 어려움을 겪지 않았다. 그런데 UN의 구 유고연방에 대한 제재 가 중단되어 무기밀매로 인한 수입이 급감하게 될 무렵, 일부 다단계 회사 들이 급격하게 이자를 올리기 시작한다. 다단계 회사들이 내세웠던 이자 율은 1996년 1월에는 매월 4% 내외이던 것이 5월에는 매월 8%로 치솟기 시작한다. 특히 1996년 초에 등장한 본격적인 피라미드 사기조직인 자페 리(Xhafferi)와 포풀리(Populli)가 투자금 유치경쟁에 가세하면서 곧 이자율 은 곧 매월 19%로 급격히 치솟게 된다. 포풀리가 9월 들어 매월 30%의 이자를 제시하자, 자페리는 11월에는 3개월을 예치하면 200%의 배당수 익을 보장한다고 나서면서 투자금 유치경쟁은 절정에 이르게 된다. 다단 계 회사들이 이자율 경쟁을 하고 있는 동안, 알바니아 국민들은 모든 가축 과 재산을 팔아서 그 돈을 다단계 회사에 투자금으로 예치하고 있었다. 다 단계 회사에 투자금이 쏟아져 들어온 결과, 다단계 회사에 투자한 알바니 아 국민은 전체의 60%가 넘는 200만 명에 이르게 되었고, 다단계 회사가 이들에게 반환해야 할 투자원금과 이자 또는 배당수익의 합계가 무려 12 억 달러에 이르게 되었다. 이 무렵 다단계 회사들이 매달 지급한 배당금의 평균액은 알바니아 국민의 수개월치 급여에 해당하는 수준이었다.

본래 폰지 사기의 낙관적인 수익구조는 언젠가는 필연적으로 붕괴하기 마련인데, 알바니아의 경우에도 폰지 사기가 영원히 유지될 수 없다는 사정은 다른 폰지 사기와 크게 다르지 않았다. 특히 다단계 회사들은 많은 투자자들을 유혹하기 위해서 경쟁적으로 이자율을 올렸고, 이후 배당금으로 지급할 재원을 마련하기 위하여 또다시 추가 투자금을 유치할 필요가 생기자, 이를 위하여 다시 이자율을 올리는 악순환에 빠져들었다. 그리고 많은 투자자들이 다단계 회사의 투자금 반환이 가능할 것인지에 대해서 의문을 가질 때쯤 빠른 속도로 사기범죄의 끝에 이를 수밖에 없었다. IMF와 세계은행이 거듭 경고하고 나섰지만, 알바니아 금융당국은 1996년 10월이 되어서야 '실질적인 자산을 갖고 있는 대부분의 다단계 회사의 건전성에는 문제가 없으므로 지나치게 걱정할 필요는 없다. 다만, 피라미드 사기조직들과 거래하는 것에는 조심할 필요가 있다'는 취지의 성명만을 발표하였을 뿐이었다.

그런데 11월 19일 다단계 회사 중 하나인 수드(Sude)가 지급불능을 선언하면서 폰지 사기의 전말이 드러나기 시작하였다. 수드가 부도난 이후 새롭게 다단계 회사에 투자하려는 사람은 모두 자취를 감췄고, 오히려 대부분의 투자자들이 기존의 투자금을 모두 회수하고자 하였다. 이에 1997년 1월부터는 여러 다단계 회사들이 투자금의 반환을 중단하고 연쇄적으로 도산하기 시작했다. 알바니아 국민의 과반수가 다단계 회사에 투자하여 상당한 재산피해를 입었다는 점과 일반 기업의 경우에도 엄청난 손실을 보았다는 점이 뒤늦게 알려지고, 다단계 회사들 대부분이 폰지사기를 저질러왔음이 밝혀짐에 따라 불과 며칠 만에 알바니아 경제가 마비되기에 이르렀다.

그런데 알바니아 정부는 다단계 회사를 대신하여 투자자들에게 투자금을 반환할 계획이 없다고 발표했다. 이에 전국에서 반정부 시위가 일어났고, 1월 24일에는 본격적인 폭력사태가 발생하여 수도 티라나에 위치한 정부 부처 대부분이 시위대에게 점령되는 상황이 발생했다. 특히 사기 피해가 심각했던 남부지방을 비롯한 대부분의 지역에서 정부는 통제력을 완전히 상실하였고, 시위대와 갱단이 지배하는 무정부상태가 한동안 지속된다. 그 과정에서 2천 명이 넘는 사람들이 살해되고, 관공서 건물이 방화로 불타는 등의 극심한 혼란 상황이 계속되었다. 이로 인하여 대량 난민이 발생할 기미가 보이자 인접국인 오스트리아, 그리스 등이 UN 평화유지군 병력을 투입하였고, 살리 베리샤 대통령이 조기 총선을 시행하고 대통령직에서 사임함으로써 알바니아 사태는 비로소 진정된다.

한 가지 흥미로운 점은 알바니아 국회가 뒤늦게 피라미드 사기에 대한 대응 과정에서 제정한 「피라미드 사기 방지법」의 내용이다. 폭동으로 인한 다수의 인명피해, 대통령의 사임과 정치적 혼란, 경제의 급격한 위축(1997년 경제성장율 -10.1%)과 통화가치 절하와 같은 문제들이 복합적으로 발생하고 있었음에도 불구하고, 알바니아 국회는 폭동 발생 이후인 1997년 2월이 되어서야 피라미드 사기를 금지하는 법을 제정한다. 그런데 피라미드 사기를 금지하는 법에 피라미드 사기가 무엇을 뜻하는지 정의조차 해두지 않았기에, 피라미드 사기에 대한 민사적, 형사적 규율이나 제재가 제대로 이루어질 리 없었다.

또 다른 흥미로운 점으로는 부패한 정부와 결탁되어 있는 대부분의 피라미드 사기조직들은 이후 새롭게 등장한 정부가 피라미드 사기조직에 대하여 한 폐쇄명령을 따르지도 않았고, 고객들의 투자금 또는 예탁금에 대한 관리권한을 그대로 보유하고 있었다는 점을 들 수 있다. 모든 사태가 진정될 때까지 피라미드 사기조직이 폐쇄명령을 따르지 않을 수 있었던 주된 이유는 피라미드 사기조직의 운영자들뿐만 아니라 이들의 뒤를 봐주던 정치인들이 그와 같은 시도에 강하게 저항하고 나섰기 때문이었다. 이에 폰지 사기의 진상이 밝혀진 이후에도 다단계 조직의 운영자들 대부분이 도주하지도 않은 채 살아남아 끝까지 다단계 회사를 운영하면서 정부의 폐쇄명령에 불응할 수 있었다. 이후 IMF와 세계은행의 권고에 따라 알바니아 국회가 국제 회계법인 출신의 외국인 관리인을 선임할 수 있도록 하는 법률을 제정하면서 비로소 해결의 실마리를 찾게 되지만, 관리인이 사기범죄조직의 수괴들의 도움을 받아 피라미드 사기조직의 자산을 매각하려는 준비를 마치고 그에 대한 통제권한을 온전히 확보할 수 있었던 것은 모든 사태 발생으로부터 1년이 훨씬 지난 1998년 3월 무렵이었다. 그동안 피라미드 사기조직들은 껍데기만 남은 회사를 관리인에게 넘길 때까지 증거를 인멸하고 남은 자산을 챙길 수 있었고, 피라미드 사기범죄조직의 자산 대부분은 이미 사라지고 없는 상태였다.

마지막으로, 모든 사태에 책임이 있었던 살리 베리샤 대통령은 1997년 조기 총선 후 사임하였으나, 2005년 또다시 내각제 총리로 취임해서 2013년 사회당에게 정권을 넘겨줄 때까지 8년간 총리로 재임하였다는 것 또한 매우 인상적이다. 그는 피라미드 사기조직을 방관하는 것을 넘어서 적극적으로 지원함으로써 피라미드 사기의 규모가 감당할 수 없을 정도로 확대되는 데 결정적인 기여를 하였다. 아울러 그는 한계에 봉착한 피라미드 사기조직이 붕괴되었을 때에도 적절한 개입에 실패하여 사회경제적 혼란 상황을 수습하지 못하였을 뿐만 아니라, 2천 명 이상의 사람이 살해당하는 유혈사태와 국가경제 몰락에도 적지 않은 책임이 있었다.

그럼에도 그는 끝까지 자신의 부패를 은폐하고 피라미드 사기조직의 운영자들을 보호하고자 하는 모습만을 보였다. 모든 사태에 가장 중한 책임이 있었음이 명백했던 그는 피라미드 사기조직을 보호하다가 대통령직에서 사임하기는 하였지만, 이후에도 전혀 자신의 정치 기반을 상실하지 않았다. 오히려 그는 모두가 끔찍한 유혈사태와 경제위기를 잊을 만한 시점이 되었을 때 다시 8년간 총리로 재임하면서 막강한 영향력을 행사할 수 있었다. 이에 비추어 보면, 처벌받은 일부 피라미드 사기조직의 수괴들을 제외한 나머지 수괴들 또한 대부분 범죄수익을 그대로 보존하고, 자신들의 경제적 영향력 또한 그대로 유지할 수 있었을 것이라고 짐작해볼 수 있다. 오히려 그들에 맞서서 정의를 추구해왔던 사람들이 되려 인사상 불이익을 받고 역사의 저편으로 사라졌던 것인지 모른다.

이처럼 수사나 재판의 부담으로부터 벗어나는 처벌회피의 특권을 누리는 범죄자들의 범위가 꾸준히 확대되면, 원래부터 처벌회피의 특권을 누리고 있었던 권력자뿐만 아니라, 그와 공생관계에 있는 조직범죄의 수괴들 또한 광범위하게 처벌회피의 특권을 누리게 된다. 범죄를 통한 이득을 누리고 있는 범죄조직의 수괴 또는 그와 공생관계에 있는 정치인들이 누구인지 모두가 알고 있지만, 범죄조직의 수괴나 그 뒤를 봐주는 정치인에 대해서 아무런 수사도 개시되지 않고, 어떠한 재판도 진행되지 않는다.

국민들 대부분이 막대한 사기범죄의 피해를 당하게 되어 그로 인한 경제위기가 발발하였고, 수많은 사람들이 죽는 유혈사태까지 발생한 반면, 천문학적인 규모의 범죄수익을 챙긴 범죄자들이 분명히 존재하는 상황임에도 불구하고, 조직범죄의 수괴나 사기범들에 대한 수사나 재판이 전혀 진행되지 않고, 범죄수익을 회수하기 위한 노력도 찾아보기 어렵다면, 형사사법시스템은 이제 온전히 작동을 멈추고 본격적으로 붕괴하는 처벌회피 3단계에 진입해 있는 것이라는 점에 이의를 제기할 사람은 없을 것이다.

[처벌회피의 전면적 확대(4단계): 수사인력 이탈과 피해자의 사적 복수]

범죄조직의 수괴들이 결코 처벌받지 않고, 그 하수인들 또한 수사기관의 수사나 재판을 받는 일이 거의 없는 상황이 계속 되면, 모두가 형사사법시스템의 작동이 멈추었음을 알 수 있게 된다. 이처럼 작동을 멈춘 형사사법시스템으로부터 도움을 받을 수 없는 상황이 되면, 피해자는 범죄조직으로부터 피해를 당하였더라도 경찰에 이를 신고할 것인지 여부를 고민해야 한다. 만약 범죄피해 신고를 한 이후 범죄조직으로부터 추가적으로 복수를 당하게 될 위험이 높고 이 때문에 굳이 범죄피해를 신고할 필요가 없다고 생각할 정도에 이르렀다면 이제 형사사법시스템은 붕괴의 4단계에 진입한 것이다.

이때부터 범죄조직이 드러내 놓고 하는 복수는 범죄피해를 신고한 피해자들에만 한정되는 것이 아니다. 1983년 8월 콜롬비아의 법무부 장관으로 취임한 로드리고 라라(Rodrigo Lara)는 마약왕 파블로 에스코바르(Pablo Escobar)와 그가 운영하는 메데인 카르텔(Medellin Cartel)의 코카인 수출입 등을 단속하기 시작하였다. 라라는 여러 경로를 통해서 전해진 위협에도 불구하고 에스코바르를 비롯한 마약왕들에 대한 수사와 기소, 범죄수익 몰수 등을 다각도로 진행하였다. 그런데 1984년 4월 그는 차량을 타고 이동하던 중 에스코바르의 지시를 받은 암살범에 의하여 살해된다. 이 사건이 발생하자마자 에스코바르와 그의 가족들은 파나마로 도주하였지만, 대통령 베탕쿠르는 즉시 범죄인 인도법을 공포하고 범죄와의 전쟁을 시작하게 된다.

그런데 1985년 11월 에스코바르가 지원하고 있던 무장 게릴라단체인 M19 테러범 35여명이 콜롬비아의 대법원 및 법무부 청사(Palacio de Justicia)를 습격하여 25명의 대법관 전원과 300명 이상의 법원 및 법무부

공무원과 변호사 등을 인질로 잡는 사건이 벌어진다. 당시 M19가 공식적으로 밝힌 목표는 '콜롬비아 국민들을 배신하는 정부를 무너뜨리겠다'는 것이었다. 그러나 M19가 무장반란을 저지른 것은 사실 콜롬비아의 마약사범들을 미국에 범죄인으로 인도하는 것을 저지하기 위한 것으로, 이를 위하여 파블로 에스코바르의 메데인 카르텔로부터 필요한 자금을 지원받은 것이었다.

콜롬비아 정부는 테러범들과 협상에 나서는 대신, 정부군으로 하여금 폭발물과 자동소총, 탱크를 사용하여 대법원 및 법무부의 청사에 진입하도록 한 후 테러범을 사살하는 작전을 감행한다. 콜롬비아 정부군은 이틀 동안 대법원 청사를 확보하고 인질들을 석방하기 위한 군사작전을 펼친 결과 테러범 35여 명을 전부 사살하였다. 그러나 그 과정에서 100여 명이 넘는 인질들이 살해되거나 실종되었고, 25명의 대법관 중 11명이 사망한 상태로 발견되었다. 아울러 범죄인 인도 사건에 관한 각종 서류와 6천 건의 형사기록(에스코바르 사건 포함)이 불탄 것을 발견하게 된다. 놀랍게도, 대법원과 법무부 청사에 무장으로 진입하는 반란을 저지르고, 그 이후에도 수많은 사람들을 납치하여 몸값을 요구해왔던 무장조직 M19는 1989년부터는 콜롬비아의 정당으로 변신하여 1990년 선거에서는 총 70석 중 19석을 차지하는 유력정당이 되는 이변을 일으킨다.[5]

형사사법시스템이 붕괴된 국가로 흔히들 마약 범죄조직이 창궐하고 있는 중남미의 여러 나라들이 지목되곤 한다. 마약 범죄조직이 거리낌 없이 각종 범죄를 저지르고 있는 국가에서는 국민 누구도 범죄조직으로부터 안전하지 않다. 당연히 마약 범죄조직에 대한 수사와 재판을 담당

---

5 Business Insider, "33 years ago, rebels allegedly hacked by Pablo Escobar stormed Colombia's Palace of Justice – here's how the terrifying siege went down.", 2018. 11. 8.자 기사

하는 수사관, 검사나 판사의 안전 또한 보장되지 않는다. 이미 형사정의가 존재하지 않는 국가에서는 범죄조직의 청탁을 들어주지 않는 판사나 검사, 경찰관의 경우 가족들까지 위험에 처할 수 있기 때문에, 판사나 검사, 경찰관직을 사직하고 다른 나라로 이민가는 경우가 흔하게 발생한다. 반면, 판사나 검사의 직을 유지하면서 뇌물을 받는 것에 익숙해진 사람들의 경우라면, 사건에 합당한 결론을 내리기는커녕 사건의 결론을 뒤틀어 유력한 범죄조직의 수괴에게 현저히 유리한 재판을 한 다음, 차기 선거에서 범죄조직의 수괴가 지원하는 정당의 공천을 받고 당선되어 성공적으로 정계에 입문하는 경우도 자주 볼 수 있다. 이처럼 판사나 검사가 권력자나 범죄조직의 수괴에게 유리한 결론을 내려주고 그 대가로 정계에 진출하는 사례가 흔히 나타나고, 법조인들이 형사재판이나 수사과정에서 자신의 권한을 남용하여 적극적으로 정의에 반하는 결론을 내리는 것이 정계진출의 발판을 마련하기 위한 수단으로 당연시된다면, 이미 해당 국가는 형사사법시스템 붕괴의 4단계의 징표를 모두 갖춘 것이다.

　정치인들이 부패범죄로 처벌받는 일이 거의 없고 독립되고 존경받는 사법부가 있는 북유럽 국가들의 경우에는 판사나 검사가 바로 정치인으로 변신하는 사례를 찾기 어렵지만, 법관의 독립이 보장되지 않고 형사사법시스템이 제대로 기능하지 않는 국가에서는 현직 판사나 검사가 정치적으로 논란이 있는 판결이나 기소를 한 직후에 바로 정치인으로 변신하는 것과 같은 이상한 일들이 흔히 일어난다. 특히 형사사법시스템이 본격적으로 붕괴하고 있는 국가에서는 현직 판사와 검사 중에서 정치권에 진출할 가능성을 염두에 두고 재판이나 수사업무에 임하는 경우가 적지 않고, 그 때문에 정치권이나 범죄조직의 수괴가 수사와 재판에 대하여 노골

적으로 개입할 수 있는 여지가 대폭 확대되게 된다.[6]

한편, 형사사법시스템이 정상적으로 작동하지 않는 국가에서는 범죄자에 대한 처벌이 제대로 이루어지지 않기 때문에, 피해자의 가족이 나서서 사건의 진상을 파악하기 위한 노력을 하거나 범죄자에 대한 사적 복수를 하는 것 또한 심심치 않게 볼 수 있다. 그래서 대부분의 사람들이 공식적인 형사사법시스템이 작동하는 경우보다 사적 복수가 더 정의실현에 부합한다고 평가하고 있다면, 이 또한 형사사법시스템이 붕괴 4단계에 진입하였음을 보여주는 유력한 징표가 된다고 하겠다.

전혀 작동하지 않는 형사사법시스템을 대신하여 피해자의 가족이 범인추적에 나선 가장 유명한 사례로는 2014년 멕시코에서 딸이 갱단에 납치되어 살해되자, 총을 들고 살해범 10명을 추적해 이들을 감옥에 보낸 미리엄 로드리게스(Miriam Rodriguez)의 사례를 들 수 있다.[7] 멕시코의 산

---

6 이는 정치권으로 뛰어드는 법조인이 예외 없이 배척되어야 한다는 뜻은 결코 아니다. 과거 범죄조직에 대한 수사와 재판에서 쉽게 찾아보기 힘든 용기나 뛰어난 실력을 보여주었던 법조인들은 범죄조직이 악용하는 형사사법시스템의 허점(loophole)을 가장 잘 알고 있기 때문에 이들이 형사사법시스템의 토대를 형성하는 입법이나 예산에 관여할 필요가 오히려 더 크다고 할 수 있다. 하지만 용기 있게 범죄조직과 맞서 싸운 법조인들이 성공적으로 정치권에 진입하는 사례는 그리 많지 않다. 부패한 국가일수록 오히려 범죄조직과 결탁하여 중요한 사건의 결론을 비틀어 부조리한 수사와 재판을 해왔던 법조인들이 정치인으로 변신하여 성공하는 사례를 흔하게 확인할 수 있다. 정의로운 법조인에게는 정의로운 형사사법시스템의 구축에 대한 사명감만 있을 뿐, 재정적 후원을 해줄 범죄조직도 없고, 대중들에게 매력적으로 보일 선심성 공약으로 내세울 만한 것도 없기 때문에, 범죄조직을 척결할 수 있는 입법적 수단을 만들고자 정치에 입문한 정의로운 법조인이 범죄조직과 부패 정치인들의 전폭적인 지지를 받는 부패한 법조인을 넘어서는 정치적 성공을 거두기는 쉽지 않다. 특히 포퓰리즘의 악순환에 빠져들어 형사사법시스템이 무너지고 있는 국가에서는 대중들이 언제나 범죄조직과 이해관계를 같이하는 부패한 정치인을 선택하기 때문에, 문제를 해결할 수 있는 실력과 열의를 갖고 있는 사람에게 문제해결의 권한이 부여되지 않는 법이다(앞서 본 바와 같이 콜롬비아에서는 오히려 테러조직인 M19가 유력정당으로 변신할 정도로 광범위한 지지를 받았다).

7 New York Times, "She Stalked Her Daughter's Killers Across Mexico, One by One", 2020. 12. 13.자 기사; 조선일보, "딸이 납치당하자 엄마는 총을 들었다…멕시코의 영화같은 복수극", 2020. 12. 17.자 기사 참조. 한편, 피해자의 가족이 형사사법시스템을 대신하여 사적으로 복수에 이른 사례 중에서 널리 알려진 것으로는 독일의 마리안느 바하마이어

페르난도에서 미리엄의 딸인 카렌 로드리게스(20세)가 갱단에 납치되자 미리엄은 갱단의 요구에 따라 몸값 수천 달러를 지불했지만, 끝내 딸 카렌은 돌아오지 못했다.

2014년 말 기준으로 해결되지 않고 있던 실종자가 무려 2만 4,812명(실종자의 72%가 남성, 절반이 34세 이하, 그리고 1/4가량이 미성년자)에 이르고 있던 멕시코에서는.실제로 실종자를 발견하거나 실종과 관련된 범죄의 범인을 체포하여 수사가 진행되는 사건은 많지 않았다. 미리엄 또한 범죄자들이 처벌받지 않는 경우가 대부분이라는 것을 잘 알고 있었지만, 그녀는 결코 포기할 생각이 없었다. 그녀는 머리카락을 자르고 염색한 다음 권총으로 무장하고 가짜 신분증과 변장을 이용하여 자신만의 수사를 시작하였다. 그녀는 여론조사원, 사회복지사 또는 선거공무원으로 위장한 다음, 딸의 소재를 알고 있을 것으로 생각되는 용의자들의 소재를 추적하고, 용의자와 함께 일했던 사람들로부터 정보를 얻었으며, 때로는 온라인에서 그들을 스토킹하거나 용의자들의 행방에 대한 정보를 얻기 위해 온갖 핑계를 대며 그들의 친척과 친분을 쌓아 두기도 하였다. 천신만고 끝에 그녀는 딸의 납치 사건에 관여한 것으로 생각되었던 꽃가게 주인을 찾았고, 그와 쫓고 쫓기는 추격전을 펼친 끝에 그를 잡을 수 있었다. 이후 그녀는 카렌과 다른 납치당한 사람들이 살해당한 후 매장된 위치를 확인하고, 수십 구의 시체 중에서 딸 카렌의 것으로 보이는 뼛조각을 수습할 수 있었다. 또한

(Marianne Bachmeier)의 살인사건을 들 수 있다. 그녀는 1981년 독일 루에벡 지방법원의 법정에서 자신의 딸(7살)을 납치해서 살해한 혐의로 재판을 받고 있던 피고인 그라보우스키를 권총으로 살해함으로써 직접 죽은 딸에 대한 복수를 하였다. 당시 독일에서는 과거에도 두 차례의 아동성범죄 전력이 있었던 그라보우스키를 살해한 그녀의 행위는 정당화되어야 한다는 여론이 들끓었지만, 독일 법원은 그녀의 범행이 미리 계획된 것이었다는 이유로 유죄를 인정하고 징역 6년을 선고하였다. 그러나 그녀는 3년간의 수형 생활을 하던 중 형기를 2년 10개월 남겨두고 가석방되었다. AP News, "Woman Convicted of Killing Child Molester, Released on Parole", 1985. 6. 19.자 기사 참조.

그녀는 3년에 걸친 사적인 수사를 통하여 딸을 납치했던 범죄조직의 구성원 10명을 찾아내고 이들에 대한 정보를 수사기관에 넘김으로써 그들에 대한 수사가 진행되는 데 결정적인 역할을 하였다.

이러한 사실이 알려지면서 그녀는 널리 유명세를 타기 시작했는데, 이것은 아무도 조직범죄에 대항할 수 없었던 산 페르난도에서는 아주 위험한 일이었다. 2017년 3월 미리엄이 천신만고 끝에 잡은 살인범들이 수감돼 있던 교도소에서 대규모 탈옥이 일어났다. 이에 위협을 느낀 미리엄은 경찰에 신변보호를 요청했지만, 경찰은 때때로 그녀의 집 주변을 순찰하는 것으로 신변보호의 책임을 다하였다. 결국 2017년 5월 10일 어머니의 날에 그녀는 자신을 미행하던 흰색 닛산 트럭에서 발사된 총알에 맞고 숨진 채 발견되었다.

국가가 국민들 사이의 사적 복수를 금지하고 국민들로부터 형벌이나 그 집행과 관련된 일체의 권한을 빼앗아 갔음에도(단, 정당방위는 제외), 범죄의 진상을 밝혀 범죄자에게 형벌을 부과하여야 할 형사사법시스템이 그 작동을 중단하였다면 결국 피해자인 국민이 직접 사실관계를 확인하고 사적 복수에 나설 수밖에 없다. 범죄조직이 나라를 집어삼킨 멕시코의 산 페르난도에서는 딸이 실종되어 비통함에 빠진 미리엄이 이를 스스로 해결하기 전까지는 아무도 딸의 실종 문제를 해결해주지 않았다. 그녀가 용기를 내어 수집한 친구, 친척, 경찰관 및 공무원 등과 같은 참고인의 진술이나 공범의 자백과 같은 증거들은 모두 정상적으로 작동하는 형사사법시스템에서라면 당연히 수사기관이 수집하였을 증거였을 것이다.

형사사법시스템이 붕괴한 나라에서 범죄조직이 은폐하고자 한 진실을 끝내 밝혀낸 사람들의 운명은 언제 어디서든 크게 다르지 않은 법이다. 형사사법시스템이 작동을 멈춘 이후라면 범죄조직은 은폐한 진실을 밝힌 자를 가만히 내버려둘 리 없다. 미리엄은 딸을 납치하고 살해한 자들에게 정의로운 처벌이 내려질 수 있도록 최선을 다했지만, 결국 그녀 또한 같은 범죄조직에 의하여 허무한 죽음에 이를 수밖에 없었다.

형사사법시스템이 스스로 중요 범죄의 증거를 수집할 수 있는 의지나 능력이 없고, 피해자의 가족이 제공해 준 증거들을 바탕으로도 범죄자를 처벌할 수 없다면, 해당 형사사법시스템은 아주 높은 확률로 붕괴 5단계 의 무간지옥에 상당한 정도로 접근하고 있다고 보더라도 크게 사실과 다 르지 않다. 특히 형사사법시스템이 사적 복수를 한 사람을 처벌할 것이라 는 점은 너무나 분명하지만, 막상 사적 복수의 단초를 제공한 범죄에 대해 서는 수사나 처벌을 할 의지가 없다는 점 또한 확실하다면, 이러한 형사사 법시스템이 무간지옥으로 나아가는 길을 막아설 사람은 아무도 남아있지 않을 것이다. 왜냐하면 형사사법시스템은 이제 범죄자에게 사적 복수를 감행한 피해자를 찾아내 벌주는 범죄조직의 가장 강력한 보호자가 되어 버렸기 때문이다.

[처벌회피의 최후 단계(5단계): 무간지옥(無間地獄) 또는 조직범죄의 천국]

마지막에는 처벌회피의 특권이 모든 범죄자들에게 전면적으로 적용 되는 단계인 무간지옥이 기다리고 있다. 이때부터는 형사사법시스템이라 고 부를 만한 것이 존재하지 않기 때문에, 모든 범죄자들은 전면적으로 처 벌회피의 특권을 누리게 된다. 이때 국가를 대신하여 지역에 대한 통제권 을 행사하는 범죄조직이 되려 형사사건에서의 수사와 재판을 담당하는 모습을 보이기도 한다. 물론 그들은 합리적인 절차를 거쳐 합당한 결론을 내리는 것보다는 고문을 통하여 피의자의 자백을 받은 후 처형 등의 방식 으로 형벌을 집행하는데, 이러한 재판은 고대의 '시련에 의한 재판(trial by ordeal)'과 상당히 흡사한 것이다(이를 두고 형사사법시스템이 윤회의 새로운 사이클을 시작하고 있다고 평가할 것은 전혀 아니다).

이미 형사사법시스템의 작동이 멈춘 지 오래되었고, 어떠한 범죄를 저지르더라도 처벌받지 않는 특권을 누리는 범죄집단이 존재하는 무간지옥으로 평가될 수 있는 국가는 의외로 많다. 형사사법시스템의 완전 붕괴(5단계)에 이른 범죄조직의 천국이 어디인지는 외교부 해외안전여행 사이트가 공식적으로 확인해주고 있다. 외교부가 여행금지나 출국을 권고하는 수단 및 남수단, 소말리아, 예멘, 아프가니스탄, 이라크, 아이티, 콜롬비아(일부), 멕시코(일부) 등에서는 거의 예외 없이 정상적인 형사사법시스템의 흔적을 찾기 어렵고, 범죄조직이 국가의 역할을 대신하고 있다. 물론 기존 국가조직의 전부 또는 일부가 범죄조직과 다를 바 없는 활동을 하고 있는 경우도 있다. 범죄조직들이 세력을 확장하면서 국가의 정규 군대와 경찰을 몰아낸 후, 다른 범죄조직들과 사이에서 죽고 죽이는 내전과 유혈충돌을 끊임없이 벌이고 있는 곳에는 대체로 분쟁 광물인 원유, 다이아몬드, 주석, 탄탈룸, 텅스텐이나 금과 같은 지하자원뿐만 아니라 아편과 같은 마약류 유통을 통해서 얻을 수 있는 경제적 이익이 자리 잡고 있다. 미국 금주법 시대의 알 카포네가 주류 밀거래를 숨기기 위하여 우유 유통업에 진출한 것에서 볼 수 있듯이, 이들은 돈이 되는 사업 분야뿐만 아니라 자신의 주요 비즈니스에 도움이 되는 인접 영역까지도 적극적으로 진출하기 마련이어서 아보카도와 같은 농작물 생산 및 유통의 영역이라고 하더라도 경제적 이익이 존재하는 한 이를 노리는 다른 범죄조직들과의 충돌이 불가피하다.[8]

무간지옥의 대표적인 예가 소말리아 해적이 지배하는 아덴만 연안이다. 20세기 말 소말리아 내전이 몇십 년째 지속되면서 국내 경제가 붕괴

---

8 Los Angeles Times, "Inside the bloody cartel war for Mexico's multibillion−dollar avocado industry", 2019. 11. 21.자 기사

해버린 후 범죄조직들이 범죄사업의 기회를 포착한 영역은 지하자원이나 마약의 생산 또는 유통이 아니었다. 그들은 아덴만을 통과하는 유조선이나 상선을 납치한 후 몸값을 받는 해적질에 큰 기회가 있음을 발견하고, 짧은 기간 동안 괄목할 만한 성장을 거듭하여 2008년 한 해 동안 40척이 넘는 대형선박을 납치할 정도로 번성하게 된다.

영국의 싱크탱크인 채텀하우스는 소말리아 해적이 벌어들인 몸값은 2010년 한 해 동안 1억 3,500만 달러로 추정한 바 있다.[9] 특히 해적들이 인질 몸값으로 벌어들인 돈은 그들이 근거지로 두고 있는 소말리아 북동부의 푼틀란드 주에 유입되면서 많은 일자리를 만들고 지역경제가 발전하는 데 중요한 요소가 된 것으로 평가되었다(참고로, 푼틀란드 주정부의 2009년 예산은 1,760만 달러에 불과하였다). 해적들이 배 1척을 납치한 후 오랜 기간의 협상을 거쳐 인질과 선박, 화물에 대한 몸값을 받아내기 위해서는 쾌속정으로 선박을 추적하고 인질과 선박을 납치하는 해적들뿐만 아니라, 협상이 종료될 때까지 인질을 감시하고 시설물 관리나 요리 등의 업무를 담당할 지원 인력, 여기에 몸값을 흥정하는 거래상과 같은 다양한 업무를 담당할 인력들이 필요하다. 아울러 해적 비즈니스를 지속하기 위해서는 무기와 쾌속정 등의 물적 장비를 마련하고, 식료품과 생필품을 공급받아야 하며, 선박의 정박과 수리, 인질의 구금 및 치료를 위한 지원조직을 갖추어야 한다.

소말리아 해적들에게 붙잡혀 있는 선박이 40척, 인질이 400여 명에 이르던 때도 있었는데, 그 무렵에는 상당한 수의 인질과 선박, 화물을 관리

---

9 경향신문, "소말리아 해적의 경제효과 '배 1척 납치에 일자리 100개'", 2012. 1. 13.자 기사; Anja Shortland, "Treasure Mapped: Using Satellite Imagery to Track the Developmental Effects of Somali Piracy", Africa Programme Paper: AFP PP 2012/01, Chatham House.

하는 것 또한 해적들의 상시적인 업무가 되었다.[10] 채텀하우스의 보고서에 따르면, 조직적인 해적범죄가 경제적 성공으로 이어지게 된 이후 푼틀란드 주의 주도인 가로웨에 대한 위성사진을 분석한 결과 새로 지은 건물과 주차한 자동차가 대폭 증가하였고, 밤에 전기를 사용해 불을 켜는 집도 크게 늘었음이 확인되었다. 아울러 납치한 인질을 감시하고 관리하는 인력에 대한 수요가 증가함에 따라 해당 지역의 임금도 오름세를 보였다. 소말리아 전역의 전력 소비가 줄고 인구밀도가 낮아지는 것과 대조적으로 해적들의 근거지는 호황을 누리고 있었던 것이다.

2010년 4월 소말리아 해적에게 납치된 한국의 1만 2,000톤급 화학물질 운반선인 삼호드림호 납치사건에서 선사(船社)인 삼호해운은 해적들에게 선원 24명과 1억 7,000만 달러(약 1,880억 원) 상당의 원유, 선박에 대한 석방금으로 950만 달러(약 105억 원)를 지불한 바 있다. 217일간 억류된 선원과 화물, 선박에 대한 몸값으로 지불된 석방금은 해적, 경비원 및 요리사 등의 임금으로 지급되고, 무기와 선박 등의 물적장비를 갖추는 데도 사용되었을 것이다. 하지만 무엇보다 필요경비를 제한 나머지는 해적의 수괴 및 군벌들과 해적사업에 직접 투자를 한 쩐주들에게 배당금으로 지급되면서 푼트란드 주의 경제로 유입되었을 것이다.

아무런 산업기반을 갖추지 못했던 소말리아는 고학력자나 전문직이라고 하더라도 생계를 유지하는 데 적지 않은 어려움을 겪고 있었기 때문에, 해적질로 인생을 역전한 해적들은 당연히 주변 사람들로부터 엄청난 부러움을 사고 있었다. 특히 오랜 기간 번성하는 해적 비즈니스를 지켜보고 있던 주민들은 어느 순간부터는 위험하기는 하지만 짧은 기간에 큰 돈을 벌 수 있는 해적 비즈니스에 더욱 매력을 느끼게 되었고, 이에 해적 범

---

10 BBC, "Somalia piracy: How foreign powers are tackling it", 2018. 12. 11.자 기사

죄조직에 유입되는 사람과 자금은 꾸준히 늘어날 수밖에 없었다. 그리고 해적 비즈니스가 꾸준히 현금흐름을 만들어 내는 동안 인근 이슬람 과격 단체나 다른 국가의 군벌들도 범죄수익을 나눠받기 위하여 해적들과 동업을 하거나 해적들을 보호해주는 역할을 자처하기도 하였다. 푼틀란드 주정부 또한 적극적으로 해적 단속에 나서지 않았다. 설령 푼틀란드 주정부가 단속에 나서고자 하더라도, 주정부 예산의 10배 이상의 돈을 벌어들이고 있는 해적들과 무력으로 맞서 이길 수 있는 가능성이 거의 없다는 점은 너무나 분명한 것이었다.

범죄조직이 성장을 거듭한 결과 국가의 기능을 상당 부분 대체한 상황이라면, 범죄조직에 맞서는 것이 현실적으로 불가능할 뿐만 아니라, 맞서는 행위 자체에 별다른 의미가 있기도 어렵다. 범죄조직에 맞서는 과정에서 발생할 것이 분명한 생명이나 신체에 대한 위험을 감수하더라도 더 이상 회복할 정의가 남아 있지 않기 때문이다. 범죄조직이 자신들의 영향력과 파괴력을 드러내기 위하여 살인이나 방화 등의 범죄를 서슴지 않고, 마약 갱단에 맞서다가 살해된 사람들의 시체가 길거리에 널브러져 있는 상황이라면 어느 곳에서도 불의에 대항할 의지가 존재하기 어렵다. 당연히 형사정의의 실현을 위하여 범죄조직에 맞서 정의를 실현하려는 의인 또한 더 이상 찾아보기 힘들 것이다. 설령 용기있는 의인이 갱단에 맞선다고 하더라도 그는 오래지 않아 길거리에 널부러진 시체 중에서 발견될 것이고, 한때 갱단에 맞섰던 수많은 의인들이 죽음으로 자신들의 용기를 증명한다고 하더라도 그들과 마찬가지로 납치되어 살해된 정의가 되살아날 수 없다는 점을 누구도 부인할 수 없기 때문이다. 그래서 원래 직업적 사명감을 갖고 형사사법시스템의 작동을 책임졌던 수사관이나 검사, 판사들이 모두 사라지고 난 그곳에서 범죄조직이나 권력을 가진 자들은 어떠한 불법을 저지르더라도 언제나 당당하고 떳떳한 존재로 거듭나게 된다.

이제 해적조직이 사실상 지배하는 소말리아나 마약조직이 사실상 지배하고 있는 남미국가에 살고 있는 사람에게 주어진 선택지는 더 이상 해적이나 마약 갱단에 맞설 것이냐가 아니다. 오로지 남는 문제는 생활의 근거가 있는 그곳에서 범죄조직이 야기하는 온갖 피해를 감수하고 살 것이냐, 아니면 무작정 그곳을 떠나 난민이 될 것이냐가 된다.

이처럼 범죄조직의 범죄활동을 통하여 창출되는 경제적 이득(예, 해적행위로 인하여 받게 되는 몸값)이 꾸준히 증가하는 반면, 형사사법시스템의 붕괴로 인하여 범죄에 대한 처벌가능성이나 위험이 모두 사라져버렸다면, 이제는 일반인들이 범죄조직에 가담하는 것을 꺼릴 이유가 전혀 없게 된다. 과거 어디론가 사라져버렸던 형사사법시스템의 구성원들조차 생활고에 시달리다가 해적 비즈니스에 관심을 갖게 될 지도 모를 일이다.

범죄조직이 최종적으로 승리를 거두게 되는 가장 중요한 동력은 범죄조직에 가담하는 경우에는 불법적인 범죄활동으로 인하여 발생하는 범죄수익이나 권력을 향유할 수 있다는 것이다. 반면, 세상을 지배하려는 범죄조직에 맞선다고 하여 정의로운 자에게 생길 수 있는 이득은 전혀 없다. 오히려 형사사법시스템의 붕괴가 3단계를 통과하는 순간 정의로운 자에게는 자신과 가족의 생명에 대한 위협만이 존재할 뿐이다. 불의의 규모가 크면 클수록 그에 맞서기가 어려운 것은 자명한 것인데, 일단 범죄조직이 국가를 대체할 정도로 조직 규모와 영향력을 확대해버린 시점이 되면 당초 형사정의를 위해 헌신할 용의가 있던 사람들조차 불의에 맞서는 것이 무의미하다고 생각할 수밖에 없다. 이들에게도 유일하게 남겨진 선택지는 '떠나느냐 마느냐' 외에는 존재하지 않는다. 이는 나치 독일에서의 유대인이 미국으로 망명하거나 일제강점기 하의 우국지사들이 만주로 피신한 것과도 같은 맥락이다.

한편, 형사사법시스템이 온전히 붕괴하고 범죄조직이 국가를 대체해버린 상황에서 범죄조직의 영향력을 제거하고 형사사법시스템을 다시 세우는 것에는 상상을 초월하는 자원과 노력이 필요하다. 2000년대 후반부터 2010년대 초반까지 소말리아의 해적 범죄조직이 연안을 오가는 각종 상선과 화물선들을 납치하는 것을 저지하기 위하여, 우리나라를 비롯하여 미국, 영국, 프랑스, 일본, 중국, 러시아 등 수많은 국가들은 홍해, 아덴만, 인도양이나 소말리아 연안에 항공모함 전단이나 순양함, 구축함과 호위함들을 파병하였다. 무려 34개국으로 구성된 연합해상군(Combined Maritime Forces) 또는 나토 중심의 연합태스크포스(Combined Task Force 151)가 유조선이나 상선을 호위하거나 해적을 추적하는 임무를 수행하였고, 미국, 일본, 프랑스, 이탈리아, UAE 및 중국은 인근에 위치한 지부티로부터 해군기지 부지를 임차하여 해적소탕 등의 임무수행을 위한 기지를 운용하기도 하였다(특히 중국은 2015년부터 항공모함까지 정박이 가능한 대규모 기지를 운용하고 있다). 그럼에도 불구하고 일단 해적들이 탄 쾌속정이 공해상에서 소말리아 영해 내로 도주하게 되면 연합해상군 등의 전투함으로서는 이를 끝까지 추적해서 소탕하는 것에는 적지 않은 어려움이 있었다. 또한 해적이 타고 있는 것으로 강하게 의심되는 쾌속정이라고 하더라도 이를 검문하고 수색하기 위해서는 일정한 절차를 따라야 했으며, 홍해부터 오만에 이르기까지 무려 2백만 제곱 마일의 공해를 순찰 범위로 삼아야 한다는 점 등의 제약조건으로 인하여 해적소탕의 목표가 달성되기까지 상당한 시간과 노력이 소요되었다.

이처럼 전 세계의 많은 국가들이 군함을 파견하여 적극적으로 소말리아 해적 단속에 나서고 대부분의 해운사들이 민간군사기업의 무장 경비병력을 고용하여 대응함에 따라, 2010년대 후반에는 소말리아 해적은 거의 자취를 감추게 된다. 아덴만으로 파견된 각국의 해군전력이 소말리아 해적의 노략질을 뿌리 뽑겠다는 공통의 목표를 갖고 오랜 기간 동안 상당히 협조적으로 운용되었음에도 불구하고, 2010년대 중반 이후에야 비로소 소말리아 해적으로 인한 피해가 유의미한 정도로 감소할 수 있었던 것이다. 소말리아 해적을 편들면서 각국의 공조를 방해하는 국제적인 세력이나 국가가 전혀 없었던 상황에서 전 세계의 국가가 상당한 규모의 해군력을 집중적으로 투사하였음에도 소말리아 해적의 활동을 유의미한 정도로 감소시키기까지 적지 않은 시간과 노력이 소요되었다는 점에 반드시 주목할 필요가 있다.

형사사법시스템 붕괴의 내리막길 가장 아래에 위치한 5단계 또는 무간지옥의 상황에 떨어졌다가 그 내리막길을 거슬러 올라와 다시 모범적인 형사사법시스템을 갖춘 나라로 변신한 국가의 사례는 찾아보기 어려운 반면, 형사사법시스템 붕괴의 내리막길을 따라 내려가는 국가의 사례는 차고도 넘친다. 그 때문에 일단 붕괴한 형사사법시스템 내에서 똬리를 틀고 자리 잡은 범죄조직을 제거하고 다시 제대로 작동하는 형사사법시스템을 구축하는데 얼마나 많은 자원과 노력이 소요되어야 하는지에 대해서 대략적으로라도 짐작할 수 있는 사람은 아무도 없었다. 스웨덴과 네덜란드를 비롯한 수많은 국가에서 범죄조직이 창궐하고 있는 이 시점에 단언할 수 있는 것은 앞으로도 이를 짐작할 수 있는 사람은 결코 없을 것이라는 점이다.

B

붕괴로 이끄는 힘: 포퓰리즘

[사기범죄조직과 여론조작]

사기범죄조직이 온라인에서 피해자들의 심리를 조작하여 범죄수익을 짜내던 특기는 오로지 사기범죄에서만 활용할 수 있는 것이 아니다. 그들은 출처가 불분명한 가짜뉴스를 통하여 여론을 조작하고 개별 사건이나 입법과정에 영향력을 행사하는 과정에서도 탁월한 능력을 발휘할 수 있다. 특히 포퓰리즘을 추구하면서 대중의 여론에 올라타려는 국회의원이 다수 존재하고, 일시적으로 들끓는 여론에 수사나 형사재판이 취약해지는 경향이 강화되는 현재의 상황은 사기범죄조직으로 하여금 가짜뉴스 등을 통한 심리조작으로 개별 사건에 대한 영향력을 행사함에 있어 더할 나위 없이 완벽한 환경을 제공하고 있다.

온라인에서 활발하게 활동하는 조직원들이 있고 대중의 심리조작에 상당한 강점이 있는 사기범죄조직이라면, 당연히 이를 활용하여 자신의 사건에서 유리한 결론을 받아보려는 시도를 해볼 수 있다. 일례로, 알제리 출신의 함자 벤델라지(Hamza Bendelladj)는 러시아 출신의 알렉산드르

파닌(Aleksandr Panin)과 함께 스파이아이(SpyEye)라는 악성 소프트웨어 (malware)를 이용하여 미국과 유럽을 비롯한 세계 각국의 200여 개 금융기관의 서버와 6천만 대 이상의 단말 컴퓨터를 감염시킨 다음, 감염된 서버와 컴퓨터를 통하여 획득한 ID와 비밀번호를 바탕으로 금융기관으로부터 미국연방 법무부 추산 10억 달러 이상을 불법으로 취득하였다는 혐의로 인터폴과 FBI의 집중적인 추적을 받고 있었다. 무려 5년 간의 추적을 피하여 도망다녔던 벤델라지는 2013년 방콕에서 체포되었고, 미국으로 인도되어 형사재판을 받던 중 유죄를 인정하는 내용의 유죄협상을 거쳐 2016년 4월 징역 15년과 보호관찰 3년의 판결을 선고받게 된다.[11]

그런데 벤델라지의 고향인 알제리에서는 그가 범죄수익의 상당 부분을 자선사업으로 지출하였음에도, 미국에서 사형을 선고받게 되었다는 거짓 소문이 돌았고, 알제리 외교부와 오바마 미국 대통령을 상대로 진지한 석방청원이 벌어지기도 하였다. 물론 그가 자선사업에 범죄수익을 지출하였다는 자료는 세상 어느 곳에서도 찾을 수 없는 것이었다. 6천만 대의 컴퓨터를 악성 소프트웨어로 감염시켜 이로부터 ID와 비밀번호 등을 자동적으로 선별해내고, 이를 바탕으로 1조 원이 넘는 범죄수익을 뽑아낸 사기범죄조직의 수괴가 이끄는 조직이라면, 그가 로빈후드와 같이 자선사업을 위하여 해킹을 일삼는 의적이라는 가짜뉴스를 퍼트리면서, 석방청원을 벌이는 것도 그리 어렵지 않았을 것이다.

이처럼 개별 형사사건에 대해서 거짓 정보를 퍼트린 다음, 거짓 정보를 통하여 형성된 여론에 기대어 수사와 재판의 방향을 비틀려는 시도는 날이 갈수록 커져만 가고 있다. 겉으로는 선명한 구호를 외치면서 실제로

---

11 United States Attorney's Office (Northern District of Georgia), "Two Major International Hackers Who Developed the 'SpyEye' Malware get over 24 Years Combined in Federal Prison", Press Release, 2016. 4. 20.자 기사

는 대단히 엉성한 법률을 만들고 있는 포퓰리즘 정치인들이 개별 형사사건에 대해서 제대로 된 정보를 확인하지 않은 채 영향력을 행사하려는 경향과 결합하여, 범죄조직의 여론조작 시도는 실제 수사와 재판의 방향을 비틀고, 결론을 뒤집는 성과를 만들 수 있는 힘을 만들어내고 있는 것이다.

[포퓰리즘과 형사사법시스템의 침식]

형사법이 제대로 작동할 수도 없는 방향으로 개정되고, 수사기관의 인력과 예산이 감축되어 수사의 능력과 의지가 감소되는 경우에야 비로소 형사사법시스템의 붕괴가 시작된다. 사실상의 처벌회피의 특권을 확대해 나가려는 범죄조직의 의지가 아무리 강하다고 하더라도, 형사법 체계가 제대로 작동하고 있고, 수사기관과 법원의 인력과 예산이 온전하게 보존되어 있다면 범죄조직의 의지만으로 형사사법시스템이 붕괴되는 일은 일어나지 않는다. 형사사법시스템이 붕괴되고 있는 국가를 자세히 들여다 보면, 해당 국가의 형사법은 그때 그때의 국민적 여론이나 정치적 상황에 따른 포퓰리즘으로 인하여 약화되었다는 공통점이 있었음을 어렵지 않게 확인할 수 있다. 이러한 포퓰리즘은 권력자의 중요한 권력기반이 되어 국가의 모든 시스템을 전체주의로 이끄는 가장 강력한 요소가 되기도 한다.

결국 형사사법시스템의 붕괴를 이끌어내는 가장 근원적인 힘은 포퓰리즘에 맹목적으로 휘둘리는 국민들의 정치적 의사결정으로부터 나오는 것이다. 지금 전 세계를 휩쓰는 정치세력은 전통적인 좌파(사회주의 지향)도 아니고 전통적인 우파(자유주의 지향)라고 부를 수도 없는 포퓰리즘 정당들이 대부분이다. 원래 포퓰리즘이란 일반 대중의 정치사회적 요구를 대변하려는 정치활동을 가리키는 것이었지만, 이제는 엘리트 또는 전문가들이 아닌 일반 대중이 의사결정의 주체가 되어야 한다며 대중의 인기에 영합하는 정책을 내놓음으로써 권력을 획득하고 유지하는 정치형태를 가리키는 말이 되었다. 이들은 일반 대중이 명료하게 이해할 수 있도록 최대한 문제상황을 단순화시키고, 가급적 선명한 대결 구도를 유지하면서 선동적인 해결책을 내놓는 것이 가장 지지받기 쉬운 방법이라는 점을 깨닫고, 자신의 정치적 발판을 공고히 하기 위하여 경쟁적으로 포퓰리즘 입법과 정책을 발 빠르게 내놓고 있다.

문제는 포퓰리즘 정책은 문제상황을 너무 단순하게 인식하기에 복잡한 문제를 해결하기 위한 상황인식을 결여할 수밖에 없다는 것이다. 아울러 그 해결방안 또한 대결 구도와 선명성에 치중하기 때문에 실제 유효하게 문제를 해결할 수 있는 입법이나 정책으로 연결되기도 어렵다. 초등학생도 쉽게 이해할 수 있는 정책적 목표와 수단을 제시하는 포퓰리즘 정책은 일반 대중으로부터 압도적인 지지를 이끌어낼 수는 있겠지만, 실제 현실과는 무관하게 만들어진 단순한 정책이 현실에서 제대로 작동하기를 기대할 수는 없는 일이다. '농업생산량 증대를 위하여 곡식을 먹어치우는 참새를 박멸하여야 한다'와 같이 포퓰리즘에서 비롯된 단순하고도 선명한 주장들은 인터넷 게시판에서는 그럴듯해 보일지 몰라도, 현실에서는 수많은 혼란만을 가중시키기 때문이다. 포퓰리즘이 현실에서 작동하지 않는 주된 이유는 선명성을 강조한 나머지 정책의 구체성이나 일관성이 결여되어 있고, 실무적으로 최선의 문제해결방안을 고안하고 이를 실행할 수 있는 여지를 전면적으로 배제한다는 데 있다. 이 때문에 초등학생도 쉽게 이해할 수 있는 정책적 목표와 수단을 갖고 있었던 수많은 포퓰리즘 입법들은 당초의 목적을 달성하기는커녕, 해당 포퓰리즘 입법이 있기 전보다 못한 총체적인 정책실패로 예외 없이 귀결될 수밖에 없었던 것이다.

미국에서 금주법이 제정되기 전에는 어린이들을 비롯하여 대부분의 사람들이 매 끼니마다 술을 마시는 풍습이 큰 사회문제로 인식되었기에 모든 문제의 원인인 술을 금지함으로써 문제를 해결할 수 있다는 단순하고도 간명한 여론이 지지를 받게 되었다. 이에 주 의회와 연방 의회는 빈곤이나 가정폭력의 원인으로 지목되어 온 술을 금지하는 금주법(Volstead Act)을 통과시켰다. 이에 우드로 윌슨 대통령이 거부권을 행사하였으나, 연방의회가 법률안을 재차 통과시킴으로써 결국 금주법이 제정되었다. 문제는 앞서 본 것처럼 금주법은 문제상황을 지나치게 단순하게 인식하고 있었고, 문제상황의 해결에 예산과 인력을 최소한으로 배분하면서도 엄벌에 처하는 포퓰리즘 입법의 전형적인 모습을 취하고 있었다는 것이다. 금주법의 제정으로 음주량의 급격한 감소, 음주로 인한 정신질환이나 사망자 감소와 같은 긍정적인 효과도 적지 않았겠지만, 앞서 본 바와 같이 형사사법시스템의 붕괴 2단계에 이르게 되는 비교할 수 없이 부정적인 결과를 야기하였음은 앞서 본 바와 같다. 결국 전형적인 포퓰리즘 입법으로 평가할 수 있는 금주법은 밀주를 판매하는 범죄조직의 폭발적인 성장과 정치인들의 부패, 형사사법시스템의 침식이라는 전혀 의도치 않은 결과만을 남긴 채 역사의 뒤안길로 사라질 수밖에 없었다.

[포퓰리즘의 상황인식: 단순하고 선명한 대립구도]

무슨 일이 일어나면 인터넷과 소셜미디어에서 즉시 공유되는 영상과 정보에 익숙해져 버린 우리들은 이제 즉각적인 만족(instant gratification)을 추구할 뿐, 복잡한 상황을 이해하기 위하여 시간과 노력을 들일 생각이 별로 없다. 또한 적정한 결론을 마련하기 위하여 필요한 절차와 과정을 견디기 어렵고, 무언가를 참을성 있게 기다리는 일에도 더 이상 익숙하지 않다. 이제 세상에는 어렵고 복잡한 이야기를 들으려 하는 사람은 아무도 없기 때문에, 복잡한 문제를 해결하겠다며 어려운 이야기를 하던 정치세력이나 정당들은 모두 빠른 속도로 자취를 감추었고, 오로지 포퓰리즘 정치 세력만 남게 되었다.

포퓰리즘을 추구하는 정치인들은 문제상황이 발생하였을 때 가장 단순한 대결 구도와 선명성에 치중한 그럴듯한 대책을 제시한다. 특히 복잡한 것을 싫어하는 유권자들에게 1분 내로 설명할 수 있으면서도 호소력 있는 대책은 대체로 누군가에게 모든 책임을 전가하는 것을 주된 내용으로 한다(예를 들면, 조지 오웰의 『동물농장』에서 동물들이 외치는 '네 발은 좋고, 두 발은 나쁘다. 무엇이건 두 발로 걷는 것은 적이다.'라는 구호는 어려운 것을 싫어하는 동물들에게는 너무나 이해하기 쉬우면서도 그럴 듯하였으며 문제해결방안까지 제시하고 있었다). 이때 문제상황을 해결할 수 있는 권한과 수단을 가진 사람에게 필요한 만큼의 책임을 부과하거나 제대로 작동하는 문제해결 체계를 세심하게 마련할 생각은 전혀 없기에, 누군가에게 책임을 뒤집어씌우는 법률이 존재한다고 하더라도 똑같은 문제가 또다시 발생할 수밖에 없다. 이로써 포퓰리즘이 만연한 국가에서는 중요한 문제가 적시에 해결되지 못하고 수많은 문제가 계속하여 쌓이게 되는 상황이 반복되게 된다.

알바니아 사태의 경우를 보더라도, 알바니아 국회는 피라미드 범죄조직의 연쇄부도와 폭동 발생 후 2~3개월이 지나서야 뒤늦게 국민들의 요구에 따라 피라미드 사기를 금지하는 법을 제정하면서도 피라미드 사기가 무엇인지를 정의하지 않았다. 이로써 부패한 정부와 결탁되어 있는 대부분의 피라미드 사기조직들은 사태가 진정될 때까지 그대로 자산을 보유한 채 폐쇄명령을 따르지 않을 수 있었고, 이후 새롭게 등장한 정부 또한 피라미드 사기조직을 정리하는 과정에 적지 않은 어려움을 겪을 수밖에 없었다. 당시 알바니아의 집권당은 피라미드 사기범죄조직으로 인한 혼란이 사실 부패한 반대정치세력(또는 금융전문가)으로 인하여 시작된 것이라고 주장하면서 문제상황을 왜곡하고, 이를 반대정치세력과 순수한 국민의 대결구도로 몰고 가면서 제대로 된 문제해결을 저지하였다. 그래서 간신히 문제해결을 시작할 수 있을 때쯤에는 이미 피라미드 사기범죄조직이 갖고 있던 대부분의 자산은 사라지고 없었는데, 이는 단순성과 선명성에 의존할 뿐 실제 문제해결을 방해하는 포퓰리즘 입법이 매번 도착하는 종착점이 무엇인지를 여실히 보여주고 있다.

여기서 흥미로운 점 중의 하나는 피라미드 사기조직을 후원하고, 2천 명이 넘는 사람이 살해당하는 유혈사태나 사회경제적 혼란을 저지하는 데 실패하였으며, 국가 경제를 몰락시키는 데 가장 큰 책임이 있던 대통령 살리 베리샤가 1997년 7월에 국정 혼란의 책임을 지고 사퇴하였지만, 2005년부터 무려 8년간 총리로 다시 재임하면서 막강한 영향력을 행사할 수 있었다는 것이다. 그는 일반 대중이 명료하게 이해할 수 있도록 문제상황을 단순화하여 선명한 대결구도로 몰아갈 수 있고, 이를 바탕으로 선동적이면서도 그럴듯한 해결책을 내놓을 수 있다면, 아무리 큰 과오를 저질렀다고 하더라도 일반 대중으로부터 또다시 선택을 받게 될 것이라는 값진 역사적 교훈과 자신감을 전세계의 포퓰리즘 정치인들에게 던져주고 있다.

[포퓰리즘의 문제해결방식: 신속한 '렉카법'의 제정]

대한민국의 입법과정과 정책생산과정 또한 포퓰리즘이 지배하고 있다. 애당초 우리는 절차와 과정을 중시하는 것과는 거리가 있었고, 언제나 신속하게 결론을 내리는 것에 보다 큰 가치를 부여하기는 했었다. 그런데 이제는 타당한 결론을 내리기 위하여 필요한 시간과 노력을 투입하거나 반드시 중요한 절차와 과정을 거쳐야 한다는 반대의견은 모두 자취를 감추고 사라져 버렸다.

언론을 도배하는 충격적인 사건이 발생한 경우, 어떤 국회의원이 해당 범죄자를 엄벌에 처하는 내용의 법률안을 발의하는 데 하루 이틀이면 충분하다. 요즘은 헌법재판소에서 위헌판결이 난 지 한 시간 만에 법안이 발의되는 것과 같은 일이 그리 드물지 않게 일어나고 있고, 21대 국회의 발의건수는 이전 국회의 역대 최고치 기록을 갈아치우고 있다. 국회의원들 사이에서 경쟁적으로 발의되는 '렉카법'들은 충분한 검토를 거치지 않은 채 성안된 탓에 지나치게 광범위하고 불명확한 뜻의 용어를 사용하거나 체계적이지 않고 모순되는 규정을 두는 경우가 많다. 그 때문에 입법목적으로 엄벌하겠다던 범죄자는 구멍이 숭숭 뚫린 법률 때문에 실무상 처벌할 수 없는 반면, 오히려 처벌 가치가 낮은 범죄자만 엄벌에 처해지는 기이한 결론에 이르게 되는 경우가 적지 않다. 주로 법률안 발의 실적을 채우기 위하여 경쟁적으로 발의되는 렉카법은 실무에서는 의도했던 바와 전혀 다른 결과를 가져오는 것이 대부분이고, 렉카법이 급조되어 쌓여감에 따라 당초 렉카법을 통하여 해결하려고 하였던 문제상황은 예외 없이 더욱 악화되고 있다.

문제상황이 더욱 엉망진창이 되어버린 현재의 상황은 체계적이지도 않고 불명료한 렉카법이 무질서하게 쌓여있는 것에 기인한 것이다. 일례로, 「아동복지법」이나 「아동학대범죄의 처벌 등에 관한 특례법」에 의하여 처벌이 되는 아동학대에는 신체적 학대뿐만 아니라 정신적 충격을 주는 정서적 학대행위도 포함되었는데, 이제는 아이 앞에서 부부가 언성을 높여 싸우게 되면 상대방 배우자에 대한 폭행이나 협박이 성립하기 어렵더라도, 아동에게 가정폭력으로 정신적 충격을 주었다는 이유로 징역형의 처벌을 받을 수 있게 되었다(아동복지법 제17조 제5호).[12]

---

12 서울신문, "아이 앞 부부싸움도 학대입니다", 2022. 6. 25.자 기사

이제 아동의 기분을 조금이라도 나쁘게 하였다면 아동학대가 될 수 있는 것이기에, 학교에서 선생님이 목소리를 엄하게 하거나, 아이를 보며 한숨을 쉬거나, 받아쓰기를 시켰다는 이유만으로 선생님들에 대한 아동학대 신고가 빗발치게 되었다. 문제는 아동학대를 지나치게 포괄적으로 정의하여 둔 결과 아동에게 정신적 충격을 주는 일체의 행위가 아동학대로 포섭되었기 때문에, 수사기관이나 법원이 개별 사건에서 아이에게 받아쓰기를 시킨 것이 아동학대가 아니라고 단언하기 어려워졌다는 점이다. '아동이 교사의 어떤 행위로 인하여 정신적 충격을 받았다'라는 주관적인 인식에 대한 진술만으로 아동학대 혐의를 인정할 수 있는 반면, 무리한 아동학대 신고나 고소로 인한 사건이라고 하더라도 수사기관이나 법원이 해당 사건에 무혐의 또는 선고유예, 무죄를 선고하는 것은 더욱 어려워지고 있다. 특히 교사가 받아쓰기를 시키는 행위나 아이들이 싸우는 것을 말리고 꾸짖는 행위, 학교에서 담배피우는 것을 제지하는 행위가 정당한 생활지도로서 아동복지법에 따라 5년 이하의 징역 또는 5,000만 원 이하의 벌금에 처함이 마땅한 아동학대행위로 보아서는 안된다는 점이 명백하다고 하더라도, 모든 정서적 학대행위를 금지하고 있는 '렉카법'의 취지에 비추어 수사기관, 검찰이나 법원이 그러한 행위가 가벌성이 없다고 판단하는 것에 상당한 부담을 느낄 수밖에 없다. 이 때문에 실무상으로는 학부모가 교사들을 아동학대로 신고한 수많은 사건들에서 수사와 재판의 매 단계마다 치열하게 무엇이 아동학대인지 여부가 다투어질 수밖에 없다(이는 아동의 정신건강 및 발달에 해를 끼치는 모든 정서적 학대행위를 처벌한다고 규정하면서도, 실제로 아동의 기분이 나쁘더라도 정당한 훈육이나 생활지도로서 학대행위로 볼 수 없는 행위와 실제로 처벌가치가 있는 학대행위를 구별할 수 있는 기준을 전혀 마련해두지 않은 탓이다).

이에 교사가 손들지 않은 아이에게 발표를 시켰다는 이유로 아동학대로 고소가 접수되면, 해당 교사는 아동학대 고소 사실만으로도 직위해제를 당하고, 수사기관에서 피의자 신분으로 조사를 받으면서 아이가 손을 들었는지, 만약 손을 들지 않았다면 손을 들지 않은 아이에게 발표를 시킬 수밖에 없었던 사정에 대해서 구차하게 변명하여야 한다. 이로 인하여 수사와 재판과정에서 아동을 기분 나쁘게 한 행위가 교사의 정당한 권한에 속하는 정당행위인지를 다투는 과정에 상당한 시간과 노력이 소진되고 있지만, 국회가 의도한 바와 같이 처벌 가치가 높은 아동학대범죄에 대해서 제대로 엄벌이 이루어지고 있다거나, 중요 아동학대범죄의 발생이 감소되고 있다는 소식은 전혀 들려오지 않고 있다.

반면, 아동의 부모나 학원이 아동의 시험성적을 이유로 정서적 학대 행위를 하고 있음이 너무나 명백한 경우라 하더라도, 이러한 아동학대에 대해서는 전혀 수사나 처벌이 이루어지지 않는다. 학부모가 자신의 아이들을 영어유치원 입학을 위한 레벨테스트(일명 '4세 고시'), 초등영어학원 입학을 위한 프렙 학원(일명 '7세 고시')과 초등학교 3학년 때부터 시작하는 의대 입시반 준비를 강요하다가, 아이가 정신과치료를 받아야 되는 상황이 되었더라도 아무도 이를 아동학대로 신고하지 않는다. 특히 「아동학대범죄의 처벌 등에 관한 특례법」 제10조 제2항 제17호에 따라 소아정신과 의사들은 학부모의 아동학대를 신고할 의무가 있음에도, 이를 신고한 사례를 찾아볼 수 없다. 아동에게 정신적 충격을 주는 모든 것이 아동학대에 포섭된다는 놀랍도록 포괄적인 기준은 오로지 학부모의 마음에 들지 않는 학교 교사들에게만 적용되는 것이기 때문이다. 오히려 학원 강사들의 경우에는 아이들에게 엄한 목소리로 받아쓰기를 시키거나 부진한 아이들을 꾸중하여 높은 성적을 올리도록 하는 것이 장려되기도 한다. 일과시간 중의 학교에서는 학생들과 부모들이 정당한 생활지도를 하는 교사를 아동학대로 신고하면서도, 일과시간 후의 학원에서는 아동학대에 가까운 생활지도를 해주기를 바라는 모순된 모습은 누가 보더라도 정상이라 볼 수 없다. 모두가 납득할 수 없는 이러한 상황을 가능케 해주는 것은 어디까지나 신속하게 급조된 렉카법 덕분이다.

[포퓰리즘의 작동원리: 권한과 책임의 분리]

포퓰리즘 입법은 대체로 국가가 해당 문제를 해결하는 과정에 자원은 거의 들이지 않으면서 이를 해결할 책임을 가진 사람의 권한을 빼앗는 것을 주된 내용으로 한다. 그러면서 문제해결의 권한을 빼앗겨버린 사람에게 권한이 주어지지 않은 부분에 대해서까지 무조건적으로 책임을 지우는 동일한 패턴을 보인다. 국회는 선생님이든, 의료인이든 또는 법조인이든 간에 그들이 갖고 있는 책임과 권한을 최대한 분리한 다음, 권한을 제대로 행사할 수 있는 재량을 박탈하거나 권한행사 여지를 극단적으로 줄여 놓고, 실제 학교, 병원 및 수사기관에서 눈 앞에 있는 문제를 해결할 수 있는 권한을 전혀 부여받지 못한 선생님들과 의사, 수사관, 검사에 대해서는 그들이 업무를 처리하는 과정에 고의나 과실이 있는지 여부와는 무관하게 바람직하지 않은 결과에 무조건적인 책임을 묻는 내용의 입법을 반복하고 있다.

'권한과 책임의 분리'와 '무조건적인 책임부과'는 국회가 각 영역별 문제해결 권능을 빼앗고 모든 영역에서 자신들의 권력을 확대하기 위하여 반복적으로 활용하고 있는 핵심적인 수단이기도 하다. 그래서 국회는 과거 일선 학교에서 학교폭력이 발생하였을 때 가해아동과 피해아동으로부터 사실관계를 확인하고, 합당한 처분을 할 권한이 있었던 교사들로부터 일체의 조사 권한을 박탈하고, 이를 학교폭력대책자치위원회에 넘김으로써(현재는 다시 교육지원청으로 권한이 이관되었다), 결국 경찰과 검찰, 법원에서 학교폭력 문제를 민사, 형사 및 행정사건으로 다루도록 하였다.

문제는 교사들로부터 학교폭력에 대한 조사 및 처분 권한을 박탈하였음에도, 교사들에게 여전히 신고와 조사 및 보호처분의 책임을 지우고 있다는 것이다. 그런데 조사 권한이나 처분 권한이 없는 교사들의 사실관계 확인 노력은 아동학대 신고나 명예훼손 고소로 이어지게 되므로, 학교폭력 발생 초기에 교사가 충분하게 조사를 진행할 수 없다. 만약 교사가 학교폭력 문제를 해결하려고 하면, 가해 아동의 부모로부터 아동학대죄나 무고죄로 고소당하거나 명예훼손죄로 민사소송을 당하여 오랫동안 법적 분쟁에서 헤어 나오지 못하게 된다. 아울러 피해 아동과 그 부모들이 직접 증거와 증인을 수집하러 다니다가 맞폭으로 신고를 받거나, 명예훼손으로 고소당하는 것 또한 그리 드문 일이 아니다.

반면, 가해 아동과 그 부모들은 사건 초기에 교사들이 학교폭력 사건의 실체에 접근하는 것을 저지하고, 명예훼손 고소 등의 온갖 민형사상 수단을 동원하여 목격자들의 입을 틀어막으며, 이후 학폭위의 처분이 있더라도 법원의 집행정지결정을 통하여 이를 사실상 무력화할 수 있는 수단을 갖추게 되었다. 결국 학교폭력의 문제를 해결하는 주체가 되어야 하는 교사들로부터 일체의 권한을 박탈하면서도 그들에게 과도한 책임을 부과함에 따라, 학교폭력에 가장 책임이 있는 가해 아동은 막대한 어드밴티지를 부여받게 되어 별다른 노력을 들이지 않고도 학교폭력으로 인한 불이익을 벗어나게 되는 기이한 결과에 이르게 된 것이다.

여기에 더하여 교사들이 아동학대에 대한 과도한 민형사적 책임에 노출됨에 따라 학생들에 대한 생활지도 또한 상당한 정도로 위축되게 되었다. 교실에서 난동을 부리는 아이의 팔을 잡는 행위에 대해서까지 학부모들이 아동학대 신고를 하고 있는 상황에서 신중한 검토 없이 이루어진 '렉카법'은 아동학대범죄를 줄이는 효과를 거두기는커녕, 공교육을 책임지고 있는 교사들에 대해서 아동학대신고의 부담을 느끼게 하여 생활지도를 포기하게 하는 문제를 낳고 있다. 이는 교사들로 하여금 아이들에게 다른 사람들과 어울려 살아가는 과정에서 반드시 익혀야 할 규율을 가르치는 것을 꺼리게 함으로써, 학교현장에서 통제불가능한 아동들로 인하여 급증하고 있는 학교폭력의 문제를 부채질하는 심각한 부작용만을 낳고 있다. 그리고 제대로 사회성을 갖추지 못한 아이들이 이후 학교와 군대에서, 직장 또는 접객시설에서 통제되지 않은 갑질과 폭력을 행사하면서 수많은 피해자가 양산될 것이라는 점에는 의문이 없다.

교사들은 수사기관의 수사나 법원의 재판을 받기 전까지 어떠한 행위가 아동학대에 해당하는지 전혀 알 수 없으므로, 학생들과의 문제상황을 맞닥뜨렸을 때 정당한 생활지도의 한계가 어디까지인지를 알기 어렵게 되었다. 그래서 학생이 수업 시간에 교실에서 계속 돌아다니거나 교단에 드러눕는 등 교사의 지도를 무시하고 수업을 방해한 경우라고 하더라도 사실상 교사가 취할 수 있는 조치가 아무것도 없다고 생각하는 지경에 이르게 되었다. 교사가 학생으로부터 성희롱이나 폭행 등을 당한 경우라고 하더라도 경찰에 신고하는 정도의 사후적인 조치를 취하는 것이 유일한 대응방법이 되었다. 이제는 학교에 칼을 들고 와서 다른 아이들을 위협하는 문제아동과 그 부모가 취할 수 있는 수단들은 차고도 넘치지만, 교사들이 칼을 들고 난동을 부리는 아이로부터 자신들과 다른 아이들을 보호하기 위하여 취할 수 있는 조치라고는 고작 경찰에 신고하는 것밖에 없는 상황이 된 것이다.

적은 급여에도 불구하고 아이들을 가르치면서 그들이 성장하는 것을 지켜보는 과정에서 보람을 찾겠다고 교직에 입문한 교사로부터 학교폭력을 조사하고 처분할 일체의 권한을 박탈하고, 모든 상황에서 교사에게 아동학대의 책임을 묻는 법률이 제정되었을 뿐인데, 어느덧 학교는 문제 아동에게는 천국이지만 교사들과 피해 아동들에게는 생지옥인 공간으로 변해버렸다. 하지만 국회는 학교폭력과 아동학대와 관련하여 모든 상황의 책임을 교사들에게 뒤집어씌우는 내용의 입법으로 교육현장의 상황이 현저하게 악화되고 있는 것에 대해서는 전혀 미안함을 밝힌 바 없다. 오히려 그들은 교사의 권한과 재량을 빼앗은 입법을 되돌리기는커녕 학교폭력 가해자에게 대학입시에서 어떠한 불이익을 줄 것인지(이것은 대학에 책임을 돌리는 것이다), 또는 학교폭력 관련 행정소송의 종결기한을 정해둘 것인지 (이것은 법원에 책임을 돌리는 것이다)와 같은 비본질적인 문제에만 여전히 집중하면서, 그렇지 않아도 피해자에게 생지옥으로 변해버린 학교 폭력의 문제를 더욱 악화시키는 데 혈안이 되어 있다.

✦

　문제를 해결해야 할 책임이 있는 사람으로부터 권한을 박탈함으로써 문제해결을 더 어렵게 하는 상황은 의료계의 경우에도 마찬가지이다. 의료인인 의사가 환자에 대한 문진을 포함한 진료와 검사를 거쳐 환자의 이상상태(병명 포함)를 진단하고, 그 진단결과에 따라 수술이나 처치, 약제의 처방 등을 하는 것이 의료행위의 일반적인 과정이다. 그런데 국회는 국민건강보험법의 적용을 받는 수술이나 처치, 처방에 대해서 건강보험심사평가원으로 하여금 요양급여비용의 수가를 정하도록 하고, 나아가 개별적인 의사의 수술이나 처치, 약제의 처방에 대한 요양급여비용 청구의 적정성을 심사할 권한을 부여하였다. 결국 건강보험심사평가원의 '삭감'이라는 권한을 통하여 필수적 의료에 해당하는 영역에 있어서만큼은 의사로부터 수술이나 처치, 처방에 관한 권한과 재량을 사실상 박탈하기에 이른 것이다.

　그런데 실제 진료행위, 약제 및 치료재료에 실제 소요되는 원가가 수가로 인정되는 요양급여비용보다 높은 경우가 대부분이기 때문에,[13] 구조적으로 의료기관은 급여항목에 대해서는 손해를 봐가면서 의료행위를 할수밖에 없고, 비급여항목 또는 의료 외 사업에서 수익을 만들어내야 하는 상황에 놓이게 된다. 그런데 필수의료의 경우 원가에 미치지 못하는 요양급여비용만 청구할 수 있는 급여항목이 의료행위의 대부분을 차지하는 반면, 수익을 만들어 낼 수 있는 비급여항목이 거의 없기 때문에 계속 적자가 쌓일 수밖에 없고, 장기적으로는 병원을 정상적으로 운영할 수 없게 된다.

국민의 생명과 건강에 가장 밀접한 관련이 있는 필수의료 과목이면서 계속적으로 적자가 쌓이고 있는 의료과목이 무엇인지를 확인하는 것은 전혀 어렵지 않다. 전공의 충원율이 매우 낮은 데다가 해당 영역에서 전문성을 가진 의사들이 운영하고 있는 병원이 빠른 속도로 사라지는 진료과목을 찾으면 되기 때문이다. 여기에는 소아청소년과, 흉부외과나 응급의학과가 포함되는데, 그중 흉부외과의 경우 전문의 자격증을 딴 의사 중 82%가 현재 전공과는 다른 과목의 진료행위를 하면서 생계를 유지하고 있다.

신생아가 급감함에 따라 소멸을 앞두고 있는 산부인과의 경우에는 문제상황이 더욱 복잡하다. 최근 출생 당시 생체 활력 증후가 전혀 없이 태어난 신생아가 이후 뇌성마비의 장애를 갖게 되었음을 이유로 산부인과 병원 측에 12억 5,552만 원의 손해배상책임이 인정된 바 있다.[14] 이는

---

13 건강보험심사평가원이 2020년 조사한 바에 따르더라도 전체 진료비의 원가보전율은 100% 내외였고 포괄 진료비의 원가보전율은 100%에도 미치지 못했다. 자세한 내용은 건강보험심사평가원·서울대학교 산학협력단·충북대학교 산학협력단, 「신포괄수가제 모형 개선 및 의료 질 관리 방안 연구」, 2020. 1. 참조.

14 동아일보, "'신생아 의료사고' 12억 배상판결 … 산부인과 기피우려", 2023. 8. 23.자 기사. 위 판결에 관하여 대한산부인과학회는 성명을 내고 "분만은 본질적으로 내재한 위험성으로 산모나 태아의 사망, 신생아 뇌성마비 등 원치 않은 나쁜 결과가 일정 비율로 발생한다"며 "이는 피할 수 없고 그 원인도 알 수 없는 경우가 많음에도 불구하고 결과가 나쁘다는 이유만으

2018년 기준 초산 자연분만의 의원급 의료기관 수가(본인부담금과 건강보험공단 부담금의 합계액)인 53만 4,480원을 적용할 경우 무려 2천 건 이상의 분만을 시행한 경우에 지급받는 요양급여보다도 많은 것이다. 그런데 분만 과정에서 양수색전과 같은 사고 위험을 안고 있는 산부인과의 경우 일정한 수 이상의 분만을 진행하다 보면 당연히 발생하게 되는 사고와 관련된 손해배상비용을 보전할 방법이 전혀 없다. 건강보험공단이 지급하는 요양급여의 원가에는 이러한 의료사고로 인한 손해배상금이 아예 포함되어 있지 않기 때문이다.[15]

결국 건강보험심사평가원은 환자의 생명이나 건강에 직접적으로 관련이 있는 필수의료 영역에서 원가에 미치지 못하는 요양급여비용만을 지급하고, 필연적으로 발생하는 천문학적인 손해배상책임에 대해서는 모른 체함으로써, 필수의료에서는 전문성 있는 의사들을 쫓아내고, 이와 같이 쫓겨난 전문의들로 하여금 비급여항목의 비중이 높은 성형외과나 피부과로 진료과목을 바꾸도록 유도하고 있는 것이다.

이에 더하여 건강보험심사평가원은 개별 의료행위가 정당진료인지 아니면 과잉진료인지를 판단하는 과정에서 지나치게 결과에 집착함으로써 의사의 정당한 권한 내지 재량의 행사에 필요 이상으로 개입하고 있다. 이는 의사들로 하여금 환자를 제때 살리기 위하여 필요한 진료를 하는 것을 주저하게 하거나, 새로운 의료기술을 받아들여 환자들에게 적용하는

로 선의의 의료행위를 한 의료인에게 거액의 배상 책임을 묻고 가혹하게 처벌하고 있다"고 밝혔다.

15 다만, 불가항력적 의료사고 피해자를 위한 보상 재원을 정부가 100% 마련하는 내용을 담은 「의료사고 피해구제 및 의료분쟁 조정 등에 관한 법률개정안」이 국회를 통과해 오는 2023년 11월 시행될 예정이다. 위 법률개정안은 의료인이 분만 과정에서 주의의무를 충분히 다했음에도 불구하고 의료사고가 발생하면 한국의료분쟁조정중재원이 환자에게 보상금을 지원하는 것을 그 내용으로 하고 있는데, 당초 국가 70%, 의료기관 30%였던 보상재원 부담을 국가가 100% 책임지게 되었다(단, 최대 지원 금액은 3,000만 원).

것을 사실상 금지하는 효과를 가져옴으로써 생명을 다루는 필수의료 현장의 상황을 더욱 악화시키고 있다. 일례로, 응급환자의 혈액에 산소를 공급해주는 인공심폐기(ECMO) 장비를 사용하게 되면, 일단 환자가 생존한 경우라야 요양급여비용을 청구할 수 있고, 환자가 죽게 되면 요양급여청구를 할 수 없다. 설령 요양급여를 청구하더라도 사망한 환자에 대한 인공심폐기 비용을 의료기관이 부담하도록 하는 것은 건강보험심사평가원의 변치 않는 실무이다.[16] 당연히 의료기관 입장에서는 생존할 가능성이 높은 환자에 대해서만 인공심폐기를 사용하는 실무가 자리를 잡았고, 생존할 가능성이 낮은 환자에 대해서는 비록 적극적인 대처가 필요한 상황이라고 하더라도 인공심폐기의 사용을 꺼리게 되었다. 결과에 집착하는 건강보험심사평가원의 삭감기준으로 인하여 오히려 인공심폐기의 사용이 가장 긴요한 환자에게는 그 사용이 가장 억제되는 결과를 낳고 있는 것이다.

결국 국회가 의사들로부터 환자에 대한 적절한 의료행위를 선택할 수 있는 권한과 재량을 박탈한 대신, 건강보험심사평가원으로 하여금 의료수가를 정하는 권한과 개별 의료행위의 요양급여비용에 대한 심사 권한을 독점적으로 행사하도록 하면서도, 의료행위에 대한 책임은 의사들에게 묻는 방식을 택한 것이 현재 필수의료가 붕괴해가는 근본원인이 되고 있다. 국민건강보험법이 요양급여비용의 심사 및 요양급여의 적정성 평가업무를 공정하고 효율적으로 수행하여 국민 보건의 향상과 사회보장 증진에 기여하도록 하기 위하여 건강보험심사평가원을 설치한 취지와는 달리, 결국 국민건강보험법이 국민 보건과 필수의료의 악화를 이끌고 있는 것이다.

---

16 SBS 뉴스, "과잉 진료 막으려다⋯중환자 포기하는 병원", 2015. 8. 28.자 뉴스

의료행위의 과정보다 결과에 집착하는 것은 법원이라고 해서 크게 다르지 않다. 대법원은 2004년 보라매병원 판결(대법원 2004. 6. 24. 선고 2002도995 판결)[17]을 통하여 의료계가 소극적이고 방어적인 태도를 취하게 하는 결정적인 계기를 제공한 바 있다. 대법원은 위 판결에서 '담당 전문의와 주치의에게 환자의 사망이라는 결과 발생에 대한 정범의 고의는 인정되나 환자의 사망이라는 결과나 그에 이르는 사태의 핵심적 경과를 계획적으로 조종하거나 저지·촉진하는 등으로 지배하고 있었다고 보기는 어려워 공동정범의 객관적 요건인 이른바 기능적 행위지배가 흠결되어 있다는 이유로 작위에 의한 살인방조죄가 성립된다'는 취지로 판시하였다. 환자의 보호자가 적극적으로 퇴원을 요구함에 따라 부득이하게 치료 중단 및 퇴원을 허용하는 조치를 취한 담당 전문의와 전공의에 대해서 징역형의 집행유예가 확정된 이후, 의사들은 의료행위에 관한 재량의 상당 부분을 건강보험심사평가원뿐만 아니라 비전문가인 검찰과 법원의 판단에 맡기게 되는 처지가 된 것이다.

그로 인하여 대법원 판결 이후 모든 병원의 응급실에서는 자가 호흡에 곤란을 겪는 환자에 대해서 예외 없이 기도삽관술이 시행되었다. 이로써 우리나라에서 유언을 남기고 죽는 사람들은 기적처럼 사라지게 되었다. 과거 죽음을 앞두고 자가호흡에 어려움을 겪던 노인들은 일단 첫 번째 호흡곤란의 고비를 넘긴 이후에야 재산을 정리하고 자식들을 불러모아 유

---

17 1997년 서울보라매병원의 의사들은 만취 상태에서 넘어지는 바람에 머리를 다쳐 후송된 환자에 대해서 수술을 시행하였는데, 다음날 환자의 보호자인 부인이 '자신의 동의 없이 수술을 시행하였고, 경제적으로도 병원비를 감당할 수 없다'고 주장하며 뇌부종으로 호흡에 문제가 있는 환자를 퇴원시키려 했다. 당시 의사들은 환자를 퇴원시킬 수 없다고 맞섰지만, 보호자가 완강하게 퇴원하겠다는 뜻을 밝히면서 '환자의 죽음에 대해서 병원에 책임을 묻지 않는다'는 각서를 쓰고 퇴원을 강행하였고, 퇴원 직후 환자는 사망하였다. 이후 서울고등법원은 담당 전문의와 전공의에 대해서 살인방조죄를 인정하여 각 징역 1년 6월, 집행유예 2년을 각 선고하였고, 상고심에서 위 판결이 확정되었다.

언을 남기는 것이 일반적인 모습이었다. 그런데 이제는 자신의 의사와는 관계없이 기도삽관을 당하게 되는 탓에, 호흡곤란을 겪는 모든 노인들은 첫 번째 고비를 겪은 다음에는 병원 문을 나설 수 없게 되었고, 기도에 관이 꽂힌 상태에서 아무런 유언을 남기지 못한 채 중환자실에서 쓸쓸하게 자신의 삶을 마감하게 된 것이다. 이에 우리나라에서는 연로한 노인이 어떠한 유언도 남기지 못한 채 중환자실에서 외롭게 패혈증 등으로 죽는 것이 일반적인 죽음의 경로가 되어버렸다. 아울러 노인들이 상속관계를 정리해 둘 겨를 없이 중환자실에서 죽음을 맞이함에 따라, 피상속인이 유언을 남기지 못하고 상속재산만을 남겨놓고 떠난 자리에서 상속인들 사이의 상속분쟁이 끊이질 않게 된 것 또한 전 세계에서 그 유례를 찾아보기 어려운 대한민국만의 독특한 현상으로 자리잡게 되었다.

이러한 상황은 필수의료로써 건강보험심사평가원과 검찰, 법원이 관여하고 있는 다른 의료분야에서도 쉽게 발견할 수 있다. 제대로 자신의 건강상태를 설명하지 못하는 유아 환자나 양수색전이 발생한 산모에게 어떠한 진단과 처치를 하는 것이 가장 적절한 것인지를 결정하는 권한과 재량을 이제는 소아과 의사나 산부인과 의사가 아닌 심사평가원과 법원, 검찰이 행사하고 있기 때문이다. 의료행위 당시의 상황을 종합적으로 고려하지 않고 비전문가가 결과론적으로만 접근하는 사후판단에 따라 형사책임이나 민사책임이 정해짐에 따라, 의사들은 합리적인 의료행위보다는 방어적 의료행위에 집중하게 되었다. 즉, 응급실에 자가호흡이 곤란하고 산소포화도가 낮은 환자에 대해서는 묻지도 않고 기도삽관을 하여야 하고, 유아환자나 산모에게는 방어적인 관점에서 확률이 극히 낮은 질병에 대해서도 각종 검사를 진행하여야 한다. 그러다 보면 반복적인 민원에 노출된 소아과 의사들이나 거액의 손해배상책임을 물어야 하는 산부인과 의사들은 민사적, 형사적 책임을 피하여 아직 의료인으로서의 권한과 재량을 행사할 수 있는 비급여가 큰 비중을 차지하는 피부과와 성형외과로 자연스럽게 눈길을 돌리게 되는 것이다.

국회는 여기에서 더 나아가 의사에게 일단 의료과실이 있는 것으로 추정하고, 반대로 의사로 하여금 의료과실이 없거나 의료사고와의 인과관계가 없다는 점을 입증하도록 하는 입증책임 전환과 관련된 입법을 꾸준히 추진하고 있다. 의료사고 피해자와 유족은 의학적 전문성과 정보 비대칭성을 특징으로 하는 의료행위에 있어서 의료과실과 의료사고와의 인과관계 입증이 어렵고, 소송을 위해서는 고액의 비용과 장기간의 시간이 소요되기 때문에 의료분쟁에 있어서 환자는 절대적 약자라는 것이 주된 이유이다. 문제는 중한 질병일수록 환자의 예후가 좋지 않은 경우가 많고(암수술 환자가 수술 후 입원 중 또는 30일 내 사망할 확률은 위암의 경우 0.92%, 대장암 1.63%, 간암 1.88%이다), 암이 국소 재발하거나 원격 전이되어 재수술이나 치료가 필요한 경우가 적지 않다는 것이다. 그런데 이러한 모든 경우에 있어서도 의료인의 과실을 추정하여 예외 없이 의료사고를 인정하게 되면, 의료기관은 암환자나 중환자를 상대로 예후가 좋을 수만은 없는 수술을 하면 할수록 고액의 손해배상을 물어야 하는 상황에 직면하게 될 것이다. 만약 관련법이 개정되어 의료행위에 있어서의 입증책임의 전환이 이루어지면, 앞으로 3기나 4기 암 환자에 대해서 민·형사상의 책임을 무릅쓰고 수술이나 치료를 진행할 의사는 남아 있지 않게 될 것임은 너무나 명백하다.

의료인이 무과실을 입증하기 전까지는 손해배상책임을 부담해야 한다는 논리는 결국 의료기관의 적절한 치료를 받으면 언제나 온전하게 회복될 수 있고, 인간이 영원히 생존할 수 있다는 가정을 전제하고 있다. 대부분의 환자들이 노화과정을 겪으면서 자연스럽게 면역력이나 회복력이 줄어들게 되고, 그로 인하여 치료 후 예후가 좋지 않은 경우가 늘어나는 것이 당연하다는 진리를 부정하는 논리이다. 그런데 인간의 노화로 인하여 발생하는 죽음에 대한 책임을 원칙적으로 의료인이 부담하여야 한다면, 결국 필수의료에 종사하는 의료인은 모든 환자의 죽음에 손해배상책임을 질 수밖에 없고, 결국 그들은 단 한 명도 필수의료에 종사하지 못하게 될 것이다. 물론 영생을 누릴 것으로 널리 알려져 있는 사이비 종교지도자들의 경우라면 인간의 불멸을 전제로 한 법률안이 아주 적절하다고 생각할지는 모르겠지만(물론 영생이 예정된 그들에게 의료행위가 필요한 것인지에 대해서는 의문이 있다), 영생의 축복을 받지 못한 대부분의 사람들에게 위와 같은 법률이 적용된다면 결국 건강이 좋지 않은 고령의 환자나 중증의 환자들을 위한 필수의료는 한순간에 기적처럼 사라져버리게 될 것이다.

하지만 국회는 필수의료의 쇠락에 대한 모든 책임을 의사들에게 뒤집어 씌우는 내용의 입법으로 의료현장의 상황이 현저하게 악화되고 있는 것에 대해서는 전혀 미안함을 밝힌 바 없다. 오히려 국회는 의사의 권한과 재량을 빼앗는 입법을 되돌리기는커녕, 지금도 의료인의 결격사유 확대나 의료사고 입증책임의 전면적 전환과 같이 필수의료를 전면적으로 붕괴시킬 입법에 집중하고 있다.

✦

우리나라의 사법시스템의 경우에도 앞서 본 교육기관이나 의료기관의 상황과 크게 다르지 않다. 국회는 끊임없이 '사법개혁'을 외치면서 변호사의 개업지 제한(1982), 법학전문대학원 설립(2008), 국민참여재판(2008), 법관임용에 필요한 법조경력 제한(2013), 사법시험 폐지(2017) 등과 같은 정책들을 쉴 새 없이 도입하였다. 이와 같은 사법개혁 과정에서 직업윤리에 합당한 업무를 하는 판사와 검사들에게 부여되는 재량과 권한은 점차적으로 축소되었고, 온갖 책임을 늘려가는 상황은 계속 반복되었다.

그러나 사법개혁이라는 거창한 목표에 부응하는 의미 있는 성과가 나타난 것은 단 하나도 없다. 국회의 사법개혁 입법으로 인하여 국민의 사법 접근권 개선이나 법원의 재판과정 및 결과에 있어서의 설득력 제고와 같은 효과가 있었는지에 대해서는 모두가 회의적이다. 오히려 지난 30년 간의 사법개혁의 결과물이 산처럼 쌓여있는 오늘날 사법시스템의 허점을 이용해서 돈을 벌고자 하는 법조 브로커에게는 1건의 자문료나 수임료로 50억 원 정도는 거뜬히 받을 수 있는 기회들이 훨씬 늘어난 반면, 성실하게 자신의 업무를 수행하고 있는 수사관, 검사, 판사 및 변호사들이 실무에서 주눅 들어 있는 모습을 쉽게 찾아볼 수 있다. 수사관, 검사와 판사들은 갈수록 사건을 처리하는 과정에서 자신감을 잃어가고, 매년 인사희망원을 작성할 때 보다 적은 업무와 책임이 부여되는 보직으로의 전보를 희망하는 것이 대세로 자리를 잡았다. 검사와 판사들의 권한이 제한되고 책임이 가중됨에 따라 그들이 애정을 갖고 개별 사건을 처리할 유인이 사라져가고 있고, 그들에게서 충분한 노력과 수고를 투입하여 납득할 만한 결론을 내어놓는 것을 기대하기도 더욱 어려워지고 있다.

이러한 상황에서 국회는 예외 없이 법왜곡죄 도입논의를 한창 진행중이다. 이는 판사나 검사가 법률 사건을 지휘하거나 재판할 때 당사자 일방에게 유리하게 또는 불리하게 법률을 왜곡한 경우에 이를 처벌할 수 있어야 한다는 것이다. 법왜곡죄가 도입되면 정권이 바뀔 때마다 전 정권 수사와 재판 결과를 다시 헤집느라 더 혼란스러워질 수밖에 없고, 악성 민원인들은 자신의 마음에 들지 않는 재판과 수사를 한 판사와 검사를 무더기로 고소하여 자신이 원하는 결론을 얻기 위한 지렛대로 사용하기 시작할 것이다. 아울러 악성 당사자나 피고인이라면 담당 판사나 검사를 법왜곡죄로 고소함으로써 자신에 대해서 현재 진행되고 있는 형사재판을 무제한 늦출 수 있는 무적의 방패를 얻게 될 것이다.

또한 법왜곡죄가 존재하는 경우 기존의 법률이나 대법원 판례가 미처 상정하지 못한 사안이 있는 경우라고 하더라도, 하급심이 구체적인 타당성을 위하여 "양심에 따라" 새로운 법 논리를 만들어갈 수 없게 된다는 문제가 발생할 수밖에 없다(이 때문에 법왜곡죄는 판사로 하여금 "양심"에 따를 것을 명하고 있는 헌법 제103조에 위배된다고 볼 여지도 있다). 판사가 합헌적이라고 보기 어렵거나 타당성을 상실한 법률에 대해서 위헌법률심판제청을 하는 것도, 기존 대법원 판례가 간과한 부분에 대해서 새로운 법 논리를 전개해 나가는 것도, 나아가 구체적으로 타당한 결과를 도출하기 위하여 경우의 수를 나누어 판례법을 풍성하게 만들어 나가는 법 발전의 모든 시도는 법왜곡죄가 무비판적으로 따를 것을 명하고 있는 기존 대법원 판례나 법률에 막혀 불가능하게 될 것이다. 그렇게 되면 기존 대법원 판례가 사건에 적용되었을 때 아무리 부당한 경우가 있더라도 이를 달리 해석할 판사나 검사를 찾기 어렵게 될 것이고, 교실에서 학생들이 담배피우는 것을 제지하였다거나 학생들에게 받아쓰기를 시켰다고 아동학대로 신고를 받게 되는 교사들의 경우와 마찬가지로 판사나 검사들의 사명감 또한 한순간에 사라지게 될 것이다.

[최소량의 법칙과 형사사법시스템]

식물의 성장은 최대 영양분이 아니라 최소 영양분에 달려 있다. 식물의 성장을 좌우하는 것은 가장 풍부한 영양소가 아니라 가장 부족한 영양소라는 것이 리비히의 '최소량의 법칙(Law of the minimum)'이다. 질소, 인산 등의 영양소가 아무리 풍부해도 칼슘 하나가 부족하면 식물은 제대로 성장할 수 없다. 따라서 농부는 농작물에 가장 부족한 영양소가 무엇인지를 늘 확인해야 한다. 만약 농부가 가장 부족한 영양소를 공급해주기는커녕 계속하여 이를 더 줄이는 데 큰 노력을 기울이고 있다면, 오래지 않아 모든 농작물은 잎파리부터 뿌리까지 말라 죽게 될 것이다.

국가의 발전 또한 최소량의 법칙이 적용된다. 사회의 발전을 위한 모든 요소가 완비되어 있다고 하더라도, 제대로 작동하는 사법시스템을 갖추지 못한 국가는 제대로 성장할 수 없다. 구속된 피고인에 대한 형사재판이 종결되는 데 28년이 소요된다거나, 댐공사로 인하여 수몰된 지역의 주민이 소송을 제기해도 살아 생전에는 보상이 나오지 않는 인도의 사례를 든다면, 여전히 사법시스템의 정상적인 운영에 어려움을 겪고 있는 인도가 이를 해결하지 않고 성장할 수 있을 것이라고 기대하기는 어려울 것이다. 우리나라 또한 국민의 신뢰를 잃어가고 있는 형사사법시스템이 가장 성장을 저해하는 요소로 자리 잡고 있는 한(또는 유튜브에서 우리의 형사사법시스템에 대한 '국뽕영상'을 전혀 찾아볼 수 없는 상황이 계속되는 한), 우리나라가 가장 부족한 영양소인 형사사법시스템의 수준을 넘어서 괄목할 만한 성장을 거둘 것을 기대할 수 없을 것이다.

이미 우리 형사사법시스템은 범죄조직의 수괴에 대한 수사와 기소에 현저한 어려움을 겪는 형사사법시스템 붕괴의 2단계에 돌입한 지 오래되었다. 그리고 형사사법시스템의 주요 기능이 작동을 멈추는 붕괴의 3단계로 아주 빠른 속도로 달려가고 있다. 그럼에도 불구하고, 당장 여론이 집중된 이슈를 신속하게 선점하기 위한 '렉카법'이 득세하는 현재의 포퓰리즘 입법상황은 형사사법시스템의 붕괴를 더욱 가속화시키고 있을 뿐이다. 별다른 숙고 없이 권한과 책임을 분리하고, 무조건적인 책임을 부과하는 것을 특징으로 하는 '렉카법'은 형사사법시스템을 이루고 있는 기둥을 하나둘씩 제거해왔고, 이제 성공한 범죄조직에 대해서는 제대로 된 수사와 재판이 거의 불가능한 지경에 이르게 되었기 때문이다. 이제 의사나 공무원처럼 신분이 확실한 피의자는 과실범이나 부작위범이라고 하더라도 중한 결과에 책임이 있다고 지목되기만 하면 기소에 앞서 구속될 가능성이 높아지고 있지만, 고의로 사기범죄조직을 운영하거나 뇌물을 수수한 피의자에 대해서는 무죄를 다투고 있다는 이유로 구속영장청구가 기각되는 것을 흔히 볼 수 있는 기이한 현실도 이러한 사정과 무관하지 않다.

그러나 포퓰리즘은 여기서 멈추지 않는다. 국회나 금융감독원의 금융분쟁조정위원회와 같은 감독기관들은 당장의 책임을 면하기 위하여 모두 조직적 사기범죄의 책임을 다른 기관에 전가하는 방식의 해결책을 선호한다. 전세사기범이 이득을 취하지만 그로 인하여 손해를 본 사람들의 손해 중 일부는 주택보증공사의 기금에서 보전해주거나 라임펀드사기의 경우 해당 펀드를 판매한 금융기관이 손해의 일부를 보전해주는 것과 같은 방식으로 눈 앞의 문제를 해결하는 것이다. 국회가 근본적으로 문제를 해결할 의지나 능력이 없다는 점을 감추고 언제나 간편한 해결책만을 추구한 결과, 범죄로 인한 피해는 범죄피해자로부터 다른 금융기관이나 공기업 등으로 전가되고, 그로 인한 범죄수익은 범죄자가 온전히 향유하는 것이 가능해졌다. 모든 범죄피해를 국가가 보상을 해주는 방식의 '렉카법' 류의 간편한 문제해결방식이 자리를 잡게 되면서, 이제 형사사법시스템을 정상화시켜 범죄수익을 효과적으로 몰수하는 것과 같은 문제에 대해서는 아무도 관심을 기울이지 않고 있기 때문이다.

아울러 절차와 과정을 중시하는 형사사법시스템의 특성상 절차가 현저히 지연되게 되면 법원이 훨씬 더 설득력 없는 결론을 내릴 가능성이 극적으로 높아지게 된다. 특히 형사사법시스템의 중요 기둥들이 사라져버려 수사와 재판에 과거보다 더 많은 시간과 노력이 투입되어야 하는 지금의 상황에서는 법원이 누구도 납득할 수 없는 초라한 결론 외에 다른 결론을 내리는 것이 상당히 어렵게 되었다. 사기범죄조직의 피해자와의 첫 번째 의사 연락부터 피해 발생까지 소요되는 시간이 극적으로 짧아진 반면, 범죄피해를 야기한 범죄자를 수사하여 기소하고, 이에 대한 재판을 거쳐 처벌이 확정될 때까지 소요되는 시간이 극적으로 길어지고 있는 상황은 이를 더욱 악화시키고 있다. 당연히 피해자의 피해회복이나 형사정의는 이제 결코 달성할 수 없는 목표가 되고 있는 것이다.

이처럼 우리의 형사사법시스템이 서서히 작동을 멈추어 감에 따라 형사재판은 더욱 초라해 보이고 거추장스러운 존재가 되어가고 있다. 형사사법시스템이 붕괴되어 가는 현재의 상황이 지속된다면, 우리나라 또한 최소량의 법칙에 따라 쇠락하는 것을 면하기 어려울 것이다. 지금처럼 사람들이 무기력한 형사사법시스템과 판사와 검사에 대한 비난을 계속한다고 하더라도, 일단 파도에 노출된 모래성처럼 형사사법시스템이 서서히 무너져 내리는 것을 막을 수 없다. 그때가 되면 고위 관료가 6만 5천 주의 대마초를 재배하는 것을 발견하고 수사를 개시한 용기 있는 경찰관이 법정에 들어갈 때 박수를 쳐주던 세르비아 국민들처럼 뒤늦게 용기 있는 수사관이나 검사들을 응원해준다 한들 바뀌는 것은 아무것도 없을 것이다.

객관적인 세계는 의지가 현상으로 나타나 가시화된 것이라는 쇼펜하우어의 표현을 빌린다면, 사기범죄조직들이 자신들의 뜻에 따라 모든 사람들의 목에 빨대를 꽂고 세상을 지배하고자 하는 의지는 결국 포퓰리즘 입법의 도움으로 비로소 발현되었고, 이제 서서히 작동을 멈추고 있는 형사사법시스템이라는 현상으로 나타나게 되었다고 볼 수 있다. 그리고 사기범죄조직들의 의지는 조만간 형사사법시스템의 온전한 붕괴라는 최종적인 현상으로 완성될 것이다. 이때가 되면 전 세계의 다른 범죄조직들 또한 모두 그 소문을 듣고 우리나라로 몰려와 경쟁적으로 범죄기업을 운영하려고 할 지도 모른다. 형사사법시스템이 완전히 붕괴해버린 대한민국에서 국제적 범죄조직들은 '범죄조직의 천국'이 되어버린 대한민국을 찬양하며 사람들을 가리지 않고 빨대를 꽂고 신나게 범죄수익을 빨아들일 것이다.

그 무렵이 되어서야 범죄조직의 빨대에 꽂혀 자신들의 삶이 힘들어지고 있음을 체감하게 된 사람들은 마음에 쏙 드는 정치인들이 '사이다' 발언을 계속하고 있는데, 왜 자신들의 인생은 갈수록 팍팍해지는 것인지, 경제적인 어려움이 만연한 세상에서 도대체 어떻게 3억 원 이상의 슈퍼카들이 날이 갈수록 늘어나고 있는 것인지, 도대체 누가 신고가를 경신해가며 값비싼 강남의 아파트를 매수하고 있는지에 대해서는 결코 그 진실을 알 수 없을 것이다.

C

이미 도래한 미래, 사기범죄 천국

[소문난 맛집의 딜레마][18]

여행을 하다가 점심 무렵에 정말 유명한 맛집 근처를 지나쳐 가게 될
일이 있으면, 오전 관광을 마친 후 맛집에서 식사를 하겠다는 계획을 세우
기는 쉽지만, 실제로 맛집에서 식사를 할 수 있는 행운을 누리기는 그리
쉽지 않다. 전국적으로 유명한 소문난 맛집이라면 대개 오랜 시간 대기 줄
에서 기다려야 요리를 맛볼 수 있는 기회를 얻을 수 있기 때문이다. 특히
소문난 맛집들은 예약을 받지 않는 경우가 많을 뿐만 아니라, 설령 예약이
가능하다고 하더라도 여행 일정이 어떻게 바뀔지 모르는 상황에서 몇 주
전에 미리 시간을 정하여 식당을 예약하기도 쉽지 않다. 그래서 여행 중
어렵게 시간을 내어 소문난 맛집에 도착해보면, 부지런한 관광객들과 현
지인들이 소문난 맛집 앞에 길게 줄을 서있는 장면을 예외 없이 목격하게
된다. 내가 배고픈 시간에는 다른 여행객들도 배가 고프기 마련이고, 맛집

---

18 이 글은 필자가 법률방송이 발행하는 계간지 「법치와 자유」 2022년 겨울호에 '맛집의 딜레
마와 형사사법시스템의 위기'라는 제목으로 게재하였던 기고문을 일부 수정한 것이다. 수정
게재를 허가해 준 법률방송 저스트프레스에 진심으로 감사드린다.

의 유명세에 더하여 오랜 대기시간에 대한 소문이 나면 오히려 이를 기꺼이 감수할 용의가 있는 사람들 또한 찾아오기 때문이다.

그런데 오후에 촉박한 일정이 있거나 칭얼대는 어린 아이가 있는 사람이라면, 소문난 맛집 앞에 길게 늘어선 대기 줄의 마지막쯤에서 기다리다가 결국 배고픔을 참지 못하고 그 옆에 있는 그저 그런 식당에서 식사를 마치는 것으로 타협하게 되는 경우가 적지 않다. 점심 무렵에 소문난 맛집 앞에 대기 줄이 사라지는 기적은 결코 일어나지 않고, 맛집 옆의 그저 그런 식당에서 식사를 해야 하는 상황은 신기하게도 모든 여행지에서 무한 반복된다.

이처럼 소문난 맛집의 요리가 실제로 맛있는지를 확인해보고 싶지만 대기 줄이 너무 길어서 실제 요리가 맛이 있는지 결코 확인해볼 수 없는 '소문난 맛집의 딜레마'는 사실 일상생활의 의사결정과정에서 늘 겪게 되는 문제 중 하나이다. 소문난 맛집 앞에서 줄을 섰다가 이를 포기하는 상황이 예외 없이 반복되는 것에 의문을 갖고 있는 사람이라면, 소문난 맛집의 요리를 맛보기 위해서 찾아온 대부분의 사람들이 처하게 되는 딜레마의 문제상황을 제대로 정리해볼 필요가 있다.

먼저, 내가 배가 고픈 시간에는 다른 관광객들도 마찬가지로 허기를 느끼기 때문에 맛집 앞에 긴 대기 줄이 생기는 것이 당연하다. 내가 숙소에서 늦은 아침을 먹고 나온 상황이라면, 늦은 점심 때 나와 똑같은 일정으로 움직이는 다른 관광객들을 모두 맛집 앞에서 만나게 될 것이다. 특히 나보다 빨리 허기를 느껴 먼저 줄을 섰던 사람들이 식사를 마칠 때까지 기다려야 비로소 내가 식사를 할 수 있는 순서를 맞이할 수 있을 것이다.

곰곰이 생각해 보면, (1) 내가 배고프지만 소문난 맛집 앞의 대기 줄이 긴 상황(주관적으로 목표 달성의 필요를 강하게 느끼지만 객관적으로 목표를 성취하는 것이 상당히 어려운 상황)과 (2) 내가 배고프지 않지만 소문난 맛집 앞의 대기 줄이 짧은 상황(주관적으로 목표 달성의 필요를 크게 느끼지 못하지만 객관적으로 이를 성취하기 용이한 상황)의 두 가지 상황밖에 존재하지 않는다는 사실을 깨닫는데 그리 많은 시간이 걸리지 않는다. 여기서 가장 이상적인 상황, 즉 (3) 내가 배고플 때 마침 대기줄이 짧아 소문난 맛집에서 여유 있게 식사를 즐길 수 있게 되는 상황(주관적으로 목표 달성의 필요를 강하게 느낄 때 객관적으로 목표를 성취하는 것이 용이한 상황)을 기대해서는 안된다. 물론 태풍이나 자연재해와 같은 특별한 사정으로 소문난 맛집이 전혀 붐비지 않는 상황이 있을 수 있겠지만, 그러한 사정이 있는 것이 아닌 데도 전혀 손님들이 기다릴 필요 없다면 이를 '소문난' 맛집이라고 부를 수는 없을 것이다. 그리고 (4) 항상 많은 사람들로 붐비는 곳이어서 식사 시간이 아니더라도 언제나 긴 대기줄이 있는 전설의 소문난 맛집이라면, 여기에서 식사를 하고자 할 때 주관적으로 배가 고픈지, 그렇지 않은지를 고려할 필요는 전혀 없을 것이다.

그렇다면, 대기 줄에서 오랜 시간 기다릴 여력이 없는 관광객에게는 사실 (1) 배고플 때 그저 그런 식당에서 식사를 하는 것과 (2) 배고프지 않을 때 맛집에서 식사를 하는 옵션만이 있는 것이다. 오랫동안 기억에 남는 추억을 쌓고 싶은 여행자라면 무조건 후자를 선택하는 것이 합리적이다. 누군가가 소문난 맛집에서 긴 대기 줄을 보고 돌아섰다는 이야기를 할 때, 곧바로 "나는 일찍 가서 줄을 서지 않고 이른 점심을 먹었는데, 배는 고프지 않았지만 음식은 정말 맛있더라."라는 경험담을 시전할 수 있기 때문이다.

여행 중 늦은 아침을 먹고 숙소에서 나와 배고픔을 느끼지 않더라도 소문난 식당이 문을 열기 직전인 11시에 그 앞에서 대기하는 것이 최소한의 노력과 수고를 들여서 소문난 식당에서 식사를 마칠 수 있는 유일한 옵션이라는 것을, 그 과정에서 방금 아침식사를 마쳤기 때문에 전혀 배가 고프지 않다는 자신의 주관적인 사정을 크게 고려해서는 안 된다는 것을 깨닫는 것이 소문난 맛집의 딜레마에서 벗어나 소문난 맛집의 요리를 맛볼 수 있는 유일한 방법이다. 물론 대기 줄에서 오랜 시간 기다릴 수 있는 여력과 용의가 있는 사람이라면 객관적인 요소를 전혀 고려할 필요가 없으므로, 여러 경우의 수를 고려할 필요 없이 편리한 시간에 가서 여유롭게 기다리다가 맛집에서의 식사를 즐기면 된다. 아니면, 소문난 맛집에서 기다리는 시간과 그 효용, 관광에 소요되는 시간과 그 효용을 비교해보고 과감하게 소문난 맛집에서의 식사를 포기하고 편의점 김밥이나 우동으로 점심을 때우는 것도 위와 같은 딜레마로부터 벗어나는 좋은 방법이 될 수 있다.

여기서 반드시 기억해야 할 것은 (1) 소문난 맛집에서 식사를 하는 것이 쉽지 않다는 객관적 상황에도 불구하고, (2) 자신은 최소한의 시간과 노력을 투입하기만 하면, (3) 주관적으로 가장 만족스러운 결과를 얻을 수 있다는 기대는 결코 성취될 수 없다는 것이다. 자신에게 주어진 객관적 상황에는 눈을 감고 자신의 주관적인 희망과 바람에만 집중하게 되면, 매번 소문난 맛집의 대기 줄에 서있다가 그 옆집에서 식사하는 만족스럽지 못한 경험을 반복하게 될 수밖에 없다.

문제는 우리가 소문난 맛집의 딜레마에 빠져 있다는 것을 깨닫지 못한다면, 주관적으로 목표 달성의 필요를 강하게 느낄 때 얼마간의 시간과 노력을 들여서 가장 바람직한 것으로 보이는 목표를 추구하였다가, 결국 원하던 목표를 달성하지 못하고 그 대안으로 전혀 만족스럽지 못한 결과를 얻게 되는 것을 반복하는 경우가 적지 않다는 것이다. 우리들이 가장 합리적인 의사결정을 하고자 하였음에도, 결국에는 소문난 맛집의 옆에 있는 그저 그런 식당에서 식사를 하는 것처럼 만족스럽지 못한 결과에 이르는 경우가 드물지 않다면, 올바른 문제해결에 이르지 못했던 가장 중요한 이유는 아마도 지극히 '주관적인' 상황인식 탓이었을 가능성이 높다. 그렇다면 이를 해결하기 위해서 가장 필요한 것은 당연하게도 외부적 요소를 정확하게 파악하는 '객관적인' 상황인식이 될 것이다.

[딜레마 해결의 열쇠: 객관적인 상황인식]

일반적으로 자신의 문제를 해결하기 위하여 스스로의 의사결정만이 필요한 상황이라면, 주관적으로 명확한 목표설정과 의지, 구체적인 실행전략이 문제해결의 중요한 열쇠가 된다. 만약 새해에는 몸짱이 되겠다고 다짐하였다면, 실행 가능한 계획을 세운 다음 피트니스 센터에 등록해서 꾸준히 운동하고 식단을 관리하는 것으로 족할 것이다. 그런데 문제를 해결하는 과정에서 반드시 외부적인 요소들을 고려해야 하는 상황이라면 주관적인 목표나 의지보다는 객관적인 상황을 더 중요하게 평가하여야 하는 경우가 있을 수 있다. 만약 피트니스 대회에 나가서 입상을 하고 싶은 생각이 있다면, 먼저 출전할 피트니스 대회의 체급이나 일정부터 확인해보아야 한다.

그런데 우리에게 진정으로 중요한 문제들은 문제해결을 위하여 객관적인 상황에 대한 정확한 인식이 필요한 반면, 의사결정을 하는 사람의 주관적인 의사나 희망을 크게 고려할 필요가 없는 경우가 대부분이다. 월드컵 국가대표팀의 감독이라면 조별 예선에 앞서 선수들의 실력과 의지, 컨디션, 그리고 상대 국가의 예상 출전선수나 경기전략에 대한 객관적인 평가를 바탕으로 최선의 경기 결과를 만들어 낼 수 있는 출전선수를 확정하여야 하는 것이지, 선수 후보자들에 대한 감독의 근거 없는 기대나 개인적 감정을 고려해서는 안되는 것이다. 만약 감독이 지금까지 신세를 진 친구의 아들이나 딱한 가정사에 미안한 마음을 갖고 있던 선수에게 기회를 주기 위해서 실력이 부족한 선수들을 출전선수 명단에 올리기 시작하는 순간, 그 감독의 국가대표팀이 조별 예선을 통과하거나 좋은 성적을 거두는 것을 기대하기는 어려울 것이다. 이처럼 외부의 객관적인 상황에 대한 올바른 인식을 바탕으로 의사결정을 해야 할 사람이 자신의 주관적인 사정과 근거 없는 희망에 기초하여 대책을 수립하는 것은 문제해결에 아무런 도움이 될 수 없음은 너무나 당연하다.

의사결정을 하는 사람이 자신의 주관적인 의사나 희망을 고려하여서는 안 되는 또 다른 경우로는 의사결정 권한을 타인으로부터 위임받은 경우를 들 수 있다. 앞서 살펴본 관광객의 사례에서 가이드가 있다고 가정해보자. 관광객의 입장에서 가장 형편없는 가이드는 관광객들을 소문난 맛집 앞에 길게 늘어선 대기 줄에서 기다리게 하였다가 번번이 이를 포기하고 인근에 있는 그저 그런 식당에서 점심식사를 하도록 하는 사람일 것이다. '이번에는 행운이 따를 수 있다'는 막연한 희망만으로는 자신을 따르는 관광객들에게 소문난 맛집에서 식사하도록 할 수는 없기 때문에, 관광객들은 언제나 참지 못할 때까지 소문난 맛집의 대기 줄에서 기다리다가 오후 일정 등을 이유로 결국 포기하게 될 것이다. 아예 처음부터 맛집을 가지 않겠다고 결정하고 그저 그런 식당에서 점심식사를 하기로 하였다면, 상당한 시간 동안 기다리면서 짜증날 이유도 없었을 것이고, 촉박한 오후 일정에 쫓겨 제대로 관광하지 못하는 일도 없었을 것이다. 타인으로부터 의사결정 권한의 위임을 받은 사람이 이처럼 자신의 주관적인 기대나 희망에만 집중하게 되면, 권한을 위임한 사람들이 권한을 위임한 취지에서 벗어나 실망스러운 결과가 반복될 가능성이 높아질 수밖에 없다.

특히 가이드가 자신이 주관적인 목표에 집착함으로써 가장 바람직하지 못한 결과에 이르고 있다는 문제상황을 제대로 파악하지 못하고 있다면, 그가 최선을 다하면 다할수록 가장 피하여야 할 결과에 이르게 되는 신기한 경험을 하게 될 것이다. 그럼에도 그가 계속하여 모든 것을 단순히 '운'의 문제라고 생각하고 다음날에도 맛집을 방문해서 긴 대기 줄이 있는 것을 확인한 다음, 잠깐 기다려보았다가 그 옆에 있는 그저 그런 식당에서 점심을 먹는 것을 계속 반복하고 있다면, 관광객들로서는 그 가이드가 이끄는 대로 따라다니는 것을 진지하게 다시 생각해 보아야 한다. 만약 그에게 의사결정 권한을 위임한 관광객들 또한 지금 반복되는 문제의 원인을 제대로 파악하지 못하고 있다면, 착하고 성실한 가이드가 항상 최선을 다하고 있는 것으로 보이지만 짜증 나는 상황이 반복되는 것에 대해서 아무런 영문을 모른 채 의아하게 생각할 수밖에 없을 것이다.

신중하고도 합리적으로 결정을 하였음에도 그 결과가 기대에 현저히 미치지 못하는 현상이 반복적으로 발생한다면, 이러한 문제가 어리석은 주관적 기대로부터 기인한 것이라는 것을 알아차려야 한다. 특히 의사결정 권한을 위임받은 가이드라면 처음에는 맛집에서 줄을 서다가도, 오래지 않아 문제상황을 제대로 파악하고 배가 고프진 않지만 맛집에서 이른 점심을 먹는 선택을 하거나, 아니면 맛집을 과감히 포기하고 도시락으로 점심을 해결하더라도 여행에 집중하는 선택을 함으로써 여행에서 관광객들을 당혹게 하거나 짜증나게 하는 요소를 최대한 제거할 수 있어야 한다. 또한 가이드가 객관적인 상황을 제대로 파악한 후, 여러 요소를 종합적으로 고려하여 무엇인가를 적극적으로 포기하고 무엇인가를 적극적으로 추구하는 합리적인 선택을 하였다면, 자신을 따르는 관광객들에게 이를 충분히 설명함으로써 나중에 소문난 맛집을 가보지도 못했다는 후회를 남겨두지 않을 것이다.

[K-형사사법시스템의 딜레마]

자신의 근거없는 기대에만 초점을 맞추고, 현실과는 큰 괴리가 있는 잘못된 인식을 굽히지 않는 사람이 국가의 주요 의사결정을 하고 있다면, 이는 최악의 관광 가이드보다 훨씬 형편없는 결과를 초래할 수밖에 없다. 국가의 어리석은 의사결정권자가 할 수 있는 최악의 선택은 단순히 점심을 어디에서 먹느냐와 같은 문제로 끝나지 않기 때문이다.

그런데 우리의 국회의원들은 모든 사안에서 국민들에게 '소문난 맛집의 오마카세 요리를 김밥 가격에 먹을 수 있는 기회'를 주겠다는 허황된 공약을 내세우는 것에 전혀 거리낌이 없다. 사실 국회의원들은 자신의 낙관적인 목표가 유권자들의 관심을 끌 수만 있다면, 그것이 실현가능한 것인지 여부는 전혀 중요한 것이 아니기 때문이다. 그래서 그들이 유권자의 주관적인 희망을 현실화시켜 주겠다는 허황된 약속을 거듭하고 있음에도 불구하고, (1) 누구에게나 (2) 소문난 맛집의 오마카세 요리를 (3) 김밥 가격에 먹을 수 있도록 하겠다는 목표는 실제로는 단 한 번도 실현된 바 없었다. 현실을 제대로 인식할 생각이 없는 관광 가이드가 아무리 많은 시도를 한다고 하더라도 소문난 맛집에서 제때 식사를 하는 것이 가능하지 않은 것처럼, 객관적인 상황에 대한 정확한 인식을 할 의사와 능력이 없는 국회의원들이 '파격적으로 저렴한 가격에 소문난 맛집에서 점심을 먹게 해주겠다'며 주관적인 바람에만 집중하는 시도는 그를 선택한 유권자들의 기대가 현실화되는 결과로 이어질 수 없을 것이라는 점 또한 너무나도 명백하다. 그럼에도 불구하고, 그들은 선거에서 당선될 수 있는 기회를 높일 수만 있다면 앞으로도 계속하여 무책임한 주장을 하는 것을 멈추지 않을 것이다.

의사결정권자의 주관적인 희망보다 객관적인 상황이 보다 중요하게 고려되어야 한다는 점은 형사사법시스템의 경우에도 마찬가지이다. 특히 형사사법시스템은 운용과정에서 발생하는 수많은 문제들의 대부분이 서로 밀접하게 엉켜 있고, 실제 외부에서는 구체적인 사건의 결과가 도출되는 과정을 자세히 파악하기 어려운 블랙박스(Black Box)[19]와 같은 성격이 있다. 국회가 형사사법시스템의 속성을 제대로 이해하지 못한 채 개별 형사사건의 흐름이나 결과에 관하여 일정한 결과값(즉, 기소 또는 판결)으로 귀결되어야 한다는 목표를 설정하여 둔다고 하더라도, 형사사법시스템이 그러한 결과값을 자연스럽게 도출해내는 것은 대체로 불가능한 일이 될 수밖에 없다.

예를 들어, '신속한 재판'과 같은 목표를 달성하기를 원한다면 이를 저해하는 객관적인 상황이나 외부적인 요소를 제대로 파악하는 것에서 출발하여야 한다. 신속한 재판을 이루고자 할 때 이에 상충되는 다른 목표들이 존재하는데, 그중 가장 대표적인 것은 '공정한 재판'의 요구이다. 만약 '공정한 재판'의 요구를 중요시하여 충실하게 심리가 이루어진다면 '신속한 재판'은 아무래도 달성하기 어려워진다. 형사재판에서 오류가능성을 전면적으로 줄이려고 한다면 보다 많은 증인과 증거에 대한 심리가 불가피한 데다가 더욱 신중하게 형사재판이 진행되어야 할 것이므로, 추가로 인적 또는 물적 자원이 투입되지 않는 이상 재판이 종결되는 시점은 어느 정도 뒤로 미루어질 수밖에 없다. 만약 신속한 재판을 하면서도 동시에 공정한 재판이 가능하려면, 가장 효율적인 제도와 절차가 마련되고, 절차

---

19 과학이나 컴퓨터공학 등에서 말하는 '블랙박스'란 입력값(input)과 결과값(output)을 확인할 수 있지만 실제 입력값이 어떠한 내부적인 구조를 거쳐 결과값으로 도출되는지를 알 수 없는 연산체계 또는 구조를 말한다. 형사사법시스템 또한 외부의 비전문가 입장에서는 입력값(해당 형사사건)과 결과값(구속 및 기소 여부, 유죄 또는 무죄 여부, 형량 등)을 알기는 쉬우나, 실제로 어떠한 공판 과정과 판단을 거쳐서 그와 같은 결과값을 도출되었는지를 제대로 파악하기는 어렵다는 점에서 과학이나 컴퓨터공학에서의 블랙박스와 유사한 측면이 있다.

운용을 위한 실무가 개선되며, 또 늘어나는 업무 소요에 상응하는 인력 및 자원이 제공되는 것이 전제되어야 한다. 그런데 국회가 제도와 절차를 개선할 생각이나 인력 및 자원을 추가할 의향도 없이, 단순히 주관적인 희망에 이끌려 신속한 재판을 최우선 과제로 설정한다면 여러 문제가 발생할 수밖에 없다. 특히 신속한 재판을 위하여 재판처리기한에 대한 가이드라인을 정해두고(예를 들면, 심급당 3개월), 이를 지키지 못한 판사들에게 인사상 불이익을 주는 방식으로 무리해서라도 재판을 신속하게 진행할 것을 요구한다면, 해당 사건에 대한 합당한 결론을 내리기에 필요한 주장과 증거가 법정에 제출되기도 전에 섣불리 종결되는 사건이 늘어날 수밖에 없다. 이러한 경우 부족한 주장과 자료만으로는 법원이 '공정한 재판'을 하기는 어려워지고, 공정한 재판의 원칙은 심각한 정도로 훼손되는 것이 불가피해진다.

중요한 목표들이 서로 충돌하거나 모순되는 것과 같은 양상을 보이는 것은 원래 형사사법시스템의 중요한 특징 중 하나이다. 형사사법시스템의 원칙 중 적지 않은 것들이 전혀 달성할 수 없는 정치적 선언에 불과하게 된 것도 모두 형사사법시스템의 속성을 제대로 이해하지 못하고 주관적인 희망에 집중해온 입법에 기인한 탓이 크다. 예를 들면, 우리의 형사소송법은 심리에 2일 이상이 필요한 경우에는 부득이한 사정이 없는 한 매일 계속 개정하도록 하고, 부득이한 사정으로 매일 계속 개정하지 못하는 경우에도 특별한 사정이 없는 한 전회의 공판기일로부터 14일 이내에 다음 공판기일을 지정하여야 한다고 정하고 있다(제267조의2 제2, 4항). 아울러 판결의 선고는 변론을 종결한 기일에 하여야 하고 특별한 사정이 있는 때에는 따로 선고기일을 지정할 수 있으나, 그 경우에도 변론종결 후 14일 이내로 지정되어야 한다고 규정하고 있다(제318조의4 제1, 3항). 그러나 형사재판의 실무에서는 다수 사건의 병행 진행이나 변호인의 일정 등과 같은 이유로 위와 같은 형사소송법상의 원칙이 제대로 지켜지는 경우를 찾아보기 어렵다. 무엇보다 매일 기일을 진행할 수 있을 정도로 충분한 수의 법정조차 전혀 마련되어 있지 않다.

문제는 형사사법시스템 실무에서의 문제를 전체적으로 해결하려는 노력은 하지 않은 채, 국회는 현혹되기 쉬운 개념들을 활용하여 전혀 사실과 다른 문제가 있는 것처럼 국민들을 호도해왔다는 것이다. 그것이 바로 악인을 지목하고, 그에 대한 처벌을 가중하는 방식의 엄벌주의 입법이었다. 대표적인 예가 아동 성폭행범인 조두순 사건과 여중생 성폭행 살해범인 김길태 사건이 잇따라 발생하자 2010년 유기징역형의 상한을 15년으로 정한 형법 제42조를 전격적으로 개정한 것이었다. 위 조항은 1953년 형법이 제정된 이래 57년간 단 한 번도 개정된 바 없었지만, 당시 국회 법사위는 계류돼 있던 의원입법 5건을 합쳐 유기징역의 상한을 30년으로, 형의 가중 시에는 50년까지 선고할 수 있도록 상향조정한 대안을 만들어 일사천리로 통과시켰다. 기본법인 형법 총칙을 개정하는 중대한 사안이었음에도 심사 기간은 단 10일에 불과했으며, 의견수렴을 위한 공청회는 아예 생략돼 학계와 법조계에서는 졸속입법이라는 비판이 거셌다.[20]

국회는 급하게 형법 총칙의 징역형 상한을 올려두었음에도 이후 형법 각칙상 각종 범죄의 법정형을 정비하려는 노력을 한 바 없었다. 반면, 살인이나 아동 성폭력 등 사회적 공분을 일으키는 잔혹범죄가 발생할 때마다 국회는 악인을 지목하는 특별법을 만들고 관련 범죄 등의 형량을 올리는 포퓰리즘 입법만을 한 결과, 전체 형사법 체계는 갈수록 기이한 모습으로 변화하게 되었다. 오랜 기간 동안 제정되거나 개정된 특별법이 쌓이고 쌓여 우리나라의 현행 법률 1천 300여 개 중 벌칙으로 형벌을 포함하고

---

20 법률신문, "잔혹범죄 발생 때마다 특별법…형사법 체계 무너뜨려", 2015. 2. 26.자 기사

있는 법률이 이미 전체의 60%를 넘어서게 되었고, 이제 판사나 검사 등 형사재판 종사자도 전체적인 형사법 체계를 이해하기 어려운 실정에 이르게 되었기 때문이다. 아울러 특정한 종류의 사건에 대해서 구성요건을 세분화하지 않은 채 무조건적인 엄벌만을 규정한 각종 특별법으로 인하여 개별 사건에 어떤 법률이 적용되어야 하는지 명확하지 않거나, 양형에 참작할 사정을 고려하여 구체적 타당성 있는 형을 선택할 수 없는 경우가 빈번하게 발생하고 있고, 그로 인하여 억울한 사정이 있는 사람이 중한 처벌을 받는 일을 피할 수 없게 되었다.

그럼에도 불구하고, 국회는 이러한 태도에서 여전히 조금도 물러남이 없다. 그들은 객관적인 상황에 대한 충분한 검토와 고려 없이 자신들의 낙관적인 기대에만 초점을 맞춘 입법 활동을 계속하고 있고, 그로 인하여 형사사법시스템은 체계성을 잃고 철저하게 파편화되고 있다. 이로써 형사재판의 절차가 합리적이고 효율적으로 운용되기를 기대하기도 어렵게 되었고, 형사재판의 결과 또한 설득력을 상실하게 되는 문제를 반복적으로 노정할 수밖에 없게 되었다.

[국제적 사기범죄조직의 창궐에 대한 국회의 대응]

최근에 이루어진 형사소송법 및 검찰청법 개정은 법원과 검찰이 진실을 발견하고 확정하는 데 있어서 필요한 중요한 기능을 무력화함으로써 형사사법시스템이 국제적 사기범죄조직에 제대로 대응할 수 없게 만들었다. 특히 형사소송법의 개정으로 피고인에게 공범에 대한 검찰 피의자신문조서의 증거능력을 간편하게 부인할 수 있는 권한을 부여함으로써 사실상 공범들의 진술이 주된 증거로 쓰이게 되는 조직범죄의 수괴에 대한 공소유지 및 유죄인정에 현저한 어려움이 발생하고 있다. 이에 실행행위에 전혀 가담한 바 없이 공범에 대한 범행지시만을 한 국제적 사기범죄조직의 수괴에 대한 수사 및 재판절차에서 사건의 진상을 밝히고 그에 합당한 판결을 내리는 것은 갈수록 어려워지고 있다. 국회의 연이은 입법은 우연하게도 국제적 사기범죄조직의 수괴가 관여한 사건의 진상을 밝히는 것을 곤란하게 하는 결과로 정확하게 이어지고 있는 것이다.

나아가 국회는 형사소송법 및 검찰청법 개정 등을 통하여 판사에게 제공되는 증거자료의 범위를 대폭 축소하면서도 판사로 하여금 제대로 된 결론을 내릴 것을 요구하고, 수사기관에게 피고인들의 억울한 사정을 다 밝힐 것을 요구하면서도 예외 없이 그 권한을 제한하고 있다. 여기에 더하여 국회는 수사, 재판 및 교정에 투입되는 예산을 감축하면서도, 수사, 재판 및 교정시설이 제대로 운영될 것이라는 자신들의 주관적인 희망이 기적처럼 이루어질 것이라고 주장하고 있다. 하지만 피의자의 억울한 사정을 청취하여야 하는 수사기관이 그 권한을 박탈당하고, 공정한 형사재판에 필요한 증거를 확보하여야 하는 법원이 판단의 근거로 삼을 증거의 범위가 대폭 감축된 상황에서는 형사사법시스템이 제 기능을 회복하고 사기범죄조직을 억제하는 기적은 결코 일어날 수 없다. 국회가 주관적인 바람을 앞세우며 내세운 입법적 수단은 처음부터 그들이 부르짖던 목표를 이룰 수도 없는 것이었고, 객관적인 상황과도 전혀 부합하지 않는 것이었기 때문이다.

국회가 형사사법시스템을 무력화시키고 있는 동안, 우리나라의 전체 사기 범죄 건수는 폭발적인 증가추세를 보이고 있다. 최근 3년 정도의 기간 동안 100만 건 정도의 사기범죄가 발생하였고, 사기범죄로 인한 재산피해는 2018년 32조 9,600억 원에서 2020년 40조 3,139억 원으로 급증하였다. 그중 조직적 사기범죄와 그로 인한 피해 또한 이미 우리의 상상을 초월하는 수준으로 증가하고 있다. 이에 따라 사기범죄조직의 총 이득액 또한 우리의 상상을 초월하고 있을 것임은 너무나 분명해 보인다. 전기통신금융사기(보이스피싱), 사이버사기와 다단계사기, 보험사기, 유사수신행위, 전세사기, 주식시세조종, 주식리딩방 사기, 외환거래사기, 파워볼복권 사기, 로맨스 스캠, 산업안전교육 사기와 같이 봇물 터지듯 넘쳐나는 조직적 사기범행으로 인한 피해액 합계는 이제 20조 원을 현저히 초과하고 있다. 사기범죄조직의 사기범죄로 인한 피해자들의 평균 피해 금액이 2,000만 원이라고 가정하면 2022년 한 해 동안에만 무려 100만 명 정도의 피해자가 대략 2,000만 원의 사기피해를 당하였다고 추정해 볼 수 있다는 점은 앞서 본 바와 같다.

이처럼 하루에 발생하는 전체 사기피해 금액이 평균 1,104억 원(피해자 5,500여명)에 이르고, 그중 사기범죄조직으로 인한 사기피해 금액이 평균 547억 원(피해자 2,700여명)에 이르고 있다고 볼 수 있음에도, 현재의 형사사법시스템은 하루 평균 5,000여 명을 넘어서는 새로운 피해자가 사기범죄를 신고하는 것을 제대로 해결할 수 있는 처리용량을 갖추고 있지 못하고 있다(물론 내일은 또다른 5,000여 명의 피해자가 사건을 접수할 것이지만, 그들의 사건 또한 제대로 처리할 수 없을 것이다).

형사사법시스템은 이처럼 폭발적 증가 추세에 있는 조직적 사기범죄의 진상을 제대로 밝혀내서 처벌할 수 있는 역량도 갖추지 못하고 있을 뿐만 아니라, 사기범죄에 신속하고도 효과적인 개입을 하려는 의욕도 잃어가고 있다는 점 또한 누구도 부인할 수 없는 현실이 되었다.

누군가가 이와 같이 폭증하고 있는 조직적 사기범죄에 효과적으로 대응할 수 있는 방법을 찾으려 한다면, 그는 오래지 않아 활발하게 확장해나가고 있는 사기범죄조직의 반대편에 제대로 작동하지 않는 형사사법시스템이 있다는 점을 발견하게 될 것이다. 여기서 (1) 제대로 작동하는 형사사법시스템과 사기범죄조직의 억제, (2) 제대로 작동하지 않는 형사사법시스템과 사기범죄조직의 발흥이라는 선택지 이외에, (3) 제대로 작동하지 않는 형사사법시스템과 사기범죄조직의 억제라는 목표는 결코 성립할 수 없는 것임을 모두가 잘 알고 있다. 형사사법시스템이 제대로 작동하는 경우에만 국제적 사기범죄조직을 제대로 억제할 수 있는 것이므로, 진정으로 사기범죄조직을 억제하고자 한다면 먼저 엉망이 된 형사사법시스템을 제대로 작동할 수 있도록 개선하려는 노력이 선행되어야 한다. 그럼에도 제대로 작동하지 않는 형사사법시스템을 그대로 방치하거나 오히려 붕괴를 촉진시키는 입법만을 거듭한다면, 지금도 활발하게 확장해 나가고 있는 사기범죄조직을 억제할 수 있는 모든 기회는 사라질 수밖에 없다.

[실체적 진실발견을 위한 법원의 책무]

형사사법시스템 내에서 정의로운 결과를 이끌어 내고자 하는 수사관, 검사 및 판사의 의지의 총합을 넘어서 형사정의가 실현되는 일은 결코 일어나지 않는다. 형사사법시스템은 피해자를 비롯한 재판 관여자들로 하여금 실체적 진실을 밝히는 과정에 일정한 역할을 하도록 하는 제도를 마련하여 두고, 수사관, 검사 및 변호인, 판사의 진실발견의 의지를 최대한 이끌어 낼 수 있는 유인들을 제시함으로써 비로소 형사정의에 부합하는 공판절차의 진행과 결론이 도출될 수 있도록 설계되어 있다는 점을 잊어서는 안된다.

그러나 국회가 체계적 고민 없이 검찰 피의자신문조서의 증거능력 제한, 검찰의 수사권 및 수사지휘권 제한, 고발인의 이의신청권 폐지 등을 통해서 형사사법시스템에서의 피해자, 수사관, 검사 및 판사의 의지가 발현될 수 있는 가능성을 대폭 차단해버렸다. 국회가 충분한 검토를 거치지 않은 채 형사사법절차의 흐름이나 형사증거의 재판절차로의 편입에 큰 변화를 가져오는 입법을 한 결과, 이제 우리의 형사사법시스템이 스스로 진실 발견을 위한 의지의 발현을 억제하고 있는 것이다. 이제 수사기관이 충분하게 진술증거를 수집하고 있는지에 대해서도 의문을 갖게 하는 사건들이 크게 증가하고 있다. 또한 고소인과 피의자가 수사기관의 조사가 부족하다고 생각한 나머지 스스로 수사관이 되어 사건관련자들의 대화를 녹음한 후, 그 녹취록을 산더미처럼 제출하고 있는 사건도 현저하게 늘고 있다.

무엇보다 다수의 공범이 관여한 사건에서 실체적 진실을 밝힐 수 있는 여지가 대폭 축소됨에 따라 재판의 진행이나 판단에 적지 않은 문제가 발생하고 있다. 과거에는 다수의 공범이 관여한 중요 사건의 경우 공범에 대한 검찰 피의자신문조서가 중요한 증거로 활용되어 왔고, 공범의 수가 100명을 넘는 사기범죄조직이 있다고 하더라도 공범 전부를 증인으로 소환하여 신문하여 진술을 청취하는 일은 여간해서는 생기지 않았다. 피고인 또한 재판진행을 지연시키려는 목적으로 재판부로 하여금 불필요한 증인을 소환하도록 하더라도 양형에 있어서 유리할 것이 없다는 것을 잘 알고 있었다.

그런데 공범에 대한 검찰 피의자신문조서가 피고인의 부동의로 휴지조각이 되어버린 이후에는 상황이 달라졌다. 현재의 실무는 형사소송법 제312조 개정 이후 검사 작성의 공범에 대한 피의자신문조서에 대해서 종전 사법경찰관 작성의 공범에 대한 피의자신문조서와 마찬가지로 당해 피고인이 내용을 인정한 경우에 한하여 증거능력을 인정하고 있다. 그리하여 다수의 공범이 관여된 사건에서 피고인들이 다른 공범에 대한 피의자신문조서의 내용을 부인하기 시작한다면, 모든 공범들이 반복적으로 법정에 불려나와 증인으로 진술을 해야 하는 무의미한 절차가 진행될 수밖에 없게 된 것이다. 이제 '김미영 팀장' 조직처럼 공범이 100명에 이르는 범죄조직이 있다고 가정하면, 피고인 1명이 나머지 공범의 검찰 피의자신문조서 또는 진술조서를 부동의하는 경우 나머지 99명의 공범에 대한 증인신문이 진행되어야 한다. 만약 피고인 전부가 나머지 공범에 대한 검찰 피의자신문조서 또는 진술조서를 부동의하게 되면 이론적으로 피고인 1명을 제외한 99명의 공범이 법정에 나와서 진술하는 것을 100번 반복해야 한다(물론 실무상으로는 이러한 경우 사건을 병합하거나 증인신문을 병행하여 진행하는 방식으로 실제 진행되는 증인신문의 수를 줄이려고 할 것이다). 결국 피고인 100명에 대한 각 사건에서 피고인 별로 99명의 증인에 대한 증인신문을 거쳐야 하므로, 계산상 총 9,900회의 증인신문을 하여야 하는데, 이 경우 공범들이 모두 진술거부권을 행사한다면 9,900회의 증인신문을 거쳤음에도 불구하고 100명의 공범 전부에 대하여 무죄판결을 선고할 수밖에 없게 된 것이다.

또 다른 문제는 다수의 공범이 관여한 대형 형사사건에 있어서는 공범의 진술증거가 실행행위의 분담이나 범행 지시에 관한 중요한 증거인 경우가 적지 않은데, 해당 공범이 사망, 질병, 외국 거주, 소재불명인 경우에도 그 진술증거를 본증으로 활용할 수 있는 여지를 모두 제거해버렸다는 점이다. 다시 말해서, 피고인이 형사재판에서 증인으로 나와 불리하게 진술할 것으로 예상되는 공범을 살해하고, 이후 피고인이 해당 공범을 살해하였다는 사정이 모두 드러났다고 하더라도, 당초 공소가 제기되었던 피고인의 범죄혐의에 관하여는 어떠한 경우에도 살해된 공범의 검찰 피의자신문조서를 본증으로 쓸 수 없게 되는 어처구니 없는 상황을 피할 수 없게 되었다.

한편, 형사소송법의 대원칙 중 하나인 공판중심주의는 법원이 실체적 진실발견에 필요한 증거를 충분히 확보하는 것을 전제로 공판 과정에서 범죄사실을 재구성하는 것을 그 요체로 한다. 당연히 공판 과정에서 범죄

사실을 재구성하기 어려운 사정이 있는 경우(예, 주요 증인의 사망)나, 공판에서의 심리가 제대로 진행되지 않는 경우(예, 증인의 출석 거부)에는 법원이 이에 대응할 수 있는 수단이 마련되어야 한다. 그러나 국회는 공판중심주의만을 부르짖을 뿐 이를 위한 수단을 전혀 마련해둔 바 없다. 여기에 피고인에 대한 구속기간 제한, 증인에 대한 소환이나 위증에 대한 대응 수단의 부족, 증인보호 프로그램의 부재, 법원의 예산 및 인력상 제약 등의 문제가 더해짐에 따라, 형사소송법 개정으로 모든 조직범죄의 수괴는 형사재판에 있어 압도적인 어드밴티지를 부여받게 된 것이다.

조직범죄의 수괴가 이처럼 형사재판에서 막대한 어드밴티지를 부여받는 대신, 법원은 절차진행과 재판결과에 관하여 동시에 발생하는 수많은 문제를 매번 하나하나 해결해야 하는 어려운 처지에 놓이게 되었다. 예를 들면, 구속영장청구시 구속요건을 충족하였는지 판단하는 근거가 되는 수사자료에는 공범에 대한 검찰 피의자신문조서가 포함되어 있지만, 판결선고시 유죄인정 여부를 판단하는 근거가 되는 증거자료에는 공범에 대한 검찰 피의자신문조서가 포함되지 아니함에 따라 구속영장발부와 판결의 판단자료가 전혀 달라지는 상황이 빈번하게 발생하게 된다. 이로 인하여 범죄혐의에 대한 충분한 소명이 있다고 구속영장이 발부된 피고인에 대하여 정작 형사재판결과는 무죄가 선고되는 경우가 발생할 수 있는데, 이때 피고인이 막대한 범죄수익을 쌓아 놓고 있었다거나 정관계의 유명 인사들과 친분을 자랑하던 사람이었다면, 법원이 뭐라고 판결의 이유를 밝힌다고 하더라도 해당 판결의 구체적 타당성이나 법원의 공정성에 쉽게 납득할 수 있는 사람은 그리 많지 않을 것이다.

다른 예로, 중요 사건의 처리가 현저히 지연됨에 따라 법원이 구속 피고인들에 대한 구속기간이 만료되기 전에 해당 피고인을 보석으로 석방해줄 수밖에 없는 경우 또한 급증하고 있다. 그런데 석방된 피고인 중 도주하거나 적극적으로 증거를 인멸하는 자가 끊임없이 나타나게 되면서 법원이 조직범죄의 수괴에게 농락당하는 인상을 심어주고 있음에도, 법원으로서는 이를 해결하기 위한 수단을 전혀 갖고 있지 못하다는 점만을 반복적으로 드러내고 있다.

법원이 범죄조직의 수괴에게 농락당하는 사례가 반복되면 사람들은 사실 법원이 처음부터 국제적 사기범죄조직의 편에 서있었던 것이 아닌가 하는 의심을 하기 시작할 지도 모른다. 그때가 되면 판사들은 직접주의와 같은 형사소송법 지도원리에 책임을 미루기도 어렵게 될 것이다. 국회가 직접주의 등과 같은 형사소송법의 지도원리와 현재 형사사법시스템 사이의 연결고리를 끊어버리는 입법을 계속하여 왔는데, 이제는 소극적인 재판 운영의 핑계로 삼을 만한 형사소송법의 지도원리마저도 더 이상 존재하지 않는 상황이 되었기 때문이다. 그리하여 법원은 스스로 만들어둔 제약조건(constraints)에 갇혀 있게 된 것일 뿐이므로, 형사소송법의 원칙 때문에 소극적으로 재판을 운영하게 된 것이라거나 검사의 입증부족으로 실체적 진실에 접근하지 못하게 된 것이라는 이야기를 곧이곧대로 믿어줄 사람은 찾아보기 어려울 것이다.

곰곰이 생각해보면, 법원이 별다른 근거도 없으면서 문제해결에 방해가 되고 있는 스스로의 제약조건에 더 이상 집착할 이유도 없고, 변호인의 재판지연 시도로 야기되는 비효율적인 사건 진행을 기꺼이 감수할 이유도 없다. 여기서 과거 민사소송절차에서 서증인부와 관련된 실무가 변화된 과정을 살펴볼 필요가 있다. 과거 민사소송에서 서증에 대한 인부(인정하는지 여부에 대한 의견진술)를 하는 모습은 지금과는 사뭇 달랐다. 법원은 당사자 쌍방이 제출한 모든 증거에 대해서 상대방의 증거의견을 청취하고, 상대방이 부지 의견을 낸 경우 해당 문서의 작성자를 모조리 소환해서 증인신문을 진행하였다. 문제는 증인신문과정에서 해당 사건에 결정적인 정보를 알고 있는 증인이 소환된다기보다는 별 관련도 없는 증인들이 법정에 불려 나와 "제가 이 문서를 작성했습니다"라는 이야기를 하고 돌아가는 불필요한 절차진행이 계속되었다는 것이다. 차라리 사건의 본질에 가까운 증인을 부르는 것이 훨씬 바람직했을 것임에도, 누가 봐도 부를 이유가 없는 증인을 소환해서 서증의 진정성립만을 확인하던 재판 운영은 한참 동안 계속되었다.

그러다가 서증인부를 위한 변론기일의 낭비와 증거조사의 형해화를 방지하기 위해 당사자나 소송대리인이 적극적으로 인부의 진술을 하지 않는 한 인부가 반드시 필요하다고 판단되는 문서에 대해서만 의견을 진술하게 하는 것으로 실무가 변경되었다. 이에 상대방의 이의가 없으면 굳이 작성자를 소환하여 진정성립을 확인하지 않더라도 해당 자료를 증거로 삼을 수 있는 길이 열림에 따라 민사재판은 그동안 아무도 납득할 수 없었던 무의미한 서증인부와 그로 인한 비효율적인 재판진행으로부터 벗어날 수 있게 되었다. 여기서 중요한 것은 진실발견에도 별 도움이 되지 않고, 재판효율만 현저히 떨어뜨렸던 과거의 서증인부실무를 그리워하거나 과거로 돌아가야 한다고 하는 의견을 가진 사람을 전혀 찾아볼 수 없었다는 점이다. 법원이 집착하고 있는 재판 운용의 원칙과 실무가 실체적 진실을 발견하는 것에도 별 도움이 되지 않았고, 재판 운영의 비효율성만을 가중시킬 뿐이라는 점을 모든 법조인들이 알고 있었고, 사실 법원이 용기를 내어 그 원칙이나 실무로부터 결별하는 것을 모두가 바라고 있었던 것이었다.

이는 형사재판에서 소극적인 증거인정의 자세를 버리지 못하고 있는 현재 법원의 형사재판의 실무에도 변화의 실마리를 제공할 수 있을지 모른다. 법원은 형사재판절차에서 아무도 그리워하지 않을 실무나 연원을 찾기 어려운 원칙에서 비롯된 소극적인 자세 중에서 앞으로 유지할 이유가 전혀 없는 부분이 무엇인지 돌아볼 필요가 있다. 특히 법원이 스스로 내세운 원칙이나 지도원리가 사실은 해당 실무와 별다른 관련이 없는 것이라면 더욱 그렇다. 예를 들면, 형사증거법의 지도원리라고 생각되는 직접심리주의는 독일의 '직접주의(Ummittelbarkeit)'에서 차용한 것으로 이해하고 있는 경우가 많지만, 실제로 독일의 직접주의는 흔히 생각하고 있는 것처럼 수사기관이 작성한 진술증거의 증거능력을 제한하는 원칙이 아니라, 판사가 심증을 형성함에 있어서 그 근거가 되는 증거의 우선순위를 정하여 둔 것으로 우리의 '실질적 직접주의'와는 목적이나 내용이 사뭇 다른 것이다. 직접주의를 채택한 독일에서는 실체적 진실발견자인 판사가 사건의 실체에 가장 가까운 원고, 피고나 피고인을 직접 신문하는 것으로부터 재판절차를 시작하지만, '실질적 직접심리주의'를 채택한 우리 법원은 민사재판의 당사자신문이나 형사재판의 피고인신문을 보충적이고 열등한 증거로 취급하여 사건당사자의 진술을 직접 청취하는 것을 꺼리는 것에서도 큰 차이를 보인다.

지금까지 우리 법원이 중요한 핵심가치로 표방하고 있는 직접주의, 공판중심주의, 구두주의는 다른 나라에서 유래된 형사소송법의 원칙들이지만, 1~2년만에 판사의 사무분담을 바꾸거나 2~3년만에 판사에 대한 인사발령을 내는 인사원칙과는 처음부터 도저히 어울릴 수 없는 것이었다. 사실 대법원이 판사의 사무분담 및 근무지 변경에 대한 권한을 내려놓지 않은 채 실질적 직접심리주의를 표방하겠다면 그 실질적 직접심리주의는 다른 나라의 선진화된 실무를 제대로 받아들인 것이라고 보기 어렵고, 그 이름과는 달리 형사재판의 지도원리라고 부를 수도 없는 것이었다.

이처럼 법원이 표방하는 원칙과 실무에 일관성이라고 할 만한 것이 그다지 존재하지 않는다면, 다른 나라에서 증거로 채택하고 있는 영상녹화물을 증거로 받아들이지 못할 이유가 없고, 검사의 사전면담(Witness

Proofing)이나 조사자 증언, 증거보전과 관련하여 형사법정에 현출되는 증거의 범위를 확대하는 것을 꺼릴 이유도 없겠지만, 법원은 이러한 변화에 대해서는 아무도 그 내용을 제대로 알지 못하는 실질적 직접심리주의와 같은 원칙을 들어 강하게 반대하고 있을 뿐, 실제 수많은 문제를 야기하고 있는 법원의 태도와 실무를 바꿀 생각이 전혀 없다.

그러나 법원이 국제적 사기범죄조직의 수괴를 보호하려고 한다거나 실체적 진실을 발굴하려는 의지와 능력이 부족하다는 의심을 받고 있는 상황임을 정확히 인식한다면, 그와 같은 의심이 아무도 연원을 모르는 기이한 원칙에 집착하던 법원의 태도와 실무에서 비롯된 것임을, 그리고 이제는 그와 같은 실무를 붙들고 있을 여유가 전혀 없다는 점을 깨달아야 한다. 적극적으로 실체적 진실을 발굴해서 정의에 부합하는 결론을 내리는 것이 법원의 책무라면 그 책무에 가장 충실한 방법을 찾는 것 또한 법원의 소임일 것이다. 이에 반하여 법원이 진실발견의 책무에는 눈을 감으면서도 아무도 이유를 알지 못하는 소극적인 실무와 태도를 유지하는 것이 자신의 소명인 것처럼 가장하는 것을 정당화할 수 있는 법이론적 근거는 존재할 수 없다. 현재의 상황을 증거를 보지 않고 증거능력을 평가해왔던 것과 같이 아무도 납득할 수 없었던 과거의 실무로부터 과감하게 단절할 기회로 삼는 것이 오히려 바람직하다. 왜냐하면, 형사재판에 있어서 실체적 진실을 발견하는 것에도 별 도움이 되지 않았고, 재판 운영의 비효율성만을 가중시키는 것에 불과한 것이었다면, 지금까지 아무도 납득할 수도 없었던 형사재판의 실무와 지금 당장 단절하더라도 나중에 그것을 그리워할 사람이 전혀 없을 것이기 때문이다.

[소결: 그래도 소문난 맛집에서 식사하고 싶다면]

에펠탑 3층에 위치한 르 쥘 베른(Le Jules Verne)은 음식이나 와인, 분위기나 전망 등에 있어서 좋은 평가를 받고 있는 세계적으로 소문난 맛집이다(에펠탑 근처에 있음에도 에펠탑이 보이지 않는다는 것이 유일한 단점이라고 극찬하는 사람이 있는 반면, 그렇다고 큰 기대를 해서는 안된다고 평가하는 사람도 있기는 하다). 프랑스 파리로 여행을 갔을 때 르 쥘 베른에서 식사를 하고 싶다면, 최소한 운영시간과 예약가능여부, 메뉴와 드레스코드 정도는 미리 확인하는 수고는 들이는 것이 당연하다. 반바지 차림에 슬리퍼를 신은 채 에펠탑 구경을 마치고 난 후 무턱대고 르 쥘 베른으로 가서 예약자 명단에 없는 자신을 들여보내달라고 큰 목소리로 항의한다고 하여 소문난 맛집에서 기분좋게 식사를 마치게 되는 기적이 일어날 수는 없는 것이기 때문이다.

마찬가지로, 형사정의가 제대로 실현되는 형사사법시스템을 갖고 싶다면 최소한 형사사법시스템의 객관적인 운영상황과 현재의 문제점에 대해서는 제대로 파악하려는 노력을 들여야 마땅하다.

만약 국회가 허황된 목표에 집착하면서도, 형사사법시스템의 구조와 작동원리를 이해하는 데 필요한 수고를 들일 의지나 능력이 없다면 제대로 기능하는 형사사법시스템을 만들겠다는 그들의 선언은 언제나 실패로 끝나게 될 것이다. 안타깝게도, 형사사법시스템의 객관적인 상황에 대한 이해를 할 의사나 능력이 없다고 여겨지는 정치인들에게 유권자들의 선호가 집중되기 마련이고, 특히 유권자들이 각종 소셜미디어의 영향으로 즉각적인 만족을 추구하는 경향이 심화됨에 따라 선명성에 집중하는 정치인만을 선호하는 것이 문제해결을 더욱 방해하고 있다. 당연히 선명성에 집중하는 정치인들은 문제해결방법을 찾는 것에 아무런 관심이 없고,

지금까지 한번도 문제를 해결할 수 있는 해결책을 제시한 바 없기 때문이다. 객관적인 상황과 주관적 목표를 분리해서 냉정하게 바라볼 수 있는 사람은 허황된 목표를 제시하는 사람과의 선거에서 언제나 패배하고, '당신들이 가장 배고플 때 최고의 맛집에서 저렴한 가격으로 식사를 할 수 있도록 하겠다'는 허무맹랑한 주장을 반복하는 사람이 계속하여 의사결정권한을 행사할 수 있는 자리를 차지하는 것이 형사사법시스템에 대한 제대로 된 개선이 이루어지지 않는 주된 원인이 되어왔다.

허무맹랑한 사법개혁의 결과물로 뒤덮인 우리의 형사사법시스템은 이제 서서히 작동을 멈추어 가는 반면, 더 이상 두려울 것이 없는 다수의 국제적 사기범죄조직들은 사기범죄의 범위와 폭을 본격적으로 확대해 나가고 있다. 여기서 형사사법시스템에 종사하는 사람들이 국회를 탓하기에는 현재의 상황이 너무나 시급하고 막중하다. 최소한 수사에 최종적인 책임을 지고 있는 검사나 형사재판에 최종적인 책임을 지고 있는 판사라면, 현재의 상황을 해결하기 위하여 필요한 모든 방안을 강구해야 하는 절체절명의 상황에 있다는 점과 그 과정에서 과거의 소극적인 태도와 자세를 옹호할 여유가 전혀 없다는 점 또한 인식할 필요가 있다.

가이드를 따라다니던 관광객이 지금까지 반복된 모든 문제가 가이드의 그릇된 상황인식에서 비롯된 것이라는 점을 깨닫게 되었다면, 어리석은 가이드를 따라다니는 대신 어떻게든 문제를 해결할 수 있는 방법을 찾아내야 한다. 가이드를 바꾸든지, 공복 상태에서 소문난 맛집을 찾아가 식사를 하든지, 아니면 아침 일찍부터 관광에 나서든지를 스스로 결정할 필요가 있는 것처럼 말이다.

만약 국회를 관광가이드 삼아 따라가고 있었던 국민들이 그와 같은 해결책을 찾아내지 못한다면, 이들은 어리석은 가이드를 따라 또다시 소문난 맛집 앞의 기다란 줄의 마지막에 서게 되는 의미 없는 일을 피할 수 없

을 것이다. 그리고 그 피해는 국제적 사기범죄조직의 빨대를 통해서 1년
에 20조 원씩의 돈을 뜯기고 있으면서도 영문을 모르는 국민들에게 온전
히 돌아가게 될 것이다.

마치며

임진년에 일본이 조선을 침공하기 전 이율곡 선생은 일본의 수상한 움직임을 눈치채고 십만양병설을 주창하였으나, 실제 조선의 국방을 책임지는 자들 중에서 그의 말에 귀를 기울인 자는 아무도 없었다. 선조와 그가 거느리던 간신들은 외부의 객관적 상황이 자신이 상상하고 있는 바와 다르다는 점을 받아들일 생각이 없었고, 전쟁 준비를 할 능력 또한 없었다. 그 때문에 그들은 일본의 쇼군인 도요토미 히데요시가 왜소하고 못생겼으며 얼굴은 검고 주름져 원숭이 형상을 하고 있기에 조선반도에서 전쟁을 일으킬 정도의 위인이 되지 못한다는 생뚱맞은 이유를 무척 마음에 들어했다(선조수정실록 24년 3월 1일). 선조와 그의 간신들은 원래부터 어렵고 복잡한 전쟁 준비를 할 생각이 전혀 없었으므로, 도요토미 히데요시의 관상이 원숭이 상이었든 아니든, 그의 눈이 쥐와 닮았든 아니든, 그의 술버릇이 어떻든 간에 뭔가 그럴듯한 이유만 있다면 이를 다가오는 전쟁에 대비하지 않겠다는 결정의 근거로 삼을 생각이었다. 선조는 전에도 그랬던 것처럼 앞으로도 자신의 권력과 지위를 지키기 위하여 '결정을 미루는 결정(procrastination)'[1]만을 계속할 생각이었으므로, 사실 그가 내린 결정의 근거가 무엇이었는지는 전혀 중요한 것이 아니었다.

---

1 '결정을 미루는 결정(procrastination)'이란 결정을 미룸으로 인하여 부정적인 결과들이 발생할 것임을 알면서도 별다른 이유 없이 결정을 미루는 것을 말한다.

조선의 가장 무능한 군주 중 하나였던 선조가 최고 의사결정권자로서 여러 대안을 종합적으로 검토한 결과는 언제나 '결정을 미루는 결정'에 불과했다. 그 결정 전후로 군대 증원을 위한 대대적인 징병도 없었고, 군비 확충을 위한 예산집행도 없었기 때문에, 외부에서는 어떠한 결정이 내려졌는지를 제대로 알기도 어려웠다. 조선의 왕이 일본과의 외교교섭 과정에서 그들의 침략 의도를 파악할 생각이 없었을 뿐만 아니라, 여러 정보를 종합적으로 검토한 다음 일본의 침략에 대비할 것인지에 관한 결정을 미루기로 한 이상, 조선의 군대 또한 다가오는 일본의 침략에 대비할 아무런 이유가 없었다. 그래서 선조의 결정을 미루는 결정은 선조의 바로 밑에서 도요토미 히데요시의 관상에 대해 논평을 내놓던 신하들이 한동안 일본의 침략에 대한 대책을 내놓을 필요가 없게 되었다는 정도의 차이만을 만들어냈을 뿐이었다.

1592년 조선과의 외교교섭이 결렬되었음을 기화로, 일본은 총 병력 28만여 명의 침략군을 편성한 후 그중 선발대 1만 7천 명을 군선 700여 척에 태워 부산포에 상륙시켰다. 그때 부산포에 침입한 왜군을 막아선 것은 부산성과 동래성의 얼마 되지 않는 병력뿐이었고, 그들의 처절한 저항만으로는 끝내 부산포가 함락되는 것을 막을 수 없었다. 이에 결정을 미루는 결정만을 했었던 조선의 왕은 왜군이 부산포에 상륙한 지 보름 만에 백성을 버리고 허둥지둥 중국으로 도망가는 신세가 되었다.

결정을 미루는 결정만을 거듭하던 무능한 선조나 어쩔 줄 몰라 하던 간신들, 자자손손 음서로 등용되었기에 공개적으로 자신의 무능함을 드러내는 것을 피해왔던 고관대작들은 자신들이 철석같이 믿었던 유사과학적 근거(즉, 도요토미 히데요시의 관상)를 극복하고 끝내 침입해온 왜군을 막아설 수 없었다. 조선의 조정에서 무능한 선조를 받들던 무능한 간신들은 일본이 침공할 준비를 하고 있다는 소문을 듣고 실제 만난 적도 없던 도요토미 히데요시의 관상에 대하여 품평하거나, 세력을 잃은 서인들이 거짓된 전쟁소문을 내고 있는 것이라는 가짜뉴스를 퍼트리는 것 이외에는 별달리 준비한 것이 없었기 때문이었다. 전라도와 경상도 일부 지역에서는 일본이 국지전을 일으킬 것으로 예상하고 어느 정도 대비를 하기도 하였으나, 일본이 침공하여 본격적인 전투가 벌어졌을 때 조선의 관군들이 일패도지하지 않고 제대로 맞서 싸운 예는 찾아보기 어렵다. 다른 고관대작들 또한 별다른 능력이 없던 자신들에게 음서제도를 통하여 벼슬을 나누어 준 자신의 가문과 왕에 대해서만 고마움을 느낄 뿐이었고, 자신들이 맡고 있는 관직이나 일반 백성들에 대해서는 아무런 책임감을 느끼지 못했기 때문에, 막상 왜군이 상륙했을 때 그들은 일단 조선반도에 진입한 왜군의 공세를 저지하기 위해서 자신이 무엇을 할 수 있는지에 대해서는 별다른 고민을 하지 않았다. 그들의 주된 고민은 중국으로 도망가겠다는 무능한 선조를 굳이 자신이 따라가야 하는지, 아니면 (당시 가능성은 매우 낮아 보였지만) 자신이 선조를 따라가지 않았을 때 이후 조선이 승리하면 어떻게 처신하여야 하는지에 관한 것이었다.

이러한 상황에서 왜군의 전면적인 침공을 제대로 저지한 것은 다름 아닌 이순신 장군 개인이 준비해둔 병력과 군비였다. 여러 첩보들을 통하여 외부의 객관적 상황을 파악한 그는 일본의 침공에 대비할 필요가 있다고 생각하고 몇 년간 열심히 준비한 군선과 병력으로 왜의 대군이 파죽지세로 진격하는 것을 막을 수 있었다. 모든 권한과 자원을 갖고 있던 조선의 왕은 전쟁이 다가오고 있음에도 군비를 확충하려는 노력을 제대로 하지도 않았을 뿐만 아니라 왜군이 침공하자 바로 백성들을 버린 채 중국으로 도망갔던 것과 비교하여 보면, 조선 조정의 별다른 지원을 받지 아니한 변방의 장군 한 명이 독단적인 판단으로 준비한 군비로 왜군의 해상전력과 보급선단 전부를 막아낼 수 있었다는 것은 참으로 놀라운 일이 아닐 수 없다. 만약 임진왜란 전에 선조가 이순신 장군과 같은 통찰력과 결단력을 갖추고 있었다면 임진왜란은 처음부터 일어나지 않았을 것이고, 일어났더라도 그 전황은 개전 초부터 전혀 달라질 수 있었을 것이다. 이러한 점에 비추어 보면, 상당한 수의 백성들이 왜군들에 의하여 살해되고, 살아남은 백성들 또한 오랜 기간 전란으로 고통을 받게 된 가장 주된 원인이 바로 선조와 그의 '결정을 미루는 결정'에 있었다는 점은 너무나 분명했다.

선조는 의주로 도망가서 조선을 버리고 중국으로 망명하려고 하였다. 그러나 명나라의 소극적인 대응과 신하들의 반대로 인하여 중국 망명에는 성공하지 못하였다. 이때 그는 자신이 한 '결정을 미루는 결정'의 결과 수많은 사람들이 전란으로 고통받고 있다는 점에 대해서는 전혀 아랑곳하지 않았다. 다만, 그는 자신의 '결정을 미루는 결정'이 그나마 일본을 간신히 막아내고 있던 이순신 장군의 통찰력과 결단력 있는 의사결정보다 훨씬 못한 것이라는 진실만은 받아들일 수 없었다. 그래서 선조는 이순신 장군에 의하여 수륙병진 전략에 차질이 생긴 왜군의 보급과 진격이 늦추어진 이후, 전국 각지에서의 의병들과 관군들이 재정비를 마치고 왜군의 공세에 조금씩 대응하기 시작하고, 명나라 군대가 참전하여 전황이 다소 개선되는 상황을 기다렸다가, 이순신을 고문하여 죽이겠다는 결정만큼은 아주 신속하게 내린다. 그에게는 아직 전쟁이 계속 중인지 여부는 그리 중요한 것이 아니었다. 물론 선조는 이순신을 고문하다가 그를 죽였을 때 최악의 시나리오가 현실화될 수 있다는 점을 뒤늦게 깨닫고, 우여곡절 끝에 이순신의 관직을 삭탈한 채 전쟁터로 다시 돌려보내기는 하였으나, 이것은 어디까지나 이순신으로 하여금 전쟁터에서 죽음을 맞이하도록 한 것에 다름 아니었다.

여기서 주목할 것은 선조는 이후에도 임진왜란 중 전공을 세운 사람들을 불러들여 고문하고 죽이는 것에 대해서만큼은 결코 결정을 미루지 않았다는 것이다. 선조는 임진왜란이 끝난 다음 자신과 함께 도망을 다녔던 간신들에 대해서는 후한 포상을 베풀었던 반면(물론 선조가 요동으로 망명하려는 것을 막아섰던 류성용과 같은 충신이 전혀 없었던 것은 아니다), 의병을 일으켰던 의병장들은 하나둘씩 불러들여 고문하고 죽였다. 특히 선조는 전란의 시기에 의병을 일으켜 분연히 왜군에 맞선 의병장 김덕령에게는 역적 이몽학과 내통했다는 누명을 뒤집어 씌운 다음 고문 끝에 옥사시켰다. 선조가 신속하게 결정한 것들은 모두 자신의 권력과 지위를 유지하는 데 걸림돌이 될 수 있는 사람들을 핍박하고 죽이는 것에만 집중되어 있었다. 왜군의 침략에 맞서 목숨을 걸고 분연히 일어섰던 의병장들이 역모를 꾸몄다는 이유로 왕의 명령에 따라 고문을 받고 허무하게 죽어가는 것을 지켜보던 사람들은 조선의 왕과 종묘, 사직을 구하기 위하여 섣불리 왜적에 맞서는 의병을 조직하게 되면 바로 그 조선의 왕에 의하여 3대가 죽임을 당하게 된다는 선뜻 이해하기 힘든 교훈을 얻게 되었다.

한편, 선조는 임진왜란 이후에도 '결정을 미루는 결정'만을 함으로써 이후 조선의 군사 및 행정체계를 정비할 기회를 모두 놓쳤을 뿐만 아니라, 앞으로의 전쟁에 제대로 대응할 수 없도록 수많은 간신들과 그 후예들만을 남겨두게 된다. 선조의 어리석음과 무능함에서 비롯된 '결정을 미루는 결정'은 결국 향후 전란이 발생하였을 때 이를 해결하기 위하여 적에게 맞설 의지와 능력을 갖춘 사람이 등장할 수 있는 싹을 모두 뽑아버렸다. 선조가 아예 처음부터 아무것도 하지 않았다면 맞이하였을 결과보다 '결정을 미루는 결정'은 훨씬 좋지 못한 결과를 가져올 수밖에 없었던 것이다.

1623년 인조반정으로 광해군을 몰아내고 조정의 실권을 잡은 서인들에게 둘러싸여 있던 인조 또한 선조만큼이나 무능한 임금이었다. 인조 또한 명나라가 몰락하고 청나라(후금)가 동아시아의 새로운 강자로 떠오르던 바로 그 시점에 선조와 마찬가지로 '결정을 미루는 결정'만을 하고 있었다. 당시 조선이 청나라와 싸워야 할 아무런 현실적인 이유가 없었음에도 불구하고, 그를 둘러싸고 있던 간신들은 청나라(후금)와의 관계를 끊는 한편 명나라를 지원하는 친명배금(親明排金) 정책을 추진하면서 청나라와의 전쟁을 불사해야 한다고 주장하고 있었다. 주전론자로 불리던 이들은 앞에서는 소리 높여 출병을 주장하면서도, 실제로 그들은 청나라와의 전쟁을 제대로 준비할 생각도 없었고, 전쟁을 위한 군비를 마련할 능력도 없었다. 무엇보다 그들은 청나라와의 전투에서 승리할 수 있는 역량 있는 장수를 등용할 뜻이 전혀 없었다. 주전론자들은 오로지 어찌해야 할지 모르는 무능한 임금의 앞에서 입을 모아 임진년에 망해가던 조선을 구해준 명의 은혜를 잊어서는 안되고(再造之恩), 청나라를 오랑캐로 배척해야 하며(向明排金), 이를 위해서는 전쟁이라도 불사해야 한다고 주장할 뿐이었다. 하지만, 이괄의 난 이후 또 다른 반란을 두려워했던 그들은 조선의 군사력을 주로 국내의 반란을 감시하는 데 투입하였을 뿐, 제대로 군대를 정비하거나 다가오는 전쟁을 준비할 생각은 조금도 없었다.

결국 1627년 배후의 조선으로부터 위협을 받고 있다고 생각한 청나라 태종 홍타이지는 조선의 주전론자들이 목을 놓아 바랐던 것처럼 화친이 아닌 전쟁을 선택하고 장수 아민이 이끄는 3만의 병력으로 조선을 침공하는 정묘호란을 일으킨다. 이에 인조는 홍타이지의 청나라 군대를 피하여 강화도로 피난을 가보았지만, 결국 자신의 저항이 의미 없음을 깨닫고 청나라에 왕의 동생(원창군)을 인질로 보내는 대신 청나라와 형제 관계를 맺는 것을 조건으로 평화조약을 체결하게 된다.

그런데 조선은 청나라(후금)와 형제관계를 맺게 된 굴욕적인 상황을 받아들일 수 없었고, 평화조약으로 인한 경제적 부담에 반발하면서 다시 배금(排金)의 길을 굳히게 된다. 그런데 인조는 청나라(후금)에 대적하기로 하였음에도 여전히 '결정을 미루는 결정'만을 반복하고 있었을 뿐 별다른 대비를 한 것이 없었다. 그래서 임진왜란으로부터 불과 40여년, 정묘호란으로부터 불과 9년이 지난 때인 1636년 청군이 다시 침공해온 병자호란이 일어났을 때, 청군을 제대로 저지할 수 있는 능력과 의지를 갖춘 조선군은 조선 땅에 남아 있지 않았다. 당시 조선은 개전 이후 단 8일 만에 수도인 한성을 내주게 된다(이는 임진왜란 당시 왜군이 부산포에서 한성까지 진격하는 데 소요된 기간인 29일을 경신한 기록이었다).

결국 인조는 왕세자와 함께 삼전도에서 홍타이지에게 갓에 철릭 차림으로 항복 의식을 올리는 치욕을 당하게 된다. 이후 조선 국토는 무참하게 파괴되고 수십만 명의 백성이 청으로 끌려가는 고초를 겪었으나, 명의 은혜를 잊어서는 안된다며 오랑캐를 무찌르자던 주전론자들을 비롯하여 그 누구도 분연히 일어나 청병에 의연하게 맞서지 않았다. 막상 인조가 그 오랑캐의 왕에게 무릎을 꿇었지만 주전론자를 대표하던 김상헌은 끝내 자결하지 않았고, 그는 청에 인질로 끌려갔다가 돌아와서도 청나라에 맞서기 위한 의병을 조직한 바도 없었다. 이렇게 살아남은 김상헌의 후손들은 순조, 헌종 및 철종과는 사돈 관계를 맺기도 하면서 조선 후기 세도가를 형성하여 수십 명의 재상과 판서를 배출하였다. 이순신의 셋째 아들인 이면(李葂)이 아산에서 왜군과 맞서 싸우다가 전사하였던 것이나 김덕령의 아들이 신분을 감추고 숨어 살면서 간신히 목숨을 부지할 수 있었던 것과 비교하면 김상헌의 후손들은 누구에게도 비할 수 없는 조상복을 누린 셈이다.

이처럼 당장 눈앞에 보이는 위협이나 문제에 제대로 된 대비를 하지 않은 채 시간을 허송하면서, '아무것도 하지 않고 결정을 미루는 결정'만을 하였을 뿐인 선조와 인조는 그들이 왕으로 재임한 시기뿐만 아니라 그 이후에도 백성들에게 커다란 대가를 치르게 하였다. 만약 그들이 아예 처음부터 아무것도 하지 않았다면, 왜군의 위협에 맞서던 이순신이나 김덕령이 제대로 된 활약을 할 수 있었을 것이고, 전쟁이 종료된 이후에도 외적의 침략에 대비하여 국가 시스템과 군대를 정비해 두었을 것이며, 이후 청병이 침략하였을 때 분연히 일어나 맞서는 의병을 볼 수 있었을 것이다. 물론 조선의 왕 또한 청나라 군대를 피하여 남한산성으로 도망가는 길에서까지 청나라와 전쟁을 해야 한다며 헛소리를 하던 주전론자들의 하나마나한 이야기를 더 이상 들을 필요도 없었을 것이다.

아무리 어리석은 개인이라고 하더라도 운이 좋다면 자신의 어리석음에 대한 대가를 지불하지 않고 평생을 안락하게 살아가는 요행을 바랄 수 있을 것이지만, 지도자가 어리석은 선택을 반복하는 국가에 사는 국민들에게는 그런 행운이 따르지 않기 마련이다. 국가적 의사결정의 어리석음에 대한 대가를 모든 백성들이 반드시 지불하여 왔다는 역사적 진리는 한반도에서 일어난 수많은 역사적 사건들을 기록해 둔 우리의 역사 교과서가 모든 페이지에서 반복하여 증명하고 있다.

✻

현재로 눈을 돌려 보면, 오늘날의 대한민국 또한 의외로 임진왜란 직후 또는 전란 중의 조선과 비슷한 점이 상당히 많다는 점을 확인할 수 있다. 선조나 인조가 "설마 실제로 쳐들어오겠어?"라며 객관적 상황을 철저히 오판하고 '결정을 미루는 결정'으로 귀중한 시간을 낭비하면서 제대로 방비를 마련하고 있지 않을 때 왜군과 청나라 군대가 침략해온 것과 마찬가지로, 우리의 국회가 "국제적 사기범죄조직이 설마 더 많은 피해를 야기하겠어?"라고 오판하고 있을 때 이미 사기범죄조직들은 모든 곳에 진출하여 수많은 사람들의 목에 빨대를 꽂고 그들의 피를 빨고 있었다. 이미 왜군이 조선을 침공한 이후에도, 왜군의 기세에 대해서 한가한 논평을 하면서 이순신이 왕을 업신여기고 있는지에 대해서 주된 관심을 갖고 있었던 선조와 그 간신들처럼, 국회는 국제적 사기범죄조직이 모든 국민들의 목을 노리고 있는 상황에서도 여전히 자신들의 평안한 세계에서 생뚱맞고도 한가한 이야기를 하면서 사기범죄조직들을 억제하고 있던 형사소송법과 검찰청법 등의 각종 법률을 개정하여 그들에게 활짝 문을 열어주었을 뿐이다.

매년 국제적 사기범죄조직들이 선량한 범죄피해자들의 목에 빨대를 꽂고 20조 원을 넘어서는 천문학적 범죄수익을 거두어들이고 있고 그 때문에 범죄피해자와 그 가족들이 학업을 계속하거나 가정을 꾸리는 것을 포기하는 현상이 '헬조선'의 트렌드로 자리잡게 되었음에도, 국회는 이에 대해서 별다른 관심이 없다. 특히 국회는 자신들의 '결정을 미루는 결정'으로 형사정의가 계속 훼손되고 있다는 사실을 받아들일 생각도 없고, 이를 체계적으로 이해할 능력도 없다. 국회는 형사사법시스템이 제대로 기능하지 않는다거나, 스스로 모순되고 충돌되는 등 체계성이 부족하다거나, 국제적 범죄조직이나 복잡사건에 전혀 대비가 되어 있지 않다는 점에 대해서는 아무런 관심이 없고, 현장과 학계에 있는 사람들의 수많은 제안과 비판들에 대해서 전혀 귀를 기울이지 않는다. 국회는 원래부터 아무것도 할 생각이 없었던 것처럼 '결정을 미루는 결정'을 하는 와중에, 언론에서 집중 보도되는 사건에 대해서만큼은 엄벌주의로 형량을 대폭 강화하는 법을 뚝딱 만들어서 빛의 속도로 통과시키는 일들을 하고 있다. 하지만 구체적인 법률을 자세히 들여다보면 '결정을 미루는 결정'과 매우 흡사한 마음가짐에서 나온 결정을 하는 시늉에 불과한 것임을 어렵지 않게 알 수 있다.

그러한 와중에 빨대사회의 주인공인 국제적 사기범죄조직들은 이미 대한민국의 한가운데에 또아리를 틀고 앉아 온 국민에게 천문학적인 범죄피해를 안겨주고 있다. 청년들은 국제적 사기범죄조직으로부터 범죄피해를 당한 후 극도의 재정적 어려움을 겪으면서 학업을 포기하고, 안정적인 직장을 갖거나 주거를 마련할 수 있는 기회를 상실한 탓에 행복한 미래를 위한 희망을 모두 잃어가고 있다. 중년의 직장인이나 노년의 은퇴자들 또한 범죄피해를 겪고 난 후 행복한 노후준비는커녕 재정적인 어려움으로 이혼에 이르거나 자살을 고민하는 상황에 이르게 되었다. 현재 우리 사회가 겪고 있는 전 세계에서 유례를 찾아보기 힘든 정도의 낮은 출산율(3년간 부동의 꼴찌)과 행복지수(146개국 중 59위), 높은 자살률(3년간 OECD 1위)과 같은 통계는 국회가 모든 영역에서 '결정을 미루는 결정'을 하는 것과는 별개로, 국민들의 삶에 대한 의욕과 희망을 꺾고 있는 거대한 세력이 활발하게 활동하고 있음을 증거하고 있다. 그것이 바로 대범하게 사기범행을 저지르고 있는 국제적 사기범죄조직이라는 점을 눈치채는 것은 이제 그리 어렵지 않다.[2]

다른 한편으로는, 국민들이 사회적, 경제적 활동을 거듭할수록 그로 인한 경제적 과실은 온전히 전세사기, 주식리딩방 사기, 코인투자사기 등을 자행하는 사기범죄조직들에게 돌아가는 빨대구조가 완성되어 가고 있다. 이는 블랙잭 게임이나 바카라 게임의 승률을 높일 수 있는 트릭에 통달한 타짜들이 카지노에서 아무리 최선을 다하더라도 결국 돈을 버는 것은 카지노 업체이고, 현재까지의 로또 번호별 당첨확률을 고려하여 당첨 가능성이 가장 높은 조합을 추출할 수 있는 알고리즘을 개발한 사람이 있다고 하더라도 결국 돈을 벌게 되는 것은 복권당첨자로부터 소득세를 징수해가는 국가인 것과 마찬가지이다. 자신들이 통제할 수 있는 돈의 흐름,

---

2 한편, 조영일 동국대 경찰행정학부 교수 등이 발표한 「사기범죄의 발생 증가 원인분석 및 경찰의 대응방안」 연구에 따르면 사기 범죄 발생, 특히 컴퓨터 등을 통한 사기 증가는 다음 해 자살률에 통계적으로 유의하게 관련이 있는 것으로 나타났다. 자세한 내용은 파이낸셜 뉴스, "대한민국은 '사기' 공화국…사기범죄 해마다 3만 건 이상 급증", 2021. 11. 29.자 기사

또는 도관을 만들고 여기에 빨대를 꽂은 사기범죄조직이 결국 돈을 벌고 있는 것이다. 이제 빨대구조를 통하여 돈을 버는 이야기는 굳이 사기범죄조직에만 국한되지 않는다. 반드시 어딘가에 빨대를 꽂아야 한다는 것은 이제 부자가 되고 싶은 모든 사람들에게 상식이 된 지 오래되었다.

국제적 사기범죄조직에 흘러들어간 막대한 범죄수익은 다시 자산시장으로 유입되어 부동산 등 재화가격이 폭등하고, 이로 인하여 범죄피해자들을 비롯한 서민들은 정상적인 생활을 유지하는 것에 더욱 큰 어려움을 겪고 있다. 국제적 사기범죄조직이 폭발적으로 성장하고, 그들이 대한민국 사회와 경제를 크게 왜곡시키는 한 일반 국민들의 출산율과 자살률과 같은 지표가 개선될 여지는 계속 줄어들 수밖에 없는 것이다.

이러한 모든 사태에 대한 궁극적인 책임은 창궐하고 있는 국제적 사기범죄조직의 사기범행에 대응할 수 있는 수단을 마련하고 형사사법시스템을 정비해야 하는 국회에 있다. 그럼에도 국회는 엉뚱한 이야기를 하면서 조직범죄에 대한 증거확보 노력을 무력화하고, 수사기관의 권한을 평면적으로 분절시킴으로써 형사사법시스템이 정상적으로 작동할 수 없도록 하는 입법만을 계속하고 있을 뿐이다. 국회는 조직적 사기범행을 통하여 막대한 범죄수익을 거두고 있는 자들에 대해서는 예전과 마찬가지로 아무것도 하지 않으면서도, 형사정의를 추구하는 사람들로부터 수사와 재판 과정에서 실체적 진실을 발견하는 데 필요한 모든 수단을 박탈하고 오히려 그들에게 온갖 신분상 불이익과 책임을 지우는 입법은 충분한 검토 없이 너무나도 빠른 속도로 처리하고 있다.

이처럼 '결정을 미루는 결정'만을 할 수 있을 뿐인 능력도 없고 용기도 없는 사람들이 높은 지위를 차고 앉아 보이는 행태는 예나 지금이나 별반 차이가 없다. 선조가 '결정을 미루는 결정'만을 반복하던 중에도 이순신과 김덕령을 잡아서 고문하는 결정만은 신속하게 한 탓에 그 이후 청나라 군대가 침략하였을 때 이에 분노하던 사람들이 나설 수 없었던 것과 마찬가지로, 무능력하고 무책임한 국회가 결정을 미루는 결정을 반복하다가 오랜만에 신속하게 한 검찰 수사권 박탈 등의 결정으로 인하여 범죄조직에 맞설 수 있는 사람들이 크게 위축되어 수많은 국민들이 커다란 대가를 치를 수밖에 없게 된 것이다.

사기범죄조직이 지배하는 빨대사회로 변해가고 있는 상황에서 국회가 단행한 형사소송법 제312조 개정과 검찰 수사권 박탈을 비롯한 여러 입법으로 인하여, 이제 형사사법시스템에는 국제적 사기범죄조직의 사기범죄를 밝히고 처벌할 수 있는 장치들이 대부분 제거되기에 이르렀다. 이제 수사기관과 법원은 국회가 마련한 법률이 허용하고 있는 수단만으로는 도저히 사기범죄조직에 맞설 수 없는 처지에 놓이게 된 것이다. 지금까지도 수많은 비판을 받아왔던 우리의 형사사법시스템은 앞으로 전대미문의 무기력한 상태에 진입할 것이라는 점은 서서히 누구도 부인할 수 없는 현실이 되어가고 있다.

이미 형사법이 상당한 정도로 파편화된 상황임에도 불구하고, 국회가 고등학생 조별 과제 수준의 법률안을 자랑스럽게 발의하고 통과시키는 일들을 반복함으로써 문제가 더욱 악화되고 있는 현실을 고려하면, 앞으로도 우리에게 기적이 일어날 가능성은 전혀 없다고 보더라도 사실과 다르지 않을 것이다. 막대한 피해를 야기한 사기범죄조직의 수괴에 대한 형사재판은 과도하게 지연되고, 수괴는 보석으로 석방되었다가 결국 무죄판결이라는 초라한 결론으로 종결되는 것이 불가피해졌고, 모두가 그와 같은 상황을 깨닫게 되고 부조리한 형사사법시스템에 대한 참을 수 없는 분노를 느낄 때쯤에는 국제적 사기범죄조직이 형사사법시스템의 모든 제약에서 온전히 벗어나는 데 성공했다는 점이 모두에게 명백해질 것이다.

문제는 형사사법시스템이 붕괴한 상황이 눈 앞에 펼쳐졌을 때 더 이상

이순신 장군과 같은 영웅을 기대할 수는 없다는 것이다. 현재의 형사사법 시스템 하에서는 온갖 허점을 비집고 들어오는 국제적 사기범죄조직에 맞설 거북선을 만들어 낼 수 있는 영웅은 존재할 수 없다. 만약 판사나 검사, 수사관이 형사소송법이나 검찰청법, 법원조직법 등이 허용하고 있지 아니한 기발한 수단을 마련하여 창궐하는 사기범죄조직에 대비하려고 한다면, 그가 동원한 수단이 창의적이고 효과적일수록 오래지 않아 직권남용으로 처벌받을 것이 분명하기 때문이다.

그럼에도 불구하고, 국회의 신속한 결정으로 인하여 결코 정의로울 수 없게 된 수사와 형사재판을 막아설 수 있는 것은 여전히 사명감과 용기를 잃지 않은 판사와 검사, 수사관뿐이다. 하지만 그들이 활용할 수 있는 형사사법시스템상의 수단은 이제 거의 남아 있지 않다. 그들이 과거 어느 때보다 외로운 싸움을 계속하다 보면, 결국 국제적 범죄조직과의 절체절명의 순간에서 절대 승리할 수 없음을 깨닫게 되고, 하나둘씩 범죄조직과의 투쟁에서 스스로에게 패배를 선언하고 쓸쓸하게 퇴장할 수밖에 없게 될 것이다. 국회가 형사사법시스템의 개선이나 피고인 권리보호 또는 수사권조정을 빙자해서 형사사법시스템의 작동을 멈추게 한 것은 결코 형사사법시스템 내에서 일정한 역할만을 담당하고 있을 뿐인 판사나 검사, 수사관들의 노력으로 되돌릴 수 없는 것이기 때문이다.

선조와 인조가 통치하던 조선, 금주법을 제정한 미국이나 피라미드 사기조직이 창궐하던 알바니아의 사례에서 보듯이, 결정을 미루는 결정만을 반복하고 있는 어리석은 의사결정권자를 역사가 먼저 나서 심판하는 일은 결코 일어나지 않을 것이다. 잠재적 범죄피해자인 국민들이 스스로 결정을 미루는 결정만을 반복하고 있을 뿐인 자들을 심판하기 전까지는 누군가가 나타나 국민을 도탄에 빠뜨린 자들을 대신 심판해주고 모든 문제를 해결해주는 동화와 같은 일은 동서고금을 막론하고 지금껏 단 한번도 일어난 적이 없음을 기억할 필요가 있다.

✦

이 책은 국제적 사기범죄조직으로 하여금 아무런 제약 없이 대한민국 국민들을 상대로 마음껏 빨대를 꽂는 사기범행을 저지를 수 있도록 함으로써, 다수의 국민들을 사기피해의 구렁텅이로 밀어 넣은 어리석음이 누구로부터 나온 것인지를 기록해 두기 위한 것이다. 아울러 어느 누구도 그 어리석음이 잉태한 위태로움을 바로잡지 못했음을, 필자 또한 그 기울어지는 형세를 붙들지도 못했다는 점을 여기에 기록해 둔다.